国家级新闻学专业综合改革试点项目成果

国家级新闻学一流专业红色教育辅助读物

英雄记者杜鹏程

边 江 编著

新 华 出 版 社

图书在版编目（CIP）数据

英雄记者杜鹏程 / 边江编著. -- 北京：新华出版社, 2023.7
ISBN 978 - 7 - 5166 - 6868 - 9

Ⅰ.①英… Ⅱ.①边… Ⅲ.①杜鹏程（1921－1991）－传记 Ⅳ.①K825.6

中国国家版本馆CIP数据核字(2023)第112786号

英雄记者杜鹏程

编　　者：边　江	
责任编辑：丁　勇	封面设计：马汉宇

出版发行：新华出版社
地　　址：北京市石景山区京原路8号　　邮　　编：100040
网　　址：http://www.xinhuapub.com
经　　销：新华书店　新华出版社天猫旗舰店　京东旗舰店及各大网店
购书热线：010-63077122　　中国新闻书店购书热线：010-63072012

照排印刷：西安新华印务有限公司
成品尺寸：185mm×260mm　　1/16开
印　　张：31.75　　　　　　　　字　　数：600千字
版　　次：2023年7月第1版　　印　　刷：2023年7月第1次印刷
书　　号：ISBN 978 - 7 - 5166 - 6868 - 9
定　　价：118.00元

1948 年 7 月，新华社西北总分社前线分社部分记者在陕北黄龙山石堡合影。右起：马光耀、延晓、杜鹏程、毛岚、雪凡、刘漠冰、汪波清、普金、延国民

1948 年春，新华社西北总分社、群众日报社全体同志在陕北绥德县霍家坪合影

1947 年，新华社西北总分社前线分社记者杜鹏程（左）与
彭啕程政委（中）、吴子杰副师长（右）在行军途中合影

1947 年，杜鹏程（右）与战友在行军途中合影

1949 年 10 月，杜鹏程（右）与张文彬（左）在甘肃酒泉合影

1960 年，杜鹏程（右）与夫人张文彬（左）、女儿杜稚合影

从延安走出的陕西文坛前辈。左起：杜鹏程、胡采、王汶石、李若冰
（20世纪80年代摄于陕西省作协）

1979年10月，参加全国第四次文代会的陕西代表，从左至右：
贾平凹、魏钢焰、李若冰、胡采、莫伸、杜鹏程、王汶石

序

激情为宏大事业澎湃

申尊敬

　　每一次说起这位前辈这件事，惭愧感就涌上心头。杜鹏程是新华社新疆分社的元老并且曾经是社长，我是晚他一辈多的新疆分社记者，可我在新疆工作时，对我们老社长的业绩和故事，居然只知道几枝几叶，还是听到多少算多少，从未刨根问底一探究竟。记得听老同志说过，名满全国的《保卫延安》，就是他在分社简陋的老院子里写出来的，又听说那个前辈们当年艰苦奋斗的院子早就归了别的单位，便不曾动心起念去寻访故地，可见我年轻时有多愚钝。近日读到边江同志编著的这本书，才补上了关于老社长的历史课，也算圆了一个梦，只是时光已然走过了近半个世纪。

　　杜鹏程在中国新闻史和文学史上创造了两个令人叹为观止的"高峰"：当记者，他在炮火连天的战场上写下《红旗插上壶梯老山》，又名《壶梯山上某旅顽强杀敌》，在刚刚解放的新疆写出《欢呼在帕米尔高原之下》等一批鼓舞人心提振士气的优秀新闻作品，还写了200多万字的《战争日记》；当作家，他写出了被誉为"英雄史诗"的长篇小说《保卫延安》。他也成了屈指可数的横跨新闻和文学两界的明星人物，中国的新闻史和文学史，都有他一席之地。

　　更"诡异"的是，洋洋洒洒30多万字的经典小说《保卫延安》，是杜鹏程在新华社新疆分社担任编委和社长期间"偷着"写出来的，以至小说出版时，分社许多同事都惊叹地说："老杜的保密工作做得太好了！"因为，白天的杜鹏程，也采访，也写稿，还常和记者们一起研究稿子，完全是个记者和"新闻官"的样子。只有夜深人静时，他才悄然来到书案前，呕心沥血于那个后来享誉全国的长篇小说《保卫延安》。

边江同志编著的这本《英雄记者杜鹏程》，向我们展示了杜鹏程成为名作家前是名记者的那一段多彩历史，也让我们看到了记者杜鹏程在激情燃烧的岁月里激情如火、深入采访、奋笔疾书的英姿风采。

在这本书里，我们看到了一个战士、记者、作家的成长与成才之路，他的平凡与不凡，他的追求与拼搏，他的战争与和平，他的革命与爱情，他的泪水与欢笑，他的燃烧与结晶，他的短章与长歌，他的激越与沉思，还有他的成功与感悟，我们甚至可以在其中找到时代与个人功业关系的答案。

杜鹏程在新闻界和文学界绽放光华，主要是在解放战争和新中国成立初期。从1947年3月到1954年6月，从陕北到新疆，杜鹏程在新闻单位里的身份让人眼花缭乱：延安西北新闻社记者，《边区群众报》记者，《群众日报》（《陕西日报》前身）记者，新华社战地记者，新华社野战分社主编，接收《新疆日报》的军代表，新华社一兵团分社二军支社社长，新华社新疆分社特派记者、分社编委、分社社长，其间他写了许多新闻报道、名篇佳作。1954年6月1日，人民出版社出版他的长篇小说《保卫延安》时，他的身份还是新华社新疆分社社长。在这期间，他还谈了一场富有传奇色彩的甜蜜的恋爱，迎娶了小他12岁的挚爱和战友张文彬。

在解放战争和新中国成立初期的短短7年间，年纪轻轻的杜鹏程扮演了这么多"角色"，干成了这么多大事漂亮事，而这一切，都成就于他26岁到33岁的风华正茂中。今天的许多年轻人，一定会惊讶于一个人在这么年轻的时候这么短的时间里，能干出这么多这么大的业绩，收获这么多成功的果实。

杜鹏程成功的原因有若干，如采访特别仔细，如写作特别刻苦，如工作特别勤奋等等，而根本原因是他的激情总在为宏大事业澎湃。

这种高尚而热烈的激情，是杜鹏程成功的"核动力"。

没有家国情怀，没有澎湃激情的人，很难成为一个好记者。

古今成大事者，必有大情大爱。他们是人中"鸿鹄"，理想的旗帜，在他们心中高高飘扬。他们志向宏阔，品格高洁，不腻屑琐之事，吃喝拉撒睡之余，胸中常激荡的是家国情怀。他们的激情常为宏大事业澎湃，热血常为远大目标奔涌。他们是"灵魂里有黄金"的人，在他们看来，"大我"总比"小我"大，"一地鸡毛"就是一地鸡毛，家长里短不过是绿豆芝麻，在宏大事业中逞风流，写华章，才是他们生命中魂之所牵、梦之所绕的皇皇要务。杜鹏程这一生的最爱，是共产党毛主席领导的为人民谋幸福、为民族谋复兴的宏图伟业。他一生的追求，是为这个大事业尽心力、作贡献。自从走上了革命路，他就把自己的身和心都献给了这个壮丽的事业，激情为他澎湃，热血为他奔涌，翰墨为他挥洒，直至生命的最后一息。

1991年10月27日，在陕西省人民医院的病房里，杜鹏程接受了彭德怀传记组的采访后，溘然长逝。这是一次满怀激情的采访，采访中，杜鹏程讲述的还是激情燃烧的岁月里激情飞扬的故事。他的革命生涯，始于激情，终于激情。

杜鹏程和大历史学家司马迁都是陕西韩城人，司马迁这位家乡人的骄傲是他心目中的偶像。1937年，16岁的杜鹏程正在韩城一所中学半工半读。就在这个年轻人确立人生"三观"，该系"人生第一粒扣子"的关键时期，在几个党员老师的影响下，他参加了党的外围组织，激情澎湃地投入到抗日救亡活动中。1938年，在抗日的烽火中，他北上延安，来到革命圣地，走进了"红星照耀的中国"，加入了"黄河大合唱"的队伍。从此后，他就把自己生命的主旋律融入时代的主旋律。

在延安，他上"抗大"，做群众工作，教老乡和娃娃们识字，参加大生产运动。后来考入延安大学读书，毕业后在陕甘宁边区被服厂从事职工教育。陕北的黄土地，赋予他正能量；共产党的大事业，激发了他的浩然正气。1947年3月，26岁的杜鹏程怀揣一支笔，挎着一支枪，跟随西北野战军奔向战场时，已经是一个满怀激情的战地记者了。

战场是灵魂的净化场。在血肉横飞的战场上，杜鹏程是记者，也是战士，部队行军他行军，部队打仗他打仗，战士冲锋他冲锋，战斗间隙他采访。激烈的战斗考验着他，英雄的事迹感染着他，战友的关心温暖着他，牺牲的战友激励着他，胜利的喜讯鼓舞着他。

战场上的血与火，一次又一次点燃杜鹏程的激情，也升华了他的精神境界。一位给他传授战斗经验的团参谋长和一位营长，为了掩护大部队，先后壮烈牺牲了；一个著名的战斗英雄，就牺牲在他的眼前……每次想起这些为伟大事业英勇献身的战友，慷慨激昂的革命英雄主义的旋律，就在他的心中响起，他立志要"为战士歌唱，为英雄树碑"。

杜鹏程满怀激情颂英雄。在他的笔下，有运筹帷幄的彭德怀和王震等高级将领，也有冲杀在战斗前线的普通指战员。1948年7月，杜鹏程采写的通讯《连长温广生——智勇双全的指挥员》，说的是一位负过八次伤，"四肢就有三件残废了"的连长，但这位英雄连长并未因多次负伤而减弱战斗意志，在他的带领下，该连荣获团里颁发的"1948年第一功"奖旗。这个英雄连长，后来被杜鹏程写入《保卫延安》，成为小说里的战斗英雄周大勇。

澄合战役是解放战争时期保卫党中央的一次重要战役，此役歼敌近万人，消灭了国民党整编三十六师大部，粉碎了胡宗南企图封锁西北野战军于黄龙山区的计划，收复了澄城、合阳、韩城三个县城，扩大与巩固了黄龙新区。

在这场战役的主战场壶梯山，杜鹏程与战士们一起冲锋陷阵，目睹了前线指战员们前仆后继、英勇牺牲的壮烈战斗场面。战斗结束后，他含着热泪写出《壶梯山上某旅顽强杀敌》，热情赞扬英勇杀敌的战士们。

杜鹏程说，他的记者生活是在血与火的考验中，是真正和战士们做知心朋友滚在一起中度过的。1947 年 7 月 13 日，杜鹏程在陕北定边的"战地日记"中写道："整理战斗英雄材料，我看到很多优秀的同志牺牲了。这些同志总是冲锋在前，所以牺牲也大。斗争是多么残酷，每次战斗都要付出血的代价，想到这些我心如刀绞。这些为了理想而牺牲的同志，这些伟大的人，人民的英雄，他们为民族解放，国家独立，一批批献出了自己的鲜血与生命。"

新疆和平解放后，杜鹏程以极大的热情，宣传报道各族人民翻身做主人的新社会、新气象。他深入城市和乡村，采写了《欢呼在帕米尔高原之下》《戈壁滩上新城——阿图什》《喀什的巴扎》和《三喜临门——访土改后的帕克太里克乡》等一批优秀通讯，为新中国献上一曲又一曲嘹亮的赞歌。

《保卫延安》出版后，杜鹏程受到广泛赞誉。1956 年，毛泽东主席在北京接见了杜鹏程，这是一个作家和记者的无上光荣。1937 年，16 岁的杜鹏程加入党的外围组织；1938 年，严格意义讲依然是少年的他走向延安时，肯定想不到如今会有这般荣光。而没有近 20 年激情澎湃的奋斗，今日的荣光不会从天而降！

面对荣誉和掌声，杜鹏程的思绪又回到了激情燃烧的岁月，他真诚地说："我有什么能耐呢？我就是忘不了战士们，忘不了人民群众，忘不了那一场场壮烈的战争，忘不了战斗生活对自己的深切教育，忘不了流血流了几千年的中华民族的历史。"

杜鹏程的这种高尚之情，化作了采访报道的澎湃激情。作为新华社战地记者，他一手拿枪，一手拿笔，每天都像陀螺一样高速运转。参加战斗之余，别人休息了，他采访，他写稿，还天天写日记。200 多万字的《战争日记》，就是在战斗间隙写出来的，无论战斗多么激烈，身体多么疲惫，一天也没间断。而写日记，纯属"分外事"。日记里这些来自一线的活生生的所见所闻、"当日新闻"、各类素材，经过筛选整理，先后变成几十万字的消息、通讯、散文、报告文学和剧本。

新闻与文学是"姑舅亲戚"，《战争日记》与《保卫延安》血肉相连，

《保卫延安》是新闻与文学完美的"混血儿"。杜鹏程在《战争日记》里耳闻目睹的许多生动故事，就是他创作长篇小说的主要素材。杜鹏程是记者出身的作家，当记者当作家都成绩斐然。干新闻，他严守真实的原则；搞创作，他追求艺术的真实。在转战陕北期间，他就注意搜集创作素材，为搞文学打基础。在喀什工作时，繁忙的采访报道之余，他酝酿小说创作，做到了报道和创作两不误。既想当记者，又想搞文学的朋友，可以从这位老前辈成功的实践中学到许多。

从来艰苦奋斗成大事，正所谓"吃得草根，百事可成"。杜鹏程当年干这些大事难事时，工作条件之差，可能超出了当今许多记者的想象。走上陕北战场后，他一直用一支自制的笔采访写作。这支笔的笔尖是组织发的，笔杆是用质地坚硬的木头削成的，然后把笔尖用线紧紧扎在笔杆上端，用发的紫色颜料合成墨水蘸着写字。他就用这支自制的笔，在战火纷飞的阵地上、在急行军后的午夜里、在老乡的锅台上，或者就在自己的膝盖上写稿。一年多后的1948年春，刚打过一次胜仗，部队在渭北合阳县一个农村里，旅政治委员杨秀山突然听同志们说，杜记者一直用蘸水笔写文章，挺困难。他立即把旅供给部何华章部长叫来，说："写文章的人，用那样一支笔怎么行？你一定要给老杜搞一支好笔。"何部长千方百计弄来一支崭新的"金星钢笔"，杨秀山政委亲自把这支笔交到了杜鹏程手里。这支笔跟随杜鹏程走遍了西北五省区的大部分地方，用它写了数十万字的文章和大量笔记。上百万字的《保卫延安》长篇小说草稿，也是用这支笔写成的。

在艰苦的环境里，杜鹏程苦得快乐，累得兴奋。在刚刚解放的新疆喀什和乌鲁木齐，杜鹏程先任新华社一兵团分社二军支社社长，后来成为新华社新疆分社领导，新闻官做得越来越大，肩上的担子也越来越重。但再忙再累，他一天也没有放下手中的笔。白天，他是"记者头"，不是下乡采访，就是和记者研究报道，给记者改稿子，自己也写稿子，还要处理许多行政事务。夜深人静时，他常常在书桌前奋笔疾书，"偷偷地"写《保卫延安》，直到脑子转不动了，才搁笔休息。

在喀什农村采访时，没有车坐，他就和几个记者骑着毛驴走村串户。晚上没地方住，他们就露宿在野外。虽然很苦，但从不叫苦，更无怨言，工作中依然热情万丈，因为他的心中有解放全中国、建设新中国这样的大事业、大目标。

讲述杜鹏程的这些老故事，不是要"卖惨"，也不是"唱高调"，这一桩桩一件件，都是老一代记者当年艰苦奋斗的真实记录。

杜鹏程是一个革命者，也是一个成功者，他为什么会成功？

在人生的关键时期，革命大潮风起云涌，杜鹏程走上了革命路，跟着共产党干。一开始，他不挑肥，不拣瘦，党让干啥就干啥，让干啥就干好啥。后来因为喜欢写作，并干出了一些成绩，他如愿成了记者，可以说是"革命的路走对了，革命的门也进对了"。从此后，个人爱好与党的宏图大业在杜鹏程这里水乳交融，化为一体，他的成功，就是迟早的事了。

个人志向与时代主题相契合，在建功立业中展露才华，个人功名也从此中来，这是杜鹏程成功的答案，也是对当代年轻人重要的启示。

现在的年轻记者，"生在红旗下，长在春风里"，没有了老一辈革命者杀头掉脑袋的风险，采访写作的条件，比起当年的杜鹏程，可以说好到天上去了，最起码不会用自制的笔采访写作了，交通工具也是飞机、高铁和小车随便选，但我们有他的"青云之志"吗？有他艰苦奋斗的精神吗？有他为宏大事业燃烧的激情吗？

身在俗世无俗气，心怀理想有浩气，优秀的新闻工作者应该是理想的现实主义者。我一直以为，记者可以是俗人，但应该是俗人人群中最不庸俗的那一群，便该有不同于普通人的社会责任感。我们生活在社会主义市场经济的大环境中，和普通人一样要面对诸如买房、还贷等一系列难题，这当然不是什么赏心乐事，甚至让人很闹心，但我们至少没有杜鹏程当记者时随时掉脑袋的危险。当年在陕北战场上，营长盖培枢送给杜鹏程一条新毛巾，他"把毛巾叠起来，宝贝似的装在衣兜里"。在一场战斗中，这条毛巾"被子弹打得稀烂"，战斗结束后，他"怪可惜地翻过来掉过去地端详着"。我们这些现在的记者，谁会把一条毛巾当"宝贝"？我们生活在老一辈革命者流血牺牲创造的和平环境里，"风物长宜放眼量"，我们的各种生存难题，都会在社会的和平发展中得到解决。

一个理想的现实主义者，既要胸怀理想，又须直面现实，不能让"五斗米"成为奋斗路上的绊脚石，不能让回头看不算啥的生活难题泯灭了自己的"中国梦"，不能让"一地鸡毛"绊住为宏大事业奋斗的脚步，应该在放声歌唱宏大事业的灿烂辉煌中，让自己的生命绽放光华。

一个新闻工作者扬名立万的黄金时期，就在入职后的二三十年间。这段时间，好像很长，其实很短。谁不负时代，时代不负谁；谁若负时代，时代也负谁，这是铁律。工作和生活中，可以不优秀，不能不努力。可以抱怨，不能颓废。少一点负能量，多一点正能量。我们的国家，虽然正在由富变强，但不尽如人意处，自然有种种。记者也是普通人，也是普通老百姓，没有家国情怀的人很难成为好记者。身为记者，看到社会的不良现象，也可以发牢骚，但不能忘职责。"牢骚太盛防肠断"，当怀正气唱大风。

一代人有一代人的宏大事业，一代人有一代人的神圣使命。党中央正在带领全国人民实现中国式现代化，这是中华民族千年未有之大目标，记者也是这个宏大事业的奋斗者。在这个大时代和大事业中，记者大可以也大应该发出自己的光和热。无数的好故事，需要我们好好讲。大量的先进人物，需要我们去报道。许多成功的经验，需要我们去总结。许多新问题，需要我们去调查，去研究。当然，发现了有损党的形象和群众利益的现象，也要给予揭露和批评，激浊扬清也是我们的职责。但是，我们是社会主义制度下的记者，不是资本主义制度下的记者，不能以"人咬狗"式的报道题材为兴奋点，我们的职责是满腔热情地传播以真善美为主要内容的正能量，而不是相反。身处伟大时代的记者，如果对这一宏大事业没有热烈的爱心，没有燃烧般的激情，就不可能写出无愧于这个伟大时代和人民的优秀作品，就有愧于这个时代和人民群众。

如何在这个物欲横流的世界不忘初心，保持战略定力，积极发现时代之美，满怀激情歌颂人间大美，像习近平总书记提倡的那样讲好中国故事，像江泽民同志号召的那样"以高尚的精神塑造人，以优秀的作品鼓舞人，以正确的舆论引导人"，是每个新闻工作者要回答的问题。

杜鹏程同志已经远去，他的精神还在闪光，他们那一代人的精神不能失传。搞丢了他们的精神，我们对不起先辈。我们这一代新闻人的使命是，继承和发扬他们的精神，做一个有高尚情怀的人，一个满身正能量的人，一个满怀激情的记者，像他那样激情为宏大事业燃烧，才情为伟大时代倾洒，写出无愧于这个宏大事业和伟大时代的作品，"不负韶华不负我"。

编著本书的边江，在新闻界可称老人，在新闻史学界却是新人一个。他的新闻生涯起步于陕西省西北角的一个山区小县，从通讯员成长为新华社高级记者和分社领导。退休后，因为编撰新华社陕西分社社史，他像发现新大陆一样发现新闻史及其研究是一个广阔天地，由此狂热地爱上了这个专业。把边江领进"新华门"的新华社陕西分社原社长周国华听说边江爱上了新闻史研究，热情地鼓励他"大胆地走下去"。

几年来，边江像当年热爱新闻报道一样热爱新闻史研究，他因热爱而执着，因执着而丰收，已经收获了累累硕果。

边江与杜鹏程并不相识，也无交集，他在编著《新华社陕西分社社史》时，接触到杜鹏程这位英雄记者的史料，从此牢牢地记住了这位前辈。他怀着深深的敬意，编著这本《英雄记者杜鹏程》，致敬这位战火里走来的新闻前辈。

边江与我，相识很早，相知很晚。我俩家乡的县连畔种地，又都在新华社工作，所以几十年前一见面就格外亲切。但新华社是个"散是满天星"的大单位，分支机构遍布国内外，我们因为不在一个分社工作，相互的了解并不多，常见他采写的优秀作品屡屡发表在大报大刊，在陕西和全国产生了重要影响，我很为有这样一个能干的乡党而感到骄傲。我退休后从东北回到西安，和边江住在一个家属院，接触多了才发现，这位乡党憨厚的外表里，藏着火一般的热情和一颗执着的心，为了梦想成真，他经常在许多人还酣睡的凌晨时分就"开工"了。

退休6年多，边江编著了8本书，总字数洋洋洒洒达300多万字，这成果，实在让人羡慕敬佩。如果在退休干部中选劳动模范，我第一个投票给边江，而且会动员更多的人投票给他，因为他当之无愧。

边江退休6年多来的作为告诉我们，人生夕阳后，可以活得这么灿烂！

编著这一本《英雄记者杜鹏程》时，边江的一只眼睛突患青光眼，视力急剧下降，还做了手术，但他还是忍着病痛，坚持完成了繁重的编著任务。

边江这是用杜鹏程精神为杜鹏程树丰碑！

写下这些文字，致敬我的老社长杜鹏程，也向边江同志表达深深的敬意。

2023 年 6 月 1 日于西安新华苑

注：申尊敬系新华社宁夏、吉林分社原社长，高级记者，新华社首批特聘教授。著有《品悟毛泽东》（在2013年第23届全国图书博览会推荐的百种优秀图书中名列第一）、《善变的中国人》和长篇报告文学《家国大漠》。《丝绸之路漫记》（合著）一书1984年被中国史学会和中国出版工作者协会评为全国优秀图书。杂文入选《中国杂文鉴赏辞典》和《新疆杂文选》。

目　录

第二篇
杜鹏程新闻作品选粹

第三篇
杜鹏程新闻认知论说

第四篇
杜鹏程战争日记选编

第一篇
杜鹏程新闻生涯研究

　　杜鹏程在中国新闻史和文学史上创造了两个令人叹为观止的"高峰"：当记者，他在炮火连天的战场上写下《红旗插上壶梯老山》，又名《壶梯山上某旅顽强杀敌》，在刚刚解放的新疆写出《欢呼在帕米尔高原之下》等一批鼓舞人心提振士气的优秀新闻作品，还写了200多万字的"战争日记"；当作家，他写出了被誉为"英雄史诗"的长篇小说《保卫延安》。他也成了屈指可数的横跨新闻和文学两界的明星人物。新闻史和文学史上，都有他一席之地。（申尊敬语）但以往人们多从名作家的角度研究杜鹏程，本书则从名记者的角度研究杜鹏程。

　　本篇收录纪念和研究杜鹏程新闻生涯的文章20篇，共11.4万多字，分为四节：第一节《英雄记者》，选收"2022年当代中国新闻史研究论坛"交流论文《英雄记者——杜鹏程新闻实践与新闻认知及其启示》；第二节《无愧"中国名记者"》，选收《抒写"英雄史诗"——记"中国名记者"杜鹏程》等7篇纪念文章；第三节《激情燃烧的边疆岁月》，选收7篇文章，集中讲述杜鹏程当年在新疆的故事；第四节《一支笔如一支劲旅》，选收5篇纪念杜鹏程的文章。通过这些文章，基本可以反映杜鹏程的新闻生涯。

杜鹏程稿件《子长各级干部坚持原地斗争 日夜支援前线到处打击敌人》，载《边区群众报》1947 年 4 月 26 日一版头条

一、英雄记者

英雄记者杜鹏程的新闻实践与新闻认知及其启示

边江

提要：杜鹏程是著名作家，也是著名记者。其新闻报道成就主要是：深入采访报道人民解放战争，大力宣扬革命英雄主义精神；热情讴歌军民团结鱼水情深，如实描写我军干群密切关系；生动报道我军纪律严明情况，准确反映我军思想政治工作；辛勤奔波高原进行深入采访，卓有成效开展民族团结报道；领导创办解放新区地方党报，热心进行通讯员培训等工作。他对新闻工作不乏真知灼见，主要是：优秀的新闻工作者是可敬的勇士，必须要有崇高的胸怀；新闻工作者必须认真学习马克思主义理论，掌握多方面的知识；新闻记者要学会观瞻全局，有全局观念；采访决定写作，记者笔下要有现场感；记者要"行万里路，读万卷书"，走到哪写到哪；记者会写散文，才能写好通讯。杜鹏程给我们诸多启示：确保真实性，快中抓活鱼，短中求精粹，注重针对性，唱好重头戏。他是一位英雄作家，也是一位英雄记者。

杜鹏程是享誉海内外的著名作家。人民文学出版社 1954 年出版的杜鹏程长篇小说《保卫延安》，是"第一部讴歌人民解放战争的名著，被誉为我国描写现代战争的长篇小说的里程碑"[1]，2019 年 9 月入选"新中国 70 年 70 部长篇小说典藏"。他的长、中、短篇小说及散文创作等都卓有成就。

杜鹏程也是一位著名记者。1945 年 7 月 8 日他在延安《解放日报》首次发表新闻作品，1947 年 3 月被组织选调到《边区群众报》（《陕西日报》前身）工作，成为新华社战地记者，参加了解放战争的报道，随军进入新疆，1950 年末转业到新华社新疆分社，1954 年 6 月调中国作协陕西分会成为专业作家。2013 年 11 月至 2019 年底，由原新闻出版总署组织编写、人民出版社陆续出版的《中国名记者》丛书（共 20 卷），

---

[1] 新华社通稿：《杜鹏程同志逝世》，新华社西安 1991 年 10 月 31 日电。

介绍了从 19 世纪 70 年代我国新闻事业发展初期至改革开放时期共 400 名杰出记者，内容包括他们的新闻成就、生平事迹、优秀作品和重要贡献，杜鹏程事迹以《书写"英雄史诗"》为题入选，他是一位英雄记者，也是一位名副其实的"中国名记者"。[①]

1991 年 10 月，杜鹏程先生在病榻上口述、由夫人张文彬记录完成的《把笔伸向生活的深处》，是他为《宝鸡日报》总编辑、高级记者卢愚的新闻作品集《西部风流》写的序言（该书 1992 年 6 月由陕西人民出版社出版）。这也是杜鹏程先生在他人生最后岁月的一篇作品，弥足珍贵。他在这篇文章中深情地说："我是从新闻战线上走向文学创作的，可以说，将近十年的新闻工作实践为我以后从事文学创作打下了基础。我至今仍衷心感谢新华社对我的培养，仍怀念从新闻工作中所得到的锻炼。"[②]

杜鹏程，原名杜红喜，笔名朴诚、杜普诚、司马君等。1921 年阴历三月二十八日杜鹏程生于陕西韩城县夏阳乡中苏村一个农民家庭，三岁丧父，家境贫寒。他少年时代上过私塾和基督教学校，后来到县城一家店铺当学徒。1934 年至 1936 年，杜鹏程经人推荐，到外乡的西庄学校半工半读。1937 年，16 岁的杜鹏程参加了中国共产党的外围组织"中华民族解放先锋队"，开始抗日救亡活动，跟上老师和学生，到农村讲演，演剧，写标语，作宣传。1938 年初夏，在中共党员老师的介绍下，17 岁的杜鹏程北上延安，先后在八路军随营学校（抗大分校）和鲁迅师范学校学习。毕业后，被陕甘宁边区政府教育厅分派到延川县，在延川生活工作了两年多。延川这个黄河畔的陕北山区小县，在历史上素有"尚文重教"的传统。陕北流传着一句俗语："文出两川，武看三边。"其中的"一川"指的就是延川。杜鹏程刚到延川的时候，在杨家圪台村当过一段时间的小学教师，后调入县民教馆任职。在县民教馆期间负责编辑《老百姓报》，很受群众欢迎。这份《老百姓报》一共办了 20 多期，多为手抄，每一次把报纸张贴在街头，都会吸引来县城赶集的大批群众观看阅读。在县民教馆期间，他还开始写歌词、写新民歌和小剧本，为县春节宣传队编写反映抗战的剧本《反击》等，并在延川县的城乡进行演出，均取得了不俗的反响。这些经历增长了他的才干，也为他后来的文学创作积累了宝贵的经验。杜鹏程曾说："陕北的土地，哺育了我；陕北的人民，抚养了我。"1986 年 10 月，杜鹏程撰写回忆录《我在陕甘宁边区延川工作情况》，1991 年又作《漫谈文艺的路》。这两篇文章均深情地回忆了在延川度过的那

---

① 柳斌杰主编、李东东副主编：《中国名记者》丛书第十二卷，人民出版社 2019 年 12 月出版，第 126 页。
② 杜鹏程：《把笔伸向生活的深处》，原载《西部风流》，卢愚著，陕西人民出版社 1992 年 6 月出版。

段温暖而艰苦的岁月，表达对延川这块厚土的深情。[①]1941 年后半年至 1944 年底，杜鹏程在延安大学学习了 3 年半。这几年正是抗日战争最困难、最艰苦的年代，敌人封锁，经济困难，他和大家一起参加了大生产运动，自己动手、丰衣足食，齐心协力战胜种种困难。在这艰难岁月，他奋发进取的热情很高，大量阅读历史、文学、哲学、政治经济学等书籍，拼命地学习，为以后的工作及创作打下了较好的知识基础。延大毕业后，1945 年初他被分配到陕甘宁边区被服厂，从事职工教育等工作，不久加入了中国共产党。1945 年 7 月 8 日，杜鹏程在延安《解放日报》首次发表了新闻作品——通讯《被服厂成立备荒义仓工人踊跃存粮》，1946 年他在该报又陆续发表了《追赶运动——为和平建设而努力工作》《消极指责还是积极帮助》等新闻稿件，引起各方关注。1947 年 3 月，他被组织选调到附设在《边区群众报》的当年 2 月成立的西北新闻社（《边区群众报》1948 年 1 月改名《群众日报》，为今《陕西日报》前身；该报与 1947 年 5 月成立的新华社西北总分社为一套人马、两块牌子），成为新华社战地记者，参加了解放战争的报道。杜鹏程作为新华社野战分社主编，随军采访一路向西进入新疆，最后到达帕米尔高原下的喀什，他是西北地区征途最远的新华社随军记者。1950 年底，他从部队转业到新华社新疆分社，被任命为特派记者，分社编委，1953 年后期任分社社长。1954 年，人民出版社出版了杜鹏程的长篇小说《保卫延安》，在全国引起轰动，同年 6 月他加入中国作家协会，被调往中国作协陕西分会成为专业作家，1972 年担任省作协副主席，后又兼任省文联副主席、省对外友协副主席。他是第二、三届全国政协委员，中共十二大代表，中国作协第二、三、四届理事，中国文联第四届委员，并多次担任省人民代表、省人大常委会委员、省政协委员，并曾兼任铁道部第六工程局党委宣传部副部长、宝成铁路工程处（六局一处）党委副书记，西北大学、西北工业大学兼职教授等。[②]1991 年 10 月 27 日，杜鹏程在西安因病逝世，享年 70 岁。

（一）

杜鹏程是一位成绩卓著的优秀记者。其新闻报道成就主要体现在以下几个方面。

1. 深入采访报道人民解放战争，大力宣扬革命英雄主义精神

杜鹏程调任新华社战地记者后，立即抖擞精神、转换角色，全身心地投入到人民解放战争的采访报道中。1947 年 3 月 19 日，我军主动撤出延安。杜鹏程在这天的

---

① 梁爽、李继凯：《文坛英雄汉：路遥眼中的杜鹏程》，原载《文艺报》2017 年 6 月 23 日第 5 版。
② 杜鹏程：《我的小传》，载《本质上的诗人——回忆杜鹏程》，陕西人民出版社 2001 年 6 月出版，第 687 页。

战地日记中写道："机关枪不住地打，飞机在头上整天乱扰。我边跑手里还拿着稿子，跑到山坡上拿出稿子又改，一切有多么紧张。每个人都无怨言，我想这就是我们之所以不可战胜的地方吧。据说敌人以三十四个旅，二十三万余人进攻边区，而我军仅二万五千人抗击。"① 敌情非常严峻，但他斗志昂扬。

1947年4月26日，《边区群众报》在一版头条位置，刊登了杜鹏程采写的《子长各级干部坚持原地斗争（眉题），日夜支援前线到处打击敌人（正题）》的战地通讯。在这篇近千字的报道中，杜鹏程以"不分昼夜支援前线，乡长抱病布置工作""雷区长布成疑阵，游击队打退敌人"等生动事例，反映了1947年3月19日我军主动撤出延安、3月31日敌人踏入子长后，该县县级干部立即分散至区乡直接领导与协助各地，"区不离区，乡不离乡"，坚持对敌斗争，支援前线，打击敌人、保卫家乡的情况。

在杜鹏程的笔下，有我军高级将领，更多的是基层的战斗英雄。1948年7月8日，《群众日报》刊登了杜鹏程采写的通讯《连长温广生——智勇双全的指挥员》，说的是一位负过八次伤（其中三次轻伤，五次为几乎致命的重伤）、"四肢就有三件残废了"的英雄连长，但这位英雄连长并未因多次负伤而减弱战斗意志，在他的带领下，该连荣获团里颁发的"1948年第一功"奖旗。战士们说："连长是一个铁人，战斗中他和我们在一块，我们心里都是稳的。"这个英雄连长后来成为杜鹏程笔下的战斗英雄周大勇，被写入长篇小说《保卫延安》中。

澄合战役是解放战争时期，彭德怀指挥的一场战役，此役歼敌近万人，消灭了国民党整编三十六师大部，粉碎了胡宗南企图封锁西北野战军于黄龙山区的计划，收复了澄城、合阳、韩城三个县城，扩大与巩固了黄龙新区。8月8日拂晓，澄合战役总攻开始，主战场在澄城县境内的壶梯山，仅一小时激战，我军就占领山头，消灭敌二十八旅八十二团。接着我军乘胜追击，扩大战果，至13日，战役宣告结束。8月22日，中共中央电贺西北野战军歼灭胡宗南部整编第三十六师的重大胜利。

杜鹏程在壶梯山战斗中，与战士一起冲锋陷阵，他目睹了前线指战员们前仆后继、英勇牺牲的壮烈战斗场面。战斗结束后，他含着热泪将此次战斗的见闻写成一封长信，报告给彭德怀副总司令及西北野战军政治部主任甘泗淇。8月21日，彭德怀同志亲笔批示："西北总分社前线分社：杜鹏程同志写来的信很好，其中略有词句修改。请广播。此致敬礼！ 彭德怀 八月二十一日"。当时，新华社西北总分社与《群众日报》是一套人马、两块牌子，前线分社是西北总分社的组成部分。8月27日，《群众日报》将这封2300多字的长信改为一篇战地通讯，以引题"四评练兵后斗志惊人高涨"、正题"壶梯山上某旅顽强杀敌"、副题"向敌人猛扑绝不后退一步发挥自动性人人坚决战斗"

---

① 杜鹏程：《战争日记》，解放军文艺出版社1998年出版，第12页。

的形式，精心编排制作标题，在报纸一版头条位置浓墨重彩隆重推出。9 月 11 日，新华总社通稿以《前线记者反映火线见闻》为题，全文播发了杜鹏程的这篇战地通讯，并加按语说："西北人民解放军某旅经四评（评斗志、评智慧、评指挥、评政策）整军与夏季大练兵后，在此次黄龙南线痛歼国民党军三十六师之役中，表现了惊人高涨的斗志和优良的战斗动作。新华社西北前线分社记者杜鹏程特将参加此次战斗的见闻，报告了彭（德怀）副总司令及西北野战军政治部甘泗淇主任。彭副总司令认为党的新闻工作者这种深入战斗的作风与负责向党的领导机关报告情况的办法，值得提倡推广，特致函西北总分社，将该函予以发表。"这篇重磅战地通讯，被《人民日报》《晋绥日报》等全国各地解放区报纸普遍予以刊登，在部队和广大读者中引起强烈反响，杜鹏程也因此名声大振。新华研究院新闻史研究室副主任王会对此稿评析说："文章从坚持战斗到底、自觉自动的战斗情绪、支援友邻兄弟部队不怕困难牺牲、步炮协同、政治鼓动等几个角度，将复杂的战争条理化，记叙了经四评整军与夏季大练兵后西北人民解放军某旅指战员舍生忘死、英勇战斗的壮烈行为，再现了惊心动魄的战斗场面，并及时对军队存在的一些问题进行观察和思考。全文满怀对英勇指战员的崇敬之情，不断穿插简短有力的直接引语，通过富有现场感和画面感的描写，成功塑造了英雄形象，生动感人，是难得的历史记录。"①此稿作为一篇优秀新闻作品，后来被选入《新华社 70 年新闻作品选集》《新华社 80 年新闻报道选》等多种书籍中。

2. 热情讴歌军民团结鱼水情深，如实描写我军干群密切关系

杜鹏程采写的这方面稿件很多。例如，《边区群众报》1947 年 5 月 5 日刊登的《群众大会上苏云海等受奖，安塞模范担架队胜利归来》，5 月 17 日刊登的《担架队员夸蟠龙》，5 月 20 日刊登的安塞区乡干部组织灾民互助生产，10 月 22 日刊登的边区军民关系的一则故事等，都是这方面的内容。《边区群众报》1948 年 1 月改名为《群众日报》后，6 月 15 日刊登了我军挺进陇海西段时，《城市群众欢呼得见天日、乡野农民冒死护救伤员》的新闻；7 月 16 日刊登了《踏遍秦陇三千里，冰雪星月运伤员》，乡宁区几个担架队获奖的稿件；7 月 15 日该报第二版，刊登了《韩城喜溢农村，酬谢驻军保卫丰收》的消息。1949 年 4 月 19 刊登了反映军民关系的《（副标题）前进部廿六支队西寨部教导团亲密军民团结，（主标题）助民锄麦推动生产》的稿件。

1947 年 10 月 1 日，《边区群众报》刊登了题为《我们全是穷人的儿子》的小通讯，稿子开篇说："解放军过往的地方男女老少都兴奋地跑来看咱们的军队，给军队送水、带路。镇川堡高家峁、长梁石畔前后几十里的地方，群众都准备好开水招待过往的解

---

① 王会：《抒写"英雄史诗"》，原载《中国名记者》丛书第十二卷，柳斌杰主编、李冬冬副主编，人民出版社 2019 年 12 月出版，第 136 页。

放军。"接着讲述：在长梁石畔村山腰上，一个老太婆提着水罐走下来，紧跟着一个小媳妇和一个大闺女，各挑一担水，老太婆虽然尽快地走，但她们好像竞赛似的很快地就赶过她把水担到路旁，这个动人的场面在队伍的行列中引起了深切的感动和愉快的笑声，战士们高声喊："老人家落后了！"可是她说："走路比不上年轻人，我多提两回还不是就赶上她们了。"接着她就喜悦而夸耀地对战士们谈着她分得了七垧地，她的儿子赵文发背了一根快枪去参加了本区游击队。现在她动员了全家人担水慰劳自己的军队。她的老汉赵根旺正忙着给大家舀开水，战士们向他道谢说："老人家你可是全家动员了，实在够麻烦了！"赵老汉说："不能这么说，人嘛，不能忘本呀！去年咱们军队开辟了这地方，今年我吃不上，政府又救济了三次，要是没有咱们的军队、政府，就没有咱了。我老汉过去顶人家的天，立人家的地，如今不同了。咱已是有九垧地的家户了！"稿子写到这里出现了转折：所有的老乡都似乎想趁这短短的休息时间，把自己满肚子的话对解放战士讲完，唯有61岁的高占秀老汉坐在他的开水罐旁，显得愁眉苦脸，有人问他："老人家怎么啦？"他唉的一声，热泪夺眶而出。他说："我要跟上军队去，我要为我的儿子报仇去！"说着，他的热泪又从昏花的眼中顺着多皱的脸和苍白的胡子滚下来。高老汉是高家峁人，他的儿子高子俊是一个老实的勤苦人，是一个乡干部。去年冬天一个严寒的夜晚，地主高占中及一群吸血鬼把高子俊拉在山上说："小子分了地，翻了身好吧？老子好好叫你翻一家伙！"然后就把他的衣服剥光，把两只胳膊砍断，把肠子心肝挖出，最后把头也割下了。高老汉悲愤得直发抖，他说："我一辈子杀鸡手都打战，如今我都能把地主的心挖出来！我要跟军队去，要去报仇！"战士们激动得围住他，有力地握着枪杆子说："老人家不要伤心，你的儿子没有死，我们这些拿枪的全是你的儿子，全是穷人的儿子！我们要为你报仇，彻底消灭地主阶级，打倒总头子蒋介石！"杜鹏程这篇稿子总共800多字，篇幅不算长，但内容丰富，细致入微地刻画了骨肉情深的军民关系，富有感染力和说服力。

1948年10月2日的《群众日报》，刊登了杜鹏程采写的《"西村"举行庆功大会，三千群众赴会祝贺》的消息。稿中说，"西村"部在庆功大会上，庄严隆重地介绍由下而上选出的特等战斗英雄及某些单位最突出的、足以作为典型的特点，用以启发、鼓舞、教育群众。英雄们的光荣事迹绘成连环画，首长们亲迎披红戴花骑大红马的特等英模，3000多名群众携带礼物欢腾赴会，各部队抬上猪羊酒果为英雄庆功，使战士们感到庆功的无上光荣，他们说："做了战斗英雄一辈子也光荣。"与会的英模和群众一致反映："庆功会是积极分子的训练班，它提高了积极分子，同时鼓励了新积极分子的不断出现。"

杜鹏程写他初到二纵队做随军记者，和几位同事第一次去见二纵队司令员的情况：

"司令员房内挂着大幅地图，他和参谋们围聚地图正研究工作。我们去后，他热烈地握手，并问了五个人的名字，他对午人的名字很奇怪，他紫铜色的面容，显出一副天真好奇，笑着说'午，噢，午人'。用指头在手上画着，'午人，是中午生的人'。大家都轰然地笑了。""一会儿，他走了过来用胳膊挽住我的胳膊说：'午人的名字好记，你叫杜鹏程，鹏程万里呀。'似乎我们是他的老熟人，又像是无所不谈的朋友，我们感觉不到一点儿拘束。"① 在他笔下，司令员的亲民形象跃然眼前，干群关系水乳交融，可见一斑。

3. 生动报道我军纪律严明情况，准确反映我军思想政治工作

1948 年 6 月 14 日的《群众日报》，刊登了杜鹏程采写的《我军城市政策美德，流传黄龙西府各县》一稿，讲述了我军进入新解放区后，严格执行"三大纪律八项注意"，不擅入民房，不动民物，清理敌伪所劫民财退还原主的故事。同年 11 月 18 日，《群众日报》以半个版的篇幅，刊登了杜鹏程采写的长篇通讯《政策进城》，这篇稿子分为六个小标题，绘声绘色地讲述了 10 多个小故事，生动深刻地反映了我军纪律严明、人民群众拥护我军的所见所闻。其中有：在常宁镇，"英明"部的工作队，把战斗中从敌人手中缴获的学校用具和衣服都开好清单，交还给学校教员和学生，连 4 个砚台、18 个墨盒都开得一清二白，并把缴获敌人的 14 床被毯及 10 多件棉背心，也送给了贫寒的学生。在刚解放了扶风绛帐车站，战士们行军打仗跑得满身是汗，时值半夜衣服又湿又冷，这时每个人希望能喝上一口开水，可是叫门要水是会惊动老乡的，因之只好忍耐着。忽然一个黑影从树荫下闪过，原来是一个送水的老乡，他亲切地说："都半夜了，太渴了吧？赶快喝上口。"问他："怕不怕？你知道我们是什么人？"他回答："解放军！谁都知道，过去就是不敢说，我们老百姓心里明白得像镜子一样。"在常兴车站，我们的队伍深夜集中在街道上，踏着一尺来深的泥糊子，淋着大雨，但谁也没敲叫老乡的门，因为战士们都知道：考验每个人的政策观点，就在这最艰苦的时候。第二天早晨，人们刚醒来，解放军已将街道打扫完毕，初升的阳光，开始照耀着这座人民的城市。一天，虢镇车站的月台上挤满了人，一位卖饸饹的老乡说："解放军进了凤翔城，鸡狗都不惊，他们不但不进老百姓的家，连金子搁到门口也没人拿，凤翔解放后的第一天，城里的老百姓和商人就照常地营生，街上比从前更热闹啦！"宝鸡解放第二天，走到西街人忽然乱起来，商人们边跑边喊，高兴得像得了什么宝贝一样，原来是民主县政府贴出了布告，上面写着："宝鸡车站存放大批客商货物，共产党实行保护工商业政策，决定一律发还原主……"不一会，车站上堆积如山的货物，便被原主人搬运一空，解放军的城市政策，在宝鸡城的各个角落里，得到了人们的称赞。

---

① 杜鹏程：《战争日记》，解放军文艺出版社 1998 年 1 月出版，第 58、59 页。

1948 年 11 月 1 日，《群众日报》第四版，隆重推出了记者杜鹏程采写的 3000 多字的重点稿《跳出老一套的圈子》，副标题是"从群众中得到启示，集中群众的智慧，指导群众，就是一个领导者的特点"。如此长稿在当时报纸少、版面"金贵"的情况下，非常难得。稿子从张团长下连队，了解到战士孔贵华和陈伦德在练兵中结合战斗实际提出问题，经所在的九连和三营干部们热心研究后，将两人所提问题总结为"四大结合"：动作与实战结合、战术与技术结合、研究敌人与改进自己结合、批评与学习结合。张团长来三营听说后满口称赞，马上召集全营军人大会，倡导孔、陈二同志高度的阶级责任心和创造精神，号召大家学习，想更多的具体办法把兵练好。张团长晚上回寝室后连夜写总结材料，"再累些今天也要写好，明天印出来，这是推动工作的本钱"。经过思索他突然意识到："技术与战术结合"，技术中的爆炸一项怎么进一步发挥，还要具体想出办法。他匆忙给各营打电话，要指挥员、参谋们即刻到他这儿来，就"四大结合"进行讨论。大家提出了不少办法，最后他要求大家回去后再多总结些经验，多做些具体工作。散会时已是午夜 12 时了。同志们走后，他赶写了《为开展战术学习运动，学习"四大结合"》的材料，直到午夜 2 时多。两周后，张团长的号召取得了辉煌的收获，战士们用自己的智慧，总结创造出打击敌人、改进自己的数十种办法。这篇描写部队首长们在练兵中"每天下连队，总带回来一些创造、启示、信心与兴奋"的稿件，写得生动感人，充分反映了我军干群关系亲密无间，思想政治工作富有成效的精神风貌。

4. 辛勤奔波高原进行深入采访，卓有成效开展民族团结报道

1949 年 9 月 25 日新疆实现和平解放不久，我十万大军向新疆进发。杜鹏程在酒泉发出通讯《向祖国边疆进军》，随军前往新疆。1949 年底，杜鹏程随部队进入喀什，他发出通讯《欢呼在帕米尔高原之下》《春节在喀什噶尔》，报道了维吾尔族群众热烈欢迎解放军进驻的情景。1950 年 2 月，新华社西北总分社在西北各省成立分社或记者组，杜鹏程以特派记者身份名列新疆分社成员名单。是年冬，新华社一野总分社一兵团分社与新疆分社合并，杜鹏程离开部队，回到乌鲁木齐的新疆分社工作。杜鹏程是最早通过新华社向海内外报道南疆重镇喀什、最早报道帕米尔高原、最早报道我军在新疆开拓农垦事业的记者。

杜鹏程初到喀什时就提出做社会调查，他认为新的政权建设和民族工作以及新华社今后的报道，都少不了它。当时他担任新华社一兵团分社二军支社社长。他抽时间领着支社全体记者，深入到少数民族地区。他的调查十分细致，包括历史的、当今的政治经济、民情风俗以及自然地理状况。这些可贵的调查资料，果然对开展的工作和新华社民族地区的报道作出了贡献。1952 年夏天刚刚过去，杜鹏程与同事王立忱、艾

海提3人做了一次往返3000多公里旅程的南疆采访。他在喀什选了一条解放前最穷的街，采访古城变化情况。一天下午，他邀请一些居民代表开座谈会。会前他买了1个大西瓜、10个馕，代表来后，他把瓜切成小块，馕也掰成小块，递给席地而坐的每个代表。他那熟悉兄弟民族礼节的举动和诚挚的态度，使在座的居民一下消除了隔阂和拘谨，大家热烈地发言了。然后他根据会上提供的采访对象，又登门到家里去访问。几天采访中，他写了近万字的材料，最后写出1800多字的通讯《中国边疆一座古城——喀什噶尔》。一次他在喀什农村采访时，看到一个骑马的农民走过去时，有一个人说了句什么，几个农民开怀大笑。他忙问翻译那人说什么。翻译说，那个农民说"脚底下的人，如今骑在马上了"。老杜对这句话很感兴趣，当即记下来，跟着马去找那位农民采访。原来这个农民名叫吐迪卡斯木，过去是一无所有的雇农，土改中分得了土地和马，家庭生活发生了翻天覆地的变化。杜鹏程把这个例子写进了一篇富有民族特色和生活气息的感人通讯中。这次南疆之行3个月过去后，便有了《戈壁滩上新城——阿图什》《喀什的巴扎》《三喜临门——访土改后的帕克太里克乡》《卡思木——十二木卡姆的老艺人访问记》等一批优秀通讯的出现。这后一篇，也为发现和挽救新疆维吾尔族一部伟大而丰富的古典音乐贡献了力量，因为，新中国成立之初，人民政府还来不及系统地整理民族文化，而在当时，能够几天几夜将十二木卡姆演奏到底的老艺人，已经没有几个在世了。[1]杜鹏程他们的采访行程是非常艰苦的，甚至带有一种传奇的色彩。到阿图什去，因为一时找不到汽车，也无人陪同，他们便买来3头毛驴，骑着从一个村到另一个村采访，就像浪迹于沙漠绿洲的3个阿凡提。回喀什那天已深更半夜，虽然喀什有他众多的战友，但他不愿打扰别人的睡眠，在他的提议下，3人便铺了各自的老羊皮大衣，双腿伸进袖筒去，以大襟遮身，在街头露宿到拂晓。他对生活的艰苦是从不在意的，但对采访写作却是百般认真，从不放过一个有价值的细节。他访问喀什"巴扎"上的生意人后写道："铺面都是一小间又一小间，外面有两扇门，没有柜台，地板上铺着地毯，做生意的人，就盘腿坐在里面卖货……"杜鹏程去看望同事艾海提的母亲，一位典型的南疆维吾尔族家庭妇女，心地善良，却不善言谈，谁知与杜鹏程攀谈起来，她竟如见了亲人一般，将全家的情况、个人的坎坷经历，以及儿女夭折的种种伤心事，全倒给他听，坐在一旁的艾海提对这件事情印象极深，他曾感慨地说，母亲生育了我，20年了，可如果不是老杜去看望母亲，我恐怕至今无法知

① 韩文辉：《杜鹏程在新疆》，载《本质上的诗人——回忆杜鹏程》，张文彬编，陕西人民出版社2001年6月出版，第138页。

道我的家世，以及母亲经历的那么多磨难。^①

5. 领导创办解放新区地方党报，热心进行通讯员培训等工作

杜鹏程在积极搞好新闻报道工作的同时，还热心进行了创办地方党报、培训通讯员等一些与新闻事业密切相关的工作。1949年11月1日，杜鹏程随部队由甘肃酒泉乘飞机到迪化（乌鲁木齐），11月13日被组织派去做接收原国民党《新疆日报》的军代表。他是接收原《新疆日报》的第一任代表。1949年11月24日，杜鹏程与张文彬在新疆日报社结婚。婚后第二天，杜鹏程被任命为新华社一兵团分社二军支社社长，与新婚妻子一起随部队乘汽车出发进军南疆。一路奔波，12月2日抵达古丝绸之路要站喀什。边疆初解放，百业待兴。部分部队还在追歼残敌和土匪，大部分人员都转入地方政权的建设和民族工作。二军支社也不例外，新闻工作范围也从部队扩大到地方，并挂出了新华社喀什支社的牌子。解放初期新华社驻地支社一般都承担着主办所在地党委机关报的任务。杜鹏程在喀什除了采访报道，也承担了筹办维文报纸的任务，并主持举办了有50人参加的"新闻训练班"，为边疆培养新闻工作急需的写作人才。^②

杜鹏程20世纪50年代初在新华社新疆分社工作时，曾经计划在新闻采访与写作题目下，写一系列文章。后来只写了两三篇短文，因为别的事情打扰，没有继续写下去。^③后来他虽然当了专业作家，但仍有着深深的新闻情结。他后来长期生活在陕西，仍与新闻事业保持着密切联系。他平易谦和，新闻界的朋友亲切地称他"老杜"。1956年，他在西安应邀到新华社陕西分社，给青年记者讲了新闻写作课。韩城是杜鹏程的故乡，1983年他应邀为《韩城矿工报》创刊20周年题词，并给韩城《矿工诗抄》写序，1991年在他生命的最后阶段，他还在病榻上写了"敬祝韩城矿工报越办越好"的祝福条幅。20世纪80年代出版的《三原报》是一家县级小报，杜鹏程应邀为该报副刊题写《龙桥》刊头，当时他的身体状况已很不好，他艰难地写完第一幅，该报总编辑吴树民再三说可以了，但老杜摇摇头，又一笔一画写了第二幅、第三幅……直到第六幅才罢手，不少人为之动容。^④杜鹏程还以多种形式，对《西安晚报》《陕西工人报》《健康报》及宝成铁路工程《新线建设》报等多家报刊给予了大力支持。

---

① 杨克现：《杜鹏程在新疆》，载《本质上的诗人——回忆杜鹏程》，张文彬编，陕西人民出版社2001年6月出版，第290、291页。

② 杜鹏程：《战争日记》，载《杜鹏程文集》，陕西人民教育出版社1993年6月出版，第558、563、566、568、569页。

③ 杜鹏程：《从采访到写作》序，《从采访到写作》，程万里著，陕西人民教育出版社1987年10月出版。

④ 吴树民：《迟到的祭文——纪念我的恩师杜鹏程》，载《本质上的诗人——回忆杜鹏程》，张文彬编，陕西人民出版社2001年6月出版，第212页。

　　20 世纪 80 年代，杜鹏程还在陕西省委宣传部主办的"陕西省新闻干部训练班"上讲过课。1981 年、1982 年、1983 年，中共陕西省委宣传部先后举办了三期新闻干部训练班，其目的是：通过对学员进行新闻理论、新闻知识教育，提高他们的思想水平和业务能力，使他们更有成效地做好新闻工作，充分发挥报纸、广播、电视在"四化"建设中的积极作用。参加训练班的学员主要是省地（市）报纸、省广播电台、电视台、县广播站的编辑、记者及部分县委通讯组的通讯干事。每期参加培训的人数都有 200 余人。正式开设的课程有 8 门，即哲学、逻辑学、语法修辞、新闻采访、消息写作、通讯报告、新闻评论、新闻编辑。除了正式课程之外，还安排有广播讲座、电视讲座和新闻摄影讲座。业务课是聘请西北大学、西安交大、西安外语学院、陕西教育学院的教师讲授的。讲座主要请陕西新闻界的部分知名人士担任。当时，省委宣传部副部长吴钢、新华社陕西分社社长冯森龄、省广播电视局副局长郭成方以及著名记者、著名作家杜鹏程等，都到训练班讲过课。经过培训，学员的思想理论水平和新闻业务能力，都有提高。大部分学员已成为本单位的骨干。

　　关于杜鹏程在陕西省新闻干部训练班上授课，在陕西人民出版社 2000 年 6 月出版的《陕西省志第 70 卷·报刊志》第 573 页，是这样记述的："在做过 10 年新闻记者，后来成为著名作家的杜鹏程，应邀到训练班作报告。他回忆了延安时期的革命生活，深情地说，是党和人民，是如火如荼的革命斗争培育了他。他用亲身经历的生动事实教育学员，要做一个好的新闻工作者，必须经受革命实践的锻炼，必须学习社会科学，懂得新闻理论，必须具备起码的文学修养。"[1]

　　杜鹏程同志因工作成绩显著，受到彭德怀副总司令的批示表扬，并多次受到新华社总社和西北总分社的通报表彰。

（二）

　　"我爱新闻工作——它使我多读书，勤思考，热爱生活并且受到了锻炼，逐渐掌握运用笔墨的能力。"[2]杜鹏程说："新闻工作对我一生影响很大……不管生活方面，思想方面，工作方面，都有很大影响。记者生涯使我懂得了怎么作新闻工作，能够比较熟练地拿起笔来写东西。"[3]他有着丰富的新闻工作实践经验，对新闻工作的思想认识也很明确。他的新闻观点散见在他自己所写的一些文章里，如《我的小传》《喀

[1] 张光主编：《陕西省志第 70 卷·报刊志》，陕西人民出版社 2000 年 6 月出版，第 573 页。
[2] 杜鹏程：《从采访到写作》序，《从采访到写作》，程万里著，陕西人民教育出版社 1987 年 10 月出版。
[3] 纪时：《从记者到作家——回忆对杜鹏程同志的一次访问》，载《新闻知识》1993 年第 7 期。

什噶尔采访随笔》《初写新闻稿》等；他为友人新闻作品集写的序言中，如《把笔伸向生活的深处》《从采访到写作》序言等；一些老同事的回忆文章里，如韩文辉、杨克现分别撰写的《杜鹏程在新疆》，赵长春写的《前行者跋涉的"轨迹"》等；接受新闻访谈，如纪时《从记者到作家——回忆对杜鹏程同志的一次访问》、秦风《不熄的火焰——记者、作家杜鹏程印象》等，以及一些新闻同行的纪念文章，如汪坚《心祭——悼念杜鹏程老师》、叶广芩《我的老师杜鹏程》、吴树民《迟到的祭文——纪念我的恩师杜鹏程》等。杜鹏程对新闻工作的看法非常内行，不乏真知灼见，且身体力行、带头付诸实践。其主要论点体现在：

1. 优秀的新闻工作者是可敬的勇士，必须要有崇高的胸怀

1987 年 10 月，陕西人民教育出版社出版了《从采访到写作》一书，这是一本适合广大记者、通讯员学习的新闻培训教材，作者程万里有着 40 年新闻工作实践，时任中共陕西省委宣传部副部长。杜鹏程在 1986 年 10 月 12 日为这本书撰写了激情洋溢的序言，称"这本书所阐述的内容，我是颇有体会的"，做新闻工作"长久、艰辛而又刻苦钻研的经历，会提高人的修养，丰富学识，积累可贵的经验""通过这本书，可以看到著作者的思想、情操、学问、功力、经验以及对新闻工作的深厚感情。这一切在作者和读者间架起了理解的桥梁"。他非常赞同并大段引用了程万里同志书中的一些重要观点，比如，"我们党的新闻工作归根结底，应该是人民的耳目和喉舌。我们写新闻报道，就是为党说话，为人民说话，通过新闻报道的特殊手段为人民服务，我们无论到哪里去采访，看到对人民有利的事，就报道表扬；看到损害人民利益的事，就批评揭露。无论何时何地，都要以党的事业和广大人民的利益为出发点，来观察周围新近所发生的一切事实……党报的记者、通讯员都应当成为党和人民最忠实的代言人"；"新闻真实性原则"是无产阶级新闻事业的根基；不"唯书"，不"唯上"，尊重实际，以崇高的思想感情到人民群众中去寻求真理；写新闻稿应做到"导语要能吸引人""叙述要能抓住人""结尾要能启示人"，等等。在此基础上，杜鹏程进一步提出："优秀的新闻工作者是可敬的勇士。他必须有崇高的胸怀，渊博的知识以及文学修养——使自己辞章优美。"他指出，在这些方面，程万里同志虽有论述，但似乎还可以写得更充分些。"因为当今的时代，对新闻工作者提出了更高的要求。"[1]他说："新闻工作者要有多方面的知识，崇高的胸怀"。[2]

[1] 杜鹏程：《从采访到写作》序，载《从采访到写作》，程万里著，陕西人民教育出版社1987 年 10 月出版。
[2] 纪时：《从记者到作家——回忆对杜鹏程同志的一次访问》，载《新闻知识》1993 年第 7 期。

　　杜鹏程本身就是一位经历过战火考验的"可敬的勇士"。他在战争年代多次经受过异常严酷的生死考验。这在他亲笔所写的《战争日记》和一些回忆文章中多有记载。如他在《战斗生活检验我的心灵》一文中写道，1947年夏天，他在采访中认识了某团一营营长盖培枢并成为朋友，盖送给他一条新毛巾，"在这艰苦的日子里，有一条普通的新毛巾，简直太难得了。我把毛巾叠起来，宝贝似的装在衣兜里。没有好久，部队向榆林地区前进。"他接着记叙道：一天早晨，我们翻过一座大山，进入沙漠地带时，突然三架敌机出现在头顶。凄厉的防空号音，使人浑身紧张。和我一同行进的盖营长，一手按着腰里的驳壳枪，一手挥着命令战士们"散开卧倒！"我望着天空，只见三架敌机绕了一个圈子，直向我们俯冲下来，嘎嘎的一梭子子弹穿进我们周围的沙土中。一匹战马中弹。我心中充满恐怖。这时盖营长躺在我身边，用一只臂护着我的腰。他那温和的面孔和明亮的眼睛，仿佛在说："沉着！我和你在一块！"我很懊恼，对自己落魂失魄的样子极端不满。这时，通讯员喊："你身上起火了！"我一看，左衣襟的确在冒烟。糟了！衣服烧坏是小事——没有衣服，光着膀子也能过日子。可是衣兜里有日记本，有一支和生命同样宝贵的新民钢笔，还有盖营长给我的那条舍不得使用的新毛巾。我想在地上滚几滚，熄灭身上的火。这时敌机扫射更疯狂了，稠密的子弹在我们周围爆炸。盖营长不慌不忙地压住我的背说："不要滚。一滚，扇起了风，身上的火就烧大了！"说着，他就把我燃烧着的衣襟刺啦一声撕下来，塞在沙子里。我把烧得稀烂的衣襟从沙土里拉出来，从口袋里掏出被子弹打得稀烂的毛巾，怪可惜地翻过来调过去地端详着。盖营长爬起来一面指挥部队前进，一面说："毛巾打烂有什么关系？险些把你打掉哩！"我说："你也差点被打掉！"他说："我嘛，不要紧。你不是说，革命胜利以后我可以去当教员吗？"他不出声地笑着。可是谁也料想不到，一小时以后，在榆林外围的三岔湾战斗中，盖营长壮烈牺牲了！杜鹏程充满悲愤地写道："战斗结束，我坐在残破的还在冒烟的碉堡上，呆呆地望着战场……脚下是烫热的沙漠，头顶是火毒的太阳，但是我什么也感觉不到。我软弱无力，巨大的悲痛把我压倒了！"

　　在这篇文章中，杜鹏程接着写道，一天夜里，天昏地暗，部队正在急急地行进，团参谋长李侃突然出现在我身边。抱着我的肩膀，边走边说："要坚强，要能把悲痛立刻化为力量！"我点了点头，正要向他说什么，他翻身上马，奔驰而去了。1947年8月20日，陕北有名的沙家店战斗开始了。部队向山上运动。大风带来乌云和闪电。战士们迎着风，扛着步枪、迫击炮筒、炮盘和重机枪，向山上运动。突然李参谋长出现在我身边的土坎上，他向战士们喊："跑步！"然后给一个参谋吩咐了几句什么，便跟上部队上去了。这时，敌人占领了我们头顶上的一个山头，我们挤在山沟的几千人处于很危险的境地。但就在这千钧一发的时刻，李侃参谋长率领一支很小的部队上去，顶住满山遍野拥来的敌人，经过一阵激烈战斗，把敌人击退了，这一英勇的行动使数千名战友脱离险境，使战局转危为安。可是他和一些战士付出了生命。"我和许多战友听到李参谋长牺牲的消息，没有流泪，没有言语，大家直挺挺地在子弹乱飞的阵地上站了好久。强烈的复仇的欲望，在我全身回荡，我发誓要做一名战士。"① 当时西北战场上著名的战斗英雄王老虎，也是在榆林三岔湾战斗中，不幸牺牲在杜鹏程眼前的。

1947年7月13日，杜鹏程在陕北定边写的战地日记中写道："整理战斗英雄材料，我看到很多优秀的同志牺牲了。这些同志总是冲锋在前，所以牺牲也大。斗争是多么残酷，每次战斗都要付出血的代价，想到这些我心如刀绞。这些为了理想而牺牲的同志，这些伟大的人，人民的英雄，他们为民族解放，国家独立，一批批献出了自己的鲜血与生命。目前我几乎每天都置身于这种生活气氛之中，我更为坚定了。"② 所以杜鹏程说，他的记者生活是在血与火的考验中，是真正和战士们做知心朋友滚在一起中度过的。因而，战士的英雄行为、思想品德，也就默默地感染教育着他，也不断地点燃着他心灵的火焰。③ 杜鹏程后来成为一个名记者、名作家。他说："我有什么能耐呢？我就是忘不了战士们，忘不了人民群众，忘不了那一场壮烈的战争，忘不了战斗生活对自己的深切教育，忘不了流血流了几千年的中华民族的历史。"④

著名作家李若冰在纪念杜鹏程的文章中说："杜鹏程是我敬重的兄长和作家，我们是风雨同舟的老战友。我一直认为，杜鹏程不仅是一位名声显赫的作家，也是一位具有高尚品质和情操的英雄人物。在他光辉的一生中，他像战士那样冲锋陷阵、刚正不阿、至死不屈、顽强创作，直到生命的最后一刻。""在杜老身上，闪现着一个伟大时代的不平凡的英雄本色！"⑤

2. 新闻工作者必须认真学习马克思主义理论，掌握多方面的知识

"有的记者为什么稿子写得不好？"杜鹏程认为，那是因为这些记者对生活没有什么见解；他认识到的，人家也能意识到。要对生活有自己的见解，那就得进行研究；

---

① 杜鹏程：《战斗生活检验我的心灵》，载《杜鹏程文集》（第二卷），陕西人民出版社1993年6月出版，第518至522页。
② 杜鹏程：《战争日记》，解放军文艺出版社1998年1月出版，第86页至87页。
③ 秦风：《不熄的火焰——记者、作家杜鹏程印象》，载《本质上的诗人——回忆杜鹏程》，张文彬编，陕西人民出版社2001年6月出版，第421页。
④ 杜鹏程：《为战士歌唱 为英雄树碑》，原载《陕西日报》1979年1月15日第二版。
⑤ 李若冰：《杜鹏程周年祭》，载《本质上的诗人——回忆杜鹏程》，张文彬编，陕西人民出版社2001年6月出版，第183页。

而研究生活总要有一种武器。马列主义、毛泽东思想，就是最好的武器。新闻记者必须认真学习马克思主义理论。

杜鹏程在回顾自己走过的道路时说，一个人应该有多种修养。最重要的是要热爱党、热爱社会主义、热爱我们的事业。要不断追求，不断飞跃。爱惜每一分钟，充实自己，把精力放在事业上。① 他说，知识是作家的财富。长期地艰苦攻读，大量吸收各种知识，以丰富自己；随着人类文化的发展，与时俱进，更新自身文化知识结构，时时用新的知识武装自己。杜鹏程学理论曾达到入迷的地步。哲学、政治经济学、中国历史著作，他都找来读。在延安乡下工作，他把几十万字的列昂节夫的《政治经济学》，用蝇头小楷从头到尾抄过一遍。杜鹏程说，这是一个笨办法，但是，功夫没白下。它对我理解马列主义，培养学习毅力，很有好处。

战争年代读书是困难的。杜鹏程还是想方设法如饥似渴地看书学习。部队每打下一座城，他见到书，总尽最大可能，背一些走。随后在行军途中，看一页撕一页，以减轻负担。有一次正在边看边撕，王震司令员看见了觉得很奇怪，问他这是干什么。他说："司令员，你的书有牲口驮着，我的书是自己背着，背不动哩！"王震拿过那书一看，说："这是《安娜·卡列尼娜》呀，太可惜了，你放到我的马袋子里去吧！"就这样，他以感人的求知欲和热情，硬是在战争年代的行军途中读了一些书。②

抚今追昔，杜鹏程感慨地说，现在多漂亮的书，多好的条件，有的人就是不去研究。他恳切地发出呼吁：有志于写作的人，有志于新闻工作的人，得读马列的书，得读历史书，得读文学书。要从《共产党宣言》开始学，认真地读几本书，不仅有些常识，而且应该有研究。一个人没有这个根底，一辈子也只能是夸夸其谈。③

3. 新闻记者要学会观瞻全局，有全局观念

杜鹏程说，在近十年的新闻工作实践中，"我学会了观瞻全局，将那些看似孤立的事件，放入整个大局势中去考察，去思索它的发展变化；同时我也学会了在生活的深层做全面的调查研究工作。"④1978 年，杜鹏程在为《保卫延安》所写的重印后记中写道："我衷心感谢新华社对我的培养和新闻工作使我得到的锻炼，因为它要求你努力学习，要求你不仅看到一些具体的战斗，以及许多看起来孤立的事件，而且要求

---

① 纪时：《从记者到作家——回忆对杜鹏程同志的一次访问》，载《新闻知识》1993 年第 7 期。

② 潘旭澜：《崎岖艰难的道路》，载《本质上的诗人——回忆杜鹏程》，张文彬编，陕西人民出版社 2001 年 6 月出版，261 页。

③ 纪时：《从记者到作家——回忆对杜鹏程同志的一次访问》，载《新闻知识》1993 年第 7 期。

④ 杜鹏程：《把笔伸向生活的深处》，原载《西部风流》，卢愚著，陕西人民出版社 1992 年 6 月出版。

你瞩目于西北战场、瞩目于全国各战场，以至国际形势的变化和发展。如果没有这些条件，钻在遥远边疆的刚刚从反动派手中夺来的简陋营房里，必然眼光狭小。"

中华人民共和国的成立，开启了中华民族发展的新纪元。领导革命战争取得伟大胜利的中国共产党，成为全国范围的执政党。新华社也从革命战争时期中共中央的机关通讯社，成为中华人民共和国的国家通讯社。1950年3月28日，中共中央发布《关于新华社统一的决定》，指出"使新华社成为集中统一的国家通讯社的条件，现已成熟。过去新华社的各总分社、分社、支社是带着浓厚的地方性的。它们在工作上是以地方为主，组织上是受地方负责机关的支配。这种分散性，在战争与地区被分割的条件下是正确的和必需的，但现在全国已基本解放，这种分散性已不需要，而且已成为一种落后和有害的现象。现在新华社所需要的是强有力的统一和集中"。4月25日，政务院新闻总署发出《关于统一新华通讯社组织和工作的决定》，指出新华社必须从组织上、工作上完全统一起来，发挥其国家通讯社的作用，真正成为代表国家发布新闻的机关。这两个决定，为新华社成为统一集中的国家通讯社，提供了强有力的政治保证和组织保证。① 新华社统一集中管理后，各分社一律脱离当地报纸，结束了新华社地方分社与地方报纸"社报合一"的历史。在此情况下，西北总分社及所属各分社按照总社要求，确立全国观点、消息总汇、内外并重等新闻报道方针，从实际出发，不断加强新闻报道业务建设。

但在新疆分社，报道中怎样贯彻体现"全国观点"，起初缺乏经验，并不怎么明确，以至于"费劲不小，效果不好"。1952年初，新任分社社长闻捷便把杜鹏程派往北京新华总社实习。杜鹏程到总社实习十分认真，他多次写信给分社，结合实例分析介绍总社取舍新闻的依据，批评将"全国观点"与深入实际对立起来的错误观点。根据实习体会，他认为，所谓"全国观点"绝不是中央政策的简单重复，也不是总社表彰稿件的拙劣模仿。全国观点不仅不应当妨碍深入实际，相反，只有那些勇于深入实际，从实际斗争生活中挖掘新闻，以此来丰富全国的报道，才算是掌握了全国观点的真谛。他不仅为此大声疾呼，更带头实践。他在总社实习了三个月，一回到分社传达完实习体会，便立即带领两名年轻同志深入到南疆，投入到为期三个月的紧张采访中去，一组来自喀什的富有浓郁地方民族色彩的重点报道很快脱颖而出。当年年底，西北总分社社长莫艾同志专程从西安赶赴新疆分社，看望大家并帮助总结工作。他在会上说："总社和西北总分社都认为，新疆分社这一年的民族报道在全国很有起色，值得好好总结

① 李勇、边江主编：《从红中社西安分社到新华社陕西分社》（上卷），新华出版社2017年1月出版，第25页、第30页。

总结。"杜鹏程是当年报道成绩显著的记者之一，莫艾请杜鹏程同志带头谈谈心得体会。但老杜发言谈的不是"心得体会"，而是自责"自己是一位老记者，分社寄予厚望，但自己因分心文学创作，采访中有急于求成思想。自己内心感到很不安"。大家听了他的发言，不禁产生了一种深深的敬意。①

4. 采访决定写作，记者笔下要有现场感

《喀什噶尔采访随笔》是杜鹏程1952年底撰写的一篇新闻业务文章，从新闻理论与新闻实践相结合的层面，集中反映了他对新闻工作的一些重要认识，其中浓墨重彩地谈到他对采访的看法。他认为："好的写作决定于深入采访。所谓采访不单是访问，而且包括调查、研究、分析、比较、观察、访问、感受、体会等。缺一不可。""只要深入采访，便会掌握充分的材料；而掌握了充分的材料便能分析、比较，自由取舍。我们采访喀什时，得到的材料能写6000字，但我们实际上只用了1000多字。我采访时，材料总是尽力多收集，总觉得材料不够。因为写稿时，一定有很大限度的取舍，也许中心还要转移，只有材料充分，才能在材料中找出最典型的足以说明问题的材料。"他提出，在采访中要把握好点与面的关系：掌握全面、深入一点；深入一点，便可以更透彻地了解全面。这就是点与面有机的联系。②杜鹏程认为："写作是重要的，但采访更重要，是采访决定写作。而采访，又不在于记者有口若悬河的本领，全在于能够打开采访对象的心扉，使被采访者将肺腑之言倾诉给你，将一颗赤诚之心掏给你。"不善于观察的记者，笔下是不会有现场感的。不能与人交心，更是无法写出感人肺腑的文章。③他常说写不出稿子有多种原因，但多数情况是采访不深入。"不是行动不深入，就是思想不深入。"④

杜鹏程高度重视采访，他在采访中有超常的沟通能力。有一次，他听说在乌鲁木齐召开的牧区工作会议上来了个哈萨克族的打狼英雄。他立即带上翻译去采访。当时能提供材料的除本人外，再无别人，而且这位牧民很不善言辞。采写人物通讯难度很大。老杜调动一切访问手段，反复细致地提问、引导。那位憨厚的牧民被问得满头汗珠。采访结束后，给他当翻译的夏格尔同志惊讶地说："老杜采访太细了，把过去的事问

① 韩文辉：《杜鹏程同志在新疆》，载《本质上的诗人——回忆杜鹏程》，张文彬编，陕西人民出版社2001年6月出版，第139页。
② 杜鹏程：《喀什噶尔采访随笔》，原载《天山南北著风流》，新华出版社2000年5月出版，第3—5页。
③ 纪时：《从记者到作家——回忆对杜鹏程同志的一次访问》，载《新闻知识》1993年第7期。
④ 杨克现：《杜鹏程在新疆》，载《本质上的诗人——回忆杜鹏程》，张文彬编，陕西人民出版社2001年6月出版，第290页。

得如同亲临现场一样!"最后他写出的人物通讯《哈萨克族的猎手》,哈萨克人的剽悍、勇敢、机智和为民除害的精神风貌跃然纸上,被全国报纸广泛采用,受到读者称赞。曾任新华社新疆分社社长的著名记者、诗人闻捷,非常赞赏杜鹏程深入采访的作风。闻捷说,很多人做记者,除了稿件上所写的材料,常常一问三不知,但杜鹏程不同,他的稿上是生机勃勃的材料,他的笔记本上还有许许多多生动的材料。他掌握的材料非常丰富,这是他能够厚积薄发、举重若轻,写好通讯的一个重要原因。[①] 杜鹏程艰苦深入的采访作风,给新疆分社同志留下了深刻印象,成为大家学习的榜样。

5. 记者要"行万里路,读万卷书",走到哪写到哪

杜鹏程晚年曾说,"行万里路,读万卷书"。青年时代我喜欢这话,直到现在依然十分欣赏它。对一个从事创作的人来说,"行路"和"读书"这两者的统一,正是力量的源泉。只是这"行路"——时代风云,必须变成自己的激情;"读的书"能化为个人血肉,这两者结合,才能产生好的作品。[②]

杜鹏程满腔热情地进行写作。他是新华社随军记者,同时也是《边区群众报》(1948年1月改名为《群众日报》)记者,主要任务是给西北总分社前线分社和报社写稿;部队打到晋南,他就给《晋绥日报》写稿;部队走到哪里,他就把稿子写到哪里。通过不断地写,他发现自己短缺什么,哪方面的知识不够,就学,就补课。这样知识也越积累越丰富了。当时工作生活条件非常艰苦。杜鹏程成天采访写作,连一支像样的笔都没有。他曾有过一支普通钢笔,但在战争中因敌机轰炸,他扑倒在地上躲避炸弹,把笔压得粉碎,他像看到战友牺牲一样热泪滚滚而下。此后他长时间用的是一支自制的笔——笔尖是组织发的,笔杆是用质地坚硬的木头削成的,然后把笔尖用线紧紧扎在笔杆上端,用发的紫色颜料合成墨水蘸着写字。延安保卫战开始后,杜鹏程就一直用这支自制的笔,或在战火纷飞的阵地上,或在急行军后的午夜里,或在老乡的锅台上,或者就在自己的膝盖用它写稿。1948年春,一次刚打过胜仗,部队驻在渭北合阳县一个农村里,旅政治委员杨秀山突然听同志们说,杜记者一直用蘸水笔写文章挺困难,就立即把旅部供给何华章部长叫来,说:"写文章的人,用那样一支笔怎么行?你一定要给老杜搞一支好笔。"何部长千方百计弄来一支崭新的"金星钢笔"。杨秀山政委把这支笔交到了杜鹏程手里。这件事一下子传为美谈。旅政治部主任把这支笔拿到手里看了好半天,忽然来了灵感似的在杜鹏程的本子扉页上写了一行字:"一支锋利的笔,相当于一个精锐之师。"在场的同志们相顾大笑。后来这支笔跟随杜鹏程走遍

① 杨克现:《杜鹏程在新疆》,载《本质上的诗人——回忆杜鹏程》,张文彬编,陕西人民出版社 2001 年 6 月出版,第 289 页。

② 杜鹏程:《回顾与前瞻》,原载《陕西日报》1989 年 11 月 20 日第三版。

了西北五省区的大部分地方，用它写了数十万字的文章和大量笔记。上百万字的《保卫延安》长篇小说草稿，也是用这支笔写成的。①

有人问杜鹏程："你做记者时有什么好的习惯？"他毫不迟疑地回答："我做新闻工作，养成了一种随时记录所见所闻的习惯。要是想搞创作而不写日记或笔记，是很难想象的事情。"他特别强调，写日记对有经验或初学写作的人都是必不可少的。要学会在丰富素材的基础上，运用全局观念加以分析整理。他在当记者期间所写的日记就有二百万字之多。而这些来自一线的活生生的所见所闻、"当日新闻"、各类素材，经过筛选整理，先后变成几十万字的以军事生活为题材的消息、通讯、散文、报告文学和剧本，长篇小说《保卫延安》中的许多故事，也是在这些一手素材的基础上加工整理写成的。

6. 记者要会写散文，才能写好通讯

杜鹏程认为，新闻报道与文学写作是有区别的。新闻写作需要适当的生动的形象的描述。这包括人物性格的刻画、叙事具体、语言形象、鲜明的比较等。但是这些不能脱离新闻写作的要求；即是说这种写法要合乎新闻写作的迅速、准确、简短、明了等特点。新闻写作是以人为主的，虽然和文艺创作有很大的不同，但记者若撇开人的活动，只注意事物概略情节，就是采访中的一个缺点，也是写作不生动的原因之一。只要注意人物活动和思想情感的变迁过程，并写出这些，自然就形象、生动，也就会有特点。②

杜鹏程长于写人物，笔墨不多，人物却大都栩栩如生；他善于写情景，即使只言片语，也能传神。他十分重视写散文。他认为，搞新闻的，不打好写散文的基础，一辈子也写不生动。他生前回顾自己走过的道路，深有感触地说："做学问，要认真；要有作为，得认真。"由于认真，他的作品语气间透出了结结实实的力量。③杜鹏程的女儿杜稚认为，爸爸无论是在战争年代还是在建设时期，新闻报道上注重具体的生动细节和人物特点、人物的情感、生活背景等，而不是仅仅报道事件本身，这好像是他的特点。这在文学

---

① 杜鹏程：《我这一支笔》，载《中国当代作家选集丛书·杜鹏程》，人民文学出版社1998年7月出版，第306页。
② 杜鹏程：《喀什噶尔采访随笔》，原载《天山南北著风流》，新华出版社2000年5月出版，第4—5页。
③ 纪时：《从记者到作家——回忆对杜鹏程同志的一次访问》，载《新闻知识》1993年第7期。

创作上照样有用。他说："成功的作家、记者最终是可以融洽地结合起来的。"[①]

（三）

杜鹏程先生的新闻实践和写作生涯，给我们以诸多启示。

1. 确保真实性，是新闻的生命所系

真实是新闻的生命，是报道的力量所在，因此必须严格把握新闻写作与文学创作的界限。杜鹏程从 1939 年（19 岁）就开始文学创作，那时他在延川县乡下教书，写的剧本《反击》就在陕北农村演出。其后他每年都有新作问世，剧本《抗战》《打击敌人》，秧歌剧《劳动者》《上前方》陆续演出，还创作了长篇报告文学《劳动模范李凤莲》等。1945 年他才第一次发表新闻作品《被服厂成立备荒义仓 工人踊跃存粮》。可以说，杜鹏程文学创作在先，新闻写作在后；而他又是从新闻记者转变成专业作家的。纵观杜鹏程半个多世纪的写作生涯，他始终严格把握新闻的真实性。文学作品源于生活、高于生活，可以虚构，例如真实的英雄战士王老虎牺牲了，成为杜鹏程心中的痛，他舍不得让这样的英雄牺牲，在《保卫延安》中就让王老虎活了下来。但在新闻采写上，他恪守一个"真"字，不同意虚构。

2. 快手抓活鱼，是新闻的制胜法宝

新闻报道的特点就是时间性要求强，要突出"快"字，抢抓时效，否则报道就成了旧闻。记者要有新闻敏感，能够准确抓住新闻事件，充分发掘新闻价值。在战争年代，新闻媒体少，报纸几天才能出一期，发稿抢时效非常困难，做到"快"字更加不易。但杜鹏程尽己所能抓"快"抓"好"。《边区群众报》1947 年 5 月 5 日一版头条刊出的《群众大会上苏云海等受奖 安塞模范担架队胜利归来》一稿，是杜鹏程 4 月 29 日采写的"当日新闻"。杜鹏程 1949 年 6 月 1 日采写的《咸宝段工人英勇护路（正题），铁路就是自己的命！（副题）》一稿，6 月 5 日就在《群众日报》头版见报，这在当时也是非常快的。

3. 短中求精粹，是新闻的必然要求

"短"是新闻作品的一大特点，不论是消息、通讯、文章都力求要短，不写废话和可有可无的文字。杜鹏程在这方面做得非常到位。例如，《群众日报》1948 年 7 月 13 日第二版刊登他采写的《韩城风调雨顺（正题），天晴收麦棉花壮，更喜连雨催

---

① 秦风：《不熄的火焰——记者、作家杜鹏程印象》，载《本质上的诗人——回忆杜鹏程》，张文彬编，陕西人民出版社 2001 年 6 月出版，第 422 页。

秋苗（副题）》，标题引人入胜，内容短小精悍，正文加标点符号共 142 字："'有钱难买五月旱'。韩城在夏收期间，天气很好，男女老少冒着烈日，收割碾藏。六月二十六日前，各乡麦子均已碾完收好，大部分麦秸均已捆好。接着大雨普降，尺余高的棉花及早种的秋苗（苞谷、谷子）喜逢甘霖，欣欣向荣。农民们天不明即赶赴锄草及补种回茬秋田。仅蒋峰区一乡即已种上回茬秋田二三百亩以上。"稿中有农谚、有概述、有事例、有数据，生动反映出解放区一片欣欣向荣景象。他采写的《战卫宣传队赶排新剧》《西寨部戏剧工作者集会》（均刊登于《群众日报》1948 年 12 月 4 日第四版），分别只有 130 字和 183 字。他采写的通讯《我们全是穷人的儿子》（1947年 10 月 1 日）、《奋勇追歼溃敌》(1949 年 6 月 6 日）分别为 800 多字，特写《韩城喜溢农村》（1948 年 7 月 15 日），含电头只有 314 字。

4. 注重针对性，是新闻的职责所在

新闻工作担负的职责任务，要求新闻写作必须针对性强，坚持"报道以正面为主"，公开报道必须把握好度。眼下人们对新闻稿件有了"正能量"的说法，但若细读杜鹏程在战争年代的新闻稿件，就可看出充溢着满满的正能量。将他这些新闻稿与后来公开出版的《战争日记》相对照，就可看出明显的差异。杜鹏程在战争年代公开发表的新闻和各种作品有五六十万字，但他同期所写的战地日记达 200 万字。日记中对激烈的战斗场面、惨不忍睹的情节细节、我军部队伤亡情况等战争时期的残酷景象，都记录得非常详细。例如某部三营在 1947 年 3 月共有指战员 245 人，而作战半年伤亡者就达 202 人，每个连队只剩下 15 人左右了。杜鹏程在日记中，对许多干部战士的英雄事迹及其牺牲的详细过程，都记载得非常详细，有的内容让人流泪，不忍卒读。而他在写公开报道时都是有选择的，针对性强，以正面报道为主，有利于引导和激励人们鼓足勇气，勇敢战斗。杜鹏程曾经深沉地、一字一板地告诉专访他的同志："我做记者和别人不大一样，那就是有这样一个抱负：要把战斗生活真实而完整地记录下来，能给人以鼓舞的力量！"[①]

5. 唱好重头戏，是新闻的质量保障

新闻工作者要牢固树立为读者服务观念，写作要精益求精，生动活泼。特别是重要稿件必须精心经营，确保报道质量。杜鹏程采写新闻稿件，标题、内容、形式等都力求生动活泼，引人爱看。如他写的标题：《城市群众欢呼得见天日，乡野农民冒死护救伤员》（1948 年 6 月 15 日）、《踏遍秦陇三千里，冰雪星月运伤员》（同年 7

---

① 秦风：《不熄的火焰——记者、作家杜鹏程印象》，载《本质上的诗人——回忆杜鹏程》，张文彬编，陕西人民出版社 2001 年 6 月出版，第 421 页。

月16日），富有诗意。对重大题材尽力搞好重点报道。如我军1948年11月下旬在蒲城县打响的永丰战役大获全胜，全歼敌七十六军15605人，活捉敌军长李日基、参谋长高宪刚、二十师师长吴永烈、二十四师师长于厚之等，缴获了大量枪支弹药及军用物资。永丰战役在我军战史上谱写了光辉篇章。杜鹏程就此次战役，先是采写了《爬出黑洞打哆嗦，钻出卷席瞎吱唔——李日基辈就擒记》（646字）（《群众日报》1948年12月16日刊登），并写出战地通讯《攻击前充分准备》（1898字）、《迅速总攻分割围歼》（1116字），《群众日报》12月20日开设"大战永丰镇，全歼胡匪七十六军记"专栏，这组重点报道颇有分量，使读者对我军永丰大捷得到深刻了解。在他笔下还有《"广播员"战士诗人赵常五》（《群众日报》1949年5月30日第四版），两千余字的通讯中嵌入了7段快板诗，生动反映了战士诗人赵常五"以他的天才，推动了沸腾的练兵学习，战卫部到处传播着这位'广播员'的事迹"。稿件笔触灵动，读者拍手叫好。

*   *   *

1982年9月，杜鹏程作为中国共产党第十二次代表大会代表，心情激动地在北京人民大会堂——党的十二大会场，写下了一篇短文《鲜红的代表证》：

"十二大的代表证，庄严、朴素、鲜红。

"我拿起它，就想起自己在山沟入党时的永世难忘的誓言。

"我拿起它，就想起我们这一代人，追随身经百战的前辈，带着一支枪和一支笔，在激烈的炮火声中扑上文学岗位的情景。

"我拿起它，就想起那许许多多为了我们当今生活美好的一切而用鲜血浇洒祖国大地的勇士……

"我拿起它，就热血沸腾，因为我是这震撼中国大地的进军队伍中的普通一兵。我平凡而渺小，但理想的火，在我心中燃烧……"[①]

1991年10月27日1时30分，杜鹏程在西安因病仙逝。10月31日下午，陕西省作协在本会会议室举行了悼念活动，前来参加活动的有杜鹏程同志生前战友、同行、读者和闻讯赶来致哀的普通群众400多人。

"贝多芬的《英雄交响曲》在会场响起，人们向这位自己熟悉的战友、崇敬的作家做最后的告别！在杜鹏程眼中，人民是英雄；在人民眼中，杜鹏程是英雄。这昂扬、激越、催人奋进的旋律，也是杜鹏程作品的基调，它飘向蓝天，它洒落大地，它在人

---

① 杜鹏程：《鲜红的代表证》，原载《陕西日报》1982年9月19日第三版。

们的心头回荡，它将永远激励人们去创造更加美好的自己和更加美好的未来……"①

人们说，他堪称一位英雄作家；

我认为，他也是一位英雄记者。

（本文入选中国新闻史学会，中国人民大学新闻学院主办的"2022年当代中国新闻史研究论坛"征文，并在2022年12月25日的论坛会议上以简版形式宣读交流）

二、 无愧"中国名记者"

抒写"英雄史诗"

——记"中国名记者"杜鹏程

王会

杜鹏程称得上是著名作家，他从20世纪40年代起发表作品，在文学创作上取得杰出成就，赢得了广泛尊重，特别是代表作《保卫延安》，是我国当代文学史上第一部大规模正面描写解放战争的优秀长篇小说，被誉为"英雄史诗"。杜鹏程也是一位优秀的新闻记者，他参与报道了胡宗南进攻延安和解放军解放西北的整个战斗，名扬西北解放战场，《保卫延安》中的素材正是来自他随军记者生涯中的200万字战地日记。在新华社新疆分社期间，他采写了许多反映边疆生活的新闻作品，传播和传递了边疆独有的色彩和风情。作为一名新闻记者，杜鹏程的新闻工作历程并不长，只有七八年时间，但取得的成绩堪称辉煌，令人钦佩。

艰辛求学延安成长

杜鹏程（1921—1991），原名杜红喜，笔名朴诚、杜普诚、司马君，于1921年农历三月二十八日出生于陕西省韩城县夏阳乡苏村一个贫农家庭，两岁半时父亲去世。幼年时期，杜鹏程在私塾和教会学校读了几年书，13岁时因贫辍学，在县城一个商店当学徒，做工之余埋头读书。1935年，经人介绍到离家20里的西庄镇学校半工半读，

---

① 谷方：《当代著名作家杜鹏程逝世 陕西省作协举行悼念活动》，载《本质上的诗人——回忆杜鹏程》第506页，张文彬编，陕西人民出版社2001年6月出版。

也正是在这里，杜鹏程受到进步教师影响，开始阅读一些左联作家及其他进步作家的作品。1937年抗日战争全面爆发后，杜鹏程参加了"中华民族解放先锋队"，跟随老师和同学到农村宣传抗日救亡。

1938年，杜鹏程奔赴延安，迎来了自己命运的转折。他先后在八路军随营学校（抗大分校）和鲁迅师范学校学习，毕业后被分派到延川县工作。1941年9月至1944年年底，又进入延安大学学习，在近四年时间里，他亲身经历了延安整风运动和大生产运动，广泛阅读了大量历史、文学、哲学、政治经济学等书籍，为以后的工作和创作打下了坚实的基础。1945年，杜鹏程被派到延安附近的战时工厂做基层工作，同年10月加入中国共产党。在这里，他学会了作调查研究，写了不少笔记材料，并为厂里不少老红军、老八路写了小传，他的兴趣也逐步从社会科学转到文学方面来，萌发了终身搞文学创作的念头。[①]他陆续写了一些散文、消息、通讯、报告文学等，1946年先后在《解放日报》发表《追赶劳动——为和平建设而努力工作》《消极指责还是积极帮助》——1946年年底，杜鹏程被调到附设在延安边区群众报社的"西北新闻社"从事新闻工作，不过因为备战形势紧张，他忙于为工厂疏散物资，直到1947年3月5日才报到。[②]1947年3月西北解放战争爆发后，杜鹏程以新华社野战分社记者名义被派到王震率领的西北野战军第二纵队，即后来的人民解放军第二军，从此开始了随军记者生涯。

战地记者美名传扬

从1947年到1949年，在西北解放战场上，杜鹏程先后深入到二纵独四旅、十三团及二营六连，跟随战士一道行军作战，经历了粉碎胡宗南进攻延安和解放西北的战斗，目睹了战斗的激烈和指战员的英勇，与指战员们结下了深厚友谊。此间，他进行了多种形式的创作，发表了大量战报、通讯、散文、报告文学和剧本等，是活跃的战地生活反映者。如《平凡的故事——西北人民解放军生活片段》《黄龙分区老百姓称赞我军直规矩》《王老虎》《西北我军再接再厉攻克宜川，蒋匪军长刘裁被击毙》《永丰战前见闻》《巡行在阵地上》等，这些文章大多发表在《晋绥日报》《边区群众报》《群众日报》《战斗报》等报纸上。此外，还在1948年的《群众文艺》上发表了剧本《宿营》和报告文学《英雄范绍通》，与别人合写大型歌剧《劳动人民的好子弟》等。这一时期杜鹏程的新闻特点很鲜明，"内容实在，资料齐备，事态过程、人物心态等情节，有理有据"，并且"没有把自己只当记者，做旁观人，而是解放军的一员，为战斗胜

---

① 舒其惠：《杜鹏程年表》，《湖南师院学报》（哲学社会科学版）1982年第4期。
② 杜鹏程：《我的小传》，《新文学史料》1990年第1期。

利服务，为打击敌人而报道"。正如他自己所说："我做记者和别人不大一样，那就是有这样一个抱负：要把战斗生活真实而完整地记录下来，能给人以鼓舞力量！"①

1948年8月，著名的壶梯山战役结束后，杜鹏程写出战地通讯《红旗插上壶梯山》，还满怀对英勇的指战员崇敬之情，向指挥西北解放战争的彭德怀写了封长信，报告参加此次战役目睹的指战员舍生忘死、奋勇杀敌的战斗精神。彭德怀看后批示，认为党的新闻工作者这种深入战斗的作风与负责向领导机关报告情况的办法，值得提倡推广，并特致函新华社西北总分社，请予以发表。新华社以《前线记者反映火线见闻》为题，并加上按语，于9月9日向全国播发，解放区许多报纸都全文刊载。这篇文章在部队引起强烈反响，杜鹏程从此蜚声西北战场，成为著名的随军记者。1949年7月，他被任命为西北野战军第一兵团新华社野战分社主编。

除了新闻报道，杜鹏程从自己认定的角度，去研究和理解战争生活，把"举凡人物、生活印象、心得体会、生活感受、观察所得，以及各地的历史特点、地形外貌、人情民俗，甚至动人的语言等等，通通认真地记录下来"②，写下了近200万字的日记，为日后创作《保卫延安》积累了大量素材。

1949年9月25日新疆实现和平解放后，时任新华社一兵团分社二军支社社长的杜鹏程随军前往新疆喀什。他在酒泉发出通讯《向祖国边疆进军》，进入喀什后又发出通讯《欢呼在帕米尔高原之下》《春节在喀什噶尔》，报道了维吾尔族群众热烈欢迎解放军进驻的情景。在喀什杜鹏程参与筹办维文报纸，带领记者搞社会调查，还多次跟随部队参加追剿残匪的战斗，写下了一批新闻报道。③同年年底，杜鹏程开始在喀什简陋营房里创作《保卫延安》。

边疆记者转型作家

1950年2月，新华社西北总分社在西北各省成立分社或记者组，杜鹏程以特派记者身份名列新疆分社成员名单。是年冬，新华社一野总分社一兵团分社与新疆分社合并，杜鹏程离开部队，回到乌鲁木齐的新疆分社工作。

1953年，杜鹏程担任新华社新疆分社社长。在新疆分社期间，杜鹏程采写了《访一个帕米尔高原下的农村》《一幅"毛主席绣像"》《哈萨克族的猎手》《中国边疆的一座古城》《繁盛的喀什巴扎》《帕哈太克里乡三喜临门》《戈壁上的新城市》《维吾尔族人民音乐家卡思木访问记》等一批新闻稿件。杜鹏程在采访中既能以记者眼力

---

① 张文彬：《本质上的诗人——回忆杜鹏程》，陕西人民出版社2001年版，第167、421、351页。
② 张文彬：《本质上的诗人——回忆杜鹏程》，陕西人民出版社2001年版，第167、421、351页。
③ 杜尚儒、梁林森：《杜鹏程与〈保卫延安〉》，《新西部》2010年第9期。

捕捉新闻，又能以作家视角观察人的心理和语言特点，十分善于写人物和写景，他的新闻作品非常具有民族特色和生活气息，生动反映了人民生活的巨大变化，传达边疆独有的色彩与风情，稿件被众多报纸采用。他说："即使是普通人的思想感情，也是记者调查研究的对象。在历史伟大转变时期，研究普通人的思想感情转变，也能够捕捉到重大主题，撰写出优秀的报道来。"①

杜鹏程一直坚持深入的采访作风，从实际斗争和生活中挖掘新闻。在他看来，写作是重要的，但采访更重要，采访决定写作。他常对年轻记者说，写不出新闻有多种原因，但多数情况是采访不深入，不是行动不深入，就是思想不深入。1952年时任新疆分社社长的闻捷非常赞赏杜鹏程深入采访的作风，闻捷说："很多人作记者，除了稿件上所写的材料，常常一问三不知。杜鹏程不同，他写在稿子里的是生机勃勃的材料，但往往记在他的笔记本上的生动的材料更多。这是他能够厚积薄发、举重若轻，写好通讯的一个重要原因。"1951年夏采写《哈萨克族的猎手》时，给杜鹏程做翻译的夏克尔说，他采访深入而细腻，对地方民族风俗习惯，一山一水，一草一木，一言一语都不放过。一直要问得如同亲临现场一般。达不到目的，决不罢休。②在采写《中国边疆的一座古城》时，尽管通讯只有1600字，但杜鹏程光笔记就记了一万多字。杜鹏程对自己的要求非常严格，他曾自责说："自己是一位老记者，分社寄予厚望，但自己因文学创作未能全身心地从事报道，内心感到不安。""深入实际也有思想障碍。一是觉得采访中有时仰人鼻息而难受，二是奔波数千里采访觉得有些苦，实质上这是居功思想。"③

1953年夏，杜鹏程到北京修改《保卫延安》。从1949年到1953年年底，他在新闻报道之余，一边揣摩种种文学名著，一边进行写作修改，前后九易其稿，终于完成创作。1954年6月1日，人民文学出版社正式出版《保卫延安》，初版印数近百万册，引起强烈反响。

1954年6月，杜鹏程离开新华社，调到中国作家协会西安分会，从事专业创作。曾任全国政协委员、陕西省人大常委会委员、全国文联委员、中国作家协会理事、陕西作家协会副主席、陕西文联副主席等。至1966年，他创作了《工地之夜》《平常的女人》《年青的朋友》《夜走灵官峡》等短篇小说，以及《在和平的日子里》等中篇小说和一系列散文等，为我国当代文学发展作出了重要贡献。

1963年，因表现彭德怀的艺术形象，《保卫延安》被禁。"文化大革命"中杜鹏程遭到严重迫害，被剥夺创作权利。1977年他重返文坛，发表短篇小说《历史的脚步声》和文艺评论《漫谈深入群众》等。党的十一届三中全会后，彭德怀平反，《保卫延安》

① 杨克现：《杜鹏程在新疆》，《新文学史料》1992年第1期。
② 杨克现：《杜鹏程在新疆》，《新文学史料》1992年第1期。
③ 韩文辉：《杜鹏程在新疆》，《新疆新闻界》1992年第2期。

得以重见天日。1991 年 10 月 27 日，杜鹏程心脏病突发不幸逝世，享年 70 岁。

（王会系新华社研究院新闻史研究室副主任。本文原载《中国名记者》丛书第十二卷第127—132 页，柳斌杰主编、李冬冬副主编，人民出版社 2019 年 12 月出版。本文副标题为《英雄记者杜鹏程》一书编者所加）

饱蘸心血书写战争史诗

——从延安走出的名记者、名作家杜鹏程

师银笙

熬尽苦难奔延安

　　杜鹏程 1921 年农历三月二十八日生于陕西韩城县苏村一户贫穷农家，与伟大史学家、文学家司马迁故里数里之遥。3 岁丧父，苦难的寡母撑持破败的家，还千方百计把"独苗"鹏程送进私塾。因 1929 年陕西大饥荒，赤地千里，饿殍遍野。此时的杜鹏程已经 8 岁，伯父和叔父也相继去世，母亲赵氏拉扯杜鹏程的同时，还得养活他的伯父叔父留下的三个堂姐妹。遭受年馑，赵氏实在没法养活一家几口，便拆卖祖上的几间破房，而后又变卖了 3 亩薄田。可卖光了家当还是没法活命，就只好卖儿鬻女，三个堂姐妹相继被卖去做童养媳，杜鹏程也被送进城里基督教堂筹办的孤儿院去活命。在孤儿院里，8 岁的鹏程勉强能填饱肚子，每天除了干些杂活就是跟着牧师诵《圣经》，他将《圣经》背得又快又准确，善良的牧师就把他送到教会学校上学。一天他回家看有病的母亲，为几天没吃饭的母亲祷告，但上帝并没有让奇迹出现，面缸里仍无一星儿面粉落下来。沉重的打击迫使他另找别的人生之路。他曾去一家店铺当学徒，成年累月、起早贪黑地干活，吝啬的老板不仅不赏一口饱饭，还常常恶毒地呵斥学徒们。没工资，无法养家糊口。好处是店铺对面有一家书店，让他囫囵吞枣地看了《三国》《水浒》等书，开始有了朦胧的追求。1934 年到 1936 年，他到离家二三十里的西庄完全小学当工友，主要负责上下课打铃。工作之余，他可以到教室听课。这种半工半读的生活让他有机会学习更多的文化知识。学校除管饭，每月还发一元五角钱，不仅能接济母亲，更重要的是，学校有不少思想进步的老师，又加上他亲眼看到红军，使他对红军有了初步了解，成为他人生道路上的重要转折，16 岁的他积极参加抗日活动，并产生投奔延安参加革命的决心。

在延川山沟里淬火

1938 年初夏，经一位共产党员老师介绍，他和同学跟一位常去延安卖棉花的老乡走了整整 7 天，在荒凉的森林里有时一天只吃一顿饭，风尘仆仆终于投入党的怀抱。初到延安，他在随营学校念书，穿上八路军的灰军装，站岗、放哨，参加军事训练。学校很艰苦，住在破窑洞里，教室就是老乡的磨坊。后来又把他们年龄小的学员送到培养地方干部的鲁迅师范学校学习，1939 年 1 月结业后他被派往离延安 90 公里的延川县从事农村实际工作。

上半年，他在当时属于中区的杨家圪台小学校教书。这个村有十几户人家，学校简陋没教师住处，他住在学生杨子青家中，在老百姓家轮流吃饭。当年他只有 18 岁，又是外地人，从没来过陕北山沟，心里不免有些波动。村中的老乡对他很爱护、很关心，自豪地告诉他，毛主席率领部队东征时在这村住过，冬学和夜校的窑洞就是毛主席住的，还给他讲了许多土地革命故事，坚定他的工作信心。当时，办学有两大困难，一是经费困难，二是学生少。从土地革命到抗日战争开始，几乎家家户户都有人当兵或外出工作。有的家庭有好几个人在外边工作，农村缺乏劳动力。在农村当教员，首要困难就是动员学生入学。他到周围许多农村去动员学生，有的群众说："想上学，上不起。你别看我这孩子八九岁，他可以放羊，还可以拾粪。"有的群众说："种麦不如种黑豆，念书不如学吹手。"杨家圪台小学是所老学校，原来准备配备两名教员，招收五六十个学生，可是开学快两个月，才招来二三十个学生，因而只好减配一名教员。他在这里工作了 3 个月，就调到离杨家圪台 15 里的白家圪崂。这村在山顶上，小学校只有七八个学生。进村没几天，上级通知办公用的笔墨纸张最好能自己解决，而且吃的口粮，也要逐步以自己的劳动生产来解决。那如何生活？唯一的办法就是开荒种地。群众给他找了一块山坡地，头一天开荒他从上往下挖，险些翻下山坡被传为笑话。村民们知道他没种过地，第二天都出来帮他开荒，种上了庄稼。可没待半个多月，另一学校的教员生病了，他又被调到另一乡的印驼村小学。在农村，除了教学，还帮助开路条、扩兵、征粮、收军鞋，也帮助老乡写信、算账，半年时光，就转换了三处学校，人民和山川土地给他留下了很深的印象。

1939 年下半年，他被调到县城的"延川县民众教育馆"（相当于现在的县文化馆）工作。他做社会教育工作，负责编一份《老百姓报》。半年时间他办了 20 多期，有三四期是油印的。因纸张和油墨困难，就变成手抄。一张对开大的油光纸，划成好几个栏目，有的刊登抗战消息，有的刊登本县生产、参军、交公粮和军鞋的新闻以及表扬劳动模范和努力支前的先进人物稿件。用毛笔抄写好贴在街头上，因刊登的稿件大部分是本地新闻，所以看的人很多，逢集时人们还拥挤着看。在县民教馆期间，他开始写歌词、写新民歌和小剧本，为县春节宣传队编写反映抗战的剧本《反击》等，并在延川县的城乡进行演出，均取得了不俗的反响。

1940 年他又到寺村学校当教员，还兼任乡文书。寺村是个大村庄，学校有院墙，有操场，条件比较好。一年工作他受到县三科表扬。因乡长文化水平低，乡政府如写报告，统计军粮、军鞋，以及为军属写家信等，都成了他的日常工作。由于工作吃苦，1941 年 1 月至 8 月，他被调任县城的延川县完全小学任教导主任。在延川的这一段经历，使他从延川人"尚文重教"的传统中受到很大教益，尊师重教成为他一生的信念。

被服厂的又一次磨炼

1941 年，组织调杜鹏程回延安上延安大学，参加大生产运动和整风运动。那一场学习运动，让杜鹏程发生了很大变化。回顾过去 3 年多，虽然对陕北有了一些了解，和农民的感情近了，但对实际工作了解不够全面，没有认真向农民学习，他决心给自己鼓劲，扩展了学习兴趣和范围，特热衷政治经济学、哲学、历史等，仍坚持学英语、研读鲁迅和苏联等外国的文学名著，大大开阔了思想境界。

1944 年，从延大毕业的杜鹏程被分配到陕甘宁边区被服厂工作。从山沟到工厂，周围环境发生了根本性变化。这个厂有许多红军老干部、老八路军战士，特别是有经过长征的女同志。组织对他们的学习很重视，杜鹏程就负责工人们的文化、政治理论学习，还负责办墙报。和这些革命资历长的老同志一起工作共同生活，他听了许多闻所未闻的革命故事，对他教育非常大。他从阅读作品中学会了观察人，学会了调查研究，有空和老同志拉谈，给每个人写一篇小传，以作为向他们学习的依据。这一做法为他日后文学创作特别是人物创作有了很好的铺垫。

工厂的生活可以用"热火朝天"来形容。这种生活激发了他的写作激情。他争分夺秒地读革命文学，同时开始练笔，写散文、短篇小说，写通讯报道和报告文学，不仅一些报刊发表了他多篇反映边区生活的文艺作品，连《解放日报》这样的中央大报也刊登了他写著名女劳动模范的报告文学。成功常常会改变一个人的生活道路，他就是在被服厂这个温暖的团体中产生了终生从事文艺创作的念头，并于同年加入中国共产党。

人生的飞跃必须有机遇。1946 年底，西北新闻队伍要扩大。因杜鹏程常发表文章，他被调到延安的《边区群众报》工作。由于国民党军队即将进犯延安，党中央进行了战争动员。在办调动手续时，被服厂给他分了一项新的任务，交给他 600 头毛驴，让他负责疏散军服、军鞋、军被、子弹袋等军用物资，他这个"毛驴司令"带几个工人和农民，不畏艰苦，把物资安全转移到瓦窑堡，前后用了几个月时间，圆满完成了任务。

1943年3月，杜鹏程正式进入《边区群众报》（报社不久就与新成立的新华社西北总分社成为一套人马、两块牌子），成为一名新华社记者。

真实报道人民解放战争

1947年3月，胡宗南率领20多万国民党军队，向我陕甘宁边区发动进攻。战争开始了。我军主动撤出延安。杜鹏程从此开始了他的战地报道生涯。据杜鹏程的《战争日记》记载，就在3月19日我军撤出延安当天，他在跟随部队转战途中，还在操心着写稿子、改稿子的事。他在这天的日记中写道："今天延安失守。机关枪不住地打，飞机在头上整天乱扰。我边跑手里还拿着稿子，跑到山坡上拿出稿子又改，一切有多么紧张。每个人都无怨言，我想这就是我们之所以不可战胜的地方吧。据说敌人以三十四个旅，二十三万余人进攻边区，而我军仅二万五千人抗击。"

不久，杜鹏程就参加了胡绩伟负责的新华社西北总分社前线分社，来到西北野战军第二纵队，成为一名随军记者。他与指战员一起，同吃同住同战斗，采写了许多发自战斗第一线的精彩报道。他采写的《壶梯山我军英勇杀敌——前线记者杜鹏程同志向彭德怀副总司令反映前线见闻》，成为军事报道名篇，彭德怀同志亲笔批示提出表扬，新华社发出通稿，各大解放区报纸普遍予以重点刊登。此稿后来被选入多种优秀新闻作品、书籍。

我军1948年11月下旬在陕西蒲城打响的永丰战役，全歼敌七十六军15605人，活捉敌军长李日基、参谋长高宪刚、二十师师长吴永烈、二十四师师长于厚之等，缴获了大量枪支弹药及军用物资。永丰战役在我军战史上谱写了光辉篇章。杜鹏程就此次战役，先后采写了战地通讯《爬出黑洞打哆嗦，钻出卷席瞎吱唔——李日基辈就擒记》（《群众日报》1948年12月16日刊登），长篇通讯《攻击前充分准备》《迅速总攻分割围歼》，《群众日报》12月20日开设"大战永丰镇，全歼胡匪七十六军记"专栏。这组重点报道很有分量，对我军永丰大捷报道得充分而又深刻，深受部队指战员和广大群众的青睐。

杜鹏程转战陕北之后，又随军转战在解放大西北的炮火硝烟中。他几乎是赤手空拳走进生活和战争的暴风雨。他拥有枪和笔两种武器，其中的枪和敌对的势力作战，而笔主要和自己作战。对他来说，从正规军的角度来反映这场战争，这种"作战"更为艰难。有评论家认为："在和他同时代的作家中，他是少数属于敢踏入'无人区'

的勇士，并敢在文学的荒原上树起自己标帜的人物。"

歌剧引来的"战地浪漫曲"

"保卫延安"和转战陕北那可是具有深远意义的伟大战争。当时，胡宗南指挥的国民党精锐部队 20 多万人，在数十架飞机的配合下，声言三天之内攻取延安。而西北野战军以装备很差的 2 万余人，与相差悬殊的敌军在陕北周旋、拼杀，展开一场保卫延安的殊死搏斗。形势异常严峻，杜鹏程一头扎进六连，和战士们一起战斗。仅仅几个月，西北野战军二纵即减员过半，他所在的六连竟由原来的 90 多人锐减为十多人。多少激烈的场景，多少英雄的壮举，杜鹏程含泪在日记中记下那一个个难忘的战斗场面，有时将装日记的包袱放在膝盖上写，有时宿营以后趴在老乡的锅台上写，即使在硝烟弥漫、子弹横飞的阵地上，他也照写不误。一次，旅政委杨秀山发现杜鹏程写作的"武器"竟是一根将笔尖捆扎在树枝上的东西，需要不停地蘸墨水。就关切地对他说："笔对你来说，和枪杆子一样重要。"于是当即批条子给供给部，指示为杜鹏程配发一支好笔，很快，一支"金星牌"钢笔便到了杜鹏程手里，旅政治部主任郑重地在杜鹏程的笔记本上写了一句话："一支笔，抵得上一支劲旅。"

随军记者的生涯，使得杜鹏程能够近距离地观察和体验生活，尤其是记者对新闻事件提炼时所注重新闻的"价值"，就与小说创作所需要的"典型性"具有了某种同构性。他曾说过："这一场战争，太伟大太壮烈了。随便写一点东西来记述它，我觉得对不起烈士和战争中流血流汗的人们。""一想到延安保卫战的日日夜夜，想起自己一生中最不平凡的岁月，热血就冲击胸膛。我在战争年代只想写长篇报告文学，后来也确实写了，但不满意。此时，我下决心写一部反映延安保卫战的长篇小说，歌颂人民战争的光辉胜利，歌颂老一辈无产阶级革命家以及解放军指战员的丰功伟绩，以告慰烈士在天之灵，教育年青一代。"

惨烈的战争中也不乏柔情。1949 年 5 月，彭总指挥的西北野战军向西节节推进解放了武功，杜鹏程作为军代表来接管在杨陵的西北农学院。16 岁的少女张文彬正在附中读书。一天，部队文工团在校演出，由随军记者杜鹏程创作的五幕大型歌剧《劳动人民的子弟》一下子燃起她向往革命的激情，戏一完她就和大批同学报名参军，心里记住了一个人的名字：杜鹏程。

初到部队，张文彬先在文工团工作，没几天调到二军四师政治部工作，才知道自己崇拜的作家杜鹏程从解放战争开始，就一直跟随这支英雄的部队转战陕北，写下了不少有影响的战地报道和 200 多万字的战地日记。让她惊喜的是，杜鹏程的组织关系就在四师政治部，崇拜、爱慕在心中起着化学反应……一个偶然的机会，杜鹏程看到她写的一篇作文，竟大加赞赏，兴奋得像个诗人手舞足蹈，连声说："好苗子，有才气！"并兴致勃勃地和第一次见面的张文彬谈起写作，张文彬被热情和与众不同的气质所包围，她不知不觉爱上这个人。千里姻缘一线牵，一台大戏成了为他俩牵线的红娘。

像勇士攻克新的堡垒

战争的烈火越烧越旺！部队从陕北打到西安，打到甘肃、青海，过祁连山，又万里行军，通过塔里木盆地的戈壁沙漠，一直到帕米尔高原。在塔里木盆地参加生产时，战士们常常对他说："把咱们打仗的事情编出来吧，一方面回忆过去增进保卫祖国和建设祖国的信心，另一方面把我们部队那些活着的和牺牲的英雄的名字和事迹记下来……"大家一致推选他来编。受到大家的重托，他准备写成报告文学，认为这样的作品有价值。一鼓作气依靠战争日记，经常通宵达旦，与昏暗的小煤油灯相伴8个月，终于完成一部上百万字的长篇报告文学初稿。写作时十分激动，常常一边写一边流泪，有时一口气写一万多字，有时几天几夜不吃不喝不睡，从放弃延安到全国解放，反映了解放战争的全过程。写完后再读却大失所望，结构冗长松散，缺乏感染力，与这场伟大战争太不相称了，他决心推倒重来。

推倒重来怎么写？像《西行漫记》那样的报告文学？但对整个西北战场的采访还缺很多；对这些"毛坯"概括、提炼、升华成文学艺术，可中华人民共和国成立初可借鉴的作品不多，自己的毛坯稿又都是真名实姓，就有200多人，要感动人只能进行艺术概括和深化。也许自己写不出无愧于这伟大时代的作品，但是，一定要把那忠诚质朴、视死如归的人民战士的令人永生难忘的精神传达出来，使同时代的和后来者永远怀念他们，把他们当作自己做人的楷模，这不仅是创作的需要，也是自己内心波涛汹涌般的思想感情的需要。把100万字的原稿先压成60万字，把人物集中再集中，原来写了不少团长、政委，后来只写政委李诚；连级人物集中写周大勇……

1949年5月，西府战役结束后，杜鹏程随西进部队到达新疆迪化（今乌鲁木齐市），在新疆日报社与张文彬举行了简单的婚礼，开始构思长篇作品，随后被派往喀什工作。他与爱人张文彬在一间刚接收的平房里安下家来，而这间四面透风的房子就成了他的办公室、写作间，妻子为他的生活和写作提供了巨大帮助。

1949年11月下旬，杜鹏程被任命为新华社一兵团分社二军二支社社长兼记者，从部队转业后又任新华社新疆分社社长。二军政委、喀什军区政委兼南疆区党委第一书记王恩茂得知情况后，给予杜鹏程极大的支持和关怀，当面勉励他说："不管有多大困难，也要把保卫党中央、保卫毛主席、保卫延安、保卫陕甘宁边区这部具有伟大历史意义的书写出来，让它安慰死者，鼓励活者，教育后者。"新的工作环境和强烈的使命感，使他以极大的热情投入到艰苦的采访写作工作中。但他先得做好自己的本职工作，采访报道，筹办维文报纸，带领记者进行社会调查，忙得不可开交，短短三个月就写出了《戈壁滩上的新城市——阿图什》《喀什的巴扎》等一大批优秀的通讯稿件，并整理出《卡思木——十二木卡姆的老艺人的访问记》，为发现和抢救新疆维吾尔族最伟大最丰富的古典音乐起了重要作用。

除了完成新闻任务，他开始艰难的长篇小说创作。但他之前只写过一些短篇小说、短剧和通讯报告，从来没有写过长篇小说。他努力阅读了能找到的军事论文，读了可以找到的苏联战争题材的文学译本和中国近现代以来有限的战争小说，他把《战争与和平》读了三遍，还读了《铁流》《日日夜夜》等描写战争的长篇小说，在人物形象和细节上下功夫，写了改，改了重写。喀什纸张奇缺，妻子张文彬就特别留心搜罗，甚至还托人从各处收集来一些旧报刊、旧标语、旧簿册以及老百姓用以糊窗户的麻纸等，当他在这些花花绿绿、大小不一的废纸上写作时，就不得不把字写得小之又小。草稿装了两麻袋，用毛驴驮着，一位商人说："你在新疆发财了吧，驮的是金钱吧？"一位大娘说："你给老娘驮回两麻袋粮食吧？"都不是，原来是两麻袋书稿。

从1949年到1953年的四年间，《保卫延安》这部作品先后历经9次修改，由最初的上百万字的报告文学，修改为60万字的长篇小说，继之又压缩为17万字，最后又变成30多万字，几乎不是"写出来"而是"改出来"的。1953年底书稿就完全定下来了，列为"解放军文艺丛书"之一，《解放军文艺》1954年第1、2期分别选发了"蟠龙镇"和"沙家店"两章。人民文学出版社社长兼总编辑冯雪峰看了书稿后非常高兴，当得知他只有32岁时感叹地说："还是个青年，不过，像这样年纪就能写出这样的作品，真是不容易"，并从总体上对这部作品评价说："这是一部史诗！"作品全景式地反映了1947年毛泽东、彭德怀领导的延安保卫战，歌颂了广大军民浴血奋战的革命英雄主义精神，描绘了一幅波澜壮阔的革命历史画面。作品在艺术上有其独特的风格。首先，作家着力把英雄人物高尚、壮美的精神世界和对战斗生活的深入思考、强烈的激情有机地结合在一起，并且通过诗歌般的语言表现出来，它不是在空洞乏味地议论和矫揉造作地抒情，而是体现出一种哲理性与诗情的有机结合。人民文学出版社、解放军文艺出版社、中国青年出版社先后一版再版，累计发行400万册。其作品被节选入大、中、小学教材，同时还被译成藏文、维吾尔文、哈萨克文、朝鲜文等多种少数民族文版以及英文、俄文版等。一部长篇小说，在海内外引起如此轰动效应，是中华人民共和国成立以来罕见的。

（师银笙曾为《延安报》总编辑、高级记者，后任中共延安市委常委、宣传部部长。本文原载《延安群星闪耀》第240—249页，师银笙编著，陕西新华出版传媒集团、陕西人民出版社2021年7月出版）

我们都曾是战地记者
——《战地纪行》节选
午人

编者按：午人与杜鹏程当年都是新华社西北总分社、《边区群众报》（当时为一套人马、两块牌子）记者，并同为新华社西北总分社前线分社战地记者。午人曾在1947年5月底至1948年5月底，写过一年的战地日记，20世纪80年代中期，午人将这些战地日记整理成书稿《战地纪行》，但生前未能正式出版。2022年10月，午人的《战地纪行》收入《午人新闻文存》（边江编著）一书，由新华出版社出版。这里将午人《战地纪行》中有关杜鹏程的内容予以摘编。文后，附录午人悼念杜鹏程的一篇纪念文章。

1947年5月30日　奔赴前线

我们一行4人，从安塞出发，跋山涉水，穿过森林，经过七天步行，今日才赶到陇东前线附近。我们听到了好消息，前面已经攻克将台、悦乐等敌人据点，歼灭宁夏马鸿逵八十一师步兵、骑兵各一个团，正在进攻曲子、合水县城。陇东地区，是青海、宁夏马步芳、马鸿逵等地方军阀于今年三四月间，乘机配合胡宗南在我边区南边进犯关中地区时被占去的。

我们一行，有胡绩伟（《边区群众报》负责人）、刘祖春（新华社总社）、杜鹏程等，是为接续承担西北战场的新闻报道工作。因为原随西北野战军进行采访的几位记者，要回新华总社或解放日报社去，有的同志因视力、体力要回后方机关工作，我们是来补数的。几个人在路上相互鼓励，心情急切，明白这不是去迎接一般的工作任务，而是共产党员赶往革命同反革命生死搏斗的战争最前线！

我们是沿着前面西进大军的路线走的，吃饭、住歇，遇到群众，最关心询问青化砭、养马河、蟠龙三大捷和在安塞县真武洞祝捷大会的盛况。当时听不到广播，他们已经从前面经过的部队听到了不少，仍然不厌其烦地提问，想听到更多的消息和故事。在我们主动撤离延安后不几天，是不是在青化砭一战，就消灭了胡宗南整编三十一旅一个整旅？俘虏了旅长李纪云，还有个副旅长姓周（周贵昌）；到4月14日，又在瓦窑堡南面养马河一战，消灭了敌人一个整旅（整编135旅），还活捉了一个旅长姓麦，吃麦子的麦（麦宗禹），5月初在蟠龙山里，又歼灭了敌人一个整旅（敌整编第一师一六七旅），6000余众，俘虏了旅长叫李崐岗，还缴获面粉1.2万多袋、单衣4万多套、子弹百万发……老乡的语气又恨又幽默：蒋介石、胡宗南运输大队长送来得很及时。大家问着说着，我们也补充着，越说大家对于保卫延安的信心越大了。忽然我们住的房主问："听说金盆湾还捉了一个国民党的中将，是谁？"老胡立即回答说："这一仗，我们消灭了敌人陕西自卫军第二总队五个中队的大部分，捉到的二总队司令李侠，是个中将……"当群众听说真武洞祝捷大会上，周恩来副主席代表党中央和毛主席来祝贺，讲了话，西北野战军和西北局领导都讲了话，非常高兴，信心倍增。

接二连三的胜利消息，使我脑子不断思索：这几次胜利，是在胡宗南匪军比我解放军防卫迎战的部队多出八九倍的条件下取得的，而且是在胡匪初进犯气焰正当十分嚣张的情况下，确不容易。这些胜利大大地鼓舞了士气，坚定了我边区军民对于未来胜利的信念。但是这场武力的较量才刚刚开始，陇东地区，三边地区还有青海马步芳、宁夏马鸿逵地方军的进攻，北面榆林又有邓宝珊南侵。一个仅有150万人口的陕北山区，除了东面是黄河一线外，敌人从南边，西边等三面多路联合进犯，险恶的搏斗还在前面。要在千山万壑取得一个一个战斗的胜利，必须经过艰苦的努力，要流血流汗，还要有牺牲的准备。毛主席历来教导我们，把困难设想得多一点，把意外预计得多一些，比考虑得少一些更主动。

当真武洞开祝捷大会时，我们报社在安塞县一个山村，临时办油印报。由于不断转移，不好安装使用铅字和机器，版面、字数、印数有限，对记者从前线发来的消息，一删再删，心里十分不安。我估计，这次我们去前线，发回的新闻稿，采用不了多少。针对这种心理，胡绩伟和新华总社的同志透露：原在总社部队采访的记者，将逐步撤回去，西北战场主要靠西北局原报社的力量承担。又明白说：只要写出好的稿子，主要向总社发送，再由新华社向全国播发。

1947年6月10日　在英雄当中生活和学习

新华社前线分社，将新华总社和《解放日报》《边区群众报》的记者，从各个纵队或旅召集来开会。前线分社胡绩伟、刘祖春等同志，综合介绍了目前作战实况和各纵队的军风特点，宣布了采访任务及记者的思想、作风、品德以及采访写作的态度与方法。说明记者不能像文艺作家，来体验生活，采访收集材料，为将来写文艺作品。应当明确，目前新闻报道就是同敌人战斗，应当倾注一切精力做好当前的新闻工作。我同杜鹏程同志被分到二纵队采访。

这是我第二次到陇东来，想起去年9月下旬，司令员率南下支队，经过两年转战中原，先后奔波过晋、豫、湘、鄂、陕、甘等8个省，南征北返，跋涉2万余里，由中原突围，历经艰苦卓绝的大小百多次战斗，从镇原县回到陇东地区。为迎接这支部队的胜利归来，西北局宣传部派了一个十多个人的小型文化宣传组，报社让我参加同去。由于走路行动慢，当我们到陇东地区领导机关所在地庆阳时，部队已赶回延安了。欢迎活动的新闻，已由常驻陇东的记者李千峰写了。宣传组分散活动，我只到镇原、孟坝及边界地区做些地方采访。听当地群众说，部队回来时，战士们疲乏极了，倒在街头屋檐下，就睡着了。他们身子很瘦，衣服破烂，有人生了病，可是回到了边区如到了老家，回到了娘身边，个个心情却是高兴的。地方干部告诉我，部队回来了，群众杀猪宰羊，犒师劳军，那股热情亲切的欢迎场面，盛况空前，比之过节过年还要热闹。

今天又到了陇东这地区，要去看望这支以顽强英勇著称，使敌人闻风丧胆的军队，而且我将要在这个冶炼英雄的学校里生活和学习。

1947年6月11日　初见纵队首长

在商定了任务之后，我一心在考虑，怎样行动。

因为行军急，再未能多商量，匆促中又调整了分工，叫我去跟纵队指挥部。本来热望直接插到营连去的，跟指挥机关，只能写综合报道，只有深入连队，才容易直接看到战斗实况和英雄典型事迹。这一下，拴在领导机关，不仅采访、写稿，还要联系电台及电务人员。又一想，环境逼迫学习，和大家共同工作，对自己也是一番锻炼。

吃过午饭，来到二纵队，随同张潮、老杜一起拜会有关负责同志。

在一个窑洞的军事地图前面，见了二纵队司令员。他同我们亲切地握了手，简单说几句话，继续与九旅副政委肩并肩亮着手电筒查看地图。我们与纵队政治部主任谈了有关今后采访活动，即告辞。当要走时，首长却一定要留我们吃晚饭。等他公事办完了，到院子和我们拉起闲话来。首长看年龄不过四十多岁，一套半旧灰布军装，精力充沛，言谈爽朗，话题很随便，山南海北，战场内外，行军作战，读书看戏，什么都谈。我们丝毫不觉得他是率领雄兵叱咤风云的名将，在大生产运动中也有不凡的成绩，对我们像是见过多次的熟同志。吃饭时同大家一起蹲着围成一圈，大概发现我们生活在陕北多年不会吃鱼，夹起一片炸鱼，轻轻说骨节也可以吃。我们初去看望纵队主要领导时，那种怕干扰他们办公，怕说不清自己来意等拘束的心理，在与首长热情而平易的接触中自然消散了。

当时部队上下一般只称首长为司令员，不多提姓名。为了行动安全，都称代号为某号。可是司令员却没考虑过这些，自己不大在乎，随时在战士和营连干部中，来往自如。打靶时，随手拾起手榴弹就摔。他谈笑风生，有时碰上不顺眼的事骂几句，甚至很严厉，但没有人介意计较，他是指挥员，是同志，也是兄长，谁都尊敬他，谅解他，爱戴他，愿意亲近他，彼此不以为意，官兵上下之间的气氛如一个家庭成员那么自然和谐。他是有名的常胜将军，打仗勇猛、指挥有方。他又爱读书，到驻营地，秘书就将能找到的书，都放在他临时的床铺上。他知识广博，是一个文人，欢迎文化人到他的部队，喜欢同大家交谈，交朋友。

饭后，张潮同志扼要向首长谈我们到二纵队来进行新闻报道的事，并请他指示。他说："大家合作努力，把宣传报道搞好。今后相互多接触，我想到的意见一定会随时找你们谈。"他的话简短明快，表明了对宣传的严肃要求，对记者活动的热情支持。

深夜两点，又急忙起来行军。

1947 年 7 月 11 日　再看敌机扫射

上午，由西门回来，看见许多大商店的房子被敌人烧塌了，墙头上留着火烧过焦黑的印痕。

一进城，就听到警报，两架敌机飞得真低，几乎要擦过屋檐，钻进门窗来。啪啪一阵扫射，屋瓦震响，显得特别凶狂，幸好没有伤着人。

上午连队军事演习，下午又讲政治课，没能找得谈话机会。

下午巧遇杜鹏程同志和孙炳先同志。孙炳先身体结实魁梧，军装整齐，风尘仆仆，却满面喜悦。我和老杜从延安转移北上后，在安塞山沟里编报。在敌人未进犯之前，老孙在真武洞主持安塞县唯一的小学，我也在县上工作，彼此一星期要见几次。想不到他在延安时调往南去的人，却到了部队，随军做群众工作，我们都卷进了战争生活，各自对于人生、革命似有新的理解。今日竟然在硝烟弥漫的塞上沙滩相逢了，说话的题目跟在和平的日子里完全不同了。战争影响着人，使多少人分别，又使多少人相聚、相遇，真是传奇。我们依依恋恋，并肩在街上走了几圈，因为各有任务，便握手鼓励，匆匆各奔东西，而他们的韩城家乡口音，仍然颤动着我的耳膜……

1947年8月27日　祝捷

自沙家店大捷，一共打死打伤和俘虏敌人一二三旅旅长刘子奇（被活捉）等6000多人。胜利的意义不限于这些，正如上级所分析的，是我军在西北战场由内线防御转为外线作战，主动反攻的转折点。当时继续留在陕北并同西北人民、野战军一起战斗的党中央几位首长，毛主席、周副主席、任弼时同志等，还亲自赶到西北野战军司令部驻地某处，向参加野战军高干会议的同志祝贺胜利，毛主席还讲了话，特别指出，沙家店这一战意义非常重大，是西北战场局势的伟大转折，从此我们要从内线作战转入外线作战，要打向蒋管区去……当向部队传达了毛主席、周副主席等祝贺胜利的消息，所有司令部、政治部、后勤部从领导、伙夫、马夫到担架队、卫生人员，无不欢欣鼓舞，毛主席讲话，总结了前半年作战的胜利，又指明了今后的作战方向，全军上下对于迎接反攻的新任务更是信心百倍。近时行军、住宿、开会、闲谈，人人都在议论、传说着沙家店这场大战的许多插曲和英雄故事……

回到乌江（部队代号），本想回新华社前线分社去谈谈，在新的反攻情况下，报道工作如何安排，可是行军打仗频繁，只好推迟。见了杜鹏程，他交我转的几篇关于军民关系与土地问题的稿子，材料很生动逼真。他肯深入连队，跟战士、战斗英雄一起生活，交了许多朋友，写的东西有生活内容、情感深厚。

1947年9月4日　自己与老杜的差距

终日蒙蒙细雨，四山被浓重的雨雾吞没了，村边树梢上挂着淡灰色的纱幕。虽待命作战，却没有冒雨出发，人们躲在窑洞里安然休息。上午我写稿，中午正要吃白面饼子的时候，杜鹏程同志来了，好口福，才有机会坐下长谈。

本来自己觉得空虚，到部队三个月时间，没有多和战士在一起生活、一起谈心，不熟悉他们的情感、思想、风格，甚至连一个人物的历史和有关的系统材料都没抓到。每次回到纵队仍觉得两手空空，除了新闻，就没有多少材料可写。想到将来离开部队，就更无法有完整的东西写些有关这场战争的人物事迹和故事。

老杜一下去就住一个团，钻到连上和战士共同活动，不仅亲眼看亲耳听，把自己投入到英雄群里，如兄如弟，直接观察和感受战士们一言一行活生生的思想情感。他深入了生活，说他唯恐忽然调开部队。我多住在指挥机关，了解作战情况，因我只限于分社的意见，未能争取深入基层，同时也感到自己不善于运用条件和机会。

下午，再三留老杜想多谈些，可是我们都很疲劳，我有点发烧，关节疼，就早早打开被子睡下，出汗、口干，灶房没有开水，恰好老乡家吃合饭（实际上即菜、面汤饭），我坚持付了钱，喝了两碗汤饭，脱衣睡下，心里暗暗希望不要半夜起来急行军，避免病情再加重。

战斗频繁，生活艰苦，给养常遇到困难，找到什么粮吃什么饭，更说不上什么好的药物。可是生病的人很少，即使有了病，也能快快扛过去，意志使人刚强。

1947 年 9 月 10 日　担心消息发迟了

反攻阻击战已 10 天了，应当陆续作综合报道。昨晨正洗衣服，司令部送来捷报，我立即跑到纵队司令部，正遇杜鹏程先到了，恰好研究如何报道。司令员对于这一局部胜利没有多加评说，似乎看得很平常。他说：敌人陆续南移，二纵队担任在某地区之间阻敌南撤，并抗击可能从某地以西增援的敌人等步骤，已经部署好了，我们某旅已开始向前运动。他一边谈一边亲手做猪血汤，留我们吃饭。在军务繁忙中，他利用时间看书，找人聊天以及亲手做菜等，是他的休息方法。天要黑了，我同老杜回纵队宣传部，赶写新闻、通讯，虽然拥挤一屋子人，我们把灯放在窗台上，稿纸放在膝盖上写，一直写到了后半夜，困倦极了，吹灯睡下时，忽然自己心惊起来：如果今天不抓紧机会主动去找领导同志，发新闻又要推迟时间了。这是我心里常处的状态，经常担心消息发迟了。

1947 年 9 月 11 日　敌人并非一触即溃

一早赶写评论，约 10 时写出，即同杜鹏程前去送审。关于报道敌人密集于大小山沟饥饿困窘的通讯，半路上又坐在河边石台上再改写清抄，送给司令员审时已 12 点了。他再三细看，指出有些地方将敌人的狼狈写得过火。他的提醒确实重要，新闻切忌夸张，会减弱文章的说服力。他说："敌人并不是纸做的，那么容易一触即溃。敌人本质是反动的，就历史的发展来说，从战略大势看，民心向背，必然要灭亡，是无疑的。但目前毕竟那么多的兵力，有坦克、有飞机、有美国支援的武器，还统治着大半个中国，比我们实力强得多，若想得太天真，那就没有多少仗好打了。固然出于对敌人的满腔愤恨，并不表明切实了解战地现场交战具体实况，缺少辩证的方法，把战略前景和双方具体现实力量做对比，不能混为一谈，以同样原因，把自己的实际作战威力也写得不深刻，片面的颂扬，不一定能扣人心弦。我们战士的政治觉悟高，作战英勇，为正义而不怕牺牲的精神，敌人早明白，所以采访要深入，如实叙述，朴实的语言，会赢得读者的信服。坚持实事求是，写事实，正是为了写出真理，原是我们新华社写新闻的根本信条之一。"

沙家店大捷之后，部队上下及老乡，都感到战争形势变化快。房东吴老汉家，为我们煮玉米棒，问长问短，又以感激的口气问毛主席、党中央还在不在咱边区？正说着，纵队政治部联络部冯达来了，向乡亲们说：毛主席和中央领导同志天天跟我们同样行军，离得不远。他们直接指挥着陕北的战争，给咱边区军民壮了胆，镇住了胡宗南的威风。

老乡们听得高兴，老冯说得激动，提及司令员说过，延安撤退时，毛主席转移得最迟，敌人已进攻南泥湾，即3月7日，毛主席由枣园来到王家坪住，还再三交代撤离延安时，要把房子打扫干净，家具要照旧摆好。毛主席等到延安大小机关撤走了，把作战的事向彭德怀总司令员部署妥了，到18日黄昏，才由飞机场，桥儿沟一路从从容容离开延安，这时敌人离延安只有七八里路，19日胡宗南军侵占了延安。

冯达又说，战局正照着毛主席的预测发展着，3—5月、青化砭、羊马河、蟠龙连战三大捷，已狠狠打击了胡宗南的凶恶气焰；接下来，接连在陇东、在三边挫败了宁夏马家军、青海马家军的打劫行径；这次沙家店一战能吃掉敌人几个旅，可不是简单事。

坐在吴老汉身旁的一个中年人也说："胡宗南军队刚进边区很疯狂。我们现在最关心的是毛主席过了黄河没有？若说不过河，老乡们为他担心，若说过了河，老乡们又心虚，不知啥时才能把敌人赶走，现在看来胜利是快了。"

在炕边坐的人，都拿着热玉米啃，吃得香，聊得痛快。

9月13日　命令来了

早晨，紧急传达要打仗，立即转移，我即赶往纵队指挥所所在地圪塔山附近。黄昏，本想去问打仗的具体行动，一见面，司令员对我说："命令来了，调你回野政。"我问："来了电报还是信？"他说："就是口传命令，同副政委谈谈。"他们正忙着看地图和拟电稿，忽然，副政委给我一信片，即调我"立即回野政"……舍不得战地丰富活跃的生活，坐在机关办报，工作有规律，却会整天刻板式地改稿。心里真不想回去，希望继续留在部队，这里人事和环境相处熟了。如果要跟随别的部队打出去，那也很好，我得以有机会反映蒋管区的情况和那里人民的生活。总之，想了很多，翻来覆去睡不着。为杜鹏程打电话，他没有来，很多话应当面商量，来不及，只有写信，又想起走时别忘了要介绍信……

9月25日　唯足以自慰的是身经枪林弹雨

雨天无事，在炕上翻看了自己写的日记，断断续续看了许多段，引起回忆四个月来的行踪、生活、思想，觉得平淡，没有将激烈的战斗、丰富的生活现实，反映出十分之一、百分之一，仿佛樵夫从大森林里只带出几根细枝、几片散叶。可是战斗频繁，辗转奔波，又在采访写稿之余，时间真不允许将层层叠叠积聚在脑子里的东西详细记录在纸上。唯足以自慰的是身经枪林弹雨，亲眼看到英雄战士同胡马匪兵刺刀厮杀的壮烈气概，对于我这个青年人来说，就所记点滴，事后翻翻看看、思索、对照，无不是一种自我鼓舞。

记得有一次同杜鹏程交谈写日记，他说："肯深入生活，就能取得的多些。"是的，生活是最丰富的，只要注意力渗进生动的现实中去，就会发现有意义值得记载的东西。戈壁舟也曾说他："记录耳闻目见的故事材料较多。"他们提示我，要记点事，主要是到普通战士中去生活，锻炼敏锐的感觉与观察力，留心自己周围发生的种种事物，要透过现象，常常可能抓住真实的有意义的部分，注意观察人的精神境界、无产阶级英雄的气概、普通战士的品格。写作方法上，应当集中一个镜头、一件事物，突出某一特点，仔细叙述描绘，而不是平列流水账。进行采访应是相互启发交流、补充、座谈商量，比之板着面孔你问我答实在有效得多，口试式的访问必然失败。

1948年4月14日　可喜的日子，拉不完的话

今天是可喜的日子，正开会，霍一禾从黄陵一带赶来，接着杜鹏程又从某部回来，握手、相抱，一阵亲热的笑闹后，就谈起别后多半年的经历和奇闻。如宜川大捷，震惊西安城内，军警掌权集团，神经失了平衡，草木皆兵，好像到处有八路军，街街巷巷大搜查，连妓院也没放过，曾一夜乱捕妓女院客人100多人，认为来历不明。市内街道也修了工事，正玩牌的官太太们像火烧了旗袍，又喊又闹，收拾金银细软，抱着向四川、上海跑，飞机票天天上涨。又说国民党伪"国大"贿选丑态百出，全市大饭店都为贿选代表包完了，害得旅客无处吃饭。某校选举会场圈定人名，高价贴钱买选、包选、保选。学生吼叫："太黑暗了。""打开窗子，还是黑暗。"某人落选了，就大骂当选者无耻。某教员贿选请学生吃包子，一顿吃了300多万元，可是写票结果选他的票比吃掉的包子少得多；又一官员将贿选时花的款项，竟以×××选举国大代表活动费名义，向各县保摊派征收，以补亏损，填满自己的腰包。我们有说不完的话，一直谈到深夜。

1948年5月21日　准备去黄龙

上午去访问上次部队西进中工作队的活动和经验。他们介绍了很多，边问边谈，形成相互讨论。队长对这次谈话感到有趣，彼此都谈得随和投机。

回到旅政治部，又是会餐，有人宣布前多日我军西进的全部战果，个个精神振奋，早已忘记一夜百里行军、猛追猛打、露营、爬山种种辛苦。新来部队一起采访的小汪，竟喝得半醉。

晚上与人闲谈时，二纵队政治部转来电话，西北野政叫我立即回前线分社，我当时请电话通知杜鹏程到二纵队政治部，交换意见。调我到黄龙分区做采访活动的事，大体可以肯定了。现在该考虑的是去，个人能再另外想什么呢？又觉得去也好，可以从头比较系统地了解新区恢复建设的情况。地方工作、环境会比部队复杂，必须多看点儿书，多做调查研究，向社会学习。将要离开野战军，我平静不下来，比去年奔上前线来时，想得更多，留恋部队和熟人，自己越觉得一年来做得少，学得更少，在战士和熟同志面前欠了许多债似的。

1948年5月22日　杜鹏程积累很丰富

二纵队驻澄城县冯原镇附近，昨日在政治部同杜鹏程交谈，拟今早即回西北野政，他们留写稿，只好再等。下午到街头，老杜向我指说，那是文工团驻处，刘英同志的恋爱对象就在那文工团。这也不是无意地指说，因为我们都喜欢和钦佩这位大兵化了的知识分子，乐于关心他的婚事。

见某旅政委，问我是否去他那里，遂答应迟一会即去。我无事一般不多去打扰首长的，先后跟随过二纵队几个旅，一起行军、生活，彼此熟悉了。他们对新闻报道很关心，这是第二次来随军西进，一个多月来彼此都忙，未主动去看望更多的熟人，就同志情谊说不应再推脱。晚上同老杜一道去，刚到，他正在同司令员忙着拟什么文稿，办完后即同我们谈起来，谈到部队目前情况，提出对于一个青年，确是冶炼人的革命学校。

回到宣传科，去找纵队政治部负责联络工作的冯达同志闲谈，他已知道我要离开部队，相互扯了很多时事趣闻，读书、学术等，似乎愿意多扯些时，又谈了一年来的随军生活，听见鸡叫了，还没有睡意。我们都认为，杜鹏程积蓄的材料、故事、体验的生活丰富，有了机会，会写出好东西。他提醒我：到了新环境，应当重新计划一番，我懂得这个建议的用意和分量。

（原载《午人新闻文存》，边江编著，新华出版社2022年10月出版）

老杜，你无愧这一生

午人

我从电话里得知杜鹏程同志长逝的不幸消息，十分震惊。5天前，我去医院看望，经护士同意，进到病房，你正靠着人坐起喝水，打吊针又吸氧，情况吃力；头脑却清楚，向我示意，都未说话。为找胶布，我去找来护士。她说，探视对病人不利等，我即退出。谁料，这未经意的一瞬，竟成了永诀。

我镇定下来，最先想到的是你走得太早！谁都承认你给社会的奉献已够丰厚了。你的书接连出版，广为传播，从国内到国外，你的艺术创造和魅力，你的思想力量所给人的影响，党和人民早有充分评定；广大读者心里自有丰碑。正因为如此，读者仍希望甚至渴盼你能继续写出好书，塑造些现时代的新人物。熟知爱护你的朋友，有人向我说过他的矛盾心理：明知你近年身体多病，同情且诚心愿你好好养息；严肃的创作是太耗人的苦职业，可又不由得，也是出于敬慕，总期待着读你的新书。每在报刊上看到你病中写的精短文章，十分高兴。我理解这样心态，是苛刻的，又是合情的。

老杜，我同样发现，你时时怀念广大读者的，并懂得人们对一个人民作家的厚望。你沉疴多年，心不知怪，又不曾停下笔，还在设计酝酿反映新时期较大的创作工程。我深知这是好事，却不便多鼓励，只能委婉劝说当务之要是静心养病。身体好了，什么心愿都能完成，可以纵情写作，精心创造，人们都明白，你毕生心血献身于文学，你会有着多少书没来得及写出；多少要描述的生活画卷没来得及注落在纸上。这在你到弥留的顷刻间，也许在心胸深处犹含有隐隐不满足。

老杜，我们初相识时，你是我们青年群里生命力最强且热情奔放的一个。从延安到今天，相知将近半个世纪，其实彼此相处的日子并不多。只在延安保卫战中，我们见面时间较多。那时，我俩被派到西北野战军采访，各跟一个旅，常一起到二纵队司令员处，审批文章，相互修改稿子，又商量新战役的报道等，你给了我很多启示。印象最突出的是，你写的新闻，内容实在，资料齐备，事态过程、人物心态等情节，有理有据。写作十分精心，反复修改，一次一次清抄。你说写作没有特别的诀窍，最主要的一条是肯下苦功夫。你深入到生活深层，熟悉战争，广交战士。作为党的新闻工作者，采访报道是主要工作，但你没有把自己只当记者，做旁观客人，而是解放军一员，为战斗胜利服务，为打击敌人而报道。同样部队首长以至战士，谁也不把你当作客人。

老杜，以你的革命激情，以部队为家，刻苦工作。对同志热情、朴实，更赢得大家的亲近。行军跟战士一起爬山，一起露营。你能准确叫出许多战士的姓名。许多干部战士有什么心事，有什么思想问题他们总是找你说心里话。我见过有人给你打的布条鞋，鞋头特意扎有红毛线菊花。有人悄悄地给你干粮袋里塞新炒面。为安全起见，旅、团首长强制你离开前沿阵地。有人说，老杜消息来路特广，除本人采访、单题做调查外，不少消息是接触人时得来的，人家自动"送消息"来的。所以你掌握的信息就快，又多又生动。你脑子里积蓄的东西很多。

今天可以这样说了，你早有写东西的考虑；你的行军背包里，有一个白布袋，里面装有延安工作时被服厂劳模的资料，到前线又不断增添战争生活的材料。留心的人，注意到这材料枕头一天一天鼓高了。在紧急行军中，一再要求轻装，而你说，被单可以不要，这些材料绝不能丢。那时有人笑过你。即使干文化工作的熟人，自然也意识不到，这一个布枕头后来发展成马褡子，同后来的《保卫延安》这部辉煌巨著有什么牵缘。

战火中相处仅一年。1948 年 5 月，我离开战地，彼此于澄城冯原镇分手，各奔东西。你随军去新疆，我到青海，关山隔阻，星云万里，各自又忙，顾不及私人音书往来，同志的深情厚谊，却没有疏淡。你的书，震响全国；"十年浩劫"中，我横遭诬害等，彼此都鲜有所闻。于相隔 20 多年之后，约 1973 年，我同老伴来西安看病。因为还背着被诬陷未作结论的包袱，一般不看望熟人，你却来住处看我们。谁都不屑于提伤痕之类，只有互相安慰、鼓励，一如早年初相识时那样坦诚。你告辞走时，突然从衣袋里抓出 300 元，我有点愣，又不觉意外。我熟悉你以往诚实帮别人的习惯，可能估计到一个劫后余生者的困难，可我眼前所看见的是同志情深、老战友的理解。说起为帮人看病拿点钱来，事本平常，而在当时，我在批斗辱骂中泡了五六年，甚至遭某些同事的躲避、冷漠、忽焉碰头不认识的氛围里，你的行动，给了我有力的激励、深沉的欣慰！当然这种心情，不必向你流露。

我回到西安之后，同你家往来机会多了。我去你家，无非为见面、闲聊，也有意想要你给我介绍些现时新出的文学作品。你是行家，你推荐过一点某人某篇新作，也略加几句评说。至于当时文艺界的一些新鲜的、时髦的动向，或突出倾向，你不轻易多说，这曾引起我不满足，认为你把闲聊看得太认真了。

我偶尔翻读某些新作品，甚至轰动一时的，也听到不同读者的各种评说，似乎有点什么领悟，稍稍意识到你向我介绍的书中，很少是市场走红的畅销书，受奖的、编入丛书的、被一些评论家大吹的书。我觉察你有自己的道理，有你的见解，在明确坚持着你的思想的艺术的标准，坚持为社会主义、为人民的根本原则，这一切都是从时代长远的发展着眼。虽然我们没有时间做深入的交流，但我可以感到，作为严正的作家的你，你的严肃和沉重。

老杜，今天你已停止呼吸，不能再生产，不能再吐丝了，可是留下来的书，自然会继续替你工作，在人的精神世界里继续耕耘播雨，一代一代人，将从中吸取营养，受到鼓舞。

鹏程同志，你劳动到生命的最后，现在可以坦然自安，无愧无憾，徐徐远行，静静安息。

1991 年 11 月初

（午人，陕西蒲城人，1938 年参加革命，1943 年开始为延安《解放日报》当通讯员写稿，1945 年调入《边区群众报》，解放战争中与杜鹏程一起为新华社战地记者，为《青海日报》首任社长兼总编辑。此处《战地纪行》，节选自《午人新闻文存》第 140—290 页，边江编著，新华出版社 2022 年 10 月出版。《老杜，你无愧这一生》，原载《本质上的诗人——回忆杜鹏程》第 167—170 页，张文彬编，陕西人民出版社 2001 年 6 月出版）

我与杜鹏程的战友深情

卢德义口述　郑世骥整理

1947 年春，西北野战军第二纵队独四旅从山西中部出发，西渡黄河参加延安保卫战。在取得青化砭、羊马河、蟠龙"三战三捷"之后，集结到延安以东 80 里的甘谷驿休整。在此，我们团整编为独四旅第十团。

当时，我在一营二连当指导员。一天，杜鹏程同志来到我们连，这是我们第一次见面。他首先自我介绍说，他是新华社的随军记者，他找我的目的是想了解二连这次从晋南到陕北一路行军打仗的情况。我得知他的来意，便掏出小本本给他介绍。我有个习惯，每次战斗结束后，就把战斗中的一些要点，如战斗简要经过、俘获敌人的数量、连队伤亡情况和英雄模范事迹等，记在一个小本上。他对我的这个小本本很感兴趣，问得十分详细。

这次与杜鹏程见面，他给我留下很深的印象。他中等个头，性格开朗直爽，说话直来直去，办事干脆利落，没有一点儿大记者的架子。在很长一段时间里，他到十团去得最多的就是一营，而到一营去得最多的又是我们二连。我俩在长期的共同战斗、朝夕相处中，成了患难与共、无话不谈的知心朋友。

苦难出身

我和鹏程同志熟悉之后，战斗间隙便常常在一起聊天，这样，我对鹏程同志的悲惨家世和苦难童年就有了一些了解。他家在韩城农村，从小家境贫寒，3岁时父亲去世，母亲带着他这个独子艰难度日。他上过几年私塾，后因生活所迫中途辍学，当过学徒。后来到韩城一所学校当校工，每月可领1.5元薪水。他起早贪黑拼命地干，为的是提前把活儿干完，抽出时间坐到教室后面听课，当旁听生。抗战爆发后，他参加了抗日救国组织"中华民族解放先锋队"。1938年初夏，他辗转来到延安，先后在农村、工厂、学校、报社工作，解放战争开始后调到新华通讯社当了一名随军记者。

平易近人

鹏程同志平易近人，非常随和。他到我们一营没多长时间，就能叫出全营几十个干部的名字。平时只要有空，他就深入到班排里去，和战士们打成一片，有说有笑。战士们也没有把他当作中央派来的大记者看待，而把他看成连队的一员，亲昵地叫他"二宝"。在和战士们亲密无间的接触中，他收集了许多珍贵的第一手资料，记录了许多生动鲜活的战士语言，包括快板、顺口溜、山歌、信天游等，这些在他创作《保卫延安》时就派上了用场，这部小说为我们塑造出了一个个真实、生动、丰满、深刻的人物。

背上的宝葫芦

鹏程同志在独四旅（四师）期间，师团首长对这位新华社随军记者十分关心。一次，独四旅政委杨秀山看到他的笔用线绳缠着凑合着在用，便让供给部给他发了一支"金星"钢笔。可谓是雪中送炭。

鹏程同志在跟随部队行军打仗期间，身上总背个小包袱，里面装的全是他的笔记本。在艰苦的战争年代，这些笔记本都是他用粗糙的纸张自己装订的，大大小小，参差不齐，大多数如手掌般大小。这些笔记本里记录的，全都是解放战争开始后，西北野战军总部和二纵特别是独四旅南征北战的第一手资料。他把这些笔记本看作自己的命根子，在紧张激烈的战场上，危急关头，即使把被子、衣服全都扔掉了，这个包袱都始终形影不离地跟着他——白天行军打仗背在身上，晚上睡觉就拿它当枕头。即使偶尔骑一次马，他依然牢牢地把这个小包袱绑在身上，生怕马匹万一受惊跑掉，而把他的这些宝贝弄丢了。

进军新疆

1949 年冬，鹏程同志跟随第一野战军第二军挥师西进，先后解放了兰州、张掖、酒泉等地，而他随身携带的笔记本也装了满满一箱子。从此，这个箱子便代替了那个包袱，依然形影不离地跟着他。

在新疆和平解放之初，广泛宣传党的政策，扩大我党在少数民族地区的影响，迅速稳定新疆局势，是一项迫在眉睫的重要任务。组织上任命鹏程同志为军代表，前往接管新疆日报社。在那里，他和张文彬结了婚。婚后第二天，他俩奉命又赶往喀什。他作为新华社第一野战军第二支社社长，迅速向全国报道了我人民解放军将五星红旗插上帕米尔高原的喜讯。

《保卫延安》创作经过

1950 年春节过后，鹏程同志回到二军军部（今南疆军区）。他一边坚持工作，如举办新闻培训班，筹备出版维吾尔文的《天南日报》，为二军《人民军》报的出版培养人才等；一边将自己在战争年代记录、收集的近 200 万字的战地日记和素材，整理成一部反映西北解放战争的长篇报告文学。二军政委王恩茂得知情况后，勉励他："不管有多大困难，也要把这部具有伟大意义的书写出来，让它安慰死者，鼓励活者，教育后者。"

我们营距离喀什不太远，每次到军部开会，我总要到鹏程同志家里坐坐。他住在一间十分简陋的平房里，桌子上、地面上到处都摆放着笔记本和一沓沓材料，要想进去还得瞅准空隙，"跳来跳去"。我们常常回忆过去的一些战斗经历，他不止一次地对我说，这场艰苦卓绝的战争以及无数英雄所表现出的牺牲精神，给予他的教育是永生难忘的。他一定要把那些忠诚质朴、视死如归的人民战士的精神写出来，使同时代人和后来者永远怀念他们。

1950 年冬季的一天，当我再次来到他家时，他已经把这部长篇报告文学的初稿写出来了，桌子上堆了厚厚一大摞，估计也有十几斤重！他让我先拿回部队看看，给他提些意见，帮助修改修改。这部长篇报告文学从独四旅西渡黄河、参加延安保卫战写起，一直写到我军把五星红旗插上帕米尔高原结束，按照时间顺序，把解放战争中的所见所闻所感原原本本地记录下来，详细地记述了西北解放战争的整个过程。全都是真人真事，我感到特别真实亲切，思绪不由得又回到了当年那硝烟弥漫的战场。

那时，边陲小城喀什刚刚解放，条件十分艰苦，物资相当匮乏，鹏程同志写作时根本没有稿纸，而是在缴获的国民党报纸和宣传品的背面抄写的……在昏暗如豆的小煤油灯下，一笔一画地抄写百万字书稿，要花费他多少心血啊！

1950年底，鹏程同志调到乌鲁木齐，到刚刚成立的新华社新疆分社工作，后来还担任了分社社长，我们见面的机会就少了。那时，他仍一边工作一边创作《保卫延安》。

后来，鹏程同志调到西安，在陕西省文联和省作协工作。《保卫延安》出版不久，他就给我寄了一本，是那种小32开竖排本。我每次到内地开会、出差，都要到西安去看望他。

一次我去看他时，《保卫延安》已经在全国引起轰动，被称赞为"当代文学史上第一部大规模正面描写解放战争的优秀长篇小说""构思精巧，气魄恢宏""英雄战争史诗"等。面对如此巨大的成功和荣耀，他没有表现出丝毫的沾沾自喜，坦然如常。他对我说，自他离开十团之后，就抓紧业余时间着手这部小说的创作，前前后后耗费了三四年时间，大的修改是九易其稿，而反复增添删削可谓不计其数，有数百次吧，被他修改涂抹过的稿纸可以拉满一马车，这部小说几乎耗尽了他全部的心血。

病榻相逢吐肺腑

然而，天有不测风云。20世纪50年代后期，《保卫延安》先是被停售、停止借阅，后又被勒令彻底销毁。这本书被批成"大毒草"，鹏程同志难逃厄运，被抄家批斗、游街示众，身心受到很大摧残。

1972年，我来西安治病，听说他也生病住院了。第二天，我便到医院去看他。当时，他的处境很不好。见到昔日的老战友，他非常兴奋，又送给我一本《保卫延安》，是1958年出版的大32开横排本。他坚定地对我说，现在这部小说虽然被焚烧了，但那本印在人民心中的书，却是烧不尽、焚不绝的。

几十年后，在《保卫延安》重印时，他特别将肺腑之言写在了后记里："是的，我们被折磨得内外是伤，但依然昂首挺立，而且满怀着激情和热爱，注视着这个辽阔广大的国家，注视着这块用我们的血汗和眼泪浸透过的土地，注视着这英勇顽强而多灾多难的人民！"

周大勇的原型温广生

几十年来，《保卫延安》这部经典小说每修订一次，鹏程同志都要给我寄一本。由于这部小说写的就是我们四师的事情，部队官兵都非常喜欢，竞相传看。而我每次收到他寄来的《保卫延安》，都要再仔细看一遍，越看越感到亲切，书中主人公、英雄连长周大勇的原型就是二连连长温广生。

我参加革命后便和温广生在山西决死队二纵队五团当兵，前后有 3 年时间。此后，五团整编为五支队，我俩又在同一个支队。解放战争开始后，五支队整编为十团，我俩又在十团并肩战斗，解放大西北，进军帕米尔高原……

我和温广生长期在一起，对他十分了解。他作战特别勇敢，曾带领连队打了许多漂亮的歼灭战。在十多年的战斗生涯中，温广生活脱脱就是《保卫延安》里描写的周大勇。在《保卫延安》中，除了周大勇外，其他人物大多也都有原型。比如，旅长陈兴允的原型是顿星云，旅政委杨克文的原型是杨秀山，团政委李诚的原型是李恽和，等等。书中有的人物用的还是真名，比如王老虎。那时，我们团有两个老虎，一个是一营三连的王老虎，一个是二营六连的张老虎，他俩都是战斗英雄。鹏程同志和他们的关系都很密切，有时晚上就挤在王老虎的铺上睡觉。

一次，在阵地上鹏程同志差点踏上地雷，幸亏王老虎及时拉他一把，才免遭危险。这两个老虎后来都牺牲了，鹏程同志将这些可爱战士的事迹经过艺术加工，塑造出一个活灵活现的英雄战士形象。

永恒的怀念

1986 年，我离休回到西安。刚安顿好，我就去国防工办家属院看望鹏程同志。由于我俩都已离休，此后便像走亲戚一样，经常来往。后来，他家搬到建国路省作协，距离远了，加上我俩年龄都大了，来往便逐渐少了。

1991 年 10 月 27 日，鹏程同志突发心脏病不幸逝世，我参加了他的追悼会，送别几十年的老战友最后一程。

后来，我与鹏程同志的夫人张文彬见过一面，她将鹏程同志生前整理的一份关于扶眉战役的材料交给我，可能是让我写回忆录时做参考吧。可惜，我年事已高，力不从心，无法完成这件工作了。

转眼，鹏程同志离开我们已经 20 多年了，每当看到《保卫延安》这部小说，我仿佛又回到战争年代、和他在一起的那些日日夜夜，仿佛又听到他那爽朗的谈笑声……

（附记：卢德义，曾任团、师政委，南疆军区副政委、正军职顾问等职。郑世骥，曾在卢德义所在师工作20年，曾任咸阳预备役师副师长兼咸阳军分区副司令员。本文原载《西安晚报》2017 年 4 月 23 日第 10 版）

崎岖艰难的道路

潘旭澜

1954年，随着长篇小说《保卫延安》的出版，一个陌生的名字——杜鹏程，便突然而又执拗地在报刊上、广播中、广大读者和文艺家的谈话里反复出现。

一颗耀目的文学新星冉冉升起了。

杜鹏程是谁？他是干什么的？这长篇是怎样写出来的？为什么能写出这样好的小说？……人们关切地打听着，谈论着。

原来，在《保卫延安》出版之前，他在生活与文学的道路上，都经历了许许多多艰难困苦。而这个长篇的问世，不但使他后来为之饱受迫害，并且使他继续在艺术的道路上历尽艰辛。

路，从韩城开始

1921年（辛酉年）农历三月二十八日，陕西韩城县梁夏乡杜家苏村，一个穷苦人家生了个男孩。父母请读书识字的人给这个独子取了一个吉利的名字杜红喜。[1]他就是后来的作家杜鹏程。

在介绍杜鹏程童年之前，让我们先简单地说说他生长地方的风物、文化吧。

黄河流域，是中华民族文化的摇篮。陕西，在历史上曾经长期是中国政治、文化的中心，经济也很繁荣。只要想象一下唐代的都城长安比今天的西安要大许多倍，再看看西安现存的许多唐代文物古迹，即使没有去查阅史籍诗文，它是多么繁荣昌盛，也就不难想象了。

在关中东北角的韩城，以前虽然只是一个山区小县，但它西枕梁、巍二山，为天然屏障；东临滔滔黄河，更有龙门雄峙；地处冲要，为历代兵家所瞩目。春秋时的秦晋大战，西汉初韩信率兵偷渡黄河袭击魏都，隋末李渊、李世民父子起兵进攻长安，明末李自成攻克长安及挥师渡河北上……都发生在韩城或经过韩城。而且这里景物宜人，境内千岩争秀，芝水、漆水如带。尤其是东部川原，林木葱茏，田畴似绣。初唐诗人王勃在《夏日登韩城门楼序》里写道："韩原奥壤，昔时开战斗之场秦塞雄都，

---

[1] 本文中谈及杜鹏程的家庭、生活、创作，所用材料凡未见诸书籍报刊者，一是他同作者交谈中说的，以下均不一一注明；二是通信中回答作者的询问时谈到的。

今日列河山之郡。池台左右，觉风云之助人林麓周回，观岩泉之入兴则有惊花乱下，戏鸟平飞，荷叶滋而晓雾繁，竹院静而炎气息。"可见韩城山水风物，既有北方的雄浑，又有几分江南的秀丽。

壮丽的山川，钟灵毓秀。"学殖空前富，文章旷代雄"①的司马迁，就是韩城人。祖籍山西太原的大诗人白居易，也是在韩城生长的。②到了清代，这个县因为出了许多解元、状元，而被称为"解状盛区"，并且有"韩半陕，陕半韩"之说，意思是韩城的人才占了陕西全省的一半，陕西的人才一半出在韩城。实际上，清代"名臣传"中陕西共有四人，其中为民请命、爱民抗税的刘荫枢，清廉正直、勇斩权奸的王杰，都是韩城人。当然，最有影响、最受崇敬的还是司马迁。

司马迁，这位成为中华民族骄傲的伟大人物，他的故里龙门砦离杜鹏程家只有十多里，他的祠墓所在的芝川镇边的高岗离杜家也只有15里。韩城老百姓读过《史记》的当然极少，可是大家从传说中，都知道太史公是在忍辱负重、遭遇很悲惨的情况下，为咱们民族作出了重大贡献，为人民做了好事的伟大人物，所以历来都很崇拜他。每年农历二月初八庙会，老百姓都跑去向庙里司马迁塑像磕头。庙后有司马迁墓，墓顶上有一棵很大的古柏树，许多人都将柏树叶摘下一小枝，女的插在头发上，男的别在衣襟上，说是这样就能得到太史公的保佑，人就聪明，凡事吉祥如意。杜鹏程小时也跟着人家去摘过柏叶。当然，这些都带有迷信色彩。然而，它们更说明，司马迁在韩城人民心目中，一直是一个崇高的典范，是一个值得仿效的榜样，是一个鼓舞人们战胜困难，顽强进取的精神力量。榜样的力量是很大的，潜移默化的影响是深远的。而所谓潜移默化，自然不是说人们讲了一通太史公的故事，或者读上几句"太史公曰"，然后去干什么大事或者去克服困难，而是司马迁的精神和品格，渗透到人们的细胞里，流动在人们的血液中，默默地培养或影响人们的品格、气质。

韩城还有许多美好的历史故事和传说。龙门山断壁上的无数斧凿痕，永远在向人们讲述着大禹领导群众，治理洪水，开凿龙门，导河归海，艰苦奋斗，13年中三过家门而不入的动人故事。姚庄西的苏武庙，奉祀着这位著名历史人物，也流传着他奉命出使匈奴被扣，在"北海"边牧羊19年，坚强不屈的故事。庙前柏树都朝南，即韩塬八景之一的"苏柏南柯"，群众以大胆的想象来解释，说这是苏武在南望司马迁。还有东、西论功村，传说东汉光武时，诸将并坐论功，冯异独退避大树下，不与别人争功，因被称为"大树将军"。……这些故事、传说，不但使山川风物增色，而且还在识字与不识字的老百姓中广泛流传，成为人们文化心理的一部分，陶冶着人们的思

---

① 郭沫若1958年题司马迁祠之句。
② 据《旧唐书·白居易列传》及《韩城县志·白居易列传》。

想情操。

虽然韩城有壮丽的山川，有肥沃的河谷，有丰饶的物产和矿藏，还有令人景仰的历史文化古迹和故事、传说，但在旧中国，它绝不是什么世外桃源、人间乐土。在杜鹏程出生前后，陕西在军阀陈维蕃、刘镇华相继统治下，横征暴敛，民生凋敝。韩城也不例外。许多穷苦农民，在正常年景里生活就很艰难，一有灾荒更是非常悲惨。

杜鹏程两三岁的时候，父亲就去世了。他的母亲，像旧社会许多农村妇女一样，没有名字，把夫姓和娘家姓合在一起，叫杜赵氏。她从小就到杜家做童养媳。18 岁生杜鹏程，才 20 岁出头丈夫就死了。当丈夫的棺材放进很深的墓坑时，人家正在填土，她悲恸欲绝地跳下去。这是她感到活不下去的绝望心情的反映。在那时，一个无依无靠的寡妇，命运是很悲惨的。谁都可以欺负她，凌辱她；谁都可以找个借口把她卖掉，像卖头牲口一样。所以她要跳进墓坑。人们将她救了起来，用一些无力的话安慰她，更用她的幼小的独子来说服她。于是，这个勤劳能干的年轻寡妇，顽强地活了下来。

杜赵氏的担子是很重的，生活对于她是很严酷的。她不但要抚养幼小的儿子，还要把 3 个侄女拉扯大，因为这 3 个孤女的哥哥到外乡给人做长工去了。不管杜赵氏怎么能干，不论她怎样拼死拼活地劳动，都养活不了 4 个孩子。没有别的办法，只好变卖一亩多的旱地。可是，一个寡妇要卖地来活命也很难。你要卖点地，就有许多人跑来横加干涉，不许你卖，甚至把你打得头破血流。因为他们想把你逼走，然后将地占为己有。同时，穷人没有好地，你要卖地还得去求有钱人。买地的人都要图个"空儿粮"，那就是你卖地时他给你一点钱，地归他所有，向官府纳粮仍旧由你纳，换句话说，就是你没有了地还是要照旧纳粮。贫苦农民最害怕这饮鸩止渴的做法，因为这意味着你要祖祖辈辈承受"纳粮"的重担。杜鹏程的祖上已经留下了 6 斗"空儿粮"，如今杜赵氏又好不容易才把一亩多地卖了"空儿粮"，来养活孩子们。

1927 年，杜鹏程 6 岁，按照中国农村古老的算法已 7 虚岁，是入学读书的时候了。从他往上数三代，没有一个人读过书。杜赵氏是多么希望这唯一的命根子能读书啊！虽然家里生活很艰难，她还是将儿子送去本村的一个私塾里念书。这私塾设在祠堂里，有一位老师，二三十个学生。这时兵荒马乱，孩子容易丢失，所以上学的第一天，老师就叫学生先认"陕西省，韩城县，陈建里，梁夏乡，杜家苏村"这些字和自己的名字。认识这些字，一旦迷路或被坏人拐骗时，才有设法回家的可能。因而可以说这是生存的需要。"接着，就读《百家姓》和《三字经》。两本小书，一支小楷笔，外加一个铜墨盒，母亲就花去五角钱。她凄凉地对我说五角钱就是买半斗粮食的钱，要我记住这一切，并万分珍惜笔墨。"[1] 受够了没有文化的苦楚的杜赵氏，为儿子做了一个小

---

① 杜鹏程：《我这一支笔》，《陕西青年》1981 年第 7 期。

木盒子，叫他把认得的字写了装进木盒子，回家时让她看看每天识了多少字。孩子像是很懂得母亲的心情，读书很专心。不到一年，就认得几百个字，稀稀松松地装了满满一盒子。这些字，就像凿子凿刻在心上一样。几十年过去了，当他长大成为干部、作家的时候，还分明记得这一年上学开蒙时，装进木盒子的是些什么字。

杜鹏程在苏村上了一年私塾，第二年就转到县城里的私塾了。1928 年开春，杜赵氏看看没有办法度过这一年的春荒，托人介绍，到县城里给人家做帮工，就把儿子带去，在城里上私塾。这私塾设在县城中间的关帝庙里。老师姓赵，瘦长的高个子，是一个年轻时多次没考上秀才的老先生。虽然在县城，学生也只有二十几个，一般是七八岁，有的却 20 多岁。这是一个典型的私塾，学生入学时要给老师跪拜磕头。读的书起先仍是《三字经》《百家姓》，接着是《论语》，再来是《孟子》。赵老夫子并不开讲，只是自己领读一遍之后就叫学生死读硬背。到了一段或一课，就让学生一个个到老夫子面前背书，谁背不出，就用戒尺打手掌，不少学生常常手都被打肿了。杜鹏程书都背得出，而且很少背错，所以几乎没有挨过戒尺。可是，虽然能把书从头背到尾，却不晓得里面是什么意思。私塾里有个年纪大的学生，被老夫子指定为"学长"。这个"学长"对同学们很有点恶霸作风。要大家按时向他"进贡"，没有东西"进贡"的便受到百般刁难。杜鹏程实在拿不出什么东西"进贡"这个"学长"，所以吃了不少苦头。他在这个私塾里一共上了一年半——1929 年上半年因为交不起学费而辍学。

1929 年，对于杜鹏程来说，是难忘的一年。上一年已经开始的旱灾，这一年发展到极为严重的地步。土地龟裂，河水断流，禾苗枯干，种到地里的作物连种子都收不回来。接着又是瘟疫和饥荒，当时陕西全省的人口是 940 多万人，到这年 4 月灾民即多达 655 万余人，到 11 月因灾饿死、病死的竟有 250 万余人，去外省逃荒的有 40 多万人。真是赤地千里、饿殍载道，灾民们不但吃树叶、树皮、草根，连得瘟疫而死的尸体都有人吃。这吃死人尸体的惨状，在杜鹏程幼小的心灵中，留下了难以磨灭的、噩梦般的印象。

杜鹏程自己家里又何尝不是正在经历着一场噩梦。一般的庄稼人到了这样的年景，尚且过不下去，何况杜赵氏呢？她纵然能干，纵然求生的能力很强，也万难不让 4 个孩子饿死！没有办法，只好把 3 个侄女卖给人家做童养媳，将她的小儿子送进基督教会办的孤儿院。这一户由年轻寡妇支撑的人家，在天灾、饥荒、死亡的重压下，终于被压碎，七零八落地离散了。杜鹏程的 3 个姐妹（一个姐姐，两个妹妹），虽然都是伯叔姐妹，但因为他没有亲兄弟姐妹，更因为一起在苦难中相濡以沫地挣扎了几年，所以就和亲姐妹一般。此时为了活命，不能不分开了。3 个姐妹，只知道大姐和二妹是卖到哪里，另外一个妹妹连卖到什么地方都不知道。一串串挂在枯黄腮边的眼泪，一阵阵有气无力的号哭，骨肉亲人离散的痛苦像饥鼠般地咬啮着杜鹏程的心。

被送进孤儿院的杜鹏程的遭遇，并不见得比姐妹们强。他是在 1930 年春也就是刚刚跨进 9 岁的时候，由母亲送入孤儿院的。这孤儿院办在县城内大街旁的一座旧式楼房里，原来是基督教会布道的地方。因为饥荒，教会里有些人以办孤儿院的名义，向国内外募捐，从中牟利。俄罗斯伟大作家契诃夫回忆他的童年时说："在我的童年没有童年。"① 契诃夫这句话，说的是残酷的体罚、沉重的劳动和经常的睡眠不足。它对于杜鹏程来说，也完全适用，只不过他所受的苦难和折磨的内容，和契诃夫不尽相同而却更不幸罢了。在孤儿院，他和其他二三十个孤儿，每天读《圣经》（《新旧约全书》），唱"赞美诗"，做祈祷。星期日叫作礼拜日，更是要老跪着祈祷。此外，就是给牧师、传道们看门、扫地、挑水、干杂活。一天只给吃两顿发霉的苞谷米稀饭。晚上，这些饿得皮包骨的孤儿们就挤在木板阁楼上睡。有时，哪个可怜的孤儿饿死了或者病死了，几天都没有抬去埋，杜鹏程就和这死了的小伙伴的尸体睡在一起。他开始害怕得睡不着觉，经过几次也就不怕了，而只有悲哀，为死去了的小伙伴，也为自己——说不定哪一天，这样悲惨的结局也会突然降临到自己的头上。

在孤儿院过了不到一年，随着灾情稍有缓和，主持者们募捐渐渐困难，孤儿院就解散了。由于杜鹏程在孤儿院里背《圣经》特别快，就被推荐到一个基督教会学校读书。不但不必交学杂费，还给饭吃。这教会学校设在县城外一二里的一个高岗上，是一个外国牧师和中国"长老"住的地方。在很高的围墙内，有很大的院子，有一片草地和小花园，有一个不小的礼拜堂，还有考究的牧师住所，另外还有一个小院子，学校就设在这里。整个围墙和围墙内的建筑物，很像欧洲中世纪的城堡。设在小院子里的学校，有 20 多个学生，绝大多数是教会会友的孩子。课程主要是听牧师、传道士讲《圣经》，在风琴伴奏下唱"赞美诗"，也有一些算术、常识、英语等文化课。

这时，杜鹏程由于毫无出路，于是虔诚地相信上帝，向往并不知在什么地方的耶路撒冷。他希望将来境遇能有所改善，常常跪在地上做祷告，流着眼泪向上帝忏悔自己的"罪恶"，甚至搀扶着有病的母亲去听牧师传道，希望母亲也"得救"。"可是，有一件事使我真诚的信仰破灭了。"杜鹏程后来回忆童年时代时说，"牧师布道时活灵活现讲过，基督站在某一座山峰上，他的信徒跪在旷野里，基督同情地向天父祷告之后，大家立刻便有丰足的食物了。有一次，我回到家里，母亲病卧在床，又好几天没有吃饭。我就跪在炕下，像牧师说的那样诚心诚意地祷告。祷告完就去看面缸。一遍又一遍地祷告，一遍又一遍地看面缸，始终没有见到奇迹出现。'饥饿比上帝更有

---

① 转引自叶尔米洛夫著、张守慎译：《契诃夫传》。

力量'，从此，我和上帝绝交，在世界上去寻找别的道路了。"①可是离开这里，饥饿依然追逐着他。他还是走投无路。

于是，1932年，他刚进入11岁时，经人介绍，到离家十多里路的一个教堂里当了看门人。这是一个偏僻山村的小教堂。牧师、传道士们在教堂里时，他就看门、打杂，有空儿便找一些书来读。可是，牧师常常要到别处去传道，一去就是几天，甚至十天半个月。整个教堂就剩下他孤零零的一个人，空荡荡的，好像突然变得非常之大。他寂寞而愁苦。尤其是晚上，黑洞洞，阴森森，墙外有饿狼或别的野兽嗥叫，他害怕极了。他从来也没有像现在这样想念母亲。想得狠了，就悄悄在墙角画道道，过一天画一道，看看已经过了多少天，好像道道画得越多，回家的日子就越近，这件事的印象是如此深刻，以至25年后他写《平常的女人》时，"移植"来写郑大嫂每烧一锅开水，就在石板上画个道道。母亲知道儿子的处境和心情后大哭了一场，接着便千方百计替孩子另找一条活路。于是，这一年的下半年，杜鹏程就到离家数十里的黄龙山的大深山里一个亲戚家去就食了。这亲戚虽然穷，但却很同情杜家这可怜的孩子，让他住了下来。他在这里，尽管也不能和母亲在一起，可是却不必像在教堂看门那样，常常在孤独、寂寞、恐惧中挨过日子。山区农民家的生活也艰难，但却能得到勤劳、善良而淳厚的劳动者的同情和温暖。居住在大深山的这半年里，他跟上山民在森林中伐木，在山坡上放羊，在那像是挂在陡壁上的一片片土地里收割庄稼。艰辛的劳动和自然界，赐予他的东西是很多的。

从1928年开始的连年大旱灾、大饥荒到1932年由于气候正常收成较好而使灾情基本上解除。于是，到黄龙山深山里就食的杜鹏程又回到了母亲身边。只要不会饿死，母亲就想让儿子读书。于是，母亲又把他送进县城内的"明伦堂小学"。在这里虽然也学到了一点新知识，但依然要读"四书"（《大学》《中庸》《论语》《孟子》），读了一年，"四书"自然都还没有念完，因为母亲不但无法供他上学，还希望他能赚点钱补贴家庭，所以又辍学了。

离开了学校，12岁的杜鹏程，经母亲托人介绍，在县城一家杂货商店当了学徒。这是一家名副其实的"杂货店"，铺面的前边卖农具等杂物，后边是卖面条之类的小吃。据说这原来是一个规模不小的"酒家"，可是在灾荒的年头越办越糟实在混不下去了，才搞成这样非驴非马的杂货店，以求苟延残喘，后来没有几年也就倒闭了。杜鹏程到这家店里以后，老板常常叫他到老板在农村的家里干农活，晚上才回店里看守门户，实际上是当小长工使用。老板给这个小长工的待遇是苛刻的，只给吃饭，不给分文薪水。学徒生涯给杜鹏程唯一的乐趣是看书。在这家杂货店对面有别的一家杂货

---

① 杜鹏程口述，陈纾、余水清记录整理：《平凡的道路》，《中国当代文学研究》第1辑。

铺。这家杂货铺的老板，从乡下收买废纸时弄回来很多旧书，其中有残缺不全的古书，有五四时期的报刊，也有新文学作品，就堆在地上，你挑出书来，站在那里读也好，拿回去看也好，识字不多的老板全不在乎。一年多下来，那里的章回小说如《三国演义》《水浒全传》，以及其他一些书籍，他囫囵吞枣地看了不少。于是在萌发了对人生的种种疑问的同时，也萌发了对于文学和小说的兴趣。然而，即使种种杂书读得再热心，也不能解决生活的困穷和前途的无望啊……

为了赡养在贫病中挣扎的母亲，杜鹏程不愿再当学徒了。可是，又找不到别的出路，苦闷得很。这时，邻村的一位在西庄镇学校任教的老师，看他母子的生活太可怜，出于同情，将他介绍到这个离家二三十里的乡村学校里半工半读。这个学校里有不少思想进步的教师，有的还是地下党员。他在这个学校里做勤杂工，扫地、看大门、替老师们取书报，事情不多，大部分时间可用来学习。这整整3年的时间，使他大有长进。得到的报酬是除了有饭吃，每个月还发一元五角的工资。他留下五角作生活用品的开销，寄一元给母亲。一元可以买一斗粮食，母亲也就不会挨饿了。由于受进步老师的影响，他开始接触了一些中国进步文学作品。像巴金的《家》，蒋光慈的《少年漂泊者》《哭诉》，对他都很有吸引力，在他心里点燃了对旧世界愤怒的火焰。

这个时候，刘志丹所部的工农红军曾到过这个学校附近的地方。有许多学生、老师对红军不了解，都跑回家了，杜鹏程被留下来看守学校。他想："我是穷孩子，怕什么呢？"于是，锁上了大门，跑到黄河边的小镇上，亲眼看到了红军，看到了他们对贫苦农民是那么热和，他们的纪律又是那么严明。同时，又从红军和农民的口里，直接和间接地听到了许多关于红军的故事。他格外觉得他们可敬可亲，和自己的心贴得很近。随后，又听地下党员的老师说，中央红军经过长征，到了陕北，还讲了一些中华民族的出路以及穷人打天下的道理。于是，对共产党、红军、革命有了一些初步的认识。

这几年，国民党当局实行"攘外必先安内"的违反民族和人民利益的政策，镇压要求抗日的共产党人和人民群众，而日寇步步进逼，国土沦丧，中国面临着亡国危险。在这样的岁月，他和所有师生一样，窒息、愤慨而又万分痛苦，爱国的感情像烈火一样在心中燃烧。

在西庄镇学校的第3年，抗日战争开始了。在学校的进步老师影响下，杜鹏程参加了党的外围组织"民先队"，并且当了一名小队长。他和其他"民先队"队员一起，经常到附近的农村，做抗日救国的宣传。这时，爱国的热情很高，年纪又轻，根本不知道什么叫疲劳。每每和大伙唱着抗日歌曲、讲着抗日的道理，便心潮澎湃，热血沸腾，热泪盈眶。次年，韩城又成立了一个宣传抗日、宣传马列主义的"少年书报社"。

这是一个在党领导下由先进知识分子组织的文化团体。由于一位党员老师介绍，杜鹏程去当送报的工友。在这里，送报、卖书之余，有很多时间可以读书，满架满房的进步书报，给杜鹏程展示了一个崭新、光明的世界。他贪婪地一本又一本地读着似乎读不完的书。他读了《共产党宣言》《大众哲学》《新哲学大纲》，还读了列宁、斯大林、鲁迅、邹韬奋的一些著作。虽然在这个书报社所有的人都是为抗日而尽义务，没有薪水，可是大家的热情却很高。做送报工友的杜鹏程，自然也只有饭吃而没有薪水。物质上是很清苦的，但是精神上却觉得充实，生活过得丰富而又有意义。

路，从韩城开始。杜鹏程依稀地看见它伸向遥远的山与天相连之处。只要有机会和可能，他将奋力前行。

难忘的岁月

日本帝国主义的猖狂进攻，大片国土的沦丧，民族危机的空前严重，猛烈地冲击着每一个爱国青年的心。人们义愤填膺，痛哭流涕。这时，贴在"少年书报社"对面的延安抗日军政大学的招生通告，指出了一条报国的康庄大道。1938年6月，杜鹏程和几个受党影响的同学，决心奔赴延安。母亲杜赵氏虽然舍不得独生儿子远离，但这个很年轻就守寡的劳动妇女深明大义，将长期攒积下来的仅有的4块光洋给他做盘缠，含着热泪送他上路。

韩城到延安500多里，他和同伴由一个经常去延安卖棉花的老乡带路，在人烟稀少的山岭和森林中，顾不得长途跋涉的劳累、有一顿没一顿的饥饿，走了整整7天，经历了许多以前不曾经历过的艰难困苦，凭借满腔爱国热情，凭借一颗向往革命的火热的心，终于到了革命中心延安。当时，全国各地成千上万爱国青年，从四面八方奔向延安。"咸阳古道上，穿长袍的，穿西装的，穿工农服装的，形形色色的人流向祖国北方涌去，寻求救国的道理"，杜鹏程和他的同伴，不过是这一伟大爱国洪流中的一朵小小的浪花。但是，这却是他整个生活道路的关键，是他从旧社会的奴隶成为生活的战士的起点。

到延安后，就被分配到抗大分校（又叫"八路军随营学校"）。学员文化程度各异，有工农青年，有从北平、天津和上海来的初中生、高中生、大学生，还有海外华侨和刚回国的留学生。杜鹏程到延安之前连皮箱都不曾见过，第一次从一个外国留学过的学员那里看到皮箱都觉得很稀奇。岂止如此，他从前连大米都不曾吃过！所以，在抗大分校开始吃到大米饭时，还发愁哩。《保卫延安》里写战士们说"大米性凉，吃了还拉肚子"。就是他自己初到延安时的看法和体验。对于不少从城市来的青年，抗大分校的生活是很艰苦的，学校设在农村，住的是破窑洞，学习的场所是老乡的麦场。但是，对于从小在饥饿和贫困中挣扎过来的杜鹏程来说，一切都很满意，只觉得自己眼前时时刻刻展示着一个美好的新天地。

在抗大分校一个月左右，组织上就把杜鹏程等一批年龄小的人挑出来到鲁迅师范去读书。开始时，这学校"没有正式宿舍，没教室，更别谈什么食堂了。说艰苦也算艰苦。比如开饭时，炊事员把饭抬到村子的大巷道里，我们就挤到巷道里吃饭。常常是正在吃饭，老乡的大车或牛群羊群过来了，我们连忙把菜盆和饭碗端起来，一阵灰尘扬过后，又蹲下来吃饭。下雨的时候我们就站在老乡屋檐下吃饭"。① 上课时，黑板挂在山坡上，老师没有粉笔就用黄土块，学生搬块石头做凳子。不久以后，随着革命形势的需要，学校要发展，全校师生在校长带领下，自己动手挖窑洞。于是，大家就住进了新窑洞。白天学社会科学、语文、数学、游击战术以及其他课程，晚上"大家围在豆油灯下，上自习、讨论学习中的疑难，消化着老师们给予我们的知识"。② 人们生活是艰苦的但却朝气蓬勃，学习条件很差却生动活泼。在这里，延安精神开始在许多青年身上生根发芽。当然，也有极个别的人经受不了这种生活的考验，说什么"革命我何必讨这份苦吃？""革命不革命，同我没有什么相干！"终于离开了革命队伍，和革命分道扬镳了。③ 1938年底，杜鹏程在鲁迅师范学院毕业了。组织上分配他到离延安180里的延川县的农村去做实际工作。一到这个人烟稀少的山区，他心里就发凉。"难道这就是我的第一个工作岗位？在这里工作也能算是抗日救国吧？要是让我在这里待上三年五载其至一辈子怎么办呢？"事实上，在延川农村3年多，是上了另一个学校——"社会大学"，读了对一个干部或作家都很有必要的第一课。这个偏僻的山区是个老根据地，红军东征时就在这里住过。村里有许多人参加了红军、八路军，有些人家一家有两三个烈士，许多干部、农民都有着光荣的革命历史。这里的老乡长，就是一位传奇式的老革命。杜鹏程向他报到时，他看着介绍信上"杜红喜"的名字，觉得这名字起得不好，建议改一个。年轻人同意了。于是老乡长在一本小说书上找来找去，找到了"鹏程"两个字。从此以后，他才叫杜鹏程。他到这里头一件事就是教娃娃们识字，帮妇女们学文化，到处写标语，教群众唱抗战歌曲。还要帮助乡长搞扩兵，收集军鞋，征收粮食，开路条，代老乡写信，还要给老乡办"冬学"。农村的剧团利用农闲要搞宣传演出，他就为剧团编剧本，写歌词。绝大部分歌词，都是套当地的地方曲调来填词，这样群众容易接受。总之，年轻人有颗火热的心，凡是能够干的工作，什么都乐意干。他就

---

① 杜鹏程：《致一位年轻朋友的信》，1957年1月7日《西安日报》。
② 杜鹏程：《致一位年轻朋友的信》，1957年1月7日《西安日报》。
③ 郭沫若1958年题司马迁祠之句。

在这些看来很平凡、琐碎的工作中，逐渐地了解周围的那些干部和群众，和他们建立了感情。特别是代老乡写家信，他（她）们什么话都想在信里对自己征战在外的亲人讲，从这里可以知道许许多多他们平时不愿向别人讲的心里话——当然，这首先要你和他们打成一片，要他们信任你。

这个时期，虽然抗日战争处在相持阶段，陕甘宁边区各方面都十分困难，但是党却高瞻远瞩，十分注意干部的培养。1941 年底，经过了几年农村工作锻炼的杜鹏程被调回吴玉章同志当校长的延安大学学习。在延大除了学习各种知识，还参加了大生产运动，和大伙一起，开荒、种地、纺纱，生活虽然清苦，但心情却很愉快。接着，又在整风运动中，学习了中央所规定的一些文献，并且对自己的思想作了一番比较全面的清理。当时，延安的学习空气很浓，但是书很缺。大家就把自己的书献出来，凑在一起办图书馆。这毕竟远远满足不了大家的需要，于是出现了许多手抄本。许多世界文学名著都有手抄本流传，还有人将《英汉辞典》从头到尾全部抄了下来。杜鹏程那时主要的兴趣在政治经济学、哲学、历史等方面，能借到这些方面的书就读。自然，对文学也很有兴趣，读了鲁迅、高尔基、巴尔扎克、莫泊桑、屠格涅夫等的一些作品。由于战争形势严重，生活是十分艰苦的，杜鹏程和其他许多年轻同志一样，用坚毅的精神对待着一般人难以忍受的物质生活的困难。"饥饿威胁着人，但是你听不见叫苦声和埋怨，仿佛这些生活的艰难，对大家就是习以为常的。有时候吃了饭，做总务工作的同志宣布粮食还没弄来，今天减少一顿饭。大家听了也不在乎，还是去埋头学习马克思主义，去探讨古代史实，去研究古典文学，去学习各种外国文……"不平常的时代给人们以不平常的考验和锻炼，在时代的洪流中，青年人正以不平常的速度成长着。

1944 年下半年，杜鹏程被派到延安城关的陕甘宁边区被服厂工作。这是一家为抗日战争服务的工厂。它除生产军衣外，还生产军鞋、干粮袋、子弹袋、手榴弹袋。全厂有 300 多人，100 多台缝纫机，这在当时的延安，就算是一个不小的工厂了。杜鹏程到这个工厂，一会儿当文化教员，一会儿当干事，一会儿又是秘书。他干什么都很热心，因为这个直接为抗日战争服务的工厂的生活，强烈地吸引着他。

由于在被服厂生活比较安定，条件也比乡下好，就有可能利用工作之余，阅读五四以来的新文学作品、《红楼梦》等古典文学名著和大量苏联的文学作品，从而进一步提高文学素养。工厂里有很多同志是工农红军、八路军的老战士，特别是女同志中经过长征的不少。他们之中有很多人是在长征途中或在抗日前线负了伤，不能在前线作战而到这里劳动的。战争对被服的需要量很大，而工厂却这样小，因而经常突击，拼命工作，有的人竟劳累得口吐鲜血。他们的献身精神，是感人至深的。这些外表普普通通的人，都有一番可歌可泣的经历，都有一颗金光闪亮的心。为了向这些老同志和工人们学习，杜鹏程几乎为每一个人都写了小传，并坚持不懈地研究工厂生活，这不仅是提高对生活的认识和思想上的修养，也是一种认真的写作准备。差不多与此同时，他也开始有意识地练笔。他为工人编过不少秧歌剧。他写过不少消息、通讯、报告文学，有许多登在厂里的墙报上，还有一些用司马君、宏溪、朴诚、普诚等笔名在《解放日报》等报刊上发表。那时，解放区写工人生活题材的作品还比较少，而杜鹏程却在这方面做了辛勤的努力。从这里，我们可以看到，同二十几年后的《在和平的日子里》的内在联系。他还写了一些散文、短篇小说，可是那时发表的园地很少，只能一篇一篇抄在自己装订的本子上。就这样，杜鹏程的兴趣逐渐地转到文学上来。未来的道路也就在这个工厂里确定下来了。

1945年夏初，杜鹏程写了一篇5万字的报告文学，介绍一位女劳模的先进事迹。写时心情激动,写后却又大失所望。他请人代送给著名诗人柯仲平看看。过了10天左右，柯仲平约他去边区文协所在地文化山头，对他说："你对所写的事情很熟悉，只是罗列的事情太多。好兄弟，改一改，一定能改好。"接着，又兴致勃勃地向他讲了什么是严肃的文学事业，希望他全心全意把自己献给人民群众。对他来说，这是终生难忘的文学课。从此以后，他不但经常得到柯仲平的关心、鼓励和帮助，更重要的是柯仲平这次谈话，一直铭刻在他心里，伴随他走过"长长的风风雨雨的人生道路"。

1945年10月，由厂党支部委员、老红军易栋材和杜鹏程在延安大学的同学史汀介绍，他参加了中国共产党。从此，他在政治生活中更明确地意识到自己的时代责任。

1947年初，党考虑到解放战争形势以及将来新闻事业发展的需要，决定扩大西北的新闻队伍。组织上看到杜鹏程对文学有兴趣，也写过一些东西，就将他调到边区群众报社。3月，胡宗南所部国民党军进犯延安。杜鹏程和报社的其他同志一起，没日没夜地坚壁清野，到3月13日即我军撤出延安前5天才随机关往北撤退。他和其他同志一行5人，由赵文节（后来成为诗人的闻捷）领队，夜间转移。由于军情紧急，大家都背很多行李，日夜行军。一天在山上夜行军，有位小通信员因为打瞌睡从悬崖上掉下去，大家以为他牺牲了。可是当杜鹏程和赵文节下沟去寻找，摸到了，原来他滚到沟里后，还躺在那里呼呼睡觉。这天，天刚明，他们看到一位女同志，她夜行军时用棉被将孩子包着，可是误将孩子的头朝下，嘴脸贴着自己的腰部，这样一夜下来，孩子被捂死了；她悲痛而又断然地将死了的孩子往沟里一扔，继续行军。可见这次转移行军是多么紧张和艰苦。

在青化砭、羊马河、蟠龙镇三战三捷之后，部队里需要人去做随军记者，报社就派杜鹏程和其他几位同志到前方。他们步行了十多天，到了在陇东作战的部队。杜鹏程所去的是不久前由山西调到陕北的，由王震将军所指挥的西北野战军第二纵队。接着又到该纵队所属的独立第四旅（师）。根据两位长征干部——旅长顿星云、旅政委杨秀山的建议，他到这个旅的第十团。后来他下到该团二营六连。这是一个英雄连队。西北野战军著名的战斗英雄王老虎，就在这个连队。杜鹏程在这个连队里，和战士们吃住在一起，一起站岗放哨，除了讲政治课和教战士们识字外，还替战士们写决心书、写家信，和连里的许多干部、战士交上了知心朋友，熟悉他们的身世、经历、性格、生活习惯、战斗中的表现。作为一个随军记者，他又常常同营、团、旅的指挥员，以及纵队司令员接触。

以西北野战军装备很差的两万五千多人，同二十多万配备精良的敌军周旋，考验是十分严峻的。到1947年年底，也就是杜鹏程到部队后半年，二纵由参战初的七八千人剩下三四千人，他所在的六连竟由原来的九十多人打得只剩下十几人。长期和他睡在一起的战斗英雄王老虎，在榆林三岔湾的战斗中，牺牲在他的眼前。第一次见面时送给他一条新毛巾的营长盖培枢，也在这次战斗中，在他身边的战壕里流尽了最后一滴血。在沙家店战斗中，曾经给他很多鼓舞的团参谋长李侃，为了山沟里数千名战友脱离险境，和一些战士英勇地献出了自己的生命……战友们的思想、行为、业绩，使杜鹏程深深地受到教育和策励。由于党中央的正确领导，人民群众和战士们英勇奋斗，彭德怀同志的卓越指挥，我军很快就得到补充并发展壮大了。现实生活的具体感受和阅读有关的材料、文件，使杜鹏程认识到人民战争思想的伟大。他在整个战争过程中，不论行军怎么疲困，战争怎么紧张，都坚持写日记，记下指战员的先进事迹，也记下自己的感受体会。几年下来，一共写了近200万字的日记，还写了几十万字的消息、通讯、报告文学。其中，有一篇壶梯山战斗的报道得到彭总的肯定和鼓励，随即在1948年9月11日《晋绥日报》头版头条发表。

在这期间，杜鹏程还如饥似渴地看书学习。部队每打下一座城，他见到书，总尽最大可能，背一些走。随后在行军途中，看一页撕一页，以减轻负担。有一次正在边看边撕，司令员看见了觉得很奇怪，问他这是干什么。他说：“司令员，你的书有牲口驮着，我的书是自己背着，背不动哩！”司令员拿过那书一看，说：“这是《安娜·卡列尼娜》呀，太可惜了，你放到我的马袋子里去吧！”就这样，他以感人的求知欲和热情，硬是在战争年代的行军途中读了一些书。

1948年秋，杜鹏程在行军作战的间隙中，用了一天一夜时间赶写出歌剧《宿营》。这个戏写解放军到了新解放的地区，坚决执行“三大纪律八项注意”，老百姓在这种前所未见的模范行动的影响下，终于认识到解放军和国民党军队完全不同，解放军是自己的亲人。这个作品虽然写得稍显粗糙，但却有一些生活风趣，当时西北战场上很多文工团都上演过，并曾在延安《群众文艺》发表。后来，于1950年由西北新华书店出版，这是杜鹏程正式出版的第一部作品。虽然《宿营》严格意义来说不过是杜鹏程进行真正艺术创造的试笔，但它所取得的初步的成功，却进一步增强了他毕生从事文学创作的勇气和信心。

1949年春，西北野战军第二军（第二纵队）在解放大西北的战斗中，发展为中国人民解放军第一兵团。这年5月，在大军沿陇海路向兰州西进途中，杜鹏程和岳镇合作写了大型歌剧《劳动人民的子弟》。这个戏写的东西很多。有个重要情节是一个班长、战斗英雄，在一次以寡敌众的肉搏中，负了重伤，被战友们救了下来，可是他怕自己伤口的血弄脏老乡的被子，说什么也不肯躺到老乡的炕上，因为他明白穷苦人家一床被子就是一家人的命。当时部队文化生活缺乏，战士们难得看到演出，戏是演得越长越好，这个戏也可以演四五个小时。在解放大西北的进军中，沿途都在演。效果还不错，战士们反响比较热烈。在武功农学院演出时，学生们看了很受感动，不少人要求参军。但由于这个剧本还不成熟，加以当时出版条件的限制，所以没有公开发表或出版。后来他写《保卫延安》时，觉得这个从生活里发展而来的情节很感人，就吸收到小说里，写成一个三四百字的片段，用来塑造周大勇的形象。这个歌剧的创作，使杜鹏程得到一些从事大型作品创作的初步经验。

这年7月，杜鹏程被任命为新华社第一野战分社主编。9月，第一兵团第二军协同兄弟部队解放青海省会西宁之后，为了堵住甘肃、青海残敌的退路，为最后解放大西北扫除障碍，必须飞越祁连山，插到河西走廊的张掖一带。在"枪不离肩，马不离鞍地走遍了好几省，征战近万里，十分疲劳"的情况下，迅速越过那万年积雪、空气稀薄的祁连山，是一场极其艰苦的战斗——和大自然的战斗。然而，我军指战员在缺乏必要的御寒服装的条件下，胜利地完成了任务。在这场严峻的考验中，有些指战员被寒冷、冰雹、暴风雪夺去了生命。杜鹏程事后比较全面、充分地了解到战友们的英雄事迹，在心灵深处鸣奏起悲壮的颂歌。过了28年，他的小说《历史的脚步声》，即取材于此。

当天安门前庆祝新中国诞生的礼炮轰响的时候，杜鹏程和成千上万的战友，流着激动与欢欣的热泪，注视着在嘉峪关上升起的五星红旗。他想到了祖国的历史和明天，也想到了自己的生命历程。看来，此后大概没有什么大仗可打了。可是艰苦的行军和繁难的任务依然等待人们去完成。战士们穿过戈壁、沙漠，越过高山大河，急急地奔赴祖国边疆。

10月间，由于陶峙岳、鲍尔汉前此已在新疆相继宣布起义，杜鹏程随第一兵团司令部全体干部，由甘肃乘飞机到迪化（乌鲁木齐），随即被派去做《新疆日报》的军代表。

11月中旬，离开《新疆日报》，回到已进军到南疆喀什噶尔的第二军，担任新华社野战二支社的负责工作。

在新的征途上

在喀什噶尔，杜鹏程和妻子张文彬住在简陋的军营里，窗外就是高耸入云的帕米尔高原。枪声不断，部队还在继续剿匪。而他回顾自己所走过的道路，特别是在跟随部队作战的这一段血与火的生活，无数艰苦卓绝的战斗便像过电影一样，一幕一幕地再现出来，许多英雄人物的音容笑貌便活蹦乱跳地呈现面前，自己所受到的教育也是那样铭心刻骨。他时时刻刻都强烈地感觉到，不把这些写出来、说出来，简直一天也过不下去。考虑到主观条件还存在许多困难，决定先写一部长篇报告文学，记述从延安撤退到进军帕米尔高原的历程。于是，开始了艺术征途上这一新的跋涉。那时，白天要骑马出去采访或者发消息、写通讯，报道部队打仗和准备开展生产建设的情况，晚上才"翻山越岭"跨过堆在地上的材料，用缴获的国民党的粗劣报纸和宣传品的背面写作。每每拿起笔，就想起了他刚到延安时，连队指导员怎样教导他认识笔的意义，想起了去年春旅政委将这支金星钢笔交给他时，眼光中所流露的热烈而殷切的期望，想起了旅政治部主任用这支笔写的"一支锋利的笔，相当于一个精锐之师"的字句。经过9个多月的苦苦煎熬，写成了近百万字的长篇报告文学，抄出来的初稿有十几斤重。但是他对这部全是真人真事、按时间顺序写下来的报告文学很不满意，特别是"写战斗总是千篇一律地正面展开，一味地打、打、打，单调至极"，所以他决心重写成为小说。可是，正在这时，母亲杜赵氏病危，在司令员的关怀下，他搭乘了当时西北仅有的一架军用飞机赶到西安，再顶风冒雪步行数日赶到老家。杜赵氏已经等不到和她日夜思念的独生子见最后一面了。杜鹏程埋葬了母亲，流着悲痛的眼泪，夜以继日地工作了一个多月，将他由新疆背回家的初稿修改了一遍。

1951年，杜鹏程从韩城再返新疆不久，被调到刚刚成立的新华社新疆分社做记者。平时，因为新疆的剿匪战斗很激烈，工作相当繁忙，为了及时采访、报道，天山南北他都跑遍了。然而，他还是尽可能地挤出时间来阅读中外文学作品，边学习边考虑《保卫延安》的创作。他读了我国现代写战争的一些小说，读了《三国演义》《水浒传》，又读了俄罗斯和苏联小说《战争与和平》《毁灭》《铁流》《夏伯阳》《日日夜夜》《恐惧与无畏》《真正的人》等等。其中有不少作品，在人物刻画、战争场面描写、作品布局和结构方面，对他都有重要的借鉴和启发作用。由于中国作协副主席、西北文联主席柯仲平的关怀，新华社给了杜鹏程几个月写作时间。

他每日工作时间之长和劳动强度之大是很惊人的。其间不时有思想斗争，这倒不是怕累怕苦，而是每每在遇到难以跨越的困难时，不断反悔，埋怨自己不自量力。"可是，想起了中国人民苦难的过去，想起了我们脚下的土地，想起了那些死去和活着的战友，抚摸着烈士遗物，便从他们身上汲取了力量，又鼓起勇气来。……钢笔把手指磨起硬茧，眼珠上布满血丝，饿了啃一口冷馒头，累了头上敷上块湿毛巾……写到那些激动人心的场景时，笔跟不上手，手跟不上心，热血冲击胸膛，眼泪滴落在稿纸上。"柯仲平的信。"坚持努力，我相信你可以完成这部作品"也是他的重要精神支柱。于是，他苦熬苦撑着完成了好几稿。1953年春，他担任新华社新疆分社社长，工作更忙了。这时，他想争取一段完整的时间修改稿子，找了一些同志帮他说情请假，才得到短短几个月假期，到了北京。

在北京，杜鹏程虽然工作条件并不好，有时还要"为安排起码的生活条件而为难"①，但是毕竟有完整的时间可以修改小说稿了。后来，他又搬到北新华街的总政文化部单身宿舍的一间矮小阁楼里，不必为生活上的问题发愁了，就"整天埋头于大堆稿子中，可以说常常是寝食俱废"。经过了几个月的苦熬苦战，于1953年冬，又写出了一稿。这样，杜鹏程经过"一年又一年，把百万字的报告文学，改为60多万字的长篇小说，又把60多万字变成17万字，又把17万字变成40多万字，再把40多万字变为30多万字……在4年多的漫长岁月里，九易其稿，反复增添删削何止数百次。……稿纸可以拉一马车"。总政文化部决定作为"解放军文艺丛书"之一予以出版。这时，看到了打印稿的中国作家协会副主席、人民文学出版社社长冯雪峰，"像发现镭那样，发现了《保卫延安》"，满腔热情地给予高度的评价："这是一部史诗，当然在艺术的辉煌性上比不上《铁流》《水浒》和《战争与和平》……将来你还可以不断修改。"同时，又提了一些具体的修改意见。杜鹏程根据冯雪峰和出版社编辑的意见，用了两个星期修改了打印稿之后，便发排了。但是，在两次看校样时，杜鹏程又认真作了琢磨修改，以致有些章节不得不再次重排。于是，小说的出版推迟了半年。1954年夏天，这部历尽艰辛、用心血和眼泪凝成的长篇小说，终于以朴素的装帧呈现在人们的面前。

《保卫延安》一出版，立即在文艺界和广大读者中引起了非常热烈的反响。冯雪峰在《文艺报》连载了长篇评论《〈保卫延安〉的地位和重要性》，全国各报刊陆续发表了几十篇评论和介绍。在解放军、学生、教师、干部、工人等各行各业的人们之中，到处都争相传阅、热烈谈论。随后，又由民族出版社出版藏、朝鲜、维吾尔等少数民族文字译本（1980年出版了哈萨克文本），还由外文出版社出版英、俄、蒙、越等语

---

① 魏钢焰：《颠倒不了的历史》，《延河》1979年第2期。

种的译本。两三年内，印行近百万册，这是解放初期的小说发行数量所仅有的。"沙家店"一章又被人民文学出版社作为"文学初步读物丛书"之一单独出版，"夜袭粮站"一节也被通俗读物出版社单独出版，二者都曾被选编入中学语文课本。剧作家周军、鱼讯曾将小说改编为话剧，在西安上演，受到观众的欢迎。西安电影制片厂1959年改编为上、下二集的电影剧本，准备开拍。杜鹏程将此书所得到的9.6万元稿费的绝大部分（8.5万元）交了党费和捐献给国家，其余的买了书和作为创作活动的费用。

杜鹏程并没有满足于已有的成就之上，1954年，他调到中国作家协会西安分会从事专业创作。……作为一个多年从事新闻工作的人，杜鹏程在小说创作之余，一直没有忘记散文、报告文学的写作。1956年，他写了《在秦岭工地》等关于修建宝成路的报告文学。1957年写了散文《战斗生活怎样检验我的心灵》，以真切、热情的笔触，抒写了在延安保卫战中的感受。1958年初，他参加宝成路报道组时，写了《英雄的事业》，主持报道组的人民日报社社长邓拓看后大为激赏，马上用电报将此文发给《人民日报》发表。这一年4月下旬至7月，他作为中国作家代表团的成员，访问了苏联、波兰和捷克斯洛伐克。在出国访问的过程中和回国以后，写了《我看见了列宁》《绿色的海洋》等一批散文和报告文学。后来，他从所写的30多万字作品中挑选了一部分，以《速写集》为名，于1960年出版。上面提到的作品和《速写集》出版后发表的《海与焰火》，都是受到广大读者喜欢的优秀篇章……

【潘旭澜曾任复旦大学教授，博士生导师，中国当代文学研究会副会长等。本文为潘旭澜《崎岖艰难的道路》（节选），原载《本质上的诗人——回忆杜鹏程》第241—272页，张文彬编，陕西人民出版社2001年6月出版】

忆杜鹏程同志战争生活片段

杨常闻

可敬的良师益友

我认识鹏程同志是在1947年陕北双湖浴（今为子洲县），西北人民解放军庆祝八一建军节20周年大会上。鹏程约一米七高，着一身洗得有点发白的灰军装，腰束皮带，两腿打着绑带，穿一双硬帮硬底的方口布鞋，长方脸泛着红润略见黑黄的光彩，宽额浓眉下闪露祥和睿智的眼神，初次见面就给人一种亲切感。

那是在大理河滩开的一次大会。因为敌机多次扫射干扰，大会一直拖延到下午5时才进行。我坐在鹏程右边，看着他聚精会神地记录着贺龙司令员的讲话。

在回驻地的路上，他对我说："贺司令员是咱们解放军中最富传奇的高级领导人，他两把菜刀闹革命，杀了县盐务局盐霸和贪官污吏，扛起了中国农民革命的第一面大红旗。1927年8月1日，在南昌周副主席的领导下，举行了震惊中外的武装起义，向国民党反动派打响了第一枪，从此，中国劳动人民有了自己的军队。后又在湖北洪湖创建革命根据地，经常带着赤卫队神出鬼没，杀得敌人胆战心惊。敌人称他是'天将'下凡，老百姓说他是'活龙'活现……"我是第一次听到贺司令员这些神奇故事，听得我兴奋异常，激情满怀，对贺司令员更加敬爱。鹏程同志给我上了革命的第一课，也是永远难忘的一课。

那时，他是新华社驻二纵队独四旅（以后的第二军第四师）的随军记者。

鹏程同志纯朴和蔼，学识渊博，诚恳厚道，健谈风趣，什么时候都有和群众打成一片的热情，这大概是他记者职业养成的良好作风。我和他相处得很亲密，他很喜欢我这个刚入伍而性格开朗的小老乡。我尊他为兄长，他关怀我像大哥爱护小弟。在陕北，在晋南，在日夜翻山越岭、蹚河涉水的艰难日子里，只要我和他一起行军，他总是帮我背粮袋或背包（因我除背枪、子弹、手榴弹外还背着标语、石灰筒、石灰、红土、干粮袋等）。在他有了乘马后，我的粮袋子总是放在他的马上，在走到最饿最累的时候，他常让我骑上他的马，而他自己步行。除了大小休整回科里写材料，他大多数时间在连队。只要他回到宣传科，白天，我帮他抄稿子，借碗盆（打菜用），同吃一盆菜；晚上，他的夹被子，我的被单子一搭伙，就是两人的通铺。在南泥湾的几天，我们政治部吃黑豆、小米加少量土豆做的"和子饭"，稀汤寡水，一人还只给一碗，在他和我上山采野果子和木耳充饥时，他怕我吃不下这苦，就谆谆告诫我说："胡宗南的兵吃的是大米洋面，可尽吃败仗，我们吃的是小米、黑豆加谷糠，可尽打胜仗，我们的两条腿比敌人的汽车轮子跑得快。因为我们为劳苦大众翻身解放而战斗，所以把吃苦、饿肚子甚至流血牺牲就不当回事，这就叫革命英雄主义。"

当时，我是科里的宣传员，任务是在行军路上和驻地压、贴和写标语，鼓动部队行军和遵守群众纪律，宣传党的政策。在一次行军路上，他亲切地对我说："小杨，我们任重道远，你不能光是压标语、刷标语。还要学着写写东西，增长自己的才干，以便将来更好地为党工作，为人民服务。"于是，他经常给我讲述写各种材料的要领和技巧，并叮咛："你要搞个本本，学会抓材料。"沙家店战役，胡宗南"四大金刚"之一的整编第三六师（抗日战争胜利后，蒋介石仿照美军编制，将原来的集团、军、师改为整编军、师、旅）中将师长钟松，在全军覆没后，化装成马夫逃跑了（钟松的大白马和马夫被俘后送我旅部，我陪鹏程和马夫谈了钟松穿上他衣服逃跑的情况），我以这个题材，写了一段快板词《中将马夫历险记》，他看了很高兴，为我一改再改，让我在行军大休息时，说给部队听。这段快板得到了首长和干部战士的好评。后来，他任新华社二支社社长，我在他办的新闻训练班学习，结业做毕业文章时，我依据十二团一位战士，在关中固市镇挖单人掩体工事时，挖出一罐银圆，原数归还原主，受到主人和当地群众高度称赞的故事，以庙里钟名不虚传来比喻解放军。我把爱军爱民，严格执行"三大纪律八项注意"的典型事例，写了一篇《钟在里声在外》的新闻报道，他看后勉励我说："题材很好，写得也不错，有长进。"经他修改后，送给了来参加毕业典礼的王恩茂政委审阅，王政委边看边笑着说："这个标题很新鲜，情节也很生动，杜社长你看能不能向外发个稿。"从此，更激起了我学写文章的勇气和信心。

不离身的小包袱

　　大凡一个有事业成就的人，总有那么几桩事，让人难以忘怀。鹏程同志在收集和写《保卫延安》过程中的三件事，深深印在我的脑海里，一个永不离身的小包袱，就是其中的第一个。

　　战争年月，连级干部不背背包，每人有 10 公斤行李交单位行李队驮运。但鹏程同志从来没有轻装过，他的腰里什么时候都捆着一个沉甸甸的小包袱。就是在他有了乘马之后，那小包袱也从不装进马褡子。在他的马让病号伤员骑时，他也是背着包袱牵着马走路。大家把他有马背包袱的做法，称作行军路上的"怪现象"。他说"小包袱是我的命根子，宝葫芦不能离身，一离身我就活不下去了"。有次旅政委杨秀山和鹏程开玩笑说："老杜，你是属马的不骑马还替马驮行李。"两句诙谐语，给枯燥疲困的行军者带来了一阵欢乐。夜里睡觉，他将小包袱做枕头时，也用绳子将包袱套在脖子上，生怕紧急集合时因慌乱而丢失。那小包袱里包的是他的行军日记、首长讲话、会议摘要、英模事迹，战士的"请战书"、"解放兵"的"诉苦书"、烈士的"遗言书"、指战员托他代寄的家书，军爱民、民拥军和担架队支前的先进材料等等。战争时期他写的许多"新华社前线报道"和反映我军在新解放区军爱民的故事《宿营》歌剧，进新疆后他写的轰动 20 世纪 50 年代文坛，被誉为"描写我国人民解放战争有力作品的名著"《保卫延安》等，其素材都取自他的那个"宝葫芦"——小包袱。有心人，天不负，小包袱真是一个大放光彩的"宝葫芦"啊！

右手中指上的"笔痕"

鹏程同志有支缝上套的水笔，拴在上衣左边的小口袋里，但在日夜行军和爬战壕的日子里，要弄到和携带墨水是很困难的。所以，除向外发稿件和写信外，他的一切书写主要是用铅笔。他除了走路一天几乎都在抄抄写写，就在行军中午大休息，吃干粮喝开水的那一会儿，他也和干部、战士、担架队员一边谈一边记。晚上和科里刻蜡版油印《战卫报》（战争年代团以上政治机关都办一份油印小报）的同志，共用一盏清油灯，夜以继日地做文章改稿子，都是用的铅笔。用铅笔写字比用水笔吃力，时间长了，他的右手中指头顶铅笔杆之处，被笔杆压下去一个足以能放入大半个铅笔杆的凹坑，坑上有一层发亮的老茧。他这奇特的"笔痕"，恐怕是一般大作家和常写字的文人不可能有的吧。对此，鹏程打趣地说："这下好了，笔杆子有'准星'了，写字不歪了。"有一次，参加过长征的老红军宣传科长任越臻同志和鹏程逗乐说："老杜，一旦你的右手中指头光荣挂花，子弹连丝肉都沾不去，你倒占了敌人的便宜。"说得在场的人哄堂大笑。

小 烟 锅

鹏程同志有嗜好，就是很爱抽烟，他说这是他熬夜写材料时染上的习惯。他有一支很精致的小烟锅。烟锅头是黄铜铸的，烟锅杆是竹制的，黄中透红，烟锅嘴是铜质的，烟锅杆上系着一个大红的小烟袋，在亮光下小烟锅红彤彤，明晃晃，是件工艺品。说起小烟锅的来历，还有一段感人肺腑的故事呢。

在来野战部队前，鹏程同志在瓦窑堡（今子长县）时，住在一位68岁的赵大爷家。赵大爷的独生子参加了支前运粮队，一个独孙也参了军。家里就剩下他和65岁的老伴。在鹏程和赵大爷相处的近3个月里，他每天总要在繁重的工作中挤点时间，帮两位老人做些家务活，扫地、劈柴、搬煤、推磨、碾米。从鹏程住的那天起，赵大爷没有挑过水，缸里经常满满的。赵大爷高兴得逢人就说："走出去了一个我养的儿子，住进来了一个养我的儿子，世上竟有这样的好事叫我给碰上了。"在鹏程要和赵大爷离别的头天夜里，赵大爷抓着鹏程手腕不放松，一边流泪一边沙哑地说"杜记者，我舍不得你走啊！可我也不能留你，我没啥值钱的东西送你，就将我抽了50多年的小烟锅留给你作个纪念吧，你每天看到它，就会想起我们老两口。"赵大爷的真诚和厚谊，使鹏程盛情难却，他含着热泪扶起赵大爷，将米袋子里的3天口粮——小米倒进大爷米缸里，作为孝敬两位老人的心意。

打那以后，鹏程视小烟锅为珍宝。只要他和人交谈，写东西，特别是夜里整理稿子，到最困最饿的时刻，就拿出小烟锅咂几口，消疲提神。在陕北的最紧张的日子里，有很长一段时间弄不到烟叶，他就找我帮他摘枣树和榆树叶晒炒揉碎来代替，就这"烟"他也吸得有滋有味。1947年冬打完山西运城，在闻喜县上顶村休整，开展"三查运动"，二纵队文工团来我旅演歌剧《白毛女》，散戏后，我在旅团首长的座位旁，捡了两大把纸烟蒂，剥出烟丝送给鹏程，他快活地说："我的小烟锅改善生活了，吃上了细粮。"鹏程同志对他的抽烟成癖，有个很新鲜的"理论"，他说："烟成文章酒出诗。"烟和文章是不是有这样的必然联系，只有鹏程同志才能深解其中的奥秘。

几经磨砺出青锋

鹏程同志的《保卫延安》初稿是从1949年冬到1950年底完成的。起笔在新疆喀什银行二楼。那时，他还在办南疆地区新闻训练班，白天忙于备课、讲课、改作业和写南疆社情报道、部队学文化以及大生产的准备工作等。整理《保卫延安》提纲和写作，基本上都是在夜深人静的时候进行的。喀什解放后的第一个冬天，这座新生的古城，一无电灯，二缺取暖煤，三短纸张，四少煤油。战士学文化写字，是在沙盘上用木棍画。庆祝斯大林71周岁诞辰和十月革命，布置大会场和街道上贴的大标语，用的纸都是从苏联驻喀什领事馆买来的。鹏程为了解决写书用白纸的困难，他求人四处寻找废旧报刊（当时旧报刊是极少的）和作废的记账簿等。我就给他送过大会用过后的标语纸和国民党喀什宣传机关的反动传单。他将这些垃圾看作"雪里送炭"。一个小小的纸烟盒也被他收拢起来，压平铺展订在一起，做列小提纲的用纸。在旧报刊上写字，字要写大，不然麻麻点点分不清。这就特别费纸，好大一摞旧纸，写不了多少文章就报销了。他自我解嘲说："我的一字值千金。"有一次，四师宣传科让我给他送去一摞白有光纸，这可乐坏了鹏程，他兴奋地说："工欲善其事，必先利其器，我老杜这才真正成了写书的人了。"

鹏程同志和其他大作家一样，著书这个熬人心血的苦活，给了他很多欢乐和力量，也给他添了不少心烦和苦恼。他手头上的素材，浩如烟海，英雄人物众似群星，大小战斗多像弹雨，但怎样才能从战役战术上体现出统帅部的战略意图和组织指挥上的高超艺术？怎样才能将大场面的战斗写得气势磅礴、惊心动魄？怎样才能让那些"尖子"成为有代表性的英雄典型？所有这些，叫他苦思冥想，绞尽了脑汁。光是列提纲，列出推翻，前后就有4次之多。在他列出第3次提纲后，他又到战争年代经常随军采访的原独四旅几个团做了一次走访。鹏程把此行比作"又回了一次娘家"。广大指战员对他要写《保卫延安》表示出热情鼓励和热切期望。鹏程归纳为给了新力量，增了新材料，添了新思路。四师领导，二军首长，对《保卫延安》的成书均给了极大的关怀和支持。王恩茂政委勉励杜鹏程说："不管有多大困难，也要把保卫党中央、保卫毛主席、保卫延安、保卫陕甘宁边区这部具有伟大的历史意义的书写出来，让它安慰死者，鼓励活者，教育后者。"

在写作过程中，因为这场战争太伟大太壮烈了，要写出英雄的大无畏的自我牺牲和排山倒海的集体主义英雄精神，要写出彭总运筹帷幄、诱敌深入、出奇制胜的指挥艺术，太困难太不容易了。所以，稿子反复变化，很难一次下笔成功。有时，熬一个通宵，结果没有一个字的"战绩"，又改变一个路子从头来。他说："我当惯了'夜游神'，这本领是战争给的，不怕熬夜，但现在怕的是'瞎子点灯白费蜡'。"一个章节三四次地删删补补，有的五六次地"动大手术"。有时他叹气："看来，我大概不是著书立说的材料。"实在下不去笔了，就囫囵着身子往床上一倒，抽起烟来，再打腹稿。忽然有一个新的思路从脑海中闪出，便迫不及待地伏案疾书。写饿了，啃一口冷馍，写晕了，前额绑块湿毛巾，写到激动人心时，"笔跟不上手，手跟不上心，热血冲击着胸膛，眼泪滴在稿纸上"。柴火炉边的馒头烤焦了，炉火灰烬了，曙光从窗缝里透进来了，这一切，他全都闻不到，也看不见。一盏熏黄了罩的小煤油灯，从夜幕降临陪伴他到旭日东升。

300多个日日夜夜，鹏程无数次地熬红了眼睛，熬枯了灯油，熬干了嘴唇，右手指头上的"笔痕"又熬出了一层新的茧皮。他曾编顺口溜说"油灯一盏屋半间，灯油耗干心不干。豁出脱去一层皮，写出战士打江山。"这几句凝结着全部心血的肺腑之言，十分真切地道出了他写《保卫延安》的苦衷。就这样，他把初稿百万字的报告文学，改为60多万字的长篇小说，又把60多万字变成17万字，又把17万字变成40万字，再把40万字变为30多万字，九易其稿。用鹏程自己的话说"那些被我涂抹过的稿纸，可以拉一马车"。

1999年4月9日

（杨常闻为新疆军区离休干部。本文原载《本质上的诗人——回忆杜鹏程》第460—468页，张文彬编，陕西人民出版社2001年6月出版）

三、激情燃烧的边疆岁月

进疆时的杜鹏程

张文彬

新疆老战友几次打电话、写信，要我在纪念进军新疆50周年时，提供当年的照片和情况。我正好到美国探亲养病，欣喜之余写下这篇短文，连同三张照片一起寄去，供你们参考选用。

这一张照片是1949年我们到达喀什后，杜鹏程和杨秀山师长兼政委在四师驻地——据说是原尼泊尔的领事馆中拍下的。杜鹏程和杨师长的友谊很深，因为在三年解放战争中，作为新华社记者一直和四师在一起行动。他写下过数十万字通讯、报道等，有的受到过总部首长的表扬。为此，1948年杨师长就为老杜配了一匹马，以减轻他在行军打仗中还要采访写作的疲劳。但杜鹏程的马自己很少骑，经常是驮上其他同志的背包，或者是驮个负伤的战士。直到扶眉战役结束，大军进入甘肃时，他还是这样。一次，杨师长见到杜鹏程牵着马走，自己还背着个包袱，便笑着说："老杜！你真是个属马的。有马不骑，还替马驮东西。"老杜也笑着回答："我背的是个宝葫芦，这个秘密不告诉你。"其实他的这个"秘密"谁都知道，就是他怕出现突发情况，丢失了他那一包袱笔记本子。因为那是他在残酷战争中记下的血与火的真实记录，他曾在战斗紧急时，把被子、衣服等物品都丢了，但就是这个包袱没有丢，晚上他还把它当枕头。这个"宝葫芦"被带到西陲边疆的喀什时用上了，他用那丰富的素材，开始了《保卫延安》的创作。

杜鹏程在西进中历经艰苦，随部队翻越陇山，渡过洮河，打下西宁，北跨祁连，抢占张掖，解放酒泉，并报道了河西走廊歼敌4万的胜利和新疆陶峙岳率部起义的消息后，即随部队首长乘飞机首先到达迪化。一兵团政治部任命他为军代表，去接管了新疆日报社，在那里有了一间房子，我俩才结了婚。婚后第二天，我们奉命赶赴喀什，在风沙严寒中坐了7天大卡车，赶上了徒步进军的四师部队，看到了12月1日喀什各族群众5万余人载歌载舞欢迎解放军的盛况。他作为新华社西北野战军第二支社的社长，立即向全国人民报道了这个好消息。

在喀什，他举办新闻训练班，亲自任教，接着筹备出版了维吾尔文《天南日报》，并为二军《人民军》报的出版培养了一批人才。其间，他苦思冥想，埋头疾书，夜以继日地写出了100万字的报告文学《保卫延安》初稿。1950年底，他奉命调至乌鲁木齐，到刚成立的新华社新疆分社工作，后来还担任了分社社长。他深入农村、牧区写了大量的散文、通讯，还广泛听取意见，九易其稿，终于将《保卫延安》改写为30多万字的小说，并于1954年出版。正如著名文艺理论家冯雪峰在《论〈保卫延安〉》一文中所说："我们已有不少反映人民革命战争的作品，但真正可以称得上英雄史诗的，这还是第一部。"

杜鹏程出名了，他被调到西安，以后还当了陕西省作家协会副主席。但他对新疆一往情深。他常对子女们讲述新疆的故事。如说到有一次下乡采访，没有汽车，他和一位维吾尔族记者一起骑毛驴过河，结果他过来了，那位记者却掉进了河里。他问怎么搞的？那位维吾尔族记者用结结巴巴的汉语说："你骑的是男驴，我骑的是女驴。"惹得大家全都笑了。

（张文彬系杜鹏程夫人，解放喀什时为二军四师宣传队员。本文原载《难忘征程——进军新疆的故事》第247—249页，袁国祥编著，新疆人民出版社2000年11月出版）

在喀什我有幸认识了杜鹏程

袁国祥

1949年12月，我在驻新疆喀什的中国人民解放军一兵团二军政治部做摄影员时，有幸认识了大名鼎鼎的新华社二军支社社长、著名记者杜鹏程老师。

1949年9月19日，我的家乡——河西走廊的咽喉张掖解放了。当时我17岁，正在上高中，看见解放大军，我就萌生了参军的想法。父亲同意我参军，反正家里也穷，连课本也买不起，再供我念书也难。当时我们家一个亲戚是开照相馆的，我曾跟他学过照相。这个亲戚得知我要参军，他来为我送行，送了我一块洋元，并说解放军中也有会照相的人，还借过他的暗室冲洗胶卷，技术很不错。他叮嘱我说，"饥荒年饿不死手艺人"，你去当解放军，可以要求学习照相，这也算一技之长，况且部队也需要。亲戚的这一建议太好、太及时了，非常符合我的心意。第二天，父亲送我去二军政治部报名参军时，我就提出了学照相的要求，并说自己多少有一点基础。部队首长很爽快地当场就答应了。参军当天，我们坐上大卡车，走走停停，来到了离酒泉还有60公里的清水，下车后领导把我交给了二军摄影干事陈志强，让他带着我学摄影。就这样，我从当兵的第一天起，就在陈干事的指导下，开始了我一生钟爱的摄影生涯。我随一兵团二军从家乡甘肃出发，穿过河西走廊，进入新疆，辗转经过哈密、吐鲁番、阿克苏，最后进驻南疆喀什。部队进军新疆最早的一些珍贵历史照片，都是摄影干事陈志强带着我一起拍摄的。1950年陈志强老师调到了八一电影制片厂，我则继续留在新疆部队做摄影工作。

1949年12月1日喀什解放时，杜鹏程担任新华社二军支社社长，我们都在二军政治部领导下开展工作，因此在政治部多次相见，互相慢慢就熟悉起来。当时，为了筹办报纸（地方党委的《天南日报》和二军的《人民军》报），急缺新闻人才，新华社二军支社就在杜鹏程主持下，举办了两期新闻培训班。第一期是在喀什艾提尕尔广场西南角的银行两层楼上，第二期是在疏勒县城中南街的一个小院里。杜鹏程、汪波清、王安等同志都讲过课，并带着大家采访实习。两期共培训了50多人，为办好军地报纸奠定了基础。当时我是二军政治部摄影员，住在军部，有事多次找过支社。杜鹏程是新华社著名记者，又是支社领导，名声很大，我们见得较多，关系也很融洽。他那棱角分明、和蔼可亲的面孔，给我留下了深刻印象。

1952年冬，我骑马上帕米尔高原，拍摄了许多照片。我选了一些底片寄给了解放军画报社。1953年3月，《解放军画报》一次拿出三个整版，刊登了一组9幅我所拍摄的来自帕米尔高原的照片，这9幅照片中，有反映部队指战员巡逻的，也有反映民族风情和牧民生活的，还有反映祖国边疆自然风光的，等等，内容丰富，引人注目。我第一次看到这一期的《解放军画报》，不用说有多么激动，更让我惊奇的是，画报社在刊发这组照片时，特别聘请艾叶、杜鹏程配发了一篇题为《祖国最西边疆——帕米尔高原》的文字稿。这着实让我吓了一跳！

作为南疆军区政治部的工作人员（摄影员），我深知这两位文字作者有多么厉害——艾叶是马寒冰同志的笔名，杜鹏程不言而喻就是我所熟知的杜记者。这使我深感敬佩，很受感动。

马寒冰(1916—1957)，原名马国良，福建海澄人，早年曾在上海沪江大学就读。曾主编《天竹月刊》和厦门《华侨日报》副刊。1937年6月到缅甸，先后任《仰光日报》编辑，《兴商日报》总编辑。1938年回国后奔赴延安，入陕北公学学习，不久加入中国共产党。抗战期间曾先后在晋鲁豫、晋察冀、晋西北等根据地工作。解放战争中曾任一位著名将军的秘书。部队进入新疆后，他曾任军区委宣传部部长兼中共新疆分局秘书长。后来调北京，任解放军总政文化部文艺处长。1957年7月7日逝世。其作品有《中原突围》等，他还是歌曲《新疆好》《我骑着马儿过草原》的词作者。

杜鹏程是我认识、崇敬的一位名记者、大作家。他的《保卫延安》百万字的初稿，就是在喀什夜以继日写成的。那时我的几位战友是他主办的新闻训练班学员，都为他捡来的红绿纸背面抄过这部书稿。因为他在解放战争中一直随部队行军打仗，又是新华社随军记者中的著名笔杆子，所以他的不少故事流传于大家口中，说他刻苦勤奋、平易近人。当年他写过不少战地报道，有的受过总部首长的表扬。后来他写《保卫延安》，是因为他有大量的日记素材。据说他记下的笔记本有一包袱，行军打仗无论多累多苦

1948年秋，杜鹏程（前排右）与纵队宣传部部长马寒冰（后排中）、
前线分社记者汪波清（前排左）等人在黄龙山合影

他都背着。战斗紧张时他把被子等物都丢了，但这个包袱从不离身，晚上还要放在头下。1949 年初，四师师长兼政委杨秀山见他太辛苦，给他配了一匹马。但他很少骑，总是让马驮着宣传科战友的背包，或驮着伤病战士前进。在大军西进途中，杨师长有一次在路上看见杜鹏程跟着马、背着包袱行军，笑着说："老杜！你真是个属马的，有马你不骑，还替马驮东西！"杜鹏程也笑着回答："我背的是个秘密，这秘密不告诉您！"其实，他的这个秘密大家都知道，那是他视为宝贝的"好东西"。他宁肯丢掉其他任何东西，也绝不会把那一包袱笔记本给弄丢了。要不然，他怎能写出那一部反映解放战争的辉煌巨著呢！杜鹏程在 1950 年底离开二军，调到新华社新疆分社工作。

　　他们二位怎么会为我拍摄的这组照片配写文字呢？后来我才知道，这组照片是第一次反映帕米尔高原上的塔吉克族人民和边防战士的图片稿件，所以解放军画报社格外重视，特别聘请了解新疆情况的马寒冰部长和到过帕米尔采访的新华社记者杜鹏程，合作撰写了这篇题为《祖国最西边疆——帕米尔高原》的文章。文章共 1300 多字，立意高远，内容集中，充满激情，文字生动，在军内外读者中产生了良好反响。1953 年 5 月，我到迪化（乌鲁木齐）参加了新疆军区召开的第一次摄影工作会议，我在帕米尔高原拍摄的照片获得优胜奖。这给我很大鼓舞和激励，我用相机为部队建设和祖国建设服务的劲头更足了，我拍摄的《冈底斯山中的英雄哨兵》《祖国西部城市喀什》《守卫在帕米尔高原上的英雄战士》等许多照片和文字作品，在《人民日报》《解放军报》《解放军画报》《民族画报》等军内外报刊上登载。在组织的培养教育下，后来我先后担任了西藏阿里军分区政治部主任、政治委员等职务，1988 年担任了南疆军区纪委副军职专职副书记，被授予少将军衔。

　　1993 年我离休后，在编写《难忘征程》等书时，联系上了杜鹏程同志的夫人张文彬。为了给南疆军区军史馆征集历史资料，约请她写了《进疆时的杜鹏程》一文，登在了我编写的那本进军新疆的书中，并在军区军史馆《文化名人》栏目中，展出了杜鹏程的照片、简历和他的几部著作。张文彬和她的子女得知后都很高兴。

　　2001 年 10 月，张文彬曾打电话告诉我，陕西省要组织纪念杜鹏程逝世十周年的活动，问我能否参加。我说我是个门外汉，对杜老师只有一点感性认识，没有读完他的书，更缺乏文学素养，加之路远，因而谢绝。但我对杜鹏程的怀念仍留在心中。张文彬还让我帮助开列一个新疆需要《杜鹏程全集》的单位和老同志名单，以便在书印出后从出版社直接可以发走。我便很快拉了一张从新疆军队、地方、兵团图书馆、展览馆，到认识杜鹏程的老同志四五十人的名单，加上电话、地址，寄给了她在上海的女儿杜稚，以便杜鹏程生前所在单位和老战友都能看到《杜鹏程全集》这四卷巨著。

2006年秋，我和弟弟袁国威慕名前往陕西韩城，拜谒了两位我所崇敬的著名人物的遗迹。一位当然是"史圣"司马迁的陵墓，我不仅读过他的传世巨著《史记》，背诵过他的《报任少卿书》，而且在我写的《仰止集》序言中还引用过他的话。另一位就是杜鹏程，他是我当兵后认识的一位名记者，进军新疆途中就看过他写的通讯，到喀什后更是有幸认识了他。瞻仰司马台后，我们一路打听杜鹏程的故乡苏村。有人告诉我们，说就在回去的路旁，有一块大石碑的地方，你们去找找看。我和国威弟听了很高兴，就搭了辆出租车，把我们拉到那个石碑前。——这是当地群众为纪念这位韩城乡党、革命功臣、著名作家竖立的一块水泥碑。上刻杜鹏程生平简介，我问后面小商店的老板，杜鹏程的老家在哪里？他们指着右边小路说："从这里进去向左拐到一个铁门前便是。"我们开车进村，见好几个院落都有铁门。经询问，到最后一个右侧的院落，才算找对了地方。

我们敲门，有狗叫声，一会出来一位中年妇女。我说："我是杜鹏程50年前的老战友，想来他出生的地方，表示悼念之情。"她立即欢迎我们进去，并请我们进屋喝茶。我说不进去了，就在外面看看吧！她说她是杜鹏程的侄儿媳妇，从祖母过世就一直住在这里。十多年前他大伯（杜鹏程）还来过，现在他已去世了，来的人也少了。这是一个典型的农家院落，除两栋相对的砖房外，院后面长着果树、蔬菜，还开着鲜红的玫瑰花。大铁门是可打开的，能够开进一台拖拉机。看来他们家平安殷实，可算小康之家。我照了几张相，便高兴地告别。回到新疆后，我把韩城之行中拍摄的杜鹏程故居和纪念碑等照片，寄给了张文彬同志，她很高兴，给我打电话表示感谢。

杜鹏程同志的革命精神和他的著作一样光辉伟大。他永远活在我们心中。

（袁国祥曾任南疆军区纪委副军职专职副书记，少将军衔。本文原载《敬贤集》，袁国祥著，中国文化出版社2009年9月出版）

我们参加了杜鹏程主办的新闻培训班

金凤翁

何俊秀（左）、金凤翁（右）1954 年 7 月 1 日合影于新疆疏勒县

我名叫金凤翁，我的先生名叫何俊秀。我俩都是 1949 年底跟随中国人民解放军一兵团二军部队进入南疆喀什的。我们在喀什相识，于 1955 年 3 月 8 日在喀什结婚。

我俩都是当年参加了著名记者杜鹏程先生在喀什主办的新闻培训班的学习培训，并随之开始从事新闻工作的。

我 1931 年 5 月 20 日出生在新疆塔城农村。1949 年 9 月 25 日新疆和平解放。当时我在乌鲁木齐第一女子中学上高中，我姐夫吴心武那时在新疆民政厅工作，他受鲍尔汗之托，陪同解放军二军军长郭鹏，带领部队进军喀什。临行前，郭鹏军长让吴心武在乌鲁木齐动员一些青年学生参军。我姐夫吴心武就把动员女学生参军的任务交给我。最后我动员了 5 名同学，包括我共 6 名女学生参军，成为光荣的中国人民解放军战士，跟随部队进驻喀什。

何俊秀是陕西周至县亚柏镇史务堡人，1930 年农历十月二十六日出生。他于 1949 年 5 月在家乡参加了中国人民解放军，跟随大军一路西进，最后也到达了新疆喀什。

著名记者杜鹏程在解放战争中是随军记者。部队进驻喀什后，他担任了新华社二军支社社长。当时南疆刚解放，百废待兴。按照当时的情况和任务要求，新华社支社在完成报道任务的同时，还要承担帮助所在地党委创办党报的任务，二军政治部也准备办一份军内报纸《人民军》报，但新闻人才奇缺。在这种情况下，杜鹏程同志就主持举办了两期新闻培训班。

第一期新闻培训班是在喀什艾提尕尔广场舞台西边银行的楼上举办的。杜鹏程让我和同学朱立国、肖佩惠参加了这期新闻训练班。与我们同班学习的有陈易（他后来担任过二军政委王恩茂同志的秘书）、安维纲，还有康发春、赵守政、丁玉泉等，共20多人。这期新闻培训班的时间是1949年12月至1950年2月，学习培训了两个月时间。给我们授课的老师有新华社记者杜鹏程、汪波清、王安、安俊川，这些新闻前辈给我们讲授了新闻知识和他们的新闻采写经验。南疆军区政治部宣传部宣传科科长翟见远等同志也来培训班讲过课，讲授内容有社会发展史等基本理论知识。

第一期新闻培训班结业不久，同年四五月份又举办了第二期新闻培训班，培训地址在疏勒县新华社二军支社院内。主持培训班的还是杜鹏程社长，授课老师仍然是杜鹏程、汪波清、王安、安俊川等新闻界前辈。参加学习的有何俊秀、杨友槐、杨建章、姜耀堂、陆云、尚俊等共20多人，时间也是两个月。

两期新闻培训班共培训了50多人，学员全部是二军所属各部队选调的年轻同志。培训期间，大家经常在杜鹏程、汪波清等记者老师的带领下，参加采访报道实习活动。培训结束后，学员大都分配到新创办的南疆党委机关报《天南日报》（后改为喀什地委机关报《喀什日报》），部分同志到二军政治部新办的《人民军》报工作，还有些同志从事了文化宣传或其他与文字写作有关的工作。

经过新闻培训班的学习培训，帮助大家提高了思想认识，初步掌握了新闻写作知识，为以后发展奠定了基础。例如，第一期新闻培训班学员安维纲从部队调到《天南日报》从事新闻工作，后来担任了《喀什日报》总编辑；肖佩惠后来担任了乌鲁木齐军区《战胜部》副社长，现住乌鲁木齐，也是90岁高龄的老人了。第二期新闻培训班学员杨友槐后来担任了喀什日报社党委书记；何俊秀调到二军（不久即改名南疆军区）《人民军》报当编辑，不久又担任了《人民军》报主编；尚俊后来调到新疆日报社工作。

至于我自己，1950年2月从第一期新闻培训班学习结业后，就留在新华社二军支社工作，从事稿件誊写等任务，把杜鹏程等同志采写的稿子，送到南疆军区政治部机关有关领导审定。二军支社撤销后，我在南疆军区机关报《人民军》报搞通联工作。1954年《人民军》报撤销后，我到南疆军区速成小学当文化教员辅导员，接着转业到南疆区党委机关报《天南日报》工作。1955年3月8日，我和何俊秀结为夫妇。《天南日报》后来撤销，我到喀什地委机关报《喀什日报》编辑部工作。1960 年到 1961 年，我随丈夫何俊秀到北京广播学院新闻系编播组编《广播业务》。1961 年我又随丈夫工作调动，到叶城县广播站做编辑工作。1979 年我丈夫转业到陕西省宝鸡县工作，我随调到宝鸡县广播站做编辑工作，1986 年退休至今。

我至今难忘当年在新疆喀什，曾参加杜鹏程同志主办的新闻培训班的美好岁月。是他引领我走上新闻工作之路，这一生从事党的新闻事业。

杜鹏程在新疆分社报道中发挥了重要带头作用

闻捷

1951 年，杜鹏程（前排左）与闻捷（后排右）等摄于新华社新疆分社

闻捷（1923.6—1971.1），江苏丹徒人，原名赵文节，少年时代曾在煤厂当学徒。1938 年初到武汉参加抗日救亡活动，同年加入中国共产党。1940 年到延安，先后在陕北文工团、陕北公学工作、学习，1944 年以闻捷笔名开始发表作品，此后闻捷便成了他的姓名。1945 年到《边区群众报》任编辑、记者组长。1949 年任新华社西北总分社采编主任。1952 年 1 月任新华社新疆分社社长。1953 年夏调北京《文艺报》工作，后任中国作协甘肃分会副主席等。1971 年 1 月逝世于上海作协。

闻捷任新华社新疆分社社长时，杜鹏程为新华社西北总分社特派记者、新疆分社编委。当时他俩住在同一个套间宿舍，一个住里间、一个在外间。他们都利用业余时间辛勤写作，不同的是闻捷写诗，杜鹏程写小说，但互不知详情。直到1954年6月人民出版社出版了杜鹏程的长篇小说《保卫延安》，1955年《人民文学》发表了闻捷的组诗《天山牧歌》并于同年结集出版，人们才恍然大悟，惊叹新华社新疆分社升起了文学创作的"双子星"，他俩先后成为专业作家、省作协副主席，成为一段佳话。

本文原为闻捷所写的新华社新疆分社1952年工作总结，发表时题目为《探索全国观点》。本书摘编其中部分内容，以飨读者。

1952年，新疆分社无论报道的数量或质量，都在原有工作基础上显著提高了一步，受到新华社总社和西北总分社的表扬。一年来，总社共采用新疆分社稿件200多篇（其中通稿173篇，共约13万字；资料30余篇，共约20万字）。其中有的比较密切地配合了全国工作开展和经济建设的需要，有的比较系统地介绍了新疆工作情况，有的比较生动地反映了边疆民族特色，有的比较大胆地突破了新闻写作公式。杜鹏程等一些老记者，在分社报道工作中发挥了重要作用，带动了其他同志共同努力，较好地完成了报道任务。

立足"全国观点"开展报道

中华人民共和国的成立，开启了中华民族发展的新纪元。领导革命战争取得伟大胜利的中国共产党，成为全国范围的执政党。新华社也从革命战争时期中共中央的机关通讯社，成为中华人民共和国的国家通讯社。1950年3月28日，中共中央发布《关于新华社统一的决定》，指出："使新华社成为集中统一的国家通讯社的条件，现已成熟。过去新华社的各总分社、分社、支社是带着浓厚的地方性的。他们在工作上是以地方为主，组织上是受地方负责机关的支配。这种分散性，在战争与地区被分割的条件下是正确的和必需的，但现在全国已基本解放，这种分散性已不需要，而且已成为一种落后和有害的现象。现在新华社所需要的是强有力的统一和集中。"同年4月25日，政务院新闻总署发出《关于统一新华通讯社组织和工作的决定》，指出：新华社必须从组织上、工作上完全统一起来，发挥其国家通讯社的作用，真正成为代表国家发布新闻的机关。这两个决定，为新华社成为统一集中的国家通讯社，提供了强有力的政治保证和组织保证。

新华社统一集中管理后，各分社一律脱离当地报纸，结束了新华社地方分社与地方报纸"社报合一"的历史。在此情况下，西北总分社及所属各分社按照总社要求，确立全国观点、消息总汇、内外并重等新闻报道方针，逐步建立包括文字和摄影、对内和对外、公开和内部资料的比较完整的新闻报道业务体系。从实际出发，不断加强新闻报道业务建设。

从过去的立足地方开展报道，到立足全国观点开展报道，是一个根本性的重大转变。刚开始一些记者很不适应，直接导致了采写的稿件被总社采用率不高。在新疆采访，记者最苦的是所谓"扑空"问题。新疆地区采访活动的季节主要是 4 月至 9 月，每次采访活动的路程，往返动辄长达上千公里；如果一个记者在采访活动中，接连扑空两三次，当年的报道便会基本落空，如果一个记者在一次采访活动里走了弯路，一年的报道便会受到极大的影响。去年分社一个记者到喀什去，往返 3000 多公里，花费了 3 个多月的时间，但只被总社综合稿件采用了 24 个字；另一个记者下乡近半年，却连一个字也没有发出来。

我们今年的进步，是由于总社、总分社与中央新疆分局宣传部及时地、正确地领导。第二次全国社务会议具体规定了新疆地区以报道新气象、新变化、新面貌为主的报道方针，分局宣传部批准了分社的全年报道计划，并经常指示报道中应注意的方面和重点，这就使得我们目标明确，心中有数，力量集中，勇气百倍地完成报道任务。特别是总社 7 月对民族报道的指示和总分社 5 月对新疆报道必须提高一步的指示，更使得我们时时保持对新鲜事物的感觉，鼓励着我们敢于放手深入民族地区进行活动，大胆突破新闻写作模式。

我们今年的进步，又由于分社记者在新疆地区摸索了两年，从以往的成功经验和失败教训中，认识到新疆实际的特点，注重积累资料，掌握采访线索，为报道工作打下良好基础。特别是年初，分社把 1938 年就参加革命、具有多年新闻工作实践经验的杜鹏程同志派往北京，到总社值班实习了 3 个月，他在实习中非常认真，常常写信回来，结合实例介绍分析总社编发稿件时取舍新闻的依据和相关情况。他认为，只有那些勇于深入实际，从实际斗争生活中挖掘新闻，以此来丰富全国的报道的，才算是掌握了"全国观点"的真谛。他不仅为此大声疾呼，更是带头实践。他回到分社向大家汇报介绍了学习实习情况后，便立即深入实际，投入到紧张的采访中去。他采写的《一幅毛主席绣像》（新华社通稿 1952 年 7 月 27 日播发），被许多媒体刊用，在全国产生了很大影响，并在很多地方被绘成连环画和幻灯片，编成鼓词，广为传诵。他带着年轻记者王立忱、翻译艾海提，深入喀什农村，先后采写出《哈萨克族的猎手》（新华社通稿 9 月 9 日播发）、《中国边疆的一座古城——喀什噶尔》（总社 9 月 27 日播发）、《繁盛的喀什巴扎》（总社 10 月 23 日播发）、《帕哈太克里乡三喜临门》（总社 12 月 7 日播发）等一批被总社播发的通稿及资料稿件，可谓数量、质量"双丰收"。在他的带动下，分社多位记者也采写了一些较好的稿件，如《吐鲁番纪行》（记者杨克现，新华社通稿 8 月 26 日播发）、《团结井》（记者闻捷、王安，新华社通稿 9 月 13 日播发）、《真挚的友谊》（记者韩文辉，新华社通稿 11 月 4 日播发）《砍土镘的故事》等，大部分为全国报纸广泛刊用。中国人民志愿军及朝鲜人民军战士看到《103 岁的老妈妈吾古尼沙汗》（记者闻捷）一稿后，经常写信给吾古尼沙汗，表示自己杀敌的决心。《中国青年报》《新华日报》等依据《驻守边疆卫国的战士》（记者韩文辉、王立忱，新华社通稿 7 月 30 日播发）等稿，向分社记者征求照片，搜集曲谱，特约稿件。这些稿件所起的实际作用，更加坚定了分社记者深入实际、深入群众的信心，更加鼓舞与发挥了分社记者在完成国家通讯社报道任务中的积极性和创造性。

克服千辛万苦完成报道任务

我们进行新闻报道，要真实地反映客观事物，必须首先认识客观实际。因为"情况之对于我们有像空气之对于人一样的重要"。

新疆地区的客观实际是什么呢？概括而言，就是民族众多、宗教复杂、地域辽阔、经济落后。新疆有 14 个少数民族，占全国民族总数的 1/4；总面积达 166 万平方公里，约占全国总面积的 1/6。毋庸置疑，新疆的客观实际，确实给我们的报道工作带来了某些困难。譬如民族众多、语言隔阂，使得我们在深入采访中，不能完全"心心相印"地领会和感受各族人民的思想感情；地域辽阔、交通不便，使得我们不能十分灵活地集中或调配力量，不能十分迅速地突击采访和转移地区。但我们认识客观实际的这些困难，并不等于消极地向这些困难屈服，而要开动脑筋，设法克服它。

事实上，在新中国优越的社会制度下，在党的领导下，任何地方，任何工作，都是向上的、前进的和生机勃勃的。因之，任何客观实际对于我们的报道工作在通常的情况下，基本上也都是有利的。新疆地区的客观实际也是如此，问题的关键在于我们如何正确地认识这一基本方面，并且研究它，掌握它。今年分社教育引导记者正确认识新疆的客观实际，使大家的眼界大为放宽，真正地认识到新疆的报道无限丰富，一扫过去"新疆落后、困难重重、难以报道好"的畏难情绪，信心百倍地深入实际，深入群众，去发掘符合全国政治斗争和全国人民需要的新闻报道。同时，分社也想方设法采取了一些措施，克服困难，创造条件，开展报道工作。比如在克服语言困难方面，分社一是聘用民族语言翻译；二是选派青年到民族院校系统学习；三是进行全员培训，掌握一些基本对话用语等。分社在采访中也尽量统筹调度，合理安排，有的放矢，搞好报道。最重要的一条，是加强记者队伍的思想政治工作，教育引导大家发扬艰苦奋斗精神，克服重重困难，努力完成报道任务。今年经总社采用的新疆分社稿件，都是经过艰苦工作换取来的。分社记者全年采访路程累计达到 4 万多公里，平均 200 多公里路写一篇稿件，平均每 0.3 公里写一个字，其中 1 位同志全年所跑路程达 7000 多公里，可见大家付出的艰辛和努力多么不易。

杜鹏程同志有先见之明。他 1949 年底跟随部队进疆后，在喀什任二军支社社长，带领支社同志下乡调查，了解边疆风情和民族习俗，为开展边疆报道奠定基础。1950 年底他从部队转业到新疆分社后，任新华社西北总分社特派记者和分社编委，在工作中充分发挥了模范带头作用。今年夏季他和王立忱、艾海提的喀什之行，在 3 个月时间里，行程 3000 多公里，采访非常艰苦，甚至带有传奇色彩。他们在采访喀什古城变化时，选了一条解放前最穷的街。一天下午邀请一些居民代表开座谈会。杜鹏程会前买了 1 个大西瓜、10 个馕，代表来后，他把瓜切成小块，馕也掰成小块，递给席地而坐的每个代表。他那熟悉兄弟民族礼节的举动和诚挚的态度，使在座的居民一下消除了隔阂和拘谨，大家热烈地发言了。然后他根据会上提供的采访对象，又登门到家里去访问。几天采访中，他写了近万字的材料，最后写出 1800 多字的通讯《中国边疆一座古城——喀什噶尔》。他这种认真负责的采访作风，为刚走上记者岗位的同志树立了好榜样。他们到阿图什去采访，因为一时找不到汽车，也无人陪同，他们便以每头 8 元的价格买来 3 头毛驴，就像浪迹沙漠绿洲的 3 个阿凡提，骑着毛驴，从这一个村到另一个村挨个进行采访。采访结束后，他们把毛驴送给当地最穷的农民，雇了辆马车回喀什。回到喀什那天已是深更半夜，虽然喀什有杜鹏程的许多战友，但他不愿打扰别人的睡眠，提议 3 人铺了各自的老羊皮大衣，双腿伸进袖筒里，以衣襟遮身，在街头露宿到拂晓。他们这次南疆采访的故事在分社传为美谈。

突出地方特色进行民族报道

从民族众多这点上说，新疆的特点非常独特而显著，各个民族都有其不同的历史关系，不同的经济生活条件，以及不同的语言、文字、文化、艺术、民族性格和思想感情。特别是解放 3 年来，各族人民在党和人民政府的领导下，执行共同纲领的民族平等团结政策，各族人民之间相互关系有了新的发展，走向团结合作的道路。从地域辽阔这点上说，新疆的特色也非常明显，天山南路是土地肥沃的农业区，天山北路是水草丰美的牧区，境内有最长的内陆河塔里木河，有最低的内陆洼地吐鲁番盆地，有在中亚细亚一带著名的城市乌鲁木齐、喀什噶尔和伊宁市。从经济落后这点上来说，一切也都正在发展，落后的经济面貌正在逐渐地改变着。何况新疆的出产也是极其丰富的，如葡萄、棉花、瓜果、蚕丝、地毯、玉器都是非常著名的。

新疆客观实际的复杂、多样，正是我们新闻报道的丰富源泉，只要我们深入下去，结合全国人民政治斗争和经济建设的需要，广泛搜集各族人民生产发展，生活改善，文化提高，思想变化，从现象找出本质，从各方面看到全面，并交代清楚历史背景，地理环境和民族性格，深刻地说明事物的客观基础和内在联系，这些稿件不仅各具特色，而且富有全国意义。由此可见，只要我们正确地认识和掌握了新疆地区的客观实际，将会使我们十分自觉地运用它为我们的报道工作开辟广阔的道路。

新华社西北总分社把少数民族报道，作为全部报道中的重点。新疆分社以民族报道为中心，根据党的民族政策和慎重稳进的方针，把"全国观点"与"地方实际"紧密结合起来，组织记者对民族地区的重大事件、工作成就，各族人民之间的亲密团结，民族地区的新气象、新面貌，通过精心采写稿件进行充分反映，认真体现了党的民族政策。例如，杜鹏程等采写的《喀什的巴扎》《哈萨克族的猎手》《卡思木——十二木卡姆的老艺人访问记》；韩文辉等采写的《一个哈萨克牧民的家庭生活》《喀什噶尔河畔的丰收》；杨克现等采写的《吐鲁番纪行》《葡萄熟了的时候》；关君放等采写的《维吾尔族农村小学》《喜歌善舞的维吾尔人民》；闻捷、王安等采写的《两封信 一条心》《团结井》等一批优秀通讯的出现，新华社通稿先后播发后，被全国众多媒体广泛采用，受到全国各族人民的关注和好评。中共中央西北局宣传部将《新华社西北总分社记者在少数民族区采访的经验》（其中重点列举了新疆等分社的生动事例），加按语印发西北各新闻单位，认为这一经验"对于各地新闻记者采访工作都有好处"。

1952 年 12 月于乌鲁木齐

（摘编自闻捷：《探索全国观点》，原文 1 万字，原载《天山南北著风流》一书，冯诚、韩文辉主编，新华出版社 2000 年 5 月出版）

杜鹏程同志在新疆

韩文辉

去年 11 月，我从喀什出差回来，走进办公室，桌上摆了封电报，打开一看，电文写着著名作家杜鹏程于 10 月 27 日病逝，特此讣告。电报是陕西省作家协会发的，分社同志告诉我，接到电报后，分社已代我发了唁电。我凝视着电文，陷入深深的回忆里。30 多年前在新疆朝夕相处的情景，顿时浮现在眼前。他的言谈举止，音容笑貌，至今历历在目。

1950 年深冬的一天下午，一位身着宽大棉军装、满身尘土的军人走进分社大院。

早先从部队回到分社的同志，边说边笑着把他簇拥到我们的宿舍。一位同志向我介绍说："这是老杜同志。"他中等个头，面容清瘦，显得很老气，我也以"老杜"相称，握手问好。室内温度比较低，大家都围在火墙和炉台说话。老杜卷好一支莫合烟，从炉膛夹出一块炭火点燃，一抬脚就蹲在炉台上继续跟大家交谈。他的这个举动，使我一下消除了对名记者的拘谨。第一次见面，他给我的强烈印象是随和、热情、不拘小节。交谈当中有人忽然想起他爱人没有来，问他张文彬上哪里去了。他不假思索地回答："做人质了。"我们以为他开玩笑，他这才讲了这次回分社的一段曲折的故事。

　　事情是这样的。新疆分社成立时，总社决定随军进疆的一兵团分社和二军支社与分社合并。在二军支社任社长的老杜办好调动手续后，没有向他的老首长二军司令员告别，就和爱人张文彬搭乘南疆军区一辆卡车上路了。他们到达喀什郊外的浩罕庄，一辆军用吉普车追来把大卡车拦住，持枪的警卫员跳下车，凶神恶煞地命令杜鹏程下车回喀什，那种凶劲儿简直跟抓逃兵一样。老杜下车出示调令，说明自己服从组织调动，手续完备。但警卫员不听，呵斥他马上回喀什。

　　原来是二军司令员要把杜鹏程留下来做秘书。1948年壶梯山战役结束后，与战士们一起拼杀的杜鹏程，含着眼泪写了一篇《壶梯山战役见闻》，满怀激情歌颂了英雄的人民战士。这篇战地通讯送审时送到了彭德怀司令员那里，彭总看后深受感动，批示广播和报纸发表，同时要新华社西北总分社对杜鹏程进行表扬。这篇战地通讯发表后在部队引起强烈反响，杜鹏程的名字也一下蜚声西北战场，成为著名的随军记者。二军领导对老杜的才华和人品十分赏识，准备这次支社撤销后把他留在身边，不料他却悄悄走了。司令员一急之下，没有说明原委，便命令警卫员把他追回来。警卫员以为出了什么问题，因而对老杜采取了粗暴态度。老杜没有计较这些。反复说明是组织调动，但还是说不通，只好提出让张文彬先回喀什，说自己到乌鲁木齐后把司令员的意见报告组织，如组织同意，他马上就回喀什。警卫员看到能追回一个，可以交差了，便同意老杜回来。听了这段经历，我们都说这是秀才遇到兵，有理说不清，并称赞老杜处理得好，要不然就回不来了。

　　老杜在新疆分社工作时间虽然不长，但他在业务和政治思想上的言传身教作用却难以估量。他生于在一个贫苦的农民家庭，3岁就失去父亲，从小与母亲相依为命，过着极为贫穷的生活。贫困和不幸的遭遇，迫使他过早地成熟起来。16岁就徒步到延安，投身到革命队伍中。1950年回分社时，他已是一位老革命和老记者了。他对人诚恳、健谈，大家都喜欢同他在一起。他常直率地给大家讲自己的坎坷经历，讲严峻的战场生活。谈起这些时，他总是动情地说："像我这样的穷孩子，如果不是革命，就永远没有出路。"大家都在和他相处的时候受到了革命思想的熏陶。

老杜艰苦深入的采访作风，给分社同志留下了深刻印象，成为大家学习的榜样。他常说："写不出稿子有多种原因，但多数情况是采访不深入。不是身体不深入，就是思想不深入。"有一次听说在乌鲁木齐召开的牧区工作会议上，来了个哈萨克族打狼英雄，他即刻带上翻译去采访。当时能提供材料的除本人外，再无别人，而且这位牧民很不善言辞，采写人物通讯难度很大。老杜调动一切访问手段，反复细致地提问、引导。那位憨厚的牧民被问得满头汗珠。采访结束后，给他当翻译的夏格尔同志惊讶地说："老杜采访太细了，把过去的事问得如同亲临现场一样！"最后他写出的人物通讯《哈萨克族的猎手》，哈萨克族人的剽悍、勇敢、机智和为民除害的精神风貌跃然纸上，被全国报纸广泛采用，受到读者称赞。

1952年秋天，他带领两名新记者到喀什采访。他采访喀什古城变化时，选了一条解放前最穷的街。一天下午，他邀请一些居民代表开座谈会。会前他买了1个大西瓜、10个馕，代表来后，他把瓜切成小块，馕也掰成小块，递给席地而坐的每个代表。他那熟悉兄弟民族礼节的举动和诚挚的态度，使在座的居民一下消除了隔阂和拘谨，大家热烈地发言了。然后他根据会上提供的采访对象，又登门到家里去访问。几天采访中，他写了近万字的材料，最后写出1800多字的通讯《中国边疆一座古城——喀什噶尔》。他这种厚积薄发的采访作风，为刚走上记者岗位的同志树立了良好的榜样。

采访中他以记者眼光捕捉新闻时，又以作家视角观察人的心理状态、语言特点，因而在他的新闻通讯里，常能看到生辉的妙笔。有一次，在喀什农村采访，他看到一个骑马的农民走过去后，有一个人说了句什么，几个农民开怀大笑。他忙问翻译那人说什么。翻译说，那个农民说："脚底下的人，如今骑在马上了。"老杜对这句话很感兴趣，当即记下来，跟着马去找那位农民采访。原来这个农民过去是一无所有的雇农，土改中分了匹马，晚上几次起来到马圈去看。后来他在《三喜临门》的通讯中把这个情节写了进去，成为一篇富有民族特色和生活气息的感人通讯。

在喀什农村采访期间，他背着自己的行装，吃、住在农民家里。白天跟农民到田里割稻、打场，夜里走家串户同农民交朋友聊天。这个村子住几天，又转移到另一个村子。有一天他要越过一片戈壁到一个边远村子采访，村里雇不到马车，他以每头8元的价钱买了两头毛驴，作为交通工具。就在这次采访中，他迷失了方向。骑着毛驴慢悠悠地走，一直走到天黑还不见村庄。四面一片漆黑，看不见灯火、听不见狗叫声，脚下是寸草不生的戈壁沙滩。如果遇上狼群，会有生命危险，如果方向走错了，会走进"死亡之海"。与他同行的艾海提同志年仅16岁，心里不禁发怵了。老杜一边说笑，一边低下头在脚下找寻车辙和毛驴蹄印。他们东撞西冲，整整在大戈壁上转悠了一夜，直到天亮才看到了村庄。采访结束后，他把两头毛驴送给两户最穷的农民，雇了辆马车回喀什。

新疆分社报道工作经过两年艰难的摸索，1952年出现一个飞跃，受到总社和各分社的瞩目。年底，西北总分社领导莫艾同志亲临分社看望大家并帮助总结工作。老杜是当年报道成绩突出的记者之一，莫艾同志请老杜带头谈谈心得体会。但他没有带头，却推荐别人谈。后来推辞不过，他发言了。然而他说的不是心得体会，而是检讨自己。他自责说，自己是一位老记者，分社给予厚望，但自己因文学创作未能全身心地从事报道，内心感到不安。他还说："深入实际也有思想障碍。一是觉得采访中有时仰人鼻息而难受；二是奔波数千里采访觉得有些苦，实质上这是居功思想。"

听了他的发言，我们不禁产生一种敬意。他这样坦诚地解剖自己，如此严格地要求自己，真不愧为一个受过战火洗礼的老同志。对大家来说，这比他谈采访经验更得益。

1953年春天，分社收到由彭德怀同志签署的调令，借调杜鹏程同志到兰州参加电影《保卫延安》的创作。但他到剧组后，因各种原因，这部电影的创作停止了。这时，总政文化部正好看完他送审的小说《保卫延安》，认为基础很不错，要借调他去北京修改。当时总社已任命老杜为新疆分社副社长，分社社长赵文节对老杜创作很支持，当即同意了这次借调。此后他脱产到北京修改小说。

1953年深秋，我在北京参加总社召开的国内记者会议。一天深夜，正准备上床休息，老杜突然来找我。他一进门就兴高采烈地抓住我的胳膊跳起舞来，然后高兴地说："小说通过了，冯雪峰同志对小说作了充分肯定，说《保卫延安》可以称得上一部英雄史诗。"冯雪峰同志当时是我国文艺界领导人之一、著名文学评论家，能得到他的称赞是多不容易啊！我当即高兴地说："你总算熬出来了。"说完我拉着他往外走，我说："咱们找个地方喝两杯，庆贺你的成功。"我们从总社出来向西单走去。但这时街上行人已经很少，饭馆都紧闭着门。我们一直走到西单，没有找到一个开门的饭馆。我们继续往前走，看到前面一家小店铺亮着昏暗的灯光，走近一看，是个卖醪糟的。我说，看来只能拿醪糟向你祝贺了。我要了两碗醪糟煮鸡蛋和两根麻花。我们坐在一条矮凳上边喝边谈。这天晚上他很激动，向我谈了他这些年的心情。

小说虽然还要做些修改，但毕竟是通过了，老杜自然十分高兴。这几年他为了完成这部巨著，含辛茹苦，人都苍老了好多，他是承受着沉重的精神负担和压力写作的。老杜从1949年开始写初稿到1953年去北京修改之前，脱产写作时间只几个月，绝大部分时间是在工作之余写作。从支社回到分社后，报道任务更重，他又是一位老记者，后来还担起领导的担子。新华社不论领导或记者，都要写稿，而且要带头写出好稿。

老杜是位事业心和自尊心很强的人，他不愿意让人对自己的工作说三道四。然而要把两者兼顾好，实在太难了，他内心经常很矛盾。有时他想下决心丢开写作，一心一意当记者。但他怎么也下不了这个决心，因为整个解放战争时期，他都和西北战场上的指战员们战斗生活在一起。他熟悉许多干部和战士，就连他们的出身、经历、性格特点、生活习惯都一清二楚。他们的英雄行为和献身精神深深感染了他。他的笔记本上记着100多个指战员的英雄事迹，战争结束时，这些人大部分已经牺牲了。他们的音容笑貌仍然活生生地浮现在他的脑海里。他曾经发誓要把他们的英雄事迹写出来，使同时代的人和后来者永远怀念他们，把他们作为做人的榜样。他充满深情地说："我下不了这个决心啊，如果放弃不写，我会日夜不安，有愧于死去的和活着的战友！"那几年，他几乎每天都写到深夜，有时通宵达旦。《保卫延安》前后修改过九次，从百万多字的报告文学改为60多万字的小说，然后又从60多万字改到17万字，再从17万字改到40万字，再从40万改到30多万字。这是多么艰巨的工作量啊！如果没有超人的毅力和刻苦的精神，是很难完成的。

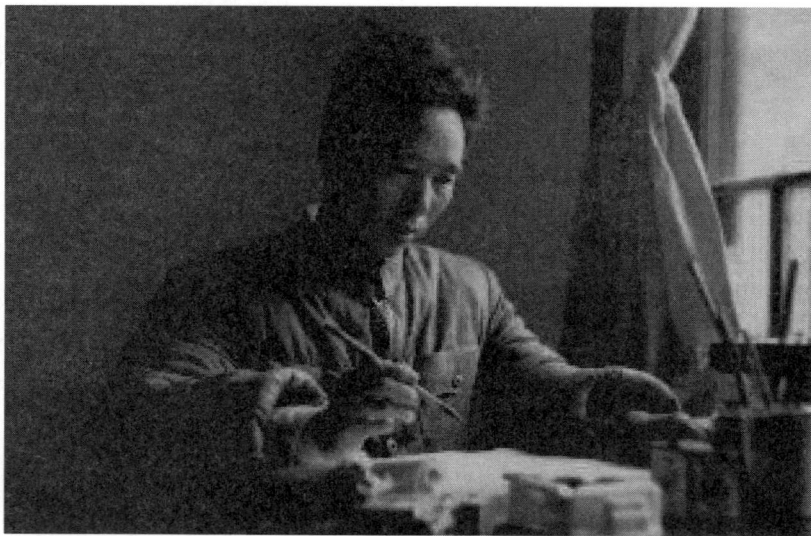

1952年初，杜鹏程在新华社新疆分社伏案工作

1954年小说《保卫延安》正式出版。老杜从此步入文坛，成为陕西省作家协会专业作家。此后我们就很少见面了。但他虽然离开了新闻工作，离开了新疆，对新疆和分社同志仍有深厚感情。他经常问及新疆的建设，新疆的朋友。年初，他听到分社简史初稿已经写出，写信要我寄一本给他。在信中，他鼓励我说："你完成分社社史是干了一件大事，我和文彬都很高兴。但这还不够，应在这个基础上，通过自己的经历、生活、感情和成长过程，再完成一部著作如何？"他总像兄长一样鼓励我，但这个要

求对我来说就是苛求了。信的落款是"老杜写于病中",这时我才知道他病倒了。从字迹看,他写字手颤抖得厉害,但笔画仍苍劲有力。谁知这竟成为他给我的最后一封信。

老杜的生命终止了。但他光辉的作品、高尚的品德、热情诚挚的为人,将永远留在我们心间。

（韩文辉曾为新华社新疆分社记者,后任分社副社长。本文原载《新疆日报》1992 年 2 月 9 日;后选入《本质上的诗人——回忆杜鹏程》第 135—141 页,张文彬编,陕西人民出版社 2001 年 6 月出版）

杜鹏程在新疆

杨克现

杜鹏程 30 多年前就进入全国著名作家行列了,我却忘不了记者行列里的杜鹏程。而且,随着文艺界将杜鹏程作为重要作家研究对象的时候,我苦苦地想为什么在新闻界,一位优秀记者杜鹏程反而渐渐地被人淡忘了呢?

我有点儿鸣不平。新闻界,这个行业一直将社会上各行各业当作自己报道的对象,而对于本行业里的人物,反而疏于研究,缺乏主体意识,这实在是一种职业病。

（一）

1950 年冬,在远离首都万里之遥的新疆分社的所在地乌鲁木齐,我结识了杜鹏程,从此一起工作了 3 年。于是,在我记忆的屏幕上,便留下了他影影绰绰的印象。

我们两个人的出身经历很不同。我原本是西北大学的学生,只因受革命高潮的鼓舞,在 1949 年秋到新华总社新闻训练班学习,7 个月结业,被分配到西北边疆乌鲁木齐,在刚刚成立的新华社新疆分社做实习记者。我第一次感到革命者的自豪,仅仅是从西安坐汽车到乌鲁木齐,途中就花了 23 天时间。

杜鹏程不同,他早年参加革命,上过延安大学,早已是新华社西北前线著名的随军记者了。他曾经历了胡宗南军队进攻延安最艰苦的时期,受到了保卫延安伟大战争的血与火的洗礼,而后,在整个解放战争期间万里行军,随第一野战军一兵团一支部队,出生入死,转战于陕、甘、青、新,最后,直达帕米尔高原下的喀什。可以说,他是西北地区征途最远的新华社随军记者。这喀什不要说离北京,离乌鲁木齐还有 1500 多公里路呢!但命运终于使我们走到一起来了。

原来，1950年春，鉴于解放战争在大陆上基本结束，党中央作出了统一新华社组织和工作的重要决定，规定原各野战军、各兵团分散管理的新华社随军记者，统一由新华总社管理调动。经过一番磋商，当年秋冬之际，杜鹏程、张文彬夫妇奉命从帕米尔雪山下的部队驻地启程，回乌鲁木齐参加新华社地方分社工作。

杜鹏程回乌鲁木齐并非一帆风顺。他长期在人民解放军第二军生活。部队驻喀什后，新任军长郭鹏欣赏他的才华，私下想留他在身边做秘书。杜鹏程热爱生死与共的部队，热爱他的首长。但他更爱记者工作。他怕伤军长的心，夫妇二人办理了手续，便悄悄地上了路。不料郭鹏军长得知他们离开的消息，无法控制求贤若渴的感情，急令警卫员乘吉普车追杜鹏程回来，这本属一片好意，可偏偏那警卫员错误地领会了军长的命令，直追他们夫妇于远离喀什的戈壁滩的公路上，迎头拦住他们，破口大骂，还以枪威胁，像是来抓逃兵似的凶狠。

这戈壁滩千里无人烟，真是秀才遇着兵，有理说不清，杜鹏程告诉警卫员这是正常的工作调动，并出示了调令，可是好说歹说都不行，双方相持不下，最后各自妥协。杜鹏程同意警卫员将爱人张文彬作为人质押回喀什，算是向军长交差，他自己则单枪匹马地回到了乌鲁木齐新华社新疆分社。

1950年从盛夏至秋末，新华社随军记者与地方记者会师乌鲁木齐。小小的分社机关犹如迎来了盛大节日，热闹非凡。杜鹏程是最后一个会师的记者。在他之前来到分社的，有一兵团前线记者、进驻乌鲁木齐后又前往伊犁五军采访的关君放，有随六军各师进驻天山以北各军事要冲的延晓、李成、曲季涛、马光耀，也有随二军各师进驻天山以南焉耆、阿克苏、喀什等重镇的随军记者汪波清、王安、安俊川、汤泾等。这些进军新疆后又参加了当年部队大生产的随军记者，在回分社的时候都带来了部队赠送的刚刚成熟的哈密瓜，以及应时新鲜的蔬菜，支援刚刚建立的分社。唯独杜鹏程回来时，一路奔波的时间最长，不仅无人相送，还将爱人当作人质押回了喀什，极为狼狈。他有些愤愤不平。但不久，也就融合于随军记者、地方记者大会的欢乐之中了。

（二）

初见杜鹏程，给人的第一印象，似乎没有什么特殊的地方。那是一名普通解放军的形象。引人注目的反而是他刚刚穿上身的新棉衣，因为从喀什回乌鲁木齐的长途奔波，满身都是灰尘与污垢。他懒得管这一切，只热心于到东邻西舍的记者宿舍串门。分社那时住在三角地一个空旷的旧兵营里，那年天冷得早，每间宿舍都生起了火炉，砖砌的，通着火墙，全屋便有了热气，杜鹏程来时，总爱跳到炉盘上，一边蹲着烤火，一边说笑谈天。山南海北，古往今来，无所不谈。前几年战争中许许多多上不了报的战斗悲壮场面，更是炉边的热门话题，其间，也夹杂有的大学生参军之初，吃不了苦，连生活也不能自理的笑料。

我有时觉得，他在拐弯抹角地批评我们这些未经风雨的知识分子，颇不服气，心想，总社新闻训练班就我、王立忱、吴天任三个青年远天远地来到祖国边疆当记者，按说，革命性够可以了，为什么看不见？但又想，也许他只是随便说说而已

不久也就证实，他这个人的确是什么都随随便便的。有一次，他蹲在延晓宿舍的火炉上谈天，兴之所至，忘怀一切，竟将棉裤裤裆烧了一个大洞，他顺手将焦黄的棉絮塞进去，也不缝一针，又继续谈下去，从这以后，他便穿着这裤裆吊着焦黄棉絮的棉裤，上班下班，进进出出，上街买东西，别人看了暗中发笑，他却若无其事一般。

我忽然觉得这不是我想象中的杜鹏程，或者说，我想象中的杜鹏程绝不会邋遢到这步田地。我无法将我亲眼看到的杜鹏程与我听到的杜鹏程印象糅合在一起。因为，在他回来之前，我听到有关随军记者杜鹏程的故事，至少有一打以上。

在我的想象中，他似乎应当是，二十七八岁年纪，风华正茂，言谈甚健，走路如风，一副青年军人记者英俊潇洒的派头。有故事说，他是二军支社社长，但行军作战，他不在军部、不在旅部或团部，他经常下到连队，在前沿阵地采访写作。他是一位在枪林弹雨中、在战壕里写稿的随军记者。正因为如此，他热爱战士，爱得十分深沉。还有故事说，解放战争进入反攻阶段，壶梯山战役打响了，他与战士一起冲锋陷阵。

他目睹了前线指战员们前仆后继、英勇牺牲的壮烈战斗场面，他哭了。他含着泪写信报告彭德怀司令员，感动了彭总。彭总批示，致函西北总分社表扬杜鹏程。西北总分社将杜鹏程的报告改编为《壶梯山战斗见闻》广播，西北野战军各部队无不受到激励。从此，杜鹏程的名声不胫而走，哪个部队都希望能有一位杜鹏程这样的随军记者，常驻在自己的部队。

他是战士化了的知识分子，待人热情，长于交往，无论是军首长、旅首长，还是普通战士、伙夫，他都能谈得来。从文字功底来说，他长于写消息、写通讯、写特写，而且速度快，倚马可待。这也是他出色完成新闻报道的重要因素之一。

正是这些片片段段的故事，在我的脑海里勾画出了一位能文能武、英俊潇洒的青年军事记者的形象。谁知见了面，他竟是一位不修边幅的"大兵"，特别是天天看到他那露着棉絮的破裤裆，不由自主地便联想到"老八路"里的"火头军"。

（三）

杜鹏程回到乌鲁木齐后，分社社长蓝钰就宣布他是新疆分社的编委。不久，新华社西北总分社还来过一封电报，给他以新华社西北特派记者的职称。但这个职务在当

时只有努力做好记者的责任，没有任何特殊的权力与实惠。

20世纪50年代初，整个社会对于权力都不那么看重。不仅是老记者，也包括我们这些新记者，几乎都不去追求这类东西，只知道不停地写点东西，才能上进，才有出息。

忽有一天，有人悄悄告诉我，杜鹏程进军喀什后，在帕米尔高原雪山下的古城，以一个新华社记者目击所见，写出了一部长达近百万字的报告文学。这部巨著，记叙了第一野战军一支部队，从保卫延安开始，而后转战西北，历尽艰苦，一直将红旗插上帕米尔的战斗历程。他带回来一只破木头箱子，肯定这部书的草稿就藏在里面。消息暗暗在分社传了开来，谁也没有见过这部巨著是什么样子，他自己也从来没有透露过。

不久，杜鹏程接到陕西省韩城县的母亲病危的电报，等到他赶回故乡时，可怜老人家已经离开人间了。他怀着悲痛的心情埋葬了母亲，重新回到新疆以后，话题、话调似乎都严肃起来。他便常常说起苦难的母亲，一个受尽了压迫、凌辱、饥饿的母亲，又从母亲的苦难说到一代中国人的苦难，说到像他那样的穷孩子，如果不是革命，便永远没有出路。他又常常谈起了与他同生死、共命运、献身于革命事业的人民战士，他们都是饱受压迫的一代人。他不能忘情于他们，一种内心的苦痛折磨着他。他，一个记者，必须将他们写出来。在他看来，这场战争是太伟大、太壮烈了，如果不将他们写出来，便永远对不起烈士，对不起和他一起流血牺牲的人们，也对不起死去的母亲。

听着他那慷慨激昂的陈词，我忽然发现，在这不修边幅的外表下，跳动着一颗多么热情奔放、炽烈真诚的心

当时的写作条件是谈不上的。20世纪50年代初，新华总社社长陈克寒曾批评过新疆分社"摆摊子"。我们受到了批评都感到委屈，但还是从宽敞的三角地搬回到原先又窄又小的文庙街七号。整个分社的空间一下缩小了四分之三，二十来人的分社全挤在两个小小的四合院中。最初，分社分给杜鹏程夫妇的房子只有十平方米，里面一张双人床，一张两屉桌、一张椅子、一个脸盆架，此外，什么也放不进去了。他没有办公室，只能在家里写作。这对于今天的许多人来说，简直不可想象，可是对于从战壕里滚爬过来的杜鹏程来说，条件是大大地改善了。分社院落的缩小，使得分社的人与人之间增加了亲密感。1951年春，分社派我到喀什去采访，杜鹏程热情地给我介绍南疆情况，介绍他在那里熟悉的首长，整整说了两个小时，可惜我的"全国观点"不明确，三个月过去了，毫无所得，狼狈而还，深感辜负了他一片热情。他也没有批评，只是宽慰了一番，这之后，我被派往中共中央新疆分局干部学校学习维吾尔语，又得到他的鼓励。我每逢星期天，便常常回分社去看望他。记得有个星期天我去时，他顺

手从桌子上抓起了一沓草稿递给我，说是请我帮他誊清，目光中充盈着期待的热情。我立即明白，这便是他那用心血浇灌出来的作品，毫不犹豫地接了下来。然而，在接稿的一刹那，我惊呆了，我分明看见了他捧着稿纸的右手，那中指竟因笔耕过度磨成了厚茧，那坚如骨质的指甲盖一侧，也因钢笔挤压凹陷了下去。我不禁打了一个寒战啊，写作，写作都这么艰难吗？我肃然起敬。这是我生平第一次因誊抄之便，阅读一部未来作家尚未出版的手稿。

回到分局干校，我端详他交给我的稿件，一页页翻去，那是沙漠里行军的一段，是九里山前摆战场的部分。这不是全书的开头。全书开头的几部分，他已交给分社其他年轻同志抄去了。同时，我也发现，这已不是报告文学，而是一部长篇小说的底稿。

我那时太年轻。对于无论是名记者还是名作家，都多少有一种无知的浪漫。但凡读到行文流畅的作品，便一律认为作者是一蹴而就写出来的。及至看到我面前的草稿，东涂涂，西改改，这里删掉一大块，那里又增加了一部分，有的章节竟然修改得面目全非，首先便冲掉了我对于名记者、名作家的无知。

我学习辨认杜鹏程的字迹，然后按照他的吩咐重新誊清，回头细看原稿，才得知涂改掉的则是一段段通讯、特写组成的报告文学的底稿。

我想，当读者日后读到这一文学作品时，一定没有我此刻誊写稿件的体验。我看到的是一位作家如何将报告文学修改为小说的全过程。我看得出来，那原稿上原所描写的人物，从第一野战军司令员，到纵队、旅、团，到营、连、排、班，以及战士，都有真名真姓。可修改后的小说，除了彭德怀司令员赫然在目外，全部隐去了真名。我还记得，那原稿上出现频率最多的是温广生连长。而在小说中全都改为周大勇了。据说，他是一位著名的战斗英雄。部队进军喀什后，他们那个连又翻越风雪昆仑山，进军西藏阿里地区去了。也许，他的英灵早已埋在高原风雪下面，如果他幸存下来，不知他是否知道，那周大勇的原型就是他自己呢！

我刚步入记者行列。原稿使我更加懂得了记者，一个真正记者劳动的艰苦，以及应当用怎样庄严的感情从事那神圣的工作。透过文学作品，我们能看出他在重大历史事件中的谨严之笔。那行军作战的日期、地点、战略战术的特点，都保留着历史的真实。这也许就是名记者笔下的文艺作品往往具有史诗一般魅力的原因所在。

因为誊写的缘故，我们之间的关系更亲密了，得到他更多的鼓励。他对我说：记者的前途，无非是三种选择。一种是记者当久了，便升官去做领导，这也是实际工作需要；再一种是终身做记者，但终身做好一个记者也不容易；第三种，记者积累生活多了，便去从事文学创作。还说，苏联当代著名作家，大部分都是记者出身的。不言而喻，他为自己选择的就是这最后一条道路。因为，我还发现，他在刻苦地阅读小说。

《日日夜夜》《夏伯阳》《铁流》以及当代苏联的战争小说，他几乎都反复地读，反复地研究。老托尔斯泰的《战争与和平》，他更爱不释手，这部四厚本的大部头小说，他竟然通读了五六遍之多。过去，我读小说，大多是作为享受，浏览一遍，现在方知道，这世界也有人将阅读文艺作品当作艰苦工作来做的。

他在继续改写小说，但他的职业仍是记者。记者工作是一种紧张工作，他也不例外，虽然总社曾经准假3个月让他专门修改作品，试想对于一部英雄史诗《保卫延安》，3个月够什么用？于是，他常常秉烛彻夜写作。有时忙得连吃饭的时间也忘了，随便上街买回两个烧饼，便是一顿午餐。这严重损害了他的健康，有很长一段时间，他因营养不良患上了夜盲症，晚上不敢单独上街走动。

在边城，解放初期调节生活的文娱活动极少，只有星期六的交谊舞会他从不放过。每逢这时，他总是热情地拉着我们一帮年轻人到新疆军区或中共中央新疆分局礼堂去跳舞。他亲自教我们如何迈步，如何转圈，如何踩着音乐的旋律。每次跳舞，一定要坚持到曲终散场，方尽兴而归。他因为患有夜盲症，昏暗的路灯下，难以独自走路，总要拽着我们一个个年轻人踽踽而行，才能平安到家。但整个说来，他并非一个舞迷，对于他那严肃紧张的生活节奏来说，这不过是一曲长长的交响乐章中一个极为短暂的休止符。只要喘过这一口气，他又投入紧张的写作中去了。

（四）

1952年春，分社社长易人、闻捷来主持新疆分社的工作。那时，我们正由于"全国观点"不明确陷于困难境地。闻捷便把杜鹏程派往北京新华总社实习，而他的小说《保卫延安》也大致完工了。

杜鹏程快要去当作家了，但他对于到总社实习仍十分认真。他常常写信回来，结合实例分析、介绍总社取舍新闻的依据。严厉批评将"全国观点"与深入实际对立起来的错误观点。根据实习体会，他认为，所谓"全国观点"绝不是中央政策的简单重复，也不是总社表彰稿件的拙劣模仿。"全国观点"不仅不应当妨碍深入实际，相反，只有那些勇于深入实际，从实际斗争生活中挖掘新闻，以此来丰富全国的报道的，才算是掌握了"全国观点"的真谛。

他不仅为此大声疾呼，更带头实践。他在总社实习了3个月，一回到分社便立即深入实际，投入到了紧张的采访中去。那富有浓郁地方民族色彩的通讯《哈萨克族的猎手》，不过两千来字，却绘声绘色地再现了哈萨克族人崭新的生活面貌。这是他在一个牧区工作会议上采访到的。整个采访都是由分社哈萨克族干部夏克尔同志做翻译。夏克尔同志给我说，老杜采访非常深入而细腻，对于地方民族风俗习惯，一山一水、一草一木、一言一语都不放过。一直要问得如同亲临现场一般。不达目的，决不罢休。

我记得当时分社社长闻捷也非常赞赏杜鹏程的深入采访的作风。闻捷说，很多人做记者，除了稿件上所写的材料，常常一问三不知。杜鹏程不同，他的稿上是生机勃勃的材料，他的笔记本上还有许许多多生动的材料。他掌握的材料非常丰富，这是他能够厚积薄发、举重若轻，写好通讯的一个重要原因。现在，我们重读他那已经显露出大手笔的通讯《哈萨克族的猎手》，短短两千来字，哈萨克族牧人猎狼的生动场景，猎人剽悍的神情，如历历在目。

在杜鹏程看来，实际生活是非常丰富的，真正的好记者是用不着虚构的，问题是记者的采访必须投入异常艰苦的劳动，必须到第一线去。一旦投入到第一线采访，眼睛、耳朵、鼻子、嘴巴，整个的感官，每根神经都必须紧张地带动起来，必须在有限的时间内，捕捉到足够的、活生生的事实，将所要了解的事与理达到非常清晰明白的程度。正因为如此，他不止一次向闻捷请战，要求深入到基层去。闻捷答应了他的要求，1952年夏天刚刚过去，他便与王立忱、艾海提三人做了一次往返3000多公里旅程的南疆采访。3个月过去，这便有了《戈壁滩上新城　阿图什》《喀什的巴扎》《三喜临门——访土改后的帕克太里克乡》《卡思木——十二木卡姆的老艺人访问记》等一批优秀通讯的出现。这后一篇，也为发现和挽救新疆维吾尔族一部最伟大、最丰富的古典音乐贡献了力量，因为，解放之初，人民政府还来不及系统地整理民族文化，而在当时，能够几天几夜将十二木卡姆演奏到底的老艺人，已经没有几个在世了。

他们的采访行程是非常艰苦的，也曾有一种传奇的色彩到阿图什去，因为一时找不上汽车，也无人陪同，他们便买来三头毛驴，骑着从一个村到一个村采访，就像浪迹于沙漠绿洲的三个阿凡提。回喀什那天已深更半夜，虽然，喀什有他众多的战友，但他不愿打扰别人的睡眠，三人便铺了各自的老羊皮大衣，就双腿伸进袖筒去，以大襟遮身，在街头露宿到拂晓。

他对生活的艰苦是从不在意的，但对于采访与写作却是百般认真的。只要读读他笔下的通讯，便立即会发现他从不放过一个有价值的生活细节，敏锐的观察力，那是工作认真的证明。如他访问了一户贫穷的维吾尔族农民后写道："他家一贫如洗，全家只有一把铜壶，还是漏的……"

他访问喀什"巴扎"上的生意人后写道："铺面都是一小间又一小间，外面有两扇门，没有柜台，地板上铺着地毯，做生意的人，就盘腿坐在里面卖货……"

他长于写人物，笔墨不多，人物却大都栩栩如生；他善于写情景，虽片言只语，也能传神。在他看来，写作是重要的，但采访更重要，是采访决定写作。而采访，又不在于记者有口若悬河的本领，全在于能够打开采访对象的心扉，使被采访者将肺腑之言倾诉给你，将一颗赤诚之心掏给你。即使平常待人接物，也是如此。他去看望艾海提的母亲，一位典型的南疆维吾尔族家庭妇女，心地善良，却不善言辞，谁知与杜鹏程攀谈起来，她竟如见了亲人一般，将全家的情况，个人的坎坷经历，到儿女夭折的种种伤心事，全倒给他听，这件事情，对于坐在一旁的艾海提的印象极深。艾海提曾经感慨地告诉：“我母亲生育了我，二十年了，可是如果不是老杜去看望母亲，我恐怕至今无法知道我的家世，以及她经历的那么多的磨难。”

我常想一位不善于观察的记者，笔下是不会有现场感的。一位不能与人交心的记者，更是无法写出感人肺腑的文章的。杜鹏程这两方面都有所长。现在，20 世纪 80 年代了。穆青同志一再提倡写视觉新闻，提倡散文笔法，我便又想到了杜鹏程的采访作风。其实，那个时候的杜鹏程，不就是这么做的吗？这也许是所有文艺型记者的共同特点。

（五）

1952 年冬，新疆分社总结工作，我对杜鹏程又进一步有了比较深刻的认识。

总结工作时，西北总分社社长莫艾同志从西安来了。莫艾同志要求所有记者都能谈谈采访的体会。他说，总社和总分社都认为，新疆分社这一年的民族报道在全国颇有起色，是应当好好总结总结。他要求杜鹏程能带头谈起来。杜鹏程刚从南疆采访回来，多次推辞不过，不知何故竟从检讨开始了自己的发言。

他自责说，他是好多孽根未除，因为文学创作误了些记者工作，内心不安。又说，近年来他心情矛盾很多，觉得记者这种职业仰人鼻息。其例证是他曾到省商业厅去采访，这位厅长本是他当年带着上延安参加革命的同龄少年，如今，职业与地位的差别，使他遇到了求见的艰难与人格的屈辱，他不堪忍受那一道道的关卡和盘问，他还谈到当前采访有急于求成的倾向，缺乏深入的调查研究作为深厚的基础⋯⋯

分社的青年记者本来都和杜鹏程非常熟悉，对他的采访工作充满了敬意。不想，这意外的自责一下又拉开了彼此的距离。啊，一位老记者，经过了战火的洗礼，竟然还有这么多复杂的思想问题。有的年轻记者甚至认为，杜鹏程背上了以功臣自居的思想包袱。

其实，这正是我们幼稚无知之处。我们哪里懂得，一位有着崇高理想的军事记者，为了记录下他经历的伟大壮烈的战争，不惜牺牲自己的健康，来从事艰难的创作工作。而这部作品尚未脱稿，他便听到流言蜚语，该是怎样伤害了他的感情！

那次汇报会对我教育极深的，还是他对待生活的态度，以及他对待社会生活的观察。他谈到他在南疆维吾尔族农村打谷场上观察到的情景。他看到，农民们是怎样高高兴兴地把晒干扬净的粮食交给了人民政府，那是感谢党、感谢土地改革为他们带来了新的生活。但他同时更注意到农民的宗教感情。因为，那上风头最好的稻谷，农民也分一份出来，向阿訇交了"乌受尔"粮。他说，做记者，绝不应忽视这个细节，宗教意识，这仍是日后影响人民心理的一个重要因素。搞好社会调查工作，研究基层社会生活的方方面面，这是做好记者的基本功。

这使我想到，当初新华社解放军二军支社的记者，刚刚进军到新疆南部各个绿洲的时候，不就是在他的领导下，曾经全力投入社会调查研究吗？那次调查的内容相当广泛，包括了南疆农民的生产生活水平、阶级关系、宗教信仰、风俗习惯等各个方面。这种调查，不仅受到了新疆分局领导同志的表彰，也为新华社新疆分社日后的新闻通讯报道打下了基础。可惜，调查研究的传统，后来确乎有些削弱了。

"即使是普通人的思想感情，也是记者调查研究的对象。"他曾经告诉过我："在历史伟大转变时期，研究普通人的思想感情转变，也能够捕捉到重大的主题，撰写出优秀的报道来，"他就写过一位国民党俘虏兵，在解放军日常生活的熏陶下，如何成为战斗英雄，又如何壮烈牺牲的故事。那故事的起因也就在于那位俘虏兵从解放军新的官兵关系上发现了新旧军队的不同本质，改变了他对人生的看法，思想感情发生了巨大的变化。

写人的感情，通过感情的逻辑，写出重大的社会问题，仍然是我们记者的薄弱环节。我们的记者大都长于叙事而短于抒情。常常是自己受感动的事，写出来却不能感动别人。每想到此，就觉得杜鹏程离开了新华社，是新闻队伍的一个损失。

（六）

1954 年夏，杜鹏程调离新华社。

那年春，先是闻捷调离新疆分社，到新华总社国内部任文教组组长。总社委任杜鹏程接替闻捷，为新疆分社社长。对于我们这个边疆民族分社来说，他是第三任社长了。无论是总社领导还是我们分社记者，还是卸职的闻捷，都希望在他领导下新疆分社有一番作为。谁知，杜鹏程上任没有多久，便被调出了新疆，并且最终地离开了新华社。

我曾计算过他的年龄，他走的时候，只有三十来岁。"三十而立"，这本是孔夫子描出的年龄层次，意思是人到 30 岁才能成熟。杜鹏程出身寒门，受革命教育，成熟较早。他说，一个人，30 岁前就应当在事业上做出成就。然后在此基础上，不断跨入新的领域。他正好是在 30 岁前，在新华社成长为一名优秀记者，又在 30 多岁时，进入了作家队伍，一步步成为优秀作家的。

我想，他一定永远忘不了新华社记者工作。因为，此后多年，我们每次见面，他都将记者生活当作人生征途上最值得怀念的一段。无论是战争年代，还是步入和平时期，我们一起在新疆的采访生活。

1978年，他在为《保卫延安》所写的重印后记中，重提战争年代。他写道："我衷心感谢新华社对我的培养和新闻工作使我得到的锻炼，因为它要求你努力学习，要求你不仅看到一些具体的战斗，以及许多看起来是孤立的事件，而且要求你瞩目于西北战场、瞩目于全国各战场，以至国际形势的变化和发展。如果没有这些条件，钻在遥远边疆的刚刚从反动派手中夺取的简陋营房里，必然眼光狭小……"

他也怀念新疆分社那一段记者生活，谈起当年的事情，仍然像刀刻斧凿一般的清楚。那是一种集体的战斗生活的乐趣，是作家生活所不能比拟的。

一位记者进入了作家队伍，他永远怀着一种纯真的心情回忆起记者生活对他的教益。新闻队伍，难道不应当将自己输送到各条战线上的优秀儿女记在心头。

（杨克现曾任新华社新疆分社记者，后为中国新闻学院教授。本文原载《新文学史料》1992年第一期；后选入《本质上的诗人——回忆杜鹏程》第280—295页，张文彬编，陕西人民出版社2001年6月出版）

前行者跋涉的"轨迹"
——追忆杜鹏程重回新疆一席说
赵昌春

年纪大了，总爱回忆往事。最近，偶翻从前的杂记本，一个《"老社长"回"娘家"》的标题，倏地映入眼帘，呦，这不是记的10年前杜鹏程回新华社新疆分社的事嘛！禁不住惊喜地仔细看下去，岁月流逝，杜鹏程已去世，但他在座谈会上的一席肺腑之言，仍那么新鲜，耐人寻味。

早在青年时代，我就读过他的传世之作《保卫延安》，当时大学一位老教授对这部长篇小说大加赞赏，称它是中国的《战争与和平》。20世纪70年代初，我从内地调到天山脚下当记者，就常听少数民族的同事戏说他20世纪50年代挑着两箩筐手稿进京改《保卫延安》的故事，于是，他在我心头蒙上一层传奇色彩，可一直无缘见面。想不到30年后他又回"娘家"了。

杜鹏程重回新疆分社时间是1983年7月22日晚上。乌鲁木齐夜幕降临，大街上华灯初放。杜鹏程偕夫人、当时《延河》杂志主编张文彬，在大家簇拥下，走进了分社新的办公楼。杜鹏程，1921 年出生于陕西省韩城县一个贫苦农民家庭，1938 年参加革命，上过延安大学，解放战争时期任新华社西北前线随军记者，1950 年 12 月调新疆分社工作，1953 年，分社社长闻捷离任，他被提拔为分社社长，但因为他那时已被借调出去创作电影剧本《保卫延安》，一直未能到任，1954 年 5 月正式调离分社。斗转星移，几十年中，新疆分社五易社址，领导和记者换了一拨又一拨。他坐在灯光通明的办公楼二层会议室里，环视周围一张张陌生的面孔，面带笑容，感慨地说："离别多年，新疆变了，在座的当年老同志没几个啦！"

杜鹏程中等身材，面色黄里透黑，说话略带陕西腔，坦率又自然，虽年逾花甲，饱经沧桑，但看上去体格依然硬朗，给我的第一印象，很像一个质朴无华的农村老干部，令人有一见如故的亲切感。"大家早就盼望您来，请讲讲当年分社的'创业史'吧！"不知谁的一句话打开了杜鹏程的话匣子，在座的个个侧耳细听，有的还不时做着笔记。

杜鹏程永远忘不了刚解放时的新疆分社。1951 年，分社在乌鲁木齐市文庙街七号——原国民党中央社新疆分社的旧址，这是一座很小的四合院，总面积只有 200 多平方米，二十来人都挤在这个小小院落里。

杜鹏程夫妇的房子仅有 10 平方米，放着一张双人床、一张两屉桌、一把椅子、一个脸盆架，这个小小的斗室，既是卧室又是办公室，一室两用。分社没自行车，出门靠两条腿。晚上常常点上油灯或蜡烛写作。记者下乡，都是自带行李，因为好多人没结婚，说走就走，没有多少牵挂。少数民族的生活，当时也比较苦，1952 年夏天，他跟维吾尔族记者艾海提等人到南疆的喀什采访，买了几个瓜、十几个馕，去看望艾的母亲。他俩为反映维吾尔农村变化，下乡后没有交通工具，每人便以八元钱买了两头毛驴走乡串户。当去一个边远村庄时，由于迷了路，在茫茫戈壁荒野苦苦摸索了一夜，直到天亮后才找到村庄。这对浪迹戈壁绿洲的"阿凡提"，采访结束后，便把毛驴送给贫穷的维吾尔农民，雇了辆马车回到喀什市，到了喀什已深更半夜，尽管这里有许多朋友，但他俩不愿打搅别人，就在街头铺了各自的老羊皮大衣，双腿伸进袖筒里，用大襟盖身露宿到拂晓。在这样的环境里写出了《戈壁新城——阿图什》《三喜临门——访土改后的帕克太克里乡》《卡思木——十二木卡姆老艺人访问记》等一批优秀通讯，被全国许多报纸采用。

这一年，新疆分社采访路程共达 9 万多公里，平均每个记者 1 万多公里，其中三分之二是挤在运粮或拉货的大卡车上跑下来的，三分之一是骑马或毛驴和徒步走下来的。

"条件挺困难，生活倒是蛮紧张愉快。"他边抽烟，边吃西瓜。继续与大家倾心交谈，深深眷恋当年亲密无间的干群关系。他说："社长闻捷，经常跟记者一起采访。他白天很累，晚上关起门来写抒情组诗《吐鲁番情歌》；我写长篇小说《保卫延安》。当时两人同住一栋房子，还走一个门，可因为是两个房间，谁也不知道谁干啥，直到后来才恍然大悟。闻捷对记者的稿子要求很严格，关君放是一位老记者，写了稿子交到闻捷处，给打回来重写，受不了，跟闻捷吵起来，还是得改啊。那个时候，当社长的意味着什么？就是记者头子，所不同的是比别人多写稿、多改稿、多点灯熬夜、多干事哩。"主持会议的分社一位负责人插话说："现在，不一样了，有的记者头子变成记者尾巴啦。"一句幽默话引出一阵笑声。

谈到记者成长，杜鹏程主张路子要宽些，厚积而薄发。他认为，一个记者不管分工干什么，都要钻进去，做那个行业的"专家"，能谈出些别人谈不出的见解，千万别当"万金油"。当然，由于记者职业的关系，接触的面广人多，往往什么都知道，什么也不深，那不好，还要做点学问，钻出点名堂。

他说："总社有个徐民和，我不认识他，我看过他写的有关柳青的文章。我和柳青很熟，可是叫我一下子写出那样的东西就很难，一看就知道他功底深，对柳青的作品、为人熟悉。费孝通，大家都知道，他去年得了英国皇家学会一个荣誉非常高的奖章，为什么？因为他在人类学、社会学研究上成就突出，但国外最了解他的，还是他写的调查《三访江村》。解放前他写过一访江村，后来写'二访'、前年又写'三访'。像江村这样的地方，别说三访，在新疆有的地方，我都八访、十访过，为什么没写出来？范长江，大家都知道他是名记者，发表过《中国的西北角》《塞上行》。那时他还是北大学生，应大公报之约骑马到了西北，跑过那么多地方，其中不少地方我都去过，为什么写不出？了解的知识没他多。听说上海分社有个专门采访纺织系统的记者，对纺织行业相当有研究，应该这样嘛！"

"新疆是个好地方，它是我的第二故乡，"杜鹏程回顾往昔，充满了深情，"我是在新华社成长的，衷心感谢新华社对我的培养，前些年《保卫延安》重版时，在重版后记中我就这样说，这不是应景文章，而是心里话。"解放战争时期，他是随军记者，经常深入连队，写稿之外，把所见所闻所感记在日记里，在写《保卫延安》前就记了近200万字日记，他说："没有这些素材积累，我能写出《保卫延安》吗？"他对部队情况相当熟悉，1947年3月至1947年9月，他曾在延安附近采访过一个连队，这个连打完仗只剩下十几个人。司令员率部"南下北返"，四千勇士历尽艰辛。1949年，记者王安随军过祁连山，一路上大家就是裹件破羊皮，山高路险天寒，一些人活活冻死在祁连山上。他谆谆告诫大家，做学问就要不怕苦，要认真。一个正直的人应该把精力用在学问上、事业上，不会也不乐意搞那些"争名夺利"的邪门歪道，他说："我在新疆分社写的一些较好的东西，都是深入下去采访来的，像《十二木卡姆》那是了不起的古典音乐，汉族也没有那么长的音乐作品，我新近整理集子时，将原来写的有关它的那篇通讯重新进行了润色加工。新疆出东西，要热爱新疆。"杜鹏程毫无自诩之意，据熟悉他和闻捷的人追忆，闻捷就非常赞赏杜鹏程深入采访的作风。闻捷说，不少记者除了稿件上所写的材料，往往一问三不知。杜鹏程不同，他的稿件上是生机勃勃的材料，他的笔记本上还有许许多多生动的材料。他掌握的材料非常丰富，这是他能够厚积薄发、举重若轻，写好通讯的一个重要原因。

作为一个老记者、著名作家，杜鹏程对年轻人十分爱护，劝他们不要好高骛远，要脚踏实地。他说："有的年轻人根底不深，就想干大事，这不可能。"他举了一个例子。1982年，北京来了个大学生访问他，问他《保卫延安》的写作经过和对这部作品平反后的感想，他讲了好长时间，学生听不懂，一问，才知道这个年轻人连《保卫延安》都没看过。"我当时也不好说什么，他能写出有关我的东西吗？"听了他的话，我的脸似乎也有些发烧，在生活中，"薄积"而"厚发"的人并不鲜见。如果这个年轻人采访前读一读《保卫延安》，他就会知道，杜鹏程为写这本书，艰苦跋涉四年，甚至千里迢迢自边塞回家为母亲奔丧时也背着资料。在这漫长的岁月里，工作之余，他常常秉烛彻夜写作，钢笔把手指磨起硬茧，眼睛布满血丝，饿了啃一口冷馒头，累了头上敷上块湿毛巾，有一段时间因营养不良，患上了夜盲症，终于将百万字的报告文学改成30万字的长篇小说。其间九易其稿，反复删减何止数百次，涂抹过的稿纸，可以拉一马车。若掌握了这些写作经过，这位年轻人再去访问杜鹏程，定会谈得投机，写起来就得心应手了。

杜鹏程在谈话中十分强调革命大家庭的团结，把它看成事业成功的保证。那时的新华社新疆分社，大家亲如家人，领导和记者打成一片，彼此情同手足，互相关心，谁找对象都是集体当参谋。王安是新疆大学肄业生，他去跳舞，新华书店一个姑娘爱上了他。杜鹏程的爱人当时是分社资料员，杜叫她去打听，原来女的是营业员。后来他俩结婚后生了三个女孩，20世纪60年代王安不幸去世，逢年过节杜鹏程夫妇都把王安的遗属母女4人接到自己家里。杜鹏程回忆说，现在她的3个女儿，一个工作，两个在上大学。当时呢，她一个人只赚60多元钱，拉扯三个孩子，日子好苦哇！

我在新疆分社待过十多年，这期间翻阅过当年闻捷、杜鹏程等分社前行者写的稿子，尽管已过去了几十年，但仍不失为后来者学习的范文。难怪分社一些"老资格"每逢谈起闻捷、杜鹏程，总感到骄傲，这使我禁不住想起一句平常话："满天星星不如月亮。"多年来，新闻界就提出培养名记者。然而，像闻捷和杜鹏程这样的名记者是怎样成长起来的呢？杜鹏程当时并没有专门做正面回答，他只是说："我建议，大家争当某方面的名记者。新华社应出新闻选。你们不一定都攻文学，但不管干什么，就得靠深钻。大家要出书时送给我看看，我一定仔细看，并写序言。"

杜鹏程 10 年前讲话的事，早已成为历史陈迹，回头一看，所谈内容仍有"闪光点"。闻捷和杜鹏程已经永远离去，但他们的辛勤跋涉，不是足能成为后人识途的轨迹吗？

（作者曾任新华社新疆分社记者。本文原载《中国记者》1993 年 10 期）

四、一支笔如一支劲旅

一支笔，一支劲旅

杜鹏程写作生涯记事

力辛　天晞

说在"动笔"之前

杜鹏程是广大读者喜爱的著名作家之一，至今笔耕不辍。早在解放战争时期，他作为火线记者向彭总反映的前线见闻《壶梯山我军英勇杀敌》一文，曾经传遍了西北战场，给干部战士以鼓舞和力量。新中国成立以后，他在 20 世纪 50 年代中期，发表了史诗般的长篇小说《保卫延安》，第一次塑造了老一辈无产阶级革命家彭德怀将军的光辉形象，被翻译成多种文字流传国内外。60 年代前期，先后出版了反映社会主义经济建设的短篇小说集《年轻的朋友》、中篇小说《在和平的日子里》和散文《速写集》等等，这些作品具有社会主义时代特征和鲜明的时代精神，形成了他的"炽热的诗情与精辟的哲理性的有机结合"的艺术特色。年过半百以后，他的笔锋不减当年，发表了耐人寻味的中篇小说《历史的脚步声》，整理出版了小说集《光辉的里程》、散文集《杜鹏程散文特写选》和《我与文学》等，他以自己卓异的成就，为祖国的文学事业特别是军事文学事业作出贡献。他曾先后到苏联、东欧各国和日本访问，受到朋友们的欢迎。他的传记被收入《中国大百科全书》、英国剑桥国际传记中心 1987 年出版的《远东及澳洲名人传》和全美传记学会出版的《世界名人录》中。

兰州军区政治部《育才报》编辑部希望通过杜鹏程同志的成长过程催促年青的一代，特别是推进部队两用人才教育运动的开展。于是，便把寻觅杜鹏程写作生涯的足迹，挖掘作家奋进不息的力量源泉的任务交给了我们。

这是一件很有意义的工作，我们欣然接受。在古城西安，我们多次找杜鹏程家访。他目前是全国文联委员、中国作家协会理事，还担任中国作家协会陕西分会和陕西省文联的副主席职务，社会活动频繁，而身体又多病，但仍然坚持写作。在陕西，我们还找到他在战争年代的战友调查采访，找到专题研究杜鹏程的学者、教授相互探讨翻阅了被访者提供的大量材料……这时，只有到这时，我们才感觉到这个题目的分量。

作家的生平如此艰辛，创作的道路坎坷又曲折，而作家的毅力和意志又是那么坚强，如何才能够较准确地表现出作家的写作生涯呢？我们深感力不从心。好在老杜当时说过"基本上是两条，一条是生活，一条是写作"。于是，我们便沿着这两条线索，重读作家历年发表的文章和谈话，琢磨专家学者们的评论和见解，以记事为主，整理成下面的文字，期望得到作家本人和广大读者的指正。

老杜的那支笔来历非凡

1947 年夏初的一天，西北野战军在陇东高原作战，西北野战军二纵队独四旅打开了陇东的一座县城。

杜鹏程带着满身的尘土和硝烟，赶上了这支部队。从此，他的历史揭开了新的一页。3 月胡宗南大举进犯延安的时候，他才从延安的一个工厂里调到边区群众报社。不用说，他是厂里的写作积极分子，喜爱写个通讯报道，编个文娱节目，而且已小有名气了。青化砭、羊马河、蟠龙镇的三战三捷以后，敌我态势发生了明显的变化。为了扩大西北野战军的新闻力量，上级决定抽调一些同志上前线当随军记者，杜鹏程便是其中的一员。

他们这一行人从陕北出发，赶着一头毛驴，驮着简单的行李，步行了十多天，终于赶上在战斗中前进的二纵队。杜鹏程到纵队司令部没有停留，径直来到独四旅旅部。

旅长顿星云见到他很高兴，开门见山地说："今天打得够热闹啰，要好好写一写。不过，要写出有用的东西，站在指挥所观点是不行的，必须长期和战友们一块儿摸爬打滚。有这个胆量和决心吗？"

旅政委杨秀山目不转睛地盯着他。那敏锐而深沉的眼光，直射这位年轻记者的心底。

骤然间，杜鹏程记起了在延安学习毛主席关于文艺问题的讲话；记起了1942年延安整风运动；还记起了1938年他刚参加革命时的情景……

初到延安，杜鹏程被分配到"抗大"分校——八路军随营学校念书。不久，又被选派到鲁迅师范学校学习。年底结业后，被分配到黄河边的延川县农村参加实际工作。在陕北农村，他每天给农民宣传抗日，教娃娃们识字，帮乡亲们写信、算账，协助乡政府扩兵、征粮、开路条、收军鞋……这段平凡的生活对作家的成长究竟起到了什么作用呢？几十年后，杜鹏程在回忆这段经历时说："没有这几年陕北农村生活，《保卫延安》中有关陕甘宁边区群众生活和斗争的篇章就根本写不出来。"可在当时，青年们都向往到前方去打仗，并不理解后方农村工作的意义，杜鹏程的思想也有过波动。到1942年，领导又调他上延安大学，直到1944年底。在抗日战争最艰苦的年代，他发奋学习，用各种知识充实自己，同时参加延安整风运动，使他有机会把自己的思想做了认真的清理，思想水平得到了提高。因此，延大学习结束后，他主动热情地到了军工厂工作。他积极地同工人们接近，不断拓展自己的生活知识。现在，他又来到了千里征战的部队。这是他向往已久的。杜鹏程决心珍惜部队生活的分分秒秒，在人民军队这座大熔炉里百炼成钢。

他毅然背起背包，一直下到这个旅的十团二营六连。他知道，当时西北战场上著名的战斗英雄王老虎，就是这个连的战士。到连队，他和战士们过着一样的生活，行军打仗从不特殊，战士们不知道他是干什么的，看样子，像个团政治处或旅政治部的干部，所以就叫他"杜干事"。直到现在，有些老战友见了他还叫他"杜干事"。他完全变成了普通一兵，连里要他给部队油印小报写稿他就写，要他给大家上课他就讲，只是战士们冲锋时，连长怕他没经验乱跑出危险，让他留下看守战士们的背包。对此，他没少提意见……后来，在解放兰州前夕，司令员便交给他一个任务，带领几个同志，到红军长征时路过的草地，去收编一股溃逃的敌人。他们在藏族部落里工作了一个多月，配合兄弟部队，英勇而机智地完成了任务。他是战斗部队的一员，但并没有忘记自己是随军记者的职责。部队行军时，他便把写得密密麻麻的好多日记本用包袱包起来，往腰里一缠。有时间就放在膝盖上写，宿营后趴在老乡的锅台上写，在烟雾弥漫，子弹横飞的阵地上写。除了写报道，举凡人物、生活印象、心得体会、生活感受、观察所得，以及各地的历史特点、地形外貌、人情民俗，甚至动人的语言等等，统统认真地记录下来。这样做，对理解生活，对从事创作，都有说不尽的好处。既积累了素材，又练了笔。从1947年到1951年，从陕北延河畔到新疆帕米尔，他跟随部队打到哪里，就写到哪里。到山西，就给《晋绥日报》发稿到陕西，就给《群众日报》寄文章先后发表的通讯报道、报告文学、剧本节目等 60 多万字。其中，反映壶梯山战斗的文章，被彭老总批发全军。从此，新华社记者杜鹏程便闻名遐迩。

谁能相信，这时的杜鹏程竟然还没有一支钢笔。他的许多文章和笔记，都是用一根二寸长的化学铅笔写的，就这还是从延安撤退时带的。此外，便是一个用树枝削成的笔杆，一个空墨水瓶和一小包紫色颜料。行军中，他用化学铅笔写笔记。部队驻下来以后，他便用紫颜料加一点水，把钢笔尖捆在笔杆上，蘸上紫色水记笔记、写稿子。

有一次，旅政治委员杨秀山看他这样写文章确实困难，便对他说："笔对你来说，和枪杆一样重要。"于是，他给旅供给部写了一个条子："务必给老杜发一支好笔。"

旅供给部的同志神通广大，在那样困苦的战争环境下，果真给老杜搞来一支崭新的"金星牌"钢笔。政治部主任看见这支笔，很高兴，把他的笔记本拿过来，大笔一挥，给杜鹏程写下这样一句话："一支锋利的笔，相当于一个精锐之师。"

从此，这支凝聚着广大指战员深厚情谊和殷切期望的钢笔，便和他这个随军记者结下不解之缘。杜鹏程视笔为友，爱笔如命。这支来历非凡的笔，鼓舞着他不停地写，勤奋地写……

"积压在心底的东西多了，便会有创作冲动"

杜鹏程珍爱手中的笔，更酷爱与自己朝夕相处的连队战士。他把独四旅十团当成创作的根据地，长期住在这个团的六连。外出到野战军司令部或纵队政治部去开会、学习或者到其他部队去采访，任务完成后仍然自觉地回到这个部队。这个团部，特别是团政治处的每一个人，是他的战友，也是他的兄弟，关系至为亲切，感情十分深厚。

在六连，他对战士熟悉的程度达到只要听见脚步声，便可直呼其名。对战斗英雄王老虎的事迹更是了如指掌，不仅对王老虎在部队的表现知道得清清楚楚，对他当民兵时候的事也明明白白。

为了琢磨透这个英雄人物，在行军途中，老杜常走在王老虎身边注意观察。有多少次，他同王老虎睡在一个炕头上，无话不谈。他们建立了深厚的感情，王老虎常叫老杜替他写家信。可是，一询问到为什么作战那么勇敢时，王老虎总是说："你要我说什么呢，革命军人英勇作战，是他为老百姓应尽的本分嘛！"

是呀！这么一说，他对王老虎这个革命战士有了更深刻的理解。后来，在长篇小说中便使老杜有条件比较成功地塑造出这位英雄的崇高形象。

十团一营的营长盖培枢。人们忘不了他的名字，也忘不了那一身整洁的旧灰军装和一条毛巾的故事……

盖营长身材不高而且单薄，消瘦的面孔显得温和、羞怯。他不爱说话，可是却像兄长似的专注而友爱地倾听别人的心事。杜鹏程和他交谈不到半小时，就深切地喜爱他、尊敬他，而且愿意把心交给他。当时，盖营长打开包袱，拿出两条崭新的毛巾说："你一条，我一条。"在那艰苦的日子里，一条普通的新毛巾，简直太难得了。他把毛巾叠起来，宝贝似的装在衣兜里。

一天早晨，部队向榆林进发。刚刚翻过一座大山，进入沙漠地带，突然，三架敌机盘旋在头顶，凄厉的防空号音，使人浑身紧张。和老杜一同行进的盖营长，左手握着驳壳枪，右手挥舞着，指挥战士"散开"！老杜望着天空，只见三架敌机绕了一个圈子，径直俯冲下来，嗒嗒嗒的一梭子子弹，穿进周围的沙土中。一个战士的腿被打断了，一匹战马中弹了，肠肚流出来。老杜实战经验少，心中充满恐惧。这时，盖营长卧倒在老杜身边，一只臂护住他的腰，平时那温和文静的面孔，变得格外沉着冷静，丝毫不见慌乱。两相对照，杜鹏程找到了自身的差距，深感惭愧。

突然，通信员在背后喊道："杜干事身上起火了。"杜鹏程一看，左衣襟的确在冒烟。糟了，衣服烧坏是小事，没有衣服光着膀子也能过几天。可是，衣兜里有日记本，有一支和生命同样宝贵的新钢笔，还有那条舍不得使用的新毛巾。他想在地上滚几滚，熄灭身上的火。可是，敌机正在疯狂地扫射，稠密的子弹在他们周围飞溅着。

盖营长压住他的背，镇定地说："不能滚，一滚，扇起风，身上的火会更大的！"说着，他把正在燃烧着的衣襟哧的一声撕下来，塞进沙堆里。

敌机飞过以后，等老杜把那半片衣襟从沙土里拉出来时，已经烧得稀烂了。口袋里的毛巾也早被子弹打得遍是洞痕。老杜为之惋惜，盖营长却说："毛巾打烂了有什么关系，险些把你打掉哩！"

"你也差点被打掉！"

"我嘛，没关系。你不是说，革命胜利后我可以去当教员吗！"盖营长一面笑着，一面指挥部队继续前进。

一个小时以后，榆林外围的三岔湾战斗开始了。平漠漠的沙滩上布满敌人的碉堡。盖营长率领战士们向敌人发起攻击。沙土飞扬，烟雾升腾，人影闪动。杜鹏程清楚地看到，王老虎果然是一只猛虎，冲在全连最前头。只见他接二连三地向敌人工事里投出手榴弹，随着弹片呼啸，一个个战士冲向敌人碉堡群。他们一阵工夫就摧毁了四五个敌人碉堡，顽敌在溃退，王老虎却倒下了。

目睹这场激烈的生死搏斗，杜鹏程再也按捺不住，他踏着王老虎的足迹，勇敢地冲了上去。狂风卷着黄沙在战场旋转，枪炮声震耳欲聋，他跳进沙漠上弯弯曲曲的战壕，只见盖营长也跳进左边的战壕，弯下腰，抓起电话机和突击连讲话。过了一会儿，盖营长直起腰，擦了擦头上的汗，又用望远镜望着冲锋的战士们，兴奋地称赞着："看，我们的战士个个是好样的。战斗马上就要结束，我要为他们庆功……"话还没有落，盖营长突然躺下来了。有的人以为他昏倒了，有的人以为他在躲避敌人的炮弹。可是，谁能料到，当同志们前去抱他时，他的头低在胸前，一言不发。杜鹏程发现盖营长身边有一摊血，急忙把他搬起来，血正是从盖营长的背上涌流出来的。他的脸色由通红变得煞白，由煞白变成蜡黄了。他没有来得及分享胜利的欢乐，就遽然离开了这个世界！

战斗虽然结束了，杜鹏程的思绪还在翻卷着巨澜。他久久地坐在残破的正在冒烟的碉堡上，呆呆地望着黄沙漠漠的战场，心里涌起了按捺不住的悲痛，脚下是滚烫的沙漠，头顶是火毒的太阳，但他却感觉不到，只觉得软弱无力。他迈着沉重的脚步，好容易才回到团部。他看到李参谋长正忙着清点俘虏，起草战斗报告，指导参谋工作，没有半点悲伤和忧愁，仿佛不知道他们营的重大伤亡似的，便委屈地说："我们盖营长和王老虎都牺牲了。"说罢，再也控制不住自己，大声地哭起来。

李参谋长看见老杜伤心得难以抑制，走过来，用力抓住这位军旅秀才的肩膀，猛烈地摇着，大声说："好同志，难过有什么用，流泪有什么用，他们倒下了，留下我们活着的人要接着干，这就叫前仆后继。"

"这就叫前仆后继！"老杜的心灵受到了震动，他抬起头，望着李参谋长那钢骨铁架似的高大身躯和坚毅无比的面容，感到比起这些铮铮铁骨来，自己显得多么软弱。要奋斗就会有牺牲，死人的事是经常发生的。霎时间，他似乎对"革命"二字理解得更为透彻，一种强烈的感情，从心头涌起。战友们是在用生命创造着新的生活，用血和汗书写着革命历史，而自己仅仅掌握着一支无力的笔……

他跳起来，冲出团部，为了减少羞愧的心情，他忙着去押送俘虏，打扫战场，主动寻找各种各样的事情做。这种感情上的升华，只有久经沙场的战士，才能领略到其中的滋味！

不久，沙家店战斗打响了。部队正向山下运动，敌人却先我抢占了山头。形势紧迫，山沟里的几千名战友处于危险的境地。

在这危急时刻，李参谋长挺身而出，率领一支小部队，从侧翼强攻山头，经过生死拼搏，终于顶住了敌人，很快扭转了敌我态势，使我军转危为安，我大部队迅速登上山头，把敌人压了下去。整个战斗是在李参谋长他们奋力拼搏中转折取胜的。但是，当大家欢庆胜利之时，杜鹏程却再也见不到这位叱咤风云的李参谋长了。

李参谋长的壮烈牺牲，整个部队都为之悲痛。虽然打了胜仗，战士们却在流泪。旅长难以控制心中的悲愤，无端地发脾气。旅政委背着手来回走着，猛地一转身，吼道："谁有眼泪谁去哭呢！我的眼泪已经流干了，再流就应该是血！"

"这就叫前仆后继！"此时此刻，杜鹏程又一次记起了李参谋长那铿锵有力的话，他望着这一个个有血有肉的钢铁英雄们，一种无名的冲动在心底里激荡着，使他想得更深，更远……

从这些故事中，读者一定能看到《保卫延安》一书里英雄人物的高大身影和动人情节。由此，也不难想见，如此汹涌澎湃的生活岩浆，会在作者的脑海里卷起多大的狂澜！

杜鹏程正是把战斗生活中这些亲身经历过的难忘事件，深情地倾注在他的长篇、中篇、短篇小说或通讯报道中的人物身上的。这些经历过反复锤炼、检验、改造和升华的思想感情，这些真正从斗争生活中涌现出来的人物和事件，每个人、每件事，都渗透着作者的心血和汗水。老杜曾经语重心长地说："难道这些积压在我心里的东西，不说出来，我能过得去吗？并不是想当作家，我才拿起笔写东西的。"老杜还说："也许写不出无愧于伟大时代的作品，但是，我一定要把那忠诚质朴、视死如归的人民战士的令人永生难忘的精神传达出来，使同时代人和后来者永远怀念他们，把他们当作自己做人的楷模。这不仅是创作的需要，也是我内心波涛汹涌般的思想感情的需要。"
……

近几年，杜鹏程同志的主要精力放在散文写作上，出版了一些散文特写著作。他还兼任着彭德怀传记组顾问，经常可以看到有关彭总的各种材料，不断激发起他埋藏在心底里的创作冲动。对于老杜的这个"心思"，与他住在同一层楼上的著名作家王汶石是十分理解的，并给予热情的支持。1988年元旦，王汶石重温《保卫延安》，挥笔写诗，赠给杜鹏程和他的夫人张文彬同志：

战士一生复何求，铁马金戈笔底收。
一代元戎雄影在，十万甲兵争自由。
纸馨洛阳书百万，文穷华夏易春秋。
纵使历路尽荆棘，千秋万载也风流。

老杜对战友的热情鼓励是深为感激的。但他还有自己的执着追求。他感到，《保卫延安》出版后虽然已几经修改，但有关彭总的形象的塑造，依然没有达到他期望的高度。这位叱咤风云的一代英雄，身上集中体现了中华民族的美德。作为党多年培养的文艺战士，塑造好老一辈无产阶级革命家的形象，是义不容辞的责任。这时，只有这时，老杜越发感到手中的笔的分量比任何时候都重。在有生之年，他将不遗余力，进一步写出更多更好的文学作品，无愧于"四化"建设神州腾飞的时代，无愧于党和人民交给他的这一支笔。

啊！一支笔，一支劲旅！

1987 年 10 月

（节选自力辛、天晞《一支笔，一支劲旅》，原载《本质上的诗人——回忆杜鹏程》第346—374 页，张文彬编，陕西人民出版社 2001 年 6 月出版）

心祭
——悼念杜鹏程老师
汪坚

杜鹏程老师辞世以后，心里甚为悲哀。追忆往年和他相处的情景，他那高尚的人品、纯朴的作风、普通的衣着，特别是他深入实际的自我刻苦的精神，都使我没齿难忘。

（一）

大约是 1951 年，我们新华社西北总分社的同志，在《群众日报》上读到杜鹏程等三人写的《一幅毛主席的绣像》的特写。文章写了几位柯尔克孜妇女受大家嘱托绣毛主席像，她们边绣边唱，表达了她们对新的生活和毛主席的热爱之情。文章不光内容生动感人，表现手法也很新颖，所以全国各省报纸几乎都刊登了；而且新疆分社接二连三地发出杜鹏程等同志所写的通讯散文。这在我们青年记者中留下深刻的印象。大伙没见过杜鹏程，但对他十分倾慕。

《保卫延安》发表后，引起了轰动，听说解放军总政治部要留杜鹏程在总政创作组工作，但他却扛着行李到了铁路工地。因为他爱人张文彬在西安大学读书，他在离学校较近的小南门里，借朋友的房子，暂时安了个家。这是一条陋巷里的平房。1956年春，新华社陕西分社派我去请他讲课，我才结识了这位心中敬重的老师。那天当我进入他的住处，家里似乎没人，静悄悄的。我走进房子发现一人伏案而睡，胸下压着稿纸，手中握着钢笔，我想这大概就是杜鹏程。我没有惊动他，只好站着等待，不一会儿，他醒了，伸了伸胳膊，揉揉眼睛，回头发现我，说："来客了，请问哪个单位的？"他听说我是新华社陕西分社的，立即显得异常亲切，连连说："自己人，自己人。"

他站起来和我握手，并按着我的肩让我坐下。我告诉他，我们西北总分社一些青年记者，都尊他为师哩，并说到那篇特写。他诙谐而快乐地说："噢！什么师不师的。那篇稿子，还是我整理《保卫延安》最初稿件时，翻到一个调查材料上抓到这个线索抢写的。分社年终鉴定时，我的新闻数量少，还差点过不了关哩……"说到新闻工作，他又上了劲头，我们又谈起新闻报道的质量问题来，谈得热闹，几乎忘了我来请他讲课的主要来意。我来时是以一个崇拜者来的，可是现在我觉得我似乎看到了一位多年深交的朋友，心里真有些不舍得离开。

（二）

在宝成铁路建设工地，我们又相遇。我从报刊上知道他去过不少建设工地。宝成路是他生活的基地，他几乎长年累月都生活在这里。

一次，我们在宝鸡的第六铁路建设工程局，同他同搭一辆美制中吉普，准备下工地。车上坐的都是工程技术人员，他们和老杜都很熟悉，像多年朋友一样随便，一路欢声笑语。老杜说："不搭你们的车，路上就寂寞了。"车上有位女技术员问："杜作家，你是哪儿的人？"他说："我的故乡在韩城，和司马迁是同乡哩。"有人插话说："韩城有黄河，有龙门，这地方有灵气，是出作家的地方。"他谦逊地说："同乡归同乡，我可不能同司马迁比，他是写了浩瀚不朽之作的文学家、史学家。这次回到宝成铁路来，打算住几年，想学点新东西，写点新作品。"有人说："杜作家，人家都不写咱们工程技术人员，要不就写成改造对象，你不怕我们吗？"老杜最初放声大笑，后来认真地说："那是愚昧无知，不尊重知识不尊重人，社会能发展吗？你们可不要自个儿轻视自己。"几句话说到了大家心里，顿时谈话更加热烈起来。年轻的技术人员，还给他谈起自己的困难和苦闷来。车到双石铺时已经过12点了，他领大家进了一家小餐馆，请大伙吃了饭。

（三）

在《和平的日子里》写的洪水袭击铁路建筑工地事件，那是件真事，当时我也在场。铁路生活基地之一，就在甘肃省两当县境的第四铁路建设工程局二处七工区，就在他写的"灵官峡"以南的开阔地带。

七工区的指挥机关，建在江东的缓坡上，形成一个斜面的院落。1957年夏，原来碧绿的嘉陵江，被咆哮的洪水冲击，一时间浊浪滔天。杜鹏程和我站在工区门前，看到澎湃浪头卷来各种尸体，有羊、猪，最触目的还有人的遗骸。我们都忧心忡忡地看着，默不作声……

那时，老杜受邀参加了工区党委抢险救灾的领导工作。当时最迫切的问题是工地与外界失去了联系，供应断绝，粮食紧张，电话线已断，一时没法求救。工区只好实行定量分配制，粮食越吃越少，只好利用罐头补充。后来，听老杜说，工区党委已组织了突击队，准备冒险过江到两当县借粮，他低沉地告诉我："这些都是从朝鲜归来的优秀战士，都是共产党员。突击梯队也组成了。"我听了十分感动。

粮借回来后，人心稳定了，雨也停了。老杜和我在江边漫步，他猛然问我："江中的尸体，你敢不敢写？"我讷讷地答道："写内参可以。公开报道里写了，总社也会删掉。"他摇摇头，严肃地说："战争可以写伤亡数字，写烈士牺牲的细节，为什么在和平建设时期，不能写为社会主义奉献生命的事呢？革命的现实主义者，应该写生活中的喜剧，也应该写悲剧。看从什么角度写，用什么感情写。"

在南北接轨前夕，各路记者云集黄沙河。我们赶到时，听说老杜这些日子一直住在工地，每天都到第一线观察工程进度，或找人采访长谈。这时他精神抖擞，袖子卷得老高，正在施工现场忙活，不少人以为他是工程技术人员。他看到我说："工人们都是从朝鲜回来的战士。昨天他们还拿着枪战斗，今天已经成为熟练的工人，这种转变实在太伟大，太深刻了。"一天晚上，他突然把我叫出工棚，神色悲痛，低声对我说："真糟糕，出大事故了。南边已铺了轨的铁路，雨后的大塌方埋住了铁轨，组织一个突击爆破队，在夜里冒细雨上去，误踩着了雷管，20多个小伙子被黄色炸药炸飞了，尸首都成了碎片啦，他们的亲人来工地，怎么向人家交代呀！"他难过地对我说："听说在全线通车后，将在宝鸡、成都、黄沙河各建一座烈士纪念碑。和平建设付出的代价也不小啊……"他眼望着前方，心情沉重。

1957年7月13日，宝成铁路在甘肃省徽县黄沙河接轨了。等采写完报道，下午和杜鹏程同乘第六铁路建设工程局的平板货车回宝鸡。真料想不到，傍晚，骤然袭来一阵雷雨，大家都成了落汤鸡。火车开进一座长隧道里避雨，大家说着笑着，点燃篝火烤衣服。杜鹏程浑身还滴着雨水，跟一位局长沿途慰问大家，还笑着和那些铁路职工开玩笑。

事情过去多少年了，我也难忘和杜鹏程相处的日子。多年来我一直把他当作自己的老师和做人的榜样。

（汪坚曾为新华社陕西分社记者。原载《本质上的诗人——回忆杜鹏程》第171页至175页，张文彬编，陕西人民出版社2001年6月出版）

一次难忘的报告

——回忆杜鹏程与《西安日报》副刊

静波

自从《致一位年轻的朋友》这篇散文发表以后，报社内外甚为轰动，获得了良好的社会效应，读者的来信日益骤增，报社里的编辑、记者要求老杜来报社作报告的呼声也日渐高涨。就在这盛情难却的境况下，老杜从千里之外的建设工地来到了报社。

报告的那天——我记得是 1957 年阳春三月的一天午后，袁烙陪同老杜来到二楼会议室，他说，杜鹏程同志在百忙中来给我们做报告，大家表示热烈欢迎。他的话音刚落，会场里就响起了一阵阵热烈的掌声……这时，老杜炯炯有神的目光，环视了会场一眼，似乎所有的人都看到了这炽热而深情的目光。接着他说，今天早晨刚从建设工地匆匆赶回来，没有丝毫的准备，好在我们是同行，又是一墙之隔的近邻，今天就跟大家随便谈谈，作一次心对心的交流。

这个报告距今已整整 40 年了，具体的内容在我记忆的银幕上已模糊不清，但它留给我的印象之深，却使我永生难忘，我曾写过一篇文章发表在通讯员刊物里。这次，为写好这篇短文，我翻箱倒柜，几经周折，终于在一堆被废弃的纸堆里，发现了这篇青年时代写得极其幼稚的文章。题曰"听杜鹏程的报告有感"，刊发在当年 4 月 25 日出版的通讯员刊物第二期上。

这篇小短文，虽然浅薄，但却能明晰地看出老杜讲话的脉络。他的报告一开篇就讲的是记者和作家对待生活的态度问题。他说，一个记者或者一个作家，必须热爱生活、深入生活，感悟时代和人生，把有分量的作品奉献给人民。过去我们也经常谈到要热爱生活，但对它的含义，却理解得极不深刻，往往有许多新鲜的动人心弦的可歌可泣的事情，就在自己的身旁发生，有的人却视而不见，听而不闻，让它们从身边悄悄地溜走了，这对一个以写作为己任的记者来说，是多么的可悲可叹啊！

生活是严峻的。我们要认真地对待生活，热爱生活，莫要辜负了这今生不再来的年华。正如老杜在他的日记中说的："我在生活中没有学到什么，也没有得到提高，便感到空虚，从而也无法写作。"他的这一段话，深刻而辩证地阐明了生活与写作的相互关系。只有热爱生活，才会采撷到生活海洋里最闪光的浪花；只有理解生活，才能透辟地阐释人生真正的价值，从而进入创作的最佳状态。

杜鹏程在报告中谈得最多的是关于记者的采写问题。他说，一个记者采访的时候，不光抓材料，还必须善于分析、归纳那些材料，并加入自己的感受和认识，这样写出来的文章，才会感染读者。说到这里时，他望望窗外亮丽的春光，情绪有些激动，提高了嗓门，着重地讲到当你每写一篇稿子的时候，你总应该时刻注意在你这篇稿子中，告诉了读者哪些新东西。假若，一个记者他不这样想，那他写出的稿子会千篇一律，读者不但不爱看，他自己也会变成"老油条"。我认为老杜这一段话说得颇为深刻，是从写作实践中概括与提炼出来的真知灼见。在我们的身旁清楚地看到一些记者前进了，一些记者却原地踏步，不断地在重复自己，我想这原因，真像老杜讲的那样。凡是每次都给自己写的稿子中增添新东西的记者，就这样日积月累，慢慢地在写作实践中提高了，前进了，知识领域也日益扩大了。另一些记者则相反，他们的稿子中并没有自己独有的新东西，只不过平铺直叙了一些死材料，没有一丝儿新意，日长月久，逐渐使自己变成了"老油条"。也有一些人丧失了信心，日渐自卑起来了，甚至想转业，跳出这紧张、辛苦、繁忙的新闻圈。不能笼统地说他们是生活中的后进者，也许他们的才华在其他领域，但至少可以说他们是新闻战线上的落伍者。

老杜是一位善于思考的作家，他在报告中深刻地指出我们经常犯的一种毛病：在一些文章里，只能看到成功者的微笑，而没有看到成功者微笑后面的东西——那克服困难的阵痛和艰辛。我们为什么光写成功者的微笑而不去写成功者走向胜利所遇到的苦难呢，这个问题是值得那些有作为、有出息的记者们深思的。

在这篇《听杜鹏程的报告有感》中，老杜还提到了大胆地干预生活和作家的劳动等问题，这两个话题都是当时令人关注的热点，尤其干预生活更为时髦，不知为什么只记下了题目而没有了内容。干预生活是 20 世纪四五十年代中期从苏联流传到中国的一种文学新思潮，它提倡要大胆地干预生活，批评错误的思想和行为，其实就是鼓励作家揭露社会生活的阴暗面。这一新思潮的代表作、中篇小说《拖拉机站长与总农艺师》一书，风靡全国。多亏干预生活的讲话，没有在《听杜鹏程的报告有感》上留下什么文字记载，从而没有给老杜带来什么麻烦，也没有给我"罪上加罪"。历史的暴风雨从我们的头顶轰然而过，它除了给我们带来一些泥泞与苦难，又给我们留下一些什么呢？历史在这里沉思……

天边燃烧的晚霞收了自己最后的余晖，老杜精彩的报告在暮色将至时结束了。我数日心情不能平静，才写下了这篇有感，有了《听杜鹏程的报告有感》，才写出了这篇难忘的报告。总算为老杜的讲话，在岁月的风尘中，留下一点点踪迹了。

1997 年 8 月 15 日于西安

（本文原载《本质上的诗人——回忆杜鹏程》第 438 页至 441 页，张文彬编，陕西人民出版社 2001 年 6 月出版）

长歌当哭忆鹏程

陈文野

我怎么也没想到，杜老竟这样快地走了，他给《韩城矿工报》创刊 20 周年题词刚过一个多月。长歌当哭，我决计写一点文章，悼念我的师长杜鹏程先生。仅仅是先生对我一个年轻作家的恩泽吗？不是，而是先生对矿工的厚爱，对韩城矿区建设事业的关注。

和杜鹏程接触，聆听他的教诲，这已经是第四次了。他总是那么平易、质朴，又是那样风趣、谦逊。清瘦的脸，穿一件褪了色的蓝布对襟中式罩衣，简直和黄土高原上朴实的农民相差无几了。

这是 1983 年寒冬的一天，编印韩城《矿工诗抄》，我去请杜老写序。杜老听罢我的汇报，微笑着连声说："好！好！你们做了一件有意义的事。不说别的，单就煤矿工人从事的工作，就应该大写了！"杜老说："听说煤矿搞了个作协。发动矿工写矿工，那个力量不可低估呀！"我连连点头。杜老说："搞创作不反映第一线那怎么行！这是王震司令员当年告诫我的，今天我也把这话送给你们煤矿作者……"看着杜老靠在藤椅上，说话吃力的那个样子，我起身告辞。我知道极富感情的杜老，去年不顾花甲，专程到他战斗过的新疆某部队体验生活，结果"文化大革命"中积劳成疾的旧病复发。当时，他刚刚出院。当我把诗稿大样交到杜老手中的时候，我后悔了，后悔不该为这事去打扰他的休息。因为史诗般的西北战场日记还在等他整理，长篇小说《历史的脚步声》还没有脱稿呀！

1984 年 2 月间，我又一次踏进了杜老的家门。我哪能料到，杜老的病已经严重得身边不能离开医生了，输氧管放在床头，随时准备抢救。我还能催"账"吗？只好默默地告别。

然而，谁能料想到呢？ 3 月 11 日，竟收到杜老的来信。看着他亲手改写的《宝贵的思想感情》的代序和"对你们不能有什么帮助，很惭愧"的亲笔信，我流下了泪。他的思想，他的热情，都紧紧围绕在工作上，疾病缠身，还惦记着给矿工写一点东西，他是为工作而生存的！他拖着病体工作，简直是一头倒不下去的老牛呵！事后不多久，这篇序言分别在《陕西日报》和《中国煤炭报》发表。同年 9 月，他还在《陕西日报》撰写《地层深处的诗篇》，专题介绍韩城矿区，说："有这样一支能战斗的职工队伍，韩城矿区实现全面飞跃是指日可待的。不息前进的煤矿职工是祖国的光荣。"

杜老对煤矿的关注不仅是这些。后来，他专程到矿务局，拜见局领导，告知省文联把韩城矿区作为一个创作生活基地；并和我书信常往，不惜把他写的长篇回忆录《解放韩城》和别人写的《彭总在韩城的二三事》推荐给《韩城矿工报》发表，让生活在这块曾经流过血的土地上的后生们，了解历史，不忘过去。我们给他寄去《韩城矿工报》，他都热情地回信赞扬，鼓励我们办好矿工自己的报纸，说我写的一组反映矿山生活的散文诗"读后很受启发"。我岂敢接受先生这样的溢美之词呢？我只觉得这是鞭策！这是对矿工的厚爱！作为一个矿工作家，我只是没有忘记先生告诫我的：文学不仅要给人以精神享受，同时要给人以崇高理想。以至，先生赠书给我，看过我的书稿《七色阳光》后，热情地题词"他把心献给了矿工和祖国山河"。在生命最后的瞬间，还在病榻上写来"敬祝韩城矿工报越办越好"的条幅，这竟成了先生对我们的最后遗言和遗墨。

痛定思痛，我还能告慰先生在天之灵些什么呢？我曾经像吮吸母亲的乳汁那样吮吸过的《保卫延安》，先生在重印后记中说："我始终忘不了彭德怀将军在战争年代说过的一句话，那就是不忘本。"多么发人深省的话。我觉得，只要我们真正理解了这句话并记住，这就是对先生最好的纪念。

1991 年 11 月 3 日夜 12 时

（陈文野曾任《韩城矿工报》总编辑。本文原载《本质上的诗人——回忆杜鹏程》第150页至152页，张文彬编，陕西人民出版社2001年6月出版）

耸入云霄的一座高山
——纪念杜鹏程恩师
吴树民

转眼，杜鹏程老师离开我们已经26年了。可是，我总觉得他没有离去，总觉得他还活着，活在英雄的史诗《保卫延安》那惊天动地的拼杀声中，活在《在和平的日子里》那激情沸腾的工地上，活在《年轻的朋友》那爽朗坦诚的笑语内，活在《历史的脚步声》那雄浑悲壮的节拍里……

杜老师不会死！他是一缕灿烂的阳光，谁见过阳光消失？他是一滴晶莹的海水，谁见过海水干涸？他是一座耸入云霄的高山，谁相信高山崩塌？他是一条呼啸东去的大江，谁相信大江断流……

杜老师仿佛还是那样慈祥地笑着，还像当年那样孜孜不倦地教诲、指点许许多多文学后辈一样教诲我、指点我，教诲我怎样把握时代的脉搏，指点我如何感悟生活的真谛……

我和杜老师相识，是在中学语文课本上。他那篇《夜走灵官峡》给我编织了多少梦的花环、美的遐思！课外，他的《保卫延安》、他的《在和平的日子里》，给我透露出他的那支笔是何等神奇、何等伟大！就这样，杜老师大踏步地闯进了我的心灵。不过，那时，他是我需要仰头遥望的一轮太阳。

1972年春，我们几个毛孩子合写的中型秦腔现代戏《红岭新医》参加陕西省首届文艺创作调演大会。尽管这个剧目还很幼稚、还很不成熟，他和胡采、袁光等文艺界老前辈却给予了充分的肯定和高度的评价。当我代表三原县创作人员到他所在的"权威组"倾听评论坐在他身边时，既激动，又兴奋。我觉得：我们和剧目是一株刚出土的幼苗，杜老师是一股滋润幼苗的清冽冽的泉水……

在杜老师和文艺界老前辈们的扶持下，《红岭新医》荣获陕西省优秀剧目奖，陕西电视台播放了3次，《陕西日报》发表了评论和剧照，陕西人民出版社收入剧本集。后来，还被推荐代表陕西省参加中央文艺调演。

中央来人审查的那一夜，我的座位恰巧离代表中央来审查的因主演京剧《红灯记》而红得发紫的那位名人不远。我发现，《红岭新医》还没开演，那位名人就睡着了。我想用纸蛋儿打醒他，有那贼心，没那贼胆，眼睁睁看他直睡到《红岭新医》落下帷幕。我将这令人心寒的见闻悄悄地告诉杜老师，杜老师沉默了半晌才说了一句话："咋能这样子哩！"

同是对待无名小卒的作品，他和那位名人大相径庭，有天壤之别啊！

此后，在长达10余年的岁月里，我只是偶尔在有关文艺创作会议上遥望主席台上的杜老师，像吸吮甘露似的聆听他的讲演。

1987年9月18日，省文联组织文艺界30多位知名人士由胡采老师带队到三原参观、考察乡镇企业。我奉命偕同县政府有关领导负责接待事宜，见过老朋友《陕西日报》文艺部主任白浪和陕西人民出版社文艺编辑室主任陈策贤之后，我一眼就从众多的师友中瞧见了杜老师，急忙奔了过去。杜老师和我亲切地握手。我觉得他的手有点颤抖，继而发现他的脚步已不大灵便，才知他饱经忧患、备受折磨之后，留下了令人心痛的后遗症！他一边顽强地同病魔斗争，一边坚忍地从事他为之献身的文学事业。

杜老师轻描淡写地说了两句病情，话锋一转，关切地问我："你近年写了不少值得一读的好报告文学，准备不准备出书？"我指了一下旁边的陈策贤回答："出不出书，就看他了。"陈老兄笑着说："我们准备选11篇结集出版，已列入明年的出版计划了。"

杜老师拉着我的手问："想让谁给你作序？"我望着他慈祥的目光，鼓足勇气说："想请你！"话一出口，我就后悔了，心跳得很厉害，脸也刷地红了：我一个无名小卒，拿自己那些拙文请他这位文坛泰斗牺牲宝贵的时间去批阅评点，岂不是有点像想吃天鹅肉的癞蛤蟆？没想到杜老师竟那样豪爽："国庆节过后，将你入选的作品给我送来！"听了这句话，我的眼圈湿润了。杜老师是抱病用生命的光焰来扶持文学后辈啊！

国庆节过后，我按杜老师留的地址前往翠华路他家，送去了入选稿件。他让我月末再来一趟，等他详细看完作品再好好谈一谈。

1987年10月31日下午，我骑着自行车如约前往。秋雨时续时断，天气阴沉，冷风沁人。可是，我的心中却是"落霞与孤鹜齐飞，秋水共长天一色"。

进屋刚刚坐定，省文联党组副书记、著名文艺评论家韩望愈等3位同志专程前来拜望杜老师，送他一本上海辞书出版社出的《中国古代名句辞典》。他接过书，翻了几页，孩子般快活地笑了。谈了一会儿，韩望愈他们要去拜望杜老师家对门另一位文坛巨匠王汶石老师，尽管他们再三请杜老师原坐别动，但杜老师还是坚持把客人送到门口。

我扶杜老师回来坐下，他就一字一板谈起了我的作品，杜老师记得我《深沉的爱》的主人公睡在车座底下的所有细节，记得我《帆，从温热的土地上升起》的主人公毕业于仪祉农校……他还说，他对我的家乡鲁桥镇很熟，他当年被打成"牛鬼蛇神"时曾在仪祉农校劳动改造，他的妻子被发配到孙村镇（今新兴镇），他两周一次休假，从三原坐车过鲁桥到红原下车，再顺川道爬坡步行数十里去看望他的妻子……他赞扬我的报告文学有小说结构、小说笔法，可读性很强，看了难以忘掉。我知道这是杜老师在鼓励我不断探索前进。我的作品和我一样，在他面前，不过是高山下的一抔黄土，大海边的一滴露珠。

说到序言，杜老师说他的手最近很不灵活，写起来太慢，说想和韩望愈合写，韩写初稿他写二稿，并征询我的意见。见我答应，杜老师忙颤颤巴巴走向门口，打开门，等韩望愈他们从王汶石家出来。我说我在门口等，门口冷，劝他回屋。任凭我再劝、再拉，他纹丝不动，固执地伫立在门口，还三番五次将我搡回客厅。我如坐针毡，只好悄悄站在他的身后。秒针每转一圈，我的心都要突突紧缩一阵！他在门口足足站了半个小时，等到韩望愈他们出来，他立即迎上前去，和韩望愈商谈，见韩望愈满口答应，他才又颤颤巴巴回到客厅。

送走韩望愈，杜老师再三叮嘱我："找时间和韩望愈谈谈你的作品，谈细点，这样写出的序比较好。"

数月后，我收到韩望愈寄来的序言。未打开信封前，我估计，韩望愈也是大手笔，他写的初稿杜老师不会有多大的改动。但是，当我打开信封，看到二人合写的序言时，我愣了！我的估计错了，完完全全错了。我原来仅认为杜老师是一位文坛巨匠，却没有想到他更是一位英雄战士！ 6000多字的序文，他改动了三分之一。从歪歪斜斜的字迹中，我仿佛看到杜老师饱含激情，埋头书案，艰难而又顽强地一笔一画地写着，倾注着心血，流淌着汗水……以至于我将杜老师改定的序文送印刷厂之前誊清时，不由潸然泪下。

杜老师很有眼力，他和韩望愈作序的报告文学集《深沉的爱》1988年被陕西人民出版社评为该社的6本优秀图书之一，被陕西省评为3本优秀图书之一。

事无巨细，杜老师都是一丝不苟。我恳请他为《三原报》副刊题写"龙桥"二字时，他满口答应。看他艰难地写完第一幅，我就再三说可以了。他却摇摇头，又一笔一画写了第二幅、第三幅……直到第六幅，他才罢手。看他颤抖着挥毫，我不由想起了李商隐的名句："春蚕到死丝方尽，蜡炬成灰泪始干。"每当我向文友们转述这一场景时，不少人为之动容。

杜鹏程老师的作品，无疑是中国文学史上一个重要的里程碑！当20世纪就要结束的时候，人民文学出版社和北京图书大厦联袂邀请专家学者，对100年来中国的优秀文学作品进行了遴选，最后，选出100部文学作品为百年优秀中国文学作品。陕西省有4部作品入围，按出版时间顺序分别是：杜鹏程的《保卫延安》、柳青的《创业史》、路遥的《平凡的世界》、陈忠实的《白鹿原》。

1991年11月1日，是一个黑色的星期五。我从《陕西日报》上看到杜老师10月27日凌晨在西安逝世的消息，我紧关房门，翻开杜老师签名送我的那本《光辉的历程——杜鹏程中短篇小说集》，望着扉页上他慈祥的笑容，轻抚着他的题字，默默流下泪来。这颗文坛巨星，不该这么早就陨落呀！

杜老师出生在司马迁的故乡韩城。太史祠前第一座牌坊上嵌刻着"高山仰止"，我觉得，将这四个字献给他，他当之无愧！

有的人活着，却已经永远死了。杜老师虽然死了，却永远活着，活在我们的心里，活在他为中国当代文学史树起的一座座巍巍的丰碑上……

1993年4月5清明节初稿　2017年4月30日修订

（吴树民曾任《三原报》总编辑、三原县委宣传部副部长等。本文系作者2017年4月30日在陕西省作协和陕西省传记文学学会联袂举办的"纪念杜鹏程96周年诞辰座谈会"上的发言，修订稿刊发于同年5月29日《陕西日报》秦岭副刊）

第二篇
杜鹏程新闻作品选粹

　　杜鹏程从 1945 年 7 月开始在报纸上发表新闻稿件，到 1954 年 6 月从新华社记者转行做专职作家，他的新闻生涯长达 10 年时间。其间他先后在《解放日报》《边区群众报》《群众日报》《晋绥日报》《新疆日报》《陕西日报》《人民日报》等报刊发表了诸多新闻作品，给军队报纸撰稿，写了《警戒线上》《战斗生活检验我的心灵》《为战士歌唱、为英雄树碑》等"副刊"稿件，用一笔一画记录了历史，表达了情感，从新闻学和新闻业务的角度看，许多内容可以是新闻理论、新闻史、新闻业务学习和教学的好教材。（李建新语）

　　本篇展示杜鹏程采写的新闻稿件 80 篇，约 10 万字，分为六节：第一节，杜鹏程当年发表在延安《解放日报》的新闻稿 3 篇；第二节，解放战争时期杜鹏程发表在《边区群众报》《群众日报》上的新闻稿件 40 篇；第三节，杜鹏程发表在《晋绥日报》上的稿件 8 篇；第四节，1949 年至 1953 年，杜鹏程采写的人民解放军进军新疆的消息和他在新疆采写的稿件共 20 篇；第五节，军队报纸刊用杜鹏程部分稿件篇目；第六节，选收杜鹏程写的报纸副刊稿件 9 篇。这些稿件，都是历史的见证，弥足珍贵。

杜鹏程稿件《四评练兵后斗志惊人高涨　壶梯山上某旅顽强杀敌》，载《群众日报》1948 年 8 月 27 日一版头条

一、延安《解放日报》稿

被服厂成立备荒义仓

工人踊跃存粮提出减低工资

【本报讯】被服工厂职工于日前该厂第二次备荒动员会上，成立了备荒委员会，职工们并当场自动要求成立义仓，现义仓已组成并已存粮近30石，另有50余万元现款。该厂所在地之山沟有70余亩可耕土地，已种40余亩，每日天刚明即有人在浇水、施肥，至夜10时还有人在开地，生产节约的热潮已在该厂掀起。许多残疾同志也自动请求上山开荒或采野菜，许多身体较弱的技术干部也和大家一样上山开荒，甚至连过去认识比较差一些的同志现在也积极行动起来，如徐更戍，因为过去他有些缺点，大家都看不起他，但在备荒中他却表现得很好，把自己平时积蓄的10万元交给储蓄委员会，过去他经常上工迟到，现在却常常在天不明或黑夜开荒、浇地。上月27日落雨后，各组职工一致提出每组抽两三个人上山从事农业生产，而家里的生产则由其他人保证完成。

过去职工中最高工资为两石米，大家提出现在可以减少，够吃够穿就行了；同时提出反对浪费，并检讨和揭发了过去的某些浪费现象。

按该厂备荒运动之开展，曾经过许多曲折的思想斗争。5月中西北局发布防旱备荒指示后，该厂也曾召开各种会议进行过讨论，但大家都觉得没意思，干部对此问题缺乏认识，领导上只强调力量不足，平日生产任务又大，中心问题还是搞被服生产，因而备荒运动未能很好开展，工人中只有几个积极分子开始行动，大多数人对备荒漠不关心，各组分的地谁也不管，工人中奢侈、浪费现象依旧，减少面食则遭到大家的反对。6月8日，旱象愈益严重，厂务会议重新讨论和订出具体备荒计划，决定整理农场，降低伙食标准，取消马匹，严密各种制度防止浪费，并提出精减人员。工务科、经理科着手精简，在全厂职工中提出：不做棉衣，少吃烟、酒，积蓄工资，每人并要交公100斤菜以做备荒之用。同时厂方又具体了解工人对备荒的种种认识，研究出在工人中存在着十几种不正确的思想和认识，因而妨碍了备荒运动的开展，并针对各种不正确思想加以说服和教育，同时表扬了本厂既有的对备荒认识正确而积极行动的人。

厂长首先订出个人的备荒计划以影响大家。在工人大会上，厂长首先反省自己过去对备荒认识不足，引导职工们纷纷发言，至此大部分职工认识的了灾荒的严重。但在领导上依然存在着缺点，认为"被服生产任务大，不能停工上山抢种"，认为"工厂停工上山成本核算合不来"等，在工人中也还有很大一部分没有行动起来。此种现象直至上月底（26日）由于荒旱更为严重，厂方又召开紧急厂务会议，检讨了上述缺点，认为抓紧农业生产实行抢种是备荒的中心问题，于是决定暂时停工上山抢种；并在各小组中又展开讨论，至此全厂备荒运动才较普遍和深入地开展起来，才达到了上述的各种成绩。

（与申介山合作，原载延安《解放日报》1945年7月8日）

被服厂开展生产追赶运动

我们被服厂工人，在抗战中尽自己力量保证了被服供给，和平建设时期更以百倍的努力从事工作。所以今年一开始，生产量即逐步提高。当工人听到国民党反动派种种阴谋罪行后，大家义愤填膺。工人刘峰说："反动派这样欺侮老百姓，我们一定要努力工作，打破反动派的阴谋。"

今年生产要超过以往任何一年。已有不少同志响应了这个号召，并创造了被服厂中的最高纪录。3月间，工厂里掀起了大追赶运动，一组王文中、马腾雄、邢占明、王土金等人，互相找对象，悄悄订下追赶合同。工务科长刘晓峰看到这种情形，即着手进行细密的准备和组织工作。他把每人每日、每时的生产量算出来，并根据3月的气候工具条件及需要订出8000套的计划。为了使计划能兑现，于2月底召开了干部会，因为在事先有精密的准备，经过干部深刻的讨论，于是每个干部工作信心倍加提高。事后分别召集各个生产小组去讨论。第三组长段从桥是追赶运动的发起人，在大工房又是技术最高的工人，有不少人公开地或暗暗地追赶他，他也抱着绝不落后的信心，在小组讨论会上说："我们不能落后，别的组都向我们组进攻！"大家热烈发言，保证一定要超过任务；第二组在闫水庆领导下，是一个最活跃的小组，在讨论中，常常有病的郭成祥说："我和牛生有共同拉话，为了不使二组落后，我保证超过20套，我提议，完成数量，保证质量，小病不休息的条件，向各组挑战！"同志们都抢着说："要挑战，就要快一点，迟了别的组就打先锋了！"果然第二天天刚亮，二组红红绿绿的挑战书就贴起来了。但是，有些组没写挑战和应战书，而是"闷着头干"，吃饭时三个一堆、五个一团互相议论：

"不写挑战书，悄悄干，咱们一组是最胖的一组！"

"一组最胖，三组也不弱，走着瞧吧，看谁厉害！"

"不管谁厉害不厉害，咱们俩来一手！"

"我不敢和你来一下，才见鬼，好！拼一下！"

大家精神上都有这样的准备，实际行动开始了，热烈的追赶运动展开了。

当天灰蒙蒙时，就有人上工了，看不见穿针，放一块木炭火在机子上照着穿针。第一组工人王文中、第二组帮机学徒王保林、女工组的蔡金花已自然地形成了生产上的旗帜。王文中1月360套，2月是339套（生产日比一般少），为全厂最高纪录，3月则以590.28套突破了被服厂空前未有的纪录；王保林是刚来厂不久的新学徒，3月则以每天粘12个捆半衣服，创造了被服厂帮机中的最高纪录；而女工蔡金花3月以972套获得女工突击手的称号；新上机子学徒魏德恩3月打了300多套活，在新上机子的学徒中他是人人称赞的能手；郭义玉是一个长征过来参加几年抗战、一只脚残疾了的工人，他在生产中更表现了坚强的阶级意识，他的脚蹬机子不方便，他脱了鞋，光着脚在冰冷的机板上拼命地蹬，每天不完成18套不下工不吃饭，工人把他的英勇的精神，你一句我一句编成快板，这种歌颂突击手的快板传遍工厂。

> 郭义玉真能干，
>
> 一天能打一捆半，
>
> 一捆半是学干，（学干：学生干部）
>
> 你说能干不能干。
>
> 他的脚是残疾，
>
> 穿着鞋不方便，
>
> 光着脚板用力蹬，
>
> 蹬得机子呼呼转！

尤其是自发形成追赶核心，更引人注目，青年的胖手们一个不落一个，头上的汗直淌。有一天王文中和马腾雄势均力敌，你打一套，我打二套，两个人极度紧张的竞赛，此刻一分钟的争取，就可决定胜负。这种决战，使得旁边的人都叫好起来。第一组核心追赶，推动了全工房，像韦明盛、常廷甫、陈玉祥等带病上工的更是不少。在这一生产热潮中，有两个特点：一是思想改造，张生贵过去较散漫，但是在3月中他打了32捆多活，他常问别人："你们看我进步了没有，我这一月再不和别人吵。"比往一月他的产量提高了三分之一，是最受人称赞的一个，有人说："这一月你好好干，下一月就能上案子。"他说："我为革命工作，不是为赚钱。"徐更戌不但改正了自己散漫的毛病，并且订了150套的计划，而结果完成了180套。除了思想进步外，第二个特点：生产与学习相结合。过去凡是生产紧张，学习即松懈；而今年不同，像工人们说的"不但加强工作，而且武装头脑"。零活组，也是在战斗中很活跃的。李友新一个顶两个人工作，张治华不但培养技术工人（如张怀敬去零活组，在他培养下，一月即可做呢子衣服），而且以身作则加夜工。在他领导下的"老好人"刘青山、郑德明、张锦泰均为3月受奖者。

从下列的数字，即可看出生产的激增，及工人同志努力的具体情形：

大工房1月平均每机日产8.26套；2月平均每机日产9.24套；3月日产平均14.189套。仅3月就完成10750套，比原来计划超过34%。而女工则由1月平均17件多增至3月平均27件多，速度提高42%。

在3月底来了一个总结，检讨出3月在黑板报上对这样丰富的战斗，没有全面的及时的反映，就是说领导上没有在运动发起后，细密具体地指导检查。故3月下半月质量微有下降，但月终总结后，工人们又在下边酝酿要在下一月提高质量，向王文中、魏怀恩、王保林、蔡金花四个突击手看齐，并准备以更大的努力迎接我们工人的节日——五一国际劳动节。

（与史汀合作，原载延安《解放日报》1946年4月15日）

消极指责呢还是积极帮助？

——被服厂生活小景

（一）两头受气

检查质量的人提起一捆衣服说："看！这是你们组谁打的衣服？针码不够，领子不端，这还能穿？不行！不行！拿回去修理！"学徒拿回去对工人说："检查质量的说不行要修理。"工人问："为什么要修理？"学徒说："针码不够，领子不端。还有……反正我不懂！"工人说："听他扯淡哩！摔到那里吧！"刚过了几天，那一捆要修理的衣服又交了来，检查质量的人看了，眉头一皱说："迷迷糊糊，装什么洋蒜！为什么不修改？"学徒说："你检查得不好，工人都不满意。"这一说他可生了气啦！"谁也想多拿钱，检查得紧了不满意，这又不是为我个人发财，咱们就马虎捉迷藏吧！"真的，检查得松了。工人纷纷提议说，"检查得不仔细"，甚至提到会上批评："对革命不负责！"检查得紧了工人又不高兴。他说："一个萝卜两头切，道理都是你们的！"

为了检查质量的事，闹过多少次别扭，开过多少次会，换过多少次人呵！

（二）

过去修理机器、检查质量的共6个人，精减后，全部工作由王能益等两个半人做（一个工人兼一半旁的工作）。王能益同志，在长征中及在几年抗战中，负过几次伤，流血过多，脸显得有些黄瘦，不大爱说话，有时从早到晚仔细地提起每件衣服检查，发现不合适的地方就拿到工人跟前轻言细语地说："这一块不合适，来！我打个样子给你看，打的时候，上面抓紧就打齐了。"工人说："对！对！我摸着法子了，下次保险没错。"或者有时把那太不像样的衣服拿到工人跟前笑着说："这太不像样，要是把这衣服发给咱们……哈哈……还是修一下吧，忙不过来我抽时间帮你！"有一次一个工人不高兴改，当天午饭后，大家睡午觉了，王能益就没吃饭、不睡觉，撕开衣服帮他修理。午睡后，那一个工人走来一看，脸涨红得像喝了酒一样。难怪工友们跷起指头说："8月份质量提高，王股长功劳不小。"有的说："他严格检查，我们拥护他，因为他对公家负责，对我们技术也提高了。"而那一位曾经不高兴改的工人，在小组会上也说："提起王股长检查质量，我又惭愧，又感激……以后我一定要保证质量好！"

（原载延安《解放日报》1946 年 9 月 11 日）

二、《边区群众报》《群众日报》稿

子长各级干部坚持原地斗争

日夜支援前线到处打击敌人

【本报讯】本报记者杜鹏程报道：目前主要战场的子长县各级干部，区不离区、乡不离乡，进行支援前线，打击敌人保卫家乡的斗争。

3 月 31 日，敌人踏入子长县境后，该县县级干部立即分散至区乡直接领导与协助各地，坚持当地对敌斗争，对个别恐慌弃职干部则迅速予以教育，使其能在本岗位坚持工作。

4 月 2 日午，敌人已到东一区区公署所在地杨家园子山头上，区长范志杰始率干部在群众转移后政府才转移至附近山沟中，当晚范区长鼓励干部说："我们人熟地熟，我们在明处，敌人在暗处，晚上敌人保险不敢出动，我们去抢运杨家园子仓库一百石粮，我带5支枪压在前面，你们领导群众抢运，如接了火，你们先退。"因有范区长在前，干部群众无不奋勇当先，待天明敌人摸下山来时，百余石粮已全部运完了。

在敌人侵入该县西一区时，在县府一科白科长与区长雷德荣领导下仍就地坚持，使得群众情绪有序，区署附近之群众并未发生恐慌。某夜一个乡长来找白科长急问："我乡已被敌人占了七八个庄，怎么办？"白科长坚决答复："有一个庄子就坚持一个庄子，决不能离开工作！"该乡长大声说："对！"马上转回本乡坚持斗争。

不分昼夜支援前线 乡长抱病布置工作

该县在本地坚持工作的干部为支援前线，不分昼夜地辛勤工作，西一区三乡指导员白玉英同志，工作至深夜回来，刚倒在炕上，就接到前线急需担架、草料的命令，于是又马上起来捶醒其他同志，连积劳成疾的乡长亦抱病起来，仔细布置这一工作，该乡干部立即出发到各村，当夜全乡的磨子在转动，天明时各项任务全部完成。

该县干部坚持斗争中，东一区范区长创造了新的斗争形势，于敌人钻进瓦市后，他即带干部与民兵深入敌后，转至杨家园子一带进行工作，建立了"武工组""政工组"，一面打击敌人一面宣传组织群众进行恢复工作，杨家园子等地游击队立趋活跃，于多次战斗中缴获敌人武器甚多，现在每人至少有一支美式步枪并有美式手提机枪等等。

雷区长布成疑阵 游击队打退敌人

西一区游击队善战为全县之冠，经7号到10号打击敌人便衣队抢粮队五次出扰，游击队于10号至瓦市西桃园、南家湾一带活动，发现200余敌人，雷区长，营长杨成英、队长高生江、石得胜等，立即领导队员布成疑阵，东山一支枪西山一支枪，惊扰敌人，主力却由大川猛攻，迎头击毙敌3名，其余蹚水过河仓皇逃命，此役夺回敌人抢去的粮食立即分还群众。在该县游击队打击下，敌人再不敢越出城周15里以外。

（原载《边区群众报》1947年4月26日1版头条）

群众大会上苏云海等受奖
安塞模范担架队胜利归来

【本报讯】安塞五区自卫军连长苏云海同志所领导之担架队，辗转战地月余完成任务后光荣归来，区署特于4月29日群众大会上，欢迎他们并奖励领导有功的苏云海等8位同志，贺区长亦亲自致辞嘉勉。

"要活咱们一块活　要死咱们一块死"

这支模范的担架队，自2月出发青化砭转至永坪及子长等地，英勇救护伤员，表现了边区人民对于自卫战争的热情与坚强。战斗中队员李成良抬伤员已经把肩膀压得流血了，他还一人上火线去背伤员，一连背了6个，民运股劝阻他说："你没作战经验，不敢上前去！"他说："你们不怕死，我们还怕死！"在好汉崾崄战斗中，他们则把伤员抬上山顶，恰遇敌机低飞扫射，伤员说："老乡你们躲开，不要为我们连累大家！"苏云海等立即坚决地回答："同志不要那样说，要活咱们一块活，要死咱们一块死！"继续冒着扫射把伤员隐蔽到山沟里。

"把事办了，批评也行"

接着苏云海看见4个战士捡了8箱手榴弹，苏连忙去帮他们抬上山，民运股同志问："谁叫你抬？"苏说："我应该抬！"民运股同志说："不能，前面危险，我们要为老百姓的生命负责任哩！你的热心很好，但你应该受到批评！"苏说："把事办了，批评也行。"

这支担架队，原有70人，后因病因事又有47人坚持到最后，但他们并没有减弱工作，一副担架原6个人抬，后来甚至有两个人抬一副的。

（原载《边区群众报》1947年5月5日头版）

苏云海的担架队是如何领导的？

苏云海领导的模范担架队胜利归来了，这支担架队如何能够坚持到底完成任务呢？因为：第一，组织领导核心。由于部队民运股专派指导员协助苏云海团结了十几个积极分子，加强了该队的领导，影响大家坚持到底。第二，发现问题立即解决。该队每晚开会检讨当天工作，有问题及时解决，如该队野文德开小差被发现后，马上进行个别谈话并开会讨论，帮助他认识错误，才使他安心下来；姚四明愁眉苦脸，老苏探明他的隐衷就说："咱们常在一块，有危险我走前面。"就打破了姚的畏惧心理。第三，具体解决队员困难。有人没有鞋穿，老苏就同民运股商量补充了五双；陈志昌等生病了，就决定他们先回家休息，队员都很赞同："处理得对，我们分担他们的工作。"第四，部队照顾周到。没房子住时有的部队露宿，让担架队住房子，老乡们感动地说："队伍上把咱这样照顾，谁开小差就是黑心小子。"

（原载《边区群众报》1947年5月5日头版）

担架队员夸蟠龙

蟠龙大捷的英雄事迹，像狂风一样传遍了山沟僻壤大小村庄，参战归来的运输队员向成千成万的农民、妇女、娃娃，手舞足蹈地夸耀着他们亲眼看见的蟠龙的大胜利。

离蟠龙 50 里的一个村庄，青年、老汉、婆姨、娃娃，把冯七有包围得水泄不通。他是才从蟠龙抬担架回来的，他忍不住地夸说开了："我们刚到蟠龙就听说顽军对老百姓吹牛说，他们这个旅大器好工事做得好，不会像三十一旅被消灭。哼！话说了刚三天就叫咱们把狗日的打得像灰孙子一样，大炮机关枪打得尘土飞上天，步枪声连响成一片就听不出来，只觉得山摇地动，只看见敌人一个赶一个地滚下山沟沟，仗打紧了，当然咱们也难免伤几个人，可是军队太爱老百姓了，总不让我们到前边去抢救伤员，你想怎能挡得住，我们一下就都到子弹林里背伤兵，背上比谁都跑得快，送到后面又抢上去背，背下来就往远处送，有一夜来回有四五里路，我们没歇气抬了 13 回，真是眼里冒火脚底生风，谁还记得熬？谁还想起肚子饿？"说着他顺手拍拍口袋里沉甸甸的东西说："这是我捡的 17 枚子弹。"

当记者挤进人丛时，另一个运输队员指手画脚地说："在一个山头上，我们把敌人打散了以后，战士何从勤追赶一个带轮子手枪的军官，刚把那家伙一枪把子打倒，敌人的刺刀又从后边刺来，他一脚踏住那当官的，扭过头将背后的刺刀隔挡到左边，一枪把子打过去，拿刺刀的脑花直流，低头再看地上踏的那当官的，早怕软瘫了，何从勤把他拖住领子拉到我们阵地，审问之后知道是一个排长，老何泄气地说：'我当捉住大头啦！用了吃奶的劲，原来抓住这样一个草包！'"

"这倒算个厉害，你听我说。"一个一同回来的后生打断了他的话抢着说："咱们打得凶，敌人也顽固哩！最后几个碉堡，就攻了好几次，终究还是让咱们给打垮了。一个河南武陟人叫刘北清，才 19 岁，他对我说：'你们的步兵攻了几次攻不下碉堡，可是你们的大炮第一下就把碉堡顶子揭了，炮弹像雨一样，一下把他从碉堡上炸翻下来埋在土里，没有死，他从土里钻出来就看见他们五六个人也是一样向战壕边爬，他连忙喊等着我。'那几个人一见土里钻出人，就当八路军从地底下冒出来啦！不管三七二十一昏头昏脑挤住眼乱放枪，结果他左肩上带了伤，他们自己把自己打了一阵。"说到这里惹得大家哄然大笑了。

在笑声中，没有争先说话的队员们，你一句我一句，各人夸各人所看见的事情，有的说我们缴的洋面袋堆起像雪山！有的说那俘虏多得像羊群，有的说到前线抬担架运粮秫的老乡遍山遍野都是，说的人越说越兴奋，听的人越听越高兴了。

（原载《边区群众报》1947 年 5 月 17 日第 4 版）

安塞五区二乡干部
组织灾黎互助生产

【本报讯】一度遭敌人摧残的安塞五区二乡，目前正在着手进行恢复工作。区乡干部正忙于把逃难外出群众找回来，重建家园。为安人心，将全区游击队集中到乡上，派侦察员探察敌情，如有情况打枪为号，各庄"连环传讯"。接着便具体发动群众组织，如该乡陈家窑子 6 个劳动力 3 犋牛组织后，"有人缺牛""有牛缺人"的都开始合作生产了，游击队向受灾最重的人家帮了 80 多个工来担水、砍柴、抢种，籽种草料的困难，发动群众互相调剂，小塌子马运昌给别人调谷子、洋芋籽种，指导员崔孝堂即以此例到处宣传，使薛家安等村调剂顺利。乡政府又从三乡给薛家安等村调换玉米豆子等籽种，同时整理 15 石公粮给农户吃，生产急需的一批铧已补充到群众手里，现在各村正抢种中。

（原载《边区群众报》1947 年 5 月 20 日头版。）

我们全是穷人的儿子

解放军过往的地方男女老少都兴奋地跑来看咱们的军队，给军队送水、带路。镇川堡高家峁、长梁石畔前后几十里的地方，群众都准备好开水招待过往的解放军。在长梁石畔村山腰上一个老太婆提着水罐走下来，紧跟着一个小媳妇和一个大闺女，各挑一担水，老太婆虽然尽快地走，但她们好像竞赛似的很快地就赶过她把水担到路旁，这个动人的场面在队伍的行列中引起了深切的感动和愉快的笑声，战士们高声喊："老人家落后了！"可是她说："走路比不上年轻人，我多提两回还不是就赶上她们了。"接着她就喜悦而夸耀地对战士们谈着她分得了 7 垧地，她的儿子赵文发背了一挺快枪去参加了本区游击队。现在她动员了全家人担水慰劳自己的军队。她的老汉赵根旺正忙着给大家舀开水，战士们向他道谢说："老人家你可是全家动员了，实在够麻烦了！"赵老汉说："不能这么说，人嘛，不能忘本呀！去年咱们军队开辟了这地方，今年我吃不上，政府又救济了三次，要是没有咱们的军队、政府，就没有咱了。我老汉过去顶人家的天，立人家的地，如今不同了。咱已是有9垧地的家户了！"所有的老乡都似乎想趁这短短的休息时间，把自己满肚子的话对解放战士讲完，唯有61岁的高占秀老汉坐在他的开水罐旁，显得愁眉苦脸，有人问他："老人家怎么啦？"他"唉"的一声，热泪夺眶而出。他说："我要跟上军队去，我要为我的儿子报仇去！"说着，他的热泪又从昏花的眼中顺着多皱的脸和苍白的胡子滚下来。高老汉是高家峁人，他的儿子高子俊是一个老实的勤苦人，是一个乡干部。去年冬天一个严寒的夜晚，地主高占中及一群吸血鬼把高子俊拉在山上说："小子分了地，翻了身好吧？老子好好叫你翻一家伙！"然后就把他的衣服剥光，把两只胳膊砍断，把肠子心肝挖出，最后把头也割下了。高老汉悲愤得直发抖，他说："我一辈子杀鸡手都打战，如今我都能把地主的心挖出来！我要跟军队去，要去报仇！""海源"部的战士们激动地围住他，有力地握着枪杆子说："老人家不要伤心，你的儿子没有死，我们这些拿枪的全是你的儿子，全是穷人的儿子！我们要为你报仇，彻底消灭地主阶级，打倒总头子蒋介石！"

（原载《边区群众报》1947 年 10 月 1 日第 4 版）

请　客
——边区军民关系的一则故事

7月里的一个中午，××城东10里钟彦乐老汉家的院子里，坐着一班解放军战士，家里的炕桌上，摆着油、盐、酱、醋和十几碗凉粉，像是请客的样子，但空气是沉默的。钟老汉默默地走出屋去，向着战士中的一个说："郭排长！你不能把我老汉的脸丢在地上，大家对我这么好，我做了一点凉粉，给你们耿班长说了半天，就是个不吃，这真叫人难受！"……

这时，战士们都围拢来，给他解释："老人家不要多心，我们人多，少吃一口，你老人家就能多吃一顿！"老婆子从后面跟来，听到了战士们的话，就回嘴说："你们少吃上一口，我就成老财啦！"这一下把郭排长也难住了，推也推不脱，吃了也不好。于是全班讨论了一下，一致决定每人吃两口领一下情。耿班长吃了两口，放下筷子时，钟老婆拉住他的手说："看我的饭里有毒药没有！你就是吃上一口，总算表了我的心！"战士们笑了，全家人都笑了。

记得还是前一天，当六班刚来到钟家四住时，二排六班被指定住在钟家，当时钟老汉不在，钟老婆便叽里咕噜说了一大堆不高兴的话："村里多少房子，偏要在我家里住！"班长耿和瑞连忙说："老人家，不麻烦你，我们就在院子里睡！"说时，钟老汉赶回来了，对着班长说："到房子里住！"班长和几个战士依然住在院子里，让几个身体不舒服的战士住了一盘炕。

他们住下以后，马上动手把院子外打扫得干干净净，赵金保等战士有空就帮老乡担水、劈柴。他们还抽了17个工，帮钟家秋收。从此以后，每天下午战士从野外作业回来，钟老婆总准备好热冷开水各一盆，一碗一碗舀好叫战士们来喝。

那是一个傍晚时分，钟老汉全家人和六班战士坐在院子里聊天，又谈起请吃凉粉那件事来。钟老汉说："我不能把心拿出来给你们看呀！我几辈子都是租地过日子，八路军来给我分了7垧半水地。今年3月敌人占了这地方，地主田子荣把地和庄稼通收回去，眼看今年就要饿死，咱们队伍可又回来啦！"他讲述着他以往在地主脚下过的那种吞声饮泣的日月；战士们则讲着打蒋胡匪徒的战斗故事，和为土地而战的英雄事迹。钟老汉的媳妇一面拍着已睡的孩子，一面羞答答地说："再唱个歌儿吧！同志！"于是有一个战士就低低地哼着："我们为人民，人民爱我们……"

（原载《边区群众报》1947年10月22日第4版）

保护工商业政策深得民心
泾渭各界拥护我军
解放城市工商业迅速恢复

【本报综合报道】西北人民解放军挺入泾渭地区时，严格执行保护工商业政策，获得工商界人士衷心拥护。

4月25日我军进至宝鸡十里铺，即派一连人保护申新第四厂，该厂为中国纱粉大王荣德生所办，下分电力、面粉、纺纱、造纸等五个工厂，为西北规模最大的工业之一。我军对该厂之机器、原料、员工严加保护，毫无损坏。该厂经解放军两天多的协助，终于由职工组织起"临时管理委员会"，并打电话给四厂经理李国伟，促其回来继续生产。

4月27日我军解放宝鸡县城时，对西大街五福巷三号申新办事处，亦妥为保护。办事处×××先生将我军政策和蒋区两相比较之下，非常感慨地说："在国民党统治区，我们的事业不但没有保障，连身体自由都没有。前年荣德生总经理在上海被绑票的事情，你们大概知道吧。解放军的政策如此英明，真是中国的万幸，工业界的万幸呀。"

"你们就像自家人，没动我一点东西。"

解放军感动了老太太

解放军战士在战斗中亦保护商民利益。4月26日，解放军"英勇"部包围东关大寨子时，"江水"部机枪射手吴迁洛一面监视寨上的敌人，一面代一个躲藏到窑里去的老太太卖糖果。一直卖了6个钟头，交代的账目，一点不错。老太太给他煮好6个鸡蛋，调好糖坚决要他吃。但他吃后亦坚决给老太太付了蛋钱，他还替一个避难的药铺老板卖万金油。战斗结束后，老太太很感激地说："你们的队伍就和自家人一样，没动我一点东西。"药房老板亦赞美我军为"天下难找的队伍"。

我军进入宝鸡后，商人们成群地围住我们的宣传员，抢要传单。一个宣传员用实际例子向群众宣传我军保护工商业的政策，他问群众："你们看见老凤祥金店有人进去了没有？"大家说："没有。"又问："有人打门没有？"老凤祥金店的主人说："没有，你说的都是实话。"

宝鸡民主县政府并将缴获之两列车货物一律发还原主，14家商行领回价值敌币35亿多的各种货物。某粮食行的职员说："我的172包货物，一点也没有短。""你们管理国家，我们商人双手欢迎！"当我们的同志问他："蒋介石政府在这里怎么样？"他幽默地答道："建设很多，光妓院就近70家。"

我军于4月21日解放长武，次日，西北农民银行随军兑换所即在西关建立起来，准许商民以一比四的比价用农币到该所兑换敌币。深得商民拥护。商民都放手卖货，市场大为活跃。西关文具店的掌柜说："我在两天当中所做的买卖，胜过以往的3个月。"解放军战士纷至各店买纸买笔。城里城外所有缝衣店，一律加工赶制定货。机梭声轧轧，夜以继日。摊贩亦进城卖货。

旬邑县经西北野战军再度解放后商店纷纷开门，生意特别兴隆。永兴源一天出卖的货物，价值300万元（合敌币1200万元）。该店店主说："解放军来后一天的买卖，就顶胡宗南统治时期一年的买卖。"4月23日我军进凤翔城前，即有两个为我军带路的商人，在商民间传告："人民解放军进城了，保警队跑了！"这消息一会儿传遍了全城。商会当即派人鸣锣："欢迎人民解放军进城，各商号照常营业。"23日上午，即纷纷开门营业，并拿着铁锹和镢头，刮洗蒋匪涂写在墙壁上的反动标语。

敌伪欺骗宣传破产　商店当天大部开门

　　在灵台，解放军以实际行动和耐心的宣传解释，粉碎了伪县长赵铸民的欺骗宣传。我军进城时，天还未亮，对居民丝毫未加惊动。到天亮时，城内依然静悄悄的，这时被赵匪欺骗的一些商户感到非常奇怪，纷纷开门探望，我军工作组即个别地接近他们，宣传我军保护工商业的政策；并在街上写保护工商业的标语和张贴人民解放军的宣言。早饭后，即有 16 家商店开门营业，到下午时，开门营业的商店，已增加到 37 家，占全城总商户 70 家的一半以上。

　　（与蓝钰、虚谷合作，原载《群众日报》1948 年 6 月 10 日第 1 版）

我军城市政策美德　流传黄龙西府各县

　　【本报前线综合报道】西北人民解放军严格执行城市政策和战场纪律的美德，在黄龙、西府各县流传着。在解放宜君和邠县的两次战斗中，"立功"部"功劳"五支队全体指战员除了搜索残敌外，没有一个进入民房商店的。战斗结束后，除警戒部队外，其余都迅速集结休息，未在城里东串西游。他们负责看守的公共场所和敌伪机关，没有一点紊乱的现象。在城市商店还没有正式恢复营业以前，支队部下令不准任何人买东西，以免影响市面。五连的纪律最好，他们在 4 月 19 日进入邠县占领电信邮局等机关后，立即派人看守，对房里放的东西，丝毫未动。六班的汪成明（瓦子街解放过来的）没有吃饭碗，想搞个碗，但班长刘福贵马上对他说："尽量拿枪，其他东西一点不准动。"三班王祥柱的裤子很烂了，伪县政府里有的是裤子，但他为严守战场纪律，始终没有换，并说："不能因我一个人破坏了纪律。"为此"立功"部特于 5 月 17 日传令嘉奖该支队全体指战员，并给五连每个指战员发毛巾肥皂等日用品，以示奖励。

　　4 月 22 日夜，我军到扶风县东阿村宿营时，适逢大雨，战士们拥挤在泥泞的街道上，叫老百姓开门，很久都叫不开，大雨湿透了战士们的衣服，有一个战士等得不耐烦了，就去敲门，但立刻被"西峰"部二营许多战士所制止。他们向他说："湿都湿了，你还着什么急？你把政策观点当菜吃啦！"一个带路的本地老乡喊门，也喊得生气了，他连骂带喊地说："这些人都是吃屎的，要是遇到蒋介石军队，早把你这门砸踏啦！"我们的战士即向这位叫门的老乡解释："没关系，老乡。要不开，我们就在雨里站上一夜。"第二天，老乡一见是解放军，又感动又抱歉地说："莫记在心上，夜里闹不清是什么队伍，没敢开门。盼你们眼都盼瞎啦，知道是你们，还有不开门的吗！""英明"部的战士当天晚上住在一个姓刘的老财家里，该老财因误信谣言，在我军到达时已全家逃跑。我军走时对他家东西丝毫未动，并按主人向来的生活习惯把各种用具放在原来的位置上。"英勇"部解放扶风时，战士们都自觉地遵守纪律，该城的民房、店铺、学校和育幼院等地方，均无一人擅入。在搜索敌伪时，随时给群众宣传："只搜索坏人和敌伪武器，老百姓没事。"对敌伪抢劫群众的东西，一经查出，立即退还原主。"英明"部在进入东门时特派专人维持城市纪律，并把小贩、杂货铺、私人医院等字用粉笔写在铺门上，以提起战士们注意。

我随军工作队在维持纪律、清理物资的工作上，起了很大作用。永寿常宁镇战斗刚一结束，"英勇"部工作队执法组即随主攻部队进入镇内，清理敌伪物资和敌伪抢劫商店学校的东西，清理后悉数归还原主。当他们从碉堡内、城墙上和军用物资中把胡匪抢劫该镇小学的东西——交还该校时，该校教员×××看到清单中连砚台和小墨盒都写明移交，非常感慨地说："中央军是破坏队。解放军到哪里，就建设到哪里！"

（与立功部宣传科、午人、汪波清合作，原载《群众日报》1948 年 6 月 14 日第 2 版）

我军挺进陇海西段
城市群众欢呼得见天日　乡野农民冒死护救伤员

【本报前线讯】当我军进抵陇海路上的虢镇（在宝鸡东）之前，便有一个由解放后的凤翔回到虢镇的卖饸饹小贩，到处向群众宣传："红军真是天兵天将，进了凤翔城，鸡狗都不惊。不进老百姓的门，凤翔的老百姓在第二天就像赶会一样，满街溜达。"这个卖饸饹的老乡，居然像荣归的要人一样，到处获得人们的器重。有十几家商人和有钱人，都请他到家里去喝酒，询问他在凤翔时的见闻情形。当我军到达时，月台上挤满了人争看我军。在铁路上职员、教员和学生络绎不绝地来来去去。遇着我军时，都满面笑容，手里拿着礼帽，频频向我军点头招呼。我军战士亦纷纷向他们挥手，呼喊口号："我们是保护工商业的！""我们是保护教员学生的！""我们是保护老百姓的！"一个教员兴奋地挥着礼帽，边走边喊："我得见天日了！武装同志，祝你们胜利！解放军天长地久、天长地久呀！"这便是泾渭地区人民欢迎我军的动人场景，这种场景到处呈现着。我军到达蔡家坡时，把蒋匪的粮食打开，散发给群众，周围 15 里内的群众，通通来了，"解放军散粮"的喊声，震达 5 里以外。不管解放军的干部或战士，一走进工厂、学校或人群中时，群众便包围起来，要求讲话。3000多名有组织的工人也排列在铁路旁边，他们组织了纠察队和招待员，热烈而有秩序地欢迎我军。群众和战士们一呼一和地喊着口号："解放军万岁！""老百姓万岁！""中国是老百姓的！不是蒋介石的！不是美国的！"路旁五里之内摆满了茶水。商贩们硬将纸烟食品往战士们的荷包里塞，都被战士们婉言谢绝。"英明"部的高股长在一家商店买东西时，商人不要钱，高说："解放军没有这个规矩，你不要钱我就走。"那商人的老婆忙向商人说："你说便宜些，反正要他拿上。"

陇海西段某地的群众，在我军完成阻击任务撤离该地时，不顾一切危险，救护我军伤员。当地老乡发现麦地里有我军两个伤员时，即延医医治，给食物吃饱喝足后，还送干粮，换上便衣，告诉我军去向，使两个伤员安全脱险。另一伤员梁贵荣臀部负重伤，逃至一老汉家内。老汉见是自己队伍，就地为梁脱下血衣，换上便衣，让他安静地躺在炕上。胡匪来到他家揭开梁的被子，见血满床褥，即指为"共匪"。但老汉坚决说是他儿子，"因出门被打伤了的"匪徒们找其他老乡来证明，那些人也顺着老汉的话说："的确是他的儿子"。匪徒们用各种办法来威胁和拷问老汉，但终归无效。最后只好把他释放了。他回去后，将梁移到一个偏僻地方，并请医生为梁治伤。

又我某部卫生处的3个同志，在陇海西段某地，因公没有跟上部队转移，掉在敌后，他们在黑夜里摸着向西北方向前进。天快亮时，他们走到一个住有三五户人家的偏僻小村，受到了一个贫雇农老汉热情地招待，说："你们解放军好，这里百姓是早就听见的，这次你们来了，对老百姓和和气气，还给散了粮，我也得到了2斗麦子，我们这村住的都是穷人，许多人的兄弟和儿子都被'中央军'抓去当了兵，谁都恨'中央军'，你们住下，保管没话。"晚上老汉给他们换了便衣，告诉我军的去向，还给引了一段小路，使他们安全归队。

（与戈壁舟、马光耀合作，原载《群众日报》1948年6月15日第2版）

解放后的新气象
澄城王庄镇庙会红火

【本报澄城讯】农历四月十五日（阳历5月23日）为澄城王庄镇解放后第一次庙会，（按该城我军已于5月26日主动撤离）从14日到16日赶会群众络绎不绝。会上仅出售各种农具商家就有50家之多，第一天即销售各种农具2000件以上。临近各县农民，均纷纷来此购买。骡马市场拴有各种牲口200余头，买主在郊外试骑走马、骡子，来回驰骋，以试其佳劣，第一天，即卖出牲口 40 余头。据与会群众反映："今年解放后，社会安定，同时麦子为四五年来长得最好的，丰收在望，10 天后即可普遍吃上新麦，因此，今年农民购买农具牲口的特别多。"会上粮价甚低，每斗麦子仅农币 7 万元。四乡妇女也穿着新衣服、骑上牲口赶来会上看戏。我"英雄"部宣传队，利用此机会进行文化活动，向新区群众宣传我军各项政策。在会场上设立一文化棚，内有领袖大画像，宜川大捷与宝鸡胜利的连环照片，"解放军廿个月的战绩"和放大的解放军反攻形势图，以及说书、讲演、快板等。在大会的 3 天中，"文化棚"前始终拥挤着群众。群众一致反映说："人家讲的都是实话，都是老百姓心上话。""解放军有什么都给我们说，连世界大事，老百姓都知道了。"

（原载《群众日报》1948 年 6 月 16 日第 2 版）

连长温广生
智勇双全的指挥员

负过 8 次伤的温连长被战士们誉为"智勇双全的指挥员"。他不能举手敬礼，因为他的胳膊坏了，抬不起来。3 次轻伤，5 次几乎致命的重伤，使他两条胳膊两条腿，就有三件残废了。但这个英雄的指挥员并没有因过多的流血而减弱他的战斗意志。

宜川瓦子街战斗中，二连担任配合攻敌六一旅南山主要阵地的任务，部队夜晚进入阵地后，没等上级命令，即积极主动地派出一个小组向敌人阵地侦察。

他担心侦察的道路不确实，便亲自冒着炮火去侦察。他拨开梢林前进，把一切都看好了，然后回来具体分配了各班排的任务，在天明以前，把一切攻击的准备工作都做好了。攻击信号一发出，二连各小组都按确定的路线实行猛攻，不到五分钟，刘操带的这个小组，已突破了敌南山重要阵地，登上山顶，并打垮了敌人三次反冲锋。二连在这次战斗中，起了重大作用。为此，荣获团的"1948 年第一功"的奖旗。

解放宝鸡之战，二连任务是配合友邻部队主攻东关的一个名叫"敷仁堡"的土寨子。寨子方圆五里多路，守敌一个营，是敌宝鸡外围强固的卫星据点。温广生同志指挥的第二连没有因敌火力的阻击而影响运动，他想办法逢墙开路，他很细心地告诉战士："敌火打得紧了，你用大劲开，敌人不打了，你用小劲开，以免敌发觉。最后一道土墙，不要一下开通，留一寸多厚，用时一推就开，以免敌人过早发觉，组织火力来对付，使我们不能顺利出击。"战士们都照他的指示去做，所以当敌人发觉时，他们已接近了城门。温广生同志在战斗组织工作上，对同一任务都是准备两伙人，以防第一伙完不成任务时，第二伙人马上去完成。但他对战士完成战斗任务要求非常严格，强调一次完成任务。李红路破坏铁丝网时负了伤，赵元礼紧接着就去完成了。爆炸堡门时，石步保等3人都负了伤，宋树德记起了连长讲的"一次完成任务"，马上返回去自按自拉完成了爆炸任务。爆炸响了后温广生想："前面是开阔地，如果轻易把突击队拉出去是危险的。"立即派李麻孩前去侦察，李麻孩回来报告他说："第一道门开了，第二道门没开，二道门上有二尺见方的一个窗子可以爬进去。"温连长组织好了火力即高喊："进。"常保成带的突击队一个紧接一个地从窗子爬了进去。敌人的四次反冲锋，都被温连长组织好的火力打垮了。终于造成完全占领宝鸡东关有利条件。

北返途中，在陇东萧金镇打八十一师战斗中，敌人的冲锋部队冲到二连阵地前沿，敌密集火力压在二连头上。在这紧急的关头，战士们都抬起头来看着连长，温连长从工事里跳出来高声地说："六班冲"！他便从敌左翼猛插过去，敌人为这突然的侧翼袭击弄得混乱不堪，一窝蜂似的溃退了。战士们说："连长是一个铁人，战斗中他和我们在一块，我们心里都是稳的。"

（与汪波清合作，原载《群众日报》1948年7月8日第2版）

韩城风调雨顺

天晴收麦棉花壮　更喜连雨催秋苗

【本报讯】"有钱难买五月旱。"韩城在夏收期间，天气很好，男女老少冒着烈日，收割碾藏。6月26日前，各乡麦子均已碾完收好，大部分麦秸均已捆好。接着大雨普降，尺余高的棉花及早种的秋苗（苞谷、谷子）喜逢甘霖，欣欣向荣。农民们天不明即赶赴锄草及补种回茬秋田。仅蒋峰区一乡即已种上回茬秋田二三百亩以上。

（原载《群众日报》1948年7月13日第2版）

韩城喜溢农村

酬谢驻军保卫丰收

【本报讯】韩城群众在我军英勇保卫下胜利地完成麦收后，热烈展开了劳军运动。6月28日蒋峰区一条大川中，卅里路上到处响着锣鼓声，五批慰劳队抬着五六口大猪，杏、苹果等礼物，前拥后挤地扛着一面"纪律严明"的大旗，送给驻军某部。该区二乡的慰劳队八九十人，像过节一样穿着新衣服，担着礼物、4面鼓、30多面锣、龙凤旗等为前导，边走边放鞭炮，沿村群众，争先恐后地来观看。据老乡谈："近几年人都没心绪闹社火，只有过去庙会朝山才有这样热闹。"部队为群众这种热情感动得挥舞着胳臂和武器高呼："人民解放万岁！"群众都纷纷地说："解放军住下，我们心是坦然的，今年麦子平安地丰收了。部队还帮助我们碾场做活，为了表一表我们的心意，送些薄礼慰劳咱军队。"

（原载《群众日报》1948年7月15日第2版）

踏遍秦陇三千里　冰雪星月运伤员

乡宁一、三区担架队获奖

【本报前线讯】吕梁十分区乡宁一、三区担架队，随"英明"部经陕甘两省20多个县，辗转3000余里，充分表现了解放区人民积极支援革命战争的伟大热情。"英明"部队赠予"模范参战队"锦旗一面。在大雪泥泞的宜川瓦子街战斗中，他们一刻不停地抬运伤员。这些人整整三昼夜没有休息，疲倦得不能支持时，就坐在雪地里闭着眼休息几分钟。队员贾根顺把自己仅有的一点干粮和水都给了伤员，自己抓起雪来吃。敌人封锁了道路，他们只好从梢林中泥泞的坡上往下走，每抬一脚得跌几十跤，但总没有把伤员跌下。队员潘子玉在来回四五十里的路上，整整抬了两天三夜。当最后回来时，大家都疲倦地躺在雪地里便鼾声大作，但还要抬一次才能抬完，潘子玉马上站起来说："我去，不够一副，我就背他回来。"就这样艰苦地完成了任务。在行军中他们除了背自己的行李外，还要抬伤病员。队员师发财看见路不好走，就把伤员背上，伤员说："你为了我受这么大的苦。"他说："你这不是为了我们受伤流血。"就这样一直背了100里路，伤员感动得眼泪一滴一滴流在他脖子上。南下路上王天仓鞋子破了，他光着脚抬了整整一天，伤员感动得把自己的鞋子送给了他。在泾渭战役中，他们一连抬了10多天，晚上天气非常凉，他们就把自己的铺盖给伤员盖上。他们除了艰苦抬运工作外，在新区每到一地，便向老乡宣传，师发财、陈生财在合阳时向老乡讲解解放区农民翻身分地，听的人越来越多。而且到处帮助群众推土、担粪、锄草、扫院，仅在合县北赵村就帮助群众锄了20多亩地。

新区群众都说："看人家老红的那些人，像进过学校一样，能说会道，有礼有理的。"

（原载《群众日报》1948 年 7 月 16 日第 2 版）

"西村"某部纠正"追思想"的方法
启发自评讲出老实话

【本报前线讯】"西村"某部在三评中，开展了讲老实话的"自评"运动，纠正了过去"打破砂锅问到底"的"追思想"方法，也大大提高了战士的自觉性。某连一个解放战士，平时表现很好，在"自评"启发下，他讲出了自己的心里话。某次战斗时，在下雨的夜里，他一连跌了十几跤，觉得很苦，决心开小差，但互助组对他很好，他不想跑了；南下打宝鸡时，他怕被打死，又想开小差，但觉得对不起解放军；某次抗击时，队伍都撤退了，他扛着一挺机枪，心里又动摇起来，但想到人民军队对自己的恩情，自己不报恩，还损害革命武器，于是转变念头，自己在路上又捡了一支步枪扛上。同志们因为他老实地讲出了自己的心里话，给他记了一个小功。另一子弟兵也坦诚地讲出了他的内心话，他说："一打仗我就想家。但想到我家分了地，我忘不了共产党。"说着他哭了。这种矛盾思想，时常在他内心斗争着。领导根据这些情形，耐心地分析这是什么错误，怎样产生的，以及这种错误有什么坏处。这样教育，收到很大效果。（杜鹏程）

（原载《群众日报》1948 年 7 月 21 日第 2 版）

前线文艺工作者会议决定
发扬批评提倡战士写作

【本报前线讯】西北人民解放军各部队文艺工作者，包括战斗剧社、西寨宣传队、战声剧社、战线宣传队及部队宣教工作者代表百余人于上月间在某地集会，讨论近一时期部队文艺活动，交流经验，使部队宣教工作更进一步为战争服务。会中，从剧作的演出效果，到战士的黑板报、诗歌、绘画，涉及颇广；并对目前部队宣教工作，有如下决定：一、宣传我军力量和胜利事实，扩大我军胜利影响。二、歌颂的英雄事迹，提高战斗意志。三、发扬批评与自我批评，改进部队工作。四、进一步提倡战士写作和绘画。在剧本创作上提出深入连队，与战士同甘苦，了解战士，表现战士；并提倡"小形式"，以部队戏为主，群众戏为辅。

（原载《群众日报》1948年8月8日第2版）

四评练兵后斗志惊人高涨
壶梯山上某旅顽强杀敌

西北总分社前线分社：

杜鹏程同志写来的信很好，其中略有词句修改。请广播。此致敬礼！

彭德怀
8月21日

彭副总司令、甘主任：

前次我们记者在前线分社集会，你们指示我们经常把团、营、连真实情况反映上来，故我将消灭三十六师中所见情形简述如下，以供领导参考。

8日攻壶梯山时，纵队号召把人民解放军大旗插在壶梯山上，故进攻中仅两小时便一举攻克。我在首先登山的第 × 旅看到有如下几个特点。

第一，部队在四评夏季大练兵后有了惊人的进步，表现在战斗上的英勇顽强，积极主动，几乎是全体干部都惊叹地说："评斗志后改变了部队。"当战斗一开始，班和小组勇猛突然地在敌人前沿上到处往上爬，敌人没办法应付，故一层层的工事迅速地被突破。十二团战士张大荣两次负伤不下火线，血流满身，他坚决不承认自己负伤。十一团战士薛进中战斗前要求入党。冲锋时，一个人跑到全班前面，从被炮弹打穿的孔中钻进去，投了5颗手榴弹，敌人一个班被打垮，他负伤3次虽很重，不下火线。他说："我不下去，只要我牺牲不了，我总要争取入党！"他冲上去时，被炮弹震晕了，当他清醒时又爬上去冲锋了。很多战士，他们突然扑到敌工事枪眼下，把爆炸弹、手榴弹塞进王八窝（伏地碉）。像十一团范有贵在一个地方爆炸不成功，敌人成群的手榴弹打下来，但他死也不离开敌人工事边。他急中生智，把手榴弹塞进枪眼。战士薛高生负重伤爬上去冲锋。八班长乔伯生和一个战士，一扑到敌群中，后续部队和他失掉联络，敌人向他们投手榴弹，他迅速地捡起四五个回敬敌人，然后他一扑到敌人重机枪前面打死敌射手，即刻扭转敌人的枪打敌人。他们普遍的不但负三四次伤不下火线，而且负重伤不要人抬，"不要管我，你们只管攻！"他们自己往下爬。十一团四连突然插在敌人心脏——壶梯山庙顶上。全连有22个负伤者，有的三四处，有的被打断腿、打断臂，有的从胸膛中穿过。十一团全团负重伤60余人，但都没有一个人下去，这些都是"死也要入党"。当他们和九连冲到山顶最后的集团工事边，双方就拼起手榴弹，烟雾遮天，山摇地动，很多连队冲上去，但站不住脚，就卧在地下往外滚一点，翻过身又扑上去。就这样三四次甚至于七八次反复。总之一个决心，不向后退一步。"进到哪一块就站到哪一块。"十一团二连一个小组被炮弹震得七窍出血，大家都说他们被炸死，但他们从烟雾中爬起又冲了。据我知道十一团九个连队有八个连队是非常自动地想办法冲杀，互相支援友邻，大胆地直插入敌后和敌人心脏，只有一个连队自动性较差。

第二，为了支援友邻兄弟部队不怕任何困难和牺牲。在十一团左翼友邻 × 部攻上敌集团工事，十一团五连自动插过去打退敌人反冲锋，夺取友邻失去的阵地。十一团友邻部队受到敌人威胁，该部八连即自动打退敌人3次反冲锋，在非常困难，几乎是无法立脚的情形下，连续打退敌人几次反冲锋。该部三连攻敌人受阻，三连就自动从另一端支援，敌前后受威胁，于是被一举消灭。

第三，战场上发挥高度的顽强自动，下级干部、战士群众大家用脑子，班长、排长牺牲后战士自动代理，继续战斗的例子非常多，有许多急中生智的生动例子，主动找敌人的弱点置敌人于死地。十团二连彭青云、张有德等6个年轻战士被誉为"小老虎"，他们反复和敌展开"肉搏"战，猛扑喊话，冲杀，一直插入敌人中间和自己连队失掉联络，他们就要求三连指挥他们。四连战士王承海当全班人打完后，跑到二排说："我属你指挥！"又继续战斗了。就是这样，战士们在失去联络后不管谁，只要你是自己人，他就加入进去战斗。这种自动性使敌人毫无办法，因为一攻击，每班、每小组、每个人即四方八面往上爬，敌人有多大本事也顾不过来，只要上去一个人，敌人打不死，他就左右冲杀，使敌人毫无办法应付。

第四，我步炮协同在这次作战最出色。（缺点也有）我步兵一冲锋，炮火老在步兵前头摧毁敌人火力点，将敌连人带武器炸得摔在一旁。我步兵一前进，炮兵火力即转移至步兵前面，鼓励着我指战员们不断喊："打得好！"枪榴弹从敌枪眼打进去，手榴弹大批地投入敌工事更是非常普遍的。这样连战士也甚为奇怪，他们说："练兵硬是学到本领了。"

第五，战场上英勇的模范作用很大。如十团一营董教导员负重伤屹立不动，鼓舞战士；有的是喊口号："同志们，坚决打！""同志们，沉住气！""共产党员要英勇，负伤不下火线！""战斗英雄万岁！"这些口号响彻战场。这次 × 旅提出"人人鼓动，火线上入党""为人民事业立功"等口号起了很大作用。在瓦解敌人方面则喊："你为谁打仗？""你们死了，蒋介石不难过，你的父母难过""你的父母受饿，你为谁打仗"。在山顶上的敌人一面是绝望,一面是喊话,六十余人缴了枪。

最后,此次战斗真是全体动员起来了。如十团马夫、伙夫自动组织起来十副担架,十一团卫生队队长、医生等负重伤,他们给自己包扎好,又给伤员包扎,一直坚持到战斗结束。就是当十一团四连冲到山顶为夺取庙宇插上解放军大旗一次爬不上,二次又爬,以致三次、四次。有的连,一个班都打完了,还是不断往上爬,爬上梯子又打下来,负了伤又上去、又打下来,一次、二次、三次把大旗插上去,又打下来,接着一面、二面、三面不断插上去。不管什么危险,从炮弹打的孔中,从枪眼中能钻进的地方硬钻,这种英勇、这样的英雄主义真是值得万分敬佩的!!

以上事实之所以可贵,由于是一种非常普遍的行动而不是个别例子,我只看到×旅如此,其他我不知道。在战斗后,×旅伤亡370名,但是要求入党的风气更盛,士气更高。很多战士摩拳擦掌:"还没有过瘾,还要打!"这一切说明四评运动及夏季军事练兵后的新面貌。至于缺点方面,存在着如开始队形密集,伤亡大,追击不够及时,有些干部的指挥还赶不上战士的自动自觉等缺点。因为打仗行军,写得潦草,敬希指示。

敬祝

健康

杜鹏程

8 月 21 日

(原载《群众日报》1948 年 8 月 27 日 1 版头条)

三千群众赴会祝贺"西村"部举行庆功大会

发动对照英雄检讨自己

【西北前线讯】"西村"部以群众生动事迹教育群众并在贯彻批评与自我批评精神的基础上,最近举行历时六日的庆功大会。会前,各连队展开评功过,选出杰出的战斗英雄,再按照各级、由下而上地选出特等战斗英雄出席庆功大会,使得群众多番地得到教育。大会上庄严隆重地介绍了特等战斗英雄及某些单位最突出的、足以作为典型的特点,用以启发、鼓舞、教育群众。如介绍战斗英雄杜立海在壶梯山战斗中,他两次负伤,仍鼓舞全排直至红旗首先飘扬在山顶上的高度顽强性。全场即高呼"学习杜立海的英雄气概!""人人要练成像杜立海一样的硬骨头!"介绍二连在宝鸡遵守战场及城市纪律的事迹时,同时指出该连指导员斗志脆弱等缺点,因此大会的表扬和批评就成为衡量个人或集体模范的准则。第四日的"对照检讨"会上,全体特等英模和群众即以杜立海、王补厚、范绍通为"镜子"检讨自己。如战斗英雄万作成检讨："听了王补厚耐心管理部队，回想我的工作有很多缺点，王补厚是连长，行军前检查每一个战士的鞋袜，结果战士都不掉队，我呢？我是组长，领导3个战士，行军中脚打起了泡。彭清云使用四种武器，我连重机枪也运用不熟练。"这样严肃的自我检讨，战斗英雄们都说："照了一下'镜子'，看见满脸都是黑。"庆功会的表扬奖励，强调集体或个人具有教育意义的事实，特别是正确执行党的政策计划以提高现有的思想水平，改进工作。如奖励四战四捷的第二连，强调它团结兄弟部队及战术机动的进攻精神，奖励四连二班第一小组，强调它执行政策纪律好。大会会场庄严隆重，英雄们的光荣事迹绘成连环画。首长们亲迎披红戴花骑大红马的特等英模，60余乡的3000多名群众携带礼物欢腾赴会，各部队抬上猪羊酒果为英雄庆功。首长们、老乡们拥在功臣面前敬酒、慰问……使战士们感到庆功的无上光荣，他们说："做了战斗英雄一辈子也光荣。"英模们说："老百姓对我们的恩情太大了，咱们替人民做事太少。"英雄们的生动事迹和该部各种武器的展览，使到会的老乡感到人民力量的强大及我军我党在真正地为人民做事。大会第五日，讨论了"带回去什么东西？""苏村"英模们说："我们每个人要做宣传员，把会上见到的带回去宣传，发展功臣，发展模范。""张村"英雄们说："我们要严格地执行党的政策，回队后要从阶级意识上使大家认识到执行我党政策的重要性。"根据大会上英模的讨论，闭幕时，又集中起来向大家提出："部队的基本任务在提高战斗力，发扬顽强的战斗性，团结兄弟部队，坚决执行党的政策……"庆功会圆满地结束了，与会的英模和群众一致反映："庆功会是积极分子的训练班，它鼓舞了积极分子，同时又鼓励了新积极分子的不断出现。"

（原载《群众日报》1948年10月2日第2版）

跳出老一套的圈子

　　晚上9时从连队回来，走到张团长的寝室，看他懒洋洋地躺在床上正在上气不接下气地说什么。

　　"有病啦！"我问。

　　"没有，昨晚睡得迟，今天在连队上又搞了一天，有些累。"

　　"今天练兵有什么新进展？"

　　"有，有！"他突然爬起来，显然他是要摆脱疲劳。"今晚我要写个陈伦德和孔贵华的'四大结合'"。

从相处的日子里，我知道团上的领导同志从"三查""三评"后，作风有了改变。就拿练兵来说吧，他们每天下连队，总带回来一些创造、启示、信心与兴奋。

今天早晨他像往常一样到连队里去了。营里告诉他：

九运战士孔贵华和陈伦德，在前天参加了动员练兵的积极分子会，回来后，半夜都睡不着，睁着眼睛想问题的孔贵华问陈伦德："老陈有甚心思啦！"陈说："说什么也睡不着。上级号召人人用脑筋，个个想办法，咱们得想个办法出来。"

两个人从××镇战斗的缺点谈到××练兵经验，从旧军队的辛酸日子，谈到瓦子街解放后的民主生活。谈着谈着，不知道什么时候，刚合住眼，就听得同志们咋呼起来了，那时还没吹起床号呢！孔贵华和陈伦德也一骨碌爬起来，练兵去了。他们继续着昨夜的谈话。孔对陈说："我又想了一下，×××平时不好好练射击，上战场一慌，就乱打；平时不好好练动作，一打仗就散不开，伤亡大。我想训练好兵，就要各方面认真：战时要用，平时就要认真地练；战术动作和爆炸、投弹、刺杀要认真配合；敌人工事变了，要认真地研究，比如咱们××战斗有毛病，伤亡大，对战斗就要认真研究；学习要学得好，就要发扬批评……"

陈伦德说："对，对，这个问题提得对。"就在当天，他们这个办法汇报到了连部，立刻又传到营部，经干部们热心研究，认为孔、陈两人所提的"四大结合"：第一，规范动作与实战相结合，就要研究××地形特点，演习中有敌情观念，检讨过去经验等等；第二，战术技术结合，包括组织火力、战术动作与各种技术协同等；第三，研究敌人与改进自己相结合。用什么办法达到以上三点呢？那就是要批评与学习结合，练习中检讨每一动作，发现缺点，想办法改正。

这天张团长来三营，他一听说，就满口称赞，马上召集全营军人大会，倡导孔、陈两同志高度的阶级责任心和创造精神，号召大家学习，想更多的具体办法把兵练好。当张团长叙述白天的情形后，我才知道他刚从三营过来。

"再累些今天也要写好，明天印出来，这是推动工作的本钱。"他拿出谈话的记录来，蛮有感触地说："你看，两个战士晚上想工作不睡觉，这种精神对我们领导人说，应该感到很大的惭愧。"经过沉静思索，突然他说："这只是一个方向。但是要做到技术与战术结合，技术中的爆炸一项，怎么去进一步发挥，还要具体想出办法。"他想了一阵，然后匆忙地走到电话机旁给各营打电话，要指导员、参谋们即刻到他这儿来。他对他们讲了"四大结合"的过程，并说："在技术学习中，战士们提出了'过五关、斩六将、练好武术上靶场'（过五关是一种升级射击法）的生动口号，除了这个'四大结合'，我还想不出其他的具体办法，请同志们讨论一下。"大家提出了不少办法，最后他指出："大家回去后，各营先掌握一个连，取得一些经验，要多做些具体工作。"散会时已是午夜12时了。同志们走后，他写成了一篇"为开展战术学习运动，学习'四大结合'"。当我离开他的房子时，已是午夜2时了。

两周后，他的号召得到了辉煌的收获，战士们用自己的智慧创造了研究敌人、改进自己的"攻防委员会"（由对胡匪了解、作战有经验的战士组成）、边打边学习、"兑现学习"等数十种办法。该部便因练兵有创造、进步快，得到党委会的表扬。

记得在××地，我参加了该部练兵的整个过程。这次练兵有很多创造，掀起巨大的热潮。比如在开始练兵时，提出"克服一切死角，炊事员、饲养员都要练"！可是有的干部就提出："炊事员练不成。"有一天，张团长到九连，看见伙房门口摆着瞄准架"过五关"的设备，蒸馍的、烧水的瞄准得有条有理。及后到四连，看见壁报上有一幅战士画的"四连伙房一面做饭一面学武"的画，他们分工做饭，夜里把次日工作准备好，第二天就抽时间练兵。于是他到处推广这个办法。第二天到九连，他又看见连长在指导大家瞄准，他想："对啦！还必须有专人指导，才能练得好。"根据这些从群众中得到的启示，他便有了克服练兵中"死角"的具体办法。从群众中得到启示，集中群众智慧，指导群众，不就是一个领导者的特点吗？

练兵是紧张的筋肉活动，也是紧张的思想活动。夜里团长在编报纸，政委翻开他那小本子思索问题，谢主任也趴在豆油灯下，研究材料。有时在夜深因为人太累了，他伏在桌上睡着了，一忽儿醒来又研究，有时和衣躺在床上睡去。我说："谢主任，又不是行军作战，你连被子也不拉开，和着衣服睡，休息不好。"他回答："反正天快明了，脱不脱还不是一样！"

群众的智慧源源不绝地汇集到领导者那里，他们热闹地讨论研究，电话也格外忙碌。一天晚上，各营在电话中报告情况以后，张团长在电话上问："今天怎么样？"

"情绪很高。"

"这个我早知道了，我问你有什么新进展？'过五关'的升级射击方法，战士们觉得怎么样？"

"战士觉得很好，大家都说：'过五关，斩六将，练好武艺上靶场'……"

他像捕捉住一个久已期望的东西似的，兴奋而匆促地说："好，好！这个口号很生动，能激励战士们的向上心，你们在全营提倡，我马上通知各营！"

九连四班王殿荣班组织得好，大家认真，互相检查帮助，成绩很突出，政委第二天便竟日和战士一块研究，观察他们的组织办法，和团长研究后便告诉各营。

"喂！九连王殿荣班组织和学习有一套办法，你们明天派人去参观，必要时，拉上马（那时住得分散），请四班的人作报告。"然后告诉三营："你们要抓住九班推动全营，并转告他们准备，到别的营作报告。"

当电话中报告他说："'过五关'方法好，但有些人还投机取巧，战士杨中盛发明一种检查准方法……"

张团长马上回答说："好，好，好！很好！对战士这些创造哪怕是一点儿，都要提高推广！像杨中盛提出这种办法你就叫他'杨中盛检查法'在全体军人会上讲，用各种办法指导。"一种"杨中盛检查法"不久便传开了。这个办法经过研究提高，成为"过五关"射击方法的进一步发展——"过铁关"，在学习射击上起了巨大作用。在那些日子里，各种创造源源不绝地涌现出来，射击测验时，全团百分之九十八的人数，弹中数在百分之九十以上，平均环数在十四环以上。

我曾经想：一个革命战士，什么力量使他在危险时更加沉着，困难时更加乐观，疲倦时更加焕发？不用说这是基于我们事业必胜的信心。但他经常以什么哺育自己的信心呢？记得在一次领导同志学习文件座谈中，他们提出："群众中有很多创造，像文件上指出的一样，我们领导者往往把它绞杀了……"接着又说："战士们为了研究封锁敌人的枪眼，在太阳下满头大汗地反复实验；瞄准练不好，不吃饭，不睡觉，甚至有些人因恨自己进步慢而哭起来。看了这些，我们就想起彭副总司令所说的要向群众学习无限的正义感……"

的确，如果我们对新鲜事物缺乏敏感，如果我们不向群众学习阶级责任心，那么我们将陷于老一套的圈子里。但是我们又要谨防形式主义袭击我们。该部在提高敏感、反对老一套中，有些干部追求时髦名词，不求实际效用，如什么"三好""四要"……该部曾严格反对过，这种形式主义，像"西村"党委对该部指示中说的一样："只凭狭隘的经验，不接受新鲜事物，我们就无法进步，但是形式主义也同样妨碍我们进步。"

（原载《群众日报》1948 年 11 月 1 日第 4 版）

政策进城

常宁镇初见解放军

过了泾河第二天，"英勇"部在常宁镇消灭了国民党青年军二〇三师一旅三团，就在一所学校中救出了敌人拉来的老乡和牲口，给商人们发还了被国民党反动派匪徒们抢去的物资。战斗结束后，街上虽然丢下很多东西，可是谁也没有理，解放军的健儿，只是到处检查着武器，一群群地集合着俘虏。

工作队进城后，首先访问市民和商号，调查青年军给群众的损失，当发现一家居民因匪帮的抢劫而过不下去的时候，解放军就立即给他救济了 100 万元，并给他说了很多安慰话，老乡感动得说不出话来。昨天还被国民党匪军抢劫、打骂，而今天得到人民解放军的物资救济和亲切的安慰。

"英明"部的工作队，在敌人的碉堡里和城头上，把学校的用具和衣服都拿了回来，开好清单，交给回来的教员和学生，连 4 个砚台、18 个墨盒都开得一清二白，并把我们缴获敌人的 14 床被毯及 10 余件棉背心，也送给了贫寒的学生。而且劝告学校 × 教员："快点开学，别误了学业。"

21 日从常宁镇南下，"英明"部进到离武功十里之田家庄时，有一位老太太在路旁烧香祷告："解放军来吧！救命人！"但当她磕了头起来的时候，在她的身旁，已经站满了她所祈祷的解放军……

武功、扶风美誉传

当天上午，队伍在武功附近之凤安村休息时，不少战士被群众包围着，在讲解"八项注意"，好几处由闲聊变成开大会。我很想听一下，但没有挤进去。到了村子西头，一群人又围着 3 个老乡，一个在人群中说："昨夜晚上我们 3 个人给解放军带了 50 里路，回来时，每人发了 25000 元和 2 斤多饼子，临走时还对我们说：'快回去，家里人操心你们哩。'人说解放军好，真是不假！"

下午，队伍在一望无际的平原上继续前进，解放军的歌声，被晚风吹到很远的地方。

这一天半夜里，我们就解放了陇海铁路西段扶风的绛帐车站，行军打仗多半夜，跑得满身是汗，休息一下，衣服又湿又凉，虽说是夏天，可是后半夜露水落下来，风一刮倒怪冷的。这时候每个人的希望，是赶快能喝上一口开水，然后随便躺在什么地方睡一觉。可是枪声刚停止，叫门要水是会惊动老乡的，因之只好忍耐着。

我们出了车站，向着指定的集合地点走去。忽然，一个黑影从树荫下闪过，赶上去，原来是一个给我们送水的老乡，他亲切地说："多半夜了，渴了吧？赶快喝上口。"我问他："怕不怕？你知道我们是什么人？"他机警地四下张望了一下说："解放军！谁都知道，过去就是不敢说，我们老百姓心里明白得像镜子一样。"

淋雨不叫老乡门

22 日，在扶风常兴车站一带击溃了七十八旅两个营，但被匪徒们惊扰怕了的老乡，夜里谁也不敢开门。我们的队伍集中在街道上，踏着一尺来深的泥糊子，淋着大雨，但谁也没去叫老乡的门，因为解放军的每个战士们都知道：考验每个人的政策观点，就在这个最艰苦的时候。

两个钟头后，来了一位本村老乡，才把门叫开，主人出来抱歉地说："千万不要记在心，半夜三更闹不清楚，盼你们把眼睛都盼瞎了，你们来了还能不开门？"第二天早晨，人们刚醒来，解放军已将街道打扫完毕，初升的阳光，开始照耀着这座人民的城市。

"进了凤翔城，鸡狗都不惊"

25 日，虢镇车站的月台上挤满了人，听着一位卖饸饹的老乡讲解放军的城市政策，他对听众说："解放军进了凤翔城，鸡狗都不惊，他们不但不进老百姓的家，连金子搁到门口也没人拿，凤翔解放后的第一天，城里的老百姓和商人就照常地营生，街上比从前更热闹啦！……"据老乡说，这个卖饸饹的可吃开啦，好多商人把他请去打问解放凤翔和扶风的情形，当他告诉了实情以后，商人们都满意地说："这下 72 条心，可就都放到肚子里啦！"

老百姓这样拥护我们和相信我们，并不是没有来由的，当我军 22 日解放扶风县城的时候，城市政策就执行得漂亮，不但该城的学校、商店、育幼院和福音堂受到了保护，就是伪县政府、警察局、银行等机关，除指定的部队去检查武器之外，里边所有的金钱、绸缎、衣物，都原封未动，尽管那天下着倾盆大雨，但伪县长家里的雨衣、雨伞和胶皮鞋，都照旧地放在原来的地方。工作队在城里搜出敌人抢去群众的东西及炊事员同志在街上拾的包袱，都照数还给原主，扶风在这天上午，各商号就开始营业了。

保护申新工厂

26 日，解放军进驻宝鸡十里铺，虽然六七里以外就是激烈的战斗，但这里并没有受到影响：工厂里机器照常地开动着，街上的电灯明亮得如同白昼一般。

这里，有中国很知名的资本家荣德生所办的申新第四分厂，包括电灯、面粉、纺纱及造纸等厂，共有 4000 多名工人，是西北最大的工业之一。我们一到十里铺，这座工厂就受到了保护。据一位职员说，工厂好多原料都被蒋家的中、交银行所掠夺，而出产之物品，则又在上海和西安各地受到美货的排斥。因之，使这座工厂陷入"实在没法办"的状态和奄奄一息的窘境了。

但是 3 天后，在人民解放军的帮助下，该厂就组织了"职工管理委员会"，开始从各方面整顿，职工们并给他们在汉口的老板打电报，电报是这样写的：

"汉口沿江大道一〇一号李处长鉴：宝厂机器完整，员工很好，解放军对工厂保护备至，现在正帮助我们开工，希望你回来。"

宣传员在宝鸡

宝鸡解放第二天，虽然好多商号还没有开门，但楼上，却挤满了欢庆解放的人们。这天，街上的老百姓特别多，尤其是贴标语的地方，拥挤得更厉害。

在十字路口上，宣传员被好多人追着，围着，有的要传单，有的问政策，不少宣传员的衣服，被抢传单和拉着问话的人们撕破了，有的宣传员因为来不及，就索性把传单整卷地投到人群中，向前飞跑，但不出十步，前面又被新来的群众挡定。于是宣传员就跑上楼，向群众讲话："解放军保护工商业，你们看见有人进老凤祥的金店没有？……"没等他讲完，下面的群众就高兴地喊起来："好！你们没有进老凤祥的金店，你们不打老百姓的门，你说的都是实话。"

我走到西街，人忽然乱起来，商人们边跑边喊，高兴得像得了什么宝贝一样，原来是民主县政府出了布告，布告上这样写着："宝鸡车站存放大批客商货物，本府本共产党保护工商业政策，决定一律发还原主……"

我到车站上，一位 ×× 米行的职员对我说："我的 127 包货物一点都不短，这多亏解放军的好政策，你们来管理国家，我们商人双手赞成。"

不一会儿，车站上堆积如山的货物，便被原主人搬运一空，解放军的城市政策，在宝鸡城的各个角落里，得到了人们的称赞。

（原载《群众日报》1948 年 11 月 18 日第 4 版）

为娃娃们立一功

围攻胡匪十七师师部开始了。在炮火声中，二梯队的同志们，伏在坎塄下边慢慢地吃着干粮。

政治处的通信员，送来了一批延安保小学生的慰问信，信封上面写着："转交前方的伯伯""交给英雄的叔叔"……

子弹从头上飞过，炮弹在近处爆炸，可是小朋友的信件，引起了大家的兴趣。他们拍着我的肩膀，笑嘻嘻地说："记者！念一念，大声地念。"

我拆开那些小小的信封，一句一句地念，一字一字地念。战士们吸着烟，仔细地听着。

"前方亲爱的叔叔们！

你们下雨下雪还打仗，有时饿着肚皮去打蒋介石，我想快快长大，和叔叔们一块，打到西安去！

二年级学生李春香"

"伯伯们！

你们流血流汗，勇敢打敌人，还帮助老百姓种庄稼，我们看了报，都说好伯伯，好叔叔！……"

战士们高兴地叫：

"哈哈！娃娃们真关心咱们哩！"

"打个漂亮仗，为娃娃们立一功吧！"

忽然，一封信里发现有几张画片，大家都围上来抢着看。一张画上，画着三四个小娃娃，伏在地上写字，上面写着：

"亲爱的叔叔们！这是我们的画，送给你们看。——13岁的辛健成画。"

刘中约抢上一张，一边藏在学习本里，一边说："好娃娃！叔叔拿了你的画，给你打个漂亮仗吧！"

第二天，在满是俘虏的大路上，我碰见了刘中约，他的左胳膊受了伤，衣服上染着血。我问："伤重不重？"

他说"没啥，还可以干它几下！"

"娃娃们的画片呢？怕染上血了吧！"

"没有！你看，还好好地在口袋里装着哩！"

（原载《群众日报》1948 年 11 月 26 日第 4 版）

战卫宣传队赶排新剧

陈刚、岳镇、麦苗等同志领导的"战卫宣传队"，半年中创作了《把蒋介石打进坟墓》《赶部队去》等七个剧本及《打出去》、"铁打的连队"等 13 首歌，出演 15 次。还办了歌咏班，训练连队宣传员等歌唱，现该队正排演《穷人恨》《见面》等剧，并由陈刚执笔、集体创作《复仇》一剧。

（原载《群众日报》1948 年 12 月 4 日第 4 版）

西寨部戏剧工作者集会

"西寨"部戏剧工作者 200 余人，于某地集会，研究戏剧工作怎样配合当前工作。一致认为该部第一宣传队，在消灭三十六师战斗中深入连队及战壕的精神值得学习，对该部二、三宣传队于休整期，夜以继日地巡回公演，均极力赞扬，会上确定今后 ×× 宣传队以出演随编随唱的小型戏为主，×× 宣传队则以大中型剧为主，该部由马寒冰、关欧洛、田炜、欧凡等组成戏剧指导委员会，具体领导有关戏剧等工作。

（原载《群众日报》1948 年 12 月 4 日第 4 版）

爬出黑洞打哆嗦　钻出卷席瞎支吾

李日基辈就擒记

歼灭胡匪七十六军战斗将结束时，在成千成万的俘虏群中尚未找到该军军长李日基，西村部战士们从俘虏口中听到李日基躲藏在永丰镇寨墙东北角窑洞里的消息后，就端着刺刀跑过去，经过一阵激烈战斗，解决了窑洞的敌人，但依然查不出李日基来。"七六军一个人也没跑掉，你李日基还能上了天！"去年从一三五旅解放过来的战士李占耀说着就在窑洞中仔细搜索。搬过一个箱子揭开一块木板，发现有一个黑洞，大家就呐喊："有人就出来，不出来手榴弹就下来了。"这一下，从洞里边才爬出来几个人，像受惊了的老鼠似的。战士们熟练地审查他们的身份。大家问一个小个子："你是干什么的？"他就回答："我是七六军参谋长。"战士们又问一个粗大个子的军官，他说他是个汽车夫。可是，在他身边的一个解放战士立刻证实他就是二四师师长。粗大个子回头看了那战士一眼，只好强装镇静地苦笑着。这时，满脸灰土、瘦小个子的李日基却夹着大衣抱住脑袋蹲在墙角一声不吭，战士李文生问他时，他才站起来说："我是特务长。""见鬼，烧成灰我也认得你。"李占耀严肃地说。那个人看看李占耀雄赳赳地一手提着枪，一手提着手榴弹就吓得脸上筋肉发颤，干瞪着眼，但却还想掩饰自己的身份，便有气无力地问："你认得我是谁？""你是李日基，以前在一六五旅当旅长，我就在那里当过兵。"李日基绝望地低下头，脑袋吊在胸前，脸上汗水直流。战士们看出他的沮丧与恐慌神情，大家都觉得好笑，对他说："放心，像你这样的官我们抓得可不少。跟我走吧！"李日基及其军参谋长高宪岗、二十四师师长于厚之等就被带到指挥所。

永丰镇歼灭战后，"西村"部某团，将大批俘虏带到某村编队时，五连指导员逯吉双，恐怕有人跑了，就同二排装排长到房内清查，发现墙角里置有一卷破席子，二排长用脚一踢草席，就从席筒里爬出一个满面灰尘、年约四十多岁的矮个子，穿着一身黄军衣。逯指导员问他是什么人，他低着声音、支支吾吾地说，是二十师辎重营营部的书记，名叫徐祁海。指导员又大声地问是哪里人？他慌作一团，胡乱地回答。逯指导员把他送到团部经过团主任再三解释我军宽待俘虏的政策，这位"书记"迟疑了好久，才嗫嚅地说："我就是二十师师长吴永烈"。

永丰镇的敌人完全垮了，"西社"部三连六班班长杜金山，自南门小洞里钻进去，在寨东面敌人的集团工事里，发现了一个家伙躺在那里。问他话，他说头疼，病了几天没吃饭。杜金山对他说："我们有药，回头给你吃。"叫他跟着走，他勉勉强强地跟到团部后，杜金山问他是干什么的，他说："我是团部少校参谋。"杜金山是敌九十军解放过来的，听了这话，就有些怀疑，恰巧他们班从壶梯山解放过来的战士魏子明认得这家伙在胡匪一六五旅四九四团当过团长，俏皮地就喊了一声"团长！你来啦！"这家伙瞪了一眼，连忙否认。过去在一六五旅当过兵的担架员文兴怀也认识他，就喊了声："报告团长，你也来啦！"他咕噜着说："我又没什么对不起你的！"经他们说明我军宽待俘虏后，这一"少校参谋"才坦白承认他是胡匪十四军七十二团团长戴克北。

（与朱宝杰、节立合作，原载《群众日报》1948 年 12 月 16 日第 2 版）

大战永丰镇　全歼胡匪七十六军记
攻击前充分准备

充分准备、反复检查，是决定胜利的必要条件。

27 日黄昏前，"西村"部十一支队接近了永丰镇西面，他们的任务是挖好对壕作业，肃清外围据点，这样可以避免十二支队突击前因作工事而疲劳的现象。

五连连长、特等战斗英雄杜立海前后奔跑，进行鼓动："同志们！好好地挖，挖完你们的任务就完成了。"黑暗中响起了战士们一致的回答："没问题，多流汗，少流血！"

该部杨政委摸到八连的阵地上，问连长说："怎么样？为什么有很多睡觉呢？"连长说："只有十来把锹。"这时机枪从敌阵上打来，炮弹从头上飞过，落到洛河边爆炸，战士们都担心杨政委的安全，纷纷地说："姿势低些！"他摸了摸工事，用身子试了一下交通壕，壕挖得很深，有些地方站起来，只露出头部，他对战士说："不要紧，你们挖得深，挖得不错。"并叮嘱八连连长："你把人组织起来，抓紧时间！"战士们摸着向前挖，黑暗中听见有的说："棉衣湿透了。"另外一个说："不要咋呼，战斗完了，给你记功。"他到处看了一遍，是的，战士们热情很高，很卖力气，虽然子弹在头上乱叫，但凭借经验，他知道子弹有多高，他转回来告诉八连连长："从这里到敌伏地碉，你仔细再检查检查，并且步测一下有多远？"连长消失在黑暗中了。他凝视着永丰镇，他在观察永丰镇吗？漆黑的夜，伸手不见五指，那么他一定在想如何才能击中敌人的要害吧！敌人不断地打枪，有的战士随着枪声不时地低下头，不要问，那一定是一个新战士，不一会八连长报告他："从这里到西关伏地碉，是222步。"杨政委计算了一下，又告诉三营长："四连挖地很好，你要不断地检查，让干部和战士大家检查。"

十二支队进入阵地后，马上修理工事，构筑火力阵地，一营副教导员金发祥同志前后跑了几趟，看见机枪工事做得很潦草，他督促战士和干部说："同志们！把工事做好，天快明了，每个人快挖洞，好防空。"黑暗中有人在说："你着什么急！"但教导员根据多少次战斗经验，清楚地知道："所谓爱护战士，就是在这些地方，你如果强调战士累而不督促他挖工事，那就是对战士生命不负责任。"于是他不管大家耐烦与否，催促大家起来做工事。正在这时，一发炮弹过来，机枪被埋在土中，两个同志被打倒，你看吧！大家急急忙忙都挖起来，很快地都挖好了。的确，在很多情况下，某些同志的牺牲是可以避免的，但由于疏忽，也会造成不必要的伤亡。

拂晓前，三营接替十一支队进入西关，张团长弯下身子，跃进到西关城墙下，通常没有十分必要时，团长无须到这里来的，但他放心不下，冒着敌人的炮火，跑到最前面，他看见重机枪摆在后边，营长则迅速地爬到城门口选择突破口，同志们并没有偷懒，但他们忘记了应做的事情，他问营长：

"你的机关枪怎么摆的呢？如果敌人反冲锋，你怎么办？"

"你积极选择突破口是对的，但是没有抓住主要的事情。"……这时发现西关路南有敌人打枪，便立刻发动攻击，在身侧的房屋内，又俘获二三百个敌人，战斗迅速地结束了。

"首先摆开火力，巩固阵地，严密搜索，这些你们都做得差，你看还有多少敌人在你面前……"团长复谆谆指示着。

三营营连干部都低声说："团长说得对，咱们实在太大意。"

攻击前，自上而下仔细检查工事、武器、手雷、炸药、雷管……班排小组再一次展开"攻击前检查信心"，战士干部们热烈地讨论着，西关路北一个角落里，八连七班班长任廷安的声音最高："爆炸，我干过多少次了，这次我是第一名。"接着就是争先恐后，"我第二名""我第三名"……一时声音杂乱，有很多人拍着胸膛叫："非完成任务不可。"任廷安挑选了八个人，排成号数，分配出动的次序，……检查了炸药、雷管等各种细小节目，战士们端详着炸药，仔细地思索那些不可能遇到的困难，比如运动中，如果有一名被打倒，那么后备的第几名上去补缺。再以背包当作炸药包，扛起来就地演习，任廷安说："不行，还不确实，拿炸药来演习。"八个人扛上炸药，按队形演习，任廷安炸药组看起来毫无问题，但指导员仍不放心组织了第二炸药组，作为任廷安组不成功时的补救，虽然大家都信心十足地保证"爆炸绝对有把握"，可是还准备了梯子等用具。

为什么永丰镇展开群众性的爆炸很少发生故障呢？为什么在敌人顽强抵抗中炮雷能迅速地解决了敌人呢？这是由于事先多次试验、检查和计算。各级司令部及政治机关于战前及攻击前，进行反复检查，行军时遇雨，干部们督促战士，把手雷包在背包中，宿营时马上拿出来晒，三营战士告诉我，他的机枪检查了12次，每颗子弹，都是擦了又擦，子弹袋都是试了又试，从武器、用具到战士们的鞋带，都深入地检查过。

多少次可贵的经验，告诉我们——充分准备，反复检查，是决定胜利的必要条件。

（原载《群众日报》1948年12月20日第4版）

大战永丰镇　全歼胡匪七十六军记
迅速总攻分割围歼

27日夜3时，我军向永丰镇敌七十六军总攻。担任攻击西门的"西村"部，发出了□排炮，随着四面兄弟部队的大炮一起轰鸣。

10分钟后，爆破西门寨墙的炸药，惊天动地地响了，十二支队九连立即竖起梯子，战士们都争着爬上去。四连上不去，急得从炸虚了的城墙上挖了一个洞往里钻。这时敌人被我炮火和爆炸震昏了，十来分钟内毫无抵抗，在这决定胜负的瞬间，战士们都知道，多上去一个人，就多一分胜利的把握。大家推着拉着，一个组、一个班、一个排，胜利地上去了。当敌人清醒时，无数颗手雷、手榴弹，已经在敌群里爆炸了。七连长带上部队绕过短墙时，敌人的 3 挺重机枪，正向突破口射击，他们从敌人后面摸上去，七连长照着一个敌人就是一巴掌，大喝道："打你娘的 ×，早到你屁股后面了！"敌人都摔了枪，回头哀求道："人家强迫我们打的！"

发起总攻约 30 分钟后，该部迅速推进的 3 个矛头已把敌人割开。"南寨"部和"西湾"部都在奋力搏斗，兄弟部队间互相鼓舞，协同作战，把敌群切成零零碎碎的小块，赶到巷子里、院子里和房子里，逐一予以歼灭。仅"西村"部十一、十二支队即把街北一带敌人，分割成数十块。此时全城的一切枪炮声，均为我连续爆炸的巨响所压倒。三五成群的爆炸组，扛着绑好炸药的爆炸杆，哪里有敌人的枪声，他们就往哪里爆炸，俘虏们也就随着爆炸声，成千成万地被轰出来。在这紧张混杂的巷战中，战士们各自为战，或自动结合。十支队石荣生，一个人扛一包炸药，仍然进行爆炸，想一个人进院去捉俘虏。谁知刚一炸开，二连三班不知从哪里摸了过来，就从他炸开的缺口钻进去了。二连伤亡较大，仍继续作战，手雷打完了，就拿起迫击炮弹投向敌人。

街上到处都是敌人交叉火力的工事，我们就用炸药从墙壁上开路。十一支队就这样插到敌后，敌人还不知道，还背向该支队卧下射击，好些战士踏着敌人的背骂道："妈的！还不滚起来！"该支队一连这样打下了 11 座院子，像赶鸭子一样赶出大群的俘虏。

早晨八点钟，我军从四面八方全攻胡匪七十六军军部，敌人还在负隅顽抗。战士们扛着炸药，围绕着敌军部的墙壁施行爆炸，把不少的敌人炸飞了起来。四五十个不愿为李日基卖命的胡军士兵，跑出来高喊道："愿交枪！"但被后面的督战官用机枪扫倒了，直气得战士们眼里冒火，十二支队一连八班奋力冲进敌军部的院子，在敌人的交叉火力下，坚决不退，高喊着："同志们，坚决地打，活捉李日基！""看你李日基有多大本事！"这时各兄弟部队并肩酣战，手雷爆炸声四起，一时烟雾冲天，火药味窒息着呼吸。有的战士从敌人后面挖洞钻进去，有的从爆破口钻进去，把敌人赶出来了。与此同时五连的战士，从东北角的地洞中，拉出胡匪七十六军军长李日基等，永丰镇彻底干净无一漏网的歼灭战，胜利结束。

（原载《群众日报》1948 年 12 月 20 日第 4 版）

"干 到 底!"

战卫部指战员的呼声

在战卫部指战员的时事学习中，我访问了五个连队，给我深刻的印象是：人民解放军的战士，不但所向无敌，而且在政治素养上也是异常明确和敏锐的。干部战士反复地研究讨论毛主席对时局的声明，毛主席的八项条件，有些战士能顺口熟背。在讨论中干部战士喜欢扳指算账，他们以复仇的心情计算着自己有多少战友为了求得真正的和平而付出生命和鲜血，同时也以兴奋的心情，计算本连队的战绩战功。十大队二连计算他们 1948 年俘敌 350 人，连毙伤在内消灭了敌人一个整营。十二大队一个战士，在指导员讲时事课时，他记笔记，他在本子上写满了 3 个字"干到底!……"别人问他为什么只写这 3 个字？他说："干到底，才有和平。"这种从血肉斗争中体会的深刻思想，使人听了兴奋与自豪。千万战士在高呼："我们流血流汗，祖宗三代吃糠咽菜过日子，现在我们看见胜利了，我们要干到底!"我到十大队六连时，正是下午游戏时间，战士们三五成群地看报纸，谈时事，到处都是激烈的争斗声："要干到底，要报仇。"半年以前，我对六连，颇为熟悉的，但现在有很多战士认不得，连长指导员也不太熟识了，我问战士："以前的指导员呢？"答："牺牲了。"又问："连长呢？"答："也牺牲了。"战士们那样激昂，难道还需要再往下问吗？战士们没有忘记，也永远不会忘记，在蒋介石向中国人民进攻以后，有多少优秀人民子弟兵为求得生存而付出生命!我尤其记起了已牺牲的六连连长金锁同志，他接受过国民党反动派假和平的滋味，而且在蒋介石撕毁政协决议发动内战后，被迫自卫而流了最后一滴血。

他一直参加了整个保卫延安的战争过程，屡次立功。在他西府战役牺牲之前，我问起他过去的悲惨经过，他伤心地哭了，事情是这样的：政协会议后，1946 年 5 月，我们为了执行政协决议求得和平，部队进行复员，他因为残疾，回到山西太原县他的家乡。这些地方那时还是蒋阎匪统治。他刚回去，蒋阎匪就来捕杀他。在路上他单身与敌遭遇，他从几丈高的崖上跳下去，逃出虎口，连夜跑回家，可是家已被剿光了，门上贴了封条，他有家归不得。在漆黑的夜里，恰逢大雨，他徘徊于村外，失声大哭，他对自己说："哪里是穷人的家呢？不打倒这一群坏蛋，就没有日子过。"于是连夜跑到表兄家找见了母亲，母亲抱着他的头痛哭："你爹离开家乡进了太原城，你去找部队，你要一日不死，你记着咱们一家人是怎么散的。"说完他走了，他母亲也扑出去跳汾河而死。他悲恸欲绝地逃出来。第二天又被包围在一个小村里，他藏在一个洞中，胆怯的敌人，不敢进去捉他，于是在洞口架柴烧他，他虽然没有死，但是被熏得昏过去。半夜里老乡把他抱出来。他两三天没有吃饭，饿着肚子，背负着仇恨，日夜寻找，找到了部队。这是千万人的遭遇。十二大队战士们普遍地讲这样一段寓言：河南坠，戏中常唱一出戏《书箱藏黄狼》。其大意是：一介书生负笈求学，路遇一个被猎人追逐的黄狼，黄狼哀求书生："把我藏了吧！"书生出于怜悯，把它藏在箱子里，猎人走过后，黄狼跳出箱子对书生说："我要吃你的心肝"。书生面如土色，正无可奈何时，猎人又返转追来，黄狼连忙又说："刚才是和你开玩笑，再藏我吧！"书生又藏起它。猎人问书生："黄狼呢？"书生答："在箱子里。"十二大队各连，号召人人立志作猎人"打死一切吃人的野兽"。在该大队黑板报上，战士们写了这样一首诗："革命要彻底，斩草要除根，打倒反动派，人民大翻身。"这首诗代表着全国人民及千百万解放军指战员的心声。

（原载《群众日报》1949 年 3 月 22 日第 2 版）

遵纪是为人民利益的自觉表现
"战卫""战声"等部开党代表会
检查纪律树立阶级观点

【陕中前线讯】为了贯彻第一野战军第一次党代表会会议关于加强自觉纪律的决议，"战卫""战声""战鼓"等部，召开了党代表会议，展开了加强纪律运动，从阶级观点和政策思想的高度原则上，展开了批评和自我批评，检查了过去政策纪律的执行情况并初步树立了自觉纪律的观点。"战卫"部于 2 月上旬 10 余天的会议中，广泛地揭露了各种违犯纪律的事实，证明了过去因为没有树立牢固的从阶级利益出发的遵纪思想，所以，在遵守纪律方面表现出自觉性不够。如休整时纪律较好，行军打仗，特别是生活困难时，纪律就松懈；单独外出的人员容易犯纪律，集体行动时就好些；有些同志是怕处分，逼不得已而遵守纪律的；有些同志看见上级或是别人违犯纪律，自己也就跟着学；还有个别负责干部，认为下级应该服从纪律，而自己就没有什么纪律可言。党代表会议上特严正指出，这种违犯纪律的主要思想根源，是由于"军阀主义倾向"和"自由主义作风"所造成的，而这一切的总根源，又在于阶级觉悟不高。该部在此次加强自觉纪律的运动中，按照各支部各连队具体情况，进行重点检讨。

如十大队三连过去战斗作风差一些，即以整顿战场纪律为主；二连仗打得好，但逃亡和军阀主义的残余作风较多，即以整顿官兵关系为主。各连队提出中心问题后，即热烈地展开讨论。三连检讨战斗作风时，一个战士反省他在某次夜间战斗中，躲在坑里，全班人都前进了，他还不动，班长叫他，他假装听不见。该连连长也反省自己斗志薄弱。其次，该部在普遍地暴露问题当中，并及时抓住带有一般性和启发性的典型事实，展开深入讨论。十一大队二连在整顿群众纪律时，班长王保成检讨他曾偷过老乡一对银镯子的严重错误。大家在对他进行批评中，提高了王保成和大家的觉悟。该部各级党委委员，都亲自参加到一个支部中去，具体指导并发现和解决问题，因此更使这一运动正确地向前展开。经过此次运动后，绝大多数的同志，纪律观念弄明确了。如过去认为纪律就是单纯对待老百姓的，因而陷于群众纪律的小圈子中，现在则知道无论对上对下、平时战时、党内党外、随时随地都要有严格的纪律。过去认为纪律是上级用来约束下级的，现在则认识到纪律是阶级利益和人民利益的集中表现；过去认为只要打仗好就行，拿老百姓一把麦草是小事，现在认识了纪律是党和军队的生命，没有纪律就不能打胜仗。

"战声"部在讨论中并提出了今后加强纪律的具体办法：（一）加强教育，在阶级觉悟的基础上，提高干部战士的自觉纪律及政策观点。（二）干部、党员应成为遵纪模范，起带头作用；并发动战士互相帮助，互相督促。（三）确实建立奖惩制度，以表扬和批评来教育群众。加强连队纪律检查组和班的纪律值班员工作，以便经常发现好坏典型进行教育。

"战鼓"部党委会于1月下旬即向全体指战员提出整顿纪律的号召，各大队均以整纪为主，纷纷进行动员及检查。"规规矩矩""和和气气""威威武武""整整齐齐"四句纪律口号，已普遍地深印在战士们的脑海中。该部在检查纪律中，运用了言者无罪、互相检查的精神，使违犯纪律的同志也都进行了坦白反省。如十六大队供给处股员曹冠亭，检讨他过去的错误时说："打安边时，我当连长，奉命在城外搜索，因我想发洋财，就随便过了。在一所敌人住过的院里，我拿了一件大衣，战士见我拿，他们也各拿了几套卡其军装；后来又进一所学校，我又强迫拿了一位教员的一支钢笔，在学生口袋里掏了一支口琴，在抽屉中又拿了一支钢笔，到后院又扯了一床花被子。"十八大队事务长刘登华，反省过去曾用枪杆子押着老乡收面，强买菜蔬，以致吓跑了全村老乡。领导即以此种典型材料发动大家普遍地检查和反省，并及时提出："这些严重违反政策纪律的现象，给了我党我军莫大损失！为人民服务的军队，应不应该这样做？"启发大家反复讨论，从而提高了大家的觉悟。如十六大队吴培既说："如我过去所犯的那些错误，群众不会记着我个人的坏处，只会说是咱们解放军不好。"一连傅升元说：

"我们是为人民谋利益的，所以人民才拥护我们，才能到处打胜仗；如果违犯人民利益，脱离了人民，就不会打胜仗。"大家认识政策纪律的重要性后，就自动订计划，写决心书，呈交上级保存，作为以后检查的根据。领导上也配合这一运动，进行驻地的群众纪律检查，因而军民关系也更加亲密了。

（与汪波清、野农合作，原载《群众日报》1949 年 4 月 1 日第 1 版）

西寨部教导团亲密军民团结

助民锄麦推动生产

　　【陕中前线讯】"西寨"部教导团利用星期日及课余时间，帮助驻地及附近村庄群众锄草3000余亩。还没有动手锄草以前，该团首先做了一次详细调查，确定帮助军属、荣誉军人以及贫苦农民锄草，并规定自带干粮，不受群众丝毫报酬，且要认真负责，锄得干净，不伤苗。各支部还进行了动员和组织工作，召开小组会和军人大会。八支提出："一定要锄得使老乡满意！"四支也提出："像给自己家里锄草一样，认真细锄，并且要爱护工具。"各小组、各班之间，均热烈地展开了竞赛。四队指导员睡到半夜以后，还有人不断地送来挑战书。该队还临时编了劳动小组，将会锄与不会锄的互相配备编开。战士们在锄草当中，情绪很高，锄得满身大汗，手上打起了泡，也不休息；家属队的女同志们也参加了送水送饭的工作；卫生队的3个小鬼，一天就锄了6亩。大家锄过后，还要检查，不干净的用手拔。某村樊振国老汉感动地说："我锄了一辈子草，也锄不了这样好。"老乡们都纷纷地送茶送饭来，但都被战士们婉言谢绝了。某村一个老太太叫他的孩子一连送来3次纸烟，均被谢绝，小孩着急地说："同志们吸了吧！妈妈说，你们不吸，她心里过不去。"另一位老太太把拌汤送到地里来了，战士们都坚决不吃，老太太急了，按着一位战士的锄头说："同志！你们不吃就不用锄了。"一个军属老太太高兴地说："你们和我的儿子一样，我赶快给我儿子写信去，叫他好好干，也要帮助穷苦人锄草送粪。"该团在驻地及附近十余村庄内，共帮助群众锄草3543亩。加强了军民关系，扩大了我军的政治影响，并团结和教育了群众。

（原载《群众日报》1949 年 4 月 19 日第 2 版）

警戒线上

2月×日，"战术"部进军至渭北30里的××镇。部队做好工事随即进入阵地，向该镇以西15里之××火车站警戒。敌人隔着小河断断续续地射击着，部队准备随时展开战斗。

深夜，天很黑，一切都非常静寂。偶尔一两个红绿的信号弹划破黑夜的天空，随着稀疏的枪声打破了夜的沉默。这时两个黑影在河边长达数里的阵地上巡行。当他们走近三连的阵地时，站在河岸的凸出堡上凝视着远方的哨兵，突然高声喊："干什么的？""查哨的！"带班的干部听出了是团长的声音，于是又问："后边那个是谁？""政委！"片刻的沉默，人们全部在竖起耳朵细听着动静。脚下的河水不息地向东流去；河槽中阵阵的大风卷上河岸，远处有微微的犬吠声。团长低声问哨兵："有什么动静？"一个战士指着东南方向说："那边打了5发信号弹，打了一梭子机枪！""有多远？""有好几里路远。""我们左边是××部，信号弹是在他们的正面打，也可能是我们的侦察员打的，你们要注意观察。放警戒要搞清左右友邻部队位置和你警戒的范围。"他注视着桥头然后仰望着星斗，沉思了一阵说："这里看桥头还看不清，警戒要伸到桥头。"带班的干部说："桥头的塄坎上已经伸出一个小组。"于是他俩摸下崖去，三个战士趴在工事中注视着桥头。他们检查了工事，工事做得很好，能发扬火力，而且很坚固。但是新挖的土是透湿的，摸摸战士的衣服，也被露水浸湿了。政委问："这样，你们为什么不买一点麦草放在工事里？告诉你们连长下一班哨带一些麦草来！"他用电筒向工事中一闪，看见一个战士没有穿袜子，就问："袜子呢？""放在家里没有穿！""袜子要穿起来，不要冻坏了！""报告政委，一点也不冷！"他这样说时显得特别兴奋有力，好像在对政委表示："你看我是多么精壮的战士，我什么也不怕！"他挺着胸部那股劲儿把大家都逗笑了。

远处传来"口令——"的喊声。团长和政委沿着工事穿过二三里路的河滩，走到五连的阵地上。五连警戒是放在一条通向河滩的凹道口上面，通过50多米的河滩，有一座桥。他们站在凹道口凝视了一阵，团长问哨兵："桥头上设置鹿寨没有？""我们放了几辆大车。""放好了？""放好了！""让我再看一看！"于是他们踏着河滩的泥水，摸到桥头，把周围的地形细看了一番，团长说："河水很浅，哪一处都能过来，最好把这几辆大车放在凹道口。"政委环顾了一下周围的地形说："不必，上边的火力可以控制河滩，他要过来很欢迎！"两人研究了一阵之后，又走向西端的阵地上，此处是该部阵地的正面，各处都密布哨岗，战士们雄伟地屹立于黑暗中。一个战士远远地就喊："口令！"他俩含糊地答了一声，就走近去，政委问："我答口令，你听清没有？""没有！""对呀！这样远连你也听不清！"团长接着问那个战士："你说敌人有侦探没有？""有！""这个镇上昨天刚解放，你说有没有坏人？""可能有！""对啦！那么你七八十米喊口令，坏人听了怎么办？""……""发现动静你就问，30米之内再低声问口令，你认为可疑，让他站住！"政委接着说："你喊得很威严，军人就要这股雄壮劲，可是团长刚才说的话要记下！"战士答："记下了！"

他们又到各营连各班挨门挨户地查铺。有的战士背包放在一边和衣而睡，有的盖着被子睡，有的战士把被子蹬开了，他们又给盖好。查过五六个连以后，他俩到五连问连的干部："为什么有很多战士不解背包？你们要督促战士打开背包好好地休息。""已经下了命令，除了值班部队之外，都打开背包睡觉。""下命令啦？""是的！"他俩说："咱们去看一看！"于是他们一块到各班检查。刚进灶房门就有三个伙夫和衣躺在灶旁睡觉，背包放在一边。团长说："你看这样睡在地上会冻病的，病了你就有工作做了，不论什么工作，都要仔细检查，喜欢简单这是害死人的。"

他们巡查后，回到指挥所时，已是午夜12时。这时枪声渐渐紧了，他们研究了敌情，向上级报告了情况，接着就奉命开始袭击××镇的敌人。

（原载《群众日报》1949年5月7日第4版）

"广播员"战士诗人赵常五

5月初的渭北平原，一望无际的麦海，迎风吹起黄绿色的波浪。妇女们三五成群地在大门前纺线，小孩子在追逐嬉闹。在一个村子前面麦田旁的场子里，战士们团坐成一个圆圈，"广播员"——赵常五同志，在一阵阵的叫好声中，手拿五寸来长的竹片敲打着，扭捏着，歌唱着，他开始在"广播"了。当时正当一次大练兵的开始，下面是他的广播词：

> 上级号召大练兵，
> 同志们听了都高兴，
> 要想练好想办法，
> 全连民主来讨论。
> 指导员首先讲了话，

> 同志们争着都发言，
>
> 组织"评武委员会"，
>
> 每天下午把成绩评，
>
> 谁学得好，谁学得坏，
>
> 升级表上大家看。（注：升级表是每天每个人成绩的公布表）

关于"广播员"赵常五的来历，原来是战卫部的一个机枪班副班长，幼年读过两年书，性格活泼而又细心，平时爱讲些诙谐的故事，引得大家发笑。不论什么事，只要叫他知道了，就顺口编成"诗歌""快板""小调"等唱起来。

早在今年春季练兵的开始，连指导员就叫他在大家面前，把练兵中的好坏例子，编成词，扭唱过几次，效果很好。指导员为了把他的歌唱和整个练兵结合起来，推动大练兵运动，经民主选出赵常五同志为练兵评武委员会委员。歌唱练兵生活，表扬好的，批评坏的，大家给他送外号叫"广播员"。每班又有"报功员"作他的耳目，及时地供给他材料。练兵越忙，围在他周围的"报功员"也越多，在休息时间，"报功员"们在树荫下、在麦田边，或者在晚间的豆油灯下，用手写，用嘴说，从大众那种紧张和严肃的神情里，能看出战士们对这件事看得是多么重要啊！

练兵一开始，他首先把战士们心窝窝里的话，编成"小快板"哼起来：

> 我们是人民解放军，
>
> 练本领打敌人，
>
> 打敌人闹革命，
>
> 为了人民大翻身。
>
> 要想革命快成功，
>
> 样样武艺要练精，
>
> 机枪步枪有把握，
>
> 打在敌人的王八窝。
>
> 互相帮助要做到，
>
> 投弹击发要练好，
>
> 战术技术加勇敢，
>
> 消灭胡匪军不费难。

该连一班战士林枫成，春季战役前思想不对头，想回家，但在同志们耐心的帮助教育下，有了很大进步。该连学习灭租减息政策中，他说："这政策真是我心窝里的话！""我家里千难万苦，不知给有钱人磕了多少头，找来一个财主保人（穷人作保地主不租给地），租来地主五亩'烂杆子'地，租子一点也不能少，自家一年到头地死受，还得吃料糠拌咸菜……"

林枫成认识提高了以后，时时刻刻都操心练本事，他常这样想："练本事为自家翻身。"一次营部从各连抽两个班到营部比赛瞄准。比赛结果，他在那么多的班里是第一名。

立刻赵常五又编成歌唱起来了：

　　一班战士林枫成，

　　过去认识不清醒，

　　各样大事他不练，

　　一心想要回家转。

　　现在认识进步了，

　　瞄准瞄得呱呱叫，

　　营里进行大比赛，

　　全营他是第一名。

　　林枫成同志仔细听，

　　听我把话说分明，

　　你瞄准瞄得虽然好，

　　可是手榴弹扔得不中用。

林枫成这个小伙子，下午听了"广播"，晚上就订了个投弹计划，赵常五又帮助他把计划写成"枪杆诗"，拿起便唱：

　　手榴弹，手榴弹，

　　你要为我争脸面，

　　我的计划三十五，

　　努力练，不怕苦。

　　练好本事上战场，

　　要把胡匪消灭光，

　　将来给我分土地，

　　你和我都欢喜。

五班战士陈登荣，是一个爽快的小伙子，有甚说甚，练兵也蛮有劲。可是有一次四班的同志翻从投考场（注：射击学习方法之一）考试回来，他很好奇地打问人家的考试情形，忘记了学习纪律。

是日下午赵常五又"广播"了：

　　瞧瞧瞧，快去瞧，

> 有点事情不太妙，
>
> 今天大家学过关，
>
> 学会考场去投考，
>
> 有个战士四班里问长又问短，
>
> 胡乱跑就把纪律犯。
>
> 这个同志要仔细想，
>
> 你去闲扯应当不应当，
>
> 同志们都像你这样，
>
> 本事啥时候学停当。

这是"广播"谁呢？战士们都知道。陈登荣听了苦闷地问："这是为自己干呀！为什么还要别人督促呢？"他越想越不对头。当大家休息的时候，他不去，一直苦练了一下午。自此以后，其他同志在练兵时间内，再也不胡乱跑了。

赵常五的广播不只在战士中，而且到非战斗的人员中广播，推动非战斗人员参加练兵。

炊事员陈龙海同志，在盘算着："要是不练本事，在作战时往火线上送饭，半路上碰了敌人的散兵，自己吃亏倒是小事，但是同志们吃不到饭，不能消灭敌人，那可就成大事哩！"于是，他就和另外一个炊事员陈吉法同志商量了一下，到连部要了几张瞄准图，把面袋放在凳子上当枪架，借了一支枪，就瞄起准来。下午投弹时间，他俩也跟大伙一起投。

不知道哪一股风把这件事吹到赵常五的耳朵里，游戏时间，他就用《小放牛》调子，"广播"了：

> 什么人炒菜又瞄准，什么人蒸馍又学过关？
>
> 陈龙海炒菜又瞄准，
>
> 陈吉法蒸馍又学过关。

该连炊事班一共有十四位同志，听了"广播"以后，都闹闹嚷嚷叫起来，"咱也是炊事员难道咱就不愿意，前□□应当地送到火线上，叫战士们吃饱喝好！"这么一来，伙房里一有空，其他的炊事员同志，也都自动学本事，炊事班也转入练兵热潮中去了。

经过24天的练兵，开始举行实弹射击，每人3发子弹，3次打完。每次打靶过后，个人检讨，大家研究，技术好的帮助技术差的，技术差的请技术好的教。该连第一次打靶过后，二排的成绩最好，没有一个吃烧饼的（注：吃烧饼即脱靶的意思）；三排14个人（机枪班除外），都参加了，就有7个人吃烧饼，1个人吃油条（注：上靶不中环的意思）。当天下午三排的同志们，就闹闹嚷嚷互相议论着："走，请二排的同志们来教咱们，走……"

赵常五就把战士们这种互助友爱的精神编成"互助歌""广播"了：

> 互助互助大众来互助，
>
> 在家靠父母，革命靠互助，
>
> 瞄准要互助，投弹要互助，
>
> 互相检查来学习，努力求进步。
>
> 互助互助大家来互助，
>
> 瞄准要正确，投弹准又远。
>
> 胜利年，人人有本钱，
>
> 班排互相争模范。

"广播员"——战士诗人赵常五就是这样以他的天才，推动练兵学习，活动在沸腾的练兵生活中，战卫部到处传播着"广播员"的天才与事迹。

（与李成合作，原载《群众日报》1949 年 5 月 30 日第 4 版）

咸宝段工人英勇护路

【陕中前线 1 日电】陇海铁路咸阳至宝鸡段铁路工人英勇护路，使敌人破坏计划未能实现。自咸阳到虢镇 240 余里的铁路线上，除三四座桥梁被敌人破坏外，其余一切均完好无损。除兴平车站个别站长潜逃外，全部工人职员，均守卫着物资器材等候解放。铁路工人都自动地在电站上联络："反对胡宗南破坏。铁路就是我们的命，坚持到解放军来。"兴平、马嵬坡、绛帐、常兴、蔡家坡、虢镇等车站工人，都组织起来日夜轮班巡逻。把车站玻璃窗以木板保护，并派专人守护水柜和电话总机。工人职员都集中起来住在车站上，普集车站的职工便把车站附近的群众组织起来，以防敌溃兵和游民乱抢东西。这样使各车站的用具、电话、电杆、电线等物资的完整无损。扶风车站工人和西北农学院同学都组织起来："学生护校职工援助；职工护路学生支援。"绛帐车站在我地方游击队协同工人保护下，完好无损。当我大军进到各地时，分派大批干部至各站，具体组织职工及附近群众，对铁路物资进行更妥善保护。

（原载《群众日报》1949 年 6 月 5 日第 1 版）

奋勇追歼溃敌

　　"战术"部于 5 月 16 日在泾阳永乐镇击溃胡匪九十军前哨部队一个营。与此同时，"战声"部在泾阳景阳塔消灭敌九十军一五八团全部后，接着以连续一百三四十里的急行军追赶残敌。战士们在"奋勇前进"的口号鼓舞下，不顾一切疲劳，不让敌人有任何喘息机会，继续猛追。敌人狼狈异常，公路上、铁道上，到处遗弃着辎重武器、衣物；有的敌人因过分惊慌而昏倒路旁，脸色红涨，口吐白沫。敌九十军的俘虏们困倦地说："我们一天两夜没吃饭，跑了一天一夜刚停止，上边说，现在不要紧了，可是话还没有说完，解放军就来了。"的确，匪九十军一五七团 300 多名敌人，从泾阳一带跑了两天两夜刚到扶风绛帐车站，就当了我军的俘虏。

　　在泾阳三里化石渡强渡之"战术"部十支队九连的战士们，在火力掩护下纷纷跃入奔腾的急流中，敌人九十军五十三师一五九团以一连兵力扼守渡口、居高临下，严密地封锁河面，子弹像雨点一样打入水中。战士们在水面齐胸的浪涛中，仍然冒着炮火前进。弹雨挡不住我奋勇前进的勇士。九连抢到对岸，在手榴弹爆炸的烟幕下攀登一丈多高的绝壁。强占了河岸的制高点，配合抢着渡河的七八连，肃清了河岸残存的敌人。此时，信号弹、照明弹如同白昼，数十路的解放军和炮车及络绎不绝的汽车，驰过泾水，大军以急风暴雨之势直趋咸阳。

　　当我前哨部队十支队九连赶抵咸阳城东北 25 里之颜家寨村时，敌九十军五三师一五九团正在集合准备继续逃跑。我青年连长傅福成立即指挥二三十个战士，突然冲入 1200 余个敌人所拥集的小巷里，敌群慌乱不堪，官找不见兵，兵找不见官，五六十挺轻重机枪和三四门迫击炮摆在那里来不及发射。我们的战士们用刺刀、枪托和手榴弹的铁锤子在敌人头上乱打。求救声和惊呼声混成一片，九连一个小司号员举起手榴弹，就有 25 个敌人被俘。黎明时残敌从墙上跑到外边麦田中，准备逃命，又被我十二支队直属队迎头截住。至此 1700 多名敌人被我全歼，无一漏网。打扫战场完毕，在烈日的炽射下，部队又疾向陇海路挺进。

　　（原载《群众日报》1949 年 6 月 6 日第 2 版）

太白山侧

日日夜夜，连续行军，连续作战。旺盛的战斗意志，人民衷心的热爱，在奋勇前进的大进军中，绘出了多少动人的场面啊！

5月24日上午，解放军一部，从陇海路上岐山县之蔡家坡等地跨过了渭河，奔赴岐山县南60里处的五丈原；把陇海路西段的残敌——三十六军，一直从五丈原追至秦岭支派——太白山侧之棋盘山上。炮兵驰上高原后，就地架炮发射，先头部队从五丈原向棋盘山攀登进攻了，我们后续部队，趴在原上等候进攻命令。环顾五丈原宽约三四里、长达十余里为一葫芦形突出的高原，传为诸葛亮和司马懿鏖战之地。北依渭水，左侧石头河，南靠太白山棋盘山，太白山海拔约四千公尺，山巅铺满白雪。

在烈日下，没有一棵树，没有一丝风，我们衣服被汗水洗过，口干舌燥，俯视滔滔奔腾的河水，就格外感到口渴难耐。这时五丈原左侧武家窑等四五个小村，都在沸腾地忙碌着给部队烧开水，有两个老太太抬着一桶水，冒着酷热、流弹，从山坡上向我们的阵地上爬，由她俩斑白的头发，可以看出至少在60岁以上，当她们爬到半山坡时因为太热太累，一个老太太晕倒了，开水顺着山坡往下流，她老人家的手和腿都烫得红肿，于是村里人急忙把她扶回去。当她清醒时，她又要去送开水，村里人劝说："你老人家不要送，我们去！"她说："咱们日夜盼红军，红军来了，我死也要见一面。"于是她提上一小瓦罐开水又送上来了。当你喝上一口水时，你激动的心便会感到这宛似哺育自己的慈母的乳汁。接着她的儿子张有成又担一担开水来了，他约40岁，但看起来足有50多岁，繁重的劳动使他头发脱落，背也驼了。他穿着一件千缝百补的衣服，赤着脚，战士们关心地叮咛他："老乡，地下这么烧，不穿鞋子，会把脚磨坏的。"他用破袄袖子擦了擦头上的汗说："穿不起，冬夏都没鞋穿。"接着他讲了很多的痛苦往事，一字一泪。同志们刺心地听着都凄然地低下头。思想着胡匪给予劳动人民的灾难是如此的深重呀！不知道哪一个战士不吭声地往我手里塞了一双鞋子，我转递给张有成，他接住鞋子，手在颤抖，他呆然地噙着眼泪看着我们，他也许是怕自己的悲痛感染了别人，于是他匆忙地扭转头担上桶离开阵地回到村里。立刻全村人都围来看这双鞋子争相传告："这真是红军，给了四儿他大一双鞋。"（四儿——张有成小儿）一家人喜欢得合不拢嘴，老婆说："挂到窑顶上，过年再穿，"母亲说："包起来赶集上会过事情再穿。"

中午部队组织火力准备拿下棋盘山最高和最后一个山堡时，我下去到了与武家窑村相连的四五个小村（这几个小村一共23家人，），立刻在我眼前展开一幅悲惨的画面，十五六岁的姑娘没有衣服穿，躲在柴堆背后不敢见人，全村老年人都害着"柳脖子病"。（脖子臃肿）张有成给我端来一碗饭，满心满意地要我吃。我的心在苦痛中煎熬，你看这是一碗什么饭啊！不见米粒与面屑，纯粹煮的树叶与野菜，在这青黄不接的季节，他们就这样吃了3个多月了。去年收成不好，张有成打的一石二斗麦子，给胡匪缴军粮、捐费、买壮丁用去了9斗，四家合买的1头牛，又被三十六师杀吃了，这个小村今年3个月买了两次兵，共费了40石麦子，张有成一个孩子在古历三月饿死了，全村有3个孩子刚生下来，就丢到沟渠中"喂狗啦"！他们说：这样比那爹娘们眼巴巴地望着自己亲生的骨肉活活饿死要少刺心一点。我此时深为感动，不知道该用什么话表达这些在国民党匪帮统治下的，在疾病、饥饿、压榨，粮、款、兵灾下呻吟辗转的可怜人们对解放军的期望！人民解放军的确是他们生存的唯一希望，是他们生活的唯一依托，当下午村里老乡三五成群地把水送到阵地上时，张有成告诉我："武家窑村老百姓送了27担开水。"十支队二营的战士们喝了水，擦着汗挽着袖子，纷纷对老百姓说："我们一定要把敌人消灭光来为你们报仇。"的确，5月15日陕中战役开始了，在10多天来夜以继日的追击战中，有时连续行军20小时，行程140余里，脚上打了泡流着血。忍受着溽热与疲劳，但他们都清楚地知道，知道他们是为了什么。

是日下午击溃了敌人，部队上了五丈原，武家窑等村的男女老少，站在村边向部队行列挥着手，感谢他们的救命恩人，他们将永远记着解放军的好处，他们的心将永远和解放军结合在一起。

（原载《群众日报》1949年6月18日第4版）

稳如泰山寸步不移

人民解放军一个连阻击胡匪一个师兵力，36小时战斗中杀伤敌人六七百人，固守阵地。屹立不动的赵家庄，敌人始终是毫无奈何地可望而不可即。以后奉命后撤，使解放军另部转向渭河两岸，在郿县歼灭了胡匪三十六军。

6月10日，胡匪六十一师从宝鸡出发向工业区蔡家坡进犯。9日夜著名的战斗英雄杜立海领导下的五连奉命现至蔡家坡西北15里之赵家庄，严阵以待。10日晨敌接近赵家庄，炮战即猛烈展开，立刻赵家庄便在硝火浓烟中。上午敌人在盲目地射击后，便举行冲锋。但一次又一次地被五连打垮了。接着敌人便十余次地开机关枪促使士兵整营、整连轮流不息地再上阵，连长杜立海和战士并肩站在阵地最前沿号召："同志们一步不退！"战士们齐声回答："只要我们五连还有一个人，阵地就失不了！"

赵家庄是一个二十来户的小村子，村西50米有个小庙，庙的右侧是一条小土梁。三排七班配备一挺机枪固守小庙，第三排坚守着堡子东南的堡墙，英雄杜立海提着个手枪，哪一块打得激烈他就去哪一块。他勉励战士："坚决守住，刺刀手榴弹在头，有什么武器用什么武器，人在阵地在！"战士们像他们英雄连长一样英勇，小庙边的第七班，伤亡得留下最后一个人，但是那最后一个战士一直坚持到完成任务。班里有两挺机枪，射手郝文清的机枪打坏了，他就帮助射手宋耀东压子弹。宋耀东的机枪向正西封锁敌人的行动道路。但敌人两路三路地打到南边的庙门口，当敌人到庙门跟前时，他端起来扫射，敌人应声倒下，他又扭转枪头向西打……敌人一班一排一连都被他前后左右一次、两次、三次……打下去。枪筒打红了，他端起枪满手直起血泡，但他毫不松手都是端起来扫射。战士们说："这一天死在他机枪下面的敌人，有六七十人。"最后他这挺枪只有37发子弹了，他说："不要紧还有四颗手榴弹，现在守了12小时了，还可以守12小时。"正在这时，成群敌人又冲上来了，他就准确地点射，打倒前头的几个敌人，其他的就乱七八糟地溃退下去了。他按照这个规律，敌人上来他就这样打。战士郝文清看见子弹送不上来，点射也不能继续了，于是当敌人集团冲锋时，郝文清、宋耀东和七班仅有的一个手枪手，都冲入敌群，把数十敌人搅得混乱一团。郝文清等用手榴弹铁锤在敌人头上猛击，敌人各自逃命慌乱逃跑，郝文清生擒了一个敌人捆进庙子，从敌人身上解下35发子弹，又继续战斗。

庙的右侧小土梁上的20余人伤亡得只余最后7人，但他们已连续打退敌人六次反冲锋，当敌人攻到堡前南门口时，杜立海指定四班副班长进行反击，四班副背着步枪从两丈多高的堡墙上跳下去，六七个战士相继跳下，在敌群中刺刀、枪托、排子手榴弹，展开了一场肉搏的恶战。7名勇士在敌人中间的后边侧面厮杀、射击，敌人被压拢地退到30米之外。敌人的排炮向他们射击，炽烈的太阳下烟雾通天，有的战士在炮火烈日下鼻孔流血，有的头发眉毛被烧光，面如锅底。敌人一次又一次地成排成连地轮番冲锋，均被击退。英雄的第五连三四小时没有了子弹，敌人上来就是刺刀肉搏，杀伤的敌人层层叠叠地铺满在堡的前面。从9日黄昏进入阵地到次日夜12时奉命撤退，第五连坚守了36小时，杀伤敌人六七百人以上。敌人六十一师残部依然只能毫无奈何地看着这可望而不可即的屹立不动的赵家庄。杜立海和他的英雄连获得战卫部"稳如泰山寸步不移"的嘉奖，人们都夸奖他们是"英雄连长的英雄连。"

杜立海在去年夏季澄县罗家凹战斗中曾负重伤，去年夏季壶梯山消灭胡匪整三十六师战斗中，带头冲上壶梯山，数次负伤后终于最先把红旗插上去。当该次战役后把他救护下来时，在医院中他昏迷不醒，躺在手术台上他说："冲呀！把红旗插上去，我的伤不要紧……我不下火线……"这些劳动人民儿子忠心赤胆的事迹，至今犹被人传诵赞叹。而在有名的永丰镇全歼七十六军战斗中，他带领战士亲自捉住胡匪七十六军军长李日基。

他是四川人，他是在陕甘宁边区战斗中由胡匪整一三五旅解放过来的。因为他奋不顾身地为人民而战，遂很快由战士一直升任连长。他也像第五连的战士们一样，是一个出身贫苦的劳动人，英雄杜立海和第五连战士力量的无限源泉，就像杜立海说的一样："我们为劳动人民翻身报仇而打仗！"

（与黄起诚合作，原载《群众日报》1949 年 6 月 30 日第 4 版）

巡行在阵地上

在秦岭北麓，解放军迎头痛击回窜的胡匪。密如蛛网的交通壕，无数的碉堡，构成数十里长纵深椬宽的工程浩大的工事，但在烈日下、午夜中，战士们还是不断地加强工事。20 日深夜，枪声稀疏，在战卫部十一支队阵地上，三营机枪连和炮排同志们在挖工事。下着小雨，天黑得伸手不见五指，到处都是稻田和稠密的树林，大风卷过树林沙沙作响。挖工事挖出水来了，于是他们一面排水，一面在泥里挖。七连 20 多个战士去拉鹿寨跌在水渠中，浑身浸得透湿，同志们都低声笑了。这时旁边的四班 9 个战士，也是整个一夜没有睡觉，他们得意地说："一夜没有睡，我们挖了 1 米宽、6 米长、1.4 米多高的一个隐蔽部，还盖了一个伏地碉。"在黑暗中不时地可以听到"你累了我挖，我不累。"回答的声音是："你不累我为什么累？不，不要你挖。"另一个插上说："只要消灭敌人，再几个透夜不睡觉也没意见。"在次日的晨光中，战士们看看自己一夜辛苦筑起的坚固工事，每个人脸上都浮起愉快的笑容，接着他们又去做另外一个工事去了。

我沿着工事走去，看见战士们挖完工事靠在隐蔽部中片刻地休息后，便卷入热烈的讨论，写挑战书和应战书。在十支队十一支队那些突出的重要阵地上，战士们给自己碉堡都命了名，比如"胜利碉""奋勇前进碉"。在前沿阵地上的伏地碉、隐蔽部，铺着草，放着开水缸，战士们称它为"我们的家庭"。伏地碉和工事的墙壁上，铲平二尺见方的一块地方，上边写着："杀敌记功牌。"战士们告诉我："打倒一个敌人画上一道道，打倒 5 个敌人记一功。轻机枪打 20 个记一功。"并且每班都有报功员随时把英雄事迹传到全战场，到处你都可以听到这样一句话："我们工事前面就是敌人的坟墓！"我默默地想：不可摧毁的不只是这些工事，主要的还是那有崇高理想的战士的意志！

18 日，敌 300 余人在炮火掩护下，向十支队阵地进攻，战士们凝神屏气地在等待着。当敌人接近到八连阵地时，我们炮兵群以炽烈的炮火猛击，机关枪一起吼叫了。敌人乱叫乱跑，有的掉在稻田中，有的晕头转向，团团打转，战士们鼓掌大笑。笑声传遍了各个阵地、"粮中岛"、笑声震荡了秦岭山谷。正在此时，十一支队七连也打垮了敌人一个班的进扰。战斗刚下来，七连三班马上开会讨论研究："打了 28 发子弹，打倒一个敌人，为什么射击效果不大？"立刻他们请来了有经验的战士来指导，其余各班也派人去参加。敌人的进攻被击溃以后，十队党委的致贺信便出现在支队炮兵连的阵地上，指导员拿着信，在高声念着："炮兵连同志们，敌人一营兵力接近我八连阵地，你们——英勇的神炮手，一阵炮火直打得敌人哭爹叫娘连滚带爬地滚下去了，你们的炮打得好，你们得到师首长的称赞，希望你们继续努力，我们阵地前面就是敌人的坟墓……"立刻战士们便高呼："争取神炮手。"同时这封信被印成小传单，在阵地上到处飞舞。炮兵连准确的射击立刻成为战士们谈话的资料。

21 日，我到九连阵地上，九连二排的战士在热烈地要求上级给予最艰苦的任务。他们全排人都围在连长、指导员跟前要求任务，堡子外边最突出的前沿阵地是该连一排在那里坚守，二排战士声言："我们二排要求换一排，我们有五个胜利的条件。"指导员说："一排也有决心，你们不一定争着去。"战士们说："哪里困难，哪里重要，哪里就最光荣。我们就到哪里去。"当我走到四连一排时，战士们坐在隐蔽中正热烈地讨论："我们一定做到守如泰山，寸步不移！我们不但能够使自己阵地一步不移，而且保证侧翼六连二、三排的安全。"于是战士们便在膝盖上写了保证书，立刻送到六连。保证书刚到六连，该连二三排的碉堡中立刻就响起一片话声。六连八班长刘世全说："他们保证我们的右侧安全，如果敌人进攻他们四连二排阵地前边时，我们一定火力援助侧射敌人，友邻阵地安全也是自己阵地安全。"于是六连又向自己的右翼九连提出："四连保证我们右翼安全，我们保证你们的右翼安全。"当这些相互连环的保证友邻侧翼安全的条件在各连传开后，战壕中就展开了热烈的讨论。各个阵地派代表互相交流办法，交流信心，参观工事。代表们川流不息地来回跑，各种相互勉励的信件到处飞传。这是战壕中很热闹的一天。

最后我到了十一支队六连阵地上，战士们都在讨论信心，出主意、想办法。该连以自己熟悉的战斗英雄郝文清反复冲锋肉搏、积极歼敌的战术思想作对照，讨论立功入党。你随便走在哪里都是热烈讨论和表示决心的发言。当我在工事上走动时，同志们告诉我："十一支队二营举行小型的庆功会。"可惜我不能同时参加这种活动，不能完整地记下这沸腾的活动场面。

我在战壕中走动着，那些各支队印的小报、小传单、挑战书、应战书、慰问信、对友邻的保证书、勉励书，到处飞舞。宣传队组织的宣传小组拉着悠扬的乐器在唱着英雄事迹和胜利的信心，生活的愉快充满了战场。

这里是战场，也是一个学校，这里是斗争最尖锐的所在，这里也是生活最光彩、最愉快的地方。

（原载《群众日报》1949 年 7 月 6 日第 4 版）

残敌惨杀武功人民　我军誓言为民报仇

【西北前线电】国民党胡马残余匪军在重占武功、盩厔等县期间，疯狂屠杀爱国人民。敌陇南兵团王治歧匪部在重占武功的 10 余天中，即枪杀群众 100 多人，在普集镇车站，并将爱国人民列队以机枪扫射。据初步材料证明，胡匪九十军在盩厔亦枪杀群众约 120 人。该县城南 15 里马召镇中心小学校长等 10 人惨遭活埋。此次，我军向陇海铁路西段进军，沿途群众纷纷哭诉敌人暴行，要求歼敌复仇。我军战士们听了，气愤填膺，一致喊出："替群众报仇""在大决战中清算胡宗南的罪恶。"本月中旬胡匪四个军在扶风、郿县地区的覆灭，即是该等匪军之最后惩罚，现我军第四师正掀起"诉苦复仇运动"，誓言在新的战斗中，痛歼残余匪军。

杜鹏程　江涛

（与江涛合作，原载《群众日报》1949 年 7 月 26 日第 2 版）

洮河上的奇迹

向甘肃西部挺进的解放军某兵团顺利跨过洮河以后，第一野战军前线指挥部特地打了一个电报祝贺。

的确，这是一件惊人的创举。我军工兵团用 70 多个小时的工夫，在水深 6 尺、水速每秒钟 3 米的洮河上，架起了一座 125 米、载重 5000 斤的大桥，使我军无数的步兵、炮兵，从浪涛滚滚的洮河上跨过，继续追歼逃跑的敌人。

这是在 8 月 16 日夜里，敌新编骑兵第三旅，在晚上 10 时逃跑时，把用船搭成的浮桥焚毁了。兼程前进的我二军工兵团于当日下午 2 时，从会川奉命进击，以 6 小时 80 里路程的强行军赶到洮河边。洮河上渡口很少，河水从西岭山支脉宝鼎山之绝壁下流过，水流甚急，最浅的地方三四米，最深者达八九米。敌人依此天险，作为甘肃第三道防线。工兵团团长伊保仁望了望洮河，下定了决心，只有抢架大桥。当地数十个深知水性的水手和居民马上参加帮助抢架。战士们扛木料、找绳索、扎木筏，脱光了衣服在晨曦下严寒的急流中，用十根到 20 根直径一尺五寸、长三丈余的大木料扎成筏子，然后用铁索和很粗的大绳紧紧地缚在河岸两旁的大树上，一个筏子一个筏子地用千百条大绳铁索扎了起来。在伊保仁团长的领导下，全团战士紧张地工作着。在午夜里，河两岸架着柴火，火焰通红，光辉如同白昼，喊叫声、锯木声、欢笑声汇成一个雄伟无比的巨音。在狂风暴雨袭来时，他们依然不息地工作着，很多同志被急流冲走，又从浪涛中挣扎出来，有的不幸被浪涛吞没了。在这里的工作中，革命战士奋不顾身的高贵品质，得到了辉煌的表现。在 70 多个小时的努力下，战士们用了近 2000 根大木料，架起了这座长 125 米、宽 9 米的大桥。源源而来的解放军跨越大桥继续向西挺进时，每个人都赞扬着人民英雄工兵们所创立的奇迹，他们齐声欢呼着："工兵们立上了第一功！"

（与顾欧济、汪波清合作，原载《群众日报》1949 年 10 月 3 日第 3 版）

三、《晋绥日报》稿

平凡的故事
——西北人民解放军生活片段

在这样雄伟的行列中，一个陌生人，一定认不出哪个是营长或是战士，哪个是连长或是炊事员。说不定你指那骑马的是营长，而他恰是走累了的战士，你指那背锅的是炊事员，而他恰是连长。你看！十二连连长李江国一会替战士扛枪背行李，一会替炊事员背锅挑油桶。当上山时，3 个扛机枪的战士走累了，李连长放下油桶，帮他们扛了一挺机枪，炊事员看见连长扛了一挺，他把袖子一挽，就帮他们扛了两挺，去追连长。此时全连队都加速脚步追他俩，吆喝着，歌唱着……有些滑稽的战士，学着老头上山姿态，逗得大家笑得直不起腰来。上山就地休息后，大家都说："怎么不见连长？"战士们正在奇怪地议论，忽然看见一个人还远远挑着一担水过来了……大家跑过去一看，却发现原来是自己的连长。战士们都抱怨地说："你这会累坏啊！像这样，下次别想再帮我们挑东西了。"连长放下水桶，用手巾擦着头上的汗，指着那背着一口大锅、正在爬山的人说："你们看！十连连长王仲正，已经病了两天，他还是一样帮同志们的忙呢……"

这些在人民军队中本是平凡的事，然而解放战士周常却因此心里掀起一个大波浪，当天夜里同志们都鼾声大作，他却辗转不能成眠。他想起自己在蒋军一三五旅亲眼见到的一切黑暗，又想被解放后在人民军队中的生活……他想到这里，忽然一个人影闪进窑洞，他猛地一怔，看到那进来的人，把战士们掀开的被子，一个个给盖好。走到他身边时，在月光中，他认出了是自己的副营长，他想叫，却又忍住了，静静地让副营长把自己掀开的被子盖好，又静静地看着副营长轻脚轻手地走出去。

从此，周常思想上真正认识到人民军队的本质，扫除了心中残留的不健康的东西，活泼了，有生气了，行军中一到宿营地，他就帮大家打草鞋，每天都是打到夜深人静，全营同志都同声夸奖他，但他一点也不自骄，他要前进，他要做一个真正的人民战士。

（原载《晋绥日报》1947 年 9 月 1 日）

我们的亲人

——行军途中散记

无数飞快的步子，踏起了大路上的尘土，每个人通红的脸上流着汗水。人们不由得哼起"我们都是飞行军……"的歌来。过了汾河，"衡阳"某部插过来了，他们每个人都背一个新的粗布褡包，有的褡包上写着"保卫我们的恩人"；有的写着"人民英雄"，下边注着："稷河县（汾南新设县）三区六毋村妇女敬赠。"休息后，战士们抽烟，很多人拿出漂亮小巧的烟口袋向我夸耀，上边有的绣着："翻身不忘共产党"等字，有一个绿色小烟包绣着："我们的亲人"五个字。的确，到处都是我们的亲人。一路上老乡们对我们多么亲热呀！当我们行至东谷村时，男女老少在一条大巷里摆满米汤、米馍馍、红薯、枣子。小学生们钻来钻去地烧着锅、抬着开水，妇女们散发东西："快拿上，就是给你们准备的。"有时互相的说话声被锣鼓声打断了，那些提着热腾腾面条的老太太们到处叫喊："伤病员在哪里，这是给伤病员吃的。"伤病员们过意不去，所以每到过村子时，躺在车里用被子蒙住头悄悄过去，她们知道后，凡大车过来，总要拦住车，老婆婆、小孩、妇女跳上去把东西送到你嘴边，在凛冽的北风中脸冻得发紫，但每个战士的心都是滚烫的，每个人都被他们感动。"为什么人打仗，为什么人流血？"在这里不是表现得非常清楚和具体吗？有多少解放军战士也被这有生以来第一次见到的情形感动了。

出发的第二天，在某县北李村宿营，因为经过百余里的行军，又累又饿，身上冷得像凉水浇的一样，此刻有什么地方休息取暖，哪怕是一分钟也是最舒服的。突然大家兴奋了，你听吧，欢呼声，锣鼓声同时传来，北李村妇女、儿童、农会欢迎我们了，他们在数九寒天的村外期待了四个钟头了，这是一阵突然爆发的欢乐，妇女们、小孩们、农民们欢呼："毛主席万岁！""解放军万岁！""农民翻身万岁！"虽然在这漆黑的夜里，什么也看不见，但是可以感到人民对于我们的热爱。宿营后，我们住在姓文的农民家里，住的地方扫得干干净净，热烘烘的炕上整齐地铺着毡，当我们要求老乡帮我们烧一点水时，他们一家人争先地说："全准备好了，洗脸水、洗脚水、锅也烧开了，面也擀好了。"同志们互相望着满是尘土的脸笑了，不约而同地说："回到家里啦！"

（原载《晋绥日报》1948年2月22日）

小卫生员贵才

"贵才"，大家都这样亲热地叫着他。

贵才是"江南"某部二连一个小卫生员，他还是个甲等人民功臣哩！像我们部队很多小鬼一样，他是非常懂事和能干的。每次战斗只要有人说，"贵才，那边有伤员"，他不等你说完就跑过去了。你即使告诉他"那边封锁得紧，等一会去"，他也不理那一套。正因为如此，二连在一年战斗中没有丢过一个伤员。

7月安边战斗，是在一个展手不见拳的夜里进行的。他随突击队贴近了城墙，手榴弹左右轰鸣，掀起的泥土不时地扑到他脸上来，随着震耳的爆炸声，趴在距离最近的他们，几乎被抛起来，趁着烈火浓烟，贵才跟最先冲进去的一个班爬上了城墙，给这一个上药，给那一个止血。一阵忙乱之后，他突然觉得裤子里黏糊糊的，一看，才知腿上负了伤，他脱了裤子正给自己上药时，有人喊道："贵才，李永其负伤了！"他马上提上裤子一拐一拐地去看。此时枪声与"缴枪不杀"的喊声混成一片，他冒着危险摸下了城墙，跳过了敌人的死尸，找到了李永其，边扎绷带，边安慰说："痛吧？来，我背你！"他似乎忘记了自己还要扶住墙才能走动。

一个小卫生员在敌人火网下给伤员止血，每次跟上突击队冲锋，这或者不算稀奇，可是你看他吧！在三岔湾战斗中，平漠的沙滩上有几个同志负伤了，他跪在开阔地里给他们止血，敌人打得沙土直冒，睁不开眼，子弹擦着耳边左右横飞，他沉着地止完血，残敌从右面反扑，接近我指挥所阵地前沿，情况相当紧急，他就跳到第八班阵地上，从敌人死尸上解下枪和子弹就打起来。他还持枪高呼："同志们，坚决打！"直到把敌人打退，他又一跳一蹦地赶到最前头去了。

宜川战斗，他和指导员冲上七郎山，看见一股敌人，他说："指导员，去解决他！"指导员还未来得及答复他，他就一步抢前说："指导员，你走后边，我走前头。"说着猛扑敌群，打了一颗手榴弹，毙敌1人、伤敌3人，其余敌人面对着这位小英雄举手求饶了。他活捉敌7人，缴步枪7支、机枪1挺。这时，十几步外，一个敌人向他打了一枪，子弹从他耳边飞过，他冒火了，"你看我人小，你还不知道老子的厉害呢"！他飞奔过去，一枪打死了那个敌人。马村战斗，全营只有他一个卫生员在前头救护全营的伤兵，这里叫"贵才！"那里喊"贵才！"他在离敌几十米的阵地上，在冰天雪地里，整夜止血、上药、背伤员。有多少颗心在感激这满身染着血的小英雄。

他们连的战士负伤后，他或送几盒纸烟，或者把自己仅有的津贴捎给他们，照例每次叮咛："好好休息，快回来，我们大家等着你。"战士杜炳义病了，他成天嘘寒问暖，送汤端水，摸摸头，揣揣手，安慰他说："你多爱护自己，需要什么给我说。"在行军中，替病员扛上行李，背上枪。

贵才同志是在革命队伍中长大的，他参加部队时还不到桌子高。他家里没有房屋，没有土地，没有亲人，只有一个和他一块讨过饭的老父亲，现在也下世了。所以他就把部队当成他自己的家。

（原载《晋绥日报》1948 年 2 月 22 日 ）

王 老 虎

一提起"江南"部的王老虎，人们都会想起他的英雄事迹。但不幸于去年榆林战役中，他终于为人民献出了最后一滴血，我们把他的事迹记载在下面，以志哀念。

还在 1944 年初，王老虎在家乡磐石当民兵时，一次，他们 4 个人给敌人抓进据点去了，据说次日中午要用刺刀捅死。夜里，四个人中，有两个人托着头在想什么，有一个低声地哭着。王老虎呢？一股劲不吭气，嘬着小烟袋，蹲在墙角，一袋一袋地抽着。除了门外日本哨兵来回移动的脚步声外，一切都是静悄悄的。王老虎抽了好几十锅烟，然后慢慢凑到他们 3 个跟前说："你这怂包，哭甚，日本人还会饶了你，走！

跟我来！"大家鼓足了力气，一下踹开了门，王老虎猛扑上去，卡住哨兵的脖子，刺死了哨兵，逃出了牢笼。

平时，他很少说话，老是一个人蹲在墙角抽烟，可是一打起仗来，他是非常勇敢和坚定。1946年4月在山西北廓村保卫战中，他们一个班守住村里一座庙。敌人五六百个人，还配备着山炮、迫击炮向他们攻击。从清早激战到黄昏，敌人一次一次的冲锋被打退了。敌人用炮火把他们守的庙从上往下一层一层地摧毁，眼看着就无藏身之地了。但他们在炮火间断时又垒起来，敌人又摧毁，他们再垒起来。每个人的脸被炮火熏得像锅底似的。最后子弹打完了，在这生死关头，王老虎紧张地监视着敌人。当敌人倾尽全力最后一次猛攻时，他拿起了掷弹筒的炮弹，往墙上一碰，再扔到敌群中去。大家用石头打着敌人。敌人在门口放起火来，他们便搬倒水缸泼灭火。直到我援兵到来，把敌人击溃。王老虎及所有的英雄们，永远为北廓村人民赞扬着！

在保卫陕甘宁边区的战争中，那是决定蟠龙战役胜负的积玉峁战斗，王老虎显得更勇敢，他眼睛通红，嘴绷得紧紧的，当轰炸过后，迅速地通过铁丝网，进到敌人外壕中，用手榴弹赶走前沿工事里的敌人，搭上梯子，和班长张生同等爬上了顶上，用手榴弹把敌人一直赶进工事，他跳在敌人王八窝上，用手挖开顶子，把手榴弹打了进去，敌人连哭带号地跑了出来，他跑到敌人侧面外壕边，3枪打死了3个敌人。攻打积玉峁，他一通打了70多颗手榴弹，第3次荣获"战士英雄"的称号，真武洞祝捷大会上被选为主席团之一。

榆林战役时，在动员大会上，各部战斗英雄提出：为了保卫边区和王老虎比赛，向王老虎看齐。他低头蹲在队伍中，噙着他的小烟袋，同志们你推一把，他拉一下说："你听，人家和老虎班比赛呢！起来答复人家吧！"王老虎像个大闺女似的，红着脸，流着汗，很不自然地走到队伍前面说："为保卫毛主席，我和全团比赛。"

三岔湾战斗，他在最前头冲进敌阵，接二连三地向敌人工事中投着手榴弹，敌人垮了，可是他也中弹倒下了。正如他自己曾对人说的：为了保卫毛主席党中央，我随时准备牺牲自己。

王老虎虽然牺牲了，但是六连"老虎班"还在更顽强地战斗着。

（原载《晋绥日报》1948年4月1日）

公 团 长

　　瓦子街大捷后，部队从宜川出发，我和"西峰"部的工作员去赶队，过了种子梁，下山便是黄龙山腹地郑家沟，这一带的老乡听说过队伍摸不清根底，都扶上老人捎上孩子钻进梢林中去避难。5 日下午当我俩到郑家沟时，他们又慢慢地回来了，我问一个老汉："你们为什么敢回来？"他东张西望结结巴巴地问："你……你是不是'公团长'的队伍？"这下把我们两个都问得瞪了眼，他又问："你们就是红军？"我说："对，是解放军！"他奇怪地又问："那为什么不是'公团长'领的人？"我请他把"公团长"的情形详细说一说，他说："俺姓贾，河南人，前年逃难到黄龙山，先前在河南就听人说过这个'公团长'，他的本事可大吧。这里杀'公团长'，那里杀'公团长'，'公团长'的人越杀越多，日本人听见他都失颜转色，如今他的气候可闹大了，听说领大几百万红军哩，天下 18 省他占了个大半，给恓惶人分地，打倒压迫人的坏人，因为他公道，人都叫他'公团长'。去年'公团长'的队伍到过黄龙山，今日到过的队伍一定是'公团长'的队伍，刚才有四个同志喝了两碗开水给了两千元，人家把我的小孩子搂起来说：'恓惶人的小孩子穿的这破裤子，老人家不怕，咱们来给你就有办法了。'你不要哄我，我一看就知道你们是'公团长'的队伍。"

　　这时老婆、老汉、媳妇、孩子都张着口瞪着眼急切地等待我们回答，我左思右想搔着头皮，工作员扳住指头算着："毛主席，朱总司令，彭副总司令……哪里有个公团长？"他算着算着忽然大叫起来说："你说的是共产党吧，老人家？"我不觉失声笑起来，连忙对老乡说："是的，老人家，我们是'公团长'的队伍。"他全家人马上便忙起来了，像招呼自己亲人一样，拿出仅有的一点棒子面，一把藏在草堆里的干豆角，非要我们吃饭不行，当我们起身时，全家男女老少送到硷畔上，再三叮咛："替俺们恓惶人问候问候'公团长'，再过来一定到俺家来。"

（原载《晋绥日报》1948 年 4 月 1 日）

四评练兵后斗志惊人高涨

壶梯山上我军顽强杀敌

前线记者杜鹏程向彭副总司令反映火线见闻

【新华社西北 1948 年 9 月 8 日电】西北人民解放军某旅,经四评(评斗志、评智慧、评指挥、评政策)整军与夏季大练兵后,在此次黄龙南线痛歼国民党军三十六师之役中,表现了惊人高涨的斗志和优良的战斗动作。西北前线记者杜鹏程特将参加此次战斗的见闻,报告了彭副总司令及西北野战军政治部甘泗淇主任。彭副总司令认为党的新闻工作者这种深入战斗采访的作风与负责向领导机关报告情况的办法,值得提倡推广,特致函西北总分社,将该函予以发表。杜向彭副总司令、甘主任的报告原文如下。

前次我们记者在前线分社集会,你们指示我们经常把团、营、连真实情况反映上来,故我将消灭三十六师中所见情形简述如下,以供领导上参考。

8 日攻壶梯山时,纵队号召把人民解放军大旗插在壶梯山上,故进攻中仅 2 小时便一举攻克。我在首先登山的某旅,看到有如下几个特点。

第一,部队在夏季四评大练兵后有了惊人的进步,表现在战斗上的英勇顽强,负伤不下火线,坚持战斗到底。几乎是全体干部都惊叹地说:"评斗志后改变了部队。"当战斗一开始,班和小组突然勇猛地在敌人前沿上到处往上爬,敌人没办法应付,故一层层的工事迅速地被突破。某团战士张大荣两次负伤不下火线,血流满身,他坚决不承认自己负伤。某团战士薛进中战斗前要求入党,冲锋时,一个人跑到全班前面,从被炮弹打穿的孔中钻进去,投了 5 颗手榴弹,敌人一个班被打垮,他负伤 3 次虽很重,但不下火线。他说:"我不下去,只要我牺牲不了,我总要争取入党!"他冲上去时,被炮弹震昏了,当他清醒后又爬上去冲锋了。很多战士,突然扑到敌工事枪眼下,把爆炸弹、手榴弹塞进王八窝(伏地碉)。某团八班长乔伯生和一个战士,扑到敌群中,后续部队和他们失掉联络,敌人向他们投手榴弹,他迅速地捡起四五个回敬敌人,然后他猛扑到敌人重机枪前面打死敌射手,即刻扭转敌人的枪打敌人。他们普遍地不但负三四次伤不下火线,而且负伤不要人抬,"不要管我,你们只管攻"!他们自己往下爬,挣扎着回去。某团四连突然插在敌人心脏——壶梯山庙顶上,全连有 22 个负伤者,有的负伤三四处,有的被打坏腿、打断臂,十一团全团负重伤 60 余人,但都没有一个人下去,他们"死也要入党"。当他们和九连冲到山顶最后的集团工事边,双方就拼起手榴弹，烟雾遮天，山摇地动。很多连队冲上去，但站不住脚，就卧在地下往外滚一点，翻过身又扑上去。就这样三四次甚至于七八次反复。总之一个决心，不向后退一步，"进到哪一块就站到哪一块"。某团二连一个小组被炮弹震得七窍出血，大家都说他们被炸死，但他们从烟雾中爬起来又向前冲了。某团四连为把胜利红旗插上山顶，一次、二次、三次、四次……不断地往上爬。梯打断了，人负伤了，再架，再爬，这面，那面，四面八方，不顾什么危险，红旗终于招展在壶梯山顶。这种英雄主义，真是令人万分敬佩！

第二，战斗中充分表现了自觉自动的战斗情绪。下级干部、战士群众大家用脑子，班长、排长伤亡后，战友自动代理继续战斗的例子非常多。有许多急中生智的生动例子，主动找敌人的弱点置敌人于死地。某团二连彭青云、张有德等6个青年战士被誉为"小老虎"，他们反复和敌人展开肉搏战，喊话、冲杀，直插入敌人中间，和自己连队失掉了联络，他们就要求三连指挥他们。四连战士王承海当全班人打完后，跑到二排说："我属你指挥！"又继续战斗了。就是这样，战士们在失去联络后不管谁，只要你是自己人，他就参加进去一起战斗。这种自动性使敌人毫无办法。因为一攻击，每班、每小组、每个人即四方八面往上爬，敌人有多大本事也顾不过来，只要上去一个人，敌人打不死，他就左右冲杀，使敌人无法应付。

第三，为了支援友邻兄弟部队不怕任何困难和牺牲。某团五连自动插过去帮友邻部队打退敌人反冲锋，夺取友邻失去的阵地。某团右邻部队受到敌人威胁，该部八连即自动打退敌人3次反冲锋，在非常困难、几乎是无法立脚的情形下，连续打退敌人几次反冲锋。该部三连攻敌受阻，二连就自动从另一端支援，敌前后受威胁，于是被一举消灭。

第四，我步炮协同在这次做得最出色（缺点也有）。我步兵一冲锋，炮火老在步兵前头摧毁敌人火力点，将敌连人带武器炸得摔在一旁。我步兵一前进，炮兵火力即转移至步兵前面，鼓励着指战员们不断喊："打得好！"枪榴弹从敌枪眼打进去，更是非常普遍的。这些连战士也深为奇怪，他们说："练战术硬是学到本领了。"

第五，战场上的英雄范例及相互鼓舞的政治鼓动工作作用很大。如某团一营教导员负重伤屹立不动，鼓舞了战士。有的是喊口号："同志们，坚决打！""同志们，沉住气！""共产党员要英勇，负伤不下火线！""战斗英雄万岁！"这些口号响彻战场。这次某旅提出"人人鼓动，火线上入党""为人民事业立功"等口号起了很大作用。在瓦解敌人方面则喊："你为谁打仗？""你的父母受饿，你为谁打仗？""你们死了，蒋介石不难过，你的父母难过！"最后山顶上的敌人便是在我猛攻和喊话配合下缴枪的。

第六，此次战争真是全体动员起来了。如某团马夫、伙夫自动组织起来十副担架。某团卫生队队长、医生等负重伤，他们给自己包扎好，又给伤员包扎，一直坚持到战斗结束。

以上事实之所以可贵，由于是一种非常普遍的行动，而不是个别例子。在战斗后，某旅伤亡370名，但是要求入党的风气更盛，士气更高。很多战士摩拳擦掌："还没有过瘾，还要打！"这一切说明四评运动及夏季军事练兵后的新面貌。至于缺点方面，则是开始时队形密集，伤亡大，攻击不够及时，有些干部的指挥还赶不上战士的自动自觉等。因为打仗行军，写得潦草，敬希指示。

敬祝健康！

杜鹏程

8月11日

（原载《晋绥日报》1948年9月12日1版头条）

"无畏战士"陈朝光

我们打了壶梯山胜利地回来了，陈朝光却没有回来。派两个同志去找了半夜都没找见，一直好久也没有消息，我们又焦急又惦念。行起军来，三班的同志记起他给这个捆米袋，给那个扛步枪，都说："要是陈朝光在这里就活跃多了。"因他平时工作积极，埋头苦干，此次战斗表现更英勇。评功会上，副班长说："陈朝光在时，说打仗一定争个'无畏战士'，争不到死也不闭眼。"全体战士便举手通过送他一个"无畏战士"的称号。

前天突然听说陈朝光回来了，我们高兴得合不拢嘴。原来那一天五连夺取敌人碉堡，他们三班冲在最前面。他带自己一小组说："跟我来。"一直猛追敌人，在一个塄坎上他奋不顾身地跳下去，和两个组员失掉了联络，只身向敌人冲杀，这时敌人已混乱不堪，跑一会赶快集中，他就把敌人打乱。有两个敌人跑得慢，他打死一个，扑到另一个敌人跟前喊："缴枪！放下武器，倒退一步！"敌人放下枪对他说："我有病走不动。"他说："不要紧，走不动给你治病。我也是四川人，宜川解放的，你过来愿意干咱们一块闹革命，不愿干送你回家。"俘虏跟他走了，他捎上自己的枪，拿上俘虏的枪和一个发射筒。这时四面八方火力甚猛，俘虏负了伤，他的脖子也被穿了一枪，血直往外冒，当他解下手巾止血时，脸上又中了一枪，这时和他一块的一个"苏村"部六连四班副也负伤，他不顾自己把该班副扶上找卫生员，可是他们又被冲散。他一个人把俘虏带到寇庄，一夜没睡，给俘虏烧水，向老乡要饭给他吃。忽然人叫狗吠，他出去一看，几个人一把把他抓住喊："捉住一个俘虏，捉住一个俘虏。"后来那几个人擦洋火一看，才知道是自己人，于是给他上药，人家怕他带不了俘虏叫他丢下。他说："我回去没俘虏怎么说话？"最后带上俘虏到处找部队，碰上李科长叫他把俘虏交下到医院去。他不愿去，硬要归队，再三动员下，他才进了医院。

（原载《晋绥日报》1948 年 10 月 25 日）

姚天海探家

——荔北战役中的一个小插曲

7 日下午，在大荔西北 30 里的东西汗村，我们击溃了胡匪三十八师，俘虏一群一群地举手缴了枪，有一个粗壮的士兵说："我没有枪，我是扛子弹的！"

"放下子弹，你是哪一部分？"

"三十八师一七七旅二营六连。"

"叫什么名字？"

"叫……叫王全有。"

"好！不要怕，解放军优待俘虏。"

不久，王全有被编到解放队，接着队伍向北走，沿途老百姓都拥挤着看俘虏："我们队伍打了胜仗了，你看捉得多少人。"王全有低着头死盯住自己的脚。当天宿营于合阳县东宫城村。

东宫城村男女老少都出来看他们，而他们呢？也都站在巷里笑着跳着，和老百姓问长问短，王全有呢？什么话也不说，只是呆眯眯地望着街道上的众人，显然他是有什么心思。突然一个南伊庄买醋的老汉，把王全有端详了一阵，叫道："姚天海你怎么在这里？"随着买醋老汉的声音，大家的眼都集中到王全有的身上，他脸红脖子粗地说："我被解放了！"那个买醋的老汉就嘘嘘索索地说起来了："你妈想你眼快哭瞎了，唉！总算回家啦！"王全有脸上一阵红一阵烧，脚也没处站，手也没处放，心里抱怨："这老汉没有一点眼色。"他回到班内心慌意乱、坐立不安，一会儿听说指导员叫他，他想："这一下要倒霉啦！"可是指导员不但不生气而且笑嘻嘻地问他："王全有，你不是叫姚天海吗？"

"是！"

"你家在哪里？"

"就是这北边二里路的南伊庄！"

"好呀！现在解放了，到家门口啦，回去看一下吧！"

"回去，——可以回去？"

"对啦！可以回去，吃了下午饭就回去！"

姚天海做梦也没有想到世界上还有这样好的事情，解放了，真正解放了！满心的高兴啊！回想起来自己真是个苦人儿，自小打长工，23岁那年（1944年），兄弟在陇县齐家寨当学徒，被胡匪拉了兵，不久胡匪又下来了"征兵"令，保长逼他去当兵，说他兄弟当兵没公事证明。从此他就像千百万壮丁一样，过起那暗无天日的折磨生活，3个月后，又被编到十七师十二旅三十四团炮兵连当炮手，一直4年。

今年六七月队伍开到合阳辛庄，耳聋眼花的父亲，挂着拐杖到辛庄想望一望自己的儿子，但哨兵看他穿得那么烂，吹胡子瞪眼地拿刺刀把老汉吓走，后来老汉又买了些鸡蛋礼物，连长才答应他能回家看一次，姚天海扶着老父亲恨不得长上翅膀飞到家，可是刚走到合阳百良镇附近之辛庄又碰见了三十八师一七七旅。

"干什么的？"

"我是十七师的请假回家。"

"浑蛋，你是开小差的！"

不由分说就往营盘里拉，可怜的父亲哭着磕头哀告："叫回家看一下吧！老总我给你找个保人！"

"滚！他是拖枪逃跑的逃兵，想回家，不枪毙就算他命大，快滚开，老子起了火没有你好看的！"说什么呢，是叫天天不应，叫地地不灵，哪里是说理的地方呢！老汉哭着回到了家。50多岁的母亲、七八十岁的外祖母听说儿子在辛庄，急急地跑去亦没看上儿子。

（原载《晋绥日报》1948年11月20日）

四、新疆通讯

人民解放军向甘肃走廊进军经过

【新华社兰州 1949 年 10 月 9 日电】前线记者报道，人民解放军向甘肃走廊进军，解放甘肃省的经过：人民解放军第一野战军，不顾连续行军作战的疲劳，克服种种困难，在解放兰州、西宁之后，向甘肃河西走廊继续挺进，从兰州、西宁经张掖进至河西走廊顶点安西，19 天前进一千五六百里，终于将残留在甘肃境内的国民党残匪 33000 余人歼灭。解放军第一步作战目标，是攻取甘肃通往新疆的要城张掖，将甘肃国民党残匪周嘉彬之 120 军，黄祖勋之 91 军团歼于张掖以东地区，然后乘胜西进。解放军分左右两路沿甘（肃）新（疆）和青（海）甘（肃）两条公路按预定作战计划奋进。右路大军于 9 月 10 日由西宁西北地区出发，12 日相继攻占大通、亹源两座县城后，即向西北继续疾进。亹源西北有海拔 5900 米之祁连山及长达 110 余公里渺无人烟的大草原。解放军以 28 小时的连续行军，冒雨雪严寒，越过雪山草原，于 17 日拂晓，神速进抵甘肃境内陇青边境的民乐东南城下，经一小时许战斗，即将民乐城攻占，一举歼灭匪骑兵十五旅旅部及骑 32 团全部。当日上午，匪西北军政长官公署自张掖载运其警卫团前来增援，妄图阻止解放军前进。解放军于 18 日上午 9 时在民乐西北三十里铺与敌遭遇，当即予以击溃，复跟踪追至六坝，将周嘉彬匪 245 师之 735 团击溃，俘匪团长唐知仙以下 300 余名，另毙伤匪 200 余人。为争取有利战机抢占张掖，切断周黄两匪逃路，解放军先头部队于 19 日 5 时又自六坝出发，通过 60 里之沙漠，对张掖实行包围攻击，当即以 19 分钟的战斗，全歼周匪 245 师之 733、734 两个整团，并解放张掖，解放军无一伤亡。张掖解放后，解放军复星夜西进，迫使逃窜于张掖以西之周匪残部 173 师骑兵团及黄匪 91 军 246 师 736 团，于 20 日先后放下武器，向我投降。

左路解放军甫告出动，逃窜至永登以北地区之黄匪 191 师骑兵团人马各 800 余，即在团长曲绎兴率领下举行战场起义。13 日，解放军即解放古浪城。解放军随即乘胜前进，于 16 日下午解放河西走廊的第一座重要县城武威，黄匪 91 军直属骑兵团人马各 700 余及黄匪 246 师骑兵团千余人同时投降。在我大军声威震慑下，伪甘肃保三团、四团及武威伪自卫团、自卫队等 5800 余人、马 1500 余匹，于 17 日纷纷向解放军投降，并迅即组织骑兵部队配合装甲快速部队向张掖追击前进。19、20、21 日三天，解放军先头部队连克永昌、山丹两城，一部北向并于 22 日解放民勤，扫清侧翼残匪快速部队。22 日左路解放军进抵张掖与右路大军胜利会师，并继续长驱直进，至 28 日一周间，又连克临泽、高台、酒泉、玉门、安西等 5 座县城，沿途残匪 2 万余人，纷纷投降。在人民解放军伟大胜利的影响下，24 日、25 日、26 日三天内，新疆国民党军及国民党省政府发表通电，表示愿意接受毛主席八项和平条件和平解决新疆问题。

现进至新疆门户的解放军，即将开始进驻新疆。

第一野战军装甲战车部队
穿越戈壁解放玉门油矿经过

【新华社西北前线 1949 年 10 月 10 日电】西北前线记者报道人民解放军第一野战军装甲部队，于一昼夜内进军 270 多公里，神速解放玉门油矿的经过：第一野战军装甲战车部队于 9 月 24 日晚由张掖出发，以每小时 20 公里至 25 公里的速度，从积雪茫茫的祁连山麓穿过戈壁大沙漠向玉门疾进。指战员们就以无比的坚强意志战胜塞上秋夜严寒的袭击。驾驶员们疲劳了，他们就用唱歌来提高精神，与疲劳斗争。部队路过酒泉时，群众夹道欢呼，更鼓舞着指战员们驾驶着战车迅速奋勇前进。当距油矿 6 公里时，停立道旁等候三四小时欢迎解放军的工人、职员立即发出暴风雨似的掌声和欢呼声，呈现了塞上前所未有的热烈情景。到达矿区后，战士们即步下战车，然后以整齐的行列，穿过两排狂欢着欢迎解放军的人群，休息在矿区的广场上。当战士们望着完好无损的油矿时，都感到无限快慰地说："为了保护人民祖国的宝贵财产，我们吃点苦也算不了什么。"当天夜里，因为房屋没有调剂好，战士们有一半露宿在戈壁沙漠上。第二天，战士们为了巩固地保护人民祖国的财产，不顾疲劳，又继续清剿流散于矿厂周围山中的残匪，并于 29 日上午 9 时乘车奔剿集结矿厂西北 30 多公里赤金堡的散匪，将其全部消灭。生俘残匪连长以下 33 名。缴获六〇炮 2 门，轻重机枪 6 挺，步枪 88 支，汽车 2 辆。当地居民杀羊做饭，热烈欢迎和款待解放军。

我军在酒泉誓师向祖国边疆进军

【新华社酒泉 1949 年 10 月 30 日电】人民解放军一部于奉命开入新疆之前夕，曾召开全军高级干部会议，第一兵团司令兼政委王震出席讲话。他首先叙述了人民解放军第一野战军在军委彭副主席兼司令员领导下，执行毛主席朱总司令奋勇前进的命令，基本上歼灭了大西北国民党匪军主力，援助了国民党将领中的爱国分子陶峙岳将军等率部起义，脱离国民党反动阵营，参加人民革命。因此，西北解放战争已经胜利结束。王司令员继续指出：新疆问题所以能获得和平解决，这是由于中共中央和毛主席的革命统一战线，与对愿意接受和平解决方式的敌军采取宽大政策与民主改编方法的政治影响；是由于新疆各族人民的进步力量特别是自治区革命力量的英勇顽强斗争。尤其是人民解放军奋勇前进，打到了新疆的大门，国民党反动派所辖的军队大多数官兵希望和平，最反动的高级军官被迫逃走，使得国民党高级将领中的爱国分子如新疆陶峙岳、赵锡光和进步民主人士鲍尔汉先生等（新疆原为省，1955 年 10 月 1 日正式成立新疆维吾尔自治区），归向人民，并通电起义，脱离国民党反动政府，接受人民革命军事委员会的命令，听候民主改编。新疆能够和平解放，这对人民是有利的。王司令继称：新疆境域辽阔，民族复杂，人民宗教信仰很深，在 14 个民族 400 余万人民中除 20 余万汉族外，大部信奉伊斯兰教与佛教。历来出关的反动统治者、汉人军队及政府官吏，特别是近几十年的国民党反动派及其反动军队，勾结新疆各族人民中的腐化反动分子，对各族人民实行征服和掠夺的残酷压迫统治。新疆各族人民一向是反对内外反动派的残酷压迫剥削，他们曾发起了无数次反抗反动压迫的英勇斗争。我们去新疆，是为了正确执行党中央和毛主席的民族政策，也就是人民政协共同纲领中所规定的民族政策的全部精神，必须研究马、恩、列、斯关于民族问题与宗教问题的理论与策略，学习苏联的经验；应该估计新疆军民和干部英勇、坚决、顽强的斗争功绩，及其与中国人民革命遥相配合的贡献。我们进军新疆是关内外革命力量的汇合，应该表示热诚的革命友爱精神，学习他们各民族反压迫斗争的经验教训，把新疆 14 个民族 400 余万人民团结到中华人民共和国友爱合作的大家庭中来。我们高举毛主席的中国人民革命统一战线的团结大旗，去新疆工作，必须坚持无产阶级坚定的革命立场，这是与妄自尊大、急躁鲁莽的态度不相容的。因此，我们对起义军队的官兵，应采取诚恳热诚的欢迎团结态度，帮助其改编、整训、建立革命的政治工作，改变作风，改变军民关系、官兵关系，实行三大纪律八项注意，使之变成人民服务的军队。王司令员号召大家在彭德怀同志的亲自领导下进入新疆，务须保持革命的警惕性和纪律性，不要忘记帝国主义战争贩子和国内反革命企图复辟的阴谋，不要损坏人民解放军艰苦奋斗的光荣传统，将自己作为劳动的突击队，掀起建设新疆、建设祖国的大生产运动。

一野某部三百余战士牵引千余匹骡马
越过戈壁胜利到达哈密

　　【新华社哈密1949年11月5日电】人民解放军第一野战军某部300余名战士徒步牵引千余匹骡马进驻新疆的指战员们，经过16天的跨越大戈壁后，于上月27日胜利到达哈密。从甘肃酒泉启程出嘉峪关，入新疆星星峡到哈密，一路上除玉门、安西几处外，大部都是起伏不平的坚砂卵石构成的辽阔大戈壁。战士们在行军中高度发挥了坚毅不屈的精神，战胜塞外风沙、水少和露宿等种种困难。一路上每一个战士都非常爱护牲口，像爱护自己的生命一样。马匹背擦烂了，便细心地用水洗干净包好，晚上有时因为风太大容易把草料刮走，战士们常通夜不眠，一把草一把料往牲口嘴里喂。战士们怕马匹喝了凉水生病，还把水烧热和凉水掺起来给牲口喝。在星星峡到哈密的路上，人畜两天没进一口水，战士们由于认识了进驻新疆的伟大历史任务，都毫无怨言。上月17日，行军途中适逢塞外狂风袭击，戈壁瀚海一时天昏地暗，风声震耳欲聋，砂石一阵接一阵地打在脸上，但战士们每一个人都勇敢顽强地与风沙搏斗。风镜被飞来的砂石打破了，战士们就用手巾蒙着眼睛拉着牲口尾巴前进。好多人眼睛被风沙吹得不停地流眼泪，手背也擦裂了口，鲜血直流。但300多名英雄们终以坚强的意志和忘我的精神，在塞外戈壁上创造了光辉的奇迹，全部胜利到达哈密。

人民解放军进驻新疆哈密

　　【新华社西北前线1949年10月16日电】人民解放军于本月12日开始向新疆进军，当日进驻新疆境内军事要地星星峡，并于13日下午5时进驻著名的哈密城。现解放军大军正源源开入新疆，并继续向西进军中。解放军入疆部队装备优良，军容整齐，每个指战员都穿着和装备着崭新的大衣、皮衣、皮手套、毡靴、风镜和口罩，全军士气高昂，精神奋发。出发前许多人都订了进军计划，表示要坚决完成这一光荣的历史任务。某军炮兵营的牲口，不能上汽车，全营即有 200 多名战士报名，愿徒步牵牲口前进。原国民党联勤辎重汽车团第五团 120 名司机，克服困难，提前两天完成进军准备，载运解放军前进。战士们在汽车上唱出雄壮的歌声，浩浩荡荡向新疆进发。人民解放军沿甘新公路进入新疆后，沿途受到了广大新疆人民的热烈欢迎。当人民解放军进到距哈密城 10 公里时，即有维吾尔族人民夹道欢迎，他们拿着哈密甜瓜送给解放军的战士们，表示对人民解放军的热爱和慰劳。迪化市各界人民欢迎解放军代表团则远道赶至哈密城外 8 公里处列队欢迎。解放军在雷鸣似的掌声和维、汉语言交汇的欢呼声中，通过大道两旁的漫长的欢迎行列，缓缓进入哈密城。

哈密城内贴满欢迎人民解放军的大幅标语，万人空巷，各民族人民用他们各自的语言向人民解放军狂热地欢呼："毛主席万岁！""人民解放军万岁！""中华人民共和国万岁！"许多人都奔向解放军战士们热烈地握手和拥抱。哈密城顿时沉浸在前所未有的欢腾中。于上月下旬宣布脱离国民党残余伪府后留驻于星星峡及哈密等地的前国民党军队和国民党地方机关，均已准备就绪，即将由解放军接收和改编。

欢呼在帕米尔高原之下

无数的红旗，无数的人，沸腾的欢呼声，歌唱声震撼着帕米尔高原。这是 12 月 13 日喀什（疏勒疏附两城）近 3 万群众举行盛大的庆祝喀什和平解放与欢迎人民解放军第二军莅喀的军民联欢大会的盛况。这一天喀什满城招展着鲜红的五星红旗，数十里路上奔流着来参加大会的人群，成千上万维吾尔族同胞，男女老少像过盛会佳节似的穿起他们的新衣服涌向会场。会场是一片各民族人民聚会的人海，无数红旗、五星红旗翻飞在这个欢欣鼓舞的人海里，维吾尔族的知识分子向市民们农民们兴奋地解说那昭示会场精神的维文标语："各民族人民团结起来，建立各民族友爱合作的大家庭。"维文和汉文的歌声此起彼伏响彻云霄，维吾尔族同胞争相告诉记者：喀什人民从来没有开过这样兴奋的大会。的确，在以往的喀什虽然是祖国的边疆，是南疆的交通枢纽，是拥有 8 万人口的城市，但由于以往国民党的黑暗统治，使它成了一个苦难的城市，如今已成了人民的城市、自由的城市，集居这儿的中华各民族男女们在盛情地欢呼歌唱。在城东南边喀什噶尔河畔的会场高悬着的毛主席肖像和鲜红的旗帜，在高山积雪之下更显动人。会议开始在风暴一样掌声中，一面写着"坚决站在人民方面保护人民利益"的锦旗，被献给了起义的四十二师官兵。该部官兵表示：他们住在这里三四年从未享受过这样的爱戴。是的，他们正在新生，他们开始体会了为人民效忠的愉快。

你看，千百维吾尔族同胞不是向解放军挥手欢呼"解放军是我们的救命恩人"吗？在锣鼓声和军乐声中维吾尔族不是把一面写着"人民解放军是新疆和平的堡垒"的旗帜献给人民英雄吗？与会的维吾尔族同胞把解放军包围得水泄不通，维吾尔族的学生们指着标语念："人民解放军是各族人民的军队。"他们拉着战士们的手，战士们摸着孩子们的头，以才学会了的几句维吾尔族话，纷纷向维吾尔族同胞打招呼，这是一幅多么动人的军民情感交流的图画啊！维吾尔族同胞簇拥着看部队中各种鲜红的旗帜，要战士给他们讲述部队立功受奖的旗帜上写的："奋勇前进的英雄连""宜川大捷第一功"的经过。这些锦旗刻绘出部队从 1947 年保卫延安开始，到颠覆胡宗南，消灭马匪军，解放宝鸡、天水、西安、西宁一直到嘉峪关，穿过大戈壁，达到这祖国的边疆帕米尔高原的战斗行程。在与会的二军四师十团的队列中，我看到去年 8 月在陕西关中平原上二次消灭三十六师大捷壶梯山和敌人肉搏夺取主要阵地而成为战斗英雄的青年战士彭清云，他兴奋地表示："你看我们能打仗也能建设，现在战斗英雄要变成劳动英雄了。"我又遇见了"四战四捷智勇双全"的四师十团一营营长温广生，他是在那有名的击毙刘戡、消灭胡宗南精锐的宜川瓦子街等大战中，冲锋攻下南山阵地而威名大震的英雄，当记者问他，"你受过了六七次重伤，四肢已有三处残废，如何还能穿过天山而到达这祖国的边疆呢"？他热情洋溢地说："我是一个共产党员，我身上穿了 19 个洞这又算什么呢，我们队伍从西安出发，渭河边扶眉战役一次消灭胡宗南四个军打破胡宗南的吃饭碗，然后直取西宁，进军新疆，行进了 1 万多里呢！"他叙述着又向我指示那举着"奋勇进军的模范班排"锦旗的队伍说：我们穿着单薄的衣服穿过海拔 5000 多米终年积雪不化的雪山，三四百里荒无人烟的青海草原，在风雨冰雪交加中涉过那祁连山谷中寒冷的多通河；为了通过雪山草地，每人除了武器弹药食粮外，还要背上柴火一日急行军一百五六十里，进新疆后部队沿着天山的边沿步行 3000 多里，由库车到拜城两天行军 260 里，很多连队创造了日行 180 里的纪录；每天行军 10 小时到 15 小时，四师十团在这次长征中半数人脚上起泡，但是没有一个掉队的。当在大会场上维吾尔族同胞以无比的热情向解放军欢呼时，使我体会了一个意义：这是胜利，胜利应归之于人民；这是光荣，光荣应归于人民战士。

（原载《新疆日报》1949 年 12 月 25 日第 2 版）

人民解放军某军进驻新疆西部喀什城

【新华社迪化①1950年1月14日电】人民解放军某军经过万余里的长途跋涉，已于上月进驻新疆最西的边境帕米尔高原下的喀什城（即疏勒、疏附两城合称），受到当地人民的热烈欢迎。

该军自去年7月配合兄弟部队在陕西扶（风）眉（县）地区消灭胡匪四个军后，乘胜直取兰州和西宁，随即行军5000多公里进驻新疆。战士们曾背着武器、弹药、粮食和柴火，越过海拔数千米、终年积雪的祁连山，在风雪冰雹交加中涉过祁连山谷中的大通河，穿过数百公里荒无人烟的青海草原，跨过嘉峪关，通过飞沙走石的戈壁瀚海，终于胜利进抵喀什城。在这样艰苦的长途行军中，虽然半数的人脚都打了泡，但仍没有一个掉队的。许多连队且创造了日行90多公里的新纪录。喀什人民对这一支万里远来的人民解放军表示了无限的爱戴，曾于上月举行了庆祝和平解放暨欢迎人民解放军的盛大集会，由专员阿不都克日木代表喀什各界向解放军献旗。大会并电毛主席和朱总司令致敬。

新疆喀什人民解放军展开生产建设

【新华社新疆喀什1950年2月2日电】第一野战军某师由陕西经5500多公里的作战行军，于去年11月26日抵达喀什城后，即开始进行政治整训，同时进行生产建设。喀什城（疏勒、疏附合称）在帕米尔高原之下，附近地区人烟稀少，房屋极为缺乏，有些地方除沙漠外一无所有，而部队因为远程作战，除了行军锅以外，其他生活用具和生产工具都极缺乏。

部队负责人鉴于上述情况，当即号召"大家动手克服困难"。部队在抵喀什的第2天，全体指战员就开始建设革命家园。20多天中各部制成了很多的日常生活用具和生产工具，修建了700多间房屋，每个营都修建了课堂、操场和木马、杠架等运动器具。各单位涌现出大批的建设人才，如某团发现了木工、铁工、石工等30多种工艺人才206人。生产运动也普遍展开，20天内全师积肥1.7万余筐；每天清晨鸡叫第一遍，战士们就

---

① 迪化，今乌鲁木齐市。

三五成群外出拾肥。某团32个伙食单位有18个单位养了猪、羊等家畜。战士们抓紧空隙时间打铁、做工具、捻毛线，成千上万的战士到几十里以外去背柴，女同志也积极参加背柴、拾肥的工作。各单位开始了灌溉田地的工作，准备春耕，某团已浇地达千余亩。某团在伽师县挖食盐2.3万余斤。在劳动生产中，干部和共产党员都起了带头作用，各级干部都亲自背砖、挖土、拾肥。各单位成立了生产劳动委员会，吸收有技术有经验的干部和战士参加，并以他们为核心来"教徒弟"。某团有编筐技术的人教出了很多徒弟，在20天中编了近700个筐子。参谋人员除计划军事教育外，分成水利、工具、工业等3个组，掌握整个的生产建设工作。某团战士在墙报上写着："我们是劳动人民出身，靠着两只手，什么都会有。"起义部队和维吾尔族同胞，对解放军的劳动热忱和克服困难的精神无不表示无限钦佩。

新疆喀什噶尔市举行各族各界人民代表会议

【新华社北京1950年3月30日电】迪化讯：新疆喀什噶尔市于上月25日至本月2日举行首届各族各界人民代表会议。出席代表259人。代表系依民族平等的精神，按各族人口比例选举产生。出席代表中，维吾尔族代表占百分之七十七，汉族代表占百分之十八点五，其他回族、乌孜别克族、吉尔吉斯族、塔吉克族等少数民族占百分之四点五。代表们进入会场时，以各种语言互相问好，充满了友爱团结的气氛。会议首由该市军管会主任王恩茂致开幕词，继由南疆工作团团长塞也拉也夫报告会议筹备及代表产生经过。塞也拉也夫说，会议是经过了月余的充分准备后才召开的。选举代表前，普遍进行了宣传和酝酿。团体代表系由团体组织系统选举，居民代表均以街或乡为单位进行选举，充分发挥了民主选举的精神。大会筹备期间，共收到各族人民提案556件，经整理为160件，皆用数种文字印给各到会代表研究。大会经反复讨论后，通过六项决议：（一）发展生产，为此必须解决农民春耕时种子、耕牛、农具等困难；建设水利，奖励造林，发展畜牧业、手工业和城市工商业。（二）肃清残余的土匪特务，巩固治安。（三）摧毁保甲制度，建立人民民主政权。（四）踊跃缴纳公粮。（五）建立各种群众组织，准备减租条件。（六）提高学校质量，帮助贫民子弟特别是妇女上学，设立识字班、夜校、墙报、黑板报等以进行社会教育。

会上，工人代表乌斯满、农民代表艾山、教育界代表阿不都衣士地依等都相继发言。会议选出曾光明等17人为喀什噶尔市各族各界人民代表会议协商委员会委员。

驻南疆喀什部队团结群众顺利展开生产

【新华社迪化 1950 年 4 月 11 日电】驻南疆喀什区的部队，由于很好地联系群众并且首先选择与当地群众有密切关系的水渠工程进行建设，使生产运动顺利展开。

某营在疏勒东南 60 多公里的地方帮助农民开水渠，仅用 4 天的时间，就完成了灌地 2500 亩的水渠工程。渠水滚滚流来时，农民们又高兴又感激。驻莎车某部在空木里克村生产时，了解到当地水源问题很严重，就召集了有 200 多农民参加的水利会，适当地处理了巴耶（恶霸地主）强占水利的问题，并且帮助农民新修了 5 个大水坝和储水渠。农民们对部队修好的水渠，非常爱护。一天晚上，某营修的渠道被水冲坏一处，战士们第二天早上赶去修理时，已经有 10 个农民在赶着补修。感激异常。一位农民说："你们的渠也就是我们的渠。"农民们因为部队协助解决了他们的水源问题，感动地说："从前大巴耶霸占了水，他用不完时放掉也不让我们用，你们真是把我们救了！"因此，军民关系极为融洽，农民也积极帮助部队解决生产中的困难。部队在喀什噶尔和叶尔羌两河流域展开垦种时，农民像迎接亲人一样地欢迎他们。在生产座谈会中，部队虚心地向维吾尔族老农请教，老农们也诚恳地讲解。每天晚上，驻地附近很多的维吾尔族青年自动来给部队讲解当地生产的一些事情。某部驻地的农民在 700 亩分散的荒地上，一处一处地向战士们讲述土质的常识，纠正了部队一些不切实际的计划。如某部驻地附近荒了 50 年的 130 多亩地上，原来计划种胡麻，后来根据农民的意见改种了麦子。有一次某单位修水渠时缺乏经验，水冲了出来，农民们看见了急忙脱衣下渠，帮助修理。在农民们的指导和帮助下，3 天内修好一条长千余米的水渠。一次某部战士们正在自己拉着耙耙地，农民先米希丁看见了，就自动将他的牛牵来借给部队用，接着还有很多农民也牵来牛帮忙。

喀什驻军结合生产运动展开群众工作
军民团结友爱呈现新景象

【新华社迪化 1950 年 5 月 9 日电】南疆喀什驻军某部结合生产运动，积极展开群众工作，帮助维吾尔族贫苦人民生产，使军民关系更加融洽。各部进入垦区后，即向驻地人民广泛展开宣传教育。某团先后在喀什噶尔河两岸召开了24次群众大会，共有3000余人参加。在会上，宣传了各项政策，帮助解决了当地居民间的各种纠纷，并进行了农业、水利的调查。各单位还调剂出土地和种子，帮助贫苦维吾尔族同胞建立家园。某团各单位抽出三亩至四亩好稻田给贫苦农民；某营用30个工帮助贫农来开地10亩；某团机炮连以50亩春麦的籽种帮助驻地贫苦居民，并把刚挖好的两道新水渠先让给居民使用。有的部队则纷纷捐款或赠送牛、羊，帮助农民扩大生产。因此该区维吾尔族同胞对解放军极为爱戴。有的从二三十里外赶到部队驻地来，请求给他们解决纠纷。很多农民自动教给战士们修渠、打堰、筑坝及浇水的方法，并且自动让毛驴和骆驼帮助部队运粮。某营驻地军民亲密合作，共同修通了10多公里路长的已普河大渠及5个大水坝，使万余亩地得到灌溉，并由部队和居民各选出5人组成水利委员会管理该渠水利。喀什全区军民之间呈现一片亲爱团结的景象。

访一个帕米尔高原下的农村

——记南疆疏勒县德义刬村的新气象

【新华社迪化1950年10月9日电】国庆节前夕的一个下午，记者访问位于帕米尔高原之下的、疏勒县城郊的德义刬村时，正巧碰到各族农民，大部分是维吾尔族的农民们，从区政府参加劳动模范大会回来，他们举着五星红旗进村。男女老少都会集在水渠边唱歌跳舞。维吾尔族的青年和小孩们，热情地用汉语反复唱着"走，跟着毛泽东走"的歌。

南疆的农村农户不是聚居的，而是这里一家，那里两家，点缀在一望无际的碧绿的田野里。纵横的水渠，到处的葡萄架、石榴树和各种果树，把这些星罗棋布的人家交织起来了。德义刬村有180户，除10户汉族和10户回族外都是维吾尔族。他们散布在一片1800亩肥沃的土地上，是帕米尔高原下的一个美丽的农村。

和南疆千万个村子一样，德义刬村各族农民的生活过去都是很贫困的。现在，农民们的生活已有了初步的改善。

我拜访了几个维吾尔族农民家庭。

维吾尔族农民阿瓦提告诉我："南疆谚语说：'一滴水，一滴血。'在南疆没有水，就别想长庄稼。但是，过去水源归少数人所有。今年春天，人民政府除把450亩公地分给了无地少地的农民耕种以外，还调剂了农民的用水。今年全村的穷小户，都可以浇两三次甚至10多次水了。"维吾尔族妇女尼沙罕也说："你问人民政府对我们有什么好处？我说：解放前，我们是用眼泪浇地的。那时候，村里常为争水打死人。现在，人民政府合理地调剂了我们的用水。今年我的 3 亩地，浇过 7 次水。"

德义剡村的无地少地的各族农民，今年分到一些公地，又得到合理的用水机会后，生产情绪显然地高涨起来了。他们在人民政府的领导下，在解放军大生产运动的影响下，耕作方法有了很大的改进。今年，一般的地都拔过三四次到五六次草。妇女们也组织起来参加了生产，她们拔了将近一半以上地的草。村里原有十多个不好好生产的人，今年分得一些公地后，也都种起庄稼来了。赌博的风气绝迹了。农忙时，很少有人躺在树荫底下睡觉。全村 1800 亩耕地和新开的 60 亩荒地，估计较往年可增产 6 万斤粮食。此外，该村农民今年还自动植树 2000 余株。其中有 3 家贫苦农民，每家植树达 100 株以上。副业生产也发展起来了。妇女们用纺线赚得的钱，共买了 30 只羊和 40 多只鸡。

一个被人称为"包豆"（因过去常偷人家的包豆）的居民，在今年春天人民政府分给他 5 亩公地，加上他的老婆从事纺线等副业生产，现在他不愁饿肚子了，再也不偷包豆了。

他家今年买了 3 只羊，还把儿子送进了学校。另一个维吾尔族贫农卡努斯，过去十多年都靠给人家做短工生活，今年分得 3 亩公地后，生产积极，现在是该村的生产模范。他家去年一年只吃过 5 斤面，每月只能吃 4 两肉。今年他家每天可吃一顿白面，一月可吃 1 斤肉了。

解放以前，南疆各族人民在国民党反动统治的分裂统治下经常发生纠纷。现在，劫掠、打架的事很少了。到处是一团亲密的气氛。德义剡村的农民协会有 80 个会员，其中 70 个维吾尔族人，8 个汉族人，两个回族人。当一个汉族农民加入协会时，该村农民协会主任阿瓦提（维吾尔族）对他说："过去咱们打架，那时脑子糊涂，现在咱们要团结起来了。"

在这辽远的边疆的农村里，维吾尔、回、汉等各族农民，他们虽然衣着不同，语言各异，但是都有一颗热爱祖国的心。阿瓦提说：现在村里人坐到一堆，就讨论起今天和明天的生产了。他们都充满信心，勤劳不息地为未来的美丽的生活而努力。

一幅"毛主席绣像"

【新华社迪化 1952 年 7 月 27 日电】乌恰县是新疆西部帕米尔高原东北脚下的一个边远县份。从乌恰县人民政府所在地骑马向西南走，在万山丛中盘旋上下 200 多里路，就到了乌克沙路牧场。去年冬天，在这里曾经发生了一个动人的故事。

一个大雪初晴的日子里，几十个柯尔克孜族牧民兴致勃勃地骑着骏马从冰山雪岭上向乌克沙路飞驰，他们是从百里路以外的一个小学校看完了毛主席像回来的。他们回到乌克沙路以后，兴奋地向牧场的所有牧民讲述着他们的欢乐心情。他们的叙述激起了乌克沙路牧场 24 户牧民的一个急切愿望——每个牧民都希望在自己的帐篷中能有一张毛主席像；最少在这块牧场能有一张毛主席像。但是，从哪里去要毛主席像呢，大家都沉默了。乌克沙路的小学教员巴依那札尔想了好一会儿，然后安慰大家说："一个帐篷一张像，眼下还是办不到。但是我一定要想办法给牧场要一张毛主席像。"

过了几天，巴依那札尔从喀什开会回来，果真带回来一张毛主席的小相片。乌克沙路的牧民听到这个消息后，都高兴地跑来看自己的亲人——毛主席。但是，因为相片太小，挂起来看不清楚；人挤在一块又看不到，大家都非常着急。有的牧民便请求要买这一张相片；有的牧民请求说："让我借回去挂几天吧！"结果大家都不答应。后来有人提议说："我们来绣一张大的毛主席像吧！"这个意见立刻得到全体牧民的热烈赞同。大家当场选出了手艺精巧擅长刺绣的两个妇女劳动模范——乡妇联主任布乌鲁和美丽的吐尔娜担负绣像的任务，同时凑钱连夜派人骑马到三四百里路以外的喀什去买漂白市布和五色丝线。漂白市布和五色丝线都买回来了，每一个柯尔克孜族人民都希望能在这幅绣像上表现出他（她）们对毛主席的敬爱。他（她）们再三地叮咛布乌鲁和吐尔娜说："绣千针，绣万针，针针绣上我们的心。"60 多岁的"阿哈萨哈拉"（白胡子老人）阿山阿里说："克孜姆（亲爱的女孩子），精心地绣吧！这是咱乌克沙路的大事情。在这张像上要绣出大家敬爱毛主席的心意，也要绣出我的心意。有了毛主席咱们才有今天的！"这是阿山阿里老人从心眼里说出来的话，也是乌克沙路牧场上所有柯尔克孜族人民心里想要说的话。

为什么乌克沙路的柯尔克孜族牧民是这样地热爱毛主席呢？只要把乌克沙路牧民以往的血泪日月和现在的生活比较一下就很容易理解了。1950 年乌克沙路解放的时候，24 户牧民中就有 6 户人在国民党匪帮的压榨下，丧失了牲畜，流浪他乡；全牧场总共只有 64 只羊、13 头牛、4 头驴、11 峰骆驼和 25 匹马。解放两年以来，在共产党和人民政府的领导和帮助下，乌克沙路实现了人畜两旺。6 户流浪他乡的人回来重建了家园。他们的骆驼已增殖到 21 峰，马增殖到 61 匹，驴增殖到 15 头，牛增殖到 40 头，羊增殖到 250 只，牲畜平均增加了两倍以上。再以阿山阿里老人来说吧，解放时，阿山阿里的全部财产就是一头牛犊。现在他已有了 10 只山羊和 1 头毛驴。乌克沙路的牧民从自己切身生活的变化中，真正地认识到跟着共产党毛主席走就是幸福的真理。

受全牧场牧民嘱托担任绣像的布乌鲁和吐尔娜，请小学教员巴依那札尔在漂白市布上描出毛主席像的轮廓后，就日夜精心地刺绣起来了。在绣像期间每天都有人到她们刺绣的帐篷里询问："布乌鲁！吐尔娜！快绣起了吧？"她俩愉快地回答："快了。我们正用所有的心血在绣毛主席宽阔的前额哩！"于是这一消息立即传遍了牧场。次日，又有人到他们刺绣的帐篷里询问："布乌鲁！吐尔娜！快绣起了吧？"她俩愉快地回答说："快了。我们正用所有的心血在绣毛主席智慧的眼睛哩！"于是这一消息又立即传遍了牧场。当狂风卷着积雪向塔里木盆地滚去的深夜里，布乌鲁和吐尔娜还怀着虔诚的心情绣着像。她俩互相鼓励说："风会把我们绣像的消息带给毛主席的。"就这样，经过十几个紧张而愉快的日日夜夜，一幅宽二尺、高三尺的毛主席大绣像终于绣成了。

毛主席像绣出的消息传出去以后，乌克沙路周围百里以外的男女农民和牧民都骑上牲口赶来看。400多个柯尔克孜族农民、牧民就在毛主席的大绣像下隆重地举行了庆祝会。

大家弹起"哈巴克"（一种乐器），尽情地歌唱，欢乐地舞蹈。布乌鲁和吐尔娜扬声高唱："浑河的水流不尽"，大家群起而合："毛主席的恩情说不完。"

哈萨克族的猎手

去年冬天，在一个大风雪的日子里，哈萨克族牧民们看见一队人马从雪山上飞奔下来一个身材魁梧的哈萨克族人，骑着一匹马，跑在最前边，背着枪。他那熟练的骑术和骁勇、剽悍的姿态，使牧民们非常敬佩。他们互相以称赞的眼色说："看，咱们哈萨克族勇敢的人——黑地尔汉来了！"

黑地尔汉是新疆托里县第三区第三乡的打狼组长，他今年三十来岁，穿着长皮衣和皮裤，戴着有耳肩的大皮帽子，他是一个百发百中的"麦尔根"（猎手），也是当地有名的受人崇拜的人物。

黑地尔汉右手搭在胸前，上身微俯着向牧民们问候："沙拉木来空（好吗）？"牧民们说："黑地尔汉，恶狼像美国鬼子一样可恨，它伤害了我们多少肥壮的牲口，你，黑地尔汉！快去消灭它吧！"黑地尔汉自豪地顾盼着他的打狼组员们，向牧民们说："朋友们，人民政府给了我们多少力量啊！看，我这五50多个打狼组员，一个个劲头多大。朋友们，人民政府号召我们组织起来打狼，这个办法真好。我们哈萨克族谚语不是说：'人上三名，力大无穷吗'？"

黑地尔汉率领他的组员们，策马前进。牧民们招手呼喊："交隆包生（祝胜利回来）！"黑地尔汉扬起鞭子，他的组员也都纷纷把鞭子举在头上挥舞："我们决不会空手回来的！"马蹄扬起了积雪，飞也似的隐没在山谷中。

托里县三区一、三乡是畜牧区，位于阿尔泰山脉的玛立山深谷中，野狼在这一带成群结伙地伤害着牲畜，威胁着哈萨克族牧民的生活。去年冬天，仅一、三乡被狼吃掉的大牲畜就有240多头，其中还有8峰骆驼。

为了除掉狼害，去年冬天人民政府在这里进行了打狼宣传，号召哈萨克族牧民开展打狼保畜运动。当时，一、三乡100多个牧民便立即组织了10个打狼小组。专靠狩猎为生的黑地尔汉，领导着第一乡的五个小组。

黑地尔汉指挥他的组员向恶狼发起猛烈的进剿。有时他们发现恶狼以后，黑地尔汉让组员们包围追击，他端着枪瞄准狼逃跑时的必经之路，枪响狼倒。哈萨克族人都是好骑手，黑地尔汉和他的组员们，三五个人分成一帮，每人拿一根一丈多长的棍子，骑着马追击恶狼，狼跑上山，他们追上山，狼蹿下沟，他们赶下沟，常常一口气追五六十里路，一直把恶狼追击到筋疲力尽时，他们扑上去一棍子就打死了。有一次，黑地尔汉把一只狼追了十几座冰山雪岭以后，那只恶狼喘着气扑倒了。黑地尔汉纵马上前，举起棍子正要向恶狼劈去时，恶狼掉转头来向他猛扑，黑地尔汉机智地把马向旁一勒，狼扑空了。黑地尔汉趁势拦腰一棍子，就把那只恶狼打死了。

每当黑地尔汉和他的组员们打狼回来，经过一个个哈萨克族帐围时，哈萨克族牧民都要把他们请进帐篷里去，拿出马奶子疙瘩或用松枝熏好的羊肉招待他们，并感激地向他们说："黑地尔汉，你们真是为哈萨克族人除祸害办好事啊！"黑地尔汉总是对牧民们说："你们应当感谢我们的人民政府。"有时，他们把打死的狼放在马脖子上带回来，当他们经过一个个哈萨克族帐围时，牧民们向他们欢呼，祝贺他们胜利。有的女人和孩子们向黑地尔汉和他的组员们提出："恶狼吃了我们那么多的牲口，你们一下打死它太便宜了。请你们捉几只活的回来吧！"黑地尔汉说："等着瞧吧！没有我们哈萨克族人做不到的事！"

哈萨克族牧民在长久的游牧生活中，锻炼了很多精巧的武艺。他们要在一群马中找一匹马时，就骑着一匹马，手里拿一条四五丈长的绳子（绳头上有活套）去追那匹马。当快要接近那匹马时，把绳子一抛，准套住那匹马的脖子。黑地尔汉率领他的组员们追狼，也用套马的方法把恶狼套了回来，女人和孩子们看见了活狼，都称赞地说："勇敢的哈萨克族人，说什么就办到什么！"黑地尔汉和他的组员们，先后曾使用了按路跑、设伏、穷追、围剿、挖狼窝等九种打狼的办法。他们每天清早起来，冒着严寒风雪狩猎。经过一个冬天追打以后，狼群再不敢接近哈萨克族帐围了，但他们仍不停止打狼。黑地尔汉对他的组员说："不能等狼来找我们，我们要去找它们。"于是打狼组员们跑到二三百里路以外大山里去搜打。

托里县第三区一、三乡100多个牧民组织成的10个打狼小组，去年冬天和今年春天共打死和活捉恶狼124只。黑地尔汉和他的打狼组在去年冬天一个半月，就打死和活捉恶狼58只，其中黑地尔汉一个人打死和活捉的恶狼有17只。经过这样群众性的打狼运动，现在一、三乡再也看不到狼群了。今年春夏两季，一、三两乡只有1只山羊被狼吃掉。

今年5月，一、三两乡300多个牧民举行了一次盛大的庆功颁奖大会。会上，第三区人民政府奖励了黑地尔汉和参加打狼的100多个牧民。在许多奖品中，最为牧民珍爱的是毛主席和朱总司令的相片。

（新华社迪化1952年9月9日电）

中国边疆的一座古城——喀什噶尔

9月初，记者从迪化出发，沿天山南麓塔里木盆地北侧，西行3000里，到达了喀什噶尔城。这座祖国边疆上的城市，是今日新疆南部的政治、经济和文化艺术的中心，维吾尔族人民也称它为自己民族的古城。喀什噶尔有新旧两城，相距10公里。新城为疏勒县县城所在地，旧城为疏附县县城的所在地。新城只有4000多人口，历来为军队和少数维、汉族商人居住。旧城人口有4万多人，商业很繁盛。因此，人们通常说的喀什噶尔是指旧城而言。

这两座城里聚居着维吾尔、汉、回、柯尔克孜、乌孜别克、塔吉克、塔塔尔、俄罗斯等八个民族的人民，其中维吾尔族人民占居民人口的百分之九十以上。各族人民的面貌、语言、服装和风俗习惯虽然都不相同，但是他们都很亲密地生活在一起。我们访问了旧城南关的体育区，到处看见各民族的人民在一块学文化、看画报。人们都告诉我们：最近两年，信仰伊斯兰教的人民欢度古尔邦节时，汉族人民全都前去祝贺；去年汉族人民过春节时，还邀请维吾尔族人民去吃饭。今年8月，喀什噶尔下了3天3夜的雨，第二街有不少房屋倒塌了，全街各民族居民都自动冒着大雨来帮助房屋倒塌的人搬家。有两家汉族人民房子眼看就要倒了，街人民政府的维吾尔族干部和维吾尔族居民，奋勇地冲进去帮他们把家具衣物搬了出来。

9月11日是巴扎日（集市）。清晨，我们站在城东北的高地上，展望了全城的景象：城周十多里，街衢交错，房屋丛立。城外树木参天，稻田相连，喀什噶尔河畅流在新、旧两城之间，把广大的农村和城市连在一起。在城郊四通八达的大路上，各族男女农民，正赶着毛驴到城里来赶巴扎。巴扎是喀什噶尔城最热闹的一天。这一天，蒙着面纱的妇女们都来卖自己手制的花小帽、白布；市郊农民运来了石榴、大桃、葡萄等水果，并买回各种物品。城内的北大街是一条热闹的街道，有国营贸易公司，百货商店和合作社。每逢巴扎，穿着各种衣服、说着各种语言的各族人民，都拥挤在这儿挑选货物。国营贸易公司的门市部一天就可以卖出 1.2 亿元以上的物品，销售最多的是布、纸、茶、糖。

喀什噶尔商户的铺面都是一小间一小间的，外面有两扇门，没有柜台，地板上铺着地毯，掌柜的就盘腿坐在里面卖货。解放前，内地货物不能运来，而国民党匪徒又断绝了和苏联的贸易，因此，这里商店有百分之五十以上都倒闭了。解放初期只剩下 10 来家大皮毛商，他们手里还积压着几年前收购的数百吨羊毛。解放后，人民政府贸易部门大量收购商人积压的旧羊毛，并委托他们大量收购，现在已有 240 多家皮毛商人。最近一次巴扎上，羊毛成交的总数量达 4000 公斤以上，而且价格比解放前提高了 17 倍。工商业的发展是惊人的，1949 年工商户只有 1700 多户，今年已有 3300 多户工商业了。

喀什噶尔旧城的中心是全新疆最大的艾提卡大礼拜寺，礼拜寺前面是一片广场。围绕广场的有天南日报社、新华书店、俱乐部、中苏友好协会等文化教育机构。每到下午，图书馆、阅览室都挤满了人。傍晚，在城中央广场的广播扩音器下，坐着许多热心学习的青年男女。现在每条街道都有读报组，全城有 61 块黑板报、129 个广播员，另外还有 4 个宣传队。每逢巴扎时，新华书店内挤得水泄不通，据书店负责人告诉我们：3 年来已发行了少数民族语言的书籍达 50 万册，其中有 2.8 万册《毛泽东选集》的维吾尔文译本。

喀什噶尔给人印象最深的，是人民已经建立了爱劳动的新道德风气。解放前，农村中失去了土地的农民都流浪到城市。直到 1950 年春天，在街头流浪的人还有 1000 名以上。现在街上很少看见闲人了。十三街是城南关一条偏僻的街巷，解放前这里居住的 213 户人家，除了少数的小手工业者和小商贩，大多数是找不到职业的人，还有 13 户讨饭的，8 户不务正业的。过去赌博、酗酒、打架的风气非常普遍。解放后，在人民政府教育和帮助下，讨饭的、不务正业的都参加了生产或从事正当职业。我们访问了一个名叫吐鲁阿訇（维吾尔族）的小贩。解放前，他家里没有一条毡子和被子，一家人睡在草里，头上枕的是土块，没有一口锅、一盏清油灯，只有一把铜壶还是漏的。3 年来因为物价稳定，他自己又努力劳动，所以生活一天比一天好了。现在，他家里不但有了被褥和毡子，日常用的锅、碗、盆、铜壶也都是新的，而且隔一天还能吃上抓饭，每天早晚都有茶喝，今年一家大小添新补旧的都换了衣服。他的大孩子生病，也由人民政府介绍到喀什人民医院免费治疗好了。他流着感动的眼泪说："在新社会过了 3 年，我这个人和家庭都变成新的了。"

（与王立忱合作，新华社迪化 1952 年 9 月 27 日电）

繁盛的喀什巴扎

喀什，是新疆南部的主要物资集散地。喀什的巴扎（集市）也是南疆最大的和最繁盛的巴扎。我们访问喀什巴扎时，正是国庆节的第二天。这一天，巴扎上有五万多人。

喀什城每星期四逢一次巴扎。巴扎规模很大。整个巴扎中包括大布、粮食、牲口、棉花、裕祥（外衣）、皮靴、柴火、皮张、菜蔬、鸡蛋等几十个小巴扎。你走到水果巴扎那条街上，就会看见满街摆着的水果摊和四乡农民运来的石榴、哈密瓜、无花果等新鲜水果；你到帽子巴扎上，便会看见铺在妇女们面前的布单上摆满了维吾尔族的小花帽，道旁的树枝上和各商户的门楣上也都挂着小花帽；在皮毛巴扎上，我们看见一个从乌恰县来的柯尔克孜族的牧民，他用牲口驮着一驮羊毛来出卖。因为贸易公司收购羊毛时，手续简便、价格公平合理，工作人员的态度又和气，他高兴地说："在旧社会，我们进了城受人欺侮，现在不管走到哪里，都像回到自己的帐篷里一样。"一个提着两三斤羊毛的维吾尔族农民告诉记者说："解放以前这些羊毛连一个馕（干面做的食物，如饼、馒头）也换不来。现在 1 公斤就可以卖 1.8 万多元，能买到四尺多好布。"原来羊毛的价格比 1949 年又提高了 17 倍。

南疆农业区去冬今春经过了减租，牧区的畜牧业三年来也有了很大发展。从市场购买力的增长上，就可以看出各族人民的生活已大大提高。粮食巴扎上 8 月成交的粮食即达 84 万多斤。喀什城郊的贫苦农民，过去大都没有灶具。他们夏天常常是买一个馕，坐在水渠边，一面吃馕，一面喝凉水；冬天，有的人买一个茶壶，吃馕喝开水，有的人几十年都买不起一把茶壶。现在，那些极为贫苦的人家都已买下了灶具。每逢巴扎时，他们还要到城内买些白面回去。喀什城里的贸易公司和合作社，每月要卖出 1000多万斤面粉。疏附县色满区一个叫斯拉音的农民，他和他的老婆买了两"褡裢"（大的布袋）白面。他说：在旧社会，他是打短工的，那时他 3 年只吃过 5 斤面；现在每天都能吃上一顿白面了。

在国营喀什贸易公司门市部里，也挤满了挑选花布的维吾尔族的妇女和购买各种日用品的各族农民。这一天，贸易公司从早到晚挤满了顾客，晚上还点起汽灯卖货。这一天他们两个门市部的零售额即达 1.5 亿元。

　　大布巴扎是喀什巴扎中比较热闹的小巴扎。这儿挤满了妇女，她们手里拿着自己织的各种大布和花布。这一天成交的各种布匹就有 3000 多匹（每匹 20 尺）。喀什周围的农民大都从事手工纺织的副业生产。喀什城每一个月的四次巴扎上，阿图什、伽师等县运到喀什巴扎的大布就有 10 万多匹；喀什城里及四郊有数百户手工业者，每月也有近 10 万匹大布出售。这些大布大多被批发商运往外区。

　　现在人们正准备着过冬的用品。袷袢巴扎上，90 多家袷袢商人半天时间就卖出了 2000 多件袷袢。一家袷袢商人告诉我们说："今天我卖了 40 件袷袢，比我解放前半年时间卖得都多。"皮靴巴扎上的 132 个皮靴商人，半天内就出卖了 2800 多双靴子。疏附五区七乡的雇农克日木乌斯满也买了一件新棉袷袢和一双靴子。他说：我在旧社会里给人家揽工，一件袷袢穿了 15 年，有 7 年没有穿过靴子，夏天光脚板跑，冬天用羊皮包着脚走路。1950 年人民政府给调剂了 3 亩地，去年减租中，分得了 700 斤粮食的斗争果实，另外还租了 5 亩地，今年收成又不错，所以买了新衣服和靴子。

　　实行减租后的农民正大量购买牲畜，准备扩大生产。牲口巴扎上挤得人山人海。卖牲口的人很多是从牧区来的柯尔克孜族的牧民，还有贩卖马匹的蒙古族商人。除了卖牛、羊的人将自己的牲畜拴在那里让顾主挑选以外，他们都是骑着自己的马或驴子在巴扎上来回奔驰。买主看中了哪一匹，就喊他停下来讲价钱。这一天被农民买去了 390 多只羊、180 多头驴、100 多匹马和 300 多头牛。在这里，我们遇见了疏附县一个名叫克日木吐尔逊的农民，他买了一头犍牛，正拉着牛走，他 85 岁的老母亲跟在后面赶。克日木吐尔逊过去是个雇农，10 年以前他的母亲曾向他说："我已经 75 岁了，我怕永远看不见咱们家里会有一头牛。"可是，经过减租以后，克日木吐尔逊能够买下 1 头牛了。当克日木吐尔逊买下牛时他的母亲抱着牛脖子哭起来。我们问起这个老人为什么哭时，她连连地说："感谢毛主席，赐给我们的福！"

　　　　　　　　　　（杜鹏程、王立忱合作，新华社迪化 1952 年 10 月 23 日电）

帕哈太克里乡三喜临门

喀什区疏附县帕哈太克里乡全体农民同志：

感谢你们今年3月在庆祝土地改革胜利时写给我的信。你们已经从地主阶级封建土地所有制的束缚中获得解放，希望你们在爱国丰产的口号之下，更加团结，努力生产，改善自己的物质生活；并在这个基础之上，一步一步地提高自己的文化水平。

毛泽东
1952年8月30日

毛主席的信在10月16日送到帕哈太克里乡时，全乡农民奔走四方报喜。很快就传遍了喀什噶尔远近的乡村。第二天帕哈太克里乡的农民们像过盛大的节日一样，举行了庆祝会。在这个会上，许多翻身后的维吾尔族农民都讲了话。他们说：我们乡里今年逢了三大喜事：一是毛主席来了信；二是分到了土地；三是秋田获得了大丰收。有很多维吾尔族农民说到这三喜临门的事情时，流下了幸福、感激的眼泪。

帕哈太克里乡是疏附城郊、喀什噶尔河畔的大村落。村子周围，是一片极肥沃的水田。以前这些肥美的田地，大部分为地主阶级所霸占，如该乡634户人家，其中就有226户人家没有1分土地，有140户人家，每人平均只有二分五厘土地。今年春天该乡试行土地改革后，每个农民都分得了3亩以上的水田，已足够维持生活了。

一天傍晚，记者在喀什噶尔河边散步时，看见一个维吾尔族妇女，抱着孩子，坐在河边地里搬苞谷秆子。我们和她打了招呼，并和她谈到土地改革和丰收的情形，她兴奋地指着怀里抱着的孩子说："我这孩子叫斯拉阿江（建设之意）。"为什么叫"斯拉阿江"呢？她讲述了一段动人的故事：今年春天土地改革中，她家里分得了10多亩水田。就在全乡分配土地后的第3天，她生下了孩子。这件喜事引起全乡农民们的注意，大家给这刚出世的孩子送了个"斯拉阿江"的名字，并给他分配了一座两亩地的菜园。第二天，我们去访问斯拉阿江的家庭时，他的祖母、父亲、母亲，引导我们参观了菜园。这是一座很好的菜园！除了一片白菜外，还有很多果树，摘下来的鲜葡萄一筐筐地放在架下；成熟欲坠的梨子挂满枝头。全家人看着这种情景，都感到无限的喜悦。我们到达该乡时，正是收获的季节。农民们一面忙碌地收割着稻子，一面歌唱丰收的喜悦。该乡农民耕种的5500多亩稻田，今年都得到丰收，可增产稻谷50万斤以上，每家人平均增产800斤。农民们兴奋地向我们说：过去每亩稻子，打上240

斤稻谷就算是好收成，可是，今年全乡每亩地平均产量是三百四五十斤，其中有三分之一的稻田，每亩还收到400斤。贫农吐尔逊依明，在新分到的土地上，创造了每亩750斤的产量。

丰收给维吾尔族农民带来了幸福的生活。从雇农吐的卡斯木家庭的生活变化，可以得到充分证明。他家大小5口人，住着土地改革中分得的两间有地板和玻璃窗子的房子。今年他种的15亩稻子，就收了6000多斤稻谷。按照平常农家费用计算，今年他收的粮食除日用外，吃到明年秋天还能剩下近千斤稻子。吐的卡斯木把他的收入和开支计算以后对我们说："今年我买了1头牛，还能吃上大米、白面，这是我父亲在世时做梦也没梦到的事。"他接着又说："提到今年的丰收，可不能忘记人民解放军对我们的帮助。春耕的时候，我们因为刚得到土地，所以生产中还有很多困难。当时人民解放军某部派来了120个人和54头牲口，帮助我们200多户贫苦农民耕了1700多亩地，还借给我们选好了的5500斤种子和190把砍土镘，另外毫无代价地送给了我们乡10匹马。"

帕哈太克里乡丰收后，呈现一片新气象：到处是盖新房的、买大车的、买牲口的。据我们粗略统计，全乡今年修新的房子有22座，新买的马、牛、驴共有134匹（头），新买的大车11辆，砍土镘、镰刀450多把。

记者在该乡住了六七天，每天都看到翻身农民们的喜悦，看见他们围在黑板报前朗读毛主席的来信；还听到他们唱着感激毛主席的歌。

（与王立忱合作，新华社迪化1952年12月7日电）

戈壁上的新城市

在新疆天山南麓的尽头，距离喀什噶尔城北100多里地的戈壁上（没有水、没有草、没有人烟、堆满着石头和沙泥的荒凉地带，在新疆通称为戈壁），突然出现了一座新建的城市——阿图什新城。

去年秋末时节，我们访问了这座房屋林立、行人熙攘的新城市。全城已盖起来的房屋有300多间，还有七八百间房舍正在修建中，市内的东西两条大街、南北3条大街，各有一里多长，街道两旁整齐地栽着5万多株柳树和白杨树。我们参观了一幢维吾尔族居民的新住宅。这个家院共有4间房子和一片果园，果园中有新栽的葡萄、无花果、桃树、樱桃及梨树等十多种果树苗。主人尼兹米丁阿亚对我们说："再过几年你们再来的时候，就可以吃上我的果子了。1951年秋天我们刚来开辟果园时，这儿还是一片寸草不生的石头滩呢！"

阿图什新城是在1951年8月末开始修建的。以前的阿图什旧城就在新城西南四五里路的地方，1944年从天山峡峪中倾泻下来的大洪水把旧城冲毁了，从此阿图什县就没有了城镇。但这里维吾尔族农民全年有一半是靠织布和做皮靴、帽子等手工业的收入来维持生活，并且解放以后他们经过减租减息和发展生产，经济生活水平逐渐提升，需要很多的生活资料和生产资料，需要规模较大的市场进行交易。全县有五分之一的地区居住着柯尔克孜族牧民，他们畜牧业的产品也迫切要求打开销路。根据农、牧民的要求，县人民政府便领导各族人民，在这片交通方便、地势较高的地方建立了新的城市。开始动工的时候，各族农民都从四乡赶到荒凉的戈壁滩上来，捡石头、平地基、栽树苗。当修建阿图什县人民政府礼堂及房屋时，先后有一万多名群众自动地帮助修筑。有些农民带上干粮，半夜骑着毛驴赶到工地；有些农民劳动了一天，天黑回去，深夜才能到家。他们还高兴地说：政府是我们的政府，哪怕路再远，我们也要赶来抬一筐土，垒一块砖。

当我们到达阿图什新城的那一天，正逢每星期一的巴扎（集市）。中午，拥挤着一万多人的巴扎上非常红火。赶巴扎的有各农业区的维吾尔族农民，有天山中的柯尔克孜族牧民和从阿克苏、喀什、伽师、乌恰等地远道来贩运土产的各族商人。县人民医院虽然还没有修建起来，但是逢巴扎时，医务人员就在医院旁边的小屋中给远道来的农、牧民看病。在几个钟头内，他们就诊治了100多个病人。拥挤在电信局门口的农、牧民们，正在倾听电信局工作人员的介绍：现在可以发信，可以向喀什、迪化等地打长途电话，还可以发维吾尔文电报。

只有半天的工夫，巴扎上各个收购皮毛的单位就收购了6000多斤羊毛。从天山赶着骆驼来卖皮毛的柯尔克孜族的牧民们说：过去我们卖皮毛要跑二三百里路到喀什噶尔去，现在有了新城多方便！喀什区贸易分公司在这里设立的门市部及各个合作社，都挤满了挑选货样的各族男女农民、牧民。贸易公司门市部的负责人告诉我们：每个巴扎日，他们可以卖出800万到1000万元的货物。可是没有建立新城之前，每个巴扎日只能卖二三百万元。新城市的成长和繁荣，已经给各族人民带来了无限美好的愿景。

（与王立忱合作，新华社迪化1953年1月30日电）

维吾尔族人民音乐家卡思木访问记

喀什噶尔城是我国古代东西交通的孔道，文化交流的桥梁。这座祖国边疆的古城，至今仍是新疆南部维吾尔族人民文化艺术活动的中心。

去年9月，我们在这里专门访问了维吾尔族著名的音乐家卡思木。他是一位67岁鬓发斑白的老人，是维吾尔族古典音乐艺术的优秀的继承者，人们都感赞他是"维吾尔族音乐的记录簿"。他世代居住在喀什噶尔城，生长在一个音乐气氛浓厚的家庭中。他14岁就开始了音乐生涯，跟随父亲及新疆有名的艺人，学习维吾尔族历代民间流传的古典音乐。他走遍了南疆的城市和乡村，他虽然不识字，但是凭借自己对音乐的喜爱和苦学苦练，积累了无数的乐谱和歌词。南疆各地人民，都热爱这位音乐老人。他每到一处，消息传出后，几十里以外的人，都赶来听他的弹唱。

卡思木在音乐上最出色的表现，是他能够全部弹奏和歌唱维吾尔族最著名的十二部玛卡姆曲。十二部玛卡姆曲，是维吾尔族音乐中曲调最复杂、内容最丰富的古典音乐。百年前，在喀什噶尔一带，维吾尔族人民中有很多人都能全部弹唱这支乐曲，后来有些部分慢慢失传，只是片段地流传在民间了。目前全新疆只剩下两个人能全部弹唱，一个是莎车县的73岁的著名艺人吐尔的；一个是我们访问的卡思木。

当我们访问卡思木时，他详细地向我们介绍了十二部玛卡姆曲的内容和历史。卡思木说：十二部玛卡姆曲，是新疆人民音乐的宝藏。这部乐曲共分十二部大曲，其中包括167个小曲，如果从头到尾全部演奏一次，要19个小时，分开演奏，每部要演奏两小时。十二部玛卡姆曲从内容上讲，可以分作三大部分：第一部分是"穷拉克曼"，是500年前的大诗人那瓦依记载的；第二部分"达斯坦"，是民间大艺人伯艾坑波儿作曲，歌词是400年前的玉素甫和阿尼买提兄弟两人作的；第三部分是"莫希来甫"，曲词是300年前著名艺人莫希来甫所作，故曲词冠以人名。十二部玛卡姆曲，有描述宗教事迹的，有描述古代战争的，有描述劳动人民斗争的，有描述人民疾病与痛苦生活的，有描写欢乐与爱情生活的。从格调上说，有雄壮热烈的，有轻松愉快的。十二部玛卡姆曲是历代爱好音乐的人民集体智慧的结晶，他们不断以自己新的创作补充丰富了这个伟大的作品，再加上音乐家的采集、整理和加工，才有了现在这样完整的艺术形态。

当卡思木谈到他在旧社会的遭遇和在新社会的生活时，饱经风霜的脸微微抽动，两眼湿润。他说：当我从14岁开始音乐生涯时起，到1949年冬天新疆人民获得解放为止，50多年的岁月中，饥饿和穷困像影子一样追随着我。过去，我流浪在南疆各地，当人家结婚时，我给人家弹弹唱唱，混一碗饭吃；有时在那些荒漠的地方，忍受着饥饿，自个儿边走、边唱。走累了，就随便躺在戈壁上或草滩上，枕着乐器，熬过那风沙满天的漫长黑夜。后来我常想：我是六七十岁的老人了，生命的火已不会燃烧很久了，也许十二部玛卡姆曲要失传了。新疆解放后，我再也不用忍饥受饿了，我参加了歌舞团，变得年轻了。1950年人民政府把我请到迪化，在迪化的75天生活中，很多汉族的艺术家和我研究十二部玛卡姆曲。他们经常向我说：这是祖国文化的财富，希望我们共同把它保存下来。后来新疆省文化事业管理处，把十二部玛卡姆曲作了录音，现在共产党和人民政府派了专家正在整理研究。这件事在我们新疆各族人民中，盛传一时。有许多民间艺人和我谈起这件事时，都说：只有在共产党的领导下，才使我们维吾尔族的文化艺术永生！

我们和卡思木谈话之后，他和他的助手们，热情地为我们这远道而来的客人演奏了十二部玛卡姆曲的一部分。

卡思木的一位助手敲着"达泼"（皮鼓），另一位助手弹着"羌"（这是有着48根弦子的琴），他弹着"沙塔"（形似三弦有12根弦）。他们奏了一个序曲以后，就同声歌唱起来。在各种弦乐声音中，有时像万马奔腾、兵器相击；有时像山林鸟鸣，泉水轻流；有时像风卷戈壁，驼铃叮当。在弹唱间歇时，我们发现有三四百人拥挤在楼下倾听，其中有青年人，有小孩，也有胡须苍白的老人。他们被音乐声吸引住了，当他们再次演奏时，听众都随着那轻松愉快而节奏明显的音乐声翩翩起舞。

（与王立忱合作，新华社迪化1953年2月27日电）

祖国最西边疆——帕米尔高原

世界屋脊——帕米尔高原，是我们伟大祖国西陲的屏障。崇山峻岭，高耸入云，（最低的山谷也在海拔3000米以上，像穆斯塔格山海拔7400多米，奥斯腾峰海拔8600多米），山巅终年积雪，云雾缭绕。山上空气稀薄，气候寒冷，入秋以后，从北冰洋穿越中亚细亚的飓风，排山倒海似的刮过来，吹着漫山遍野的荒草。

高原上居住着我们勤劳而勇敢的兄弟民族塔吉克人。他们在这里搭起帐篷，放牧牛羊，建设自己的家园。

20多年前，国民党反动派的魔爪，伸进了这块肥沃的土地，高原上的风暴到来了。

匪徒们屠杀了善良的人民，烧毁了他们的帐篷，抢走了他们的牛羊，抢走了他们的粮食，也抢去塔吉克人的春天……

塔吉克人有着说不尽的苦难，说不尽的血海深仇啊！1950年的春天，是塔吉克人民幸福的开端。

中国人民解放军边防部队，冒着狂风、越过雪山和悬崖、涉过冰河，经过了数十个白天和夜晚，经过了漫长的艰苦的路程，终于战胜了高原特有的严寒和空气的稀薄，把光辉的五星红旗插在帕米尔的最高峰。从此，这片被国民党反动匪徒骚扰不宁的高原，又恢复起平静的日子。

战士们在这自然条件极端恶劣的情况下，发挥了自己的智慧，克服了一切的困难。他们在积雪中挖了无数的雪窖，顶上架起帐篷，下面铺着干草，火盆里烧起马粪和牛骨，红红的炉火，保持着窖内像春天般的温暖。当轮流休假的日子到来时，战士们不是上雪山去捕捉野牛、大角羊、雪鸡来改善自己的伙食，就是进行军事政治和文化学习，或向塔吉克人学习歌舞。战士们在雪窖中，铺上光滑的石板，玩着扑克、象棋；有时候还举行娱乐晚会，表演各种各样的歌舞节目。

驻守边疆的战士们，严格遵守政策纪律，尊重当地人民风俗习惯，和塔吉克人建立起牢不可破的深厚情谊。他们把自己节省下来的粮食和打来的野牛，救济了塔吉克人的春荒；用自己携带的药品，治疗了塔吉克人的疾病；还组织了打狼队，帮助塔吉克人驱逐了野兽，保护和发展了畜牧业。现在塔吉克人都充满了喜悦，以无限感激和爱戴的心情把人民解放军叫作"毛主席派来的人"。

现在，帕米尔高原的风光，更加妩媚秀丽了。当祖国辽阔的原野开满了鲜花，山上的融雪流入无边草原的时候，人民解放军在这块辽阔的土地上，撒下了种子，又长起了嫩芽，这昔日"风吹草低见牛羊"的山野，而今已变成了绿油油的美丽田庄。一幢幢崭新的营房修建得非常洁净。国民小学也建立起来了，塔吉克人的子弟们，每天夹着书包到这里来学习本民族的语文，学习科学知识。成群的骆驼队从距离高原1000多里外的喀什噶尔城运来了各种日用必需品，人们纷纷拿着高原上的皮毛特产，到贸易公司的流动货摊去换回自己需要的布匹、茶砖、食盐、白糖、烟叶……在"肉孜节"和"库尔班节"的日子里，人们都穿起节日的盛装，弹起本民族的乐器，引吭高歌，愉快地跳舞。

苦难的日子过去了，幸福生活的光辉正照耀着这块高原，塔吉克人民深深地知道是谁带来了光明与青春。听吧，在严峻的山谷里，在富饶的草原上，到处都听到塔吉克人在愉快地歌唱：

毛主席像红红的太阳，

照到了帕米尔高原，

他救活了我们塔吉克民族，

给我们带来了光明和青春。

我们用自己的赤心

蘸着自己的鲜血，

写出千万首赞美的诗篇，

歌唱你啊——我们的救星毛泽东。

（本文系杜鹏程与马寒冰合作，为袁国祥拍摄的一组照片配发的文章。原载《解放军画报》1953 年第 3 期）

1950 年，杜鹏程（左一）与战友在新疆喀什合影

五、军队报纸用稿篇目

《毛主席的警卫员——许柏令同志》，（载《战士通讯》1947 年 8 月 7 日）

《三十分钟消灭一个团》，（载《战斗报》1948 年 1 月 8 日）

《悼念参谋长李坎同志》，（载《烈士传》1948 年）

《悲愤交集念培枢》，（载《烈士传》1948 年）

《投考场》，（载《战斗报》1949 年 6 月 17 日）

《在战壕中谈论着华北兄弟部队》，（载《人民军队》报 1949 年 7 月 15 日）

《陕甘宁子弟兵霍维春》，（载《战斗报》1949 年）

《孩子们的信》，（载《战斗报》1949 年 10 月 16 日）

《向祖国的边疆进军》，（载《人民军队》报 1949 年 10 月）

六、报纸副刊稿件

记王老虎

提起我们二纵队独四旅十团二营六连的王老虎，在西北战场是无人不知，无人不晓。他是全军著名的战斗英雄，也是我们六连的一个有趣人物。

我随司令员率领的第二纵队作战时间较早，可是到二纵队独四旅十团，却在 6 月中旬攻打甘肃环县战斗前夕。傍晚，团部的人员都忙忙碌碌准备进入阵地。王老虎奉连长之命，来团部办事情。我一听说是他，连忙拦住询问连队情况。他举手敬礼后，一声不吭地站在那里。高高的个子，因为自幼劳动惯了，站在那里上身微微弯着。长脸，不大的眼睛似笑非笑，很和善，你问他 10 句话，他能回答你一两句话。总之，我的印象是他没有什么出奇之处。

夜里，天黑地暗，伸手不见五指，我跟上团部的数十人，在崎岖的山沟野地里摸来摸去，终于爬上了一个不大的高地。敌人发射的枪弹在头上哨叫。我军战士在紧张地挖工事。我顺着交通壕一直摸到阵地前二营六连的阵地上，正好到了王老虎那个班里。这时，有的战士正挖工事，有的战士围着王老虎坐在土洞里谈说什么。战士们因为第一次和马鸿逵的骑兵作战，心情有些紧张，王老虎不慌不忙，正要开口说话。我军指挥所信号弹升起了，迫击炮轰鸣起来。我身边的战士，忽地一下，像疾风似的向敌人阵地冲去，我跟上他们冲上敌人工事时，天已大亮了，到处都是敌人丢弃的枪、炮、子弹和尸体。我正在敌人工事上往前走，看到前面有个白石灰撒成的圆圈，我刚要往上踏，一个大个儿战士，一膀子把我扛起滚下了丈余高的工事。我很生气，正要开口骂人，仔细一看，原来把我扛下工事的人就是王老虎。他说了声："地雷"，就飞跑着去赶部队——因为同志们正在向北猛追敌人。我转怒为喜，因为他使我避免了粉身碎骨！

后来我们在长途行军中，通过陇东以北的大山，通过沙漠地带，向万里长城进军。行军中，我大部分时间是跟随在王老虎所在的第六连。我留心观察王老虎，发现他战斗经验挺丰富，但不多说话。最引人注目，最让人忘不了的是他那不离口3寸长的小烟袋。说起这个小烟袋，历史可不短了，它是王老虎日常生活和一切英雄事迹最清楚的见证者。1944年初，他在家乡山西省离石县当民兵时，他是农民，但手艺精巧，泥瓦、木工活儿全会。当了民兵，就一边打仗，一边种庄稼。有一回，他们一组4个民兵，被日本人抓进附近的据点了，据说次日中午要用刺刀捅死他们。夜里，4个民兵中有两个，抱住头在想什么；有一个低声地哭泣。王老虎呢？他还是那么不慌不忙，一股劲儿，一声不吭；口里噙着小烟袋，蹲在墙角一袋又一袋地抽着旱烟。在这黑暗的小房子里，就是烟袋中那一点火，照耀着这恐怖的人间地狱。这时，除了门外日本人哨兵来回游动的脚步声以外，一切都是静悄悄的，阴森恐怖的。王老虎抽了好几十锅烟，然后慢慢蹲到一个人跟前，说："你这草包哭甚呢？你哭死吧，日本人还能饶了你？跟我走！"他给这个人讲了给那个人讲，把大家死里逃生的勇气鼓舞起来，然后，他们大家鼓足了力气，猛然踹开了门，王老虎猛扑上去卡住日本人的脖子，他们共同用夺来的刺刀，刺死了日本强盗，逃出了牢笼。

这么一说，人们一定会觉得王老虎是一个威风凛凛的人物。其实不然，平时开会、休息、行军、宿营，都很少说话，老是一个人蹲在墙角抽烟。同志们都和他开玩笑，戏闹地叫他"死老虎"或把他的帽子丢在土里。他不动手，老是笑一笑说："你们找得倒霉，可不要惹起我的火来。"就拿打仗来说吧，不管炮火再激烈或者衣帽被子弹穿破，你也休想听见他说一句惊奇的话。但是他那股火劲一上来，那才真像一个猛老虎呢。六连干部和战士一再向我讲起 1944 年 4 月，山西汾阳县北廓村保卫战：山西汾阳一带的人民群众人人都记着这一场猛烈的鏖战。王老虎他们一个排，固守北廓村一个大庙，敌人五六百人，附属山炮、迫击炮，向他们进攻。敌人一次又一次地冲锋，从早晨激战到黄昏，我军 21 个人除牺牲负伤外，只有 8 个人了。但这 8 个人就是钢铁长城，敌人根本无法摧毁。敌人用炮弹把他们守的庙，从上边一层一层往下摧毁，眼看就无藏身之地了。没有高度顽强性和英勇牺牲精神，是万不能坚持下去的。在这严峻的生死关头，王老虎紧张地监视敌人，有时候抽空儿吸着烟，还随便而风趣地说："骨头要硬噢！"当敌人倾注全力最后一次攻击时，王老虎拿起掷弹筒的炮弹，往墙上一碰，顺手扔到敌群中，然后和大家一道儿用石头砸着敌人，敌人尸体一层又一层，就是拿不下这个庙。最后敌人就放起火来要烧掉大庙。大火从庙门口往里扑，王老虎他们便推倒水缸泼灭火。这样浴血厮杀，直到黄昏时，我援兵到达以后，敌人才被击退。王老虎以及参加这次保卫战的所有英雄们，是永远为人赞叹的！英雄们像祖国的高山大地一样将千古不朽。但是，关于当年的北廓村战斗的情况，我多次在行军途中或睡在老乡的炕头上问过他。他有时笑而不答，有时淡淡地说："当兵的打仗，这是平常事儿！"

若仔细说起来，他倒是蛮有意思，行军中我们总是开玩笑逗他。比如有人给他背包上放块土，有的故意说：你的背包大你一定发了洋财。他挤着眼笑一笑说："我不是那么个二不愣。"这是实话，他像许多老战士一样，什么多余的东西也不背，背包中常背一口袋旱烟叶，这是老规矩。烟叶和干粮他不管什么情形下，也是有充足准备的。这些老兵的经验，他是有的。陕甘宁边区老百姓知道王老虎的英名，那是由于 1947 年 5 月初，蟠龙镇战斗中攻占取决胜负的积玉峁阵地时，他奋不顾身大显威风，在这一场重大战斗中起过重大作用。攻击前，王老虎显得沉默，眼睛通红，嘴紧紧地绷着。当爆破以后，他迅速地通过铁丝网，进到敌人外壕里，用手榴弹赶走前沿工事的敌人。接着，搭上梯子，和班长张生同等人，爬上了山顶。这时，敌人的手榴弹不断地打下来，张生同嘴上吊着一块炮弹皮，鲜血向胸前流，但还是不停地往上爬；王老虎，把敌人扔在他们前进道路上的手榴弹，用手迅速地拨到旁边的地下；有的手榴弹正在地上旋转时，他一连拾起 3 个回敬给敌人。这些手榴弹都是一出手就爆炸，但是王老虎这位真正的英雄，他就能抓紧这转危为安的一秒钟。在他和张生同等人登上积玉峁，把敌人赶入中心工事时，王老虎跳在敌人"王八窝"上，用手挖开顶子，把手榴弹放进去，敌人连哭带吼地跑出来，王老虎等同志异常机警地跳到敌人侧面，站在外壕上边，3 枪打死了 3 个敌人，当张生同呐喊："别打死，抓活的"！王老虎冷冷地说："没那多的闲心，他不放下枪，我要从头上打进去，从屁股出来，来个上下通。"攻占这个山头，他打了70多个手榴弹，因此他第3次获得了"战斗英雄"的称号。5月，是陕北风光最美的季节。在安塞县真武洞举行的陕甘宁边区军民庆祝三战三捷大会上，王老虎被选进了光荣的主席团，站在周恩来副主席和彭总身边。以上关于蟠龙镇战斗情况，都是六连干部和战士们争先恐后给我讲的。王老虎呢，当别人讲这些惊天动地的英雄事迹时，他红着脸说："有那么厉害？"有时他躲在远处口噙旱烟袋，望着天空的云彩，轻轻地吹口哨。第六连的战士们，给我细谈王老虎在蟠龙镇战斗以及他的许多英雄事迹时，是在古长城外沙漠中的一片绿洲上。接着，我军又冒着酷暑，再次跨越大沙漠向黄河边进军。在这一段行军中，我常走在王老虎身边，有多少次他和我睡在一个土炕上，既熟悉，也建立起了感情。他还叫我给他写过家信。我一再询问，很想知道他为什么对自己的作为守口如瓶。他说："你要我说什么？一个人英勇作战，是他为老百姓应尽的本分。"是呀，这么一说，还需再问什么呢？不过行军中，我还观察着他，因为我深深地爱上了他。

我们经过长期而艰苦的行军，又到了古长城身边的榆林前线。团里到处都听到同志们说："我们要和王老虎比赛，我们向王老虎看齐！"在米脂县镇川堡的大麦场上，举行全旅战斗动员大会，口号此起彼伏，各部英雄跳出人群宣誓："为保卫边区，要向王老虎看齐。"我就坐在六连的行列中，坐在王老虎身边，只见他低头蹲在部队的行列中，老是噙着他的小烟锅，同志你推一把，他拉一下，说："老虎，你听人家要和老虎班比赛呢，起来答复人家吧！"王老虎像个大闺女似的，红着脸，流着汗，很不自然地站起来，持着枪，低着头，好像他弄不清自己应当干什么。可是旅长顿星云、旅政治委员杨秀山和全旅数千名指战员的眼光，全都聚在王老虎身上了。他——王老虎，提着枪，顺着队列中的空巷，一步一步向前走去，仿佛生怕把地球踏翻了。可是他高大结实的身材和从容不迫的模样，在场的全体指战员全看到了。他走到临时搭的简陋的主席台上，向旅首长敬了礼，又转过身向全体同志敬了礼，然后举起枪，只衷心地、严肃地说了一句话："为了陕甘宁边区的土地，我愿献出自己的一切。"立刻，呼喊和掌声像风暴似的轰响起来。战士们全都举起枪，像森林一样。这就是我们的人民解放军啊！

王老虎浑身是汗，慢慢地走回自己的连队，连忙坐在战友身边。我心情激动，同时又觉得王老虎太拘谨了，便贴着他的耳朵说："嘿！你讲的话太少了！"他一边擦汗，一边说："那么多的人瞧着，很不自在。我愿意打十次冲锋，也不愿意上台讲一次话！"他身后的一个青年战士说："你是怕死，不敢应战。"王老虎很严肃地回答："为了保卫党中央毛主席，我随时准备牺牲自己。"这个只身冲入敌阵立过许多功勋的威名赫赫的英雄，就是这样一个红脸汉。接着就是一天一夜的急行军，我军抵达榆林城郊，攻打其外围据点三岔湾。三岔湾战斗开始，我先在敌人阵地侧面的旅指挥所，后来又到了十团二营六连。亲眼看到百米以外的王老虎冲在最前头，那真是一只猛虎，谁也赶不上他。他接二连三地向敌人工事中投着手榴弹，敌人垮了，可是他倒下了！立刻，战场上"为老虎报仇"的呼喊声，回响在天地之间。多少人眼里冒着仇恨的火花去冲锋。——战斗结束后，我们在古长城外的莽莽黄沙中，掩埋了高大身躯的英雄；从旅长顿星云、政治委员杨秀山到参加这次战斗的一千几百名干部、战士，都被一种巨大的撕心裂肺的痛苦控制了。没有言辞，没有眼泪，充满在全体指战员心中的是冲天的复仇怒火。虽然他们每个人，面容消瘦，口干舌燥，或者头上捆着绷带，但又马不停蹄地冒着酷暑、风沙，忍着疲劳和饥饿，向榆林城下挺进……

如今，我们连队的同志，不论是在休息宿营，或是打仗行军时，拿起烟锅抽起烟时，就自然想起了我们的老虎。老虎是离开我们了，但是六连"老虎班"的工农子弟们，还在为中华民族屹立在世纪东方而顽强地奋斗着。"老虎班"的英名和新的战绩，从彭总、司令员到西北野战军所有的指战员，全都知道。因为"老虎班"的战士们，还像王老虎那样征战着……

1947 年 8 月 10 日写于榆林前线

1947 年冬修改于山西闻喜县上岭后村

警戒线上

——略记两位难忘的人民英雄的生活片段

2 月的一天，部队经过整天的急行军，我大军云集渭河边。"战卫"部进军至渭河北 30 里的一个村子。敌我对峙，隔河相望。部队紧张地做好工事，随即进入阵地，向小村以西的陇海铁路上火车小站方向警戒。敌人隔着小河断断续续地射击着。我军准备随时展开战斗。

广阔的天空，缀满稠而冰凉的星星。脚下是平漠、肥沃而又含沙太多的土地。一冬天积下来的落叶，把田野里的麦苗压得直不起腰来。左右是一排排渠岸上挺直的白杨——它们的枝丫伸向夜空，仿佛还没有长出多少小叶，仿佛还未从冬眠中苏醒过来。正前方，十多里的地方就是铁路线，它让城墙似的树丛遮挡着，只是偶尔可以看到稀疏的电灯闪亮。

夜已深，天漆黑，一切都显得非常寂静而又有一种内在的紧张。偶尔一两个红绿的信号弹，划破黑夜的天空；稀疏的枪声，打破了夜的沉默。这时，两个黑影在河边长达数里的阵地上巡行，他俩后边跟着一名年轻而机敏的战士，提着冲锋枪，一定是警卫人员。前边走着的是张团长，身经百战、才智过人、赫赫有名，王震将军很喜欢他。他是知识分子出身，可又是个彪形大汉。作战有计谋、有智慧，异常能干而细心。敌人研究我军指挥员的材料中，说他是一字不识的大老粗，但能置"我军"于死地，因此，作战中和此人交手，"切勿疏忽"。他后面跟的漆政委，他和张团长一样高，只是因为负伤多，体格较瘦，又加上性情温和、处事谨慎，所以看起来像一位书生，像一位当教师的人。其实，他参加过二万五千里长征，能征惯战。沉静而又勇敢。这两个人配搭起来工作，真是太好了。此时，团长和政治委员，走近一个连队的阵地时，两人肩并肩站在河岸的凸出堡上凝视着远方的哨兵。突然有人喊："干什么的？"

"查哨的！"带班的干部听出了是张团长的声音，于是又问："后边那个是谁？""政委。"

片刻的沉默，人们都在竖起耳朵细听着动静，既机警，又严肃。他们脚下的河水，奔腾不息地向东流去；河槽里阵阵的大风卷起了沙土，弥漫田野。远处有微微的犬吠声。

张团长身板笔直，威严而低声问哨兵："有什么动静？"一个战士指着东南方向说："那边打了五发信号弹，机枪也打了一梭子！""有多远？""有好几里路远。"

"我们左边是'战声'部，信号弹是在他们的正面打起来的，也可能是我们的侦察员打的。你们要注意观察，放警戒，要搞清左右友邻部队的位置和你警戒的范围。还要提高警惕，严密观察。"说罢，他久久地注视着木桥那边，然后仰望着星斗，深思了一阵，又用命令的口气说："从这里看桥头还是看不清，警戒要伸到桥头。"

带班的干部说："桥头的塄坎上已经伸出一个小组。"

张团长和政治委员，摸下土崖，轻轻走到那个小组跟前，蹲到那里，看着三个战士趴在工事中，凝神屏气地注视着桥头。他俩检查了工事：工事做得很好，能发扬火力，而且坚固牢靠。可是新挖的土是透湿的，摸摸战士的衣服，也被露水浸湿了。政委低声问："这样冷，为什么不买一点麦草放在工事里？告诉你们连长，下一班的人捎带一些麦草来！"他用手摸摸一个又一个战士的脚，发现一个战士没有穿袜子，脚冻得冰凉，就问："袜子呢？"

"有袜子，放在连队里。""袜子一定要穿上，不要冻坏了！"

"报告政委！一点也不冷。"他这样说时显得特别兴奋有力，好像在对政委表示："你看我是多么精壮的战士！我什么也不怕！"他挺着胸部的那股庄严劲儿，把大家都逗笑了。——自然是只有他们自己才能听到的悄然的笑声。

　　突然，远处传来了"口令——"的喊声。张团长和漆政委，迅速地沿着工事穿过二三里路的沙滩，走到又一个连的阵地上。这个连队警戒是放在一条通向河滩的凹道上面，往前通过 50 多米的河滩，有一座桥。他们站在凹道口凝视了一阵，张团长问哨兵："桥头上设置鹿寨没有？""我们放了几辆大车。""确实放好了？""确实放好了！"

　　"让我们再去看一看。"于是张团长和漆政委踏着河滩的泥水，摸到桥头，把周围的地形仔细观察了一番。仿佛他俩要把阵地上的任何细枝末节，都要搞得十分清楚一样。

　　张团长说："河里虽然有冰碴儿，水很浅，敌人不管从哪一处都能进来。因此，最好把这几辆大车放在凹道口。"

　　漆政委环顾了一下周围的地势说："不必要，老张，上边的火力完全可以控制河滩。敌人要过来，很欢迎噢！"两人俯着身子，头挨着头，仔细而周密地研究了一阵之后，又走向西端的阵地上，疾行而去。这里，是该团阵地的正面，各处都是战壕、掩体、机枪以及小炮的工事。各处都密布哨岗，战士们雄伟地立在黑暗之中，神情激动但又默不作声。一个战士，远远地就喊："口令！"张团长和漆政委含糊地答了一声，就走近那位战士。漆政委问："我答口令，你听清没有？""没有。"

　　"对呀，这样远连你也听不清！"漆政委说罢，张团长接着问那战士："你说，敌人搞侦探不搞？""搞！"

　　张团长厉声说："这一带是昨天刚解放的，你说，有没有坏人？"

　　"可能有。"

　　"既然这样，那么你七八十米远就喊口令，坏人听了怎么办？"

　　"……"

　　张团长说："一发现动静，你就问，30 米之内再低声问口令。你认为可疑，就让他站住！一定要记住。这是一个战士应当知道的常识。"

　　漆政委接着说："你喊得很威严，军人就要这股雄壮劲。可是团长刚才说的话，要记下，并且要体现在日常学习和战时的行动中。"

　　"好！"战士高兴地回答。

　　张团长和漆政委，离开阵地又到附近村庄，他俩按前哨部队的营、连、排、班，挨门挨户地查铺。他俩看到：有些战士背包放在一边，和衣而睡；有些战士盖着被子睡；有些战士把被子蹬开了，团长和政委又给拉着盖好。他俩查过三个连以后，又走一个连部。连长和指导员，枪在肩上挂着、守在电话机旁，看起来十分认真负责。

　　张团长很喜欢这两位连队干部的作风，但是他没有表示什么，只是问那位连长和指导员："为什么有很多战士不解背包？你们要督促战士们打开背包好好休息。"

漆政委说："已经下了命令，除了值班部队之外，都打开背包睡觉。"

连长和指导员一同回答："我们看到了命令。"

"光看到命令不行哪！走，咱们一道去看看。"说着，张团长、漆政委和两个连队的干部们一块儿，来到各班去检查。刚进灶房门，就有3个炊事员和衣躺在灶旁睡觉，鼾声大作，背包却放在一边。张团长严厉地说："你们看，这样睡在地上人会冻病的。他们病了，你们就有工作做了！是吗？"连长和指导员，脚跟并拢，挺着胸脯站立着。

漆政委慢声慢气地说："同志，干工作，不论什么时候都要仔细检查，喜欢简单这是害死人的。再说，劳动人民把他们的子弟交给我们带领，我们要同兄弟一样爱护他们才行噢！"

他们巡查后，带着那位背冲锋枪的警卫战士，回到指挥所时，已是午夜12时。这时枪声渐渐紧了，他们又是喊参谋，又是看地图，又是研究敌情，又是在电话里向上级报告阵地前沿新发生的情况。接着，就奉命开始去袭击对面的敌人……

我在半月后，才能在一个小本子上，记下这一夜在阵地前沿的所见、所闻和感想。因为连续行军、连续作战，连往小本上记下这一段生活印象的机会全没有，可是，当我记述和回忆这一段战地见闻时，心情很不平静。他们忙于行军作战，忙于为人民打江山，没有机会记下自己非凡的经历。而我呢，记下的也很少。我随他们一起多次作战，一起多次日夜行军，一起多次在阵地上巡行，也较长时期和他们一块儿在乡村农民家里的土炕上睡觉；一块儿喝水吃饭，一块儿畅谈心曲。不是他们多方关照，恐怕我这个没有战斗经验的人，早已死于非命。可是，我现在记述的还只能是这样的简略的战斗生涯的片段……

1949年5月于陕中前线

战斗生活检验我的心灵

1947年夏天，我军打开甘肃东部高原上的一个城镇。战斗刚结束，远处还有枪声，街上的敌人尸体还没有收拾，我带着满身的硝烟和尘土，去见西北野战军某旅的旅长和政治委员。

旅长说："今天打得够热闹啰！要好好写一写。不过要写出有用的东西，站在指挥所观战是不行的，必须长期和战士们一块滚。有这份胆量和决心吗？"

政治委员目不转睛地盯着我，那锐敏而深沉的目光，直照射到我的心底。他不作声。大约他深知，过分的鼓动，会使青年人干出不应当干的冒险事情。

我背上包袱，到了该旅一个步兵团。团长和政治委员下连队去了，只有李参谋长在家。

团参谋长李侃，是知识分子出身的干部。身体结实、高大，朴朴实实，像个做工出身的人似的。与众不同的是，他口袋插了一支红杆的老牌派克水笔。据说，贺龙将军很喜欢他，一来因为他骁勇善战、屡建奇功，二来因为他是著名的篮球健将。

他很忙，不便多谈，于是我抽身出来到团司令部驻的村子周围散步。在村边的一个破窑洞里，我看见一位军人悄悄地低着头，一针一针仔仔细细地缝补衣服。我向他打招呼，他站起来谦逊地微笑点头。他穿着整齐干净的旧灰军装。身材不高而单薄。清瘦的面孔显得温和、羞怯。我猜想，这位一表书生的人，不是文化教员便是什么秘书。事后我才知道他是该团的第一营营长盖培枢，已有 10 年军龄，顽强、赫赫有名。这大概就是那种静如少女，动如猛虎的人民战士吧。

他不爱说话，但是像一位慈祥的兄长似的专注而友爱地倾听别人的心事。我和他谈了不到半小时，就深切喜爱他、尊敬他，而且愿意把心交给他。最后他打开包袱，拿出两条毛巾说：“你一条，我一条！”在这艰苦的日子里，有一条普通的新毛巾，简直太难得了。我把毛巾叠起来，宝贝似的装在衣兜里。没有多久，二队向榆林地区前进。一天早晨，我们翻过一座大山，进入沙漠地带时，突然三架敌机出现在头顶。凄厉的防空号音，使人浑身紧张。和我一同行进的盖营长，一手按着腰里的驳壳枪，一手挥着命令战士们：“散开！卧倒！”我望着天空，只见三架敌机绕了一个圈子，直向我们俯冲下来，嗒嗒嗒的一梭子子弹，穿进我们周围的沙土中。一匹战马中弹！我心中充满恐惧。这时盖营长躺在我身边，用一只臂护着我的腰。他那温和的面孔和明亮的眼睛，仿佛在说“沉着！我和你在一块”，我很懊恼，对自己失魂落魄的样子极端不满。这时，通信员喊：“你身上起火了！”我一看，左衣襟的确在冒烟。糟了！衣服烧坏是小事——没有光着膀子也能过日子。可是衣兜里有日记本，有一支和生命特别宝贵的新民钢笔，还有盖营长给我的那条舍不得使用的新毛巾。我想在地上滚几滚，熄灭身上的火。这时敌机扫射得更稠密的子弹在我们周围爆炸。盖营长不慌不忙地压住我的背说：“不要滚。一滚，扇起了风，身上的火就烧大了！”说着，他就把我快燃烧着的衣襟“刺啦”的一声撕下来，塞在沙子里。

我把烧得稀烂的衣襟从沙土里拉出来，从口袋里掏出被子弹打得稀烂的毛巾，怪可惜地翻过来调过去地端详着。盖营长爬起来一面指挥部队前进，一面说：“手巾打烂有什么关系？险些把你打掉哩！”我说：“你也差点被打掉！”他说：“我嘛，不要紧。你不是说，革命胜利以后我可以去当教员吗？”他不出声地笑着。

一小时以后，榆林外围的三岔湾战斗开始了。我在旅指挥所。旅指挥所在战场侧面一个高沙梁上，从这里可以清楚地看到敌我阵势：平漠漠的沙滩上是一个又一个的敌人的碉堡，盖营长率领战士们向敌人发起勇猛的攻击。沙土飞扬，烟雾升腾，人影闪动。我军一连击毁了四五个碉堡，敌人溃退着，我军追击战斗非常顺利。旅长和旅政治委员都高兴得手舞足蹈。这时，旅长要直接和给他带来胜利喜悦的盖营长讲话。可是敌机投弹，电话线被炸断了。于是旅长写了个嘉奖一营指战员的条子，让通信员送给盖营长。趁这个机会，我跟着通信员跑到一营的阵地上。狂风卷着黄沙在战场上旋转，枪炮声震耳欲聋。沙漠上挖着弯弯曲曲的半公尺深的战壕。我跳在一条战壕中，这时盖营长跑过来也跳在我左边的战壕的转弯处。他弯下腰，抱着电话机和突击连队的指挥员讲话。然后直起腰，擦了擦头上的汗，威武而严厉地给一位连长吩咐了几句话，又用望远镜望着前边冲锋的战士们。他说："看，战士们多英勇！……战斗快结束了……"没有落点，他突然弯下腰，靠在战壕边上。有的人以为他昏倒了，有的人以为他在躲避炮弹。参谋、通信员和几个同志跑过去抱他，可是他头低在胸前，一言不发。我发现自己身边有一摊血，把盖营长身体搬过来一看，血是从他背上涌流出来的。他的脸色由通红变得煞白，由煞白变成蜡黄了！

战斗结束，我坐在残破的还在冒烟的碉堡上，呆呆地望着战场，对自己说："一次小小的战斗，就向我们索取了这样大的代价……"脚下是烫热的沙漠，头顶火毒的太阳，但是我什么也感觉不到。我软弱无力，巨大的悲痛把我压倒了！

我迈着沉重的步伐，好容易才走到团参谋处驻的院子里。院子里坐满俘虏。我从俘虏群中挤过去，走进一座小房子。李参谋长在这里办公。他和盖营长以及今天牺牲了的同志们同生死共患难，并肩战斗了好多年，我猜想，他悲痛的心情比我更深刻、更巨大。我想向李参谋长说话，但是没有机会，因为他忙着清点俘虏数目，写战斗报告，指挥参谋们工作……我坐在炕边，一支又一支地吸烟，虽然烟已经熏得我头痛欲裂。李参谋长突然发现我坐在他旁边，于是一边写报告一边说："很疲劳？警卫员！倒杯开水。"我说："参谋长！一营营长牺牲了！"他粗粗地出了口气说："知道！"然后用力地把衣袖挽在胳膊肘以上，一边刷刷地用那红杆派克笔写报告，一边把头伸出窗子问："俘虏数目到底是多少？旅部又来电话催了！"接着又拿起电机和某一个营长讲话："要赶快整顿、组织，准备继续战斗！"过了好一阵，他发现我头低在胸前，便用双手抓住我的肩膀，猛烈地摇着说："难过有什么用？他们倒下了，我们活着的人就要更加努力继续干！这就叫前仆后继！这就叫前仆后继！"说罢，又把头伸出窗外问："刘参谋！咱们俘虏的敌人那个副团长，是不是叫张效武？"

我突然受到很大的震动，抬起头，望着李参谋长那钢骨铁架似的身体和那坚毅的面容。比起李参谋长来，我多么软弱。革命难道靠我这样的人吗？有一种想法随着强烈的感情涌上心头：同志们用生命创造新的生活，用血和汗书写历史，而我只能握着一支无力的笔……

我跳起来，跑出房子，为了减少羞愧的心情，我押送俘虏，打扫战场，寻找各种各样的事情做。

接着我军去攻打榆林城。榆林城没打开，部队转移了。不用说，又是没日没夜地急行军。一天夜里，昏天黑地，部队正在急急地行进，李参谋长突然出现在我身边。抱着我的肩膀，边走边说："要坚强，要能把悲痛立刻化为力量！"我点了点头，正要向他说什么，他翻身上马，奔驰而去。

1947 年 8 月 20 日，陕北有名的沙家店战斗开始了。部队向山上运动。大风带来乌云和闪电。战士们迎着风，扛着步枪、迫击炮筒、炮盘和重机枪，向山上运动。突然李参谋长出现在我身边的土坎儿上，他向战士们喊："跑步！"然后给一个参谋吩咐了几句什么，便跟上部队去了。这时，敌人占领了我们头顶上的一个山头，我们挤在山沟的几千人处于很危险的境地。但是，在这千钧一发的时刻，李参谋长率领一支很小的部队上去，顶住满山遍野拥来的敌人；经过一阵激烈的战斗，把敌人击退了。虽然，他和一些战士付出了生命，但是，这一英勇的行动，使数千名战友脱离险境，使战局转危为安。我和许多战友，听到李参谋长牺牲的消息，没有流泪，没有言语，大家直挺挺地在子弹乱飞的阵地上站了好久。强烈的复仇的欲望，在我全身回荡，我发誓要做一名战士……战斗结束了，我回到团部。往常，我回到团部，就跟团长、政委、副政委和参谋长住在一块。如有可能，通信员们总要想办法找几片门板支起五张床。而今天这个破窑洞里只需四张床。墙角放着李参谋长的行李。团首长们不洗脸，不喝水，也不说话，而且大家都不去看那个放在墙角的行李。我走出窑洞。李参谋长的警卫员站在院子里，哭了！他说："参谋长只有一条粗布被子，我给他裹上了。看，这是他的派克笔！"我说："别哭！笔，交给政治处！"旁边墙根李参谋长骑过的那头骡子，头挺得很高，不住地嘶叫。上了年纪的饲养员靠在骡子身旁，不言不语！

我到了旅部。虽然打了胜仗，旅长却逢人发脾气。旅政治委员背着手，疾速地来回走着。旅长把政治委员凝视了一阵，然后，猛烈地摇了摇电话，抓起耳机命令："准备继续战斗！前总有指示，没有粮食可以宰杀马匹充饥。"

"准备继续战斗！"现在，每个人的全部希望和感情都压缩在这句话里。好啦，让我铭记着"前仆后继"去战斗，让我像一名炊事员一样，手执锅铲去战斗；让我手执武器，坚定而老老实实把自己交给劳动人民和战斗事业。

在战斗生活中这种对我锤炼、检验、改造和提高的事情，我可以举出 50 件、100件……而且我把这些经历过的事情，体会到的思想、感情，和我被改造被提高的心情，放到我写的长篇和短篇小说、剧本和报告文学中的人物身上。难道对那翻天覆地的斗争，对那气吞山河的英雄气概以及那些积在心里的东西，不写出来，不说出来，能过得下去吗？有人说，因为想当作家才拿起笔写东西，世上真有这样的事情吗？

1959 年 8 月 1 日于西安

我这一支笔

×× 同志：

你好。

来信敬悉。你询问我怎样走上文学创作的道路，这个题目太大，一时无法说清。现在只能谈一件很小的事情，那就是：我手中的这支笔。

记得，当我作为一个幼小的孩子，走进设在乡村"祠堂"里的私塾，发蒙读书的时候，首先要熟记住这些字："×× 省 ×× 县 ×× 乡 ×× 里 ×× 村"以及自己的姓名。开宗明义讲这一套，是出于老师的智慧，出于痛苦的经验，也是出于乡下人的强烈要求。因为在那暗无天日和兵荒马乱的旧世界，随时都可能有家破人亡的灾祸落到头上，随时都可能把孩子丢掉，造成骨肉分离的悲剧。认识这几个字，是生存的必要！接着，就读《百家姓》和《三字经》。两本小书，一支小楷笔，一支大楷笔，外加一个铜墨盒，母亲就花去了五角钱。她凄凉地对我说：五角钱就是买半斗粮食的钱，要我牢记这一切，并万分珍惜笔墨。铜墨盒不易打烂，书本揉得卷起了角还能照常念，唯独这价值几分钱的毛笔，因为初学写字，使用不得法，很快就磨秃了。为添置一支新笔，母亲没有少流眼泪！因此，直到现在，我看到自己的或者别人的不论什么样的笔，都会引起一种痛楚而辛酸的回忆来！我少年时代，看到别人胸前别着一支钢笔——不管它是怎样廉价的笔，都异常羡慕。1938 年夏季，我到延安参加革命的头一个月，组织上发给我一元钱津贴，我立刻就用六角钱买了一支"新民牌"钢笔。我为此事，兴奋得夜不能眠，而且对和我一块儿学习的抗日军政大学分校的几位同学，谈到我少年时代为买笔而伤心的往事。不料，这件事让我们连队指导员知道了。他原系工农红军的营长，比我大 5 岁，年仅 22 岁，可是经过二万五千里长征，是一位身经百战的仪表堂堂的军人。他在我们这些刚参加革命的青年心目中，是传奇式的英雄人物。一天傍晚，他约我到校外的田间小道上去散步，他指着我插在胸前军装口袋里的钢笔，说了许多热情而含义深刻的话，要我把这支笔连同自己的心和生命，都献给劳动人民和这个伟大的时代。这些话，几十年来一直雷鸣似的在我耳边萦绕着。

那支普通的钢笔，陪同我度过了几年艰难的岁月。后来，在战争中因敌机轰炸，我扑倒在地上躲避炸弹，把它压得粉碎。我像看到战友牺牲一样，热泪滚滚而下！更伤痛的是，那位第一个教导我认识笔的意义的指导员，也在抗日战争中把自己的满腔热血洒在华北平原的土地上了！

1941 年底，我在农村工作了几年，回到延安，在延安大学里学习了好几年。这几年，正是抗日战争最艰苦的时期。残酷的战争，敌人的封锁，以及饥饿、穷困和伤寒病都在折磨人，可是大家还是生机勃勃，斗志昂扬，理想之火在胸中熊熊燃烧；叫你上前线杀敌，便争先恐后地背起背包就走；叫你留在后方学习，那就艰苦而勤奋地苦读，以便充实自己，准备随时听候党和人民的召唤。那时，人们学习都用的是自造的黑而厚的马兰纸；发给每人一包紫色颜料，用来和墨水；另外还发一个从国民党统治区或敌占区搞来的钢笔尖。至于笔杆呢？全是自己制造的。我用南泥湾运来的质地坚硬的木头削了个很精致的笔杆，然后把笔尖用线紧紧扎在上端。这就成为在那艰难时代伴随我的武器。当同学们称赞这支笔时，我却默默不语，因为我又一次想起了那位早已离开人世的教导我认识笔的意义的指导员！ 1947 年 3 月，保卫延安的战争开始不久，我被派到部队上，作随军记者，就一直带着这支自制的笔和 2 寸长的一截"化学铅笔"。在子弹纷飞的阵地上，或者在急行军后的午夜里，我在膝盖上，或者趴在老乡的锅台上，把血与火的时代给予我的种种印象，把自己的欢乐、悲痛、激情和思索，通通记录在那些战争年月特有的大大小小的纸张粗劣的本子上。这样，从我个人所能接触到的角度，为整个西北解放战争，作了较详尽的记录。近日，我的朋友帮助我抄写这部战争日记，有的字比一粒小米还小，以致她用五倍放大镜看有时还看不清楚。

1948 年春季，我们度过了战争最艰苦的阶段，从内线打到外线，从苦焦的陕北山区打到渭河以北富庶的高原上。一天部队打了胜仗，我们住在合阳县百良镇附近的一个农村里，大家欢欣鼓舞，歌声响彻云霄。我们旅的政治委员——英勇善战的长征干部——杨秀山将军，也和我们一样沉浸在欢乐的气氛中。他身边围着许多人，都争相和他说话。此时，他突然听同志们说我一直用蘸水笔写文章挺困难，就以军人特有的雷厉风行的做法，立刻把旅供给部何部长叫来，说："写文章的人，用那样一支笔怎么行？你一定要给老杜搞一支好笔。"这位长征干部何华章同志，真是神通广大，他奉命之后硬是千方百计地给我弄来一支崭新的"金星钢笔"。杨秀山将军把这支笔交给我的时候，并没有说什么话，但是我从他那坚定明敏而充满智慧的眼睛里，看出了那热烈而殷切的期望。我回到旅政治部，这件事一下子便传开了。我们的政治部主任是知识分子出身的干部（这就是《保卫延安》书中作为团政治委员的"模特儿"的那位可敬的同志），他看到这样一支难得的笔，高兴了，把笔拿到手里看了好半天，然后像诗人来了灵感似的，大笔一挥，在我的本子上写了一行字："一支锋利的笔，相当于一个精锐之师。"在场的同志们，相顾大笑。及后，这支笔就一直跟随着我，走遍了西北五省的大部分地方，我用它写了许多笔记和数十万字的文章。1949年年底，我随军转战万里，到达帕米尔高原之侧的喀什噶尔城时，便开始写《保卫延安》用的还是这一支笔，一口气写下了百万字的草稿。可是，十年浩劫中，我的许多宝贵的书籍和这支我视若生命的笔，全都失去了。我毫不觉得可惜，因为在那样的年月，一支笔只能用"交代"自己的"罪行"。这除了使人屈辱和痛苦，还能带来别的什么？话虽如此，可是，自从失掉笔之后，仿佛生命凋谢了，心灵枯竭了；作为中年人的我，变得步履艰难，如同垂暮之年的老人……打倒"四人帮"之后，我买了一支几角钱的钢笔，继续我的文学事业。买一支笔是容易的，但是要使自己的枯竭而伤痕斑斑的心灵恢复活力，却需要颇长的时间。好在人民和时代，赋予我们的东西很多，使我能像死而复生的人似的开始迈开脚步。我还是以笔耕为生，不同的是：当我每次拿起这便宜的笔写作时，许多人和许多事，就以不同往昔的意义涌现在我的脑海，几个历史时期和几十年的生活也一起以不同于往昔的意义显现在我的眼前。我时常凝视着手中的笔长叹——伟大的时代赋予我的精神财富固然不少，而曲折的历史使我丧失的东西也是很多的。但是，英勇而光荣的党和养育了我的中国人民，交给我的笔我永远不会放下，它给予的崇高信念，也是牢固地根植于我心中，这使我有勇气鼓励自己不断地歌唱，不息地前进；使我有勇气与自己的弱点搏斗，和疾病搏斗，和各种背离党的宗旨的那邪恶的东西搏斗。

笔，作家手中的笔，人人手中的那支笔，都是来之不易啊！我们生活中任何美好的东西都是来之不易的，对这一切，我们都万分珍惜它，努力发展它。这些话，可以看作我对你这样年轻的朋友的赠语，也可以看作我对人民发出的真挚的心声。

杜鹏程

1981年5月于西安

为战士歌唱　为英雄树碑

今天，大家为了党的文学事业而大声疾呼，我是很受教育的。为《保卫延安》平反，恢复名誉，我不能没有感想！从这部作品的遭遇，我想到林彪、"四人帮"给我们国家造成的严重恶果。其流毒不是一下子能消除的。

我写《保卫延安》的时候，有什么能耐呢？我就是忘不了战士们，忘不了人民群众，忘不了那一场壮烈的战争，忘不了战斗生活对自己的深切教育，忘不了流血流了几千年的中华民族的历史。今天来看，《保卫延安》只不过如实地把那场伟大的斗争点滴地记录下来罢了。但就是这样一部作品，还非得要从中国大地上扫除出去不可！一个时代的文学，是要大家创造的；创作经验，是大家辛勤劳动而积累起来的。如果连这样一个反映历史真实的作品也要铲除消灭，那还能出现什么无愧我们这伟大时代的光辉巨著呢！《保卫延安》是第一个尝试着塑造了老一辈无产阶级革命家的形象，近30年过去了，在长篇小说领域，它似乎在这一方面还保持着"第一"，这是可悲的事。同志们，在"第一"背后，是空白，这是多么让人痛苦和百思莫解的文学状况啊！后代人会愤怒地责问：那些追随老一辈无产阶级革命家战斗过的可以执笔为文的人，把"空白"的文学史留给我们，把这样一份贫乏的精神遗产留给我们，难道不觉得羞愧吗？

林彪、"四人帮"的逻辑是：我说你写的是毒草就是毒草，我说你是黑帮你就是黑帮。但是历史和客观现实是不以任何人的意志为转移的。谁违反这铁的法则，谁就碰得头破血流，不管他地位多高，权势多大。记得有一次，我和柳青、王汶石等人，被拉在新城广场"示众展览"了6个小时，成千上万的人围着观看。不明真相的群众指着我说："这家伙吹捧彭德怀，钞票用麻袋装哩！……"其实9.6万元稿费，我把8.5万元交了党费和捐献给了国家，其余的买了书。这就是我要向同志们报的近30年的一笔账。想一想，战士流的鲜血，你的钱就那么好花吗？

在写《保卫延安》以前，我只见到过一次彭总。那是1948年，在黄龙山一个窑洞里。彭老总召集全体前线记者谈话，参加的有一二十人，除了去世的，现在活着的还有十几个。彭总怎么能授意我为他写什么书——"树碑立传"？这是活着的人可以作证的。只是在战争年代，我作为部队的一员，深深地感到：在那与人民群众和每一个革命战士都生死攸关的严重关头，他按照党的意志，忠诚地执行了毛主席军事路线，带领我们在那样困苦的条件下，以少胜多，连打胜仗，最后解放了全西北。而且，他时时把人民群众和战士们放在心上，觉得他自己比群众和战士多吃一口菜也是深感惭愧！这一切在我心里产生的不是抽象意念，而是激动人心的巨大的形象。部队的干部、战士和人民群众中，流传着关于彭总的许多热爱党、热爱革命事业、艰苦朴素和痛恨阶级敌人的事情，这一切都使我深为所动。我把它诉之于笔墨，诉之于形象。这难道不是一个革命文艺工作者起码的职责吗？为什么对一个最先塑造了老一辈无产阶级革命家的形象的人，要那么痛恨呢？难道把战士们流的血当作污水来看待，是公平的吗？难道把中国人民精神上优美的东西摧残殆尽才甘心吗？是的，要怎么干就怎么干，要怎么说就怎么说。但是，这样干，这样说，要把中国人民置于何地？要知道，一切胡作非为的后果，都落到了人民群众身上：没穿的，是他们；没吃的，是他们；忍受一切艰难困苦的是他们啊！这难道不是有目共睹的日常生活现象吗？

十多年来，我们看到，林彪、"四人帮"是从头到尾的一场大表演。我虽然遭到残酷的迫害和侮辱，但也得到很大的锻炼：经验丰富得多啦，头脑清醒得多啦！我们还活着，还在这里讲话，而像柳青这样作出很大贡献的和我们朝夕相处的作家，却满怀遗恨地过早地离开我们了！我们活着的人应该怎么办？现在，党中央给我们创造了很好的条件，正带领我们在实现四个现代化的新的长征路上，奋勇前进。我们老的、少的，都应该奋发起来，努力向前。

我始终忘不了彭德怀将军在战争年代说过的一句话："我这个人没有什么，要说有一点长处的话，那是不忘本。"照我的理解，这个"本"，就是革命事业；这个"本"，就是人民群众的利益。是的，如果忘了这个本，我们活到这世界上干什么？如果我们现在不努力向前的话，怎么能对得起在我身边倒下去的战友？怎么能对得起千千万万的人民战士？怎么能对得起养育了我们的祖国和劳动人民？最后，我再说一遍，我们应该时时想着的是：这个广阔的国家，这块用我们的血汗和眼泪浸透过的土地，和这英勇顽强而又多灾多难的人民群众啊！至于个人的遭遇，那是微不足道的。

（原载《陕西日报》1979 年 1 月 15 日第 2 版）

鲜红的代表证

党的十二大的代表证，庄严、朴素、鲜红。

我拿起它，就想起自己在山沟入党时的永世难忘的誓言。

我拿起它，就想起我们这一代人，追随身经百战的前辈，带着一支枪和一支笔，在激烈的炮火声中扑上文学岗位的情景。

我拿起它，就想起那许许多多为了我们当今生活美好的一切而用鲜血浇洒祖国大地的勇士。

我拿起它，就想起在艰难的岁月里，宁愿自己和孩子饿死，而把仅有的一点口粮交给我们的白发苍苍的老母亲。

我拿起它，就想起三十几年来为建筑我们生活根基而流血流汗和呕心沥血的人。没有他们的苦斗，就没有我们赖以前进的力量。

我拿起它，就想起大会主席台上坐着的老一辈无产阶级革命家。他们无私无畏，扭转乾坤。他们是崇高的共产党人，满心装着的是老百姓的生活幸福和祖国长治久安的千秋大业。他们用自己艰苦奋战的一生，创造了无穷的精神财富，为共产主义理想英勇献身。

我拿起它，就想起新选出的党中央。它，高瞻远瞩，继往开来，排除万难，高擎老一辈无产阶级革命者交给他们共产主义理想的火把，率领全国各族人民组成的浩浩荡荡的建设大军，满怀豪情壮志，为全面开创社会主义现代化建设的新局面，奋勇前进！

我拿起它，就热血沸腾，因为我是这震撼中国大地的进军队伍中的普通一兵。我平凡而渺小，但理想的火，在我心中燃烧。

我心中的火，共产党员心中的火，中国人民心中的火，将照彻祖国山河，照彻整个人间。

党的十二大的代表证，庄严、朴素、鲜红。它永远深印在我的心中。

1982 年 9 月草于北京十二大会场

（原载《陕西日报》1982 年 9 月 19 日第 3 版）

为理想而歌唱

党的十二大，标志着我国全面开创社会主义现代化建设的新时期已经到来。这是我党自七大、八大以来最辉煌、最重要、最民主的一次大会。在会场上我看见每一个同志都容光焕发，心里充满着振兴中华的豪情。举国上下也是如此，洋溢着欢乐和振奋的情绪。我作为一名普通党员，一名文艺工作者，能有机会参加这样生机勃勃而又心情舒畅的盛会，觉得十分光荣。这是我终生难忘的大事。

党的十二大讨论和决定了许多有关国家、民族命运的大事，引起了中外人士的瞩目。但最使我激动和深思的是：建设以共产主义思想为核心的社会主义精神文明。这种精神文明，或者说这种崇高的理想，过去引导着我们走过了漫长而艰苦的斗争道路，支撑着我们推翻了三座大山。改换了中国的面貌，而在今后的物质文明建设中，在中国人民扬眉吐气的新的历史时期，它依然要起巨大的推动作用，依然是保证我们按照正确的方向发展的伟大精神支柱。文艺工作者是思想战线的斗士，必须高瞻远瞩，充分认识到建设社会主义精神文明的重大意义和作用，全身心地投入这项无比光荣的工作之中，使亲爱的祖国永葆革命青春，使壮丽的社会主义事业永葆革命生机。

多少年来，共产主义的思想，已经存在于我们的现实生活中，具有为理想献身、为人民利益鞠躬尽瘁的人和事，比比皆是。它曾使我们的生活发出灿烂的光辉，使人民群众深受教育和鼓舞。今天，我们更要高举共产主义的旗帜，努力通过文艺的途径，宣扬以共产主义思想为核心的社会主义精神文明。当然，在现阶段，不能把共产主义思想的宣传同共产主义社会经济制度混为一谈，也不能要求每个社会成员都成为共产主义者。但是，用共产主义思想去要求共产党员、共青团员和我们社会上的一切先进分子，并通过他们去教育和影响广大群众，却是完全必要的。

我们各条战线的革命者都要按照党的方针和人民的要求，把社会主义精神文明方面的工作做好，把我们自己和广大人民群众教育成有理想、有道德、有文化、守纪律的革命战士。我觉得，在这光辉而崇高的目标面前，文艺工作者负有特别重要的责任和使命。这就是，我们要同心同德、团结一致，用自己的工作，用自己的模范行为，用种种形式的文艺作品，鼓舞人们前进，涤除污泥浊水，使生活变得更美好，使人们变得更高尚，使祖国变得更富强。

党的十二大揭开了生活的新篇章，文艺也应当书写出崭新的篇章。让我们老老实实深入群众，表现新的生活，在新的历史时期作出自己应有的贡献！

（原载《陕西日报》1982 年 9 月 23 日第 3 版）

我与文学：回顾与前瞻

1984 年，我在陕西出了一部书《我与文学》，实际上是一部散文集。现在，我在我与文学：回顾与前瞻这个题目下，简略地向读者诸君报告我 10 年来的写作情况。

我近几年的写作，除了早已发表的中篇小说《历史的脚步声》外，还写了大量的散文、报告、随笔、回忆录、序跋以及创作谈等文章。1984 年 3 月，出版了《杜鹏程散文特写选》，1984 年 4 月，出版了《我与文学》一书。长篇《保卫延安》1984 年为庆祝中华人民共和国成立 35 周年，出版了纪念本和精装本。1984 年 9 月，出版了《杜鹏程小说选》。1985 年又出版了《保卫延安》少年版。1987 年，这"少年版"又重印。1988 年 12 月底，又编好两个集子《杜鹏程散文选》和《杜鹏程散文、随笔》。1988 年底编好这两本书，是作为 1989 年国庆 40 周年献礼，可是只出版了一部书，另一部书稿摆在案头，一时还无法可想。这 10 年出了好几部散文集，可是无声无息和没有出版一样。这有利于我国文学的繁荣吗？

10 年来，我发表的散文、报告、随笔、回忆录等作品有一百几十万字，以上几个集子收入的文章，只是文章字数的三分之一。这么多年，我把自己的主要精力放在散文、报告和随笔的写作上，是想以不同角度来表达我的生活，我的感情、我的思索。——也可以说，这些散文、报告和随笔是我十年文学创作的实绩，也是我十年来的生活踪迹的某种程度的概括。

这几年，小说写的比较少。打倒了"四人帮"骗人的"文学"之后，1977 年，我满怀激情，抒写了中篇小说《历史的脚步声》，这是严肃而悲壮的文学著作。我停笔十几年后写的第一篇小说，它是发自我内心的呼声。

但是在时髦的文学潮流中，这一类型作品，得不到重视，变得无声无息……"百花齐放"谁都会说，但真的放出来，要生存是颇不容易的啊！

回顾已逝的岁月，有时是明亮的坦途，有时是荆棘丛生。行进在路途中的作家，任何时候都不是历史匆匆过客，而是生活的热爱者，研究者和剖析者；即使身处困境，即使在"写作有罪"那颠倒是非的年代，也应从痛苦中理解人生和思索自己，从而获得新的意境、新的激情和新的创作动力。

知识是作家的财富。长期地艰苦攻读，大量吸收各种知识，以丰富自己；随着人类文化的发展，与时俱进，更新自身文化知识结构，时时用新的知识武装自己，是必不可少的。我的文学知识都是自修得来的，学历很长，有半个世纪。可是，在科技知识和人类文化大发展的今天，我深感知识贫乏，力量不足，只好奋起直追了。

"行万里路，读万卷书。"青年时代我喜欢这句话，直到现在依然十分欣赏它。对一个从事文学创作的人来说，"行路"和"读书"这两者的统一，正是力量的源泉……只是这"行路"——时代风云，必须变成自己的激情；"读的书"能化为个人血肉，这两者结合，才能产生好的文学作品。

我正为这二者的结合而努力。

（原载《陕西日报》1989 年 11 月 20 日第三版）

我期望着

今天，我能参加这样的会十分高兴。谢谢大家在百忙中抽时间参加会议。在座的各位，有评论家、作家、文艺研究工作者。大家既带着批评家深刻敏锐的目光，又有着朋友的热情和真诚，一起来研究和探讨，这真是一个非常好的学习机会。我想，一个作家，对自己的创作，既要有信心，同时也要采取科学的态度，这才会有一点进展。

我从抗战初期开始学习创作，至今有 50 个年头，先后发表了长篇、中篇、短篇集多部，也算是给人民做了点事情。人们总是怕回想往事的，但我们必须勇敢地以审视的眼光去看自己走过的路。这里有着追求和创造的欢愉，同时也有着艰难和辛酸。让人感到安慰的是，自己多年来热爱和钟情一种事业——文学，并为之付出了毕生的心血；而遗憾和痛心的是，未能给后世留下更多、更好的作品。这可以说是个人生悲剧，也是一辈人的悲剧。

每个民族的文化，都有历史的积累和发展的过程。而一个时代的文学，是靠老、中、青几辈文学家的艺术创造和积累。每个有成就的作家，各自有着独特的艺术个性，这是谁也替代不了谁的。但他们的共同之处，都以不同方式，把自己的才华、创造献给了自己的民族。所以不管是老作家，或是后起之秀，都能相互尊重、相互团结，共同为文学艺术的繁荣而努力，这是切不可忘记的。

目前，我们文学界虽然涌现出大批新人，出了许许多多好的作品，但从整体上说，我们的文学水平还不算太高，足以称得上大作品的著作还不多。我们这个文化古国，历史上就有着像《红楼梦》这样在人类文化史上占据很重要位置的巨著，它也为我国文学后辈在艺术上立下了很高的标杆。我年事已高，重病缠身，但我满心希望我们民族能涌现更多的天才艺术巨人，写出无愧于我们民族的文学巨著来。我期望着！

　　谢谢大家。

1991 年 10 月于医院病床

　　（注：这篇讲话是杜鹏程同志在去世前 10 天于医院病榻之上口授，由他的夫人张文彬记录整理的，遗憾的是他终于没能参加这个专门为他而召开的作品研讨会就离去了。在研讨会的开幕式上，他的这篇讲话由张文彬同志代读。——编者）

　　（本文原载《陕西日报》1991 年 11 月 11 日第 3 版"纪念杜鹏程专页"）

第三篇
杜鹏程新闻认知论说

　　杜鹏程有着丰富的新闻工作实践经验，在新闻理论方面也不乏真知灼见。他认为，新闻工作应该是党和人民的耳目喉舌。新闻报道要以党的事业和人民利益为重，当好党和人民的忠实代言人。真实性原则是无产阶级新闻的根基，采写新闻必须尊重客观实际。新闻工作者必须认真学习马克思主义理论，掌握多方面的知识，有全局观念。采访决定写作，好的写作决定于深入采访。所谓采访不单是访问，而且包括调查、研究、分析、比较、观察、访问、感受、体会等。采写新闻要做到"导语要能吸引人""叙述要能抓住人""结尾要能启示人"，等等。

　　本篇收录杜鹏程新闻认知方面的文章8篇，共15000多字，分为三节。第一节为杜鹏程撰写的两篇文章，一篇是《初写新闻稿》，一篇是《喀什噶尔采访随笔》；第二节是杜鹏程为两部新闻作品选撰写的序言，一篇是《〈从采访到写作〉序》，一篇是《把笔伸向生活的深处——〈西部风流〉序》；第三节是两篇记者访谈：《从记者到作家——回忆对杜鹏程同志的一次访问》《不熄的火焰——记者、作家杜鹏程印象》。通过这些文章，有助于了解杜鹏程的新闻认知。

杜鹏程稿件《四评练兵后斗志惊人高涨 壶梯山上我军顽强杀敌》，载《晋绥日报》1948 年 9 月 12 日一版头条

一、论说写新闻

初写新闻稿

杜鹏程

我是 1946 年冬调到新闻机构的，但是直到 1947 年 3 月才报到。战争，把正常的工作秩序扰乱了。

且说情况紧急，《解放日报》等党中央办的报纸都要搬到华北地区去。为了适应新的形势，陕甘宁边区除了《边区群众报》外，还要办一个"西北新闻社"。这样一来，便要调动一批干部去工作，我是其中之一。1946 年冬季，整个延安都在急迫地坚壁清野和转运物资。这时，我把调动手续办好了，但是原单位不让走，要我把堆积如山的军衣、军鞋、子弹袋、手榴弹袋等，运到离延安近 100 里的瓦窑堡南部的小山沟。奉延安市政府命令，杜甫川上下几十里的群众和他们的 600 头毛驴，全部归我指挥；每次派 10 个人，赶 50 头牲口去运输，人人都是自备草料和干粮，跑一趟来回 5 天。没日没夜，累了就睡到路边，渴了就喝河水，连吃干粮也是边走边吃。用了将近半年时间，终于完成了任务。在那艰苦的日子里，我深深地爱上了杜甫川的贫苦农民，也深深地爱上了陕北的山沟路径。

一完成任务，我立刻去新闻单位报到。1947 年 3 月 13 日，我军拟离延安的前几天，我作为一名新闻工作者，也踏上了新的征途。及后这两个多月，在延安正北及西北地区，随着人群没日没夜地行军转移。敌机轰炸扫射，疲劳、饥饿纠缠着人们。残酷的战争把一切都改变了。我们每个人都变成随时准备作战的战士；报纸由铅印变成油即投了。3 月 25 日，我军初战青化砭，获得大胜，人们精神为之大振。报社的同志也兴高采烈，有的去部队采访；我被派到乡村去采访边区人民支援战争的情况，——这是做新闻工作后第一次采访，也是工作的新起点。

背上背包扛上枪，翻一山又一山，步行一二百里，但是找不到区政府也找不到乡政府，碰到撤退中的机关干部，因为保密，也不告诉你他是哪个单位的。无可奈何，你只能坐在大路边向过往的负伤的战士及抬担架的陕北老乡询问情况。我正灰心丧气担心这次采访任务完不成，恰好看见在中共中央西北局工作的老同志崔田夫。他带着一个警卫员，还拉着一匹马，腰里别一支手枪，可是模样和一个农民没有什么分别。我把我的困难向他说明之后，他指着远处麦场上拥挤的数百名干部和群众说："有他们，你的任务定能完成。你看，那些人就是我召集起来的，要开公审反革命分子的大会，正愁没有做记录的，需要你这笔杆子。马上跟我走。"他不容分说，就把我拉到麦场上。这种开会的方式很可笑，有点土地革命时代的味道。延安撤退后，这是陕甘宁边区第一次公审反革命分子大会，我作为一个新闻工作者，当然不会忽略它，更不用说因为参加这次大会能遇到一些了解支前情况的人，对我完成采访任务如何有帮助了。我从心里感激令人尊敬的老崔，感激忠诚而善良的陕北老乡。不过，这么一耽搁，直到第二天我才回到报社。

回来之后，肚子饿得叽里咕噜，也没有饭吃，管理员说，派了许多人到远方去背粮食，可是这一帮知识分子背运粮食实在不行，估计今晚12时才能回来。虽然困难，但总算还有指望。这个破烂的小山村，大约有十来家人，报社的人都饥肠辘辘，但是人人都在紧张地工作：有的人正在开会；有的挤在老乡的锅台上写文章，有的人在小草窑里刻蜡纸，电台的同志也紧迫地和上级联系。我趴在老乡的碾盘上写稿子，惊慌的猪，直往我腿上闯；不安的鸡，跳在稿纸上。不过稿子还是写好了，一篇是关于群众支援前线的，另一篇是公审反革命分子的稿子。对第一篇稿子，领导同志看后觉得采访深入，还表扬了一番；只是千余字被领导同志压缩成一二百字了。我到小草窑去看，刻蜡板的同志席地而坐，以石板当桌子，正在精心刻写，我的作品还是头版头条哩！草窑门外的土场上坐着一个画家，画了巴掌大的一幅画。一把马刀——代表边区人民；还有一条被斩断的毒蛇——当然是该死的胡宗南。这是我的文章的插图吗？那画家在认真创作，我也不便打问。再说，我们并不相识，是战争生活临时把大伙儿凑到一块的。

第二天，我接到紧急动身的命令，和新闻单位的三四位同志一道儿匆匆忙忙地吆着毛驴驮上行李，步行千里，翻越高山和密林，到陇东高原去追赶主力部队。行军途中，我第一次采访的成果以及那一张张蜡纸大的报纸，不时地显现在眼前，事实上它是永远珍留在我心中的。

1984 年 4 月 20 日于西安

喀什噶尔采访随笔

杜鹏程

我深入实际的思想障碍有二：一是采访中有时觉得仰人鼻息而难受；二是奔波数千里采访时感觉到有些苦。这些实质上是居功思想和近一两年没有很好深入实际所致。但这种思想有些是忽隐忽现的，有些是萌芽状态的，因而深入实际和各族劳动人民生活在一起时，他们的斗争热情，他们的生活便深深地感染和教育了自己，因此这些不正确的想法就淡漠了。

我后半年在距乌鲁木齐3000里以外的南疆喀什一带作远距离采访。根据远距离采访的特点（远离领导、消息闭塞、单独作战、易于扑空），我采访中主要活动方法是巡回采访、重点深入；把普遍了解情况和有目的有把握的重点采访相结合。如在南疆的政治、经济、文化中心及南疆区党委所在地喀什采访时，我们就先用很短的时间普遍地了解情况：到处拜访、听汇报、看材料，并抓紧同帕米尔高原及昆仑山麓等远地来汇报工作的干部谈话等。这样做的结果：第一，南疆30个县的工作进展现状有了概括的了解。第二，对南疆30个县中，我们以喀什专区10个县为重点，对喀什专区情况有了比较深入的了解。第三，普遍了解情况后，乍看起来，好多材料对我们是没有用的，白费力气，其实不然。比如我们在某一机关了解到喀什流行着一些谣言，我们把这些谣言（关于中国伊斯兰教协会的谣言）分析后，了解了各阶层在这个问题上的态度。又如我们虽然不报道土地改革运动的具体策略，但是我们在喀什还到土改乡听过干部们四五次汇报，这样我们不但写了两篇资料而且了解了民族干部工作能力提高等四五条采访线索。这使我们认识到过去我们分社有些同志下去后，不关心当地中心工作，只埋头搞自己的采访是错误的。第四，掌握一般情况后，我们如何深入、向哪里深入，便是头脑清醒的。

我们有目的地深入帕哈太里克乡，该乡离城十余里，本来可以早去晚回，住在城内的县委会，但是我们把行李搬到该乡乡干部隔壁一家农民家中去住。我们在该乡住的七八天中，正是秋收农忙季节，我们选几家家庭变化最大的农民和他们交朋友，跟他们割稻、打场，晚上和他们聊天，观察他们的生活，了解他们的心情，这样农民、婆姨、娃娃对我们都挺亲热，和我们谈知心话。

掌握全面、深入一点；深入一点，便可以更透彻地了解全面。这就是点与面有机的联系，这就是我们在南疆采访所采取的基本方法。这种深入采访的成绩，表现在我们在该乡了解到很多材料，可以写三四篇稿子，我们给南疆区党委第三书记汇报后，引起他的注意，他自己去该乡两三次，认为该乡工作及群众生活变化可以推动其他地方的工作。于是组织了一批干部到该乡调查，并把调查结果印成一个册子。我们采写的喀什古城变化一稿，南疆区党委、喀什市委都把这稿子原样抄去，认为是很有用的资料。

我们在喀什周围深入后，就觉得实际生活是很丰富的，有很多线索可以采写，所以就没有乱跑，在40天的时间内，连资料共采访了20条（内有8篇资料），12篇新闻通讯中，已写出8条。记者的思想水平、理论水平是直接决定着采写的。我们是从新疆的实际情况出发来体现总社意图和全国观点的，这就是说我们从新疆社会经济发展的情况、法则出发，按照历史唯物论的观点来看问题的。因此，采写中便不能拿内地一般的观点来观察边疆问题，也不能拿全国政治动向框子来套当地的实际，比如：用铁犁代替木犁，原先不锄草现在锄草，原先一亩稻子打150斤，现在打700多斤，这从社会经济发展的观点来看，则是有巨大意义的。又如我们写喀什巴扎时，随我同去的助理记者曾建议按照全国正在进行的物资交流的角度采写，但我认为巴扎的特点并看不出物资交流，但能看出人民生活的变化，因此，我们就从这个实际情况出发，以后者为主题采写，并经总社广播。以往我们下去采访时，觉得这儿没有材料，那儿没有材料，就是因为拿着自己设想的框子去找需要的"现实"，而不是根据现实的情况找出新闻线索。

以往我们采访中报道面窄狭和写作公式化的原因之一是：写新社会的新变化主要写经济变化。其实经济变化只是社会面貌变化的基础，并不等于一切，因之，我们不仅要报道经济变化情况，而且要报道随经济变化的精神面貌、文化生活、道德面貌等。这样便会使报道多样而深刻。因此，我们在这次采访中是从各个角度去看这种变化的，所以视野广阔、材料多。我们体会到：深入实际时一面觉得很丰富，一面又觉得抓不住。这主要是采写者的思想落后于现实的原因，但是与采访方法也有关系。好的写作决定于深入采访。所谓采访不单是访问，而且包括调查、研究、分析、比较、观察、访问、感受、体会等，缺一不可。

我在采写香妃巴扎时，就告诉助理记者把一家维吾尔族农民新修的房子以及院内的羊、苞谷、一袋面粉、两条塔哈（口袋）、一个小花帽、一件袷袢、一把砍土镘，还有一斗麦子，这些触目的东西，都记下来，因为这些都是新买的（原先乡政府干部告诉我们，他过去是一贫如洗，靠乞讨度日的人）。

我们到十一乡时，农民正在打场，我们整日在稻田、场里和他们一起生活，从中，我们了解到很多风俗习惯。注意观察的结果收获很大，使我们了解到熟悉当地历史、风俗习惯、心理状态、民族特点等，会使写作意味深长。一天，我们看见一个人骑了马兴高采烈地过来，一采访，这个人是雇农，农民说："脚底下的人，如今骑在马上了。"我们就跟踪追击去他家访问，知道在土地改革时分得这匹马后，半夜村上人还执灯观看，使我们认识了翻身农民的生活、思想情感。又一次住进一个农民家中，小孩见我们就叫"解放军叔叔"表现农民对解放军的热爱。以后，又见到一个30多岁的妇女抱了一个8个月的孩子，这孩子一见我们（干部）就要问名字，孩子原来叫"斯拉阿江"（建设），追问名字的来历，才知道这孩子是在该乡土地改革开始后第三天生下来的，生下后就分给了土地、菜园，而以前该村有"添人进口愁死人"的谚语。以后我们又了解旧社会添人口的痛苦，就写了"三喜临门"的稿子。紧张地、全身心地投入生活，以群众的喜乐为自己的喜乐，随时随地注意留心平常的生活，在普遍深入中保持对新鲜事物的高度敏感。如每天听农民唱歌，而不去探究，那就会失去很多可贵的材料，因为农民每天唱的歌就有很多的新鲜事物。如有一次我们看见农民观看老鼠过河，听农民讲，解放前十一乡老鼠都跑了，因为穷得没啥吃，今年老鼠都回来了。这虽是不足信的闲说，但也可以看出丰收后农民的喜悦心情，这些材料也许貌看无用，但它会使你体会到群众的感情。还有一次看见一队农民去修路，毛驴驮着砍土镘、靴子等，我就去采访，知道土地改革后农民都是自愿去参加修路，而他们的砍土镘、靴子等都是附近农民送给他们的。

新闻写作是需要适当生动形象描述的。这包括人物性格的刻画、叙事具体、语言形象、鲜明的比较等。但是这些不能脱离新闻写作的要求，即这种写法要合乎新闻写作的迅速、准确、简短、明了等特点。我写《哈萨克族的猎手》就是在分社指示下，在这方面的尝试。新闻写作也是以人为主的，虽然和文艺创作有很大的不同，但记者若撇开人的活动，只注意事物概略情节，就是采访中的一个缺点，也是写作不生动的症结所在的原因之一。只要注意人物活动和思想情感的变迁过程，并写出这些，自然就形象、生动，也就会有特点，我采写乌买尔农会主席时，就注意到了他的性格、特点，并且和他一块生活。

要在一件事物中找出其特点，就必须细致、耐心地分析比较（尤其是少数民族地区采访）。我们在喀什塔孜洪区采访一个阿訇时，找他不在，我和助理记者就分工从政府干部、家属各方面进行了采访，很多材料家里人都不知道，但我们继续深入，知道他曾在兰州开会后给家里寄来一封信，这封信里就有很多材料可以充分看出我们党的宗教政策在这些人心里的反应。如果不细致、不耐心，这些材料就不可能得到。生活很复杂，但我们以往采访中的缺点，则是往往从生活表现上看问题，把生活了解得过于简单了。比如：穷人在旧社会饥寒交迫的境况中怎样睡觉。这本来是很简单的问题，但我们在访问了40年长工的维吾尔族农民沙木沙克时，问他解放前怎样睡觉，他说只有一个破袷袢，晚上只能睡在沙窝里盖上袷袢御寒，他讲得很详细，并且哭了。这些不仅使我们体会到劳动人民的疾苦，而且了解了旧社会穷苦人如何睡觉也是这样感动人。能细致地耐心地深入下去，不仅使你感到生活丰富而且舍不得离开。我们在一个乡七八天的深入中采访了4篇稿子的材料和一篇资料(内参)，而且得到深刻的感受，并感到有一种欣喜的心情。只要深入采访，便会掌握充分的材料；而掌握了充分的材料便能分析、比较，自由取舍。我们采访喀什时，得到的材料能写6000字，但我们实际上只用了1000多字。我采访时，材料总是尽力多收集，总觉得材料不够。因为写稿时，一定有很大限度的取舍，也许中心还要转移，只有材料充分，才能在材料中找出最典型的足以说明问题的材料。比如采访喀什古城时，不但访问了城中所有的机关，又选了十三街(该街原先最穷变化最大)，深入挨户地采访。陪我们访问的妇女主任，她原来是一个"小偷"。一个卖西瓜的和我们谈他原来是"赌棍"，旧社会卖了孩子的钱一夜都输光了，谈起这件往事，他就哭了。我们在十三街访问了一个大杂院,22家人，这个大杂院中贫苦人民生活的变化，过去的痛苦，给我们提供了很丰富的材料。《边疆古城——喀什噶尔》就是这样采访出来的。

1952 年 12 月于乌鲁木齐

（本文原载《天山南北著风流》第1—6页,冯诚、韩文辉主编,新华出版社2000年5月出版）

二、新闻作品序

《从采访到写作》序

杜鹏程

我爱新闻工作——它使我多读书，勤思考，热爱生活并且受到了锻炼，逐渐掌握运用笔墨的能力。程万里的这本书所阐述的内容，我是颇有体会的。20世纪50年代初，我在新华社新疆分社工作时，曾经计划在新闻采访与写作题目下，写一系列文章。后来只写了两三篇短文，因为别的事情打扰，没有继续写下去，可谓半途而废。这工作，我未能完成，若干年后程万里同志却完成了，而且比我高明。这不是客气话，我做新闻工作不足 10 年，万里同志虽是中年，做新闻工作却将近 40 年。长久、艰辛而又刻苦钻研的经历，会提高人的修养，丰富学识，积累可贵的经验。

我国进入新的历史时期，学术思想很活跃，人才众多，新出版的各种著作也不少。全国如此，陕西也是如此。只是像程万里这本从采访到写作的整个工作流程中去探索其中的规律性的著作，是我三十几年来在陕西看到的第一本。全书 10 多万字，详细而周密地论述深入采访以及新闻写作种种问题，并力求理论与实践的有机结合。同时，收入本书的其他篇章，涉及报纸的评论写作、经济新闻写作、新闻摄影，以及记者通讯员修养等问题，都有作者自己的独到见解。这样亲切生动的新闻学术和实践经验之谈，当然对读者有吸引力。1980 年到 1982 年在内刊《陕西日报通讯》陆续连载之后，1982 年便获得陕西社会科学学术研究优秀成果奖。这正反映了学术界和广大读者的心意。而在这次出书之前，万里又对初稿进行了全面的加工修改，大部分章节基本上是另写的。读过初稿与书稿之后，我发现这一番再创造的苦功，的确使书稿"更上一层楼"了。

这本书的一系列文章，概括了万里几十年新闻工作的体会、经验与看法。可是他是在历史的新时期研讨这些问题的，这就要处理好清理、继承和发展的关系。如"新闻真实性原则"等，这是无产阶级新闻事业的根基，可是"四人帮"为了他们的政治需要任意歪曲这些原则，给新闻事业以及社会生活带来了严重的后果。现在，程万里在文章中不仅重申了这些原则，而且阐述了在目前我们应如何运用和发展它，使我们的新闻事业建立在科学的为人民服务的基础上。同时给党的新闻工作者及读者，提供了许多新情况、新信息、新问题、新思考和新经验等。这对广大报刊通讯员和喜爱新闻写作的同志来说，是深刻、真挚而又引人入胜的。报纸上刊登的更多的是新闻通讯等形式的文章。正因为如此，所以这本著作以大部分篇幅来论述从采访到写作，从而在理论和实践上触及消息、通讯、特写、报告等多种新闻形式带有共同性的根本问题。关于采访，程万里同志写道："我们党的新闻工作归根结底，应该是人民的耳目和喉舌。我们写新闻报道，就是为党说话，为人民说话，通过新闻报道的特殊手段为人民服务，我们无论到哪里去采访，看到对人民有利的事，就报道表扬；看到损害人民利益的事，就批评揭露。无论何时何地，都要以党的事业和广大人民的利益为出发点，来观察周围新近所发生的一切事实……党报的记者、通讯员都应当成为党和人民最忠实的代言人。"在这个指导思想下，然后进入具体采访——采访中遇到的多种情况，如何对待，如何解决，这些都以具体事例或稿件为例仔细进行研究。甚至连采访中"笔记本的艺术"等，都作了动人的叙述。总之，不"唯书"，不"唯上"，尊重实际，以崇高的思想感情到人民群众中去寻求真理。这就是程万里在继承优秀传统基础上对新闻采访形成的精辟见解。

至于新闻写作方面怎样提炼主题，怎样选材，怎样安排合理的新闻结构，以及行文如何引人入胜和新闻的语言特色等，都一步步加以阐明，使读者得到启发，得到知识，得到力量。他说即使写一篇新闻稿，也应做到"导语要能吸引人""叙述要能抓住人""结尾要能启示人"。这像朋友促膝谈心，使人难以忘怀。谈新闻写作谈得这样深刻而又吸引人的著作，确实是不多见的。

通过这本书，可以看到著作者的思想、情操、学问、功力、经验以及对新闻工作的深厚感情。这一切在作者和读者间架起了理解的桥梁。

优秀的新闻工作者是可敬的勇士。他必须有崇高的胸怀，渊博的知识以及文学修养——使自己辞章优美。这些方面，程万里同志虽有论述，但似乎还可以写得更充分些。因为当今的时代，对新闻工作者提出了更高的要求。

以上所写，只是一些片段感想，敬请新闻界的朋友指正。

1986 年 10 月 12 日于西安

（本文原载《从采访到写作》第 1—3 页，程万里著，陕西人民教育出版社 1987 年 10 月出版）

把笔伸向生活的深处

——《西部风流》序

杜鹏程

翻着卢愚同志的新闻通讯选《西部风流》，我好像又回到了过去那难忘的岁月，回到了那朝夕相处的战友中间。《西部风流》展现的是西部今朝的世态人情，有的是我熟悉的，有的是我不熟悉的，但我读后觉得十分亲切而感人。我是从新闻战线上走向文学创作的，可以说，将近 10 年的新闻工作实践为我以后从事文学创作打下了基础。我至今仍衷心感谢新华社对我的培养，仍怀念从新闻工作中所得到的锻炼。在那里，我学会了观瞻全局，将那些看似孤立的事件，放入整个大局势中去考察，去思索它的发展变化；同时我也学会了在生活的深层做全面的调查研究工作。我至今仍难以忘怀在关中西部度过的那些岁月和那些可歌可泣的建设者。今天看到一位关中西部新闻同行的作品出版，心情兴奋、激动不已。

我翻阅书稿时常有这样一个感觉，作者和基层的普通人贴得很近，是一个内心世界丰富感情深沉的人，他的作品写的大多是名不见经传的"田夫野老、民间凡人"，不仅展现了关中西部多彩的生活画面，也揭示了西部人丰富的精神内涵。

作者的眼光是敏锐的，文笔老练而遒劲，语言清新而朴实，带有黄土地的粗犷和深沉的韵味。他常常在生活深处捕捉一个个精彩动人的闪光点，一旦调好焦距，就果断地按下快门，并以多彩多姿的笔触，为人物勾勒出粗犷而传神的线条，许多来自生活深处的感人的情节和细节，就活生生地展现在人们面前，让人过目难忘。

作者卢愚同志 20 世纪 60 年代大学毕业后，曾长期生活在基层，和普通工人、农民摸爬滚打在一起，当过一线生产工人和基层领导干部。后来回到机关，担任了新闻战线的领导职务。生活条件变了，工作繁忙，但他并没有远离生活，中辍笔耕，纷纭杂沓的领导事务，也没有使他草率为文。在高度紧张的办报间隙，他一有余暇就和青年记者一起下基层采访，常常通宵达旦地写稿。这一点，只要你一读他的作品就会明白，这些文章绝不是听来的或坐在家里虚构出来的，而是实实在在地把笔伸向生活深处，才采掘出来的。通过它们，你还可以看到作者高度的责任心和严肃的写作态度。这部书告诉我们：在新闻事业中，任何投机取巧的做法，或者浮在生活表面，泡在会议、请柬、酒席中间，都是不可能搞出什么好东西来的；同时，在社会进入 90 年代的今天，墨守成规的写法，老一套的新闻语言，也是不会受到读者喜爱的。

这是一本新闻通讯、特写集，它是现实生活的忠实记录，却不是那种简单、刻板、直白的记录。作者借鉴了文学的笔法、哲学的思考，采用多种表现手法来描绘西部现实生活的画面，使人觉得耳目一新，又觉得实实在在。既有真实性、准确性，又有艺术性、思想性，这对于新闻通讯写作来说，无疑是一个有益的尝试和突破。

卢愚同志以前我并不熟悉，这本书也是经朋友的介绍和推荐才抽空阅读的。我认为这部书是采自生活深处的珠贝，是时代风流人物的传神写照，可喜可贺。我衷心希望他继续不懈地探索，不负于人民，不负于我们伟大的时代。

1991 年 10 月于西安

（本文系杜鹏程为《西部风流》一书写的序，该书由陕西人民出版社 1992 年出版。杜鹏程写这篇序文时身体状况已很不好，此文由先生在病榻上口述，其夫人张文彬用笔记录的。这是杜鹏程先生在生命的最后时刻所写的一篇文章，弥足珍贵。此文 1992 年 6 月 1 日刊登在《陕西日报》第 3 版秦岭副刊上）

三、记者访谈

从记者到作家

——回忆对杜鹏程同志的一次访问

纪时

1982 年春天的一个夜晚，在作协西安分会，我访问了作家杜鹏程同志。

事情是这样的：陕西省委宣传部办了一个新闻干部训练班，我受托去请杜鹏程同志为学员讲一次课。说明来意以后，杜鹏程热情接待了我。

"讲点啥呢？"杜鹏程问我。声音滞重，面带沉思神色。

我告诉他，学员都是在职的编辑、记者，大部分人对文学也有兴趣，就请他讲讲自己的经历——从记者到作家。他答应了。

（一）"记者生涯使我懂得怎么工作"

杜鹏程正在紧张地写作。众所周知的十几年的折磨，加之患有高血压，看上去他比自己的实际年龄 61 岁要大。但是，精神很好。他看电视，听广播，读报纸，熟悉当前发生的几乎所有重大事情，报纸上的有些重要文章，他还剪下来，并且把题目和时间都记在日记上，以备日后查阅。这些习惯，都或多或少地打着新闻记者的"烙印"。

"新闻工作对我一生影响很大，"杜鹏程说，"不管生活方面，思想方面，工作方面，都有很大影响。记者生涯使我懂得了怎么作新闻工作，能够比较熟练地拿起笔来写东西。"

杜鹏程做过 10 年新闻记者，时间是 1946 年底到 1955 年。他曾长期地在延安生活，后又随军转战陕北，进行保卫延安的战斗；随军渡黄河，到山西，目击解放运城的激战；后又随军入关中，进新疆。他曾广泛接近各级指挥员；曾多次在指挥所里亲眼看过王震将军指挥打仗。讲到当时的情景，他说，那简直是拼死拼活；即使一仗胜利了，也要少活多少年。

杜鹏程十分珍惜这段经历。现在回忆起来，仍旧一往情深。他说："当时的指战员，有一部分至今还和我保持着友谊；他们使我认识了生活，认识了革命；使我懂得了一个人应该怎样对待生活，怎样对待革命。"

（二）新闻工作的生活准备

从记者到作家，杜鹏程是怎么走过来的？他是怎样辛勤劳动的？他有哪些宝贵经验？

做记者的时候，杜鹏程不过 26 岁。然而，他已经有近 10 年的革命经历了。他做过农村工作，给老乡娃娃教字，收公粮，收军鞋，征兵，什么都干。后来，他在延安一个工厂管文化教育工作，给工人上课，办墙报，读报纸。全厂不过 200 多个人，可当时在延安就算是大企业了。厂里的工人，一部分是经过长征的红军战士。红军长征到陕北，只剩下 30 多个女战士，这个工厂就集中了相当大的一部分人。杜鹏程十分尊敬这些革命战士。他觉得生活在他们中间真好，真有意义，他对这个工厂作了细致研究，给厂里每个人都写了一份小传。战争中，他把这些资料一直背着，舍不得丢弃；尽管当时为了轻装，一切可以丢弃的东西全丢弃了。

杜鹏程把农村和工厂这段工作，看作新闻工作的生活准备。他说，从我自己的经历看，做新闻工作以前，最好是做过其他实际工作的。这比从学校毕业直接从事新闻工作更好一些。

（三）从不懂得新闻开始

杜鹏程怀着新奇的心情到报社。他想，一定会有人给他讲讲记者怎么当，编辑怎么当的。可是，刚到报社，敌人就开始进攻了。报社忙于转移，什么也顾不上。他到报社接受的第一项任务是紧张的"坚壁清野"。作为业余爱好，他在读一本普希金的诗。

从延安撤退出来不久，他被分配在王震将军的部队，他到的时候，给的是新华社记者的名义，新华总社的一个有经验的记者正要离开。他的前任站在那里，只用了四五分钟，就把工作给他传授完了。

记者生涯就这样开始了。

在相当长的一个时间里，杜鹏程都是一个人工作。这种情况，有坏处，也有好处。坏处是：懵懵懂懂，不知道怎么搞；好处是，自己认为怎么好就怎么写，没有框框，凭借一股劲往前闯，锻炼大，进步也快。

杜鹏程写的第一篇报道叫《平凡的故事》，只有二三百字，写行军途中干部帮战士背米袋的事。没有导语——当时，他还不知道啥叫个导语。

但是，他有一条：写他了解的人和事；写经过他自己研究过的问题；写部队最生动感人的事。

稿子一篇篇登出来了。他得到新华社西北野战分社许多同志的热情帮助，业务日益熟悉。

（四）连队的"杜干事"

带着一个笔尖，一包紫色颜料和在南泥湾开荒时自制的笔杆，杜鹏程到了部队。在部队他又捡了一个墨水瓶，行军时挂在背包上。在战壕中写笔记，在膝盖和老乡的锅台上写稿子，这就是当时的随军记者。

记者是个啥？战士并不熟悉。他们见杜鹏程整天生活在连队，和大家一起行军、上战场，打起仗来，他为战士看背包。看到这种情形，大家都叫他"杜干事"。（到现在，当年二军的一些老同志仍亲热地叫他"杜干事"）。

杜鹏程在师、团、营和连队上住了相当长的时间。特别是，一些好的连队，他经常蹲在那里，作周详的了解和系统的调查研究。他在当时的十团二营六连住过半年以上，以后又常常去。读者记得《保卫延安》里的王老虎吗？他就是这个连的一个山西籍战士——西北战场著名的战斗英雄。

也许有人说，在连队住这么长算什么？是的，在和平环境里，在今天，几个月，半年，甚至一年实在算不了什么。然而在战争年代，半年简直长得像半个世纪。一部《保卫延安》，几十万字，写的也不过是半年内发生的事情。

杜鹏程在部队广泛地接触了战士和各级指挥员。他在那里认识了人生的意义，学到了不少的知识。从地形、地物到军事术语以及机枪班为什么老跟连长睡在一起，他都看在眼里，记在心里，不明白的还要问一问，从中得到启示。他看到战士和指挥员英勇无畏地战斗；有的战友，就是和他肩并肩的时候倒在战场上的——多少英雄人物都深深刻在他脑海里，永难忘却。

最初，王震司令员把他这个"墨水罐子"介绍到第四师的时候，他对部队充满了向往之情。然而，是陌生的。后来，他一天天熟悉起来了变成了部队的"杜干事"成了不可缺少的一员。

（五）研究生活总要有一种武器

有的记者为什么稿子写得不好？杜鹏程认为，那是因为这些记者对生活没有什么见解；他认识到的，人家也能意识到。要对生活有自己的见解，那就得进行研究；而研究生活总要有一种武器。马列主义、毛泽东思想，就是最好的武器。新闻记者必须学习马克思主义理论。

杜鹏程学理论曾经达到入迷的地步。哲学、政治经济学、中国历史著作，他都找来读。在延安乡下工作，他把几十万字的列昂节夫的《政治经济学》，用蝇头小楷，从头到尾抄过一遍。杜鹏程说，这是一个笨办法，但是，功夫没白下。它对我理解马列主义，培养学习毅力，有些好处。

几十年过去了，杜鹏程学习理论的热情并没有减退。1981年夏季《关于建国以来党的若干历史问题的决议》公布的时候，他正在山东。没有人组织学习，他就一遍又一遍地自学。他认为，哪一个人也没有党中央高明。如果不学决议，对于重大问题又要发表议论，那只能是胡说。

战争年代读书是困难的。为了减少行军负担，读一页撕一页；读完了，一本书也撕光了。抚今追昔，杜鹏程感慨地说，现在多漂亮的书，多好的条件，有的人就是不去研究。他恳切地发出呼吁：有志于写作的人，有志于新闻工作的人，得读马列的书，得读历史书，得读文学书。要从《共产党宣言》开始学，认真地读几本书，不仅有些常识，而且应该有研究。一个人没有这个根底，一辈子也只能是夸夸其谈。杜鹏程以描写革命战争为例，作了说明。他说，中国有10亿人，打过仗的，也多着呢。你如果没有生活，没有理论，没有对人民事业的热情，没有对文字工作着迷，你凭什么能比别人写得好一点？凭你的聪明吗？别人也不是傻瓜！

（六）要有作为，得认真

从不懂得新闻怎么写到后来成为著名记者和作家，可以想到，杜鹏程付出了多少艰辛的劳动！

他如饥似渴地积累各种知识。以读书为例，他不仅广泛地涉猎，而且下苦功精读。苏联十月革命时期的名著不用说了，就是俄国19世纪从普希金到列夫·托尔斯泰、契诃夫的作品，凡是译成中文的，包括评传和研究文章，他全热情地钻研。其中《战争与和平》读过5遍，《安娜·卡列尼娜》读过3遍。至于中国的文学作品，《红楼梦》《水浒传》，鲁迅的作品他认为，不认真去读是做不好新闻记者的，不写文章也该读。

他满腔热情地进行写作。部队走到哪里，他就给哪里写稿子。他名义上是新华社记者，实际上是《边区群众报》的工作人员，部队打到晋南，他就给《晋绥日报》写稿子。各种形式的稿子都写，散文、小说、剧本、通讯报道、歌词，什么都写。战争期间，他写了60多万字。这为他后来写《保卫延安》打下了很好的基础。通过不断地写，他发现自己短缺什么，哪方面的知识不够，就学，就补课。这样，知识也越积累越丰富了。不算小说，从战争年代起写散文、通讯、随笔、报告文学作品、文艺短论等共计 100 多万字。

他十分重视写散文。他认为，搞新闻的，不打好写散文的基础，一辈子也写不生动。

他几十年如一日，不间断地写日记，持之以恒，研究生活，帮助记忆，锻炼毅力。

回顾走过的路，老作家颇有感触地说："做学问，要认真；要有作为，得认真。"的确，看过他的作品的读者，早就知道杜鹏程是一位严肃的、认真的作家，就是谈话的时候，你也可以体会到，他是十分认真的。由于认真，语气间透出来结结实实的力量。

谈话快结束的时候，杜鹏程满怀激情地把自己所走过的路作了概括。他说，一个人应该有多种修养。最重要的是要热爱党、热爱社会主义、热爱我们的事业，这样，有真情实感，即使文章粗糙一点，读起来也很吸引人。新闻工作者要有多方面的知识，崇高的胸怀，永远不满足自己，要不断追求，不断飞跃。爱惜每一分钟，充实自己，把精力放在事业上。

杜鹏程说，他做了 10 年新闻工作。在老同志中是很一般的，算不了什么。但从他经过的斗争说，他连一小部分都没有表现出来。他从来都觉得自己写得很少很少，微不足道，问心有愧。

（纪时曾任陕西人民广播电台台长。本文原载《新闻知识》杂志 1993 年第 7 期）

不熄的火焰

——记者、作家杜鹏程印象

秦风

火，是炽热的，燃烧着的火催人奋进。

在古城西安雍村小院的三楼上，最近我有机会见到著名作家杜鹏程同志。他虽然年高多病，却没有停止手中炽热的笔。看到他正在案头整理着的叠叠重重的稿本，那如同点燃人们心灵的火炬。

杜鹏程同志解放后长期生活在陕西。在陕西的新闻界里，他可以说是走从记者到作家之路的第一人，即使是他当了专业作家之后，仍然与新闻事业保持着密切联系。他平易谦和，新闻界的朋友常亲切地称他"老杜"。

我采访他的那天，老杜的思绪一下子回到 40 多年前的难忘岁月。他说他连续作新闻记者将近 10 年时间。起初在《延安日报》，经历过延安保卫战。到 1947 年初开始做随军记者。那时说的随军记者，也即是部队的战斗成员。就在这年夏天，我解放军打下甘肃东部高原上一个城镇。战斗刚结束远处还有枪声，街上的敌人尸体还横七竖八躺着。杜鹏程就带着满身的硝烟和尘土，开始了战地采访。老杜很深沉地、一字一板地告诉我："我做记者和别人不大一样，那就是有这样一个抱负：要把战斗生活真实而完整地记录下来，能给人以鼓舞力量！"为了迅速地、更好地完成任务，他以火一般的激情积累材料，努力培养概括生活的能力。几年间，他整理汇集战士的先进事迹材料，仅日记就有200万字。先后写过几十万字的以军事生活为题材的消息、通讯、散文、报告和剧本等，其中关于壶梯山战斗的一条消息，彭总曾批转广播过。他写的稿件除了新华社采用之外，不少在《晋绥日报》上也发表了。

"随军记者要写有用的东西，站在指挥所观战是不行的，必须长期和战士们滚在一起。"老杜这话是他作记者时某旅长对他说的。所以老杜说他那时深入生活绝不"漂在上面"，一直下到了一个连队"扎根落户"。当时西北战场上有个著名战斗英雄王老虎，就是在他"扎根"的连队。杜鹏程同志跟随王老虎等战友，一起打了好几次大仗，在榆林三岔弯战斗中，王老虎就不幸牺牲在他的眼前。据老杜说，在《保卫延安》小说中，他实在不忍心写王老虎之死，而写他活着。还有作品中写的曾让人激奋的周大勇连队的故事，也是以老杜"落户"的那个连的事实为基础的。所以，他的记者生活是在血与火的考验中，是真正和战士们作知心朋友滚在一起中度过的。因而，战士的英雄行为、思想品德，也就默默地感染教育着他，也不断地点燃着他心灵的火焰。

我问老杜"你做记者时有什么好的习惯？"他毫不迟疑地回答："我做新闻工作，养成了一种随时记录所见所闻的习惯。要是想搞创作而不写日记或笔记，是很难想象的事情。"他还特别强调，写日记对有经验或初学写作的人都是必不可少的。

我们的话题谈到这里，很自然地得出了这样的一个印象：从记者到作家，有着一条相通之路。他说作家浩然、魏巍、杨朔、徐迟、郭小川、李季以及同他长期一起工作过的诗人闻捷，都是从新闻行业练出来的。他说就是在国外亦如此。据美国一家通讯社统计，在它30年来1000多名记者中，有60%的人出版了文学著作，其中有40%的人成为著名作家。老杜说："成功的作家、记者最终是可以融洽地结合起来的。"

1949年，老杜随军到了新疆，后来又担任了新华社新疆分社社长，但是当想起了延安保卫战所度过的日日夜夜，他的思绪老是平静不下来，忍不住要写些什么，于是，他就边工作，边学习，边构思，动手写《保卫延安》。开始是按报告文学体裁写的。写出来一看，感到尽是现象罗列，难以体现气势磅礴的解放战争的全貌，很不满意。从此，他又下决心小改40次，大改4次，历经4年，九易其稿，最后1953年，在党的关怀下，他专程到北京修改作品。1954年终于完成了他的成名之作——革命军事题材的长篇文学巨著《保卫延安》。当时的中国作协副主席、人民文学出版社社长、著名文艺理论评论家冯雪峰同志给这本书以很高的评价，说是"一部具有伟大历史意义的有名的英雄战争的史诗""它的鼓舞力量完全可以说明作品的实质、精神和成就"。

"你的作品为什么能够始终如此反映火热的生活，有旺盛的艺术生命？"我问。

"没有深厚的生活底子，离开了人民，艺术生命就会枯竭。"老杜斩钉截铁地回答。

《保卫延安》小说出版之后，杜鹏程同志就正式离开新闻工作岗位，回到陕西作家协会了。他当专业作家，还是保持记者深入生活的老作风，他一连十几年，就在沸腾的铁路工地转。宝成线、三门峡工地、成昆线的大渡河边都留下了他的足迹。这个时期他创作了中篇小说《在和平的日子里》、短篇小说集《年轻的朋友》等反映社会主义建设的英雄人物的作品塑造了各式各色人物的形象。

同时，他不断在各报刊上发表短文。

虽然，在他艺术成长的道路上，遭过一场意想不到的灾祸，他和他的作品都受到严重折磨和摧残，老杜的身体也因此留下了残疾，但是，他的意志却更加坚定，他深信历史是颠倒不了的。

就在 1978 年 4 月，杜鹏程同志又把他 30 多年前在战火升腾的阵地上和烈士们新坟旁写的未曾发表过的《写于阵地上——悼许柏龄同志》的文章，交《西安日报》发表。杜鹏程同志的夫人张文彬同志和他的朋友王寅明在一旁提供材料说，曾被勒令"立即停售""就地销毁"的《保卫延安》，现在已印到 400 万册了，英、苏、蒙古国、越南等国和国内蒙古族、藏族、维吾尔族、哈萨克族、朝鲜族等少数民族均有译本，其中朝鲜文译本是 1980 年出的。

针对文艺界某些青年人淡化政治、忽视社会主义的主体意识的现象，杜鹏程同志语重心长地寄语："不管世界风云怎么变化，我们的文艺工作者还是要深入生活，多方面反映生活，坚定自己的理想，讴歌社会主义现实生活中美好的新事物，给人以信心和力量！"

他，是一团生命之火，是燃烧着的热情和理想，是永远不会熄灭的！

1991 年 10 月 3 日之夜

（本文原载《本质上的诗人——回忆杜鹏程》第 420—423 页，张文彬编，陕西人民出版社 2001 年 6 月出版）

第四篇
杜鹏程战争日记选编

　　杜鹏程在革命战争年代里，无论环境多么艰难，战斗多么激烈，工作多么繁忙，始终保持着写日记的良好习惯。几年下来，他在完成新闻报道任务的同时，共写了200多万字的战地日记。这些在战火中写下的文字，真实、及时、准确地记录了他亲历的战争场景和所见所闻，其内容涉及当时社会政治、军事、经济和文化各个层面，也可视作他的采访笔记的补充和完善，是生动鲜活的"当日新闻"，是忠实的历史见证，是一部历史与人生的交响曲，是党史、军史、新闻史、群众革命史的重要见证和珍贵史料。他个人由随军记者逐渐成长为一名革命作家的历程，也详尽地体现在日记中。这些日记，为他后来创作长篇小说《保卫延安》提供了宝贵的素材支持。1998年，解放军文艺出版社曾选编出版了40余万字的杜鹏程的《战争日记》，其内容提要称"这是西北解放战争的'毛片'和'原声带'，不仅具有极为珍贵的史料价值，也具有震撼人心的感人力量"。

　　本篇选录杜鹏程的《战争日记》362篇，共分为四节、14万多字。其中，前三节包括杜鹏程1947年的日记116篇，1948年的日记121篇，1949年的日记125篇；第四节收录关于《战争日记》的两篇评论，计1万多字。

杜鹏程战争日记手迹（部分）

一、1947 年（选编 116 篇）

3 月 1 日

我调《边区群众报》，今天整天都在办交接手续。头痛，身体感到难以支持。这几天又没读书。

下午给母亲写一信，心里酸痛，我虽为七尺男儿却不能供养母亲，但愿母亲能原谅我这个穷贫的儿子。母亲是伟大的，儿子富有也好，穷困也好，顺利也好，倒霉也好，她总是深深地爱着你。

今日是星期六，想去找午人，可是黄风遮天，一时飞沙走石，只好作罢。

3 月 2 日

到西北新闻社和午人谈了谈工作。又在那里读《人物》杂志，这个杂志办得很有特点，上面有许多名人的传记或生活片段，十分生动。

我已决定去《边区群众报》工作，去当新闻记者，生活在我面前展开了一条新路。事出偶然，这几年我很喜欢文学，试着写了一些文章和剧本，但对新闻工作感兴趣却是前不久的事。一方面我的工作常常需要写点通讯报道，但主要是读了许多传记，其中有些作家就是新闻记者出身。我很向往写作，但如今我真正开始了以文为生的时候，心里又很不安。我在街上毫无目的地乱转，回来将书籍、行李整理好，又将收集的一些材料用布裹起，用针线缝起来，我自认为这是我的宝贝。我已 26 岁，要开始新的生活，那儿等着我的将是什么？

3 月 3 日

敌人"全面进攻"破产以后，又转而进攻延安，庆阳已失，延安紧急，昨天二次疏散令已下，延安全市进入紧张的备战疏散中。

远处传来驼铃声，大家忙着搬运东西。脚户呐喊，骡马嘶叫，狗吠人喧，灯火齐举，人们紧张地来回走动。延安——中国的革命圣地亲临大战了吗？感叹生于这交替时代的我辈青年。

打算明天收拾一下，到母亲那里去。唉！多么不安的脆弱的灵魂啊！

刚打算睡觉，高局长叫下乡动员借用牲口，我即欣然应允，背上枪独自慢行在山沟里。摸黑着一会走在河里，一会又走在乱坟间，反正是瞎摸；到乡政府已是鸡叫二遍了，把乡长叫起来交代了一遍。我还在大路上被拉差，共挡住5个老百姓。他们有的去卖柴，有的去卖炭，有的去卖粮食，统统被我挡了下来。其中一个三十来岁，老实忠厚；一个四十多岁，非常老实而且可怜巴巴；一个二十四五岁，精明懂事；另一个是柳林区模范村的，姓刘，这人在山西住了十来年，性格深沉，见识多，能说会道，有点滑头。我和他谈论着各种事情，老百姓特别喜欢听时事，我很可怜他们。老百姓实在可怜，有一杆枪可以为所欲为。他们那样安分守己，纯朴，在贫瘠的土地上过着艰苦的日子，还要受军阀、土豪种种压迫、盘剥。中国老百姓是多么可怜！我深深爱着他们。

延安疏散紧急，新闻单位也要疏散，报社派人来接我，我和来人背东西到报社，大家异常热情。

3月6日

中午出发，一路黄风遮天，尘土飞扬。沿途搬家的行人、马车、牲口络绎不绝，个个都成了土人。讨厌的是北风迎面吹来，使人睁不开眼，出不来气，憋得要死。是晚宿青化砭，遇一延川老太太去佳县看当兵的儿子。老人谈话间，处处流露出慈母的情怀。使我想起了"慈母手中线，游子身上衣，临行密密缝，意恐迟迟归……"这首诗。

3月11日

敌人首次轰炸，投弹八枚。

睡到天亮始行，早饭即到李家渠。一路上公家在搬，老百姓也搬，但人心并不慌乱。中午到二十里铺，实在走不动，腿麻脚痛，似乎精疲力尽。太阳晒得发昏，口渴难忍，灰尘塞满了耳目口鼻。但是今天出门已一星期了，不走怎么行呢。中午刚到家，敌机来了，听轰炸声好像在北门外，丢了八颗炸弹，都丢在沟里了。延安疏散光了，一切就绪，只等待战神来临，决一死战。打是没问题，但这火药库什么时候爆发，现在是分秒计算。

3月1日通知我到边区群众报社工作，3月5日办好手续，今天搬来行李算是正式报到。听说要我去报社外勤部。

这报社就设在延安南七里铺杜甫川口北侧高山上的两排土窑洞里。中央机关和《解放日报》以及新华社的大部分人员，已撤退到华北地区。西北地区新闻队伍要扩大，要成立西北新闻社。我和其他几位新调的干部，就是为充实这新机构而来的。因为干部缺，对外采访使用种种名义，实际上有实力的还是这报社。

致母亲信一封。

3月12日

早晨赵文节通知，今天下午让我和其他六人疏散到后方。过一两天，电台及全体同志均须搬到后方，因为从14日《解放日报》停止出版，许多事情都得这里办理。可能《西北日报》不日出版，不过也很难说，因为时局过于紧张。早晨起床后一看房子里什么东西也没有了，原来昨晚都埋藏起来。我所有的东西同志们均替我埋起来。中午到被服局、卫生署找人不遇，急急而返。刚走到河边，紧急警报响了，回去收拾后，于下午5时，一行六人出发，闻捷是我们的组长。我背的东西约有三四十斤，直压得喘不过气。行20里天就黑了，什么也看不见。大风卷着黄沙在山沟里疯狂地奔驰，眼睛不开，口里都是沙子。沙子借着风的威力，猛击着面部，打得脸生痛，脸上的土至少有两三分厚。又疲又累，肩膀疼，肚子饿，口渴。为了明天赶到指定地点，故今天晚上还得赶路。河水猛涨，只好走石砭悬崖陡壁，几次险些掉下去。我视力减退，人家在路上走，我却往水里走，实在够苦了。

是日夜约11时宿延河砭，行程50里。

3月13日

太阳出来始动身，刚行至安塞旧城水边，敌机飞来，轰炸声、炮声不绝于耳。大规模作战的炮声响了。三四个小时飞机一直在头顶盘旋、扫射。拍了拍身上的土，行约百米，飞机又来了。如此轮番，真够受了。下午到真武洞小餐，飞机又来了，只一顿饭工夫就来了五六次。至晚宿目的地——李家沟，这里只有10多户人家，是个很小的村子。

3月19日

今天延安失守。

机关枪不住地打，飞机在头上整天乱扰。我边跑手里还拿着稿子，跑到山坡上拿出稿子又改，一切有多么紧张。每个人都无怨言，我想这就是我们之所以不可战胜的地方吧。据说敌人以 34 个旅，23 万余人进攻边区，而我军仅 2.5 万人抗击。在掩护中央和群众撤离延安中，罗元发领导的教导旅，还有警七团抗击董钊 3 个整编师，共 6 个整编旅，兵力 1 ：14，抗击近 7 天。

3 月 26 日

我和午人慢慢地走，两人还说，将来办一种杂志，有特色的杂志，这确实是件理想的工作，办报太单调。

10 里山路走了 6 个钟头，太阳快落时才到。这一下可到目的地了，累得饭也不想吃，动也不想动。我强打精神找了两个老乡谈了谈情况，并准备明天写完材料去看母亲，此去 30 里，后天即可返回。

不料刚刚睡下便紧急集合，老杜报告敌人进攻蟠龙及真武洞，离这里只有三四十里。临池也被马鸿逵侵占。目前敌人兵力还占优势，所以必须今晚行动，可能到绥德，最坏时像这些机关也可能过黄河去山西。分配我把 100 斤面做成饼，及找乡长埋藏东西等。大家都动起来，埋东西的埋东西，捆行李的捆行李，烙饼子的烙饼子，非常紧张。我想今晚去看母亲，明天赶队伍。我告诉主编金照同志："离这里 10 里路，我要去看母亲。别人都紧张地撤退，我不能不管多病的老母亲。"但他说："不行，时局太紧张，如果失掉联络有危险，西北局向我要干部哩。"

我想，在这人山人海的撤退中，在这战争烽火蔓延的时候，可怜的母亲无依无靠。但是此刻工作重于一切，应该牺牲个人甚至宝贵的生命，于是我毅然告诉他："那么我不去了，在这个时候顾全大局牺牲个人利益，我是懂得的。请吩咐工作吧。"

"打前站，2 时就动身！"

"好！"我回答后就去准备干粮，直至 2 时。刚躺下，就紧急集合出动，行动方向是经安定到绥德。我和其他两人去打前站。天黑得什么也看不见，路上碰到不少人找不到机关。部队川流不息地开赴前线，我眼睛不好，不时踏在冰水里。后面大队赶上了我们。听说打了大胜仗，详情还不清楚，大家不胜欢腾。一路上看见老百姓慌乱害怕，心神不安，他们像失去依靠的人一样可怜。到一家乡亲家烧火，这家人非常高兴，像见了亲人。在危难中老百姓看见自己的军队，那个亲热劲，真让人感动。你看他们青天白日把粮食埋在显眼的地方，显然多年的和平生活使得大家对战争已经生疏。我们的工作受到这次战争严峻的考验。

刚传来消息说敌人退回延安暂时不前进，我们即决定停留此地开始工作。明日将往离瓦市 20 里的徐家沟。

3月28日

上午派我到乡政府去交涉粮食。十年和平生活，战争袭来后有些张皇失措，民兵、自卫军很多，但找不到负责人。路边的村子负担重，老百姓都跑了，结果过往军人找不到抬伤员的人和带路的人。很混乱，有些机关也乱拉差，军队找不到人发脾气，打人。根本上是干部首先惊慌，如果是区、乡干部层层抓紧，那么混乱的情况就会改善。

下午我们去背粮食，真是战争改变了生活方式，改变了生活习惯。我们就睡在草上，头发长了自己用剪子一剪，像狗啃的一样。两个近视眼给沈石剪头发，差点剪了耳朵，狼狈劲，令人捧腹。

背粮食编辑部去了我们五个人，北国的天气真要命，早晨冷中午晒，中午太阳晒得汗水直流。大家走着、笑着、唱着。刚翻过山飞机来啦！又跑了一阵子。

我和小杨背二斗粮，出了城天就黑了，真压得人要死。汗流浃背，看不清路，在羊肠小道上两人扛五六十斤米，一不小心脚一滑就会掉下悬崖粉身碎骨。山坡是那样陡，难于站脚，更不能抬，只好一个人背上。我走了不到十步全身冒汗像水浇一般。

走到山巅上听见有人叫，原来是午人等五个同志来接我们。

3月31日

决定我和胡绩伟等人去前线出报纸，有机会去前线让人兴奋。不知为什么，现在我对飞机也好，战争和危险也好，一点也不吃惊。准备明日去看母亲。

4月1日

今年已整整过了3个月了，什么事也没有干成。紧张的战斗生活，不觉得一年的四分之一就过去了。人的前途，偶然性非常多，尤其是以革命为职业的人，更难预料，就别说自己的各种计划了。这期间值得回味的事：生活中的"失恋"，事业上改行从事新闻工作，再是战事紧张。回味起来有许多感触。

早晨说要搬家，我们三人出发到前线。上午讨论我的转党问题，因为午人等人不在，未开成会，这事又拖了下来。

突然接到命令，眼下不动，解放报暂时不出，准备先出油印报等等。

翻阅《文汇报》，此报编得很好。上边载一公务员如何不愿同流合污，不听上级的"贪污办法"而被革职。这种种情形与我们目前万众一心克服困难形成鲜明对比，这也是国民党所以失败的原因。

另有一篇是反映抗战的文章《铁骨冰心》。

为了打击宁马气焰，于上月底部队打了合水，围城打援，共歼敌千余，重创青马主力八十二师。听说我三五九旅也受到巨大消耗。形势仍十分紧张。

刚回去听说敌人离瓦市 15 里，我想今晚又要夜行军了。果然一会儿命令行动，发给我一支枪，两个手榴弹，并命我暂任队长之职。大家紧急地捆行李，老百姓害怕得纷纷来问。拉骡子捆行李，来来往往显得严肃而紧张，直至夜三时始全部出发。除日常的行李，又增添了枪与手榴弹，又重了 10 斤。踏着月光向西转移，午夜的风像小刀割脸一般，冷不可耐。背着枪，大家很快和枪有了感情，一路开着玩笑到安定城北。忽然又命令变换方向——向北移动，行 30 里天明。途中大家说："背着提琴又扛着枪多有趣。"确实很有趣。我们是保护大家转移，可是我心里没有丝毫害怕。在这大时代，牺牲又有什么不可以。一路之上行李及枪压得双膀直痛，又是那么冷。昨天看见了一个乡村姑娘，很美丽，女人是这么具有吸引力，这时我不知为什么脑子又出现了她的身影。真是应了那句话："高山出俊样"，确实不假。

太阳出来了，才走了还不到 40 里，离目的地还有 20 里，走不动也得走，到椿树坪已是下午 3 时。整整 20 个小时没有吃饭和睡觉，到目的地又派我去看地方。向北走黄风迎面扑来，飞沙走石，简直睁不开眼，老乡告诉我此去几十里即是沙漠地带，难怪这么艰难。

4 月 4 日

一觉睡到早饭，8 时命令出发，我仍然执行队长职务。这几天写日记不是半夜就是行军中。今日要行动，此时打好行李，背好枪，因待命故可暂作休息。我抱着枪，坐在行李上写这一篇日记。

路上转移的人群不断，小孩、女人、机关人员以及驮行李的牲口，有的机关还赶着一大群猪。飞机不断来袭击，走路时还得注意天上的动静，又得观察地形。这样的走法好费劲，整整走了一天才走了 30 里路。

路上小陶告诉我，有一个营长和教导员，一块当红军，一块当班长、连长，后来一个当营长，一个当教导员。他们都是贫农出身，枪林弹雨中相处 15 年多。有一次战斗中找不到教导员，营长心神不定，饮食不思。忽然夜晚梦见教导员说："我们自小长大，你不管我了？"他到处寻找，后来果然找到了教导员的尸首。以后他每到一个地方，都流着眼泪先祭奠他的情同手足的战友。战争中这种深挚的友情处处可见。

抗战时，在太行山，有 3 个男的和 1 个女的被包围在山洞中，忽然女的要生孩子，

3 个男同志为她接生。敌人就在山上，母亲怕孩子哭引来敌人，只好紧捂孩子，结果把孩子捂死了。这真是时代的苦难。

读《士敏土》，这是一本很好的书。其中一些故事在我们生活中也是很多的。据说东北的杜聿明与李××是亲姑表，在一块长大，一块读书，一块当兵，终于在黄埔时各走各的路，那时他们还在一块住。又如胡宗南一个营长，他替胡没命地干，结果被我方俘虏，而抓住他的却是他河南逃难来边区安居的哥哥。有不少同志说："我弟弟是飞机驾驶员，在扫射中他可知道下边有他骨肉胞兄？"真的在这个时代大变迁中有多少戏剧性的题材。

从椿树坪行 30 里到了朱寨子河村。

4 月 7 日

昨晚关于军民关系写了一篇稿子，由胡绩伟送西北局。早晨两眼睁不开，用镜子一照，啊！眼肿得老高，面色又黑又瘦，如果这时害病那可真不是时候。

上午听说敌人打到南沟岔及涧峪岔，我很愁闷，母亲住在那里，在此紧张的时候，她老人家怎么办？心里非常难过。

西北局因这一带缺柴，号召工作人员打柴。遇见这次带俘虏的人，他说让国民党俘虏最感动的事，是他们亲眼看见我们一些负责干部，到休息时亲自做饭、打饭，饭不够时干部总是最后吃。他们说："你们共产党真厉害，共产主义真灌到你们的脑子里了，在国民党那边这是办不到的。"我回来的路上看见西北局的领导同志，也都和同志们在一起去砍柴，有的砍了一大背。西北局负责同志也都住在草窑里，这确是非同寻常的事，也是我们力量的所在。

4 月 8 日

整理新收集的关于违反群众纪律的材料，这里有很多岂有此理的事，甚至有抢人逼死人的事。据柯华说："最近要惩办违犯纪律的人，成立检查纪律小组，各队分别检查督促。"今天前总的两个指示亦指出，这种战争带来的混乱慢慢会过去。

昨天开检讨会，主要检讨纪律，我想别的地方亦在进行此工作。战争冲击造成的一时混乱，有我们这种检讨精神，会很快得到纠正。同志们均反省自己违反群众纪律的事实，哪怕是很细微的事。比如，批评老赵对徐家婆姨的态度不好，陶浩把老百姓家具打了，赔了 5 万元、一斗米等等。

电台的王成智是个俘虏。今天他遇见民众剧团几个人，原来是他小时的同学，多年不见，大家各人走各人的路，见面之后不胜惊奇，深感人生的变化；使我联想到很多事情。进犯边区的一蒋军官，被我们打伤俘虏了，让一同志照看，这军官发现他正是从河南逃难来边区的哥哥。在这个时代中多少父子、兄弟、姐妹、朋友、亲戚各人走各人的路，在内战中，说不定相对厮杀，这一切多么富有戏剧性。我想一个现实主义的作家，他必须是一个出生入死的战斗者，也必须是个很好的实际工作者，否则坐在房子里再富于幻想也写不出这些时代的奇迹和生活。

老百姓常说你敬我一尺，我敬你一丈。事情确是如此，如果我们能遵守纪律，老百姓对我们会更加亲切。我在瓦市南十里看见一位老妈妈说："我们的军队就是打几下也不计较，反正是咱们的人。"李娴无意间认白凤颜老夫妇为干爹干妈，老夫妇待她好亲热，像亲生女一样，临行时依依不舍，翘首挥泪。

今天有个消息说，延安县河庄区五乡侯家沟高彦喜，一个人抓了7个蒋军。他东打一枪西打一枪，并喊某班某连的假造声势，使敌人摸不着头脑，束手被捉。随着组织纪律的整顿，会在打仗、生产、后方勤务方面产生效果。

在椿树坪看到的老汉，在柳树岔见到的代表，在这村看到的李万有村长，他们蛮有信心，身负繁重的任务，尽力在干。从这些人身上可以看到农民中的优秀代表，人民的柱石。

打了老百姓的破东西，赔了新的，他也不高兴，因为他对多年用的东西有了感情。关于农民，我要专门写一材料。

我和闻捷去担水，大家非常高兴。战争环境，困难很多，但大家很乐观睡在草窑，膝盖当办公桌，刻钢板至半夜，大家总是乐乐呵呵。中午胡绩伟高声说："我捉了一个师长！噢！又捉了一个团长，我的战术是出其不意左右夹击。"他摆出一副架势，大家一看，原来他老兄捉了大小两个虱子。

下午接到高局长5日的信，说母亲患病，并需搬家。

4月13日

晚上大家都津津有味地谈着吃，实为望梅止渴。

看《新察哈尔报》的合订本，其中"思想漫谈"一栏很好，而谈到干部"享受、享乐"的文章颇多。真的工农出身的干部很容易腐化，这样的例子很多。因贪污而脱离革命的亦不少，这或者是一种必然的现象，在多年艰苦中见了稍优裕的物质生活，便为之陶醉。这难道不可避免吗？

可惜我的力量有限，不能把战争各个侧面记下来，否则我可以把战争以来的全貌告诉人们，我想尽可能地记我所知道的，其他的难免要靠报纸去了解和补充。总之我要尽最大努力去做。

整天都在写"农村调查"。关于农民的语言，我很想过一番。下午老杜传达时局，目前我们在东北、晋冀鲁豫、山东力量均超过敌人，在晋南一带活动更活跃，敌人已放弃进攻延榆公路计划。

4月18日

早饭后命我出发到瓦市一带采访，在这个交通不便的山区，三天任务就有两天半花费在路上，必须走100里以外先找地方政府。

太阳蒸热，汗水直淌，黄风夹着沙石猛烈地打在脸上，枪压得肩膀痛；找不到老百姓，买不到东西，又累又困，又饿又渴，一句话，精疲力尽。所到之处一片战争景象，村子冷落，看不见人，连鸡狗都消失了。偶尔碰着的不是一个老态龙钟的老头，就是头一晃开溜的小青年。土路上也有军队、运输队、俘虏及三两个民兵，匆匆而过。老百姓一见面就问："敌人怎么样？"到下午，三五成群的人才跑回来，坐在一块谈战争。

夜深了，我还在安定这座冷清的死城中徘徊，找不到政府，找不到一个人，什么也找不到。直至午人找着了游击队区政府，这里只不过是个破窑洞，二三十个游击队员挤了一窑，坐的睡的，抽烟的闲谈的。为了动员担架，大家都出发去找人。我和一科长谈，这个参加过内战，忠厚大胆的农民干部，确实不同，直谈至快天明，说着话靠着墙睡着了。

4月19日

我想回去，但材料收集得太少，为这点材料来回跑了百多里路。一路上大风卷起沙石，眼也睁不开，脸打得生疼。我从安定城进了山沟，爬上一条小路。在深沟冷洼中有一个小窑，里边放有衣服被子，吃的东西，还有一罐水。我想这一定是老乡躲避敌人没顾上拿走。我饿得要命，拿了几个馒头，汗水淌着，一面走一面吃。这一座山有10里。腿上没有一点劲，可能是肚子太饿。爬上山又发现走错了路，多走10里。20多里路从中午走到天黑，翻了三座大山。到了九沟，许多老百姓围着我打听消息，我就给他们大讲形势，他们非常高兴。忽然记起还有10里路，今天一定得走到；报纸从今天改为日报，稿子是急等要用的。我上了山天已黑了，端上枪上了子弹，谁知道在这年头会有什么作怪。直至晚8时始到县政府，当即找人谈材料写东西，12时始睡。

4 月 24 日

一篇稿子反复写四五次，经过几个编辑改动后已成花脸。编辑工作是一种无名英雄事业，每个字都一再衡量其轻重，那满纸涂改的不是墨水而是编辑的心血。

晚上开会讨论，争论热烈，这种条件办一个日报真是困难得很。像霍一禾那种精神，可以说没有人会想到他们以多么大的精力、心血在努力。

下午我给大家报告采访时了解的子长情况。

4 月 26 日

今日出发，给我 10 天任务，到子长一带采访。昨夜连夜整理子长材料。这次回来当可收集更多的材料。现在虽然没时间写，但积蓄生活何尝不重要。

先到母亲那里，和她一起的家属们均很慌乱，我讲后稍安心。有三四十个伤员要我报告时事，我简略地讲了一下，他们手舞足蹈，听得很高兴。

伤员们给我讲这次羊马河战斗中，有一老乡抬伤兵到山上，突然敌机来扫射，战士说："老伯伯你快去躲，我已经打伤，死了也没关系，你快快去躲。"老汉感动得哭了。他说："不能，死咱们也死到一块！"结果冒着扫射把伤员抬到山沟里。

另一战士告诉我："在金盆湾一个战士负伤，血直淌，但他仍冲上去掷完了 12 个手榴弹，因流血过多而昏倒。"这是英雄们用他们的行为和血汗书写时代伟大的史诗。我恨不得以东海之波涛，尽书这时代的全貌！惜乎何以人力如此有限。

4 月 30 日

昨夜和 4 个农民谈起延川小荒，在心中唤起了凄怆之感。在延川我生活了 4 年时光，教过多少孩子，如今小孩子成了大人，小女娃做了母亲，一切都变了。真是"少壮能几时，鬓发各已苍"。今天寄出四五篇稿子，这个区还有深入研究的必要。

5 月 5 日　雨

晚上睡得很迟，看了郭沫若评《李有才板话》《解放军创作选》等，并有郭致香山信一封，其中说："把你们见到的新闻、生活记下来就很可贵了，"很有启发。

送闻捷送至 10 里以外，回来整理材料。拉洋片的文协几个同志来了，他们的宣传我看后很有感触。知识分子背上行李为战争服务，这是很可贵的，能放下架子这是多么令人敬佩。

特大的喜讯传来，我军在蟠龙又取得了重大胜利，这是一次非常漂亮的攻坚战。敌企图打通咸榆公路，与榆林守敌会师，南北夹击我军，我将计就计，九旅诱敌北上，主力集结打蟠龙守敌。敌武器精良，此镇是胡军陕北建立战略据点之一，大小伏碉环绕，周围非陡壁、龙即六七米宽之外壕，十分坚固。5月3日开始，3天拿下蟠龙，并俘敌一六七旅旅长李昆岗。

5月6日

心里非常着急，但是走不了。昨晚把全区干部情况谈了一下，了解了许多问题。

睡得很迟，早上起来马上写文章。

中午以后，蟠龙战斗的消息不断传来，像风一样传遍了山沟田野。

一队一队的担架队兴高采烈地奔赴前线。区政府在大路口欢送，实在热闹；行人来往不息，来的人均先告你胜利消息。蟠龙大战打了三天三夜，其激烈是可以想见的。本区游击队扛的十几支枪，几十板子弹，洋面等等东西很多。整天大家都在谈战争，谈着胜利，谈着希望。我心里着急，东西写不成，走又走不了，多么令人焦心，焦心！

5月7日

昨晚半夜写完了报告及文章，准备明天一早走。本来是走子长，因听说这次战役的俘虏在龙安，准备赶去采访，于是下龙安又至真武洞。

西北局关于宣教工作的决议，说"延安撤退后，因在组织思想上的准备不够"以致宣教工作也中断了。我想如能像拉洋片的那些同志的精神，能放下架子为群众服务就好了。

边区政府公布了动员民工的指示说："有些机关乱用民力和动员的命令方式"造成不少困难。的确，目前动员工作中命令的方式抬头了。

战争锻炼了人民。我碰见李家沟的徐居才，他说现在不慌了，谣言不听，敌人离四五里路才跑。同时蟠龙等的胜利像神话一样传说着，人们沉着稳定，战争中的群众进步得多快噢。

5月13日

昨晚挣扎回到驻地，今天又得返报社，30里路一直走了一天，至下午到达。最近工作范围确实扩大了。翻了几本书，在人物杂志十期上有王璞一篇《论黄巢》。黄巢进西安后声势已至顶峰，从历史上看，每一次农民战争（太平天国、李自成、黄巢……）从成功走向失败，其间的转换总常常以进大城市，获得在城市中的权力为关键。因为封建统治者积累了四方的贡赋，造成了奢靡的生活，这对质朴的农民所起的腐蚀作用是不容忽视的。农民从贫穷的农村中闯进城市，不免目眩神迷，从而组织松懈，意志涣散等弱点就发展起来，进而蜕化变质。

这确实是历史屡次重复的惨痛的教训，这个"教训"——轻轻的两个字，埋葬了多少血肉与白骨，给慈母妻女带来多少眼泪与伤感。我看敌人的文件"郭林等投降招供"等，我想起经过血肉斗争，为老婆、为钱财、为享乐等而腐化，进而反革命而投敌的个别老干部。我想起某书记说的"从经济部门清洁不污的归来之干部，和战场血肉斗争的干部，有同样的功劳"。此事不禁使人惊叹"经得起血肉斗争，经不起和平生活腐蚀"。

5 月 17 日

一篇稿子整写了一天，苦得很。主要是材料不足，而且说老实话，自己懂得比别人少，非常烦躁。我就能和别人大吹一阵让时间静静地过去。当我把马蹄表放在头边时，我感到时间多么紧张地在向前走，它会抛弃我于长距离的人生征途上，我不禁感叹……

5 月 20 日

上午访问"绥德游击队"。据队长告诉我，这些人都是自动参加的，他们都是乡村积极分子，也是土改中的积极分子。他们在紧急时，都到政府表示"死也不离政府"。

下午砍柴，手打了几个泡，血直流，来回20里，打了50斤柴，压得两肩麻痛，回来时已是掌灯时分。

5 月 22 日

晚上12点老百姓来找我，谈边区医院有人打闹，要我去讲和。我去了解完全不是这么一回事，是他们想借我们这一招牌去抗拒别人。别看这些老百姓，有的人还真有点儿心眼。2时始睡。

夜读爱伦堡的通讯集，《艰苦的道路》中有一句话："在战争中，每个人必须能正视一切的事情。一个意志薄弱的人，是很容易从悲观失望一转而为自鸣得意，再从自鸣得意转为悲观失望。"在《我要你生活下去》一文中谈到——当你想生活下去，而又不敢冒险和害怕牺牲的时候，你就失掉一切——这些都是多么深刻的句子。他的《六月的顿河》，时论成分很重，但可以看出其思想深刻、热情涌动，处处闪烁艺术的光彩。难怪在战壕中的苏联战士们那样醉心于他的作品。

整天什么也没干，惭愧得很。

下午又看赵则诚《解放行记》，非常不安。我想应该把战争开始以来的情形写成一个通讯集子。先应拟定提纲。

5 月 23 日

听"目前边区党的任务"的报告。

目前边区党的任务——由于最初对战争形势估计不足，思想上组织上缺少充分准备。由于 10 年的和平生活，在部分干部和党员中，思想蜕化，工作中的官僚主义、命令主义、形式主义存在，使党发生脱离群众的现象。由于和平，养成阶级观点模糊，对敌麻痹，不能看清暗藏的敌人。战争以来情况变化，党组织工作方式不能适应，党群中发生严重混乱，民兵未组织好，游击队有些是强制拉来的，甚至混进坏分子，出现投敌现象。战勤工作混乱，粮食供应不上，对伤病员照顾不周。甚至我军所至，干部群众相继逃跑。后方混乱，说明党的工作与群众工作的薄弱。

现在这种现象开始好转，羊马河、蟠龙之战斗，也是党与群众工作的转折。敌人的残暴，打破了落后群众的幻想，而我军胜利则鼓舞了广大群众。战勤、模范担架队的出现等等，证明边区群众，还是经过锻炼的。……还谈了今后的多项任务。

昨晚胡绩伟报告目前方针，中肯深刻。当然这是陆部长、长江同志指导启示下作的。他说总社工作没有多少人，马达由自己摇，长江同志首先动手摇，工作紧张极了。

马沛文同志工作直至昏倒，听说有不少医生护士日夜工作晕倒。

下午去看母亲，晚上宿张家梁。

5 月 27 日

从杨家园子起身，行六十里到志丹之侯家河湾。这一带显得很平静，像安全的后方。太阳当空，热得要命。和戈壁舟一路谈，为了加入党组织问题他很苦恼，一些人总是觉得知识分子是复杂的，谁也不敢负责，后柯仲平同志出面说他负责，才解决了。老戈说，他将来要以自己为参照，将他参加革命、组织问题、恋爱三大问题写部作品。

在一个村子看见一老乡，已分得土地，但还给人家揽工，追其原因，虽然分得土地但没有牛马，由此可见农民翻身之不易。

夜宿侯家河湾，这一家老太太非常开通，她有4个儿子，3个当兵。她叫儿子回来，儿子来信说"母亲大人，你放心，不要想我，人人均是娘养的，自己不牺牲，谁愿意牺牲。你老人家再哭，就是反对派。不要生气，母亲大人，打完敌人我回来看你。"这老太太因为儿子当兵，对公家人特别亲热。

5月29日

行60里宿吴家湾，志丹一带人口这样少，地方这样大，据县上同志说，这个县直径达三天路。老百姓卫生太差，脏得要死。行几十里才见一家人。

下午路过麻子沟。大家一路走着都谈吃，这是生活苦的表现。我们是否能赶上部队还不一定。这次我军蟠龙胜利后使敌人丧胆，我军分头消灭三边陇东敌人，这个出其不意的行动多英明啊。我没有本领，如果可能，我一定写一本《领导之艺术》的书。听说王若飞同志病中裹着被子办公，从不发脾气。每月底找每个同志谈本月中的表现及优缺点，使你悦服。有一次一个同志病了向秘书要钱，他不给，若飞同志知道后把自己的津贴分一半给了这位同志。

5月30日

行60里宿安家河。这段时间，部队打了几个胜仗，但局势仍很紧张。我们新闻单位虽非作战部队，但一切都为战争服务。所有的机关、学校，也都随着战情变化而转移。

延大的师生，也随着学校转移到此山沟。学生们在长途行军后，自己打柴、开荒、挖苦菜，还要抽空上课，但是喜气洋洋。

在旦八家中吃饭，这是一个战斗的家庭，男人当兵，三个儿子有一个参加民兵，一个参加担架队，一个和人变工种庄稼。他们热情招待所有过往军人，并做军鞋送同志。

我想写将领的片段，又想写个典型战士。我觉得军人在文学上表现太贫乏，我要有意识地收集素材。

6月1日

行30里到东华池，这样一个破地方说是一个县城，实际上只有几家人，破烂不堪。这里可见抗大七分校修得整齐的窑洞和房屋、礼堂，都是学生自己动手修的。我们虽然穷，但是能这样克服困难，这就是不可战胜的。

在这分散的农村中，在这样战争年代，不能以常规算时间，比如行路，这次就走了整七天，时间太不值钱了。准确地说，时间不是以分时计，而是以日月年计算。这种时间观念，也影响了工作作风，开会就是半天，拖拉、疲沓。

今天下午抵此，地方残破，人烟稀少，广阔的梢林，走几十里见不到一家人，即使在丛林中遇见一家，也是破烂不堪，人面黄肌瘦。此地多病，落后，不卫生。到处可见石崖绝壁上的小石洞。这里已是甘肃地带，不禁使人想起这次陇东之战。

据说3月中的合水城围攻战，打得很艰苦，我军伤亡比起敌人当然微不足道，但对我们说已是不少了。听说青马敌人相当顽强，射击准确，打死不投降。

下午翻了几本杂志，不禁为之所动，苏联作家写了多少好作品啊。像《战后下午六点钟》《俄罗斯人》等。我恨自己不能挥笔把那些英勇艰苦的人民和无畏的战士写下来。当我听到战士英勇冲锋，一口气跑20里路累得吐血，但他怕不让他参加冲锋而不告诉任何人，当我们听到那些指挥员的警卫员，在紧急时给首长下命令，强迫他卧下，拉倒他，压倒他，抢救他……我深深地惭愧，我责骂自己拿一支无用的笔。

见到第四医院院长，他是延中的校长，他的学生统统成了护士，统统被卷入战争中。他们之中有十几岁的孩子，有几十岁的老教员，都紧张地为战争工作，站在最前线。我边区群众全心全意，万众一心，为战胜敌人而斗争。很动人。

过去游击战争年代，农村环境尚可适应。现在大兵团作战，农村落后分散的状况，真有些不适应。如运送几百个伤员，就要把全县人动员起来。以志丹而言，全县2.9万人，力壮者只有8000人，陇东更小，人也少。

6月2日　于东华池前总后勤部

在战争中离开母亲、妻子、爱儿作战并不算一回事。今天碰见一个朋友，他让我看了他妻子写给他的一封充满思念和热情的信，与此同时他见到了离别六个月的爱人，而她正忙着招待伤员，只对他说"信接到了没有？给我写信！"匆匆而去。

边区医院有个十几岁孩子做护士，那么小就受战争的考验了。又看了"法国一个革命者在临刑时给他妻子孩子的信"。在解放区有多少孩子很小就为战争放哨、侦察，至死不屈，应以童话体写下来。

6月3日

天明通知今天行军，行70里宿一小村庄。这里只有两家人，而我们就有100多人，我们6人睡在猪圈，免于露天，这已经很幸运。

午人路上给我讲景昌之的事，这是一位知识分子的典型人物，他初来时觉得自己过去是大报的副主编，现在来陇东这个小地方做报纸编辑，颇觉委屈。他发现一些人对文化人、报纸均不重视，很苦闷。但他觉得要人看重这门工作，首先要自己做出成绩。于是他埋头下乡，回来写了一篇防旱备灾的社论，拿给地委，恰好次日延安来电也提出了这个问题。于是领导同志说："报纸还能提出重要问题。"逐渐认识了报纸的重要性。有一个时期大家对伙食不满意，景昌之和报社几个人帮助伙食管理员做计划，了解市价，调剂花样，果然标准没提高，伙食却好了。机关一些同志说："这些人不光会写文章，还会办事情。"改变了对知识分子的印象。社长没有他水平高和经验多，但始终尊重他。在会上同志们对社长不满意时，他即先责备自己，启示大家排解僵局。他耐心，诚恳，在指导和帮助同志写社论时，提出其中要点，有时写出提纲，而以别人名字发表。他在工作中发挥那么大的作用，从思想到外表完全像个工农干部，在同志中威信很高。

6月6日

下令行军，行80里到离曲子县30里的双龙塬，夜即宿此。路过看见教堂，还有医生，教会能在这落后的农村站住脚，并得到拥护，其中很主要的原因是给群众看病，施以小的恩惠。在此贫穷的山沟，老百姓多怀感激。我今天给老百姓看眼，他们也非常感激，送了我两个馍。由此我想，我们的工作真笨。如果我们极力给老百姓搞医药，搞合作社，想办法为群众服务，一定可以得到热烈拥护。我有机会要在行政工作中施展能力，如不可能也要在写作中把自己这些想法写进去。

6月10日

这个村有一个山东难民来此20余年，没有土地，土改中分得20亩地。这次敌人来，地主投敌，把他拉去打得半死不活，老汉气愤得跳崖自毙，家里人也离开了此地。这个时代的基本问题就是地主与农民的生死斗争。

读《党章修改报告》。

华池工作好。华池是个老区，部队所到之处老百姓婆姨连夜推磨，生豆芽、做鞋。男人担担架送粮，婆姨带路。一路上群众提汤送水，军队过的地方，路上什么都准备好，作战中老百姓站在最危险的地方，很勇敢。究其原因，老区群众对敌仇恨，斗争情绪高，认识好，干部好，平时联系群众好，有长期打算。

昨晚全社开会。总社来电指出，我们虽以办报为主，同时也是"新华社西北总分社"的一部分。会上讲了目前的大政方针。

早饭后，胡绩伟同志传达了范长江同志的报告，讲的问题非常中肯：第一，我们记者与资产阶级记者不同，他们是个人主义，互相排斥，而我们是为人民服务。第二，战争就要在我们这一代人手里结束，我们应该负起这个伟大的任务。我们和马夫、士兵没有什么不同，所不同的只不过我们是用笔罢了，只是武器不同而已。很多文艺工作者不懂这个道理，把自己看得高人一等。第三，小资产阶级斗争和自我改造过程。会后大家闲谈说到韦明在前线带了一大包材料，报上剪下的，自己写的，他对这些东西视为至宝。老刘讲他自抗战前就写日记笔记等，准备成为一个大作家时发表，里边还夹上花瓣，但战事紧张时都烧了，现在什么也没有，很痛苦，在这样斗争残酷的年代有什么办法。

6 月 11 日

昨晚开会直至 12 时。

大家谈到巴金、蒋光慈等作家对中国青年的影响，对一辈一辈人所起的伟大作用。

陇东工作——过去千峰写文章反映合水花豹湾地主张廷芝欺压农民，打死了其祥妻收回土地，而合水县判决中反而包庇地主。此文章在解放报上登出后，引起了各地强烈不满。合水县、陇东地委也大为不满，写信质问报社，到政府西北局打官司，一时不得了。可是县委派书记下乡调查，他一去就住在地主家，受到地主热情招待。他回来说，报上反映的不是事实。后来经西北局法院调查，不但属实，而且还了解到打其祥妻时，弟媳劝解被张打了一棒流产了。奶妈、孩子共死了 4 条人命。这次敌人来了，这个地主先投靠了敌人。一些干部平时听不得批评，也不调查研究。

下午出动，原叫我跟一位同志着重采访群众方面的事情，可是忽然又派我到二纵队做随军记者。我多么高兴，能到这支光荣的部队去工作。第二纵队是 1946 年 10 月三五九旅东渡黄河时，与独四旅会师吕梁组成的。他们于 1947 年 3 月 10 日奉命西渡黄河，参加保卫陕甘宁边区的斗争。二纵的司令员兼政委是一位很有名的首长。

太阳西坠时动身到总政，我们一行 5 人，随即去访问二纵队司令员。我和午人被正式派驻二纵队做随军记者，到总政也算是来正式报到的。司令员房内挂着大幅地图，他和参谋们围聚在地图旁正研究工作。我们去后，他热烈地握手，并一一问了5个人的名字，他对午人的名字很奇怪，他紫铜色的面容，显出一副天真好奇，笑着说："午？噢，午人。"用指头在手上画着，"午人，是中午生的人吧。"大家轰然笑了。他看完了信连连点头说："欢迎！欢迎！"随后又和参谋们指着地图谈着什么，我们看他很忙，于是就退出来了。他给旁边的人招手要我们留下吃饭，于是张秘书陪我们谈南下的各种事情。政治部一科长来时，司令员正在院子里仔细审阅文件。科长说："'我们不能再开的破车'，这篇社论很引起国民党的重视。"他连忙问："怎么反映你详细讲讲。"一科长说："'中央社'说，共产党不但不参加国大还泼冷水。"他一面看文件一面说："泼冷水，烫猪还要用开水哩！"一会儿，他走了过来挽住我的胳膊说："午人的名字好记，你叫杜鹏程，鹏程万里呀！"似乎我们是他的老熟人，又像是无所不谈的朋友，我们感觉不到一点拘束。吃饭时，他看我吃干炸鱼很小心，他说："这小鱼可以带刺吃，小心烫嘴。"接着他又说："我可爱吃鱼呢，这次行军到洛河川，一宿营就先跳到河里捉鱼，搞回来自己煮，自己炸。"忽然四科长来了，他对四科长说："我今天要两次猪肉没要到。好！没要到证明你们管理严格，进步了。"四科长微笑着，显然这夸奖使他很高兴。司令员不经意地向在座的人说："伙房随便什么都要得出来，那大家的伙食就好不了。"他又说："湖南的男子鲁莽，女人可爱得多了，热情。"转回头问我："你有老婆？"我还没回答，他笑了，说："不然娶一个湖南女子看，那可不是吹牛！"一会儿有一个小警卫员回来，他逗道："四子！飞机怕死了人吧？"四子说："没有。""呀！没有怕死人？"他们之间关系亲切而动人。我们临告别时，他提出最好每个旅去一名记者。我们听说今晚要行军，于是匆匆告别，他说："别忙，再抽一支烟。"我们说："不抽了，你没有烟了。"他说："这烟是偷的，抽吧！"随即握手而别。想不到威震敌胆的将军，却如此随和亲切。

从今天起，我便到了二纵的独四旅，午人去了九旅。

6 月 22 日

安塞那边敌人已到。我在前线饱食安逸，谈笑风生；一想到母亲，便不免有些愁闷。

今天到旅部，宣传科开会，有的同志因为旅不重视报纸，很灰心。其实战事这么紧急，做文化政治工作，遇到此情况并不为奇。

现在部队解放兵已成为一个大问题，很多干部不去很好地想这个问题，尤其连排干部还没有普遍认识此问题的重要性，有的单纯在生活上关心，而如何在政治上提高做得较差。

军队上和工厂一样，有些干部犯军阀主义打人。今天和三营副营长牛树宝拉话，他是一个中上等个子，漂亮、能干、英勇的河北人。他说可以不打，但有时候也没办法。我说应该靠说服这样才能得到战士的信任。

二虎子，个子不高，山西人，四十七八岁，在副官处工作10多年的老同志，说不完的话，说话时唾沫星子直飞。对革命有认识，爱管事务，像个管家婆。人随和，连小鬼也和他开玩笑。有时还有点二杆子味，爱戴高帽，只要上级夸奖他几句，他就高兴得要死，敢于批评人但常抓不住要领，是个很风趣的人物。

关于晋绥近况：晋绥相当贫苦，尤其农村，使人民翻身实为不易。工作中存在的问题：（地方工作）贪污较为严重，有的干部闹地位，比享受，有的老干部思想腐化，这反映了剥削阶级意识，他们虽然参加了土地革命，但是忘了本。这些人虽是少数，但反映的问题是很严重的事，让人想起太平天国的悲惨结局……好多农民运动，进入大城市后而腐化，而失败，这是一个时代的关键问题，切记！切记！

部队本身要坚决贯彻为士兵服务的思想，反对军阀主义和形式主义。部队采取解决问题的办法：

1. 政治民主，官兵关系上反对新军阀主义。开展批评自我批评，除打仗下命令，一切均开大会讨论，战士可以批评上级。

2. 经济民主，反对浪费，降低干部生活水平，取消小灶。各连队设经济委员会，是士兵的权利机关，士兵利益代表机关。受支部领导，有权召开大会讨论经济及生活问题。

3. 严格纪律，赏罚分明。

4. 严防教条主义，以战士教育战士，以土地改革为教育内容。对干部要强调练兵，实行官教兵，兵教官，连队要开"诸葛亮会"。

6月25日

陕甘宁的战争，我从撤退就一直参加，我觉得自己应当有意识地把它记录下来。

今天，部队从陇东地区的环县出发，向万里长城边的三边挺进，开始了新的战役。

夜2时，随着集合号，我迷迷糊糊地爬起来。在队伍上待惯了的同志，不管什么时候起来就吃饭，有些人听见号音，一爬起来还处在朦胧状态，眼还没睁开，端起饭碗一吃就是几碗，好像这种习惯成了一种本能。而我却一口饭也吃不下去。别的同志说："明天太阳一出，你的肚子就会向你提严正抗议。"这话一点儿也不假，我多次体验过。

队伍在指定的地点集合，牲口拥挤不堪，战马的嘶鸣声划破了午夜的寂静。各营在动员行军，有些人站着睡着了。天明时已行进了20里，进入山沟中。中午——五月的太阳在煎熬人，真把油都晒出来了。今夜宿椿树塬，行军50里，中午一时即宿营。

按部队规定，营以上干部有马骑，连级干部，可以把不超过10斤的行李交给驮行李的驮手，自己用不着背。每天行军开始时，我把小被子一卷，交给"行李驮子"，自己只背粮袋、干粮袋，一个手榴弹和装满笔记本、墨水瓶的布背包，共十几斤。而战士们呢？是兵不是兵，身背40斤。我比战士们轻松得多了，可是越走越觉得背的东西很沉重。肩膀酸痛，两腿浮肿，一到宿营地躺下去就起不来了！

行军途中听到团的几位领导干部说，为贯彻为士兵服务的精神，取消了小灶饭；在行军中为克服官僚主义，减少部队逃亡，团以上干部下连，营以上干部也下连，连以上干部到排班具体掌握。我多次看到，在行军中营、团首长帮助战士扛枪，或者哪个人走不动就把自己的马让他骑，士兵甚为感动。于是我利用行军间隙，趴在老乡的灶火台上，写了一篇文章《平凡的故事》。投军邮寄到边区群众报社。

行军中，司号长老是紧紧跟着团长，随时准备吹出"前进""休息"或防空号。我整天都和他一块儿走。他，高个子，二十四五，河北人，聪明、调皮、勇敢、爱玩，吊儿郎当，也爱吃，常常往灶房里钻。他见了每个人，哪怕是首长，也要开玩笑，是一个老八路军，凡是玩都少不了他。

行军或宿营后，我常常在炊事班蹲着写日记。部队的伙夫，有耿直的，有稀拉的，也有笨拙的。今天看见个炊事员，摸摸索索，裤子吊在屁股上，裤腿都烂了，衣服很脏，邋邋遢遢。但是极为忠诚，工作埋头苦干，是个贫苦农民，一个无家可归的可怜人。

农村故事：在陇东高原上，夜里一个老汉告诉我说：毛主席就是个老百姓，他什么事都知道，常和老百姓在一块。有一次老汉家雇了一个人，大个子，帮他们割麦子，割得快、还不要钱，也不吃饭，他说："我晓得老百姓的困难。"以后这老乡出去给别人说了，别人都拿着鸡蛋到处找毛主席，可是找不见。

在部队中，大多数人都有着一段贫苦历史，都是受过苦的可怜人。我和团参谋长李侃同志的警卫员大喜子谈了一阵。他——一个小鬼，就够悲惨了。在阎锡山统治下，父亲病了，没房没地，常年给别人揽工，一病既不能维持生活，于是父亲饿死了。二营六连二排长更有一段动人的经历，准备明天去访问。

6 月 26 日

今日是行军第二天，到华池县吴合嘴行70里。

英勇的群众——3月20日，胡军到合水五区张家峁，抓住樊老汉追问他："乡长、村长到哪里去了？"樊愤恨地回答："我怎么知道！"敌人没办法就用棍子打他，但樊咬紧牙关一个字也不给敌人吐露，最后一直打得头破血流，还是未说一个字。敌人没办法就把他从石崖上推下去，樊老汉壮烈牺牲了。

李子安过去是连长，1940年前后在晋察冀作战，负伤后在温泉县陈庄住，敌人突然到了村子，该家老太婆把他用被子盖住，头朝里，让自己的大姑娘和他睡在一头。日本人进来，老太婆痛哭流涕地磕头："太君，大大的开恩。"然后给汉奸翻译十几块白洋，总算渡过了难关。事后，李感于大娘的恩德，给钱，她不要。凡是在她家住过的伤员都深受感动。

在晋察冀完县，有一次吊儿庄、拐嘴、新家堡等四个庄子被日本鬼子包围，因为日本鬼子知道这几个村子有区长和区乡干部4人。日本鬼子把村子包围后，把所有的人集中起来，问："谁是区长？"没有人说，后拉出一个女人杀了，又问，又拉出一个小孩也杀了，连着杀了7个人。区长怕群众继续受害就挺身而出说："我是区长。"敌人没办法只好将第一个出来承认的人拉走，但紧跟着又站出一老汉硬说自己是，敌人把他也带走了。后来区长被放出来了，老汉硬是骂敌人而牺牲了。

行军中战士们总是那么欢乐，说着笑着闹着。

从团里几个干部身上，我深深体会到新知识分子的可贵。中国知识分子，毕竟有中国的特点，比较容易接受革命思想。你看，中国每个群众运动他们都走在前头，不管"一二·九"还是最近的学生运动，不过他们较容易动摇。而参加了革命的知识分子，特别是经过认真学习，情况就大不一样，在精神上起了根本的变化。像团参谋长李侃同志，积极负责，埋头苦干，深入下层和群众打成一片，群众非常爱戴他。他的一个下级告诉我，他病未好，对谁也不说，上级给他一大堆任务，他总是件件完成得很出色。他把自己的钱分给伤员，一路让战士骑上牲口等等。据我看，他踏实，工作有魄力，对新的事物感觉敏锐，作战勇敢。他人很纯朴、正派。

李恽和：他是高中文化程度的学生出身，近30岁，参加革命约在1936年，工作埋头苦干，不大说话，深入下层，意识纯正，深得士兵爱戴。从他及别的知识分子身上可以看见，优秀的知识分子都是埋头苦干和深入下层的。

6月27日

今天是从甘肃环县行军的第3天，夜里2时起来吃饭，3时出发，行60里到南庄畔，这里已属吴旗县管，是陕甘交界的地方。五月天真是要命，爬上一座大山，所谓汗流浃背也不足以形容。你看那些背着行李、子弹、粮食、机枪的人，衣服像刚从水里捞出来的。脸通红，渴得真要命，见了水哪怕是泥水也抢着喝，虽然一再制止。据说今天要过内长城，果然行30里已看见残留的连接不断的小堡子。当年的古战场，今日身临其境，颇有抚今思昔之感。

部队人物：任锡元，这几天他在团部值班，他是通信连的士兵，但别人都叫他"指导员"或"副连长"。因为他常学指导员讲话的样子。他是山西离石人，家中除伯父母外一无所有。1944年即参加部队，工作积极，意识纯正，是一个老实人。口吃，但他常在会上发言，常说不到要害处，大家烦他又喜欢他，常和他开玩笑，他一发言别人都说："指导员发表演说了。"

在南庄畔遇一老乡，30多岁，在外边常跑，是个农民又是脚户，有农民的特性，又有浓厚的小商人作风，他已经不像一般农民那样闭塞。他告诉我三边一带的生活。

生活特点：沙子菜、芨芨草（一种坚实能做绳子的草），沙子打墙墙不倒，嫖客进门狗不咬。这儿，出产盐、皮、毛、甜甘草，因产皮毛多，有民谚云："白日穿，黑里盖，天阴下雨毛朝外。"

气候特点："早穿皮袄午穿纱，抱上火炉吃西瓜"或"早上冷、中午晒，下午刮风日出怪。"这种民谚简单地说明了各地特点，很有概括力。

王主任下午来谈干部问题，我觉得值得注意。参谋长告诉我，在和平时"政协会"，一些干部混乱极了，退伍回家享太平，为女人，金钱所腐化（这是当时政策上的幼稚或者错误，我这样看），蒋介石用炮把我们一切太平观念打光了。

目前在干部队伍中，斗争目的教育应加强，在打日本时目标很清晰，"不打倒日本不能活"。现在一转而为国内阶级斗争，有的老干部忘了本，新干部一时变不过来，有些地主成分的干部当涉及自己家庭时悲观失望（少数），有些因目标不清而说"打仗有什么意思"，甚至于厌战；尤其是当我们局面扩大时，有一些人为女人和金钱所诱惑，有的待在晋中平原就不想走了。他说部队犯错误的百分之九十为女人或腐化所致。这再次使我联想起历来农民运动从农村进了大城市，被统治者奢靡的生活所诱惑而腐化而失败，在我们也难免有些类似的问题，但这只会是少数。由此再次说明，如果没有无产阶级领导，革命将难以成功。但这历史的教训，多么需要强调，进行经常性教育。

6 月 29 日

今天行60里，到了离安边70里之大古里村。昨晚1时动身，中午12时就到了目的地。大山翻完了，这一带地平漠漠，据说再走几十里就到"北草地"。这里已是沙漠地区，水特别缺，人都喝不上水，连苦水都没有了，真是要命，部队派人到20里以外去驮水。

在路上我和一个指导员拉话，我们为一个问题争得脸红脖子粗，原因是10连长打了一个战士。于是我们便讨论起这件事和领导方法问题。我和他很熟，他说部队有时非打解决不了的问题，他还说大领导来也没办法。是的，我知道有些情形真让人气破肚皮。像有的战士说："打我们同意，那是该打的讨厌家伙。"于是有个别干部便说："打人不对，但是大家拥护就行。""决定一般的说不准打，个别的说还要打。"这个问题我深知，在学校中体罚，在农村中强迫，在军队中打骂人，命令，处罚，都是同样性质。这问题很棘手。但是还应该一再说明：第一，很多同志不了解，改造一个人的意识，比拿下一个山头困难、复杂、曲折，辛苦得多。"夺取政权容易，最困难是改造人的意识"，列宁这句话是至理名言，好多同志对此没有足够的认识。第二，拿行军故意掉队的人来说，有的人说："军队要行动，他不听话，我不打，你说有什么办法？"这都不是理由，有不少同志以身作则，为战士背背包、背米、背枪，就做得很好。落后的人总是少数。我将用形象、用文章将新领导方法和经验，理想的培养方式介绍出来。

姚二虎，山西孝义县人，48岁，1938年参加部队，家中有老婆孩子。十几岁当兵，在阎锡山军队中干了几年，又在东北军当了十几年骑兵，1938年由新军转为八路军。他是一个贫苦人，受尽压迫剥削，据说他开小差被人家割去了一只耳朵。他常用手巾包着半个头，谁提起他的耳朵的事，他就有"揭人之短处的奇耻之感"。他忠实可靠，当过几年侦察员，有点二杆子劲，你戴几顶高帽子他就死也敢去。"抓俘虏只有二虎才敢进去。"李政委这么一说，本来不敢去的二虎，便胜利地完成了任务。他是一个可靠而滑稽的人物。全团上至团长政委，下至全团每个战士干部谁不知道姚二虎。他像个管家婆，说话随便又很啰唆，有时让人厌烦，但他是个好同志，很可爱。去年他回家，老婆另嫁了人，本来要闹一场，可是地方政府说："二虎是个好干部。"他就不闹了。给人家讲革命道理，唱歌又可笑又可爱。他拿出四五个本本，上面写了各种歌……在本子皮子上写："阶级斗争求解放，为国家民族牺牲流血，努力工作，埋头苦干，绝不投降。"他的本子上有300多首歌，中间有一首是他作的，内容为："太阳出来满山红，毛主席是咱们的大救星，桃花落杏花开，毛主席领导咱站起来，莲花落在水里头，毛主席活在咱们心里头，走过南北和东西，谁不拥护咱毛主席，百灵子过河沉不了底，忘了娘老子忘不了你。"

我和姚二虎做了一次长谈，对他有了全面了解。他实在是个有趣的人物。

6 月 30 日

为了收复三边，部队在这沙漠地区鏖战，艰苦备尝。

从大科里行50里（实际为70里），宿营于长城边的富家园。这一带的山似乎被风沙渐渐地抹平了，像无数的大土丘，好像在告诉人，山，要消失了。上了山包极目远眺，是望不尽的草海，中间略低，四边稍高，形成一个盆地。我敢断言这里曾是一个湖。在这盛夏的时候，遍地都是绿草，一群一群的牛羊，风吹绿草掀起了波浪，使人想起"风吹草低见牛羊"的佳句。山都是光秃秃的，很少见一棵树，没有小溪，也没有泉水，干得要命。一直走了50里，太阳在燃烧，好像要将人身上的水分吸干。人真是要死了，口里发黏，嘴唇破裂而渗出小血珠，舌头干燥得转不过来，口里发苦。有很多战士见了不管什么水都抢着喝。小时候听大人讲故事，说人到了草地渴得喝马尿，那时以奇异的感觉像在听神话，想不到今天竟身临其境。

这两三天一直为水斗争着，大前天吃的是苦水，肚子里像吃了烧碱似的难受，前天住的地方水更是恐慌。让侦察员到二三十里的地方侦察水，一人分一碗苦水，大家还觉得好得不得了。团部通信员和一营伙夫打了一架，原因是当晚伙夫睡在井边等了半夜，好不容易等了半桶水。战士们都躺在地上口干舌燥等这救命的水，可团部的通信员给一营送信，顺便饮了一下马，炊事员起来时气得半死，与通信员打了一架。"妈的，你看这多么伤心！"

这几天在火热的太阳下，又缺水，听说有几个人热死了。

凭吊长城——晚饭后，我和李侃参谋长到长城上巡行。长城已经破落了，三五十步一个碉楼，虽然残破，但还可看清。站在长城上向辽阔的远方望去，使人想起一首歌：

> 沙原像黄色的海浪，
> 波及无边的远方。
> 蒙古包似起伏的海岛，
> 骆驼在那里荡漾。
> 月光下有人燃起野火，
> 悠扬悲壮歌唱，
> 我们要生活更要战斗。
> 沙原是自由幸福的家乡。
> ……

只要你目力好，便可以直视远方的天际。这里是草地，再走过长城一二十里，就到"沙原像黄色的海浪"的地方。在这辽阔的地方，傍晚刮着微风，你躺在草地上，感到多么开阔，多么舒畅。有的老百姓在长城上挖了窑洞，前边种上各种蔬菜。想到秦始皇首创的长城，它似乎在那里为我们讲述着历史：一个老乡抱着孩子和几个战士坐在长城上望着远方，谈论着可恶的马鸿逵对他们的糟蹋；几个战士坐在长城上聊着家常，这一切多么富有诗意。

在行军中渴得不行，苏团长趴在那里喝凉水，二连的通信员看见了，说："苏团长你怎么敢喝凉水？"这意思一方面是说你身体不好，一方面说你怕战士生病不让喝凉水，你为什么喝呢？团长说："你批评得对，我不喝了。"

在路上有一个蟠龙解放的战士，腿有些跛，是和我军作战中跳城墙跌坏的，被我们俘虏。到我军后，班里多支枪，他说我来扛。有个战士说，那将你的三八式枪给我背，他说不，我还要拼刺刀。他背两支枪，换着打，直到拼刺刀后，才把枪给了一个新战士。他腿不行，行军跟不上，苏团长把马给他骑，给他背枪背米袋，一路走一路还和他拉着话（六连）。

有的战士脱光身子坐在草地上，一营一连长看见马上命令穿上，"凉呀！同志。"战士笑眯眯地说："我就穿上！"在生死与共的战斗中，同志间的感情是深挚的。在战场上，战士负伤，李主任及别的干部，冒着弹雨把他们抢下来，这种精神实在动人。

在行军中，曾政委不但把马给战士骑，而且晚上他领着干部睡在牛棚里，让战士睡在房屋中。

部队的巩固过程，就是克服农民那种散漫、自私、个体意识的过程。你看每当困难时，那种本位、散漫就暴露出来。参谋长告诉我，这个团是在游击队基础上发展起来的，刚改编为正规军那时，可麻烦了。行军30里就叫喊，就不满，乱说，不服从命令。集合吃饭都得经过多少斗争。

小狗和排长的故事：看见特务连带的一只小狗，这是在路上拾的，战士们都非常喜欢它。他们告诉我，有一个排长，从山西带了只小狗，带了5年。战斗中它就睡在背包边守着排长的背包，负伤住了医院，狗也跟到了医院。他晚上开会狗就在门外等，他睡下狗就卧在脚边。这只小狗很灵，他们之间有很深的感情。一次战斗排长牺牲了，小狗不吃不喝，后来被飞机射死……

7月1日

这些日子，正为收复三边在荒无人烟的沙漠中战斗。主要是和宁马作战。打完环县之后，部队向三边挺进，现在已进入战斗。

今天从砖井堡动身向安边进发，据说只有45里路，听说敌骑十旅和二团等闻风逃窜，有300多个敌人守城。我所在团担任正面攻击。晚10时发动总攻击，夜里参加这样激烈的战斗还是第一次，机关枪的火光像闪电，大炮震撼着大地。随着炸药的轰响声，队伍冲进了城。我随马参谋在烟火中进城。这是多么紧张的场面，我随他上了城，一脚踏了两个死人，出了一身冷汗。部队进城后，很快秩序井然，这时已是夜3时了，我们躺在县长办公桌上睡到天明。

一个伤员腹部伤很重，当参谋长、团长去看时，他只是紧紧地拉住团长的手，眼里淌着热泪，好像有很多话要说，不一会就牺牲了。

二营一个战士，队伍进城之后，他担任守卫，马参谋进来他不认识，不让他进；营长的通信员拿了营长一件大衣，他也不叫拿；第三次遇到连队战士要去拿油，他也不让拿。他是可爱的小战士。

三营长告诉我，过去十一连有个战士杜益兰，原来在旧军队里干了多年，在阎锡山、伪中央军里都干过。后来到我们部队开过小差，抓回后，因组织耐心教育，他很感动。以后打仗很勇敢，屡次建功，成为人民的头等功臣。他领的班团结友爱，生机勃勃，推动了全营工作。后来提他当排长，在永丰战役中壮烈牺牲，全班全营，上至营长下至战士都痛哭失声。

7月2日　于安边城

三边已收复。今日安边市面大都恢复了营业，在这荒野里，有这么一座城，实在不坏。现在正在清查坏人，虽然我军纪律很好，但是市民脸上仍带有余惊。

要打骑兵，所以全连讨论打骑兵的办法，而且请了一些有经验的战士开"诸葛亮会"。战士们讨论热烈，发言踊跃。这种"诸葛亮会"的形式很有意思。

7月7日

写"行军中"一文。我敢说，文章不进行多次修改，很难成为艺术作品。

7月8日

和李恽和政委谈，使我常受到启发。中国的知识分子经过曲折的历史磨炼，已经以新的面貌出现了。

这几天部队很紧张，作军事演习，主要整顿群众纪律。军队上的工作，比任何地方都困难，你千辛万苦培养一个干部，一仗下来牺牲了。培养干部和做人的工作，这些都是在行军中或战争空隙去做，够紧张和辛苦了。

今天看了《文艺杂志》上胡奇写的一篇文章比较好，充满了生活气息，而且生动活泼。

刘胡兰，文水一个17岁的姑娘。当阎锡山敌军捉住她，她说："我是共产党员。"非常英勇，敌人铡死了她，在临刑时，她高呼"共产党万岁！"

郭支队长，一个勇敢的团长，人民英雄。抗日战争中，一次情况紧急，他站在房顶上，让大家撤退完毕，他才退出，可是敌人已到了跟前。又一次，千余敌人把他两个连包围在一个庙中，他身边死伤多人，周围炮火连天，战士们均脸色苍白，而他站在弹雨中纹丝不动，对大家说："我站在这里不动，大家都别动。"在他这坚定英勇精神鼓舞下，当晚终于顺利突围了。

7月11日

因为我没有深入下去，所以感到惶恐，当我感到惶恐的时候，就是我松懈的时候。

我们住的这一家老太太，她有头猪，200斤左右，据说已经养了两三年，简直当宝贝。部队来时，她知道自己的队伍不会让杀猪，但她觉得不好意思，于是她在野外挖了一个洞，把猪放进去，不时趴在那里看看。战士们很好奇，也去看，发现了这头猪，都惊奇地像小孩子一样叫起来。老太太看着慌了，后来我们表示不杀也不买，她高兴得不得了，把猪吆回来。她每天一起来就去看，晚上睡觉也照上灯去看一遍，在这个家庭说来这就是她最重要的事，似乎在她生命中也是最重大的事，有趣亦好笑。

书，这是促使人走上理智的阶梯，它会使人正视生活，鼓舞人的斗争意志，给人以知识与生活乐趣。当我拿上《不朽的人民》看了一遍又一遍，我得到不少启示。

今天吃饭时，团长们菜不够吃了，问警卫员怎么搞的，"我们菜不够吃，你们给我吃一点"。说得有趣而随便。

7月13日　于安边

苏团长这位红军中长大行伍出身的人，好胜心很强，对新鲜的事物很敏感，虽然文化不高，可是对理论学习非常认真。

整理战斗英雄材料，我看到很多优秀的同志牺牲了。这些同志总是冲锋在前，所以牺牲也大。斗争是多么残酷，每次战斗都要付出血的代价，想到这些我心如刀绞。这些为了理想而牺牲的同志，这些伟大的人，人民的英雄，他们为民族解放，国家独立，一批批献出了自己的鲜血与生命。目前我几乎每天都置身于这种生活气氛之中，我更为坚定了。我觉得自己有不少想法是可耻的，我只是成天希望写大东西，只是关心收集材料，当我想到这些，羞愧万分。战士们是中华民族的精华，共产党员们在血与火的战斗中英勇牺牲，我追求什么个人名利？我对自己说："世界上最懦弱、最卑劣、最自私的是小资产阶级。"我看到那些冒死和敌人肉搏，冒弹雨救自己兄弟，为掩护大家而全班牺牲的例子。把这一切和那些多愁善感，落叶也会悲伤的人相比，后者有多么可笑多么无聊啊。李政委、参谋长他们的性格、感情是经过战争的磨炼而形成的。

如果在这时候还想着名啊利啊的人，那是可耻的，是踏着同志遗骨向上爬的魔鬼。

听说有这么一个头脑简单的干部，平时不去教育下级，遇事就用军阀主义简单命令，作战倒很勇敢。有一次战斗惨烈，各营一下没了头绪，混乱、张皇，不能掌握。他单独带一个营去冲，结果损失大半，后来他很痛心后悔。

连队的工作方式主要是做通思想工作，干部常反省自己，以身作则。

今早安阳征粮，韩家艾亭李金声今年收了 70 石麦子，可是国民党就派了 90 石，无奈何全部交后家中断炊，于是全家 12 口服毒自杀。济中 47 岁的寡妇把麦子全部交出后还差一半，没办法用绳子一头系上自己一头系上刚 10 岁的儿子，母子同时自缢而死。实属悲惨。

下午到营部简单谈了谈，即到六连。

7 月 15 日 于安边

黄昏时在一望无际的草原上独自散步，很多事情都涌上脑际，感情的波涛在汹涌，大自然常常勾起人多少思绪啊。

在部队生活，你会发现战士们无论在语言或行动上，还带有浓厚的农民的痕迹。但是农民的自私、小气、散漫等等在这里已经不明显了。很显然，集体生活、战斗生活使他们慢慢地起了变化。你看在这么多的人中间生活，一天嬉嬉闹闹什么也忘了。人一脱离小的天地，大家一块战斗，走的地方多，眼光也远了，心脑也不那么狭小了。

这次胡宗南进攻对边区老百姓是大的教育。《虹》中有这样一段话：生活本身给了回答，用最可怕的教训，教会了人们。

7 月 16 日 于安边

和战士们住在一块，了解他们的生活、习惯、感情，觉得格外充实。

7 月 21 日 于安边

农村生活：1.看了《晋绥通讯》，那里农村工作主要是搞土地问题，他们采取主要的办法是诱导启发农民阶级意识，把党的政策通过启发诱导先从干部、积极分子、基本群众中弄通，然后开展工作，这是个细密的过程；2.农民是善良的，这地方有个大地主，平时略给农民施以小惠，农民都说他好，这次被逮捕，农民纷纷替他求情。善良的农民总是看不远，很容易受骗。

三边战役后，宁马主力退缩于盐池以西。今天部队从三边地区出发，开始新战役，通知晚十二时行动，上午写了一篇文章较满意，题为《请客》。

又通知下午出发，据说向黄河畔进发，在太阳落山时出动。没有月亮、天很黑，四面八方的路上都是来往的人，人叫马嘶，震动了这寂静的草原。各条路上都塞满了各路人马，一不小心就会跟上别的连队跑了，就会失掉联络。到宁条梁时天明了，但还在继续前进。宁条梁是沙漠中的一座城，极为荒凉。一直走到次日上午十时，还未到达目的地。队伍行进很快，腿完全麻木了，至十一时始达小桥畔，一到就完全动不得了，躺下即呼呼大睡。

7 月 26 日

今日据说路程约 120 里，一定得赶到双湖峪。下午 2 时出发，走到次日 12 时，饿、渴、累，真是难以支持。战士们也埋怨行军真是苦，苦极了。不尝这滋味的人一定写不出这种甘苦，"一个好写作者，一定是一个好的实际工作者"，这是真理。

7 月 29 日

接到午人信，叫我回去一趟，借了团长一匹马，下午回到报社。报社住在三皇峁。多时没回来，大家一见格外亲热，互相拥抱起来。

当晚刘祖春传达总社决定，他讲回去的同志思想混乱，要在家里整顿一下思想。长江同志讲话还举出乔木同志为例子，总的精神强调处处为人民服务的思想，共产党员最宝贵的是为人民服务的立场，这个立场坚定了，干什么都可以。

8 月 1 日

今天是人民军队的生日，20 年前的今日产生了一支小小的红军，如今啊有这么大的声势，这说明人民是不可战胜的。昨晚行军，夜 3 时宿米脂 30 里的无定河边的赵家砭。

8 月 6 日

昨晚 10 时，宿营，12 时又出发，据说离敌人驻地三岔湾只有 25 里，拂晓即要形成包围。

此地系我军去年 9 月解放。因天旱雨少，及过去的剥削、压榨，使老百姓已到无法生活的境地。这一带虽然分了地，但农民还谈不上翻身。很多老百姓均吃糠咽菜，因之这里群众斗争的情绪非常高。据说镇川堡的老财跑得连一个也没有了。晚宿张家畔，离敌占区只有2里路。12时出发，走了约1里路，传下口令不准抽烟，让在右臂上绑白布为记号。第一次传下普通口令为"提高"，特别口令为"参加"，答"战斗"。空气顿时紧张起来，听不见一点声音，连牲口也悄无声息，规规矩矩，部队的牲口也是久经沙场啊。一条40里的沙梁，直走了一夜，拂晓离三岔湾3里时，已听见密集的枪声。

当我军行至边沿地区时，一路上群众烧水招待，媳妇姑娘老太婆、孩子青年老头都争着慰劳军队。有一老人要求军队把他带上，给我们带路，要求参加打榆林城。他要报仇，原来他儿子是边沿区的自卫军连长，参加了斗争地主，被地主拉去杀死了。我准备写一篇《行军中》。

8月7日

为了攻打榆林，先扫清周围，我部攻打三岔湾。九旅听说是攻打赵庄，独五旅攻打青云山。而后集中打榆林。

拂晓军队赶到，马上打起来。我们赶到时天已大亮，天哪，这里比三边沙地还多，沙漠像黄色的海洋，一直波及远方。我们休息的一个村子，上面就是前哨阵地，偶尔听见炮声，机枪声不断传来。我马上跟上任科长到旅指挥所。枪弹在头上飞啸，我们弯下腰跑几步，就要停下趴倒在地。一营长盖培枢侦察回来，给十三团干部报告地形及敌人的情形。我看他紧张得满头大汗，就没打招呼。迅速跑向旅指挥所。看得很清楚，十三团正发动猛烈的冲锋，当头遇第一个碉堡，三连战士王老虎冲到碉堡前一下把手榴弹塞进碉堡，接着排长袁国柱也将手榴弹塞进碉堡，敌人垮了。他们一步一步把敌人赶下去。一连四五个碉堡的敌人都垮了，他们一直追下去。十二团插过去，十团压下来，敌人把枪一丢坐在那里等着缴枪。旅长高兴得跳起来，"好哇好哇！"情绪非常激动。正在这时候，听说许柏令同志牺牲，盖培枢同志负重伤。我眼前突然黑了，像电击一样，这时如果飞机来了，我会躺在沙土上任它射击。我奔跑下去看他们，可是盖营长已经牺牲了。极度的悲伤占据了我的内心，我失神地坐在路旁，太阳像烈火似的，把沙子都烧红了，我也没有感觉到。伤员不断地从我身旁抬过，有的打断了腿，有的打破了头，鲜血在脸上直淌，有的全身都被鲜血流湿了。我心里刺痛，没有勇气再看。实在太残酷太惨痛了。蒋介石给中国人民带来多大的灾难啊。我心里感到悲戚哀伤。尤其使我难过的，像盖培枢是多好的同志啊，他像个十足的学生，他常向我借书，给了我一块漂亮的毛巾，现在却成了纪念品。今后我拿起这块毛巾，就会想起"比我优秀的人都牺牲了"，我算什么？许柏令同志昨天他穿了一双皮鞋，我还和他开玩笑说穿这么漂亮，想去榆林找老婆？他说："你以为我找不到一个？"可是今天就倒下了。我翻开他的日记本，他把遗书都写好了，他说："我牺牲了在我墓前写上'人民的、毛主席的警卫员、中国共产党党员许柏令'。"多么壮烈，多么英勇，这是中华民族的光荣，中国共产党的光荣。

我知道自己的悲痛和哀伤有不健康的地方，但当我去看他们的战友李政委、参谋长时，他们也很悲痛，他们一样悲伤，可是这悲痛更增加了他们的仇恨，增加了他们的复仇心，战斗力。他们说，当他们初次看见血肉横飞，鲜血横流的时候，也悲戚而畏惧，但是现在已经见多了，习惯了，亲爱的同志倒下了，他们含泪爬起来又冲锋了。

我到连里去看，与其说大家悲痛，不如说大家愤怒，很多人痛哭着说："只要我还活着，我一定要为两位同志报仇。"战场牺牲多少人啊，像许仙芝连长，像威震敌胆的英雄王老虎，平时大家都亲热地喊他"我们的老虎"，也都牺牲了，这些都是多么优秀的人啊。我常想，我党有这么大的天下，中国人民有这么大的天下，那是烈士的鲜血凝成的，血的结晶。每一个同志每一个中国人都应牢牢记住。我们活着的人，还有什么苛求的？应该努力工作，以他们这种伟大的精神激励自己。虽然我明白许多道理，但仍抑制不住内心的悲哀。

下午进了三岔湾，据说已解决敌军四个营，光四旅就俘虏了 827 人，战场遍地是死人、血肉。在我们院子里躺着一个满身血迹的敌人，我连饭也吃不下。而薛秘书刚收拾过敌人的死尸，满手是血还照样吃饭。他说："过去我也吃不下，现在他死在我脚边也能吃下饭。"

三岔湾，这个不算很大的战役，我们竟付出了这么多的代价。我不会忘记这块土地，因为这里牺牲了我所敬爱的同志和朋友。

8月8日

昨晚 12 时行动，我们从城南转到榆林城东北，15 里路直走到天明，宿韩家畔。老百姓吃糠咽菜，非常可怜。

下午 4 时出发又向城北行动，直行军一夜，天明到达红石峡村。

路上听见非常激烈的枪弹声，九旅正夺取敌人的阵地，我想写《三岔湾战斗经过》。"三岔湾"这个战斗，让我心疼不已，几位我认识的优秀同志在此倒下，我要永远记住他们。

担架队实在重要，战斗紧张，他们来回抬了十来回，一天一夜没吃饭，其英勇是可佩的。他们在飞机来时不放下伤员，像苏云海担架队那样英勇。可是他们偷人家的瓜，见人家的碗就拿，一条扫帚也拿，小绳绳也拿，战场上的好药瓶、打坏的针、烂套子、破棉衣乱七八糟背一大堆。昨天战事紧张他们趴到庙里去磕头，正好碰着纵队首长在那里睡觉，闹出一些笑话。唉，农民多么可爱，又多么好笑！这支农民支前队伍，第一次参加打仗有好多害怕得逃跑、哭，见了死人见了血就发抖，后来不怕了，冒着枪林弹雨抢救伤员，非常英勇。一个同志负重伤，担架队把他背上，血从老乡的脖子流下来，他也不怕，一直背着，一直到那个同志死了，他还在背着跑。他们散漫，吃饭总抢，行军就乱叫乱吵，不叫不吵就憋得不行，战时情况紧急不叫抽烟，他们硬要抽，还和同志们乱吵。他们跟上部队学了不少知识和本事，变成农村积极分子，回去拿上枪成了民兵，甚至参加了正规军，真是个不易的过程。我每次看到这些随着部队征战南北的担架队伍，心里有说不出的感动。我真想把它写成个故事。

8 月 10 日

将《三岔湾战斗经过》寄总部午人。

准备今夜攻下榆林，我被编入政治部之一组，准备随军突入城里。9时半我们一行20人出动向旅指挥所走去。军队早已出动，路上满是拥挤不堪的驮大炮及弹药的牲口。我旅主攻城西北角，这一带树木茂密，沙梁颇高，倒便于运动。传下口令"洗脸"。路上行走如飞，我没有经验怕掉队，死死盯着前头的人。遇沟跳沟，遇水涉水，我眼睛不好，一不小心，跌了个面朝天，赶快爬起向前赶。突然敌人打来照明弹，我们急速卧倒。子弹在头顶在脚旁飞叫，险些打上我。我们统统卧在满是泥水的交通壕里，这一阵什么也顾不得了。到旅指挥所离城只有200米。城上之敌遍点灯笼，满城惶恐地呐喊："上来了！""准备手榴弹！"气氛恐怖。我们趴在交通沟里有人呼呼睡着了。子弹如下雨，大伙在等待爆炸。可是看看月亮出来，已是深夜3时，突然下命令撤走因准备不充分，今晚决定暂不攻城。

爆炸这玩意儿真厉害，但要有很大的勇气和魄力，据说点爆者常常震晕在地，人事不省，七窍出血。昨晚敌人打了约15万发子弹，据说大同战役打了20万发，飞鸟和树叶统统被打光，残酷程度可想而知。

8 月 12 日

白天飞机活动频繁，下午将近黄昏时，炮弹不停地在我们院子周围落下，声音恐怖。

听说钟松11日已抵横山及关家沟一带，我停止攻城，向北转移。榆林城虽未攻下，但我们却达到了诱敌北上的目的。敌人很听彭总的指挥。

黄昏出动本来向西南走，可是走着走着不对头，为什么朝东北一直走。在沙窝中直走了一夜，鸡叫时抵榆林东北30里之长乐堡。哎呀老天！在沙漠中一夜才走了30

里路。没有地方，下令就地睡觉，于是大家躺在沙地上便鼾声大作了。

8月17日

还宿石窑上，听说敌人到绥德一带，其目的是挤我军过河，见了鬼，这是他倒霉的日子到了。

这一次战斗中牺牲3个营级干部，都是学生出身。尤其两个营长，从他们身上可见新时代新的知识青年的姿态，事迹颇为感人。青年们在10年斗争中坚强了，成长了，有多么可喜，这是一个历史性的变化。

8月20日

今日在西北来说可说是个新纪元：刘邓大军已横渡黄河，直捣中原；陈谢兵团亦将从晋南渡黄河，出击豫西。西北野战军5个月防御战中，歼敌2.5万余人。胡、蒋急顾西安，我军尾击。

今日敌一六五旅在米脂以北的地方和我军接触，拂晓开始攻击。适遇飞机狂轰滥炸，炮火激烈，敌人5架飞机又在头顶扔炸弹，像天崩地裂一般，我的心直跳。飞机扫射遍地起火，但是炮兵们还是打着，他们不理那一套，直到7时我们部队攻上去敌人溃逃。遍地丢着东西，死尸。到夜里部队追击我才回来。

当飞机扫射紧张时李恽和告诉我："李侃同志牺牲了！"我简直无法相信，但是有什么办法，这是事实。他，为了人民事业倒下了。我心里有说不出的难过，但已不像第一次听到盖、许牺牲那种过度的悲痛中甚至产生了软弱的厌倦情绪。他可能太大意了，他为什么带一个排冲锋？这不是一个指挥员应有的，但是战争中常常像《不朽的人民》中的团长，不是也控制不住自己，在紧急关头自己去冲锋。李侃同志是个多么优秀的同志，他的牺牲让人真难过啊！

后来我了解，李侃同志，他是为了狙击敌人，掩护大部队而牺牲。他是个知识分子，每想到他，我心里充满了深深的敬意。

8月22日

沙家店之战已大获全胜，敌整编三十六师被歼灭。三十六师是胡宗南的王牌师，师长是钟松。沙家店战役，可称是军事史上的范例。消灭了三十六师，又打了来增援的一二三旅。又堵住了紧跟一二三旅的刘裁。正像彭总指出的，是西北战场，从防御走上反攻的转折点。彭总真是料敌如神啊。

昨日黄昏转向镇川堡东北 30 里的地方，我和同志谈到顿、杨两个人。可以看出，我军领导骨干，旅一级干部和部分团级干部都是老红军出身，而且这些同志大多数来自工农，尤其贫雇农居多。现在在团级干部中有不少是抗战中成长起来的。

顿星云旅长，农民出身，从当兵一级一级升到团长，抗战胜利后任旅长，性格深沉，平时少言寡语，作战主动积极，总是把指挥所放在前面。当炮兵打中目标时他跳起来拍手叫好，看外表严厉可怕，实际为人平和。

杨秀山政委，外貌英俊，是个有趣的人，性格干脆，当机立断，开朗朝气蓬勃。他也是贫农出身，从战士一直到团长政委，几次错打下去，又干起来，非常顽强。抗战后任旅政委，他认定什么非干成不可。当几个很好的干部牺牲后，他外表上似乎看不出感情上的波动，但内心难过，他会更愤怒、更顽强、更积极。我相信作为一个将领他们内心生活是很丰富的。

8 月 24 日

早饭后转移，行 20 多里，到达一村子。没地方住，没饭吃，夜里还下大雨。

当我十二团到石窑上时，有一旅、八旅、新四旅、教导旅的许多伤员。他们马上抢救，干部战士背上伤员，十二团政委带队掩护。此时，敌人到山头上，飞机拼命扫射轰炸，他们终于冒险救出了兄弟部队的伤员。一路上背着，晚上照护得很周到，伤员们很感动。部队与部队如果没有这种互相协作，互相友爱的精神，就不能胜利。

在战争中，人锻炼得非常坚强，看惯了残酷现象，如果把那些神经质的小资产阶级带来看看，会怕坏的。有多么惨嗬，我在六连看见一个战士叫徐宝宝，人很诚实，我帮他写过家信，这次打得鼻子、眼睛、舌头都没了，但人还活着，看了让人心痛嗬！蒋介石给中国人民带来多少灾难。当我看到九架飞机在空中疯狂地扫射，炮兵们还在开炮，一人倒下了，马上另一人就替上去。死，在这些无畏的人心中没有位置。

8 月 25 日

天将明忽然打起枪来，人们从睡梦中猛地爬起。战争中将人训练得有多么迅速，机警，睡觉时每件东西都放在一定位置，有情况绝不慌乱。自打榆林以来，一个月没脱过衣服，虱子多得像蚂蚁。每天和衣而睡，战士们走到哪里躺到哪里，说走便走。这几天（从 21 日）每天只吃 1 斤小米，饥饿难忍。为了打败蒋介石胡宗南，吃糠、吃南瓜、洋芋，杀吃毛驴肉，人们不能吃的苦都吃了，一切为了胜利啊！

今天写好《悼许柏令同志》，并将《行军小记》《草原上的歌声》交给同志们看看。

8 月 30 日

今天从后忠庄，经过双湖峪，到艾家圪崂，上午走时即大雨不止，一直淋到双湖峪，什么都湿了，冷得要命。不过这几天还算好，还能吃上一点小米。下午出发。

9 月 2 日

"秋雨萧萧愁杀人"，从昨天下雨迄今未停。敌人运输机冒雨送东西。听说敌人想突围，恐我军追击，又没吃的，一天两餐稀饭尚不得按时，可谓苦矣。早晨说要行军，忽然决定又不走，还住王家塌。

士兵即是拿起枪之农民，但在集体教育中已失去农民很多特征。据说独四旅刚成立，战士都是刚从乡村来的农民，在本乡本土打仗尚勇敢，一离家乡有些人就开小差，失去战斗力，但经过集体生活的锻炼就大不相同了。

顿星云旅长是渔夫出身，杨秀山政委是贫农出身，他们并肩作战像亲兄弟一般，很感动人。

很多老百姓被敌人百般蹂躏，对自己的队伍好极了。我今天写："只要国民党在那里待过一小时，在那里将不会有人对民主政府共产党不满。"这中间有许多感人的故事。老百姓见了部队，见了公家人就痛哭失声如见亲人，自动运粮送鞋，这一切都是敌人使得人民更加认清了他们的面目的结果。

9 月 4 日

雨，秋雨这样讨厌，一直不停真要命。还住王家塌。

贫农中凡是在外边走过的或出过门的，或作过生意的，就看起来懂事，说话明白，因为他们眼界宽一点。农民中人才不少，会拉会唱什么能人都有。

战斗中牺牲最多的是优秀的人，大多是党员——我们的骄傲，他们最爱国家、民族，愿意为她献出生命。这些同志承继了中华民族最优秀的品质、道德、传统，他们既是国际主义者又是热烈的爱国主义者。他们创造了旷古未有的可歌可泣的事迹。

在李侃、金毅、许柏令、盖培枢、李恽和、张献奎、马森等知识分子身上，我看出了知识分子的新的面貌，他们各有特点，他们是一批多么优秀的人。

9月5日

昨天在纵队和午人交谈，颇有心得。我们谈各自的感受，受到的磨炼，我想我们是能前进的，是能自我斗争克服自身的弱点的。

9月7日

9月1日我九旅歼九里山之敌，因敌七十二团增援，逃出一部分。这两天我旅仍在九里山围歼敌人。

昨日在九里山等地激战一夜，这几天十二团和敌人抗击，因伙夫找不见部队，一天一夜没吃上饭。部队中战士们是最辛苦的，冒雨作战，常常顾不得吃、睡。

今天下来40多个伤员。

十三团二营教导员王月川同志胸部负重伤，恐怕生的希望是没有了。这个同志是十三团教导员中思想最好的。当我去看他时，发现我常去的六连指导员也负伤了。我看见四川那个解放战士，他平时表现很好，刚升为班长，一班5个人，一个冲锋牺牲，两个负伤。战斗是多么残酷，血流了多少，牺牲了一个连长。我看着这一切悲痛万分，我真怕自己禁不起。在这艰苦的战争中，产生了多少可歌可泣的事迹，多少崇高的阶级友爱，多少中华民族优秀的人倒下了。平常生活中的人可知道这生活是怎么来的吗？四川那个解放战士告我他们班完了，并说伤好了他马上回连队，我听了差点流泪。

我军咬住南撤之敌不放。下午出动，飞机拼命追逐射击，打死了5头牲口，一个马夫。他死了，战士们庄严的队伍行列还在前进。这支队伍是无畏的，是不可抗拒的，我边走边沉思着。

夜12时到折家坪。

9月9日

这一带系老区，老百姓被敌人糟蹋得很厉害，群众盼我军如久旱之望雨，异常亲切。早饭后听枪声很近，听说我军伏击了敌人汽车队。中午发面，各单位自行做饭。忽然传令出发，情况显得异常紧张。通信员传令："有情况跑步！"队伍统统拥至汽车路旁，我甚紧张，怕飞机来袭。

此时枪声稀疏，远远望见乌烟冲天。我们到曲寺郊河滩，枪声突忽激烈，四面山头均系我军，有些敌人尚未放下武器，不久消灭。原来敌汽车20辆，坦克5辆，经过曲寺郊，前边还有一营敌人接应。我军设下埋伏，等他进入伏击圈后，我军猛扑。

汽车夫均跳下，两辆汽车一辆坦克逃至永坪。可是永坪敌人慌乱逃跑，汽车、坦克丢在山沟被我军炸毁。共毁汽车20辆，坦克5辆。缴重机枪30多挺，子弹20万发。

走到小沟看见两具尸体，司令部郭科长和侦察班长牺牲了。大小战斗都要拿血来换得。宿王家圪凸。

9月12日

敌人分三路往永坪撤退，昨晚又是大雨，敌人将多么狼狈可以想见。出发往西北行，行20里离永坪30里之地。

读克劳塞维茨《战争论》，其中论情感等颇觉有味。以后需读心理学书。需修学问，加强涵养。

9月13日

昨晚开营以上干部会，传达大反攻的意义，刘邓大军已到大别山一带。国民党的战争部署被完全打破，全国震动。报告人讲到西北集团军确实是最艰苦，吃不饱，没鞋穿，天又下雨，十三团十连只有8个人6支枪，还要打仗。

看到马玉山，他说到医院几个人，二排长郝正福牺牲了，甚为难过。我想写一个《第六连》，从各方面去写，从一个连队看全部战争。

9月16日　晴

想不到大雨一天一夜今天竟然晴了。据说敌人4个师，我军准备消灭其一部。下午向北转移至冯家坪四五里的赵家河。太阳落山，起身，至晚11时宿营。

再次读《英雄的斯大林城》，感到爱伦堡思想多么深刻，满书充溢着感情和丰富的哲理。

今天打得很激烈，我下午3时上的山，别的敌人都让他过去了，集中力量消灭七十八旅。从早晨激战开始，两架飞机不断扫射。飞机这讨厌的东西，杀伤力并不大，但精神威胁确实不小。我们一上去飞机就来了一梭子。我们的炮兵和部队一前一后压迫敌人，尤其山炮对敌威胁大极了。直至黄昏把敌人压至慈家坪山沟，忽然天空雷声大作，路上满是敌人尸体。九旅没配合好，否则七十八旅连一个也跑不了。基本上七十八旅是垮了。夜里我们往回走，我从陡立的山崖上滚下来，简直变成一个泥人，浑身疼痛难忍，没有伤残已是万幸。夜3时始归。

9 月 19 日

今天是 19 日，自 3 月 19 日延安失守，到如今已半年。下午 3 时动身，据说晚上经过甘谷驿在以南 10 里之马家沟宿营。夜里到了甘谷驿 30 里，不知道为什么觉得这么有劲，似乎此地离延安不远，不由得心里引起欢腾。延安我每到一个地方都熟悉，我多么爱它，如今它在敌人淫威中呻吟着。晚 8 时进入甘谷驿街，哎呀！多么恐怖、凄凉、阴森啊！昔日繁华之街道，如今草有人高，两旁房屋均破落，在草屋中偶尔看见老乡家灯光明灭。顺光而入，乡亲们痛苦地诉说敌人来此十次的种种情况。要不是大部队至此，我真以为自己进入了阴曹地府。敌人所至，像瘟疫似的，一切人烟、生活之气息均被一扫而光，我不禁独自战栗，战争带给人民是多么大的破坏和苦难。

翻过大山，行 15 里，宿后马家沟，行程 60 里。

9 月 21 日

坐在金盆湾下 15 里之马房大川草地上写日记，牲口、人都睡在草滩上。后来我躺在一间破屋残壁后面，借以挡阳光，一躺下来即呼呼大睡。据说还要走，看样子要到劳山左右。

路上看到部队印的"临时消息"：陈赓部光复陕县，消灭敌一旅另一野炮营和保安大队，我反攻胜利，敌将更为恐慌。据说，刘邓大军抵武汉近郊，有敌两团起义，不知确否？

杨长文是蟠龙战斗俘虏过来的，十八九岁，在敌兵站服务四五年，已染上许多坏思想，失去了青年人的纯真。又爱吹牛，什么事都夸大，这真是一种不幸。国民党这个官僚集团像大染缸，凡在这集团中生活过一段时间的人，都要传染上各种恶习，以至于溃烂，多么可怕。青年人不少在旧的社会中沉没了，这是社会悲剧。

行军中，我常有一种感受，觉得自己在这样优美的国度，这广阔的土地上行走，从南到北数千里还出不了一个省的界域，从延安出发，而后子长、陇东、三边、榆林、绥德约两千余里，祖国有多么广大啊，多么丰饶、可爱。她使我心里常常升起一种激情，一种自豪。亲爱的祖国，我们为你，愿意流尽最后一滴血，绝不让任何人污辱你。

我国历史上岳飞、文天祥，无数的民族英雄以及现在为共产主义目标而奋斗的烈士们，我们永远以此为骄傲，为荣耀，我们多么崇拜尊敬他们，共产党人应以自己民族的光荣引为最大的光荣。

农民的口头语"好出门不如歹在家""在家千日好，出门一时难"，可见农民如何为二亩地所束缚。

　　下午马房吃过饭，听说还有 20 里到南泥湾之塔宝峪宿营。吃了两碗小米饭，即便没菜也很好吃。夜 8 时到了塔宝峪。这一带遍山是当年三五九旅打的窑洞，很漂亮，但是都破落了。这么茂盛的森林，广漠的川地，任荒草乱长，不见一个人的影子，真可惜！夜里我们从草中摸进破窑里睡了。

9 月 23 日　阴雨

　　夜半两支队伍依然向敌进攻，枪声并不激烈，据说敌人只有一个营。早晨，经过半小时激战后，即听见手榴弹声，上午 10 时战斗结束，消灭敌营部及一个连，劳山已占领。刚才飞机又来。这好些天部队在树林中行军，飞机不能逞能，现在又来找麻烦。讨厌！

　　下午捷报传来，拿下劳山，俘虏 80 余人，缴汽车一辆，洋面万余斤等，从此敌人南逃之路被我斩断。

　　6 时出发，据说情况有新的变动。留在九里山的九旅和十三团，三个团经过这里，走得非常快，夜 12 时又返回南泥湾之塔宝峪住原地方。

　　半夜刘德锐光着屁股从梦中跃起大呼"掉队啦，掉队啦！"50 米之外均可听见，大家惊起，方明白是说梦话，一笑。天明雨下甚大。

9 月 29 日　雨（农历八月十五）

　　天似乎没有晴的意思，生活品更为困难，旅政治部用毛驴换了一头病牛，实在难吃，但有什么办法。今天是农历八月十五，夜半吃罢饭便急急地出发了。一路上泥泞不堪。今天就要出边区到蒋管区。纵队首长集中四旅和九旅的全部人马讲话，方向是沿洛川盆地抵达关中地区与活动在那里的四纵队会合。

　　从金盆湾之塔宝峪出发进沟经南泥湾，翻过大山经石家岔又上山，行 90 里，宿富县牛武区东北 30 里之鞍子上村。部队所行的地区完全是大梢林，荒无人烟。一路上不见村庄，走上二三十里偶尔见一残破的窑洞，但似乎断炊已久。敌人把一切均放火烧毁，老百姓被强令集中在牛武镇，庄稼全部荒芜。今天是中秋节，在此荒无人烟的山野露宿，睡在深秋雨后的湿地上。昨晚 3 时出发，原本没有吃饱，一上路就更加饥饿、疲劳和口渴；有不少人边走边吃生玉米棒子。宿营后，整个团的人挤在几个破窑里。我的鞋子、裤子均湿透了。挤在人群里，烧了两个玉米棒等不及熟就急急吞食起来，连咬都顾不上咬，老天，这能消化吗？下了六七天雨，这时，月亮忽然出来了。

到处都叫喊着没东西吃，大家乱抢生玉米吃，政委急得打枪制止。李主任说，在边区作战，战斗频繁，气候恶劣，生活贫困，敌人强大，沙漠森林，尤其生活之苦为十年抗日时期所未见，其艰苦之状由此可见。可是在今夜，我没有丝毫的凄凉之感，因为大家均不以为意。"每逢佳节倍思亲"，我倒不怎么想这些，可是今夜母亲将多难过。一躺下两只脚像塞在滚水中，过度疲劳血液运动快了，一躺下即鼾声大作。

9月30日　洛川旧县

　　朝洛川旧县行程据说100里，今日就到了蒋管区。出了密密的森林，行40里到了洛川平原。已经出了边区。在穆家塬，我军侦察员穿国民党衣服，敌人问他说自己人，上去就把敌哨兵抱住。屋里的敌人跑了，抓了两个俘虏，3支枪。十连指导员牺牲后还没有来得及掩埋，尸体就躺在路边。他腹部被炸破，胃和肠子流出来，胃肠中翻倒出的尽是细草和生玉米粒。指战员们急急地行进着，路过牺牲的同志身边时，都掉过脸去，不忍看这副惨相。我闪出队列，望望身后黑压压的森林和眼前的洛川盆地的黄土丘陵，热泪滚滚而下！这位我叫不起名字的指导员，是我们打出边区后牺牲的第一位同志，他将永远留在我和同志们的记忆里。

　　走了十几里又打一伏击，夺5支枪。翻了两架大沟就到洛川旧城，敌人钻进寨子，我们集中火力安了炸药，一下炸开寨子门，抓了一批俘虏，缴20多支枪，赶傍晚宿营。我们宿青山嵝科，回想1942年要去边区的人，路过此地还得化装成脚户，胆战心惊，今日大摇大摆，不禁有今昔之感。部队缴获不少皮鞋、衣服，这里较富足。

10月1日

　　年怕中秋月怕半，已是阳历10月了。我军从南泥湾一带取道九龙泉等地，攻占石铺等据点，听说向洛川东南前进。9时出发，经草地、仙姑河，到槐柏镇。此镇外有一小寨子上边有保公所，及30名保警队员，在草地收拾了一个乡公所。到槐柏有几个敌人很顽固，打一小时就把他们解决了，俘保警队30余人。

　　在草地一带，老百姓一路烧开水，作战时尚送来馍、米汤。基本群众都没有跑，路上老百姓割小豆像是要种麦，颇为安然，并不惊慌。我问其故，原来我前面部队工作基础好，当然军队纪律好也是一个重要原因。

　　夜宿槐柏南之陈家村。今日行50里。这几天打了伏击战，找到不少东西，不少人因许久饥饿，见了饭拼命吃，得了肠胃病，急性胃炎，不断呕吐，尤其是没经验的新战士，得病者不少。今晚铺上地主的被子，美美睡一觉。

10月5日　连阴雨　黄龙山

部队驻西落村（黄龙山，石辅中山乡第六保）已经是第3天了。雨也下了3天，真是"秋风秋雨愁煞人"！

可以听到九旅打石铺之爆炸声。我想，自自卫战争以来，"爆破"这个手段对我们该有多么大的帮助啊！但这种作战手段国民党军队没法子用，因为他们没有无产阶级战士那种勇气。

杨兆元说："军队过去在晋中住，常帮助老乡担水，打扫院子，挖河渠，关系非常融洽。一打起仗老百姓在后面送水送饭送鸡蛋，不要还要硬塞进挂包里，军队打仗情绪特别高。当军队去作战时老百姓在家里烧香祈祷说：'保佑我们孩儿们平安'。当打仗回来后老太太一个一个数着，看是否短少了。想起这情景宛如眼前。"

有一次军队到静乐时，有十七八岁的大姑娘没裤子穿，挺狼狈，有的战士觉得好笑，李恽和政委看着哭了。杨秀山说，李思想意识好，这件事给他印象极深。

李恽和政委是十三团的"一面大旗"，作战勇敢，工作细致负责，他时时都在思索问题。当他发现山东新战士不太安心，他告诉下边干部，黄龙山这个地方，有很多山东老乡，不要让新战士受影响，他注意得那么细微。他很锐敏，也有预见性，这是一个真正的布尔什维克。

二营教导员杨兆元：河北人，26岁，1938年参加党，不久即参加部队，家中系中农。1937年我军到他家乡时，那时他刚上高小，后来他想偷跑出去当兵。父亲不情愿，但还是跑出来了。他打瞎了一只眼睛。他真诚的性格和魁梧的仪表，使我产生了一种说不出的好感。他作战很勇猛，平日待人直爽而真诚。

军队干部的问题：现在战争激烈，新战士多素质差，因之干部伤亡很大，有的人就产生了畏缩情绪。像王某就是个典型的例子，现在连、排干部非常困难，冲锋陷阵，他们必须走在前面，牺牲的可能性很大。

昨天大伙又谈起十三团领导担架队的年纪最大的姚二虎，这个有趣的人物，又激起了我很大的兴趣。这是一个可笑而又十分可爱的人物。

战士的气节：在抗日战争时期有不少战士在战场上自杀，以免被俘，有两个战士当敌人快接近他们时用手榴弹自杀而未死。朱龙被日本人俘虏，日本人用刀在枯井边砍他，他顺势倒于井中。次日清明节，一个老太太的儿子曾在警备队，被杀于此，她来井边祭奠，听见井中有人呼救。她找了四个老乡，夜里从井中救出了朱龙，抬着出了城。抗日战争中可歌可泣的故事多极了，那时叛徒有，可是很稀少。自转入内战以后情况复杂了。

宁山，山西垣曲人，33岁。1941年被编到阎三十七师炮兵连当兵，家中有10多亩地，在文水被我解放过来。在边区连续作战吃不了苦，他问同班的敌一六七旅解放的王崇文说："中央军杀不杀头，一月多少饷，吃的是什么？"5月在安塞逃跑，刚走20里被敌四十七旅一团一连扣住当兵。人家不信任他，叫他每天搬石头，受不下苦又开小差，在甘泉被敌一六七旅二团一连扣住，曲寺郊又被我俘虏，两次都是六连俘虏的，在金盆湾塔宝峪全旅大会上枪毙。

昨天各营教导员开会，大家谈情况：我们部队有新战士、老战士，新解放战士、老解放战士，而解放战士是有来自敌七十八旅、一六三旅、一三五旅……同时地理上不同，家庭出身不同，思想性格不同，他们受国民党教育毒害，阶级观点不明确，所以发生投敌，丧失气节的情况。一遇打败仗不顺利时就出现问题，有的说：给你们打两仗叫我回家，而山东兵都是农民，刚来怕飞机、怕打仗，问题不少。开小差问题，告诉我们人的工作是多么复杂。你过延河，山西兵波动，你往南走，北方人就闹情绪……要求我们极端敏感，时时体会战士的思想，不能以干部自己的情绪想法衡量战士，那是主观的。比如到西安，干部情绪高，而山西战士却发慌。

李政委总结9月工作说：我们要万众一心，一个目标，一个方向。可是一个连一个营每个人都有自己的想法，有各种类型。你有你的目标，他有他的打算，比如打一个仗，各人就有各人的打算。我们没有了解各种情况，一切问题关键在此。所以产生这种原因：1. 水平低；2. 不想问题。比如昨天下雨，我们骑在马上，心想快到目的地吧！就没想我们这一连人，这一营人，此时在泥泞中跋涉，党性就表现在此，好的干部他此时想到部队，想的是战士。思想不适应部队，用自己所想代替你的部队，这就是唯心，主观。你过延河很高兴，而你的队伍中的山西人就发慌（指干谷峪过河）。现在部队变化很大，榆林攻击时可以给部队清楚讲明一切，而9月则是盲目的。因此干部不能掌握情况，情绪忽高忽低，不考虑问题，领导干部思想盲目不明确，左右摇摆情绪不正常，被环境支配，这是我们今天出毛病的主要原因。

现在很少同志自动问什么，这就是说你很少想问题。王玉川就问得多。在工作中不要等待，被动，要主动做好工作。平时想一想（指自己），问一问（上级），谈一谈（下边）。能否做到这一切，是和一个同志的党性品质有关。你不去传达这三条，连级干部一定有多数反对，少数同意，这就需要做工作。总之我们工作中缺乏预见性。

李恽和政委真是位优秀的政治工作者，他讲话生动，一些深刻的道理，经过他一讲，通俗易懂，大家很爱听。以上只是他讲话的一点内容。

10月6日　连阴雨　于石堡黄龙山中之西落村

二营教导员谈部队伤亡情况：自 1947 年 3 月中旬保卫边区以来——也就是半年以来，独四旅十三团，伤团级干部 1 人，伤营级干部 5 人。

一营：一连牺牲连长、指导员各 1 人。副指导员、副连长负伤。二连副连长、副指导员，一次战斗中全部牺牲。三连连长负重伤阵亡，指导员负伤。

二营：一连副负伤，六连政指连长均负伤，七连连长负伤 3 人，残废 2 人。

三营：十连连长负伤，副政指牺牲，副连长负伤。十一连，政指副连长均牺牲。二十连两个连长牺牲，另一个连长负伤，还有一个连长负伤两次。总之，十二连连着伤亡 4 个正副连长。

连级干部牺牲共 7 人，负伤 5 人。

三营今年 3 月过黄河到达陕北时，共二百四五十人，到现在为止——即半年后的情况如下：

	负伤	伤亡	现有
十连	67	82	16
十一连	72	74	17
十二连	45	46	14

作战半年，今年 3 月从黄河以东过来的战士，每个连队只剩下 15 人左右，而其中干部、伙夫、通信员等占多数，一般班长均系解放战士。现在三四个月前的解放战士即成为老战士了。

几个干部：

李江国：部队伙夫、通信员、勤务、战士……什么都干过，开小差到榆林被捉住，干苦工受不了，组织 4 个人又跑回来，后来又组织 4 个河北人准备逃跑。发现后谈了一夜话，他哭了，向战士干部承认错误。此人有能力，后来进步很快。

每个新战士，都经历了由恐惧到无畏的过程。有一个河南战士刚打仗，吓得口吐白沫昏了过去，后来变成了战斗英雄。他是农民，刚从农村出来时，看见血、死人，看见战友突然死了，他很恐惧，但后来习惯了。

杜益兰：开始胆小，后来每次看见人家动作，留意学习，他发现越胆小越容易牺牲（打土基即一例，跑在炮头前的没打死，后边的却打死了），因为前头的利用地形，而后边的趴在那里不敢动，地形不好被打着，越勇敢倒不一定牺牲。杜出身行伍，贫农，后成为有名的战斗英雄。在沙塞寺打仗时，他见牺牲、负伤 17 人，接到撤退令后，哭着不下来，回来情绪不高。后来开会大家表示要为牺牲者复仇，情绪才调整过来。

王殿法：拉洋车出身（先在太原后在北平），32岁，从战士一直到副连长，汾阳牺牲。他到部队在杨兆元帮助下每天写日记，一直到会写快板、小文章。上进心很强，一心一意，什么也不想只想上进，作战是个非常好的干部，吴仙之亦如此。

10月9日　韩城

部队以急行军速度，从澄城之咸河村出发途经孟村、乌泥河，行80里抵达韩城之龙亭镇。为了奔袭韩城，又急行军60里，听说今天可能行军130里。途中快走到龙亭时，遇敌两排人，三五九旅七团一下就把他们解决了，可见敌战斗力差劲。陈谢大军快打到陕南商州，胡宗南调五旅之众去堵截。陕北清涧我军主力包围敌七十六师及一旅部。而在南线，我二、四纵队插入敌后，夜奔袭韩城，同时还要攻与山西交界的禹门口。

今晚，我跟十三团十一连行军。这连连长告诉我，他这连牺牲了4个连长，但同志们还是一个接着一个努力工作。由此可见干部们是多么英勇。至于有人说"革命有前途个人无前途"的悲观论调那也是残酷斗争中的一种思想反映。

部队昨天夜2时到韩城，驻涧南村。行140里，夜里进入战斗，接着就打。从前天夜2时出发到今天夜2时宿营，整24小时行军。连夜出发，涉水而过，冻彻入骨。战士们躺在河边互相挤靠，一个抱住一个的头挤起来以御寒，不禁使我想起朱总司令写的诗："战士怯衣单，夜夜杀蒋贼。"

10月11日

纵队首长指示，晚八时各部队再次发起攻击，谁攻不下来就追究谁的责任。各种准备就绪，忽然接到命令准备夜3时出发，到芝川镇，要打邻县增援来的敌兵两个团。可是夜2时抓到一俘虏，说守韩城之敌从东南面突围逃走。王团长立即跑步前去带领部队爆炸城门，当我和李政委带二营出了涧南村时，只听得震天巨响，距爆破点3里路之遥的我们，均被震得跳起来。于是指战员们跑步前进，过了南桥，只见南关为砖石瓦砾所堵塞，民房有的被炮弹击倒，有的在熊熊的火光中燃烧。到城门口，两道城门被炸掉，城门道为麻包砖块所堵塞，燃烧的城门的火光照耀着人影。冲进城，只见黑黑的街上除士兵跑步声外，一切均死寂无声，显得阴森恐怖，满城充斥着窒息人的火药味。十三团政治处唐主任，带领我们到了西街敌人银行，我们每个屋子搜查着，四处抛着敌人的东西，除查到1000万关金票外别无所有。等到天明，我带着通信员到处跑，先到老邻居相臣家，一家人既高兴，又惊异不已。然后又到南营巷去看望年老的姥姥，她全家人更是吃惊得话也说不出来。我在吴家巷看见群才等童年的朋友，小时候的好友，有的抽大烟堕落了，昌娃去经商了，群才已是两个孩子的爸爸，在家务农。我呢，走上另外一条路。再看看姥姥的苍白头发，凄然的情绪袭上心头。别了10年的家乡，家人四离五散，今日归来，深感时光疾逝的可怕。可是我不像往常，并没有感到多大悲痛，因为我看到在西关攻城的战士，有的头破血流，有的半截身子被炸掉。城北关的老百姓坐在被烧掉的房子前痛哭，真是哀声动地，惨不忍睹。此时有什么个人伤感可言！十三团二营五连指导员郭英奎，前天行军途中，他还热情地和我谈时局论工作，昨天他就被炮弹夺去了生命！十二连的一个连长和六连连长，也在这次战斗中牺牲，我有什么个人的悲哀，有什么个人的伤痛可言？

我看到十三团李政委如何在炮弹爆炸的火光中冷静如常地指挥，如何在城攻击受挫时信心倍增，又如何在城攻下后的胜利时刻，还在深谋远虑，对我都是教育和鼓舞。特别是当受挫后，他精神更旺盛地去看地形和教育干部等等，使我感动极了！

10 月 13 日

早饭后回到老家苏村，进了我出生的东巷，我家已一无所有了，但是可以看望老邻家。我先到长安叔家，他已死了，他哥头发花白，我进去他们谁也认不得。我问了问周围的邻家，统统都老（死）了。我的大姐和嫂子来后也认不得，见了面只是痛哭，我十分难过！ 10 年过去了，我周围还是这么多的穷苦人。我为自己、为兄嫂、为邻居、为韩城的父老兄弟、为不幸的家而感到悲哀，我忍不住眼泪直淌，哭得很伤心！姐姐哭得更厉害了。想起我一家人的遭遇，我想起姐妹不幸的童年和之后的穷困生活，我真是伤心极了。

邻里们有的问我当什么官，有的劝我不要因为家贫而伤心，我们是不同时代的人，想法相距自然很远。至晚快快而归，一切回忆都使我哀伤。

10 月 14 日　　于韩城涧南村　　晴

整日敌机侦察，偶尔也扫射几梭子，老百姓因受日本轰炸的痛苦经历以及近日坏人造谣，议论纷纷，颇为惊恐。

上午三哥来，抱头痛哭。他哭自己贫病交加的不幸的命运。岂止他呢，人民群众都在受煎熬。谈了一阵儿，他返回我村，说下午还要来。此时关于童年贫苦的回忆，感到时光易逝以及人生无常等等情绪，均为敌人的残暴和人民群众受苦受难种种情况所压倒。我要努力为党为人民多做一点工作，这样才能问心无愧。

上午到了城内，我从西城墙上去，绕城墙走了一圈，只见子弹把许多房子都打成洞洞，遍地皆是弹坑。我们的战士，在这样稠密炮火下坚持打击敌人，其勇敢令人激动。接着又到北关调查灾情，老百姓哭声动地，一条街没有一间好房子。敌人在农历廿日，即 10 月 10 日从城内逃出时，有几十个人用汽油把老百姓房子点着，老百姓跪下哭求，敌人用手榴弹打。梁坡下面一个窑洞钻了几十个老乡，他们把手榴弹扔进去，炸死 5 人，伤 3 人。河南难民徐某一家 6 口均负伤，仅一个嗷嗷待哺的 3 岁孩子也被打伤。我去慰问后，给他们请了个医生。草市巷强开洲妻刚生产 3 天，敌人把房子放火烧，强妻冒火冲出，刚生下 3 天的孩子被烧死。很多老百姓在街头哭着，繁华的街道成了一片瓦砾。我再不忍看了，到卫生所给居民请医生，那里有 3 个刚俘虏来的医生。其中一个很会拍马，他说："咱们是同志，大家都为老百姓，我以前就研究过共产主义，我早知道共产党要胜利。"然后他伸出大拇指说："我们这一位队长了不起，内科外科都行，了不起，了不起！"这种奉迎拍马令人生厌。

下午三哥又来看我，李主任看他是贫苦家农民，送他一头牲口。

10 月 16 日　韩城县

昨日下午从韩城出发，西行 30 里，宿营策村。今晨 6 时又行军。途经薛峰、牛心桥、乱马科，行军 100 里到了柳沟。这里进入黑山翻大岭，看这座大山我有无限感慨，爸爸曾经在这里当过兵，有一年过年时，他从这里提了几斤野猪肉回去，那时我们处于冻饿交加中，一家人看见这几斤肉有多么高兴噢。为时几何，如今他早已离开世界，一切往事均成为辛酸的遥远的记忆！

晚到柳沟，有 200 余伤员亦到此。这里住团直一个营，平均 200 人一个小房，只有七八间房屋，部队露营。我真幸运，在房子里找到一块可以坐下去的地方。一坐下便把头放在膝盖上呼呼睡去。

干部们真艰苦，像这样百余里的长途行军之后，他们还要查夜放哨。

10 月 17 日

今天离开了韩城地界，心里无限惆怅、凄楚、苦闷。回想起家乡、祖坟、兄嫂亲友感到悲痛伤凄。仅仅 10 年，老一辈都死了，襁褓中的小孩长成大人，亲友兄嫂为饥饿煎熬，见了我就痛哭失声，当年继父曾目送我外出的地方被炮弹焚烧，他的尸骨已朽了。

几个儿时一块长大的亲密的小朋友，一个卖了壮丁，一个为贫苦所逼作了小贩，一个堕落了，我呢，走了另一条路。这一切难道不是一幅中国社会的苦难的缩影吗？别了亲爱的乡土啊，何年何月再见呢？茫茫不可知。我望着别了的故乡，挥洒热泪！

晨7时出发，我走前头把路走错了又返回去，等着部队后，始复至孙家沟口。遇见杜继威。1938年参加革命后，他和我一块儿学习。如今他领着游击队在这一带坚持斗争。现在最宝贵的礼物是枪杆子，因而我给他搞了两支枪。他说，此地群众情绪很高，对我军极为欢迎。

下午4时至圪台镇，行程40里。

10月18日　宜川县

从圪台行60里到了离宜川县城20里之高渠村。抓住4个俘虏，据说城中有敌人两团，今夜当可打起来。

路上和战士谈天，他们谈着未来说全国解放后，我们有自己的飞机铁路了，谈得颇为热烈，他们还谈各自的理想。人多么愿意活着，活着看见新中国。

10月21日　晴　于宜川城外

下午2时，忽然来电话，"已打进宜川城"，简直令人难以置信。我听到这个消息后，立刻跑步前进，果然我军上午攻下七郎山，接着就登城，敌人溃逃，迅速占领全城。我所在的第十团抓630人，兄弟部队九旅及一旅各俘敌1000余人。我通过七郎山，到处都是尸体和种种杂物，看到四旅参谋长马森同志，他正率领干部和后勤人员打扫战场。接着，我便跟随他从城墙上爬上去，首先看见缴获的4门野炮，遍地抛着敌人物资被服，当我赶进城战斗已结束。我急忙在城内跑一圈，看到苦战后的战士们，有的到处搜索敌人，有的押送俘虏。听说三营教导员傅青平和十连连长王中正踏地雷被炸得粉身碎骨。记得前天行军途中，我还同傅青平谈话和开玩笑；连长王中正，李主任多次和他谈话纠正其畏缩思想，昨日的事还历历在目，可是如今已成为伤心的回忆。下午，我和打扫战场的干部及战士们，奉命出城宿营。一出城看到十团团长正在带领战士们清点堆积如山的枪支弹药。他因日夜苦战说话声音沙哑，不停地用皮带打着身上的泥土，看来情绪挺高。

10月24日

大家都在忙碌地背子弹，到秋林镇后立即又返回去背运。四旅旅长顿星云同志背四颗六〇炮弹。有些人昨晚五时到,今天早晨又返回去,深夜才回来。每个士兵背一箱,这样,每一个人的负担将在七八十斤。背着这么重的东西,一边走路一边睡觉,好像大脑失去作用,两条腿机械地自己支配自己。可是傍晚来电:敌人已到平陆,可能今日也赶到秋林镇,以强大的兵力压倒我军,故立即出发,渡黄河。我也背了四颗炮弹,压得要命。晚上出发走到次日天明,吃了早饭睡了一会。敌飞机很猖狂,俯冲扫射,据说想炸坏桥,截断我军去山西的退路,形势异常紧张。顿旅长命令马上过河。我在下午3时先动身,向黄河边急行,据说后面疯狂追击我军的敌人已至秋林。我独自一人下了绝壁陡坡,走到河边,身后的我军掩护部队边打边退,喊声震天动地,枪炮声震耳欲聋。我很担心掩护部队撤不下来。这里有铁索桥,人立其上摇晃不已。据说,这座铁索桥是抗日战争期间,因为害怕日本人而从山西逃到宜川县秋林镇的阎锡山修的。其位置在山西吉县和陕西宜川县之间的黄河渡口——小船窝。

10月25日　于黄河东岸

我从高山观看天险黄河,"陡峭山峰云雾间,仰面伸手摸青天,俯视黄河一条线,船夫告我六月寒。"

过了铁索桥,天色已晚,刚过完桥,敌人已赶到,和掩护部队发生了激战。我们趁黑摸上了山,忽然大雨骤降,路滑得站不住脚,淋得像水鸡,每人还扛一箱子弹,两天两夜真够苦的。讨厌的天气还和人作难,勉强摸上山。这里有几面破窑,我挤进去,占了一尺左右的地方坐到天明。雨还继续下,我们转移了二三里路,换了一个宿营地。

10月27日　晴　吉县师家村

"我们在陕北作战,为什么突然又过黄河到了山西省?"我问四旅政治委员杨秀山同志。他告诉我说:从今年3月部队过黄河作战,已经7个半月,每个连队只剩下十来个人,在陕北一下子要补充数千人根本不可能,只好到山西来补充;另外,部队太疲劳,要休整,但是陕北无法休整又没有粮食吃,因此西北野战军"前委"指示,让二纵队到山西休整和补充。

到山西已住两天,十团李政委因三营损失两个连,成天闷闷不乐,不仅李政委,人人均为此事而感到痛苦。我们有两个连被敌人打垮了,这简直不能忍受,不可思议。可是突然,三营有5个战士回来了。他们说4门野炮是打韩城时缴获的,打宜川战斗中4门野炮立了功。纵队首长对他们说:"野炮可不能丢呀!"于是他们边打边撤退。直到敌人成千上万地摸上来时,他们把野炮炸坏,推到沟里。可是敌人已经把他们包围了。他们有 5 个人被敌人抓住，但是正好是个夜晚，他们冒充是敌人某某部，然后悄悄从敌群中溜出来。当他们爬过黄河上的铁索桥时，又听说指导员带 10 余人也回来了，这样算来只有两三个人没下落。大家抱起他们，跳着喊着高兴得像什么似的。

李政委情绪突然大变。他说，我们的部队就是这样，哪怕只有一个人，只要活着，他一定会回来的。在抗日战争中，当情况紧急时，告诉大家分散去行动。然后指定集合地点，到时候，全都回来，大家抱成一团，又出生入死地战斗了。

10 月 29 日　吉县

今天写了一篇七郎山战斗，给旅里办的报纸发表。

11 月 1 日　吉县

这几天没干什么，我不写东西就苦闷，浪费了光阴，心神难安。

11 月 13 日　于万泉

昨天半夜来电，要我二纵队立即出动，参加新的战斗。因为，我山西太岳八纵队等正围攻晋西南名镇运城。胡宗南慌了，连忙出动了两个师，一路从陕州过黄河，一路从风陵渡过黄河。两个箭头直指运城。情况紧急，我二纵队 3 时出发去配合兄弟部队作战。途中，获悉收复石家庄。

夜 5 时出发，行 90 里经过稷山县境，宿万泉县杨李庄。

看见大喜子兄弟贵才，是个极可爱的小战士，作战勇敢。他当卫生员，在战场救护伤员，没有伤员就拿枪打敌人，已经抓了几个俘虏。他们兄弟俩使我想起有一家 3 口均在部队，父亲当驭手，儿子一个当战士，一个当通信员。这一家 3 口参加革命时小儿子才 10 岁，先当勤务兵，渐渐长大，后来当了战斗英雄，父亲还在庆功会上讲话，多么有意思。

李政委是位优秀的知识分子干部。听说十二团团长张献奎、十四团政委齐承德，一为知识分子出身，一为工农出身的长征干部，都是非常优秀的人物。

11 月 14 日　于晋西南猗氏县

从李村出发行 80 里，到了猗氏之姚村。

行军中读巴金译巴基的小说《秋天里的春天》，文章是这样好，真是令人百读不厌。

部队刚住下来,李政委就到各营去做调查。他回来之后立即又给各营打电话:"他们连队脚打泡的战士多不多?"答:"不知道。"他高声说:"你们就不注意这些事。同志,还有比这更重要的工作吗?"又说:"战士们脚上打泡有很多原因,第一,十连战士昨天用温水洗脚,水温太低,没烫好脚;第二,有些人鞋子里的土没倒净;第三,有些人鞋子烂了,要各排排长尽量设法调剂鞋子。最重要的是,一宿营,就发动干部首先动手给战士们烧热水,督促战士们洗脚,他不洗,你就动手给他洗!"

"另外,今天开始行动时我们是朝西南走,可是忽然又朝东面插过去。这一转,在战士心中会有什么想法呢?同志,你不要拿自己的想法衡量战士,那是主观的。要知道,一朝东走,陕北新战士心里就发慌。有的说要过黄河了。你听到了吗?注意了吗?"

"我刚才出去看见一个蒲州战士行动不对,我问他为什么看地形,他胡支吾,你们要注意。总之,行军中每走一步你们都要在心里琢磨:战士们在想什么。另外,石家庄解放了,消灭很多敌人,这些胜利消息,你们要好好给战士讲。"

11 月 15 日　于晋西南安邑县

从猗氏之姚庄出发转折向东,直奔安邑县境插去,行 90 里到安邑东南之东郭镇(离安邑县 20 里)。听说我兄弟部队二十四旅消灭敌两个营,把残敌压到柳沟一带。今天真走累了。越过同蒲路,在晋南三角洲这广漠的平原上疾行,不禁使我惊叹大好河山的丰饶和秀丽。昨晚一时动身,到宿营地时已是傍晚八时,饭罢和衣而睡,累极了,听说还要走 40 里。

11 月 16 日　于中条山

昨晚一时出发,经过安邑县,插到运城北郊。敌人据守的运城,是晋西南最大的城市。此刻,能看到和听到的只是像繁星似的一片灯火和偶尔传来的炮声及机枪声。我军静静地从城北穿过去,转而登上了高耸入云的中条山。好大的一座山啊,"之"字形的石路,就像是从万丈绝壁上开凿出来的,约有十几里。一步一滴汗,走起来多么艰难啊!我一面走,一面背诵曹孟德的《苦寒行》:"北上太行山,艰哉何巍巍!羊肠坂诘屈,车轮为之摧。树木何萧瑟,北风声正悲!熊罴对我蹲,虎豹夹路啼。溪谷少人民,雪落何霏霏!延颈长叹息,远行多所怀。……"上到山巅时,天已大明,回头俯视脚下的运城,原来是一方形的小镇,在它身旁还有一片白茫茫的盐池。中条山下的广阔而富饶的晋西南三角洲,尽收眼底。中条山的山顶上,群峰壁立,到处可以看见破旧的战壕,当年——抗日战争的艰苦岁月——1941 年初,日本侵略军就已经把其兵力百分之五十以上集中到敌后解放区战场上，对解放区实行大规模的"扫荡"，并在"扫荡"中实行残酷的"三光"政策，这正有利于蒋介石消极抗日、积极反共的阴谋。蒋介石在陕西和黄河南北的军队，名为抗日，实为反共。留在敌后的国民党军，大部分投降了敌人，成了伪军。1941 年 5 月，日军为迫使蒋介石投降，以 5 万余人的兵力向山西南部黄河北岸的中条山地区进攻。集中在该地区的国民党军合计 25 万人，结果一经日军进攻，全线溃退，三周之内丧失了 5 万余人，其余的部队也渡河逃跑！这就是震惊一时的中条山之战。多少人做了腐败无能政府的牺牲品，多少慈母至今尚在依门翘望早已离开人世的儿子。

太阳出来之后，我军进至柏树岭村。在这里我军把敌二十八旅赶至柳沟地区，但敌人夺去了前面最高山堡"大郎山"，情况对我不利。下午传下命令：要部队向东南发展，截击朝运城方向增援之敌。

11 月 17 日　于中条山之大风

据老乡说，今天是农历十月初五，今年有闰月，否则现在便是农历十一月深冬了。今天刮大风，好像要变天，冷得要死！

据说，我兄弟部队三旅把敌人一个旅全部打垮，敌伤亡 1000 多人，敌残部渡过黄河向南逃去。三十六师（军）军长钟松这个我军手下败将，带领二十八旅虽然进了运城，但是恐慌万分。兄弟部队三旅如此英勇，前后几天工夫便解决了敌人一个旅。

今天大家闲谈中说，陕甘宁人烟稀少，经济落后，在那里作战，经常饿肚子。自从过了汾河，到了晋西南以来，令人感到一股新鲜的蓬勃的气氛，翻身农民到处写着标语，热情地接待我军。比如今天吧，我们说需要担架，到县政府交涉，一下子就给了 40 副。担架队里有队长、伙夫，有通信员，组织得很完善。据说，他们随陈赓大军南征立了功，便给家里来喜报。喜报一来，全村轰动。由此可知这里工作做得好。

李政委非常关心战士。他看见天气冷，一再指示下边给战士们搞麦草。他说："干部要亲自检查战士们睡觉时是否有麦草铺？被子是否盖好了？"另外叫来六连一排长张生相和五连新指导员问了他们如何管理战士，新战士有什么反映。他从调查中发现，我们的干部多系山西人，他们说话口音，四川战士不懂，以及有的新战士不懂战争术语等。他在谈战士情绪时说：最近山东战士有的不安心，陕北战士不懂作战，连级干部有的人有恐惧情绪……他对部队情况极为了解，我很佩服。

刚才下来通知：夜 3 时部队出发，准备作战。因敌三十六师师长钟松带两旅解了运城之围后，可能明天离开运城，通过中条山，返平陆县，然后从平陆渡过黄河，抵达陇海铁路线。

11 月 18 日　于中条山冯庄　寒冷异常结冰

昨天气候骤变，北风怒号，寒冷异常！敌军部分南撤，我配合八纵咬住敌人不放。队伍于夜 3 时出发，黑得伸手不见五指。有四五个人掉在沟下摔死了，其中有一民夫。

我暂时没走，准备天明再走。敌第一旅被我三旅击毙一名团长，毙伤千余人。钟松带两个旅进了运城，我军准备在敌人返回平陆时伏击敌人，不过可能性不大，因敌人知道我有数旅之众在中条山等着他。

中午，我冒着大雪和一位战士去马庄。途中，我俩站在山头遥望敌人在黄河上来回渡船（山西平陆和河南陕县之间的茅津渡）。到马庄约 1 时许，队伍即出击。我站在后面山头上，能看见敌人在向沟里行进，敌三十六师师长钟松这个死心塌地为蒋介石和胡宗南卖命的家伙，竟然中计。3 时左右，我军的大炮机枪一齐轰鸣，呐喊声摇天动地。前有滔滔黄河水，左右和后边，又受我三面包围，陕北沙家店战役中"仅以身免"的钟松，这一回恐怕难以逃脱了。

这儿担架队真好，他们每次完成任务回来还要举行盛大的庆功会，有吹鼓手，献花敬酒，非常热闹。谁立了功，喜报便传遍各村，而且对他家中一切事务，乡亲们也料理得很周到。

11 月 19 日　中条山　寒冷异常

敌人据守在山头上，昨晚我军攻打了一夜，没有攻上去。十团十二连指导员张顺孝和连长李红国等同志都牺牲了。据说有百余人伤亡。夜里那么冷，一路上到处都是散兵、伤员。临时绷带所里，医务人员忙得要命，呻吟声和呐喊声不绝于耳，血流得一摊又一摊，血腥味直冲鼻子。我痛苦而伤心地对自己说：这偏僻荒山上的每一块土地和每一块石头上，都渗透着战士们殷红的鲜血！

早饭后，我们奉命向后转移，刚上山，敌人发现目标扔了几十山炮弹，炮弹呼啸着在我的前后左右爆炸，像天崩地裂一般。我一会儿趴下，一会儿飞跑，最后拼命跑才跑到后村。离开后，又一口气跑了 30 多米，炮弹又炸开了，有的同志负伤。我看到被子弹或者弹片打中的同志，转眼之间脸色由通红变成苍白，由苍白变成蜡黄！

夜里睡在破窑洞之中的麦草中，冷得要命，睡不着，半夜又起来到老乡家里烤火。

11 月 25 日　闻喜县下岭后村

前天在夏县看到李政委在训李孝顺，李是山东战士，自动参军，到部队后怕死，怕吃苦，企图开小差被发现。李政委训斥说："你知道什么叫革命？革命就是流血流汗艰苦奋斗。你是个投机分子！"他误听为"投敌分子"，他哭着说："李政委，我可戴不起这帽子，我不投敌。"惹得人们哄然大笑。

这里的农民，正在进行轰轰烈烈的"土改"运动。我为了解"土改"情况，索性就住在农会里。农会可真神气啦，门口写着"人民的时代人民的天""农会高于一切""一切权力归农会"。进了院子——这全是老财的院子——一个窑洞写的"密会室"，一个门口写的是"群众会室"，另一个门口写着"群众诉冤诉苦处"。农民整天挤在农会，吃饭也把饭碗端来，议论着，谈笑着，看起来非常热闹。这个农会办公的地方，地主富农不能随便进来，要进来先喊"报告"，答应了才能进。

11 月 30 日

昨晚回十团一营营部。什么也写不成，心里甚为焦急。在这翻天覆地的斗争中，我为人民做了些什么，多么焦急和不安。

准备写《太岳担架队》《一封信》。

12 月 5 日　闻喜下岭后村

今日到第一营一、二连，写《一封信》即睡，工作效率太低。

这段时间部队进行整军运动。开始诉苦运动，第二阶段展开"三查"即"查阶段、查思想、查作风"，在此基础上开展军事训练。为今后在思想和军事上打下基础。

12 月 8 日　闻喜县神松村

到十团二营六连颇有收获。下午演戏，一为"赵保山之末路"，一为什么记不清，很好，我亦流泪。可惜还欠完善。也可能是自己眼高手低，要求过高吧。

在六连住三天，写好小册子，我的信心又增强了。

12月15日

今日十团召开庆功会，非常热闹，男女老少来了300余人，敬酒时老乡们又给英雄们送了自做的袜子、烟袋……甚为热闹。

12月17日

夜3时部队出发，去攻打晋西南头等重要的城市——运城。部队行30里到杨家庄，九旅、四旅、六旅在这里集结。王震司令员讲话，并奖给独四旅十三团"进攻宜川第一功"锦旗一面。10时部队继续前进（据说一整天，急行120里才能到达运城城郊），行70里到杨村吃晚饭，夜里继续急行军。从16日晚3时出发直走到今晚2时，整24小时，除了纵队首长讲话，吃了一顿饭，行程130里。一路上下着雪，北风呼啸，行进在这严寒的午夜中，冻得满身僵直。一路走着，都处在睡眠状态，双腿机械地运动，不时碰着前面的人，一坐在地上，便在融化的雪水中熟睡了。这叫"可怕的疲乏"。直至夜3时，到达运城城郊五里之姚家庄。

12月19日　运城城郊

我利用时间写了《三查中》《贫雇农战士》，不过我觉得满意的还是《贵才》一文，在写英雄中自己认为这篇还是不错的。贵才是位14岁就到部队来的小战士。他是卫生员，每次激烈争战中，他小小的身影，总坚持在战地。多么可爱的小鬼，他的详细材料另记。

12月20日　运城城下

晚上主任召集谈话，运城敌人非常恐慌，明天将干部分到各团去。

早饭后到十二团阵地的最前沿，这里连敌人说话声都能听见。我趴在那里看，眼前的碉堡是十二号一西关最大的碉堡。战士们在战壕中躺着谈笑。他们戴着白净手套，喝油茶，吃油条，生活很好。心里甚为兴奋，这是被战士们高昂的情绪感染的。

今天拿来十三团"血手印"，这是战士们为攻下运城咬破手指写的血书；不少同志下了死的决心，有的要求入党，有的把自己的钱交给组织，有的甚至还写了遗书。

十二团攻十二号碉堡未攻下。

12 月 25 日　运城城下

早晨 7 时半，榴弹炮照城里水塔射击 3 发，总攻击开始了。山野炮、迫击炮、轻重机枪、战防炮等，一齐开叫，打得尘灰遮天，旅指挥所震得灰土直落。城墙上面一层均被摧毁，敌人火力均被压住。我午饭时分去时杨政委刚起来，他已经两天没吃饭，显得困倦无力。当火力开叫时旅长死死盯住城墙，脸铁青，可以看出极度的紧张。杨政委和他紧紧地靠住，旅长担心飞弹伤人，拉了杨政委一把说："我的老爷，你靠近这一边！"两人紧紧靠住，当有一炮打偏时，旅长、政委不约而同地直跺脚说："该死的王八蛋！"参谋长来回指挥炮火，汗水披脸而下。一会张参谋长弯着腰进来问："怎么样？"旅长说："朝炮楼北边打！"张飞奔出去。这是多么紧张的场面，一直打到 8 点半，队伍还没攻上去。虚传二十三旅上去了，后来证实无此事。

我和赵跑到离城百米左右的地方，看得很清楚，城墙已是残缺不全。听说伍科长牺牲，我心里并没很大震动。是的，死我似乎已看惯了。十三团没攻上去，敌人在临死前拼命挣扎。

勇敢必须与技术结合起来，这一点真是好大的教训，没有严密准备就要付出多大的代价。十三团挖了那么几条简单的交通壕，这就是轻敌，以致伤员运不下来，饭送不上去，同样炸药等都准备得不好，于是停止攻击。

下午 6 时又发动攻击，部队接近城墙，听说九旅有几个人上去了，二十六旅亦是如此，被敌反冲下来。看样子搭梯子是不行了，必须爆炸解决，可是炸药没准备好，吴副团长负伤，八团占了 14 个梯子，以致大家没上成。不管怎样敌人是受到严重打击的，怕得要死。

晚，曾主任告诉我，敌人在话机里乱喊乱叫"万分危险，万分危险，派飞机增援"，可是对方回答："天气不允许。"由此可见敌人之恐慌。今日攻城无望。

我躺在工事中半夜冻醒来。听说明天再攻。

12 月 26 日　运城城下

昨晚下雪，天明遍地白雪茫茫。

战壕中的战士：昨天进攻最激烈的时候，我到十二团三营九连战士工事中，有个战士叫许光华，河南人，他开玩笑似的告诉我："只要我这砂锅不打，我可以分到二亩地。"他说他原叫许福东，可是没福气，家贫地卖完了，父母早饿死，姐姐也死了，他被三次拉兵。我和他谈话时想，我们的战士们在想什么呢？

攻击运城战役记事：

17号夜十二团开始接近，其任务为肃清外围，十三团在后方练习攻城，掀起了热烈的比赛，给王司令员给各级首长写信，要求担任最艰苦的任务。一连几乎全体咬破手指向人民宣誓，要求加入党，要求转党。像梁德合要求带病杀敌。孙关庸（三查时受批评）要求戴罪立功。十三团六连给纵队司令员写信，信这样写道：

> 司令员：在你正确领导下，我们打下蟠龙攻下七郎山，消灭三十六师，打了很多胜仗。在这次运城战役中，我们亦不甘落后，恳求司令员给我们突击队攻城的任务。为完成这一任务，我们自愿制订计划：一、轻伤不下火线，重伤战斗紧张时亦不下火线，只有前进没有后退。二、如不听命令，畏缩不前逃避战斗，不去完成战斗任务，愿执行战场纪律。敬祝胜利万岁！
>
> 六连全体指战员

司令员的亲笔回信：

> 卜连长、马副连长、高指导员、一二三排长及全体亲爱的勇敢的同志们：
>
> 我接到你们要求担任架云梯登城的任务，兴奋极了，我衷心学习你们，尊敬你们　　的战斗精神。
>
> 架云梯首抢西城，是一切战斗动作中最富艺术性的动作，要求有最大的勇敢性，最高的顽强性，最富有经验，有特别的训练的，而且具有过光荣战功的部队来担任。你们就是具备了这些条件的连队。我即告顿旅长、杨政委转告你们团营首长，考虑给你们这个光荣的任务。安阳部队，太岳支队，独三旅各部分，担任打外围强固据点的任务都完成了，对打下运城全都充满信心。此祝同志们胜利，西城立功。
>
> （签名）
>
> 12 月 24 日

十二团这几天作战中，模范炊事班长张狗扒给战士保证吃热饭，把饭用被子麦草盖住。十三团的模范工作者范绍通用洋铁锅热菜。卫生部一切工作人员都动员起来。

有位小英雄五次完成任务（通信员）。九团与十二团展开竞赛，使两大碉堡坐了飞机，激起十四团向十三团挑战。

十四团：24日晚攻击十二号碉堡，八连3次连续爆炸，因位置不对炸药少，没炸开。21日下午全连开会，领导上又读了大家的决心书，然后纷纷发言，六班长王中武说："今晚一定要完成任务，我要是牺牲了，身上还有1500元作为我的党费，要是补人完成任务，就把钱奖给他……"接着就有 12 人报名执行爆炸任务。

二连大会开得也很好，连长说：我要好好指挥大家，亲自侦察好地形，一定带第一梯队攻西城，我如有怕死的表现，每个战士都有权枪毙我。大家争先发言，一个四川战士说：我们四川人要为人民立功。当说到第一梯队，马上四川人举手，河南战士也抢着说，我们也不落后。17 岁的子弟兵也说，咱们陕北家要争气，15 个子弟兵早举起了手。每个人都充满了胜利的信心。

下午 3 时又攻击，但因炮弹及各方面准备工作未作好，延至明日再攻。

敌人恐慌，运城之敌再次向西安求援说："雷文清负伤，城内人员伤亡过半。"上午飞机冒着恶劣的天气前来轰炸，被我军击中。城内守敌已无手榴弹，用炸药往下丢，残敌不难消灭。

卜根海等同志牺牲：昨晚宣传科伍越曾科长牺牲。十三团参谋长负伤，十四团副团长牺牲，内心沉痛。下午赶赴十三团一问卜根海、张生桐、方东等很多人牺牲，牛书保、景云汉等人负伤，战士伤亡 150 余人。我再也不忍向下问了，内心疼痛难忍。为时几何，这些人都倒下了，前天我还和他们喜笑言谈，可是今天就已离开了人世。英雄的同志，人民的好儿子，他们为了中国人民而牺牲了。留下我们这些活着的人，岂能稍有懈怠。当我回来看了《一个苏联女英雄——丹娘》时，我是这样沉痛，为了人类光明的未来，多少人付出了自己的鲜血、生命。也许我感情不健康，我觉得悲痛难忍，心情像笼罩了一层阴影。我又拿出一连战士们的一封信读起来：

营团党委首长：

前次我们要求西城第一功，昨天就实行突击，未能完成任务，我们心与愿违，我们心里惭愧，现在开会决心一致：一、要为昨天我们连上阵亡与受伤同志报仇。二、晋南人民对我们极好，要彻底为人民服务，使穷人翻身以了斯愿。三、咱们自来战斗坚强，故坚决要打开运城，以树立前之名誉。以上三点请求上级还是给我们西城第一任务，坚决一致完成，就是剩一个人亦不后退。

连部代表乔德保

一班代表朱六桂

第一连二班代表马占胜

三班代表崔出林

26 日

均打一血手印，以表示坚决。

读完眼泪模糊了我的眼睛。

12月28日　半晴雾　运城

天明进城，昨晚2时敌人基本垮台了。西门外一片瓦砾，破坏的铁丝网，破碉堡，遍野的血肉死尸，不忍目睹。有的是被烧死的，西城上有四五个同志冲上去被打死了。同志们这样英勇，谁看了不为之震惊，不为之感动呢。战争是残酷的，人民的事业是艰巨的，新中国是用无数的烈士的鲜血换来的。看着那些被燃烧弹烧焦的战士的遗体，够多么痛苦，他们有的人昨天还和我开玩笑。城里炮火毁了不少房子，老百姓胆怯地站在那里张望。自来水管打坏了，水到处流，满街都是打断的电线。战士们坐在缴获的汽车中大笑着，是的，我们胜利了，敌人万余人全军覆没，但我还是沉重地惜悼着那些牺牲了的优秀的人民的儿子。

昨晚寒彬回来，知道母亲在临石之侯家圪台，身体还好，无比兴奋。

12月29日　晴　运城

到运城采访，从17日到27日，日夜攻打运城整10天。城攻下后，我去城北一带，这儿是争战最激烈的地方，城墙均被炸垮，城楼翻倒，百余具被燃烧弹所烧的尸体，横七竖八，有的面目狰狞，有的手深深挖着焦土，似乎还在做最后的挣扎，有的像烧焦的柴一般堆起来。这里一只胳膊，那里一只脚，这里一个没有头，那里一个没有腿，一堆堆的脑浆，一摊摊的血。死尸恶臭和血腥气味，让人直想呕吐。啊！一片多么恐怖的景象。从城上走了一圈就看见了200多具尸体。敌人的工事是坚固的，上下有枪眼，每个枪眼前都有隐蔽部，但为我炮火摧毁。西北城墙有些成为锯齿形，有些摧为平地。我看见这些尸体，这些战争惨相，我只觉得恶臭和恐怖，但却没有丝毫的悲悯和感叹，这是我进步了。我亲眼看到了敌人顽固残忍，经历了战争的一切恐怖，更体验了战士们鲜明彻骨的仇恨的情感，经过了血的洗礼，我比过去坚强多了。

黄昏出城，七时始归。

夜里抽空读俄罗斯名将——苏沃洛夫库图佐夫传记，伟大的俄国的光荣，人民的光荣。

看了臧克家10诗选序文，我觉得回忆过去是最容易使人茫然的。真的，我如今已26周岁了，回首看一下走过的路，站在26岁的界限上向前展望，向后回首真有无限沉沉之感，在我短短的生涯中，我觉得人世间的一切均饱尝了。那些小资产阶级内心的变迁，那种激烈的群众运动，那种辛酸生涯，那种战争的艰难和恐怖，都尝受到了。我极敏感地感受着生活中的一切，有没有一天让我表白？我啊！一个敏感易动多变的人哪！我深知我的弱点。

今天和黄其斌谈，我觉得他谈的正是今日中国青年所有的遭遇。他说当国民党成立青年军时，很多热血青年都热烈参加，一时就有十多万青年学生参军。这些青年不少人是抱着满腔热血，想为祖国尽力效忠（且不说他理解的祖国是什么）。可是到了青年军却大失所望，队长贪污，很多青年觉得这和原来号召的"革命"精神相违背，于是起而检举队长的贪污行为，可是他们中积极的人，却被队长诬为"左"倾分子。后来他们又发现自上而下吃空子，贪污，于是又消沉、悲观、失望。自此轰轰烈烈的青年参军即有烟消云散之势。

在运城捡到一本高中学生的日记，从中看到了今日中国青年之迷茫，多么需要新的教育。他系晋南人，家中富有被斗争，对共产党领导的斗争仇视，于是跑到运城，加入国民党。这是一个感觉敏锐的青年。可是在运城，战争扰乱了他象牙之塔的梦乡，他恨共产党破坏了他和平"甜蜜的生活"。围城期间生活困难，他受了白眼，感到社会的不平。城防号召学生修工事，每人只发二斤面，又受人呵斥、谩骂、蔑视，又看到当政人员贪污腐败。性的要求，恋爱的痛苦，又看到穷人可怜，读巴金的《家》《春》《秋》，给他启示，使得这样一个青年内心，充满了矛盾和痛苦。一方面他对共产党不满，又不满当今的社会，有时他同情革命，但在政治观点上又是错误的，把当前一切不良，和蒋介石及整个统治联系不起来等等。

我敢说，如果有时间，我要以满腔的愤怒，表白一下中国青年的不幸，写他们的矛盾、探求……有自己经历过的，我一定会写好。

12 月 31 日

从安邑之中成庄动身，行 70 里到稷山之翟店镇，就在此地宿营。这是个千余人的大镇子，现在为太岳之稷河县所在地，据说整训一月。

今天是今年最后的一天。

我记下这些干部和战士的名字，其中不少人已牺牲，让我牢牢地记住他们。

干部和战士：

姚二虎	家 伦	郭宝生	哑 巴	李子安	郝三福
李恽和	孙关庸	卜根海	王文礼	牛树宝	马金锁
苏洪道	刘俊生	石中林	曾光明	王玉川	李金玉
李 侃	吴选生	小 平	盖培枢	刘参谋	王南贵
许柏令	巩 五	许宝宝	杨兆元	老 甫	司号员
陈 林	刘万杰	吉福海	乔林山	郭美奎	李才德
贵 才	芦德义	李爱群	张世明	二不郎	潘春福

王贵才：17 岁，离石丰家湾人，每次战斗跟突击队，不管什么情形下，即使开阔

地，也要为伤员止血，勇敢胆大。三岔湾战斗中，他跟突击部队冲出来，有几个人倒下，他所在部队已前进，他还在为伤员止血。他落在后面，又跟上八排前进。右侧敌人反冲锋，向团指挥所冲去，八排截住打，他抓起一支水连珠，在死人身上提了一袋子弹，直到子弹快打完才将敌人打下去。七郎山他跟着连长，共3个人，带两支步枪一挺机枪。垅坎下有一股敌人，他和连长两人，一个机枪掩护，他拿一个小手榴弹，敌人有几十人。贵才说："不怕，走吧，捉不住再说。"离敌人很近时，他让指导员站在他后面。十余敌人还有挺机枪还上的梭子，他扔一手榴弹，炸死1人、伤3人，敌人吓住了，他乘机会缴了他们的枪。他把抓的7个俘虏送去又回来，他站在上面朝敌人喊："缴枪！"从敌人肩上打了一枪，敌人把枪丢了就跑，他拿手榴弹去追，抓起敌人的枪又打。他说这他可报了仇。吉县给他记了两大功。

到吉县时他知道许占江挂彩，伙夫去送饭，他托伙夫说："见咱们伤员许占江你把这一万元给他。"

安边战斗安炸药他也上去了，他跟上突击组给负伤的同志当时就止血，同志们都欢迎他。羊马河很多人掉队，他一直跟着，大家都叫他"二女子"。他自小和父亲讨饭，夏天光着屁股，冬天穿着烂衣服。住在离石车家湾没人住的地方（日本烧过的地方）。他家原系平遥人。

贵才自己谈：从前是平遥人，1937年到离石，我父亲祖母哥哥（我母亲什么时候死不记得了）逃难到离石。我哥10岁我7岁，我哥给人家受苦，我父亲受苦，我给人家看门。后来我和我爹要饭，先在老财东家受苦，后来我住在前家湾村头日本人烧过的破窑洞。一间破房子把门垒起来，我祖母就死在那里，连棺材都没有。父亲病，我到了部队，后来父亲病死在老财家，老财主骂："赶快吼他儿拉出去。"我从部队赶回去，家里什么也没有，用炕上的烂席将父亲裹住埋了。村里人叫我叩头说这样可以托生，我说穷人托生也是受罪。后来我就回部队了。

我参军的情形是这样：14岁的时候，我村刘与清参加了部队，我早想去怕人家不要，他回来我问："要不要？"他说："要，今天就走。"于是我跟上他偷偷走了，父亲害着病，还赶了二三十里赶上了我，我坚决不回去。我到部队后，问我为什么参军，我说因为家里苦，一天吃不饱穿不暖。以后就到卫生队。

三岔湾八班出去我向指导员说："我要去！"他答应了，我跑着跟去了，但他们已走远了，敌人打得很厉害。我想我要找部队，这时正遇见穿黄衣服的敌人往上爬，李福成说准备手榴弹拼！我搞到一支枪我想着为教导员复仇，就和敌人打起来。九郎山缴7支枪、一挺机枪。

打马村，全营就我一个卫生员，我一上去到处叫贵才，我满身搞得是血。

这位部队的小英雄，说话时带着一脸的天真和稚气，多么可爱、可亲。

二、1948 年（选编 121 篇）

元旦　于山西省河稷县翟店镇

1947 年一去不返了，新的一年又开始了。我呢，也增加了 1 岁——27 岁了。可是一事无成，毫无长进，惭愧万分。时钟不停地响着，每响一下都好像警告你说："同志，我可永别了！"

今年打算：新的一年要更切实地工作，写出点东西，绝不浪费一点儿光阴。我有时太不切实际，说多于作。有时想到身体，"未老先衰"，大概有肺病，常觉得胸部不适。不过我想，多少同志英勇倒下，自己即是突然死去，又有什么了不起。而可耻的是，既不死又不努力工作，这才叫罪恶。我要时时催励自己："埋头工作吧！"

1 月 2 日

今天写了"运城解放记"。

听说运城、安邑之战，歼敌 1.9 万余人。目前，据守临汾之敌很恐慌，我二纵队本月 6 号出动，配合兄弟部队攻打临汾。这是一个新的变化。从 1947 年 3 月至 11 月，9 个月的内线作战，艰苦透了，可是击败和粉碎了敌之战略进攻，我军也由内线转为外线，由战略防御转为战略进攻了。

1 月 5 日

早饭后即去十三团参加会议。

啊！这里多么热闹，多么动人！有群众提拔选举的 34 名干部，有 118 位同志经群众推举入了党，有 66 名记大功以上的同志。

会上入党的向党宣誓，举行了入党仪式。新选的 34 名干部都是在普通士兵中产生的，在评选的过程中要说明他可以当干部的条件和理由，有的担任了班长，有的任排长等，完全由群众选举。这些入党的同志大都在战斗前向支部表明："如果牺牲了，承认我是党员！"有的是战斗中大家推举的。尤其动人的是在战斗中几个出色的同志：像罗成名同志他是解放战士，机枪手，自己要求参加爆炸任务。他扛一箱炸药跑过去安上，返回来时看见一个同志牺牲了，又把牺牲者的一箱炸药送上去。刘草同志挖交通壕整一天一夜，棉衣都湿透了。新战士去盖土，他怕有危险自己去盖。冲锋时他第一个冲出去，回来时又把牺牲的同志的枪背回来。常保成抬梯子非常积极，出击他在最前头，一颗炮弹在他身旁爆炸，衣服帽子均炸烂，口、鼻出血晕过去了，同志们以为他牺牲了，但他在夜里又爬了回来。他几顿没吃饭，大家叫他下去，他坚持战斗。杜才同志出击时和突击队一块，二连没有一个伤员没止血，他在敌人几十米的地方为伤员止血，一直坚持天黑最后一个回来。马占胜犯错误戴罪立功，三次完成侦察任务，后来恢复党籍。岳光福是六连有名的好班长，忠诚、品质好，他出来后看见几个牺牲了的同志的尸体，他眼都红了，又叫又骂向前冲去。他腿上负伤还继续打，后来头上又负伤，别人身上被燃烧弹烧着，他替别人解下手榴弹。可是当他衣服也燃起火时，他不要别人帮助，他说："往前走，管我干什么？"刘国明出击后手被打伤，鲜血淋漓，他继续向前，腿又负伤还参加抬梯子，第 3 次肚子负伤才下来。七连史德顺要求入党订计划缴 5 支枪，可是缴了 7 支，捉俘虏两个。七连炊事员宋成勖，冒着流弹一天送 4 次饭，到战壕中把每个战士叫起来吃饭，他说等大伙都吃了，他才吃得下饭。一连炊事员张东喜送饭后部队出击，团长不叫他去，他把馍绑在身上，爬着送到战士手中……多么动人，多少英雄他们都成了光荣的共产党员。

后来部队举行游行示威，队列前举着毛主席的像，高呼口号，老百姓夹道欢呼，到处摆着酒席。老百姓看酒，小学生在一旁高呼："勇敢的叔叔万岁！""勇敢的伯伯万岁！"老婆婆打着毛主席像高呼："看在毛主席面上喝上一口。"老乡们手里拿着礼物，见部队不收急得从上面往上抛，各种东西在人群上空飞舞。从旧军队解放过来的战士，哪里见过这样的场面，个个泪流满面。至晚始归。

1 月 8 日　于汾城

晨 6 时由稷山县之下廉城起身，至下午 7 时半到汾城东北之北李村宿营，行 100 里。

从太岳出发时老百姓锣鼓喧天地送行，一路上见九旅很多同志背着挎包、拿着新烟包，这些都是老百姓的慰劳品。挎包上写着"我们的亲人""保卫我们的英雄""人民英雄"等。当晚到达北李村时，老百姓搭野火，敲着锣鼓欢迎，据说已等了 4 个多小时。此时已伸手不见五指，夜幕中只听见那些老婆婆、妇女、儿童、贫农团呼口号的声音。每家都把炕烧好，铺好，做好饭等我们，真像回到自己家里了。夜里全村（150户）13 台磨子一夜磨了 780 斤面，杀了一口猪，又送了很多慰劳品。天不明又做好饭，送来热馍馍让带上做干粮。走了 5 里到连村，儿童团农会又打起锣鼓来欢迎。心里无限感动。

1月10日

吃了饭已是10时，睡了2个小时，12点集合，1时出发。据说行60里到洪洞以北，在这数九天的午夜该是多么冷呀，真像跌进冰窖中。一路走眼睁不开，眼皮上像垂上千斤石，迷迷瞪瞪，老处在睡眠状态，只是脚还在机械地移动，可是一忽儿完全睡着了。此刻如果能站一秒钟，那是顶舒服不过了，此刻哪怕地下是泥，是泥水，一躺下也会呼呼大睡。浑身有多疲乏，多难受。走到曲亭镇天明了，还得走10里，宿营地在洪洞东南20里之张村。太阳出来了，每个人脸色苍白，两眼红肿，一到目的地躺下即鼾声大作。24小时除吃饭4小时外，整行军20小时，行程120里。

四旅顿旅长是个多么好的同志，沉着、慎重、谦虚、忠诚、朴素，一个典型的军人。他每天写日记，每次战斗他都很完整地写下来，字又工整、漂亮。据说打某县时，他为了看地形滚得满身都是泥。一次和一个排冲上去，当接近敌人时，他和几个侦察员到村子去摸情况，进村时敌人刚离开，平时非常谦虚，指挥很有办法。

吴志光副团长牺牲了，他该是个多么理想的老干部，生活艰苦，体贴士兵。宣传科朱科长准备一篇纪念他的文章。

读卡达耶夫《团的儿子》，很动人。读此书使我想到我们部队那许许多多可爱的小鬼，像卫生员贵才等。

1月17日　于西常村

读了许多晋绥来的报纸。

勇敢的战士——运城之战，跳进外壕挖地洞者：12月26日下午即攻城前一天，七连动员完成挖地洞，勇士们争相报名，表决心，战士郭海顺自告奋勇说："我参军早，上级从来没有给我过这样大的任务，今天给了我这个任务，完不成自己就不配为一个光荣的解放军。"他一面讲一面把自己4000元交给指导员，其余的同志也都把钱和党费证交了。随后就紧张地准备工具。当天黑夜乔永亮、李小贵、郭海顺等每人身上带着工具、炸弹、戴上钢盔，披上两条湿棉被，很快跳出交通壕，在一块开阔地前进。这时敌人发现用火力封锁，二排长倒下了，乔永亮带了伤，郭海顺等仍不顾一切地向目标前进。硬是通过三层铁丝网，到了城壕根。他裹着被子滚下去，城壕的水小声响了，这时敌人排子枪、手榴弹、炮弹都在他身旁爆炸，冰水溅到脸上如刀割，但勇士们仍继续在冰水中前进，摸到了目的地。两个勇士用手一块块把泥挖起来，抬到身旁作掩护体。不一会儿六班长崔玉福、郭献辛、常玉功扑进城壕，5位勇士会合。

这时敌人机枪、手榴弹打得更凶，弹片打在脑袋和屁股上，他们不顾一切怎么也不动摇。李小贵首先挖起来，郭、常在后面出土，郭两次负伤用手按住伤口，咬紧牙关在冰水中躺着。好不容易挖了3尺深小洞，这时敌人喊："老乡，不要挖了你跑不了啦。"他们心里暗暗地说："老子挖成叫你狗日的坐飞机。"正挖得起劲时，突然窑洞塌了，李小贵被土埋得只露两条腿，已负伤的六班长埋得只露个脑袋。郭、常很快把他们救出。这时敌人成排手榴弹打下来，并用洋油棉花点着扔下来，又推下很粗滚木。几个同志得到旅部鼓励劲更大了，他们忘记了身上的疼痛和寒冷，冒着牺牲的危险，不顾一切一直挖到天明，终于在塌土上完成了第2个土洞。第2天炸药就装进去了，城门被炸开。

进城后，敌人举行了五六次反扑，一个敌人手举大刀砍来，但终于被消灭。

最近《晋绥日报》上很多文章反映农村斗争，一些问题，多么惊人，有的坏人因为会溜上级，用旧社会那一套办法当上"特等劳英"，当上区长、村长，骑在老百姓头上；有些人官僚主义看不见真实情况，老百姓受害不浅。农村斗争多么复杂，有了政权，但封建余孽又以各种各样形式表现出来，这是很值得注意的问题。

1月20日

今日全旅庆功，群众、军队万余人，盛况空前。早8时人群像潮水一般从四面八方涌向会场，秧歌队、妇女队、农会会员，旗帜遮天。贺功时群众蜂拥而至，礼物堆积如山，英雄们感动得落泪说不出话来。详情将写一报道。

1月22日　大雪

今日写了《陕甘宁子弟兵》《一个巨大的变化》（写解放战士罗成名等）。庆功会今日闭幕。

下午宋肖来说，二纵队宣传部部长刘英同志要我到宣传部去，和宋肖等同志合作写个剧本。

1月23日

《陕甘宁子弟兵》《一个巨大的变化》（写解放军战士的）两篇文章4000余字，已完稿，甚为愉快，因为我今天做了一点工作。

昨晚大雪，直至今日不停，下了一尺多厚，明年丰收有望，农民欢腾不已。

为写剧本看了一些材料，把我的创作欲望再次地激发起来。我想从陕甘宁到如今，经历了边区、蒋管区、晋南解放区到部队，如战争、土地革命，这是一个历史的变化。在这个大的时代的变化中多少同志倒下了，可歌可泣的故事很多，一定要写，否则死不瞑目。我的毛病是想得多而做得少，要下决心，义不容辞的责任心在督促着我。

1 月 24 日　大雪寒冷异常

这几天写了《一个巨大的变化》《陕甘宁子弟兵》《为人民立功无上光荣》（庆功大会特写），又抄了《贵才》一文，大约 6500 字，整整写了 3 天，虽然忙可是愉快，总算做了一点事情。天好冷，我的手常常握不住笔。

1 月 25 日

晚上去送稿子让四旅政委杨秀山看，他住在一间农民家的东房里。其时他在聚精会神地阅读刘伯承同志译的苏联的"合同战术"。他说，他准备写东西，要我给他讲一讲写作的方法，他在紧张的战争空隙中，总是在读书、思考问题。

旅长顿星云就住杨政委的对门，我进去和他谈了一阵儿收获颇大。他要我看几本军事书，并且到连队住在一个班里，扛一支大枪，这样才能了解更多的问题，才能写出好东西。他说，光用政治眼光看战争生活是不够的，还要懂得战略、战术。他谈他在过去内战肃反时，让他抬担架。他说过去红军斗争那样残酷，可是没有人投降，没有逃亡，其主要原因就是"扩红"，到那里一号召，雇工们都来了，这些人阶级观点明确，而现在队伍扩大，和以前不同了。在抗日期间提出："不分党派不分阶级，一致对外。"而目前革命任务也不同了，有些人阶级观点糊涂了。目前的土地革命，反映在部队也很复杂，如一参谋，他家三代都是恶霸地主，他从小就受的那样的教育。最近十二团有一个士兵三查中查出他准备回太原，问他为什么，他说："保我的财产，因为蒋介石保护有钱人。"十二团一个副排长追击敌人，追到黄河岸，敌人反击时他投降了，后被民兵抓住，问他为什么要投降蒋介石，他也说要保护自己财产。说到部队现在解放战士很多，他说一位首长说将来我们靠解放战士吃饭，你看这次功臣绝大部分是解放战士。在石嘴驿我门口放哨的问一个是敌一三五部，又问一个还是一六七旅来的，所以非加强教育不可，他说光整训不打仗不行，光打仗不整训也不行。其次他说为什么打仗牺牲都是好同志，这就是我们战术动作不熟练，光借一股热情，如十团参谋长李侃，多么优秀的干部，1947 年 8 月陕北沙家店战斗打响的前一天，我告诉他："李侃哪，对别人说是消灭敌人保存自己，对你说是保存自己消灭敌人。"结果战斗中他就牺牲在我们眼前。如今想起来心里还难过。经验告诉我们，要打胜仗靠政治觉悟和战术水平，而我们的同志却绝大部分靠政治觉悟打仗。他还回忆在内战时他当连长，第一次带的是新兵连，打仗伤亡大，有的从屁股上打穿，有的从背上被子弹穿过，这主要是这些新兵危险时光顾头不顾尾。第二次带了个调皮连，把调皮的人搞一个连，这些人打仗有股猛劲。第三次带改组连，都是干部组成，打仗经验多，哪里拿不下，就让改组连去攻，保险打胜仗，而且伤亡少，主要原因他们动作熟练，懂战术。打日本时，我在三五八旅五团，被打穿肩膀还没发现。日本人主要是个人动作熟悉，会利用地形地物，所以当时打死几个日本人很不容易。他又讲在战争中越主动，越在前边不容易牺牲，因为出击时敌人还摸不清你从哪里来，你一冲他要移动，调整射击方向，结果后边人吃亏。你要常记着敌我情况，看清他的火力点等，乘他还摸不清时，利用空隙猛冲，我还不是常到前头去，就是打不着，你要懂得炮弹，敌人脾气等，就不易打死。平时只要抓紧练几天兵，情况就大不一样，我们在军事素养上还不如国民党。他们的新兵要训练几个月，而我们的兵是一脱下农民衣服就上阵打仗。当然，敌人士兵是被迫卖命，所以战斗力差，而我们的士兵是为自己阶级利益作战，所以很勇敢。如果又勇敢又作战本领高强，岂不更好吗！

他说他每天写日记，又感叹地说："看书还是太少了。"我们谈得很多，从中学到不少东西。回来赶紧记下，是时为晚10时。明天将去四旅十三团，过两天去四旅十二团。我喜欢去连队生活，每次去都有许多收获。

2月2日

从昨天中午一直写了一夜，把《贵才》《王老虎》《霍维春》《三查三评》又写成4个材料。从下午起直到次日早晨发完稿，因为马上要出版，纵队要刻印。

2月7日

今天参加机枪连及三营全营过关，会开得很好。

女英雄刘胡兰、文水五区云周西村人，女，17岁，候补共产党员。去年阳历1月为阎匪所捕，迫其自首，英勇不屈，被敌人铡死。

2月10日　农历大年初一

过年似乎没有什么特别的感觉，很平常，我还继续改《过关》。真成问题，写了东西往往总得修改七八遍十遍始肯罢休，简直成了一种习惯。

2 月 14 日

《过关》一文旅政治部印出来了。把过去的稿子清理了一下，《过关》寄《人民日报》及《战斗报》。并给报社寄去《王老虎》《过关》《贵才》《陕甘宁子弟兵》《一个巨大变化》《贫雇农领导清洗阶级异己分子》等文。并给母亲寄一封信。

2 月 20 日　于绛州南社　晴

写了《毛主席望远镜》，起草《三查后新气象》《自我反省》。

今天做了一天事情，但反省起来还是太差。我跑慌了，屁股蹲不住，浮躁，难以安静，那些庸俗的东西还是在纠缠着我，我很不满意自己。下午到绛州有名的纱厂去看了看，一路上我都在想自己的种种缺点。我是个说得多做得太少的人，一个标准的罗亭似的人，这是很可耻的，一个共产党员应该自己鞭策自己，我常常浪费光阴，多么可耻啊！

司令员、王副政委的报告：在部队中虽然混进了少数阶级异己分子，敌探蜕化分子，但更多的是在我们战士身上那种新英雄主义，他们有些人在牺牲前在日记上写着"为毛主席的事业，鞠躬尽瘁死而后已"。陕甘宁以一比八对敌斗争，改变了西北战场敌我形势，消灭了敌十多个旅，7 万多人（敌人开始 30 多个旅，后来增加到 40 多个旅）。我们部队还存在着：

（1）地主富农思想。不管他如何表现，总是反对改革，如十二团一参谋说："人家的土地财产硬说是穷人的""凭本得利、凭地得租为什么不对""为什么扫地出门，他不是一个中国人。"另一种不是直接反对土地改革，但斗他家他就不满。有的是穷人出身，但阶级观点不明确，同情地主。

（2）害怕牺牲、艰苦。明确地说，怕死怕苦的人不多，这是极少数人，他们有的在战斗激烈时自己打伤自己，如八团六连长马某，战斗时他叫排长去冲，他趴下自己打伤自己。运城也有人打伤自己。机关思想，后方思想，平川思想，疲倦思想，贪污腐化发洋财，这都是表现形式。

2 月 21 日　于南社

反省：今天一天不闲，我想我的职业容易养成自由散漫，我必须鞭策自己提醒自己。
从报上看，晋冀鲁豫文化界中，正开展文化站队活动。

2 月 25 日　晴　于东禹门口

上午从禹门口返回旅部，休息半天下午渡河。禹门口确实险要，站在上面看可谓"天险黄河一望收"。据说当年东西禹门有两座很雄伟壮观的庙宇，已被日本人破坏了，使后来的人不能瞻仰古迹。在山西打仗时，每到一地，便可看到抗战时的残迹，这是日本军国主义，留在中国土地和人民身上的伤痕，足以使中国人祖祖辈辈记住的伤痕。

下午 4 时半渡河，我到诸头时，猛然想起这里是郭与清的家，去看了看，因为我为他家带来儿子的消息，所以非常亲热。他家系富家，其言谈颇为惶恐。他说："最害怕打捆，要什么都可以，千万不要打我。"这些人对八路军不甚了解，大概没好感，不会满意，但过去乱打人的影响也确乎不好。

2 月 26 日

昨晚十团过完已是 12 时，一个小诸头村一个团，挤得要死。睡不到半小时又出动，向西宜川方向前进。又进大山了，路上难走得出奇，险峻的大山，人烟稀少。记得我叔伯妹妹在早年馑时卖到此地，但不知在哪个村子。

今天从禹门口西行 70 里，宿龙曲村。村里有七八家人，我们团直住此，政治处全部只分到一个窑洞。今天特别累，因为昨晚没睡觉。李政委写了一封指示信，其大意为：今天行 80 里，路上有些人走不动躺下起不来，四肢软弱无力，其原因昨晚没睡，路上又没吃干粮，我们领导工作要接受这个教训。另外有一部分人一定想"今天为什么走这么远""为什么不吃饭"必须向战士讲清，主要是昨夜没睡好。另外机枪排自己扛机枪应予表扬。讲明谁表现好便可立功。并让政治处给各营机枪连写了慰问信，送了纸烟。干部们说："我们在李政委领导下能学到东西。"在他手下的干部是闲不下的。

我要把过河后的行军情形写下来，我还想除了平时写东西外，还应该写点小故事供战士们阅读。

2 月 27 日　晴　于宜川之石门沟

今日从韩城盘喜乡十四保之龙曲村行动，行 60 里到宜川所属之石门沟。这里属于黄龙山脉，高山峻岭，树木茂密。在这羊肠小道上行走实在艰难万分。

走了 20 里到马尾沟，队伍休息，我到一家老乡家，看见一个 20 余岁的媳妇，很像我的妹妹。我问她哪里人后，又觉得老百姓的妇女不便细问，恰巧队伍前进了，我也离开了。一路上心中颇为难过。回忆在 1931 年左右，那时我的家乡逢大饥馑，我在基督教会学校读书，过着不死不活的日子。每天放学便看见三伯母拖着妹妹沿门乞食，妹妹七八岁，饥饿的脸上，生着一双亮亮的眼睛，可怜地随着伯母讨饭，那时我常独自流泪。后来伯父病逝，伯母饿死，妹妹被卖到这一带北山里为童养媳。如今已是十五六年以前的事了，今日虽然没有肯定这媳妇是她，但往事复至心头，过去的一切一一细嚼，使我寸心欲碎。生活变迁得多快，人生变迁得多快，生活中的往事在我心头刻下了多少深深的痕迹。在这样的时代，我能从一个贫困的家庭中出来，没有像我很多年轻时或童年时的朋友那样成为社会的遗弃者，或堕落者，这一切都是党和革命对我的恩惠。我有什么理由让往事压在心头，有什么理由去悲戚？我应该把每一分钟都用在事业上，我是属于贫苦人民的。我应该"为革命事业鞠躬尽瘁死而后已"。虽然我还脆弱，但我永远会以此勉励自己，催促自己。

昨天李政委注意和布置了机枪连的工作，显然已起了实际效果。今天营机枪连扛上机枪往前跑，上坡时一个战士扛，其他人前呼后喊，情绪异常高涨。一营机枪连命名为贺龙连，他们写了一封信："团首长，这次行军首长给我们写了信并送了纸烟慰问，说我们行军好，我们大家很惭愧，我们有很多缺点，以后我们自己检讨。作为一个好战士，我们还差得很远。当接到信后，我们开了个会作了检讨，都下了决心，以后要在困难中多锻炼自己。这次打到蒋管区要好好干一下，回答首长对我们的爱护。一营机枪连一排全体立正。"二营机枪连的机枪排则背上枪，情绪特别高涨，没有一个掉队，没有一个病号，没有人情绪不好，这都是工作的结果，这是很难得的工作方法。

2 月 29 日　大雪　于肖家沟

我军包围了宜川城，据说刘戡又率军去宜川增援，部队除围城的部分部队外，均集中在瓦子街，围城打援。刘戡大概不想活了。

昨晚大雪，彻夜未停，至晨积 5 寸余。今日我包剿敌人，部队已与敌人接触，虽离 200 余里，亦可清晰地听见炮声及激烈的机枪声。下午 2 时出发，冒着雪，从荒无人烟的梢林中踏着雪钻来钻去，终达目的地。教导旅昨日守了一夜，他们一个连对付敌人一个营，4 次反冲锋均被打退。后来教导旅四个班向敌人进攻，冲垮敌人一个营，缴六〇小炮、机枪、并抓了许多俘虏。据俘虏兵谈，他们早已知道王震威名，他们官兵上下均说："要是王震部队没有到宜川来，咱们还能增援，要王震来就活不成了。"于是部队通知：冲锋时喊叫："我们是王震部队，缴枪不杀！"

下午进入阵地，我所在部是接教导旅阵地。天气冷得出奇，像严冬数九天一般，遍地冰雪，手随便碰到什么地方，都冰不堪耐。部队进入阵地，入夜最主要的工作是挖工事，铁锹碰着冰如碰到钢铁，可是天明5时要发动总攻击，怎么也得将工事做好。冻得不行，到旅指挥所下面小村睡一会儿，这里挤了很多人，一个炕上挤10多个人，每人占半尺宽地方，就是这样已经幸福得说不成了。

3月2日　晴　于王家岔科村　遍地泥泞

清晨起来去找出击部队，一路上敌人死尸遍地，一堆十个一堆八个。我走了一条梁，看到的尸体约300具以上。沿途敌人伤兵呻唤不已，鲜血几乎遍地都是，有人打出脑子，有的缺腿少脚。

从敌战场可以看出：（1）敌人每个山头所挖工事只是在前沿上挖一条壕，这样敌人阵地一旦被突破即全线崩溃，既没有纵深工事，又没有交射火力。同时工事非常潦草，比起陕北敌人作战中所挖工事差得较远，这说明敌士兵质量下降。（2）敌人反冲锋时到我工事前，一排手榴弹即打下去，并且乱跑一气，故死者都是一堆一堆的。

当主要阵地攻下时，敌人像羊群一样，爬得满山遍野。九旅八团一下插到沟里，捉了4000多个俘虏，一纵队捉了万余俘虏，我们二纵动作迟慢结果捉了8000多个敌人。

在我军胜利中，可以看出"三查"后部队战斗力和素质提高，出现刘草、申四保、马占胜等新的英雄。可是担任主攻的十团伤亡最大，共伤亡150余人。一连长常远心、十二连长郝晓明均牺牲了。到战场看看，敌人死尸，我们同志的鲜血，要知道中华民族每一寸土地都是英雄们的血浇灌的，我们活着的人，将来享受幸福的人，岂能忘了英雄们的血汗呢？

3月4日　晴　于白庄

今晨宜川已打开，此次我军共消灭敌一个军部，两个师部，五个整旅，八九个整团。据说近3万人。这是彭总指挥围城打援又一次出色战役。听说毛泽东同志来电致贺："此系我军成立来数一数二的大胜利，此次战后胡宗南元气大伤，对我开拓大西北，消灭胡宗南打开一个新局面。"

我想此次消灭二十九军，刘戡已死，应该是很好写，可是那么紧张简直不容你有一点儿时间动笔。下午到纵队离此地30里，走到砖庙梁时已9时天黑。谈了一些情形，因时间来不及，是日宿宣传部。

3月5日　下午阴　于黄龙山梁子冢下之虎沟口

晨从纵部出发赶队，下午通过梢林到黄龙山中心区之虎沟口（离石堡30里）。真有趣，在梁子冢郑家沟，老乡看我军纪律好，甚为诧异，询问我："这是不是公团长队伍，听说公团长分田地很公道，人叫他公团长。"经我再三追问始知公团长者即共产党的误音，甚为感动。是日宿郑家沟口，一团人挤在两三家房子，很多人露营，我们算好，睡草棚下。

3月6日　晴　于石堡

行30里，宿石堡，敌人闻风而逃。团里开贺龙连、排、班个人总结会，及瓦子街战斗奖励会，甚为热闹，很有教育意义。

3月10日　于白水之高城村　阴　夜雨

下午出发，行20里达冯原镇，是时为中午12时。到此地，据说白水之敌望风而逃。自3月1日瓦子街战斗消灭刘戡五个旅后，我们分两路直下，一路从洛川等地直逼潼关、三原；我二纵队从黄龙下，东出插至关中平原敌人之心脏，敌人望风披靡。最近相继逃跑，我军不费一弹收复韩城、白水、澄县、石堡等地，真是喜事云集。今天听说四平街光复，此事将会震动全世界，闻之莫不欢腾。

下午5时出发，直逼蒲城，可是临动身时忽然雷声隆隆大雨来临，不过行军打仗怎能为风雨所阻？还是继续出发，冒雨走了5里，天黑得看不见前面的人。头上大雨倾注，脚下站不住，前面看不见路；有的战士一班人牵着一根绳，我呢，小鬼用棍子像拖盲人一样拉着我。走得很急，一下就碰到前边人的背上，这一碰连锁反应，一个一个，不少人碰倒在泥水中。有3个人跌进沟里，摔死了一个。同时又唯恐掉队，滑倒的，连爬带滚地用膝盖往前爬。因为只要迟一步就会迷失方向失掉联络。人均变成了泥人，通身又是汗又是水。我想，除了人民的军队外，世界上大概没有任何军队可以忍受这样的艰苦。我不禁自语道："一步一滴汗，行军午夜间，大雨倾盆下，道路滑不堪。"人像陷入泥潭，每拔脚都得使全身力气，20里路竟走了多半夜。到高城村（经过白地镇），由于老乡们不了解情况，我们淋着雨老百姓怎么也不开门，又不能打扰乡亲，要是国民党军队就会强行打开老百姓的门，但我们是人民的军队，淋就淋着吧。

3月14日 雨 于冯原镇

最近自动要求参军者甚多，炮兵连驻地一长工硬要求参加我军，这都是因为我军深深地扎根于人民的结果。

参加贺龙连总结，确有不少创造：（1）干部责任心；（2）贫雇农会；（3）支部；（4）互助小组。这四点连队工作经验，很不错。

李政委给干部讲："我们的队伍到底是铁打的还是纸糊的？我们应该是铁打的。首先干部要不怕一切疲劳，真正的共产党人能克服疲劳。有人说行军打仗利用时间工作，我说不叫利用，而是行军全部是你的时间。因为平时休整要开会计划，但行军8小时都是工作的时间，行军你从头到尾两小时不能作一次谈话吗？"

今天开排以上会议，快天黑时李政委叫排长回连队去，他说："你们知道不知道，指导员、连长、排长都在这儿开会，有的人趁空就跑了，你们回去吧。"我真佩服他工作做得这样细致。确实工作就得这样，不能有一点松懈。战争中也许在一秒钟，就会出现你意想不到的事。

3月18日 雨

早晨到旅政治部请杨政委审阅一下《毛主席望远镜》，全文7000余字，内容充实。到那里后宣传队非要我写个剧本，大家期望很大不好推辞，于是当晚开始动笔。

3月20日 初晴

今天把剧本改了一番，出乎意料的成功。其故事是在一个夜半，我军行至白水某地叫老乡问事，老乡异常惊慌，后军班长及战士3人给老乡多方解释，但要住房子他怎么也不愿意，因为他把儿子和小媳妇藏在里屋了。我们并不勉强，就住在门道里。每天给老乡扫院砍柴，担水铡草，老乡消除了害怕心理，关系甚为融洽，走时老百姓再三相送，很动人，又很简短。我想它为什么得到人们的称赞，最主要的原因是部队生活一年多，初步懂得了战士的心理，战士的语言，部队的日常生活，写出来就比较生动。

3月26日 晴 于合阳南王善庄

合阳敌人一个营听我军来了就吓跑了，六旅于当晚即进城。我们今天一天都在休息，这个县的县长很坏，老百姓异常痛恨。

这一带老百姓对我军好像还不怕，我军一来，即成群结队来看，对我军纪律和对老百姓的态度称道不已。我们住的隔壁昨晚被土匪抢劫，匪徒自称是八路军，要白洋大烟，言罢即大声谩骂，鸣枪威迫，最后收拾抢的东西衣服一哄而散。老百姓对我们说："那些浑蛋，八路军是那鬼样子？还不是县政府那些狗日的！"国民党的垂死腐败由此可见。

3月28日　于澄城内衙门大老爷之外室

今天是我军进城第2日，表面已恢复，商号大都开门，各地方被部队扫得干干净净。这个小城市显得宁静而安适。我先到基督教会去看了看，然后到西关，那是一座雄伟的城隍庙，道士们告诉我："县长捉住了吧？"我说捉住了，他说："好！那些王八蛋要拆我的庙，昨天来的军队一进来就扫院子，很讲礼貌。"他非常高兴。是的，我们政策真是处处得人心。

正在我欣然地回味我党政策在人民中的巨大影响之时，朱科长告我县长拜志修被我捕获，我去看这个毒害澄县人民的家伙，原来是个肉囊囊的大汉。我和他谈，他说，胡宗南给他们指示是："主力不分散，各县和敌保持接触后，即可逃跑。"并说蒋介石在瓦子街大败后，曾飞西安对胡宗南大加训斥，要撤他的职。上级安慰他们说正在广州等地训练100万军队，30万青年军，每师6个美国人。可是天晓得，就澄城而言，国民党征兵还正进行着。他说他的上级不管他的处境，他曾问澄城危险怎么办？上级根本不理他，反过来只说要粮要兵，言之颇为愤慨。

正在谈话，忽然传来枪炮声，敌人接近县城仅5里，城内市民大乱。敌虽来三师之众，我只一团人便将敌击退。傍晚我军撤出30里，宿于店头村，敌于半夜方战战兢兢地进了澄城。

4月5日　晴　于澄城北

昨晚一夜没睡，写"机三连材料"，这是宣传部给的任务。纵队通知让我去合阳，据说合、澄敌人全退。我军初次进城秋毫无犯，只打了一个瓦盆便给老乡赔了一斤白面。敌人来后，我们撤出。敌人进去后，借搜八路军为名，到处抢劫、奸淫。两军比较，泾渭分明，群众拭泪欢迎我军回来。

明日去合阳，7号遵照指示回前总。

4月8日 雨 于雷原镇

昨天下午小雨，在此宿营，夜里好好睡了一觉，绵雨彻夜，次日据说不走。可是下午又出发向宜君以北20里方向直插过去。上了山走了整一夜，当下山时，天已明了。几天夜行军，疲倦万分，每个人脸上满是灰土，显得灰溜溜的。下了沟，据说这条公路是咸榆公路，宜君在此南20里，刚下沟飞来一架运输机，不一会战斗机也来了，转了两周打了一梭子又飞走了。我们上了山，一架战斗机飞来飞去乱扫射。我钻进梢林，衣服被剐得稀烂，子弹左右横飞，今天险些埋身于此。这些国民党驾驶员用美国子弹作威作福，不可一世，真让人痛恨。下午宿宜君荒野山沟，20多个人分到草席大一块地方，很多人还有露宿，我睡在地上算是很幸运了。

4月9日 阴雨 于宜君深山中

昨晚12时出发，经梢林中，天阴黑暗，满沟泥泞沼泽，小溪纵横交错，稍不慎，便陷于沼泽中。行6小时天明，才走了10里路，真亏人。虽然是初春，但午夜后至黎明前，露水浸衣，寒风刺骨，钻在这梢林中真是难受，天明时那股瞌睡劲真难熬啊。

据说这里离店头镇30里，翻过山便是马场，使我想起了很多事情。人生变幻莫测，记得1938年夏季，我和晋苍魁等同学赴延安求学，那时我们还都是十几岁的少年。到延安抗大，领导看我们长得那么瘦小，不肯收留，让我俩到洛川八路军随营学校，那时我俩只有六角钱，初次离开家乡，漂泊异乡，举目无亲。两人出了延安南门，苍魁竟痛哭失声，我当时反而傻笑，还安慰他："你哭什么，没办法咱们给人家揽工，一个活人我不信会饿死。"当时我实际也想不出办法，只是想一个人就能活活饿死？那一天行60里，次日又行120里，两天我俩只吃了3个小馍馍。到洛川头发蓬乱，骨瘦如柴，简直不像人样。在随营学校一个时期，我俩经学校同意去鲁迅师范。我俩又钻到这深山密林行走两天到关中，后住鲁师。1938年底到延安分配工作，后分到延川工作。1941年冬回到延大学习，1942年到鲁艺学习，1944年到工厂工作。其间经过整风。1947年初到新华社西北总分社作了记者至今。这一段路走了10多年，日月如梭，今日颇有抚今思昔之感。个人来说经历了伟大的抗日战争又亲历了自卫战争，心中不时浮起一种"革命形势发展很快，而个人进步很慢"的感叹。

中午在野外休息吃饭，下午下雨，行20里宿于山沟中，政治部分了两个小窑洞，不管怎么，总算睡了一夜。

4月13日　于马兰

今日晨动身，下午达马兰，我们几个记者恰好都回来了，大家见面异常兴奋。一下子接到了好几封信，多么难得噢！

4月14日　于马兰

回来也没多少事，我觉得有些耽误时间。

入晚看马健翎近作《穷人恨》，很感动，洒了不少同情之泪，戏剧感染力量之大不禁让人神往。我想今后写小说，也能写点剧本就好了。看起来马健翎他很熟悉旧社会生活，语言也丰富。语言为一切创作之生命。至晚12时归。写了《伪县长拜志修》一文。

4月18日　阴　于永寿县常宁镇北五里之小庄

昨天因飞机扰乱，只行30里就停了。傍晚出发行15里过泾河，水深及腰。幸好九旅工兵凑合搭了一座桥，过得很快。过河入永寿县界，据说敌人青年军二〇三师两个团到常宁镇，我们作战备行军。天明始抵镇北5里，队伍去包围敌人。早晨开始，直打到下午方解决。3架飞机疯狂扫射。下午6时我到镇上，虽然枪声未停，但是敌人除部分逃跑，跟踪追剿外，大部分被解决。我到街上，看见九旅正在清查俘虏，其中有不少中学生、大学生，这些人也被蒋介石拉来当炮灰，真是中华民族的不幸。

战争是残酷的，今天消灭一个团，但牛教导员却中弹牺牲了。牛教导员是一个很好的政治工作者，最近准备提为副政委，命令已下，可是牺牲了。战争中这样的事真是太多了，人们已经流不出眼泪来了。

4月21日　晴　于武功之凤安

这几天连续行军，昨晚打了仗，走了70多里路，今日到岗上，准备宿营。又碰见保警队打了一阵，才宿营凤安。胡宗南为解救洛川之围，集中八个多旅，由裴昌会率领，沿咸阳延安公路北上，行动谨慎。西府为胡薄弱地区，我军准备去打宝鸡。

我们在十八里铺烧了老乡的柴，人不在家，托邻家给他留5万元，感动得老乡直流眼泪。由铁佛市3个姓李的人引路30里，给每人各2.5万元路费，一袋干粮。走到路上他们迎见三营，又招待3人吃一顿荞面，他们异常感激。田家庄一个老乡焚香祈祷：

"红军来了，救命人来了……"

4月23日　于扶风之九阿村　阴雨

打仗就是一种时间竞赛，兵贵神速，谁跑得快，谁就能胜利。我们这次出击如果再能早半天，那就收获更大。

今日宣布延安已经收复。

我们这一路大军收复旬邑、合州、扶风、永寿等地，敌人又被我们调动。延安收复对蒋介石是一个很大的打击。如果回味一下一年来延安战争，那是很有趣的。去年此时，正是胡宗南气焰高涨之时，34个旅进攻延安，那时亦是陕甘宁边区最困难时候。一年来胡宗南丢了十几个旅，丢了晋南，丢了关中一大半，丢了陇海路西段，如果胡宗南算一下这个账，他会捶胸大哭的！

4月28日　于宝鸡城

昨天组织好临委会，我写了一封信上报情况。下午听说已打进宝鸡，晚，杨政委来说宝鸡已解决，唯有一列车上的敌人还在顽固地抵抗。爆炸不成，大炮无效，反坦克炮又把汽锅打烂。是日晚因工厂事宜我即住工厂。3个灯泡300支光，照得室内通明，我睡在经理的钢丝床上，盖上经理的绸被子，颇为舒服地睡了一觉。

天明到城里，路上看被毁的铁甲列车，两个车头夹着车厢，像座活碉堡。全部装甲都有3寸钢板，并贴三合土，一般武器无法摧毁，即是山炮也无用，车外满布铁丝网。我上去看时已被摧毁，上面之敌几乎全部打死。七十六师师长徐保指挥守宝鸡，徐也在铁甲列车上。他负重伤，被我军俘获，还不断呻吟，连连说："好厉害，好厉害！"我们要抢救，在抬往卫生队的中途，他却断了气。

我缴获了他的美国造的左轮手枪和压满子弹的子弹袋。向城中走，宝鸡是座中等城市，但对许多没进过城的人来说，觉得真大。据说20万人口，街道，电灯密布，街上门面颇像个样子，金字牌匾，外表漂亮洋气，可是进去一看还是破瓦房，这真是半殖民地半封建的真实写照。北城地面大，但是没有什么内容，别的都缺少，妓院真多，据说有60多家。在这陕西第二个都市住了1天我就感到厌烦，我受不了城市的浮躁，尤其是都市的那种虚伪。我爱乡村，我永远爱乡村。街上行人匆匆，民主县政府出布告让商人们到货栈领自己的货物，商人们喜出望外，此举影响颇大。街上成千成万的人抢读我军所贴标语，部队不论谁街头一站，人马上把你围起来，人民多么需要知道我们。是日下午始归十里铺。

回来已是傍晚，我刚刚睡下，原想睡一个好觉，不想被工人叫醒，说部队都走了。我匆匆跑出工厂。听说敌人已迫近，部队已出发，城里正在破坏桥梁，烧弹药库。我们于夜10时向北行，天明过河。

4月30日　晴　于麟游边山

上了山，飞机来扰，直到下午才进山。在一个小村露营，半夜部队出发，抗击敌人，掩护我四纵队转移。部队半夜和敌人搅到一块，因为我们单纯防御，故敌炮能发挥威力，我伤亡百余人。马金锁牺牲了，二机连长负伤没拉下来。老蒲等几人险些被捉了当俘虏。丢了3挺重机枪，战士们愤愤不平，说："当了多年的八路军也没打过这样的仗。"确实在本团说这是一次败仗。敌人追我们了，下午部队撤下来，进了高耸的麟山。直到晚8时始到千阳县之槐村坪村。这个只有两三户人家的村子，住下近万人。大家露营，遍地野火，躺在湿地上。自打宝鸡以来，日夜行军已是四五夜没睡觉。很多人眼睛通红，脸色蜡黄。今晚宿此，夜半细雨蒙蒙，南风怒号，冷得睡不着，起来走走。战士们一堆一堆抱住头靠住背睡着了，虽然又是风又是雨，有些人还是呼呼地睡熟了。我冻得肚子疼起来，在这山沟来回走，有时烤烤火。有些新解放战士吃这种苦头，哭了，老战士却毫不在乎。我奇怪，我现在感情真的变多了，这样清冷的夜，烧着野火，是能引起人无限思绪的，可是我不像过去，我觉得自己感情健康多了。

5月1日　于杨家山

早晨起来行五里即宿营，因为太疲乏今天在此休息一天。有的同志五六天没睡觉，真像爱伦堡说的一样"在战争中会看见可怕的疲乏"。

这次敌驻宝鸡为整编七十六师师直及一四四旅新编四十团，陕二十一团统由七十四师中将师长徐保指挥。来增援之敌胡主力三十师大部，整编一师大部，还有三十六师，六十五师。我军解放了宝鸡，已经取得胜利成果。青马整编八十二师主力也来增援。战斗激烈。我军撤离宝鸡寻机歼敌。

5月2日　于麟游山小村

此次大部队转移，我纵队担任掩护。以往每次情况变化，事先作战并不明确。照例每次战斗，总要对战士说明作战目的，指明胜利条件（像敌人兵力火器等），这一次大概旅团最初也没搞明白作战目的。这个战斗转变成了抗击战，变化太快，故未来得及很好地作工事，伤亡大，撤退时秩序也有些乱。使我非常痛心的马金锁、梁德合也牺牲了，多么令人痛心，这么优秀的人真是中华民族不可弥补的损失。这些同志的牺牲完全是不讲战术，自己冲在前头，这样我们牺牲多少同志，这完全是无谓的损失。许多战士干部说，打这些年仗还从来没像这样窝囊。

这次歼敌数千，我纵亦伤亡400余人。

22日收复延安，25日收复洛川，缴飞机3架、坦克11辆。从全国战局看我军主力南下，整个打乱了敌人部署。

5月4日　于泾川县何道镇

昨天从梁原出发行40里，傍晚出发向北行整整一夜，经灵台县境和西南公路到天明始到泾川县西北之何道镇。昨晚天冷得要命，西北高原的气候，变幻莫测。昨晚夜行军我跌入两三丈深的沟里，跌下去时心想这下完了，幸好只摔伤了，我的眼力真不行了。

出击陇海路到现在刚半月，这半月的胜利大得惊人，可是也够辛苦了。半月来日夜行军，天天打仗，淋着雨，跑步急行军，紧张疲劳得喘气工夫也没有。战士们更苦。这可视为保卫延安战争告一段落。自去年3月19日延安失守，到今年4月22延安收复，13个月西北形势变化多大。

5月5日　于泾川何道镇

天明到这里已是精疲力尽，据说要在这里休息两三天，真太好了。晚上替宣传科写了一个"半月西北大事记"，通俗易懂，给战士读，我觉得写得不错。

5月6日　于泾川何道镇

到今天我才搞清楚，这段时间之所以如此紧张，胡三十六师，整编六十五师、三十八师、青马八十二师联合行动，敌人又打起了如意算盘。

在此休息一天，下午5时出发向东北行，据说有400骑兵要去歼灭。我纵队之九旅、四旅十一团与青马独骑一师在丰台镇附近激战。七团阵地曾遭敌数次反击，均被打退，我攻克丰台镇，又占领荔堡镇。六纵教导旅在屯子镇陷入重围，一纵八旅增援六纵途中被阻于玉都庙，独一旅、三旅去解围，教导旅脱围，但一旅、三旅受到了胡马夹击，打得难分难解。三旅旅长程锐长同志是员勇猛的战将，听说他率领三旅，打得很惨烈。

自保卫延安以来，我随军一年走过陕甘宁以及山西4个省50余县，就是晋南那些靠铁路的地方亦是如此，这些地方基本上为封建势力所统治，这可从社会势力、习俗、人们的意识中处处可看出来。在中国铲除封建势力是个基本任务，也是多么艰巨的任务，我对此感触颇深。

5月10日　于宁县之乡村　阴雨

战争生活，真是人生各种生活的集中：有的人也许在一天中就走过了他的一生；有的一天便体验了生离死别，酸甜苦辣的人生滋味；有的一天就成熟了。如果没有亲身经历过战争生活，是体验不到这种滋味的。

今晨，大行李驮队向东行，那边60多里即是根据地，我们留下，因胡宗南让五个团协助马家军紧紧乘我疲累之时尾追。下午我出发到纵队，准备晚上绕过宁县到该县东北良平镇一带。

7日大战时，六旅十八团团长陈国林牺牲，各营营长前后阵亡，一直打到弹尽粮绝，十分壮烈。后由九团接应，直到把敌人打退，方撤下来。

5月15日　阴雨　于宜君之榆舍村

晨从焦平出发，下午达榆舍村，六旅十一团先驻此，他们听说我们来，烧了许多开水热情招待。他们让出三分之二地方给我们住。他们没粮吃，从远地动员来8驮粮食给我们，自己忍着饥饿，是日晚他们又冒雨露营。这种部队之间的支持和友爱只有在人民的军队中才能有。在大兵团作战中，互相团结是非常重要的，我们之所以在这么短的时间取得这么大的胜利，原因很多，但各部队之间这种互敬互帮，战争中的相互配合是很重要的原因。这一切想来让人感动。西府之战中三旅程旅长率部下增援被围的独一旅、教导旅的事迹感人肺腑，这3个旅打得英勇悲壮。在此地休息一天。晚看六旅演戏。

5月21日　于澄县王庄镇

到了纵队，午人去了黄龙。午人确实是一个好同志。我去后即着手写《陇海线上》，主要写此次南下各种政策纪律执行反映。确实自从"三查"后和纵队前委决定后，部队步入正轨，纪律政策是空前的好，秋毫无犯，政策执行稳而准，我们党确实伟大。

5 月 26 日　王庄镇

读《群众日报》，其中有一篇《一幕荒唐骗人把戏》，写国民党拉老百姓装扮成俘虏，让外国记者参观拍照，真可笑！入晚一小时半写成《流氓本性》一小剧。

5 月 27 日　王庄镇

六旅一个子弟兵，打仗中冲在前头，负伤后爬回来，看见班长肠子被打出来，他要拖班长下来，班长说："你去，我活不了，你告诉指导员我完成党的任务牺牲了。"他说："那不行，你一定要下去！"但自己也负伤了，没办法。于是他趴在地上用手拖着班长从山坡上往下溜，流着血一直坚持爬了 300 多米。他是一名共产党员。

5 月 28 日　刘家凹镇

这段时间部队一直在休息整训。

敌十七师向我进攻，我向后移，移至刘家凹村。今日剧本完成。又帮纵队写《一年陕甘宁形势》。有此机会我回味一下一年陕甘宁形势，以及西北形势发展，令人高兴。但是亲眼看过战争的我，知道胜利后边我们付出多少代价，流了多少血。

6 月 7 日　于黄甫庄镇

部队这段时间展开了"评斗志运动"。

下午到十团（原十三团改为十团），十团在评斗志中有很多创造，在动员工作上他们也有许多新创造。

李政委在二营问一个战士："你写什么？"那战士说："写战斗保证书。"李问："你怎么写的？"战士说："我订第一条敌人来了坚决打到底。"李政委说这不对，我们要训练积极进攻，计划中不要"死""守""挨打"等被动的东西，而要积极主动进攻才好。他告诉我比如死这个事，每个战士都知道，战士在写决心书时，有时就会写决心为革命而死，不注意，你使它泛滥就引来消极后果。这是个战士心理问题。李是位头脑清醒，感觉敏锐的标准的政治工作者。

记下梁德合、马金锁事迹。

6月9日　于合阳东柴村

温广生是个好连长，在瓦子街、宝鸡、打马家军三战三捷。他性格急躁不讲方式，但是作战勇敢，机智，有经验。抗日以来负过8次伤，是个威信很高的连长。马占腾与他不同，非常勇猛，但有些军阀作风，不讲民主。说起一连有两个班长十分有趣，一个性格激烈，一个满腔热情，都抢着接受任务，打仗互相不服气。但是他们的共同点即热情、勇敢、好胜、忠诚。

"跳蚤"这个小通信员，精干利索，射击准确，在战场又机灵又勇敢，首长们都叫他"干儿子"，真可笑。外号"跳蚤"，是因为他爱跳来蹦去。

开全旅营以上干部会议，十团介绍经验，确有不少创造，尤其以"斗志保证书"和"自动代理"等办法是战争动员工作的新创造。我写了一条消息。

杨政委讲话中又明确提出，"斗志保证书"是战术和智慧的结合。那些认为隐蔽就是可耻，子弹打得紧还站在那里，自认为是镇静，他说这就是傻瓜。我年轻时就是这样负过5次伤。长征时师参谋长、团长就是这样装硬汉子，被打死，这样教训多了，沉痛得很。有些战斗英雄都是这样牺牲的。杨是个十分有个性的指挥员。他见了那些哭鼻子人就上火，他说："哭也不能把死者哭活，你哭什么，没出息。"

6月10日　阴间小雨　东柴村

抗日战争时，有一次，一个战士负伤躺在老乡炕上，因感冒而咳嗽，这时恰遇敌人来搜索，一个妇女机智地把箩面家具拿到家里，立即箩起面来，于是房子里充满了哐哐的箩面声。当着敌人面她说："这倒运风连面也箩不成！"

去年10月，敌人抓住姚明达这个王家庄的老实农民，拉到道备庄，敌人用刺刀逼群众开会，指着姚明达说："这是好人还是坏人？"群众一哇声："好人！""好人？白天是好人晚上是坏人，打，谁不打先打死谁。"敌人说。趴在地下的姚明达突然跳起来，顺手夺过一根大棒，劈头盖脸地照敌人头上打去。这位不屈的英勇的人民英雄在敌刺刀下壮烈牺牲了。

万义乡敌人捉去南盘头3个小孩，企图从天真的小孩口中套出解放军的行踪，万般威胁，只得到3个字："不知道！"敌人挖了一个土坑问："知道不知道？""不知道！"他们将一个小孩推进土坑里又问："知道不知道？"答："不知道！"眼看土拥到胸前还在问，小孩呼吸困难地说："不……不……不知道。"敌人又问站着的两个小孩，回答仍然是不知道。

三区民兵副大队长晋一明在就义前痛骂阎军："给勾子军办事就是驴做的！打倒阎锡山！"敌人第一枪打倒他，他还高喊："拥护共产党，拥护毛主席！"一直到停止呼吸。

解放战士崔有成负重伤，肠子流出来，他在炮火中，一手拖着肠子一面对指导员说："指导员，我牺牲了，你承认我是共产党员。"

陕甘宁野战医院中有个伤员伤势很重，当他临终时睁大眼睛说："毛泽东同志我想见见你，我革命了六七年从没见过你呀！"他伤势重，发着吃语，不断地唤着："毛泽东……毛泽东。"看护们不知怎么办，安慰他说："毛主席来看你恐怕不容易呢。"伤员流着泪说："我知道他不会来，可是我能看见他，死了也痛快。"医院还是给毛主席打了电话，毛主席知道后，骑着马立即赶来了，马跑得满身是汗，毛主席也是满身汗，他大步走进病房。护士对那个伤员说："这是毛泽东同志呀！"伤员嘴唇颤动说："毛主席……我见到你……你。"他想用最大力量握住毛主席的手，毛主席弯下身子嘴对着伤员的耳朵说："你是我们光荣的同志，我永远不会忘记你……"主席说着眼泪也流出来了。

毛泽东同志看了看他的伤口，觉得他的血差不多流尽了，那个战士慢慢闭上了眼睛。毛主席一直把他送到坟地，而且送了花圈，随后，毛主席看望了拐峁医院的所有伤员同志。

6月12日 小雨 于东柴村

我可以在同样时间做更多的事，但我懒散，说的比做的多，浮躁，唉！当一天白白过去之后，我不禁战栗，光阴如此易逝，斗争如此残酷，我做的事太少。

6月13日

今天完成了温广生、王补厚、三评材料，共万余字，已寄出。

王补厚是个多么理想的连长（机枪连连长），他忘我且奋不顾身地工作，我写后深为所动。

6月22日 于竹园村

看参考消息，有宁县敌人残杀我战士的暴行：马匪俘我500余伤员及掉队者，我军战士死不投敌，敌人集体屠杀，我战士高呼："共产党万岁！""毛主席万岁！"

壮烈牺牲，其英雄气概动天地，我这里向他们默默悼念。马家军，这反动封建的军阀，从历史到现在，欠下人民多少血债，欠下我军多少血债。

6 月 23 日　于竹园村

张世昌同志谈："瓦子街战斗敌人燃烧弹打得很凶，团长叫我去送炸药，我心里害怕，想叫通信员去，但是又觉得很惭愧。害怕、惭愧在脑子里打架，打运城时亦如此。"由此可见一个共产党员在生死面前的内心斗争，阶级责任感与贪生怕死的念头斗争，终于前者战胜了。他谈得真切，我听了很感动。

6 月 26 日　于竹园村

今天主要讨论练兵，要展开"狂热的大练兵"。晚上看九旅剧团演出"刘胡兰"，看得我伤心落泪。这位 17 岁的少女，表现了共产党员崇高的气节，当她慷慨就义时还高呼："共产党万岁！""毛主席万岁！"英勇的人民群众为掩护我工作人员，被敌人一连刺死 13 人，人民是我们的父母，我们是人民子弟，这血缘般的关系，是敌人无法了解的。

6 月 28 日　于柏林村

今天开政治练兵总结，练兵动员大会，群众来慰劳，极为热烈。这样好的人民、好的群众，我们要永远铭记在心。去年，敌人在此地（薛峰区）就杀了 21 人。人民解放军受到老百姓这样倍加爱护，我们没有任何理由不为人民的解放事业献身。

6 月 30 日　柏林村

最近我内心感到难过和不安，工作上浮漂，没有做多少事情；在生活上浮躁怪僻，情绪不正常；想得太多做得太少，浪费光阴。当我无所事事地过了一天，有多么痛苦，我诅咒自己是一个意志薄弱的人。

7 月 1 日　于柏林村十二团

今天是党的生日，我默默地检讨自己，决心奋不顾身地工作。回想过去一年陕甘战争，到现在全国出现大好的局面，感慨很多。我摘引主席的话，今年"七一"，在这全国行将胜利的日子，忆及过去共产党人和人民群众，在为中华民族独立解放中所表现的伟大精神，伟大的英雄主义。他说：

同志们：

从苦难中爬起来，

擦去了眼泪，

揩干了身上的血迹，

掩埋好同伴的尸体，

又继续顽强地战斗了。

当今年"七一"的时候，半个中国已获光明，数万大军挥师南下，中国将昂首阔步地前进。

7月7日　于韩城内

今日"七七"纪念日，我的同行均集中来此采访。会场上部队整齐的步伐，战士们肩上扛着新的武器，雄赳赳气昂昂。群众欢腾，到会群众有两万余；还有西安商人，有回山西的地主也来观看。党的政策影响实在大，自从纠正土改中的"左"的错误，山西地主纷纷回山西，西安商人把货物都往山西运，认为山西保险，这是多么可喜的现象。

7月10日　于涧西纵政

今日在纵队政治部参加会议，了解到一些信息。

冀中军区一个参谋长1929年参加革命，因通奸打死老婆被判死刑。这个人不求进取，居功自傲，蜕化变质，必然身败名裂。陕甘宁战争中有一保卫科长平时工作还好，可是，敌人一来他带上老婆跑到山西开一个铺子。革命中有成长的，也有蜕变的，这也是必然的。

英雄的故事：九旅一战士，打常镇，他冲进去，3个敌人扑过来，抱住他，他和敌人厮打，把一个敌人耳朵咬掉，其余敌人吓得瞠目结舌，我后继部队上来捉了俘虏。

有一战士在澄县战斗中放警戒，班长叫他回去吃饭，他说不回去，班长硬叫他下去。他回去后拿了几个馍刚咬了一口，突然他感觉到不对劲，又紧跑回工事中，这时恰好敌人进攻，他一人支持了几十分钟，直到部队赶来。战时这种预感，或者某种感觉是一些有经验战士常有的现象，他们对周围环境、气氛，甚至于一种潜在危险，都十分敏感。这是些战斗经验丰富，非常有才能的人。

有一个炊事员，他在羊马河弄到了三口行军锅，至今犹保存得很好。他在羊马河战斗时丢了菜刀，冒着大雨，黑夜中跑了三座山，跌了几十跤才找回来。他想，全连靠这把刀吃饭，我岂能掉了，这也是一种个性。

7月19日　开会于石堡

今天社里讨论我的思想，我检讨自己个人名利思想，以及在实践中克服缺点的过程。确实如果亲眼看见不少英雄倒下，而自己还活着，现在活着的战士将有很多人也许见不到新中国。人怎么能用烈士们和同志们的血创造的奇迹，去换取个人名利？如果我要写什么东西，我首先应该想到这一切，想到人民事业，想到人民，想到那些为民族献出生命鲜血的人。今日讨论时，普金同志发言比较全面。反正不管别人怎样说，我永远不放弃文艺学习，但我更应该努力做好新闻工作，为目前政治斗争服务。部队生活艰苦紧张，而战地新闻记者，可说是忙上加忙。而生活的激发，常常激起我写作的欲望，其中矛盾不少，我内心为此有些苦闷。

7月20日　于石堡

看报得知从6月中旬到目前，中原我军先后发动开封、睢杞、襄樊等战役，歼敌十万余，威逼郑州南阳。山西我军发动晋中战役，歼敌十余万，太原已成孤城。西北部队打过西府陇东战役，整训月余，各连队补充兵员，将进行新的战斗。

几件具体事情：我军到宝鸡时敌人飞机轰炸，战士们冒扫射和轰炸去抢救老百姓，一老太太被炸伤，战士飞跑上去背下来。当飞机眼看俯冲下去时，一个小孩正在路上跑，战士抢上前去把那孩子背到墙下，他的腿被打坏了。他因流血过多而阵亡，但他的怀中还抱着孩子。我军行至陇海路上，战士看工人子女无衣无食，战士们便把自己的衣服、干粮统统给了老乡，群众和战士都哭了。

战场上的巧遇：我的外甥被国民党拉了兵，在马村战斗中被打伤，后为我军所救，并资送回家。这次经韩城才知道是我亲手打发他回去的。战争中多少父亲与儿子，兄长与弟弟相互厮杀，有时在战场上拼刺刀，就是相互发现是亲人，两军相战，一个为人民，一个为蒋介石，也不得不厮杀，这真是时代造成的悲剧。

在蟠龙有两个伤兵，一为我们的战士，一为国民党士兵，均被我方送进医院中。原来战斗快结束时，敌军这个士兵怕被杀，进行顽抗，我军那位战士和他拼刺刀，互相刺伤，两人抱着撕打滚到沟里，后为我们救护，抬进医院。养伤中，两人谈话才知道是互相厮杀过的对手，后来相互还建立了很深的友情。我战士对他爱护备至，使他深为所动，后又跟随我战士到连队当了解放军，还立功当了英雄。

某部一个战士，脚被磨破，露出了骨头，他咬住牙南下北返，一直不掉队，并帮助别人背枪忘我地工作，是位铁骨铮铮的汉子。

有一个伤员藏在老百姓家，老乡日夜照护，小孩子也把他当家里人，叫他叔叔，几次危险群众都掩护了，他说："人民是我的父母。"

让大家忘不了的担架队，部队走到哪里，旁边总随着像铁流般的担架队伍。他们自备干粮，穿着单薄，缺吃少穿，但却紧随部队四处征战。有他们在旁边，似乎我们有了依傍，有了亲人，这便是人民啊！他们献出了自己的子弟，献出了一切。我常常看着这支人民组织的长长的队伍，心潮起伏。有一次战斗激烈，担架队员冲到火线上去抢救伤员，有一个伤员说："我已没希望，老乡你们快走吧！"担架员说："你要下去，你不下去我死也不下去！"感动得伤员哭了。

孤胆英雄刘四虎：瓦子街战斗，党员刘四虎接受连长命令，首先向一五九团突击，他向战士说："我们不能让敌人跑掉，要主动就在这时候。"战士齐声响应："对，不缴枪就是刺刀手榴弹。"刘四虎指挥全班迅速通过嵝岣，他通过时是分十几段逐步跃进的，敌全团火力封锁嵝岣，他从左边林子中分段跃进。他看好地形，突然前进，分十几段向前跃。副班长因没有照他这样做，下半班几乎全部伤亡。刘四虎一口气跑到一棵大树下，一看全班只有3个人了。敌人发觉了，用机枪手榴弹向他们打，把树枝全打掉了，他们采用了膏药战术，死死不离开。敌人投来手榴弹他就在地下滚，有时用手和枪拨开，左右避闪弹片，衣服打破了好几个洞，突然他向敌人投了4颗手榴弹，随着爆炸，烟雾升腾，他高吼着："冲啊！"直向敌扑去，敌人向后乱跑，子弹炮弹丢满山谷。刘四虎猛扑上去一脚将一挺正射击的机枪踢开，敌射手还不知道发生了什么事，一惊回头就跑，他一刺刀从背上刺进去。敌人指挥官乱叫："不准退，谁退就枪毙谁！"敌有的乱跑，有的挣扎反冲。刘四虎想："先戳几个看你投降不投降。"一个敌人向他扑来，他飞奔前去朝敌人来了个虚刺，敌人用枪一拨，他枪托向上一提，枪身向下，使敌人扑了个空，他乘空突刺，刺刀从肋骨中刺进去，血溅满身。另一敌人回头就跑，被他从脖子上戳了一刺刀，敌人在雪地中乱滚。第四个敌人企图反击，他又从其左肋中刺进去，敌人乱号乱叫倒下去了。他向纵深发展。另一个敌人正背上背包向前跑，他打了一枪托，敌人跌倒，又爬起来，他照其屁股一脚踢到沟中。后来敌人30余人把他包围在中间，但敌人不敢和他肉搏，他向哪边闯，哪边敌人就闪开，他拿着手榴弹乱打一阵。一个敌人准备抱住他，被他用手榴弹将头打破。这时忽然听见下边有人喊他，他冲出敌群，顺坡滚下去。副班长正和下面一个敌人你夹着我的枪，我夹着你的枪，互相厮打难分难解，他立即向敌人头上猛戳，因用劲过猛一下跌进沟壕中。几个敌人追来叫他投降，他说："见你妈的鬼，老子是共产党员，是彭德怀的战士！"他想挣扎起来，敌人五六人朝他腹部头部胸部乱刺，刘四虎昏过去了。

当后续部队上来给他上药，发现他身上有11处伤口，但他没有叫喊一声，他心想："只有敌人才鬼哭狼嚎哩。"刘四虎1945年冬入伍，性格憨厚，平时不爱说话。有不少次战斗，班长负伤或阵亡，他自动代理班长领着战士继续战斗。医院中伤不好就回来，在班内负责管理教育，十分耐心，从不发脾气。平时你看他，谁会想到，他在战场勇猛如虎。刘四虎的父亲是泥水匠，家异常贫穷。

凡是英雄如王老虎、刘四虎、刘三荣都是忠实、厚道，平时不多言语，他们受到全体官兵的敬佩和喜爱。一名炊事员，竟然用锅铲缴了敌人的枪，真有意思。

7月21日　于石堡

还在开会，据说要转移，因为敌人行动。敌人此行目的，其一错误地估计形势，佯攻以援助山西；最近蒋介石要调胡军到华中，胡不想去，以举行进攻为借口。这是我的分析。

有一战士在爆炸时，自动抱炸药与敌同归于尽，这种忘我的牺牲精神，不亚于苏红军之英勇。

兄弟部队四团在瓦子街战斗，一个连和敌人反复冲锋，最后只剩五六个人，那时战士自动代理，有的人自动推荐干部"你领导我们再打一次冲锋"。教导旅这次吃了亏，但毕竟是人民军队，打散了绝大多数相继摸了回来，但损失也不小。

特务连长蒲文玉是个很有趣的人物。洛川包围战中，敌人派飞机每天用降落伞送山炮弹等物，有时掉在城外，敌我互抢互打。特务连长蒲文玉弄个小棍，上面捆上个钩子，他匍匐前进，勾住东西拉过来。但他还不走，还大喊大叫："谢谢运输大队长！"敌人气得乱打枪，他就让战士集体唱："蒋介石运输大队长，派人送来美国枪……"
铁骨头战士：教导旅张进龙系一排长，这次打马，大家都撤退了，他丢了机枪，跑回去拿，被敌人包围。他一梭子打死了2个骑兵，其余几个围住他用刀乱砍，他拉响了手榴弹准备同归于尽，可是炸后5个骑兵被炸死，他手脸也炸成一个血人，可是没死。后来来了个敌人搜了他，一下把他的衣服都剥光了，天寒地冻，他血淋淋地趴在沟中，又碰见了敌人。遇见一个部队小鬼，扶他正准备走，敌人又打来，小鬼吓得独自跑了。他双眼瞎了，看不见，身上负伤数十处。他想"反正我活不了，可是我死也死在我们部队中，一定要找上部队"！他爬了十几天，遇见很好的老百姓送他回到了部队。全体指战员，都为他这种牺牲精神，革命意志所感动。他是名共产党员。

7 月 23 日　晴　石堡

山沟的暑天简直像秋天一样，早晨要穿棉衣，晚上不盖被子冷得打战。吃罢，甘主任在我们记者出发前谈话，首先讲到目前形势，说现在全国各战场都打胜仗，太原指日可下。胡宗南一师、三十师、三十八师、十七师、三十六师等分五路由马兰、潼关、白水、澄县分头前进。目的其一精神上援助阎锡山，另外在对付蒋调胡军之计划，其二错误估计形势，认为我军过河打太原，剩下部队不能打大仗。敌果如此估计，他将葬身黄龙山，蹈瓦子街之覆辙，胜利是可预料的。我有利之条件，敌共有十三个整编旅，敌分四五路，我则高度集中，我可突破一点扩大战果，我战斗小组技术经训练均提高，我地区政权、群众、民心向我，我军现在已熟悉地形，同时善打野战，敌人则反之。我之困难为粮食住房困难。

最后甘主任谈他走了三个纵队，深深体会无论什么工作，先要搞通思想。他说我们战士抛弃父母妻子革命，流血牺牲，这靠什么，古人云"气"。所谓气，我们叫精神。一个连队伤亡再大，只要打胜仗，那大家信心就高，而且越打越坚强。虽然伤亡多，但战果也大，收获也大，不能挫了锐气。

战场趣事：瓦子街战斗有一个敌人曾在蟠龙被释放，当敌人垮了，我们上去抓俘虏，他集中 30 余人说："不要打，我们拍手欢迎！"原来我们还没打上来，他自发召集了 30 余人说："我知道解放军不杀，我就是被他们放了的，后来，又让抓了壮丁。"

又有一个蟠龙解放战士在激战中，正飞跑叫喊："缴枪不杀！"忽然听见有人叫他"刘占彪"的名字，他很奇怪，怎么敌人叫他的名字？他回头一看，原来是原先军队的司务长，该人被俘虏释放后，又被捉到九十师。他自动召集了 40 人跟着刘占彪回来了。

在瓦子街有一个战士突击上去抓到一个俘虏，一看是自己的亲兄弟，另一个战士见了敌人一个伤兵，那伤兵突然叫："哥。"他一看是弟弟已负重伤，后来知道自己离家后，弟弟被拉兵。刚才他弟冲锋不力被指挥官打伤。这个战士抱着兄弟，让重伤的弟弟死在他的怀里。

7 月 27 日　于石堡山沟

部队中长大的英雄：九旅有一个团长，在内战时他是七八岁的小孩子。纵队某首长那时是军团政委，行军中遇见这个小鬼，一问他是讨饭的孤儿，于是抱在马上，带回驻地，给他洗了澡，换上新衣服。他问首长是什么官。首长说："是班长。"后来把他送到宣传队。那时生活不好，一天他给宣传队的领导说："你这个班长不好，我找以前的班长。"现在他已经当了团长，别人见了他，还常开玩笑地对他说："你这个班长不好。"他听了放声大笑。他在革命一二十年过程中成长，文化程度高，是一个很坚强和优秀的干部。

戈尔洛夫受到了刺激：有位团长曾经给王副官当过小鬼，那时王是营长。现在这小鬼当了团长，王反而给他当副官。因为十多年来王贪污腐化不长进，小鬼进步很快。一次为工作，团长批评王，王生气地说："你给我摆什么资格，我看着你长大的。"团长反过来说："谁叫你啰嗦！"王副官大受刺激，不进步的老戈尔洛夫真该想一下了。

王定中的自杀：他是机三连战士，30多岁，在国民党当兵10多年。他是岔口解放的。他到部队后爱说漂亮话，三查中表现很积极，成为贫雇农委员、党员，但思想中怕死怕苦。大道理他都懂，就是遇到具体问题，他受不了。在部队他怕艰苦、危险，如投降敌人，他也知道蒋介石没希望，开小差，又有些舍不下。何况他是四川人，跑回去也不容易，说不定还得让国民党抓住。他又不甘愿。他内心痛苦斗争激烈。一天他掉队了，同志们都以为他开小差了，可是他回来了，但回来后开枪自杀了。追其原因像大家检查时说的，平时，有的同志对他讽刺甚至谩骂，个别干部也这样做，还开了几次会斗争他，他觉得没有出路自杀了。这当然是个别例子，但教训很大。如果指导员能及时发现他这种内心斗争，那就可以教育过来。我想把他写个剧本，表现一个指导员如何克服了"左"倾而教育转变一个战士。

8月1日　于石堡姚家山

顿旅长今天召开十团连以上干部会讲："雄厚的多头进攻。"他讲解之后，大家进行讨论研究，然后又找来二连，在烈日下，亲自指挥演习。学习完毕干部和战士们又在一起研究讨论，他亲自辅导。这种进攻的特点使敌人无法防御，轻机枪在前，一个连进攻，其他两个连左右后侧预备，防止反冲锋和后援等。

郝文通这位让人尊敬的人，每次战斗，都是战斗英雄。可是他貌不惊人，电光头，看起来没一点来头，似乎谁都能一拳把他打倒，岂不知在战场上，灵活多变，勇猛异常，人不能貌相啊。还有龙虎、徐国贤、万海这都是些有特点的人物。

8月3日　于石堡姚家山

昨天旅党委讨论思想工作问题。

战斗动员前士气非常高昂，战士们情绪活跃，还掀起了擦枪比赛。有个战士晒着手榴弹高兴地唱着："手榴弹来好伙伴，敌人见你就打战，这次敌人来进犯，显一显威风给他看，将来上了功劳簿，你一半来我一半。"还有许多战士磨利刺刀，不睡午觉，一面磨一面唱自己编的歌，很动人。一个战士把枪擦得发亮，又把80多发子弹一发一发仔细擦着像着了迷。二营重机枪射手马光才在午睡时把枪擦了又擦，自言自语地对机枪说："这次消灭三十六师全靠你呀，你给咱们好好打，我全靠你立功哪！"战士们最爱"手榴弹好伙伴"这首由战士自己编的歌，擦枪时一高兴，全体齐声高唱。多么生动友爱的集体生活。这些天来到哪儿都是一片歌声，一片欢笑，见面都在谈立功、入党的事。

8月4日　姚家山

蔡家坡抗击，十一团一连二排把敌人从山上压下去，敌人一个连迂回其后，情况万分紧急，五班长慌了，四班长武云正掌握两个班始终没乱，完成掩护一连二排任务。连队撤退时敌人一直尾追，走到一个拐弯处，武云正说："同志们你们走，我一人掩护，全班快退！"他拿手榴弹与敌人同归于尽。在拉响之前，他还打死4个敌人，阻击敌人20分钟而后牺牲。

十一团四连二班副班长谢高生，他打仗背粮等都在战士前面，行军时背一水壶舍不得喝，紧要关头时让战士一人喝一口。打西府时一个小同志背不动背包，摔倒了好几次，他拾起背上，晚上给他盖上被子。过汉阳河与敌遭遇，他扛着机枪，一手拉上小鬼往山上冲，小鬼说："班长是你救了我。"事后我问他为什么这样做，他说："我是个打铁工人，为了过日子，我卖过8次壮丁，最后还逼得我当了兵。八路军是穷人的军队，就是我的家。"

一次战斗，一个班长在紧急关头畏缩，他起来坐下心神不宁，一个战士说："班长坚决打！"班长说："咱们退吧。"那个战士说："你是怕死鬼，共产党员们咱们不退！要坚决完成任务！"班长想往后跑，被敌打死。战士站起来说："只要沉着才保险，我代理班长，听我指挥，谁动摇就枪毙谁！"

8月5日　姚家山

到黄龙山不觉快10天，敌人也不来，据说明天要出击，打出去。

廉洁的战士：我们打虢镇时，抓起敌人一个公安局局长，这个家伙拿一个金戒指给十二团一个排长，排长怒气冲冲一打，戒指飞到水渠中，"你侮辱了老子！"那战士说。敌人怕得磕头，说："兄弟不是……"

打宜川，敌人被消灭，一个敌人化了装，住在老乡家，恰好我机枪连亦住在这家，他很害怕。后来来一敌伤兵，我们给他饭吃，给他被子，那个敌人看着很受感动，于是站出来，非要参加解放军不可。他现在尚在二机连当炮手。

连队黑板报办得很有意思。今天去十二团参加通信会议。

战场故事：打宜川我们接住敌人电话，和敌人县长讲话，糊里糊涂说了半天，最后我们问他什么时候投降，县长摔了电话机而走。打陇县我们捉住检查站何几桂，副团长叫打电话和县长讲话，闹出不少笑话。

今天了解二连问题，使我非常惊奇，连队上问题也并不简单。

8月8日　于澄城县壶梯山下

到山口一带，站在高处可以俯视平原。下午行军到此淋了一场大雨，几乎是一步一跤，非常难走。军令如山，就是前边再凶险，也得风雨无阻。傍晚宿小小沟。夜9时出发。彭总、王司令员命令号召消灭三十六师，我纵队任务为夺取壶梯山，消灭其守敌。

夜黑如漆，道路泥泞，在山沟道路行走颇感困难，低一脚高一脚地跋山涉水，转弯抹角地摸着前进。前边传来不准吸烟，不准说话的口令。千军万马在这山沟行走，只听见紧张的脚步声和马蹄声，汗流浃背，走得飞快。在这荒凉的山沟午夜中，有谁知道有一支数万人的军队在疾行。小河细语，远处野狼嗥叫，夜晚如此宁静，我心中有种说不出的情感。黎明时宿营壶梯山侧，躺在草窖中直至日高三竿。

站在壶梯山西北，望着我九旅攻打，但并不算激烈，飞机掠空而过。上午9时我们出动，进至离壶梯山四五里路小庄。此时部队统统集中来了，有的部队吃饭，有的在动员，显得很紧张。指挥所的参谋趴在村下的电话机旁，紧张地听着前边动静。下午3时进入阵地，3时半开始进攻。

壶梯山战斗：3时半我炮火开炮,霎那间,壶梯山陷于浓烟烈火之中。战士们弯着腰，勇猛跃进，刺刀在阳光下闪光，班、小组队形看得非常清楚。在敌前沿工事前，战士们一阵手榴弹后, 蹬在肩膀上四面八方爬上去。神勇的炮兵百发百中，战场上喊起："打得好！炮兵万岁！"敌人火力点有的被打得连人带枪摔在一边。有的战士一口气跑到工事前把手榴弹从敌枪眼中塞进去，爆炸后，烟雾通天，大家高跳叫好。五连战士常玉秀等，班、排长牺牲他们自动代理，并鼓励同志们。八连打退5次反冲锋，援助友邻。此时我四面八方的部队进至庙前集团工事前，双方拼起手榴弹，整个山头陷于烈火之中。部队进入烈火中站不住脚，同志们滚出成堆爆炸的手榴弹，接着又冲上去。谢致中负伤3次不下火线，他被震得昏过去。当他清醒过来又摸了上去。第四连打退敌人数次反冲锋，最先突入敌人心脏，一直插到庙顶。此时手榴弹声中夹着一片瓦解敌人的口号声，山摇地动。九连战士从打穿的墙孔中往内爬，但庙里烟火升腾，空间窒息，人都无法呼吸。老战斗英雄杜立海从烈火中手持红旗，攀至庙顶立着，突然他负伤倒下了。接着庙顶出现了3面红旗。从此三十六师全线溃退。追剿的部队，数十里之外，尚可望见被征服了的壶梯山上飘扬的红旗。

壶梯山战斗打得这样漂亮，充分证明军事政治练兵后，我军素质之提高，战前准备好，政治工作也很出色，许多战士，提出火线入党，战场立功，有些错误和缺点的人也提出立功补过等。十二团战士张大荣3次负伤硬跟上部队，不承认自己负伤。五连谢致中，战前要求入党，他冲到枪眼下，枪眼被炮弹打穿，他从枪眼处打了四五个手榴弹，敌一班被消灭。他负伤四五次不下火线，而且负伤不让人拉。五连关志帮，负伤3处，背着缴来的枪自个下来；九连战士负重伤也不要人背自动下来；八连看打苏村的连队有困难自动援助；二连彭清云、张有芳等6位小英雄，在失去连领导后，自动要求三连指挥二连，组织自己手中武器，消灭40余敌人。

这次壶梯山战斗，参加有九旅、六旅、四旅，各有一两团人参加，配合出色。

8月12日　阴雨　岭头村

三牛：旅部老通信员，和他一块的人都当了连长，而他还是通信员，吊儿郎当。他和老兵和首长均很熟悉，因犯群众纪律撤掉班长。他一开口便说："同志你没有群众观点""为人民服务一下吧"，非常像《毁灭》中木罗式加。但他很爱部队，非常可靠，像大家说的一样："用棒子也打不走。"

十一团战斗英雄杜立海是从敌一三五旅解放过来的，四川人。家贫，12岁被拉了兵，补充到敌五十七军，后编为一三五旅。有一夜连队让他看新的解放战士，没人叮咛，他一夜看守不睡觉。西府战役敌人追得急，他在后边看见一个伤员掉了队，他把伤员背回来。澄县罗家凹他装死半夜爬回，他直爬了一夜，找自己的队伍。他的腰打坏了，可是他不下火线，平时什么工作都做，帮伙夫挑油担，冒雨打柴。这次打壶梯山，他把全排动员起来，是他第一次将红旗插上山头。他负重伤后还再三叮咛："敌人快垮了，插上旗。"同志们齐声答应后，他不要抬，自己爬下来。

十一团五连吴天有被炮弹打伤腹部和腰部，大伙叫他下去，他说："敌人消灭不了我不下去。"当班长副班长牺牲后，他带重伤自动代理班长，掌握部队继续战斗。

常玉秀过去表现不太好，打骂战士，战斗时畏缩，三评后降为战士。这次打仗勇敢，他和同志们冲上去被打下来，他说："同志们我们是铁的队伍，不怕牺牲，不怕流血，要坚决消灭敌人。"第三次冲锋时他光荣牺牲了。

老魏是五连炊事员，大个子，把他编到救护组，可是他提了三颗手榴弹去冲锋。冲到山顶手榴弹扔完了，他急了，抢了敌人一颗手榴弹，抓起俘虏来。敌人垮了他又下来运伤员。战士为他编起快板："说起个对，记起个对，我说老魏做得对。二大队第五连，有个伙夫叫老魏，这个人能吃苦，每次背米数他多。年纪大真勇敢，一心要夺壶梯山，连长让他抢彩号，他说：'等我把敌人消灭掉。'他背了三颗手榴弹，一下冲到高山顶，手榴弹都打完，老魏心里不安然。没有武器怎么办？老魏心里自盘算，顺手从敌人身上夺过来，嗖地顺手送回去。见敌人完蛋了，转身再把彩号转，大家说他做得好，评功会上为他记功劳。"

十一团负伤的战士普遍不下火线，坚持打到底。乔伯生拿了颗手榴弹，他突然出现在敌侧后，后继部队没上来，敌人向他猛烈投弹，他左滚右爬，顺手又拾起敌人投来的四五颗手榴弹回敬敌人。最后一颗在他手上爆炸，将他手炸掉了，血流如注，他咬着牙摸到敌重机枪前，猛然用另一只手将机枪口掉转，立即向敌射击。

九连王长安，敌人一颗手榴弹投到本班中间，他敏捷地一脚踢开，没有伤亡。

二连一个小组被炮弹打翻，战士七窍出血可是仍继续着战斗，多么英勇壮烈。

十一团医生护士等5人，战斗开始负重伤，他们给自己包扎好反过来给战士包扎，一直坚持到战斗结束。

四连王声海，全班牺牲只剩他一人，他又到二排要求。"你们指挥我！"班长牺牲时他自动代理。

8月21日　于东宫城

"秋风凉、想亲娘"，离母亲远距千里，在此秋意已深之时，确有如此感触。不知远方的母亲身体如何，不禁使人想起"慈母手中线，游子身上衣"之诗句。

有时想到女人，一位女孩常给我写信，她大概已17岁，信非常热烈。有时她的影子就在脑海中涌现，这说明在休整中精神松懈了，如果工作紧张，还有闲情想这些事。我是共产党员，我必须慎独，不时地鞭策自己啊。

任德胜：是十团已经牺牲了的战斗英雄。这位同志闻名于晋绥军，个子不高。抗战期间，驴蹄岭战斗，全连撤退，他在最后掩护。他和日本人抱住滚来滚去，日本人用大刀砍去他的耳朵，全身被砍伤十余处，最后又打了他一枪，敌以为他死了。他滚到山中后，爬到一老乡家，老太太叫他睡到炕上，他说："老人家，我身上是血，我不上去。"老太太见他变成血人痛惜万分说："你的耳朵可怜的……"他安慰老妈妈说："不要紧，我扯下它都没关系，不痛，不痛。"他怕弄脏了老乡的被褥，硬是没有上老乡的炕。他和七一四团刘四虎一样，都是众人传颂的英雄。

8月23日　于东宫城

给彭总关于"壶梯山的信"及壶梯山英雄的报道等均已寄出。

李兴仁是三营七连排长，一三五旅解放过来。他是个英雄，他的性格和仪表都是标准的军人，忠诚刚毅，平日沉默寡言。3次担任爆炸铁甲车，奋不顾身掩护大家。紧急关头，给任务，他总是默默地听着，外表冷淡，但脑子里却在想着办法。他遇事沉着老练，从不感情用事。

王万清也是一三五旅解放兵，林山抗击，虢镇战斗，打仗勇猛，但什么时候，你见他衣着总是整整齐齐，精干坚毅，也是一个标准的军人。

王殿荣：一只眼班长，忠诚埋头苦干，这次被选为模范。

谢主任，忠心耿耿，但缺少一点才能。一天忙到晚，甚至于做梦都在工作，人真诚而纯真。

8月27日　于东宫城

今天从早饭起写《无名英雄陈朝光》及《陈朝光思想变迁》两文一直到夜3时。虽然忙，但我非常愉快，做了工作心中感到慰藉。

郭股长给我说，抗日时期，有一个连长叫王高贵，原为兵工厂工人。身高体大，胳膊比一般人的腿还粗，力大骁勇，打仗勇猛异常；但性情却细致聪明，好打抱不平。有一次打仗，队伍爬到丈余高的崖边无法上去，他把战士提起一个个甩上去。另一次打伏，他胸中两颗子弹，别人去扶他，他说："扶我干什么！"自己将一株碗口粗的树折断，扶树干翻了五六座山。他一面走，血和气从胸前的伤口上咕嘟往外冒。平时爱说二话，大家叫他"二团长"，除了团长就数他有威信。3个小伙子扳不倒，他对人很好，平时学什么非常细心，学得很快，拉、唱、写都行，而且很重感情。

前段时间，我们在黄龙山等待敌人，淋着雨，用麻叶吃饭，用帽子吃饭，一块瓦打破几个人用来吃饭，有的还用铁锹当饭碗，真够艰苦的了。

消灭三十六师中没有一个人拿东西，至于俘虏行贿被拒绝的事更多。

今天看见十二团周益烈、李兴仁、王万清等人。他们都是一三五旅解放的。合水战斗敌人离他们20多米，硬不下来，坚持打，一个倒下第二个上去，第二个倒下第三个上去，都负伤了，一直坚持到打退了敌人。

8 月 30 日　于东宫城

今日晋绥陕甘宁参观团来此，整天都在写《张团长在练兵中》一文。

你问老百姓解放前后有什么不同，群众说解放后解放军好，不打人骂人，说话和气，别的都一样。这说明一些地区的地方工作还未跟上。我以为在农村工作反过"左"以后，又有些右的倾向，不知看法如何？

和张团长谈后，我觉得一个记者，必须对什么都感兴趣，"与君一席话，胜读十年书"。老干部中像顿旅长、杨政委、曾主任等，他们各有特点，但均为优秀干部的典型。我们的干部大多数都像他们这样的人。但是老干部的队伍中情况也各不相同：有人庸庸碌碌，不读书不肯动脑筋，干事马马虎虎，混日子；有人居功自傲，游击习气，自命井冈山下来的谁也不怕，打仗就要带突击队，下任务他说："任务，打就是啦，什么任务，什么侦察警戒，打就行了。"除毛主席、朱总谁都敢骂；有人简单鲁莽，不求进取，什么群众路线、准备工作都是麻烦啰唆，说话大声大气，拍桌子弄板凳，个人勇敢，一冲主义，什么战术，老子不讲战术还是一样打仗；也有人眼光短浅，思想狭隘，农民意识重。他们共同点是不学习，不求上进也容易受诱惑。他们虽是少数，但也不可忽视。

9 月 1 日　于东宫城

今天是"九一"记者节，是我们的节日。但是和平时有什么不同呢？大家仍忙着工作。

彭清云：十团夺机枪那个小鬼英雄，可爱的四川人，我很喜欢他。

9 月 5 日

欢迎功臣赴会至为热烈。

金戒指的故事——今日纵政《战士文艺》第三期上有一篇金戒指故事，非常好，大概是真人真事。文章写道：有个李坤保同志，外号叫"宝气"。"七一"那天，部队到韩城参加大会，李坤保衣服洗了没干，借了班长高万进一件衣服。李坤保有只金戒指，他将戒指放进口袋。谁知衣服口袋有个破洞，戒指丢了。他很难过，伙伴也为他难过。大伙知道他是老实人，戒指是他从家带来的，是他唯一的财产。过两天，谢村寨子的西门上有人贴了一张启事：

我是店头解放战士，解放后受到共产党的教育，了解为人民服务、为人民翻身，要遵守群众纪律，不发老百姓洋财，也要阶级友爱，不发同志的洋财。昨天下午我拾到金戒指一枚，请失主前来领取。

机二连李庚

李坤保得知消息，乐得直跳，这可好了，我的金戒指有记号，一钱七分，郑州老天宝字号。

金戒指领回来了，他给李庚同志写了这样一封信：

亲爱的阶级兄弟李庚同志：我们都是穷人，我没有任何物质来酬谢你，请你知道我是瓦子街解放战士，你给我的不仅是金戒指，而是穷人的心。你教育了我要阶级友爱，团结互助，以及执行党的政策，遵守群众纪律。我将向你学习，永远忘不了你。

致以阶级敬礼

炮兵连李坤保

这件事深深地感动了我。

9月7日 于百良镇

壶梯山战斗深深感动了我，我给彭总写信，反映战情和战士们英勇的情况。不料想8月27日《群众日报》以头号大字《四评练兵后，斗志惊人高涨，壶梯山上某旅顽强杀敌》为题，刊出，上有彭总批示："杜鹏程同志写来的信很好，其中略有词句修改，请广播。彭德怀8月21日。"这是我无上的光荣，但我必须更虚心。我要更多反映战士生活，方不愧于心。

9月11日 于百良镇

我感到写一般社会生活和各个阶层人物比较容易，反映部队生活，写士兵就比较难。当兵的似乎是清一色，共同点比较多，虽然每个人都有不同的个性，但常常被湮没了。而艺术作品如果没有个性，就不称为艺术了。

人在战争中成长真快，战争对人也是残酷的考验；昨天他还是不被人注意的小鬼，今天他就是惊人的英雄。这类人很多，一类像十团贺龙虎这些人，一类是像朱天贵、李兴仁、李俊臣、万海等很多人一样。前一类是部队小鬼，参加部队时光着屁股，但在两年自卫战争中，长大成人，阶级觉悟高，表现了惊人的才能；后由战士通信员提升政指、连长；或者解放来的旧军队士兵，他们经过诉苦等教育，本质不错，进步惊人。有不少人仅一年就证明是很优秀的人，有的很快当了排连干部。

十二团秦子明、十团一连马占胜说话三瞪眼、一天两头打架。当上干部时就动手打人，但这样的人都是非常勇敢且个性特强，急躁又顽强。

吊儿郎当的，在部队也为数不少，调皮，爱说二话，生活散漫，有时还爱发点洋财，但机灵聪明、打仗勇敢、忠诚，办法多。人是矛盾的统一体，这是十分正常的。

合阳西北皇甫庄妇女魏彭氏说："只要能救活自己的军队，就是被敌人打死也情愿。"4日晚，我侦察员石有山被敌骑兵追赶，他钻到农民家里，当时魏不在家。其妻魏彭氏将他隐藏后自个在家门口守着。敌人追来问："刚才一个八路军到你家，看见了没有？"答："没有！""放屁，明明看见跑进去了。"敌人推开她进去，并打她，她死也不往里走。敌人一枪把她大腿打穿，她倒下了。

敌人知道侦察员带有枪不敢往里走，便叫魏彭氏弟媳魏刘氏进去，魏刘氏往窑洞里躲，敌人打了一枪没打中，她大声叫："你们打死我也没有看见解放军。"敌人追进去用枪托打她，她没有哭，用手死扳炕栏，说什么也不走。她婆婆70岁在炕上发抖，敌人放下刘氏一把把婆婆拉出窑外，刘氏在窑里面急喊："妈不要害了自己人！"这时我合阳游击队打枪，敌人往窑里打了几梭子子弹，放了几颗手榴弹跑了。侦察员仍安全地躲在麦捆后面。

魏刘氏还戴着孝，她丈夫三娃不久前遭胡军杀害，因他是村子解放后当选的村长。在他死前数分钟他还在招待侦察排。敌人捅了他几刺刀，他的小儿子春元还站在旁边，敌人用枪瞄准孩子说："你敢哭，老子一枪送你回老家。"

脱险的石有山带上礼物，请医生去看她们，她们虽痛苦但一见石有山流泪，还安慰石："不要哭，只要救活你，受点难没关系。"石哭得更厉害，抓住老妈妈的手说："老太太我……一定……忘不了你，我要为你家报仇。"

与三十六师作战中，在王庄遇见一个家伙是绥德有名的大恶霸，他父薛忠贤在革命前无恶不作。胡宗南进延安，他当联保主任，后随胡军跑了。这次战士一见他便一枪放倒了，为人民除了一害。

9月12日　于百良镇

昨晚写好《庆功大会经验》，4000余字，并发《通讯组织整顿》消息一则。

今日写范绍通材料。

9月21日　于百良镇

我常想写一个关于小鬼故事的读物。十团一小鬼13岁，他想理发，成天跟着理发员，看见那些推子、剪子，都非常喜爱。有一天那个大脑袋伙夫，允许小鬼在他头上学手。小鬼大胆剃起来，割得满头流血，疼得伙夫直咬牙。小鬼慌了，忙向头上吐唾沫，慌忙抓一把土掩上，两人吵起来。小鬼刀子剃一下，炊事员脖子缩一下，又滑稽又好笑。有一天又来个小鬼答应在他头上学手，没剃一会儿这小鬼受不了，叫起来，理发的那位说："你不要叫唤，你看人家重伤还不下火线，你要叫唤人家笑话你斗志不强。"笑得我直不起腰。

9月22日　于百良镇

改好《张团长在练兵中》，写好《范绍通》一文，还有《庆功大会经验》，一并发《战斗报》《群众日报》等报社。

9月23日　于百良镇

我昨晚想好三个剧本主题内容"戈尔洛夫""成长""解放战士"。

读报心里激动万分：晋北热辽解放军某部六班长董存瑞同志，5月26日，我军攻承德外围隆化战斗中，当我军迫近敌军核心工事时，敌在东北角地碉群和一个架在浅沟上的桥状碉堡，阻击了我军进路，并发射交叉火网，使我军进退困难。当时曾连续上去了两个爆炸组都没完成任务。这时共产党员董存瑞同志不顾刚完成爆炸任务的疲劳和连长的劝阻，坚决要求爆炸这桥状碉堡。他得到允许后，抹了抹汗，就抱起炸药箱冲到碉堡跟前，当时找不到东西可以把炸药支在碉堡中间，而放在碉堡下，则又炸毁不了它。董存瑞同志发挥了无产阶级高度自我牺牲精神，毫不犹豫地一手托住炸药，一手拉开导火线。在震天一声轰响中，碉堡炸毁了，而我优秀的共产党员董存瑞也光荣牺牲了。这一英雄壮举激励了全体战士，他们踏着他的血迹随着浓烟冲去，终于占领敌人核心工事，俘敌130人，机枪10余挺。

董存瑞同志是哈尔滨人，现年20岁，贫农，1945年参军，同年入党。曾立三次大功。

一战士与6个敌人肉搏：澄县抗击时，我们一个反冲锋打下去，敌人忙向后窜。他一个人跑在最前头，抓住敌人尾巴不放。他伸刺刀去刺敌人，敌人端机枪招架，步机枪扭在一块，打成一团。他嘴角挂了花，不幸栽倒在地。敌人扑上来，他心生一计，抓起一把土一扬，迷住敌人的眼，他起来夺下机枪，活捉敌3人带回来。

8与340之比：傅炳申带7个病号，他自个也是病号。打安邑，队伍追敌人，他在后边自动收容了7个病号，突然遇见了溃敌340人。他马上把病号藏在汾河南，独自上了船渡河北去，40多个敌人向他冲来，他沉着应战一边瞄准打，一边喊："我们人多得很，你们几个人还顶球事。"几个敌人投降了。后边100多个敌人还有一个营长领着冲过来，并用枪逼其排长要他冲。傅喊："你们刚才40多个敌人都缴了枪，你们这几个人还顶球事。"这个排长一听掉转机枪就扫他的营长，于是这100多个敌人也投降了。正巧又碰见100多个敌人派代表来投降，又是一个连缴了枪。8个病号也不病了，带上1个营长、3个连长、334人，20挺机枪，他们想笑又不敢笑地回来了。到一个村子和当地民兵联系上。第二天俘虏一看，"原来就是这几个八路军啊！"震惊得张大了嘴。当然整个过程比我记的要复杂多了。

9月26日　于百良镇

4月初我在澄城时，将机枪连作了全面调查，从连长到每个战士，他们的兵种、籍贯、年龄、出身、性格作了简单记录。今日又翻阅一遍，发现其中一些同志已经牺牲，等战争结束，不知记录中的人，有多少人能活着看到新中国。

9月27日　于百良镇

读书。

高尔基说："人是社会的缩影。"

9月29日　于百良镇

读书。可惜我手边的书很有限，有时对知识的饥渴不比饥饿好受多少。每打开一座县城，我总要找些书，连日连夜地挤时间抢读。想起在延安时，那时读书，还学英语、世界语，已能达到阅读的程度。那时条件差，现在想起，能有这样的学习时间，多么可贵。

10月2日　于百良镇　大雨7天

孟照地因为自己不是党员心里难过，他早在安乐村查斗志时，他想："我是革命军人，是排长是干部，为什么不是党员呢？"竟像小孩子一样哭了。

曹家龙头战斗中他带两挺重机枪，和步兵并排前进。他摸到离敌70米一个峁子上，趁着敌照明弹的亮光，观察了敌工事，架起枪封锁敌人。我部队一拥而上，手雷向敌人工事投，他高兴地笑了。可是一颗子弹打穿机枪火帽，穿入枪筒，重机枪发生故障。敌人疯狂扫射，部队被阻，他急得满头大汗，但是怎么也修不好，敌人炮弹在他四周爆炸，他被埋在尘土中。他重新修筑工事，当他拿起铁锹铲土时，子弹又打穿了铁锹。

教导员焦急地叫："快！隐蔽身体呀！"他从容不迫地说："不要紧马上修好了。"他忙换来一挺重机枪架，就扫射。可是新修工事中，掩体墙是新堆的松土，机枪一发射，墙就倒了一段，他的头完全露在外面。敌人机枪向他扫射，炮弹左右爆炸。教导员担心大喊："要隐蔽身体呀！"他仍沉着瞄准。当教导员第三次警告他时，他高喊："打美了，叫它不出气了。"话犹未完，我们的部队已站在碉堡上，他高喊："捉活的呀！"在炮声隆隆中，教导员暗暗夸道："好一个胆大沉着的英雄，够入党条件啦！"

济南打下后，今日消息王耀武被我活捉，这一下使敌口张目呆，这消息将摇撼整个国民党统治。

见9月20日《群众日报》，二旅攻良周村错误检查。基本错误是轻敌，急于求功，忽视必要与可能准备的工作。战士们也作了反省。这种认真总结错误的态度，是十分可贵的。

敌人反扫荡中，找我们干部和粮食，抓住了一妇女会长，问她为什么"当会长"，答"为了翻身"。敌军把她推到土坑中要活埋，她仍闭口不言，敌人割去她的嘴唇，用电刑割去乳房，她仍只字未吐。敌人骂："你真是八路迷。"她说："我是八路迷，孩子长大还要当八路军，杀光你们这些孬种！"在这艰苦斗争的日子里，妇女和男人一样一夜走100多里，扛上土枪，黑夜给民兵送给养，破坏公路，安置伤员，不避风雨。

10月4日　于合阳波罗村

今日是秋季攻势西北野战军出动的第一日，从百良出发，行50里经坊里镇宿营于波罗村，明天出发打十七师和三十八师。

英雄故事——张金龙听班长说，还有一挺机枪没撤下来，他自动去找。刚去碰见八个马家骑兵，敌人叫："不要跑，快缴枪！"他用加拿大扫倒了3个，正要取出第2个梭子，5个骑兵把他围住，举起大刀便砍，他滚在地下，取出3个早拉出火线的手榴弹，心想："一起拼了！"一拉火线，敌人与他一同倒下。他昏了过去，迷迷糊糊觉得有人拖他，他一动也不动，拖了一阵那人骂道："这个老八路死了。"甩下他走了。很多敌人从他身边走过，其中一个在他身上摸来摸去。大概想发点财，见他穿旧棉裤，踢了他一脚，骂道："又是一个穷鬼。"金龙以为他走了，心里正高兴，不料那个敌人又回来拿他的新挎包。他趴到地下不知经过了多长时间，只听见敌人集合，人喊马叫。他希望天黑，想睁眼看一看，可是血把眼糊住了。他用手拨开一条缝，眼前一片夜色，心里高兴了。

他忍受万箭穿心的疼痛，有点风吹草动便藏在麦地里。实际上这塬上只有一家人老两口，老汉给我们带过路，老婆正趴在炕上。他爬进门，老婆吓坏了，问明他是八路军，见他满身是血，忙招呼。半夜老汉回来，埋怨老婆没招呼好，给他用温水洗，用干净布包扎，送他到草房藏起来休息。连住了几天，每天几次送水送馍馍，有一天老汉急忙说："敌人搜山了。"扶他走了30里，他谢过老汉，忽听不远地方有人说话，他大叫"李干事！"就昏了过去。当醒过来已是在我军医院中。

所写《无畏战士陈朝光》在9月26日《群众日报》上发表。《壶梯山》一文在9月12日《晋绥日报》头条发表。

我军昨天离开百良镇，老百姓无限依恋。我军给老百姓搞了800多斤棉花，给老乡借用牲畜，有一老先生无限感慨还咏诗3首。

10月9日　于业善之杏子村

昨晚半夜返回此地宿营，来回行70里。消灭敌三十八师、十七师战斗已结束。朝邑敌2000余人起义，这次战斗毙俘敌2万余人，胜利结束。据说要在此地休息两个星期，准备下一个战斗。现已逼近大荔。天晴日，高处可望见潼关，渭北解放是指日可待了。

十二团有位营长张德成在攻董家庄时不幸牺牲。他带一个排去冲锋，在突破时牺牲，大概是不讲战术的结果。

马占胜这个连长真是有趣，他外号叫"军阀主义"，每次战斗立功，可是爱骂人打人，每次将功折过，他就没什么功了。勇敢、坚决、直性子，一说话就得罪人，这样的人在部队实在不少。

10月13日　于寺前镇之范家凹

今日在此准备休整，可是敌人凭他错误判断又来了，当然不是气势汹汹而是为了顾面子。他分三路来，我们准备再战，下边及指挥员都准备战斗。但下午敌人已进至离我们5里的地方，上级不叫打，这是很正确的。

军事上不能顾面子，多少次战斗使我体验到，一个领导者常常在禁不起群众和部下的反对而行动。战争时期，整个战局发展很多方面群众并不了解，比如，撤出延安，当时部队中痛哭流涕，群众怨声载道，但是领导上毅然决定撤出延安，事实证明这样能取得更大胜利。比如壶梯山消灭三十六师后，部队大叫"没过瘾"，还要打，而首长决定不打。首长遇事沉着、冷静，稳如泰山，这实在是大军事家的气质和风范。又如昨天如果我们还能打一个胜仗，很多人埋怨"为什么撤"，但是部队还是要撤，因为这个仗缺少充分准备，有几分冒险，宁愿忍受敌人的轻视，宁愿忍受部下"埋怨"，还是要撤，这就需要有最大魄力。历史上如库图佐夫撤离莫斯科，都是一代伟大的壮举，但这些在当时受到人们多大的指责和咒骂。如果为部下盲动所激发而妄自动作，必然会出现不同后果。首长的英明和军事家的大度即表现在这里。

和三十八师遭遇，张世昌拖着一个敌人往后拉，敌人上来3个，又把他往回拉，他睡下，敌人拉不动，又和敌人厮打。十一团一连长畏缩，司号员吹号指挥。他们都是困难时涌现的英雄。

10 月 20 日　于南伊村

今日写了《保小孩子的信》《我要看敌人是怎样死的》《火线上的宣传工作》发分社。

长春全部解放，当六十军起义后，敌新七军在东北剿总副司令郑洞国领导下投降缴械，从此长春（19 日）全部解放，令人兴奋。

10 月 21 日　于南伊村

部队现在进行"评战术""评斗志"活动。《宿营》剧本又在 10 月 8 日《战斗报》登载。

前合阳伪民政科长白文蔚在伪政时代是县上的红人，这次胡军三十八师到他村，好多妇女都躲在他家避难，敌人连他家妇女一同强奸了。媳妇、女儿整天痛哭，他再三哀求："不要哭了吧！让别人听见我还有什么脸见人。"她们愤愤地说："你天天盼望你的'国军'来，现在来了把我们糟蹋了，你还有什么说的。"西店头村雷致中过去当 4 年伪甘井镇长，10 多年伪保长。胡三十八师五十五旅到他村，他将 11 个敌军官请到他家，"你们为什么不早点来，可把我盼望死了"。说到这里，他年轻女儿、媳妇出来，胡军官硬要他去烧水，随之将女儿媳妇轮奸。曾任伪方正街镇长，便衣队长田致和家妇女同样被三十八师士兵奸污。他的妻子给他写信说："你走后东区民主政府在咱家住了两个多月，家里什么也没动，对妇女也尊重。这次'国军'来了把全家糟蹋了几黑夜，害得女儿四五天昏迷不醒，你为什么还替他们干事情。"

10 月 26 日　于临河村

这几天真是捷报频传；先是济南后是锦州，长春投降、郑州打下，开封收复、包头攻克，蒋家王朝覆灭之日翘首可望矣！

10 月 27 日　于临河村

参加演员联系会，收到耶霖三信。寄耶霖书及 15 万元。

纵队司令员在湖南济阳某地战斗时，他在最前线指挥，敌人机枪向他射击，一支队连长朱慧生同志来不及推开他，就用自己的胸膛挡住敌人子弹，他因而负伤，司令员幸免无恙。1944 年，南下到了黄河边，正没办法过河时，突然黄河结冰，部队全体跑步过了河。老百姓称司令员领的兵为神兵。

1945 年 1 月 7 日夜，在一个严寒而漆黑的夜里，他率部队准备通过河南鲁山附近的公路，和敌人 7 辆坦克遭遇。战士杨正春向前去投弹，敌人向他开炮，他急伏于地。坦克向他开来，他躺于路上，拉手榴弹，与坦克同归于尽。

战斗在江南时，陈宗尧同志在江南岳阳黄岸寺附近负伤，血从肚子向外流，他躺在草中，政委罗章同志跑来问："支队长怎么样了？"陈说："不要管我，你的位置在指挥所！"说着便昏过去。他一阵发热一阵发冷嘴里还喃喃地说："你……把司令员叫来，我……我想看见他……见到司令员对他说：我太惭愧了，满想多做事情，多打几个胜仗，现在不行了……请见到毛主席的时候，替我说：陈宗尧临死前向他致最后的致意和身体健康……"他没有提到他的爱人和 3 个孩子……突然他睁开眼睛叫"司令员……司令员……"他两只手抱住自己的脸，一会儿松开了手。同志们肃然默立，警卫员放声大哭。司令员赶来时，他已牺牲 10 分钟。司令员痛哭失声。"你是无产阶级英雄，我们向你宣誓，我们为你报仇……"他哭着说："你死得太早了……我正需要你的时候。"大家钉好棺木，他硬要打开，抱住尸体，痛哭失声。敌情不允许再停留，他说："你们去把他埋好，记住地方，将来我要把他迁回延安去。"

10 月 28 日　于百良之南伊庄

早晨到解放队了解材料，看见曾文思等（敌九十军参谋长、六十一旅参谋长），这些人都在为我们工作，而且很努力，时局对这些人影响很大。昨晚临睡之前突传东北消灭敌人 5 个军整十二个师，这个空前大胜利真是惊人。自秋季攻势以来，先济南、后锦州、再长春，继郑州开封之后，又收复包头，昨天又收复大片土地，消灭敌人 12 个师。东北解放，指日可待，令人欢腾。

今天去解放队了解姚天海的材料。姚天海，合阳百良镇附近之南伊庄人，1945 年他 23 岁。在这以前他给田家、秦家揽了 12 年长工。同一年，其弟北海在眉县祁家寨当学徒被拉兵。保长说这不能算数，还要征姚家的兵。保长和秦海禄私下设圈套，秦给姚说有个朋友当副官，让姚天海去西安。但到西安后该副官把他卖了做壮丁。姚在华阴师管区受了3个月训，被补到十七师炮兵连当炮手。可是家里保长还向他家要人，说："你说当了兵谁知道。"于是把姚的小妹妹卖了3万元，3亩半地卖了2万元，一块场地卖了1万多元，凑合了7万元买了一个壮丁，才算了事。

姚天海到十七师一干四年，今年五月到澄城县千辛万苦请准了五天假，谁知走到半路又被敌三十八师一七七旅五三〇团抓了兵。今年五六月该军队在韦庄住，他又开了小差回到旧军队。父亲五六月到十七师找他，拿了十多个鸡蛋，总算活动通连长，请准假回家看一下老人。当姚急急赶路，又遇见一七七旅将他抓了兵。父亲哭着回去，50多岁的母亲和七八十岁的外婆急赶去六村看。可是队伍开走了。两位老人哭着回来。

这次我们消灭了三十师把他解放了，他改名"王全有"，到东官城在街上遇见本村一个卖醋老汉，老头问："姚天海你怎么到这里？"他满脸通红。后来指导员找他谈话，他很害怕。指导员说："明天让你回去，到你家门口啦。"他喜出望外。正说着他母亲来了，一见就哭。营部请她老吃饭，她碗里的饭吃不完了，教导员说："吃不了给我拨。"老人一看部队待她像亲人，深受感动。第2天教导员让副排长备了两匹马，叫副排长送她回家，并请来他父亲，老汉吃了酒，还给连队讲了话。第2天队伍要开拔，家里人高高兴兴送他到部队，大略情形如此。故事颇为生动，我已写成3000余字。《姚天海回家》今日脱稿。

商怀玉是个解放战士。听说解放队连日诉苦，泣不成声。商怀玉也是最苦的一个，25岁，河南沁阳人。7岁丧父，9岁母亲吃糠咽菜，供他读书。交不起学费，甲长押起他妈，不得已借甲长两串钱，过一年成四串，折了两亩地。今年5月21日被敌抓兵。以前他母子种2亩地，因无法生活，曾上吊，被邻居救活。经人介绍到西安给人压机器盖，可是他病了，掌柜的给100元叫到宝鸡一个纺织厂。又因学徒每月不够吃，又介绍到三原纱厂赚钱，到三原被卖了做壮丁。

像这样的事多得很，这都是中国老百姓苦难的缩影。

10月29日　于南伊庄

今日写《姚天海回家》，只写了一天，约3000字。

11月2日　于南伊庄

【东北急电】今日下午5时，我军攻克沈阳，敌人全部消灭，闻之令人振奋。据说中央令东北部队今年 7 月到明年 7 月消灭东北敌人三十五师，解放东北。可是他们从 10 月 2 日到 11 月 2 日整一个月完成了这个计划，历史的发展确属惊人，胜利指日可待。但是越接近胜利，我们的工作就越要加紧。

搬出所有的、数十万字材料，搞得我头昏眼花，烦闷苦恼，焦躁，有谁说写作是件轻而易举的事，那才真见了鬼。顺手抓来一本《文艺政策选集》，看到爱堡生在《论作家业务》中说：一个人未曾感受到他们所写的东西，未曾痛苦过自己的作品，未曾经过写作，是不能成为作家的。文学是一种沉重的劳动。写 50 行，比写 150 字难得多。所有的创作过程——都是不断地自我压缩过程——叙述自己的思想要像打电报一样，每一个字都要付钱。青年作家追求数字，在艺术面前，都是一种犯罪。

缺乏钻研精神是不可能创作出真正的艺术作品的。另外读了鲁迅先生《对左翼意见》，更是感到他思想的敏锐与深刻。

11 月 7 日　于南伊庄

政治会自 2 号开始，研究战前、战中、战后政治工作，我有空去听，下午始归。

今日看了一年陕甘宁战斗汇集（1947 年 3 月至 1948 年 10 月）：

全野战军

负伤	亡	失
19575	4411	367

伤与亡是五与一之比。

全野牺牲团以上干部 19 人，伤 60 人，而二纵伤 30 人，亡 10 人。

攻坚战中伤与亡，四与一比，或者五与一比。野战中是八与一比，或十与一之比。

四旅在十个月中：平均伤与亡是五与一之比，或四与一之比。

排长：伤 83、亡 42。（2：1 之比）

连长：伤 10、亡 23。（1：2 之比）

营长：伤 23、亡 4。（5：1 之比）

团长：伤 7、亡 2。共伤排以上 219，亡 71 人。

军事是最现实的，指挥员带点儿主观主义，马上就给你效果看。库图佐夫撤出莫斯科、山东撤出临沂、陕北撤出延安，这都必须有最大的远见与忍耐。在沙家店经验中，钟松兵团因援榆林，自认有功，骄傲异常，轻视我军造成分兵妄动之过失……这说明一个指挥员不能为局部利益而操之过急，而要忍耐、等待和选择对自己有利时机消灭敌人。沙家店即由被动地撤离榆林而变为主动消灭敌人，改变了陕北战争形势。

某首长最大的特点就是虚怀若谷，客观、冷静、忍耐，有时甚至是忍耐到使人有些不理解，甚至于不满，即使敌人的轻视，他也沉着冷静不动声色。军事上最容易犯的错误也在于急躁。

11月8日　于南伊庄

今天棉衣全部发下来了。

《跑出老一套圈子》——写张献奎团长及十二团领导的文章，在《群众日报》11月1日登出。这篇文章较生动，手法与以往不一般。

11月14日　于南伊庄

今日和杨政委听广播。广播中清脆的声音说：中共中央负责人"评论中国军事形势""现在中国军事形势，已进入新的转折点，即战争双方力量对比已经发生了根本变化，人民解放军不但在质量上早已占有优势，而且在数量上现在已完全占有优势，这是中国革命成功和中国和平的实现已经迫近的标志……现在看来，只需从现时起，再有1年左右的时间便可能将国民党反动政府从根本上打倒了……"屋子挤满人，每个人都聚精会神，生怕漏一个字，听着大家跳起来狂欢，呼喊。

临皋战斗：晚上我刚睡下，突然命令出发。10时集合，向合阳前进。月光如水，寒不可耐。踏着月光急急前进，天明始抵合阳城15里之高家坡。队伍5时半包围临皋敌，当早晨6时从发起冲锋到结束战斗仅30分钟。十二支队七连以反冲锋对付反冲锋，七、八连连环爆炸，七、八连的两个第二班抓俘虏最为出色。这次战斗的勇猛迅速，机动干净堪称模范。

11月20日　岭头村

消灭三十六师战斗之后，我们曾住过这个村子，今天又来到这里。上次住党文炳家中，他家4口人，因为不了解我们，老党藏在门背后的暗洞中，大姑娘藏在粮囤后边，后来关系非常好。我们走后六纵八小队一个排住在村子里，排长王冲礼就住在他家，当这个排走时，老百姓哭，送到村外，令人感动。昨晚部队一到，老乡到处找，早晨去看他们，给我们吃蜂蜜，喝茶，姑娘给我们拿核桃。每次吃饭时，老党和老婆到处找我们，非常亲热。原来我们走后，敌第一师、六十五师、三十六师都在古九月初二来此，把他家儿子抓去当兵，把家里东西一抢而空，鸡也捉完了。我们住这时涝池有几只白鸭子浮水，下午大家围着看，非常有趣。可是敌第一师来了把鸭子杀了，鸡杀光，猪都吃光。老百姓见敌人捉小猪便说："猪太小。"敌人说："小，比鸡还小？"并翻箱倒柜，掘地三尺找八路军，拷打党焕锁的儿子说他是八路军，党花了3亿法币才换了一命，他们又强奸妇女。一句话，把老百姓欺侮得不成样子。在这期间老百姓站在窑顶看，如远处来了穿黄衣服的就扶老携幼赶快逃跑。当看见穿灰衣服的就老少出村欢迎。这家的小孩一天拉住母亲的衣襟说："穿灰衣服的叔叔还来不来？"老乡望着儿子哭："灰衣服叔叔快来了，娃娃。"老乡说前天农历十月十四，王庄镇赶集，突然白军来了把人围住搜钱，周围各村拉了很多人去。后来一次打仗中，我们俘虏了老乡的儿子，派人给他送回来，老乡感激得泣不成声。

农民总是农民，比如敌人搞得很惨，但解放军在他家住，他知道解放军用了或损坏老百姓的东西，要赔偿，他故意说他丢了东西。农民身上的愚昧和落后需要怎样力量才可改善呢？

下午敌搜索营来侦察，我追击，敌人已逃跑。至晚始归。

11 月 22 日　于蒲、澄、白三角地带之马胡镇

夜 4 时向西南行，冒着雨一直翻了 6 座山，战士说："一上十下仅够招架。"今天上午 10 时又冒着大雨出发，行路难，通身大汗，肚子饿、口渴、腿软，棉衣都湿透了。革命就是这样来的，谁知道胜利之不易，及至天晚始到塬上。可是突然又命令出发，一直到夜 9 时过了胡马镇到马庄。淋着大雨，眼前一片漆黑，什么也看不见，北风怒号，人们静静地坐下，就地休息，千军万马没有一点声音。坐在泥水中，上面倾盆大雨，但战士们还鼾声大作。今天在泥泞中行程八九十里，累极了，晚上一个房子挤四五十人，抱着膝盖就睡着了。能有这屁股大的一块地方也是不易的。据说十七师被消灭，正副师长均被我军活捉。敌一师、六十五师等已过去，我们专等后来者打。雨依然下着。

11 月 23 日　于蒲城东北四十里之盘龙村

敌人已经过了两个师，我们统统摆在这里等九十师过来伏击。中午天阴，雨断续地下着，我们向前移到了蒲城东北 45 里、孙镇以北 5 里之盘龙村。老百姓纷纷向我们控诉敌人的暴行："先要辣子后要醋，揭开箱子找八路。"这家老太太对我们非常好，叫我们坐到她的炕上，并说："不要走，明天给你们压饸饹。"真像慈母一样，还硬要我们吃饭，说敌人的六十五师来鸡猪狗猫均被杀光，六十五师广东人说话听不懂，拍屁股说："要这个。"老百姓以为他要大便，便引到厕所，他大怒用刺刀刺老百姓。老婆的女子在城内，城内人家问她："八路军杀人不杀？"她说："你们不要怕，人家好得很呢。"蒲城周围老百姓的门板、席子统被拉去盖工事。城内敌士兵窃窃私语："不算事，八路军一来就缴枪。"这个村子有人家没劳力。敌人逼着他雇人修工事，

一次就得花六七石麦子，早晨甲长也被拉到孙镇。我们来了，甲长说："我给引路，长短把那孙子消灭了。"这就叫民心所向啊。

11月25日　于北盘龙　阴

听说九十师过去了，二十四师在公路北掩护，我们四旅准备12时出动。

消灭二十四师于洛河边——部队中午出动。据说敌人已知道我们的意图，于是我们就不顾一切地消灭二十四师。部队出门向南一口气就是15里的跑步，赶到郭家庄，敌人跑了。我部又插到石家，眼前的敌人向东西陈家庄逃跑，部队不顾一切地猛扑。十团一营三连突击，他们像猛虎一样惊得敌人目瞪口呆。我和机三营在后边，炮弹一打我们就躲一躲，直到夜里我才赶去指挥所。这时敌人基本已击溃。二纵队抓200余敌人，打死的更多。当我出去时，看见抬下不少伤员，有的把头全部打没了血淋淋，只有半个尸首。革命就是用这么多人的鲜血、生命换来的。试问我做了多少工作？在那猛烈炮火下，我的心在颤动。

11月28日　于下蔡

午夜3时永丰镇被炸开，炮火吼叫，这一刻指挥部及每个人都紧张万分，成与否决定在这一下，炮弹差不多快打完了。据说敌人万余人，司令员和杨政委均在电话上问："进去了没有？"声音是颤抖的。不一会，十二团说："进去了，十一团跟上进！"这样人才放心，这时指挥所移到更前面。向前走的过程中李主任负重伤，李、张科长均负伤。进去之后，一直激战至今日8时，战斗基本上结束了。但敌军部还在顽抗。

9时四旅十一团五连打到敌军部，找不到军长李日基，战士李士耀掀开一个箱子，揭开一块木板找到一个黑洞，于是诈唬："出来！"里边爬出几个，第一个承认是"参谋长高宪岗"，第二个问："叫什么？"答："开汽车的。"旁边一个解放战士说："他是二十四师师长！"于是于厚之苦笑了。这时旁边坐着一个40岁左右的人抱住脑袋，战士问："干什么的？"答："特务长。"战士李元生说："把你烤成灰我也认识你！"这家伙说："你认得我是谁？"李说："你在一六五旅当旅长，我在那里当兵，你现在是七十六军军长，我是解放军战士。"李日基这个国民党中将军长绝望地低下头被带出指挥所。刚出门飞机来了，他倏地溜到窑洞中，战士哄然大笑说："你这个草包，那是美国飞机，只打老百姓又不打你，怕什么。走！"李低头不语被带到指挥所。这次俘敌还有二十师师长吴永烈。

这次战斗，虽在一个狭窄的镇子，却消灭敌人一个整军。永丰战役本纵队共歼敌

15000 余名。全野共毙伤俘敌 25000 余人。

11 月 30 日　交通镇附近小村

拂晓又向北转移，到达交通镇附近，各部都抽人去看管俘虏，这次战斗十二团是主攻，打得非常顽强，这次是典型的平原村落战。

这仗打得好是在辛林动员时，从时事教育着手进行了一个星期，战士们摩拳擦掌都要求打仗。再追忆荔北大壕营一战经验教训，展开广泛的批评、讨论战术活动。大家认为营指挥比较弱，于是又展开不分昼夜的演习，提高指挥员与战士的水平。这些活动对这次战斗颇有作用。

11 月 2 日　于澄县西十里之柳家塬

部队向澄县转移，纵队住南关一带，我们住在城西沟边之柳家塬。

今日到纵队写了几篇稿子：《大战永丰镇》《夺取西关》《战斗胜利决定在充分准备反复检查》，另写《活捉李日基》。

12 月 4 日　于澄城县南关篡业村

写《大战永丰镇》。战士用手榴弹迫击炮打敌人，展开群众性的爆炸战。

12 月 7 日　于合阳坊镇以南 15 里之来家庄

今日从澄县向东行80里，到来家庄，宿营整训。天昏地暗，北风卷着黄土，发出怒号，冬深矣。行军中看连队上黄衣服比灰衣服多。此次四旅伤千余，全纵队伤亡 4000 余人，胜利虽大，伤亡亦不小，胜利的历史是鲜血写成的。

12 月 11 日　于来家庄

写了《胜利是怎么来的》一文。

我看了一纵烈士传和英雄传，使我想起盖培枢、许柏令、李主任、李侃等很多同志，这是新的一代知识分子之代表人物。经过整风及党的 10 年培养，涌现出一批新的知识分子，他们大多数系富有家庭出身，他们都是多么优秀的人。

12 月 13 日　于来家庄

永丰镇之战，十团贵才、马占胜、刘部长等同志都牺牲了，七团打得只剩下一个连长了，战争是很残酷的。贵才这个可爱可敬的小战士，献出了他幼小的生命，每想起来，心中无限悲痛。

12 月 16 日　于纵队驻地基南村

奉命回纵队，明日去总部开记者会。

张树才同志是我华东部队一名英雄。在徐州之战中，11 月 12 日下午 5 时华东野战军某部，向敌外围发起攻击，打了一小时，敌一营仍借险顽抗。张树才挺身而出说："连长让我去，不完成任务不回来。"他抱上炸药跃至碉堡前，离地碉有十来步远，3 个敌兵向他扑来，在这紧急关头，他抱上炸药拉开导火线，全力向敌碉扑去，口里高喊："只要完成任务死也光荣，你们来吧！"一声巨响，地碉敌人与张树才同志同归于尽。

12 月 20 日　郭家山

我所写《平常的故事》《跳出老一套圈子》，被大家认为是好文章。在写作上我们失于单调，许多人大概还没有意识到这一点。

12 月 25 日　于郭家山　天放晴

这几天讨论新闻业务，感到自己很贫乏。新闻写作首要的是与目前形势和动态吻合，写作形式短小精悍，过去往往贪多，什么问题都讲，什么问题也讲不清。

12 月 29 日　于纵队所在的基南村

今天是二纵庆功大会第二天，与会杰出英雄 400 余名，甘泗淇主任讲话。司令员也讲了话。

司令员在讲话中说，我必须向战士们学习，学习他们无限的阶级责任心。学习还必须从两方面着手，第一从诉苦中，从人民的痛苦中，从自己过去悲惨的生活中去体会。他说，战士们去诉一天苦，直到深夜还大声哭泣。英雄们因为他们受的痛苦最沉重，所以他们的阶级觉悟也表现得最光辉。在座的特等模范范绍通同志就是在太原拉过 15

年洋车，他曾有多少次又累又饿昏倒在洋车旁。诉苦中战士们号啕大哭深夜不散，我每想到这些，坐立不安，想到人民的苦难，对敌人无限仇恨。

记得在大革命失败后，我当交通员，那时很困难。我用 1.6 元钱买了一把刀子，我想万一让敌人抓住，没办法我就自杀，反正老子不叫你捉活的。有一天在池塘边，有位赵老先生，他是苏联留学生，党员。他说："你这样做不对。"我说："这为什么不对，这还不坚决？"他说："共产党要忍受人所不能忍受的痛苦，他为人民事业，要活到最后一口气。"我把刀子摔在池塘里。赵先生说："唉！为什么扔刀子，刀子不自杀，还可以做别的用。"在多年战争中，千千万万的英雄时时都在教育我。请同志们看在座的特等战斗英雄杜立海，今年 5 月在罗家凹抗击中，他和他的战友打退敌人多次反冲锋，当撤退时敌人插在身边，他左腰数处中弹，伤势很重，当敌人到他身边时，他口里含土躺在血泊中装死。敌人从他身上翻出党证和加拿大子弹，发现他是党员干部，于是翻过来倒过去在他身上找东西。用刺刀把他的衣服挑破，皮带挑断，当敌人伸手在他身上搜东西，他几乎停止了呼吸。他想："你用刺刀捅死算你的，捅不死老子再和你干！"他终于骗过了敌人，在黑洞洞的夜里爬着找回部队。他几次昏过去，清醒时他又爬，就这样硬是爬了回来，他顽强的共产党员的意志，强烈的要活、要回到部队、要战斗、要为人民战斗到底的精神，使他有了坚强的生命力。司令员反复指出："我们要向千万无产阶级英雄学习，从他们身上汲取力量。"他又表彰了几位英雄。

咬下耳朵的英雄——九旅的陈自德同志今年 4 月在西府战役、永寿县常宁镇战斗中，他送信闯入溃退的敌人中，负伤后毫不畏惧，和 3 个敌人扭成一团厮打，扯下敌人的头发，咬下敌人的耳朵，最后终于俘虏了敌人。

裹肠再战——夏季消灭敌三十六师的反击战中，六旅英雄韩德荣同志，在夜晚冲入敌工事跟前，他肚子被敌人炮弹炸破，肠子流了出来，他左手按住肠子，右手提着手榴弹拼命向敌人爬去。他没有想到自己能不能活，而是想着如何完成任务。当部队上来发现他时，他已精疲力竭，还说："我没有完成战斗计划，对不起上级和同志们。"这时他仅剩最后一口气，他说："请承认我是一个共产党员吧！"

与敌同归于尽的英雄——黄文华，四川人，瓦子街战役时的解放兵。他是九旅八团战士。在永丰镇战斗中，第一个爆炸组上去被打倒，炸药丢在半路上，黄自动抱起 50 余斤炸药，在密集炮火中前进。炸药被敌击中，在黄文华怀中冒烟，转瞬即炸。此时同志们焦急万分，连长狂呼呐喊："丢下！丢下！快炸啦！"黄文华同志回答："不要管我"。于是抱住炸药靠住外壕，外壕炸垮，他亦牺牲。同志们踏着他开辟的道路上去了，这种完全出自自觉自愿的无产阶级英雄主义行为是劳动人民千古不朽的典型。

用嘴排尿——二纵队卫生部护士班长王作理同志，当一个伤员因无法排尿而面临死亡时，他用嘴吸吮为他排尿，救活了这个伤员。

讲到这里，司令员非常激动地说："中国历史上从来没有像解放军这样勇敢的军队……我们不怕任何困难和牺牲，我们敢于胜利，也一定能胜利。我们永远遵循毛主席所说的：'共产党人不脱离群众就会无敌于天下'。"讲话在经久不息的欢呼声中结束。

12 月 31 日　于基南村

1948 年年终，各部队都在总结一年的战斗。通过这些总结，可以看出人民队伍的成长——二纵队，这一年消灭敌人 4 万余人，活捉 2.9 万多人。记得 1947 年 3 月，二纵队过黄河保卫延安，在陕甘宁边区作战时，兵力才 9000 余人，炮很少，和去年冬天相比，过去迫击炮 54 门，现在 108 门，过去六〇炮 100 门，现在 162 门，现有山炮 18 门，野炮 4 门，重炮 4 门，步兵炮 4 门。重机枪过去每团三四挺，现在是 78 挺。迫击炮送炸药，现在半小时可送 1.5 万斤炸药。每次战斗，仅是大炮就可以打 2 万发炮弹。120 发炮弹，可把敌城墙打开 8 米缺口。

看到这么多枪炮，我感慨颇多：我记得去年部队在陕甘宁作战，一次战斗只打三五发炮弹，及后像沙家店战斗中，独四旅打了 80 发山炮弹，就认为是了不起的事。攻打韩城，只有 7 发炮弹还有 2 发打不响，十团全团只有 13 发迫击炮弹，也有 5 发打不响。1947 年 3 月，二纵队过黄河保卫延安时，只有 9000 余人，经过多半年残酷战斗，我兵力曾减少一半，有的连队只有一二十人。可是经过 10 月苦战，歼敌近 2 万人。1948 年 2 月末，我二纵队二次渡黄河入陕作战时，已成了三个旅，兵力为 2.4 万多人。现在达到三万几千人，几乎是西北野战军的一半。今昔相比，令人振奋。

三、　1949 年（选编 125 篇）

1 月 1 日　于合阳基南

1949 年元旦，冬季整训中于二纵政治部宣传科。去年和今年，是中国革命最复杂、斗争最激烈的两年。我要把我对战争生活的见闻和感受，仔细记录下来。

晚上，我找六旅的解放战士张铭谈话，他 28 岁，在国民党部队当了 16 年兵，他主要的战绩是在消灭敌三十八师战斗中，夺取了 4 门野炮。他将俘虏、炮、牲口交公后，当晚又参加大荔附近的大壕营战斗。解放兵，已经成了我军补充部队的士兵的主要来源。随着战争形势的发展，解放兵的作战积极性越来越高。这些解放战士，不像我们的新兵——农民子弟，他们受过正规军事训练，有作战经验，十分可贵。

二纵队大检阅，今天 3 万余人集会，各种炮 400 余门。会场上人山人海，战马飞驰而过，全场高呼口号。人民军队强大的力量令人兴奋，虽大雪纷飞，但人们欢腾呼喊，毫不觉冷。

全纵英模会今日开完了。

1 月 7 日　于总部所在地郭家山　阴

大风，行 70 里，下午始回到分社。

1 月 8 日　于郭家山

和三纵五旅同志谈，这次永丰镇抗击中，一连被敌人包围，后突围出来。有个电话员伤残掉在井中，听见有人来，他叫喊，被人拉上来，他到井口一看是敌人，自己又跳下去跌死。

三边沙漠中：记得在三边沙漠中有人渴死，有人脸发红，口吐白沫，没有水，只好拿尿灌，革命之艰苦，非亲身体会者不得而知。司令员谈，保卫陕甘宁中工作最混乱要算三边了。

白老虎连——守锦州外 100 多米高山头，敌以两团兵力反扑，把他们包围，后来连队撤到小村，又被包围。这时指导员烧了一切文件，把新领的津贴撕碎，连长把手枪砸碎，炮手把炮炸毁，号兵把号打破，尘土飞扬眼睁不开，勇士们一面高唱解放军战歌，恶战 20 多小时。敌人不敢前进，37 位勇士终于夜晚突围。临突围时有一个伤兵看大家为他作难，拉开手榴弹高呼："同志们你们走，毛主席万岁！"并说："告诉连上同志，我是共产党员，我牺牲是为了毛主席，祝战斗胜利！"用手榴弹自尽。

1 月 10 日　于郭家山

今天消灭江北徐州全部敌人，杜聿明等 3 个兵团，这将对中国形势影响极大。

林朗同志报告时事，他说东北在消灭敌人中只伤亡 6 万人，70 万军队只有 1 人逃亡被枪毙，只有一件犯纪律的事，即拿群众一把铁锨。我军士气情绪之高，由此可见。

1 月 11 日　于郭家山

伟大的嘱托：有个指导员负伤很重，抬下来时已无法挽救，他告诉连长：我们计划没完成，告诉同志们我死没关系，要"完成任务"！他用了全部气力说罢便闭上了眼睛。

东村之战中一次战斗抗击，伤亡很大，打退敌人多次反冲锋，后来敌人反扑上来。面临危险，团长从侧面调来一个排。

团长问："来了没有？"排长答："来了！"团长："来了多少？"排长："全排都来了。"

团长一看所谓全排只有 4 个人，团长很感动，因为战士们有信心怕首长担心，才这样笼统地回答。他们一直坚持到第 2 天。敌人打了 1000 发炮弹，认为没人了，上级也以为该连已全部牺牲。可是敌人扑上来，活着的 3 个战士用仅有的 3 颗迫击炮弹把敌人打下去，完成了任务。这是多么可歌可泣啊！

1 月 17 日　于郭家山

战斗故事——荔北战役中夜里我们抓到敌人一个号兵，班长叫号兵吹号把敌人调来，被我解决。

在攻击韦庄梁时，敌人动摇，部分战士连攻下 20 多道工事，结果打红旗的还在他们后边。一直冲到最后一道工事，他们人少，敌人反冲锋 3 次，最后只剩下一个排长和一个负了伤的战士。他们睡在地上拿手榴弹打向敌人，后来他俩头部负伤，敌人十几人冲到跟前时，他们拉响手榴弹与敌人同归于尽。

战场上，常看到争着完成爆破任务。班长说："同志们你们掩护，我去。"战士刘二厚争着说："我去！"一个说："你是班长你要掌握一班人，我去！"一个说："你们俩同是共产党员，我牺牲了你们还能领导这个班去完成任务。"一个战士负伤 3 处，生命垂危，班长去，他躺到地上说："班长，我完成任务了。"有时，大家连流眼泪的时间都没有，有的举手敬礼，有的边向前跑边回头向牺牲的同志看上几眼，继续着战斗。当伤亡多时，战士们普遍大喊："不要忘了我们是穷人！"有的说："同志们不要忘记他们为穷人牺牲！"有人哭了，战士大喊："哭什么，把眼泪擦干，擦干！"

九连战士吴秀之牺牲后，手里还紧紧抱住机枪，同志们把手指一个一个扳开来，拿下机枪。因为在武器弹药不足的情况下，战士们都知道这挺机枪对自己的军队，有多么举足轻重的意义啊。

有一个战士负伤叫他下去，他转了个弯又作战了，连长见他回来了问："你为什么回来呀！"他说："我是轻伤呀！"实际上这位战士已负伤3次，后来连长负伤4次，战士再督促他也不下去。

杏子河战斗中抗击，前边战斗员负伤，人员越来越少，伙夫、文化教员都拿起武器冲锋，他们说："同志们，要完成我们的计划。"小炮手炮弹打完，自动组织起来，拿起牺牲者的枪又战斗了。

一个战士负伤坚持射击，一直扛到部队上来，他因过度紧张和疲劳而昏倒了。同志们把他背回来，当他半清醒时大叫："冲锋呀！我掩护！"

敌人向一排进攻，战士们建议"趁敌人不注意我们从侧翼前进"，领导采纳了建议而打垮了敌人。

记者会上，大家谈小资产阶级的特点，一般小资产阶级参加革命最初为热情奔腾时期，像延大出来的学生说："延安每一块石头都是革命的，窑洞比洋楼好，小米比白面强。"这些人以各种各样动机参加革命，因婚姻、求学、或书本影响、或被热情鼓动等等。

一接触实际，幻想也破灭了，又从一个极端走向另一个极端，看什么都是问题。苦闷、彷徨、怀疑，他们总要在斗争的实践中，开始对现实有了些认识，而走向实际。踏入实际生活中，也常有斗争，和自己的各种作风、思想斗争。这些改变因素有内在的也有外在的。会上不少人讲自己所走道路的过程，有的讲得痛哭流涕。这个过程我经历过，苦恼根源只有一个——个人主义。

1月18日　郭家山

多大的智慧就有多大的苦难。

多大的名望就有多大的嫉妒。

1月21日　于郭家山

开会讨论每个人的思想。国民、雪凡、延晓、光耀、波清、郅平、李曼、春录、星全，都在谈自己成名思想等，批评波清，他大声哭了。

读1949年1月18日的《群众日报》。

我把自己一生写下来，就是这个大时代的一面镜子。当我回想起自己穷苦的出身，千百万人民痛苦的生活时，我的苦闷就消失了，干工作就更起劲了，当我想到个人名誉打算时就苦恼了，我应该时时提醒自己，记住对人民的责任感，记住自己是贫苦人民的儿子。将来写写小资产阶级思想的变化过程，是很有意思的。

1 月 25 日　郭家山

办理临行手续，整天整夜都忙着。今年林朗同志代表总分社任命我为副主编。唉！当记者好得多，很想写东西，个人想法与组织要求又有了矛盾，思想在斗争，我知道不纯的东西在袭击我。

1 月 28 日　于韩城家中（农历除夕）

今天是农历除夕，我下午 3 时赶到家，可怜的母亲喜出望外。儿行千里母担忧，我听说母亲自我离家，她老人家，每天都在城外的桥头，等我的书信，盼我的归来。谁言寸草心，报得三春晖，我这个做儿子的怎样去报得三春晖呢！

过年，唉！这是穷人苦难的日子，唯有解放后第一年的韩城，是不一样了，你看吧，逼债的现象就没有了，到处一派新生的喜气。

2 月 9 日　于秦庄头　大雪

今天去十团和李政委谈了谈，这个学生出身的优秀的人，他谈了很多心情。他在实际工作中一点一滴地体会，发现自己在思想上常走弯路，他说小资产阶级想个人的名誉地位多时，他的工作积极性，他的愉快就少了。很多很平常的话和道理，自己需要走很多路才能体会到，比如群众路线，成天喊，其实走了很多曲折的路，才从自己经验中懂得了，"人总是凭借自己经验走路的"。

2 月 10 日　于秦庄头　雪止天阴

杨政委是个标准的优秀的工农出身的军人。他说在红军时代，自己在团上工作，成天"收容"病号伤员掉队者，给战士扛枪，热情非常高。他常想"没有做不好的事"，很多人都受了他的影响。他说："要对敌人仇恨，像司令员那样，一说打仗满身都是劲，恨不能把敌人一口吞下去。"他常说："一个军人要威威武武的。"他中等个头，目光有神，军装整洁，动作干脆利落，一派军人风度。打宜川越过圪台街，抓住敌人买菜的，查线的共 8 个人，一问 8 人属两个团，就知道敌人的兵力，比原估计得多，他和旅长都说："这仗打不成。"但司令员已下了打的命令，那是没二话好讲，"坚决要打下。"他讲，宜川战斗，司令员说，这对我们部队是严峻的考验。战前仔细做准备，开各种会，开党的会。开战时我军正面说是两个营攻，实际上人数只有现在两个连，大家却信心十足。这次攻击成功原因之一就是出乎敌人意料。敌人满山工事，有四五座钢骨水泥工事，一个营把守。敌人认为陡岩峭壁我们不会从那里攻，可是我们偏从那里攻。我亲眼看见王中正被地雷炸得摔到空中。当部队上去时，杨等人从洞子爬进去，人拥满其中。杨上到城上，这时王参谋长踏上地雷，幸好没炸。

在攻击时，杨、顿在十团，司令员在十四团，司令员说："咱们比赛，看谁先打上去！"他到十四团，趴在那里射击，那真是冒险啦！可是谁拿他也没办法。

曲寺交战斗，打坦克后，负伤战士血衣换不过来，动员大家捐衣服，杨政委把自己的衣服脱下来给伤员穿。

李恽和政委对待部队就像对自己的家一样，前一次在韩城打仗，一晚上跑了七八个人，他心里非常难过。旅政委杨秀山看出了他的心情，什么也没说。顿旅长转身就走了。要知道部队出点问题，他总难过好些天，认为这是自己没做好工作。

部队也有人虽然是老干部，但不开朗，农民狭隘自私的意识深深地束缚住他，所以他不能有所作为。另外文化低，学习有限，工作上常是经验主义，老一套。

谢主任是一个典型的好干部，睡觉做梦都想工作，有些事务主义，抓不住中心，成日忙忙碌碌，但是个好同志。

2月16日　于秦庄头

四旅开党代表会，贯彻前委党代表会议的精神。从今年2月1日起，全国解放军统一编制，我所在二纵，改为人民解放军第二军，二军所属独四旅、三五九旅、独六旅，改为四、五、六师。

2月17日　于秦庄头

今晚和杨秀山政委谈了好久。他说你写八班，一五一十，丝毫不要夸大，只有切实的才是真实的。他每天早晨坚持一小时学习，他说这种习惯是敌后工作养成的。那时不敢早睡觉，因日本人常来袭击，早晨起来没事干，就读书，已经成习惯了。他说："不学习不进步必然是经验主义。"他看某首长翻看列宁的工作方法一书，用铅笔画了、批了，在列宁《两个条略》中写道："必须消灭沙皇制度，代表会议（新火星派）也忘记了当政权还留在沙皇手中时，无论什么代表的任何决定，都如 1948 年德国革命史上有名的法兰克福'国会'的'决定'一样,成为无所谓的可怜虫……"杨在上边写道,现在我们革命部队中,有人不想将革命进行到底,毛主席伟大就是他能正确地运用世界革命中的经验。他说"有很多事,书上早已说明,但我们同志不读,这叫睁眼瞎子。"我明天就到八班去,他对八班也很感兴趣。在普通生活中他总能注意到许多新的事物。这位同志满身充满工作热情。

2月19日 北棘茨村（韦庄以东15里）

今日在此休息待命,上午召集营以上干部会。杨政委给干部们讲作战,大意如此:我们要积极作战,攻如猛虎,守如泰山。把主力摆在两面,少数部队放中间吸引敌人消灭他。手榴弹投到敌战壕,刺刀要见血,布置阵地做工事要快,火力组织快,打得快而坚决,速战速决。

带兵打仗,到了战场就得心狠、勇猛。有些人不顾一切猛冲,一看扑通倒下一片就心软了,过不去了。但部队停止下来损失更大,他没想想,往往这样伤亡倒多,战时一时的迟疑会铸成大错。这个看法很对,的确如此,胆小怕事,犹豫不决,那是带不了兵,打不了仗的。

《英雄的十月》是华山写的文章,读着内心震动。守塔山的英雄,9个师增援只隔半天路程方可到达。塔山的兄弟部队,对面是距400米的敌人,左面是海,右面是山,中间十来里狭长地带无险可守,只能依托几处村庄。敌人从海上、从山上、从天上,日夜轰炸着,每天总有5000发炮弹落到阵地上,村庄毁灭了,工事毁而修复达数十次。指战员耳朵被震得流血,但仍坚守阵地。某师长指着脚下的焦土说:"我们的阵地就在这里!"日日夜夜战士们抗击着6个师的轮回猛攻。地碉被炸塌了,转到沟壕,沟壕被轰塌跑到弹坑,子弹打光,用手榴弹,手榴弹打光用石头打,正面挡不住插到敌人中间去。战士们想以反冲锋消灭敌人,冲到敌人屁股后头,后头走的机枪组长当全组在敌人夹击中机步枪都坏了时,他夺过敌人手中武器还在打,最后他单人独枪还是把敌人打垮。在突破海岸的一角,独胆英雄消灭10倍于己的敌人,在伤亡殆尽的土坎子上,击溃整营敌人的是4个重伤号。两个打残废了的战士,下火线坚决不让人抬,打瞎了眼的把打坏腿的伙伴背上,断腿的在背上指着路。敌人7昼夜发动3次总攻,整营整团冲锋不下数十次,轮番冲锋,但人民战士在火海中屹立,有150人在火线上挂上"勇敢奖章",在百米的地上,敌人倒下好几百,血水成河,敌人付出7000伤亡,但未能前进一步。敌人用机枪赶着,好容易进了十多米,却被英雄们按倒在火网下,全部投降。就在完成狙击任务这一天,锦州的英雄们以31小时速度,攻克锦州震动中外。这是《群众日报》2月3日刊出的。这样英勇悲壮,在陕北战场何尝不是如此呢。英雄啊!人民的军队。

2月20日　于永丰镇南之石马村

此村外有一石马，相传该石马从皇陵中跑到此村，故名石马村。

今日从业善镇行30里到此村，命令半夜一时出发，向蒲城前进。

原十团李恽和政委，现在为师政治部主任，他是一位出色的政治工作者。在山西打临汾时，部队从下午出发行军到次日晨。他让统计脚上打泡者，全团有406人。当时每个人都显得疲惫不堪，情绪不高，听不见歌声。他问教育股长："怎么不唱歌？"股长说："疲劳得不行。"他说："疲劳是理由之一，但是共产党员说疲劳不行，不害羞吗？"他想，必须讲一次话，一次生动有趣的话，他盘算着。偶尔间他听到两个战士扳住脚有趣地说："我这个泡大，是榴弹炮。"那个说："我是迫击炮。"李主任听了很有意思。一次他讲话说："同志们告诉你们一个消息！"战士们都竖起耳朵注意地听。他说："我们要打胜仗了，我们现在有好多新式大炮，"他问："你们谁脚上泡最大？"大家举起手，他说："这是榴弹炮！"他又问："谁的泡小？"又有不少人举手，他说："这是迫击炮。"他说："我们是什么人的队伍？"答："劳动人民的队伍！""谁领导的？"答："共产党领导的。"他说："对啦，我们是共产党领导的人民的队伍，我们怕什么？"战士们喊："什么也不怕！"问："打了泡怕不怕？"答："不怕！"他说："我来喊个口号——今天晚上要洗脚，不洗脚是乌龟！"大家哄然大笑了，议论风生，气氛大变。

他说工作是一个表，那是一套有机的组织领导，任务就是上发条，他说我们做工作要学资本家。在行军路上，他常和这个谈话，跟那个交谈。他告诉我，"今天我遇见一个好指导员，这个人头脑清醒，我给他工作提意见，他说：'按我们连情况不能按你说的办。'你看，这样人有主见有个性，敢于提相反的意见，知道正视实际情况，这是个好干部。"

北廓村——保卫战等，我应记下。

2月22日　于蒲城贾曲镇西之小村

昨晚从黄家寨向西南走，部队要插到蒲城与富平之间去抗击和打援。午夜1时出发，天黑地暗，枪炮声清晰。攻蒲之部队已开始，可是及至天明反而毫无声音，原来敌人已全部逃跑，仅一、二保安团，全部缴械。今日始知潼关、耀县、蒲城等地全告解放。我们夜1时出发，一路行进颇急，行50里天已明，到达贾曲镇附近。天明赶到，一营前卫部队尚未进屋，干部即去看地形做工事。一营副营长吕克勤站在高处眼迅速横扫平原，然后简单地说："一连来一个班向西南伸出警戒。"后因蒲城解放，任务变更，没打成。

一营几个干部各有所长，像一营长赵连祥，副营长吕克勤勒和温庆生是一类型的人。张东柱，是个忠诚老实切实工作的人。黄毅之，工人出身，工作有魄力，急躁、爽直。

到连队看见卫生员小鬼，通信员和班里战士三五成群开小组会。这是一种政治生活，每天开生活检讨会，谁有优缺点马上提出，或者黑板报登载，从而养成一个人的组织观念与纪律观念。这一套小组会检讨、黑板报等，照敌人说法都是一种"非常厉害的办法"，照我们说是一种非常平常而伟大的方法。

2月23日　于贾曲以南小村

昨日到午人家，70多岁老母与儿子相见痛哭失声。在这里休息一日，昨晚小雨连绵直至今日下午未止，令人烦闷，令人厌倦。

2月25日　于临潼康桥镇　阴

昨天敌人连饭都没吃成偷跑了，我们到此地距渭河30里。

部队出去做工事，可能休息一天。老百姓纷纷告诉我，这几天正是国民党政府征兵征粮、急如星火之时，现在一切总算快结束了。

2月26日　于临潼之康桥镇　晴

敌人有少数骑兵在石川河以南之阎良镇（小车站）袭扰，我侦察员和敌周旋。部队在这一线做工事，这里是最前线，随时可能与敌人接触。

参加二连三班开行军检讨会，会中9人。班长周连威是运城解放的，忠诚老实直性子，副班长是瓦子街解放的，李守章是董家庄解放的，还有副排长参加，其余几个都是敌七十六师解放过来的。七十六师解放的一个叫李纪珍的有点儿思想问题，他说："八路军什么都好，就是行军不休息，跑得受不了。"董家庄解放的李守章说："你说得不对，不跑还能打胜仗？"李说："你说得漂亮，你一顿吃5个馍，我才吃3个，我能和你比？"班长说："我说你思想不对，我们是穷人的队伍，要解放穷人，你不吃苦哪还能行。去年我们在西府，陕甘宁作战就是能吃苦才能打胜仗。我们打胜仗是靠两条腿，你就不想为什么我们老百姓来看我们，国民党军队你看见过这样情形吗？"讨论会很有意思。在我们部队多受过几天教育的，和新来的大不一样。尤其解放战士刚来总说你们如何我们如何，老战士听不惯，有时很气愤，这是自然的。解放战士总要打一两次仗才能和部队有血肉联系。

夜晚在前沿阵地：昨晚8时半我随张献奎团长、漆承德政委去巡行阵地，正值正月二十八九，伸手不见五指，露水打湿征衣。我们摸到二连，指导员正在带哨，哨兵们抱上枪来回巡逻，我们到各连巡视。张看见战士们和衣而睡，吩咐连级干部："让战士们把背包打开睡。"说着给战士们把被子盖好。接着进各屋巡察。后来到石青河边，河水潺潺不息，寒风袭人，政委用手电照见一个战士光着脚穿着鞋子，问他："你为什么不穿袜子？告诉你们连长给工事搞一点草，坐下就不湿了。"然后他们看了桥渡口放的鹿寨，离桥还有50米，泥泞不堪，但他们走过去，看了鹿寨，团长说，把鹿寨放到凹道口。政委说："要是敌人过河，哪一块都可以过来。河滩火力可控制，他过来就叫他回不去。"然后又到五连阵地上，副连长在带班。给他交代了任务，又到五连问："战士们解背包了没有？"答："解开了，已经下令了。"张团长说："没那么简单，咱们去班里看看。"到班里有3个战士(伙夫)抱着头和衣而睡，团长说："命令了，你说得简单，还要反复检查。"说着又到了七连，一个战士离百十米远就大叫："干什么的，口令！"政委过去说："你喊得很威严，可是太远了。"团长说："30米以内问口令，如果敌人有侦探，人家就会听到。"政委一扭头，看见一个战士，把枪栓用手巾包着，政委说："你这就不对，如果你用枪时，这就抓家伙啦！"然后到各班去看了看。又到七连警戒上，战士们趴在堡头正凝视远方。团长问："有什么情况？"战士答："打了一梭子机枪，刚才又打了3枪。"团长说："你知道左右及前面还有什么部队？"答："有两个侦察员。"团长说："警戒时，你还要清楚友邻部队的位置，警戒的范围，你前面村住几个侦察员？"……及至回来已是夜11时，找参谋研究了情况，夜12时奉命袭击阎良镇，完成任务回来已是晨7时半了，始寝。

老百姓传说敌六十五师把小孩杀了熬擦枪油，其实这反映了人民对他们的痛恨。人民对我军到来欣欣鼓舞，很多人说："钟在寺里，声在外。"以此称赞我军的声誉。

（注：鹿寨系军事名词，削去小枝的树枝，也叫树枝鹿角，以防步兵用）

2月28日　于康桥镇东北15里高阳村

今日从十二团回到师政治部。

十二团二连的三班长是个好同志，就是领导方式差。比如，到宿营地战士们睡了，他辛辛苦苦烧水，把水烧好叫这个不起来，叫那个也不起来，他冒火了："你们睡死了，统统给我起来！"战士们不高兴地说："谁请你烧水了。"于是吵起来。而四班长方式好，战士很满意。

杨政委讲军事上主要危害还是"一冲主义",这中间包括两种思想类型：一种是保命思想；一种是不用脑子个人勇敢。像十二连长徐永昌打仗自己带头"跟我来"，排长问："连长咱们任务是什么？"他说："冲就对了，问个球！"

十一团有个连长一年没打过一次好仗，7次不执行命令，对他说个人欠勇敢，打起仗，机关枪一响，就吵，"封锁得过不去。"把队伍摆在那里叫零碎的三个两个打掉，有的甚至在这种消极保命下自个儿反而牺牲。战士们说："你没资格当连长，打仗看准敌人弱点猛打伤亡少，而把部队摆在那里怕伤亡，结果伤亡多。"评战术后，在东陈家庄战斗，这个连长猛冲到敌后，俘敌100多，威信大增；而另外一种干部受批评后自暴自弃，"去你妈就是这一锤子买卖"，结果盲目拼命，不积极想办法，造成不必要伤亡而自己也牺牲了。战争是无情的，如果平时人可以这样想那样想，战场可是生死斗争啊。

3月3日 于武家屯之房村

今日收复大荔，四纵消灭敌三十三师等，敌人望风而逃，不对，应该说闻风而逃。

战士心理：战士们也怪，打仗明知要死人，但是真正投入战斗倒不觉得，表现出无畏的勇气。在战场上看到那么多死人也不怕，可是偶然一个什么事，有的人害怕了。如今天行军，飞机3架轮番扫射，死1人、负伤5人，战士见后，有人怕得哭，有的人情绪大变。今天逃亡2人即是证明。有的人动员时鼓足了勇气，可是一颗炮弹就打散了。由此可见人之心理，战士心理是变化多端的，尤其新兵的心理更易多变，而经过考验锻炼的老兵则较定型。

今日住房村即李虎臣故居。老乡云："二虎治陕"二虎者杨虎城、李虎臣是也。今日去其家，如临官府，这不都是来自民脂民膏。这些人都是黄龙山起家，枪杆子起家。

3月5日 于房村（今日去纵队开会）

今天听五师汇报，老百姓看我军好，硬要送猪送鸡，营长坚持不收。走时还悄悄地把送的东西放在床下，谁知还是赶来硬把鸡蛋等塞在战士们手里。

十二团教导队在2月3日于康桥挖防空洞，挖出19斤银子（五六个元宝共304两），当时还给丁银俊母亲（70岁），她要酬谢，要和我们均分，均被婉言谢绝。人口快如风，我军誉满渭北。

3月9日　于阎良镇

夜半3时集合，我们部队向后撤，引敌人进来。敌人在雨金一带杀了百余群众，康桥以南我们所占之房村已在上午11时被敌占领。敌人所至，群众成千上万扶老携幼跟我们部队走，他们说："你们走到哪里，我们跟到哪里。"痛哭失声实在可怜。今日行20里宿阎良镇。

3月13日　于东关洛镇　半晴

今日看见张曼青先生，他和李敷仁先生是同一时期陕西教育界的名流。他告诉我，多年以来，他们一块的很多有正义感的人，大都任职教育界，有的被杀害，有的到解放区，有的发疯，有的在百般的精神肉体物质折磨中坚持至今。他说当他一看见解放军，他还不敢大胆说话，觉得还有某种重负，似乎像在梦中一样，像荒煤写的《无声的歌》，很类似。光明照耀得他眼花头昏，谈得很深，我很感动。他说不久前处在这样的境地：有时几个知己谈一谈，有时苦闷喝酒、发呆、暴躁、大叫，欲言所不能言者，特务每每跟踪……这说明了革命的知识分子在这个时代的苦闷，挣扎与追求。

3月14日　于东关洛　阴　大风

今日剧本告成，很觉畅快。

师宣传队指导员麦苗给李主任一信，云"我请假去韩城看李毅，看下小孩，死亦瞑目"。杨秀山政委看了信说："看孩子、老婆可以，一个军人，死呀，死呀，死就那么容易，多么讨厌的调子。"

张团长每走一个村子，老是说"这个村东边好突破"，而团政委呢，看见一个村子很破，他说："老百姓很苦，组织一次诉苦。"这些话不但表明他们的身份，而且表明了他们不同的性格、生活、习惯。

3月16日　于关洛镇

剧本已写成，正抄写。

青年学生没接触实际以为了不得，其实是无知，书本并非全部知识。比如"写你熟悉的东西"或"深入生活"，似乎10年以前都了解了，到生活中感到并没真正了解。读书会帮助缩短你的认知历程。读了书再实践再读书，这时才是真正的读书。

姚二虎哭鼻子要入党，他到处向人夸耀，我入党是李政委介绍的。他搞宣传，找妇女、小孩群众，头一次还差不多，第二次人家就不要听。有一次听的人都走了，他还在讲，最后留一个人也听得不耐烦，说："你讲我吃饭去了。"

张云龙父亲来家信，责备他不给家写信。此信让李恽和主任看见，他讲："你要给家写信，你父亲责备得对，共产党不是不要家，而是尽可能地照顾家。"

前天李去十二团五连二班，战士们刚演习完，他问战士："你没有饭碗为什么不拿一个？"战士们答："拿了就破坏我军名誉了。"他说这是一种空话，而我们的干部们却满足这种简单的形式主义的教育。他启发地问："你说，为什么不可拿？"战士答不上，只好说："纪律吗？上级不叫拿。"他问："县政府里可能是什么人？"答："可能是小职员，也可能是县长。"李："小职员是什么人……"大家都答不来。李感慨地说：可惜我们有好多同志满足于一般化教育。什么阶级责任心？一句空话。

3 月 18 日　于孙镇（蒲城正西 30 里）

昨天宿汉村，夜半踏着明澈的月光行 10 里到孙镇。张云龙的女人来信说："你革命是革蒋介石的命，为什么不给家中写信，又不是革家中的命，请你检讨。"大家开他的玩笑说："你检讨吧。"

大家坐在北风呼啸的街上，月明如昼，军队南来北往，炮兵骡子挤满一街，战马迎风长啸，显然是大战来临的气息。战士们有的睡得呼呼的，有的抽着烟，不知疲倦的人还在拉着话儿。此时此景，最易想起往事，有的人谈一次大战情景，有的谈家乡往事，有一个四川战士说："在我们家乡老太太给小孩子讲你看月亮中黑影子，那是张果老砍娑罗树，他砍了 300 年还没砍下。你看那两个树枝中不是夹两把斧头嘛！"大家看着月光，谈往事，谈童年，谈上次战斗，说明天胜利，颇有风趣。过惯战争生活的人，这一切都习以为常了。

3 月 21 日　于原来住地杨庄

部队冒雨雪返回，满身透湿，可是刚回来雨雪停止。自然界也是变化无常。
3 月 9 日仍写剧本，利用行军打仗间隙今日完成，十多万字，长达 140 页。

3 月 27 日　于军部所在地业善镇

新闻训练班今日开始。

　　二军宣传部马寒冰部长，34岁，中等个头，南洋华侨，出身商业资本家，精通英语，是部队的人才。他动作迅速，举止敏捷，聪明能干。说话"三眨眼"，鼻子不时抽动，有点儿吊儿郎当，喜欢吹牛夸大，爱出风头，常出点儿小问题。司令员爱才，对他总采取宽容态度。在司令员南下时，和国民党谈判，马总是以副官名义陪同参加，神气得很。可是他平时很怕司令员，如果他出了什么差错，让司令员知道了，大喊："把马寒冰给我找来。"他马上就躲起来。有一次，他从缴获物资中，找了件国民党军官的斗篷，兴冲冲地给司令员送去，司令员一看发了火，他见情势不对头，转头就跑，司令员追出去，将斗篷向他甩过去。他们的关系，故事很多，生动感人。

　　有一位部长是典型的老干部，腰圆背宽脖子粗。猛冲猛打，大声大气爱咋呼，不学习，不用脑子，打扑克能打一天，他背上老包袱："我没能力也没文化，就凭这20年历史闯呢。"他1932年参加革命，战士出身，个性强，很自以为是，这也是一类型的人。

3月30日　于业善镇

　　这几天日日夜夜都在整理剧本，共10场，抄了210多页，相当长。

　　战争是人类资料的淘汰——革命战争是一个残酷的学校，它迅速明确地大规模地锻炼了人。在战火中一个为理想而不知休息的战士的生活，大概是有些人想不来的。在这里人们没有时间想到自己或自己的爱人、家庭。工作和斗争是残酷的，可是，我们的心在这斗争中，仍然是轻松快活……我们的一生都在无休止地活动……因为我们在为崇高的理想战斗。

　　部队一个小鬼平川参加部队，人家说他年纪不够，他本来15岁，可是他硬说18岁。他多次立功，俘虏敌人缴敌枪支装备够一个连。打宜川，敌人封锁公路，他从崖上滚下去，从一个洞中钻进去抓了28个俘虏。打运城九号碉，他负伤坚持在阵地，直到把敌人打退。负伤硬不去休养，指导员没办法叫他在伙房休息。下午他听说攻击澄城，心里发火，提上步枪又去了，碰着指导员不叫他去，他说："伙夫还能立多大的功。"28日在澄城，他上梯子，突然梯子坏了，他跌下城墙，他不吭气又上去了，进去缴了两条枪。在常应负伤，指导员硬叫他下去，他上了药又跟部队冲锋。在医院休养，他领导伤员进行"三不走四不进"教育。他左臂残废，回到连队当通信员，单身和敌遭遇，仍击溃敌人，他说："有右手就能革命！"6次立功4次负伤，为九旅有名少年英雄。

　　十二团五连永丰镇解放战士某人，前两天大风之夜，部队从渭南返回，过河南掉了队。他脚疼赶了一通夜，及至天明，赶到石马村，部队已经走了。他到石马村时，精疲力竭，恰遇一老乡，听他是四川口音，于是让他在家中喝水。谈话中三问五问原来是他 10 年以前抗日中出来的亲哥哥，相见之下，不胜悲痛。他哥哥劝他别回部队，说家中还存 20 石粮食。他说不行，解放军是为咱穷人自己打仗，四川快解放了，一定得革命到底，临行其兄弟送到塬上洒泪而别。此事在十二团传为佳话。

去年，我们到山西闻喜，十团一个一贯不安心的战士，他原为国民党军中一排长，家系河南人，到闻喜突然碰见其父母。我地方政权为他父母安置并分得土地，他大受感动，遂战斗积极，后成为英雄。

4 月 3 日　于军政

九班长无论做什么都是先做后说，他常说："我要对得起党，我要为党牺牲。"这成了他不可击毁的生命活力，中原生产他是劳动英雄，他负重伤还不断地问："连长，我是一个共产党员吧？我是一个共产党员，你为什么不让我再上火线杀几个敌人？"

蒲城战斗后三连看守保安队及电话局，没有一个人拿一点东西，大雨倾盆，大家身上淋湿，也不拿一点东西遮雨，表现很好。但连长巡视时，看见一块好枕头套，便塞到口袋中，当时战士崔凤山指出来。在全连大会上，连长反省："我受到大家严厉批评，这是大家对我的帮助和爱护。"

张来宝，蒲城人，自解放后一贯工作积极、忠诚，不久加入党。去年经过他家门口，上级叫他回去，他说："为劳动人民干革命要有志气，消灭不了蒋胡坚决不回家。"冬季战役部队离他家只有 7 里，叫他回去他不走。永丰战役后离家 20 里，他不回去，经同志们劝说后，给家写了一封信："我在解放军中，上下团结一致，同志们和睦像兄弟。咱家受地主豪绅压迫，我要革命革到底，解放全国我觉得很光荣。"这次出征部队路过家门口也没提起回家的事，他 4 经家门而不入，其精神感动了战士们，该部提出向他学习。大家以此为例进行讨论，展开评比运动。用演戏、画画、快板、报纸表彰，颇为热烈。

4 月 6 日　于军政

打运城两个大碉堡时，发出第一发红色信号弹后，爆破手罗其夫和赵兴友为了争取第一包炸包，简直闹得打起架来，罗刚抱起炸药，赵一把抓住炸药杆："不行，第一包应该是我的！"罗拔腿要走，赵急得要哭，一股劲要求指导员："指导员，第一包让我吧，讲好的我是共产党员！"罗气呼呼地说："你是共产党员，我不是吗？松手吧！"罗、赵平时是一对好朋友，在经验上赵不如罗。指导员拍着赵的肩膀："好同志别闹，马上第二包让你走。"赵还不放手，指导员怕误时间，板起面孔说："我命令罗其夫第一包、赵兴友第二包上去！"罗抱起炸药包冲在前头炸鹿寨，赵不顾一切，紧追其后。在敌人发光弹下，可以清楚看见两位英雄的身影在漫天遍地的爆炸火花中向敌阵扑去。一声巨响，一个头负伤，一个臂负伤。原来在罗安炸药包时，赵投弹掩护，两个人都是第一名爆破手。

两把尖刀：突击班长一声"冲！"三班三个小组向敌人冲去。一组组长于加坡、二组组长甘生，两小组像尖刀插入敌心脏。班长负伤倒下，于加坡跳过去，抱着班长身体，回头喊："还有我，跟我来！"甘生立刻喊："于加坡是我们的班长，跟他冲！"在三面交叉火网下，打下了第3个地碉。两个组手榴弹打光了，便拾起地堡敌投来的手榴弹，两个组长互相向纵深打去。

咬下敌人耳朵的陈自德：他和3个敌人遭遇，他一转身，扑过去拔下敌加拿大梭子，对方是个胖大个子军官，3个人扭成一团。敌人用枪托击破他的头，血顺眉毛直淌。陈高喊："不是我死，就是你死，和你狗日的拼了！"他猛地右手抱住那家伙，左手撕下头发，咬下敌人的耳朵。其他两个敌人用枪从侧面打他，陈毫不畏惧与敌人搏斗。

4月7日　于军政

今日新闻训练班结束。

舍身救营长：围歼黄维兵团战斗中，解放军某部二营通信班班长宋纪志，在12月15日晚，该营攻击杨四麻子庄，营长王正业和通信班跟突击连向突破口涌进。这时右侧敌人尚未肃清，用机枪拼命封锁突破口，王在突破口负了重伤，他倒下的地方正是火力封锁点。在此紧急情况下，通信班班长宋纪志对李广思说："营长牺牲了，部队失去指挥，怎么能完成任务？"说着冲至突破口，抢救营长。他为营长一面包扎，一面把身子伏在营长右侧，用自己身体挡住右面来的子弹，宋纪志同志牺牲了。接着伏在右侧的通信员杨广思也上去拉营长，也负伤，另一通信员小白又冲上去，也负伤。直到把敌人消灭，才把营长救下来。

4月13日　于十一团

战士的梦。这几天他忙着练投弹，晚上睡下也梦见投弹，"够不够40米呀"！他的叫声惊醒了大家，一个战士推醒他，笑着说："副班长睡下还投弹。"果然在练兵总结时，他投45米。有些战士过不了关不吃饭，哭鼻子。练兵练得好热闹啊。

4月16日 于四连

战士们成天都在紧张地瞄准,有很多人瞄红了眼,有空战士们就投弹,连伙房炊事员在做饭之余,也加入了他们的行列。生活在沸腾,我喜欢这样紧张而热烈的生活。

4月18日 于宣传队

部队已过泾河,先取乾县,后取武功。在行军之余,我还忙着改剧本。

宣传队打电话要剧本,排不下去,我又修改了两天一夜。这个剧本给我写作上很多锻炼。

4月22日

今日回到师政开会。

英雄贺启元,在瓦子街战斗中追击敌人,大腿右臂连续负了重伤,他仍指挥全班战士冲击,不顾流血疼痛,把敌人打断的右臂装进棉衣口袋中,继续往前冲,并鼓励战士。他说,我是共产党员要完成战斗任务,为人民战斗死也光荣。他用左手捡起敌人的手榴弹,单身冲入敌群,在手榴弹爆炸声中他与7个敌人同归于尽。

李恽和主任在十团时,常向干部说:"我就是说前进,前进中想办法,无论如何这比你停滞不前好,另外大胆地干,不要怕犯错误,为了把工作做好,大胆地创造。"现在干部积极性高,争相前进,互相暗中比赛,充满朝气。

这几天和十二团政治处谢允中主任一道开会,我对他十分敬爱。他是一位忠心耿耿的人,像诗人说的一样,他的性格品德到了纯化的地步。毫无个人患得患失,纯真得很,像个可爱的孩子,还常出现小孩子动作。有时他在纸上认真地画一只小猫,有时又幻想发明个什么小机器,他拿着小孩子的小玩具,也很新奇。最近某妇女向他求爱,他似乎让这意外事惊呆了,写了一封信:"打日本鬼子时,我说,不打败日本鬼子我不结婚。现在是,不打败蒋介石我不结婚,请你另择佳偶。"发走了这信,谢主任对我说:"怪,战斗生活有意思,我从来就没有什么悲观情绪。"多么纯真可爱而忠心耿耿的人啊!

我军横渡长江!

今天宣布我军30万中路大军于芜湖和安庆间渡过长江。今晨读了毛主席和朱总司令渡江命令,我们打倒一切敢于反抗的敌人,大家欢欣鼓舞。太原已打了5天,今日电讯消灭敌人六个师,太原是指日可待了。

4月23日　于师政

我知道消息较晚，实际是21日我解放军百万大军全部渡过长江的！战绩惊人。

牛志尧常常揣摩战士心理，行军中看见战士走不动了，他也不空喊，他站在路旁鼓励："同志们，张林腿脚疼不掉队。"该战士听了劲头很大。

李主任常叫教导员、股长们和他一块到连队上走一走，回来后问："你感到有什么问题？"然后予以启发。

4月24日　于师政

昨晚12时我军打下南京，消息传来，军民欢腾，国民党22年统治从此寿终正寝。

下午4时我军又攻克太原，真是捷报频传。

4月26日　于师政

去军政，听司令员传达二中全会决议。

司令员讲话中说到国民党区众多的地下共产党员，对全国解放起了很大作用：徐州放火烧了敌人军火库，海军起义，尤其空军起义等。有一空军人员被敌发现，他到上海，化装乘客坐上飞机，起飞后，他用手枪威胁敌驾驶员："飞到解放区去，要不我打死你，或同归于尽！"就这样起义了。

他还说毛主席在战争紧张的年月，每天只睡4小时。王明在内战时是左派共产主义的领袖，犯了那么多错误到现在还不诚恳反省。

今日听杨秀山讲韩钧自杀，这是一个个人英雄主义很严重的人。

5月1日　于四师政治部宣传科

南京、太原解放，大同等地，好消息不断传来，我们亦在行动。

5月4日　于渭南县固市镇附近农村

昨日从石碑村向南行40里，到固市附近之小村。路上又看见温广生、侯傅成等人，温广生的果断的性格，精干的外貌是个理想的营长。

炊事班伙夫班长河南人，大个子，有点呆，什么事也不会做，就会一天蒸三次馍。

另一个四川人，个子特别小，很好笑，爱出洋相，塌鼻子，就像哈巴狗的鼻子。小个子行军掉队，平时很爱漂亮，工作不错。他出洋相说顺口溜："当兵的，当兵的，吃得好，穿得好，当兵的受罪谁知道。"逗人得很。还有个四川兵，二杆子背大锅，愣头愣脑，但对人热情、正直。政治部这伙炊事员我很熟悉。

5月8日　于原地

今日写成《团的领导方法》，又写好《部队政治训练班总结》。在部队就得经常完成这些工作。

5月9日　于原地

最近没有写什么东西，五幕大型剧本《劳动人民子弟》演出，反映还不坏，甚高兴。拟修改寄延安《群众文艺》发表或者印成书。粗略计算，这剧本近10万字。

5月17日　于泾阳东10里之双赵家

昨晚3时出发，一路急行军，经高陵县天已大白，又行30里到泾阳永乐镇以东10里之小村。经过昨天整天行军和今日半夜夜行军，每个人脸像一张白纸。刚拂晓在永乐和敌九十军五十三师一五七团打起来。红日当空，军队频繁调动，大战已开始。听说九旅在泾阳附近消灭敌一个团，十二团在临潼解决敌一个营，敌人毫无斗志，一击即垮。我们俘虏的敌人身上满装牌九、赌具，这样腐败之队伍岂有不败之理。光是临潼敌人两天之内拉兵30余人，高陵县周围拉了20多条牲口，拉人要钱强奸，活像一群快到世界末日的魔鬼。早晨刚躺下，又传来命令马上出发，于是又出动，向永乐泾阳前进。行40里，冒着酷热烈暑衣服均被汗水渗透，大军所到处尘土遮天。下午赶到泾阳，城已为五师解放。刚在城边之双赵家吃过饭，又命令马上出发抢渡泾河。

九连侯福成带战士抢渡，敌五十三师以一团兵力坚守。战士们跳入及胸的河水中，有人在河心负伤，但还是端上刺刀冲上去。七连高振山正和敌人碰了个对面，冲过去夺过敌人的枪，迫使敌人一排投降。当十团三连抢好渡口后，我们傍晚集合，一口气跑了15里到达河边。千军万马涌向滔滔河水，人喊马叫，汽车络绎不绝，照明弹照得天空通明，红绿信号弹射向黑色夜空，像五光十色的瀑布从天而落，异常壮观。两天来日夜行军，涉水过河后，大伙躺在河滩便鼾声大作。唉，可怕的疲劳，此刻躺在潮湿的河滩也是世界上最舒服的时刻。没睡半个小时，又上了塬，向咸阳前进。整夜都在边打边走，每到一个村子都要打溃退的敌人。敌人费九牛二虎之力，跑上几十里，刚站下脚，我们就赶来了，一夜连打5仗。十团九连上了河岸，前边是孙家村，派两个小组去侦察，摸到堡墙下，听敌人在说话，于是侦察小组便喊话，敌人一个班投降了。敌班长说："我是张家口被你们放了的，我知道你们的政策。"前头部队到了颜家寨，天正拂晓，敌人一五九团正集合，九连侯福成带两个班进敌群横冲直撞。兵贵神速，我们跑得可真够快了，不要说敌人吃惊，过后我想一想也觉得是奇迹。

5月18日　于咸阳

侯福成他们冲进敌群，用刺刀手榴弹乱打，把一个团打得乱成一窝蜂。敌人把八九十条牲口，加重武器都卸下，向西突围，不料正迎着十二团直属队。直属队就用手榴弹打死敌人团长李蔚华，俘敌副团长以下1000余人。这个战斗从开始到结束只5分钟。刚结束战斗，休息一个钟头，马上向咸阳进军，咸阳已被十六团占领。我们向兴平进军，行50里到了兴平西南15里之小村宿营，今晚睡了5个钟头，这几天确实够辛苦。

5月20日　于绛帐车站

从马嵬坡车站向西行70里到达蔡家坡。沿途看见很多群众在捡东西被制止。群众的破坏性，实在令人气愤，简直像疯狂了一样，尤其是铁路两旁的人。解放军过路，他们都拿上口袋等待救济，但天气那么热没有一个人烧水，人挤得万头攒动，如动员叫抬一下什么就哗地散去了。使我想起鲁迅先生的很多文章，写那些尚未自觉的群众，那种愚蠢、自私、狡猾。一个时代的先进者，当他遇见此种情形时说：多么痛心。我记起在俄国民粹派先期那些人，固然他们政治主张是错误的，但是他们开始总想把自己的国家搞好，而到农民中去宣传、组织，告诉他们沙皇的罪恶。可是农民打他们，杀他们。肩负时代重担的人，什么时候都是不易的啊。鲁迅先生在国民性上认识得多么透彻。

铁路工人都看守和保护着车站，群众并非完全觉悟，他们认为"我们靠铁路吃饭"。我们每到一处，都要把工人们组织起来。

5月23日　于阳平镇

昨夜3时出发，又返回行60里，到蔡家坡10里阳平镇。出发以来，日日夜夜行军，每天平均百余里，在一个地方住不到四五个小时，平均每天有18—20小时的行军时间。

5月24日　于五丈原（岐山县南60里）

夜3时出发渡渭诃。渭河上搭上一个长达1里非常狭窄的桥。人员是鱼贯而过，山炮及数百斤重的弹药驮子，都是人扛着。人所不能忍受的困难，我们也得去克服，看着人人扛着弹药，弓着背在桥上迅跑，心里有说不出的感动。

五丈原——行30里，在暴烈的太阳下，汗流浃背，登上了五丈原。此地为汉末三国时代诸葛武侯和司马懿鏖战之地。五丈原长约15里，宽五六里，为一葫芦形高地，有诸葛亮屯兵之地，至今尚有残垣断壁遗存。北端有武侯庙，庄严可观，名人题字颇多。有岳飞亲书之前后出师表，南端即秦岭支脉太白山，关中谚语"太白积雪六月天"，确实不谬。太白侧有一棋盘山，山势陡峭。

五丈原北有渭水，东有石头河，登高远眺，甚为壮观。原右侧，有一些土窑洞，住着十多户老百姓，异常贫困，很多人患大脖子病，10多岁的女孩子尚无裤子穿。有两个姓张的老太太，登山给我们送水，衣裳破烂不堪，赤脚担水上来，我们给了一双鞋，高兴得要死，全村作为珍闻相传。我去访问老百姓，这里的农户均为佃户，可怜异常，我心中大为所感，中国有多少这样可怜的老百姓，有多少需要拯救的人，时代赋予我们将是怎样一副重担。

棋盘山为敌把守，我军进至此地，敌人居高临下，炮兵即就地发射，步兵攀登进攻。没有一棵树、一丝风，如火的太阳，似乎要将人烤焦，口干舌燥，焦渴难当。

至晚击溃敌人，打下棋盘山，在一贯营村宿营，其时为夜11时矣！

5月25日

从五丈原下一贯营村，东行10里渡渭河，顺铁路东行20里达常兴车站与绛帐车站之间的东作村宿营。据传可能计划打马家兵。

今天到各车站、各水利局看职员工人，他们等候解放军，接收秩序井然，可见政策的影响有多么大。我十二团已到虢镇十里铺，受到了工人热烈欢迎。这里的工厂照常开工，据说敌人要炸发电厂，工人围住他们说："要炸把我们都炸死！"便将工厂完整无损地保留下来。

5月29日　于东作村

我观察了许多知识青年，这些人参加革命，大部分是被革命浪潮卷进来的，他们中有些人不满旧社会，追求进步，有的模糊不清，知道"共产党能救中国"，有的为个人找出路，有的想搞一番事业，有的看了戏或听一次讲演，一时冲动，并没有什么明确的追求等。总体来说，大多数都有革命的要求，他们积极热情，愿意干事情，思想也比较单纯，容易接受真理。但他们幼稚，想法摇摆不定，有的人对革命队伍一切都理想化，想得很美，一接触实际，碰到点儿什么问题就大惊小怪。据说跑走的女孩子里，有些是碰到了恋爱问题。我军中女同志极少，现在一下来了这么多女学生，真是对部队的一个冲击，不少人纷纷表示爱慕之情。有的女学生惊奇了，说："啊！共产党军队也追求女人！"也不知道她想象的共产党军队是什么样子。

6月2日　于东作村

革命少不了有知识的人，以后的建设更少不了他们，怎样能使他们早一点对革命工作有些认识，让他们早点成熟起来。越来越多的学生参加到革命队伍中来，部队也在想着教育问题。他们中有些已经实际参加战斗，有的去连队生活，参加了解放兵的诉苦会，又参加了乡村的访苦活动。我想他们会在实践中成长起来的。

6月4日　于蔡家坡

从阳平镇行10里，穿铁路上原。太阳如一团烈火罩在头上，炎热难当。沿途有10多位战士晕倒在路旁，卫生员忙着救护。以后的人，会不会知道，革命就是这样来的呢？我们从蔡家坡以西10里上原，走了5里到赵家村，敌人已逃跑。在薛家村从地洞中抓住了两个敌兵，名为陈之桂、胡克成（班长）。这个村子被这伙敌兵搞得鸡飞狗上墙，强奸了3名妇女，拉了6头牲口，8个人，为他背所抢财物，刚出村就碰见了我们的骑兵侦察员。这两个坏蛋被捆起来，开群众会、然后送政治部看押。离开村子，乡亲随后相送，老人泪流满面，让人恋恋不舍。

6月9日　于二家里（补2日十二团保卫蔡家坡）

十二团在王刘家战斗中，以一击三，灭敌一个整师：6月2日胡六十一师进犯蔡家坡工业区，我十二团激战10小时，杀敌六七百人。战斗开始六连以一个排向孙家村进攻，在敌三面交叉火力下，六排五班突破敌前沿阵地，这一勇猛动作，使敌仓皇后退。此时一连分两个部分，攻入孙家村，迫使敌退守王家村。六连从敌侧后，包围迂回。敌人集中轻重火器掩护，并向六连进行3次反扑，均被击退。接着我全连出击，一直追至赵家庄。一连勇猛地冲至堡墙前，以手雷手榴弹打得敌人纷纷从墙头滚下。二连立即向敌退路凹道截击，打垮两个连。这时，三连警卫连也投入战斗。三连向三家庄猛攻，该连二班冲在最前头，班长甘云业带着战士，冲到敌人跟前。此时敌人两个连，挤在凹道中，人喊马叫挤成一团。甘端起机枪扫射，手雷在敌群中爆炸。二排战士石天庆冲入敌群，左冲右杀。当小组的同志均负伤后，余下他2人又自动加入五班战斗。战至黄昏，敌遗弃死尸500余具，逃到30里以外。

六连四班，击垮敌人一个连反冲锋，机枪打的子弹太多，一上油就起火，杨立山喊："尿上尿！"然后他丢掉帽子，亲自上去打。四班副刚架好枪，右手臂两处负伤。他对六班长说："我和班长都负伤了，你要多照顾部队！"刘宏义说："你放心！"他又咬着牙叮咛王国泰："千万跟上六班，可不能掉队。"接着600余敌兵向六连反击，同志们一声喊，冲入敌群打垮敌人的最后反扑。

独胆英雄张效良，他是九连二班战士。在泾河以东追击战中，独身进入敌群摧毁敌人4挺机枪的射击，击毙10余人，缴获敌机枪后他马上用于射击敌人。给他记了一等功。这次战斗，团给三营任务是配合一、二营攻占三庄村，将敌后路斩断。九连一排从正面攻击，他们冒着敌人3挺重机枪交叉火力，向前运动。部队进到一段开阔地时，须派一人前去侦察。张挺身而出，他带战士冲到了村子的围墙根，进不去。他用手雷炸开个口子跳了进去，和战士王建业登上了房，一阵子手榴弹，炸死四五个敌人，引起敌人混乱。不多时敌人组织两连兵力反扑包围。敌众我寡，排长有些犹豫。张说："排长我们死也得冲出去！"他和王建业，用刺刀挑开了路，用枪托打，又拾起敌人扔来的手榴弹投入敌群，杀出一条血路。后又配合八连二排击败数倍于我的敌人。这次二人各记一功。

八连二排排长史来财奉命攻入孙家村，捉俘虏查明情况。村右高坡上三面火力封锁，他将班分为两路，首先突破村前沿阵地，接着集中所有冲锋枪和步枪，首先打退右侧敌人，左边敌人一看情况也逃跑了。接着命令部分人插入敌群，他带领部分战士，打了一排子手榴弹，他第一个从侧面扑过去夺敌人机枪，但用力过猛，跌倒地下，敌人乘机夺回机枪就打，史脖子中一弹，他当下昏过去。他刚苏醒发现一颗冒烟的手榴弹，正在他肩头即将爆炸，他抓起来回敬过去，但不幸手榴弹在手中爆炸，他右眼炸伤，鲜血直淌。他还指挥队伍，从右边一条巷子插进去，又从敌后攻击，终于占领了孙家庄。我见他时，他的一只负伤的眼睛已被摘除。他山西人，19岁，是个可爱的小伙子。

十团二营迫击炮排5月18日渡泾河战斗中，全排带21发炮弹，打出20发，全部命中。部队冲锋前，他们向村子开炮，冲西门，敌人机枪封锁，他们照西门就是4炮，敌人丢弃弹药伤员逃跑。他们又到西门外向敌人作狙击射击。这次缴获许多炮弹，罗树法扛回两门崭新八二炮，杨荣华在麦田也缴了一门，这次共获炮5门，师传令嘉奖。

6月13日　于眉县金渠镇

一日恶战。今日几乎算了我的伙食账，这样危险在我已不止一次。十团一连攻下3个堡子，余一个堡子，师指挥所和山炮都在城门下，十团从东向西攻，十一团从北向南攻。正当拂晓时，突然我们屁股后边发现了敌人，说着已离我们20余米。敌人疯狂地端起机枪扫射，发光子弹组成一片火网，我左右很多人倒下了。十一团被压下来，一时间情况不明，危急万分。敌人一下子插到山炮阵地和师指挥所跟前。杨秀山政委立刻命令，马上就地抗击。十一团干部抓不住部队，这时十一团三营、十团立刻投入抗击，才把敌三十六师打退。敌人死伤遍野，十二团一个营也插上去，这时我才从机枪子弹纷飞中跑出来，返回到秦秋庙野炮阵地上。遇见赵存仁政委，他似乎在自言自语，告诉我"队伍垮了"！显然他是死里逃生跑出来，但想到部队还在阵地，万分不安，又跑上去，不想被一炮弹击中，抬回后牺牲。

我返回到槐芽镇，啊呀！公路上牲口、炮兵，伤员拥挤不堪。敌人又趁这混乱之机猛追，炮弹在周围爆炸。队伍一失建制，就像失去理智的人一样，谁也找不见谁。一时间烟尘滚滚，人喊马叫，如果不马上控制，就会越来越糟。我到部队以来，一次是1948年西府战役往返，那是突然遇青马的骑兵，有的部队被冲散，再就是这一次了。沿途都是伤员，血淋淋的连药也来不及换。部队一下子走了30里，到哑柏镇已是下午3时，炮声犹清晰可闻。

6月17日　于眉县宫家堡

在马彩云处借针线缝扣子，与文彬相识，她是武功参军的中学生。我在那里读到她写的一本作文，很有些意思。她聪明文静，给我印象很深。目前战事频繁，就是恋爱也没有时间。

战士们已做好了工事，在阵地面前宣誓。千家村前边八连和四连的工事，战士们命了名"胜利碉""寸步不移碉"，士气很高，严阵以待。

机枪射手石天清：6月2日下午6时，十二团抗击中，三连接到堵击由王家村向西北凹道逃跑的敌人。六班机枪手石天清是三连有名人物，平时大家叫他"石大个"。他听了任务，高兴得跳起来，3个射手，2个已负伤，他跟上六班去执行任务。他们走到一个土坎下，就被两挺重机枪封锁住去路。他猛地端枪射击，只3梭子便把敌人打哑巴了。后来他与六班打散了，失去了联系，敌人发现他一个人，用两排兵力，向他反扑，他一梭子打下去，还乘胜追击。敌一连人反扑，也被他打了下去，他在追击途中，看见一排长负了重伤在地下呻吟，背着排长又拖着机枪，在麦地里爬了近一里多路。连饿带累他昏了过去，醒来时发现一排长不见了，他又摸回指挥部，方知排长怕拖累他，自己爬了回来。他又返回阵地找到六班两伤员，背回一个，二次返回阵地，又将另一个伤员背了10多里才赶上已转移的部队。

6月21日　于宫家堡　小雨

第二军全部进抵渭河南岸，抗击反扑的胡军，又配合河北我主力部队作战。6月上旬，宁马援陕兵团抵灵台、长武，青马陇东兵团集结彬县，胡三十八、六十五、九十军与王治岐兵团联合进行反扑。我野战军主力集中乾县东西地区，准备歼击马之主力。我二军主要是扣制胡之主力，配合野战军主力，相机歼敌。

陕中大会战前夕，我置身于第四师第十团的阵地上，战士们在这里做工事抗击敌军，已经是第5天了，每天都是枪声稀疏，大战还未展开。今日传达彭总的决心，胡宗南破铜烂铁13万人马倾巢出动，又加上马家兵6万。我军的作战方案有二，其一是我们继续撤到西安以东，十八兵团8万人确守咸阳、西安，十九兵团22万人过来后，全力消灭胡军。其二胡不前进，那么我们十八兵团抗住胡，我西野与十九兵团全力消灭青马6万人。我想首先是第一个方法，不过还要求我们在此地抗击两天。

巡视工事——我们工事防线连五师在内长30余里，纵深四五里。战士们这几天都是日夜赶修工事，在太阳下脱得赤条条的，不准高声歌唱，他们低声哼唱："向关中平原大进军，那里的穷苦老百姓，多年来受着灾难与苦痛，早就盼望着人民解放军……"你只要看看战士们那股必胜的决心，你就热血沸腾，全身充满着力量。战士们在碉堡中铺的草，墙上铲光一块命名"记功牌"，他们告诉我"打死一个敌人画一道杠，打死5个敌人记一功，轻机枪打死20人记一功"。有些命名为"奋勇前进碉""胜利碉""人民碉"……八连四连前沿阵地上战士们都照了相。师里还给他们写了信，八连战士们都围住看，议论，兴高采烈。他们政治工作办法：1.命名。2.宣誓：四连在千家庄前面他们宣誓，决心寸步不移，人在阵地在，支援友邻，展开杀敌比赛。3.战壕评功过。

我走在十一团六连阵地上，他们在昨天评了党和军的干部，今天正展开热烈的战斗检讨。刘长胜说："这次大家给我记功，推荐我当了副班长，在任何情况下，我要走在前头，大家有积极性我有责任心，我们一定能干好。"战士龙德如说："大家推选我当了班长，以后在战斗中，有我无敌，有敌无我，不然就对不起人民、对不起父母。"大家的发言感动了冷德福，他说："前次战斗我畏缩，请大家给我处罚，我有决心改正和大家贴近。"阵地上，四连一排也在下决心：互相保证侧翼——他们说：

"我们要决心保证六连二、三排侧翼阵地的安全。"他们把保证书送到六连，引起六连热烈的讨论。八班长刘世全说："我们也保证，如果我们正面没有敌人，我们以火力积极支援你们，减轻友邻负担。我们端起机枪打，组织三个发射筒援助友邻安全，自己才能安全。"右侧安全了，大家又提出左侧，他们给九连保证，送去保证书。各连又互派代表参观，大家均齐声高呼："寸步不移！" 4.互相挑战，七连是全团最突出的阵地，四班副杜顺说："我们担负最前面的任务，这是我们的光荣，我们要学习我们团五连在赵家庄战斗一样打得英勇，守得顽强。"挑战甚为热烈。5.边打边研究，19日上午敌人一个班到七连阵地前面，重机枪200米开火，三班、二班等打了28发子弹才打住一个敌人，大家研究原来都瞄的是敌人身子和头部，应该瞄在他前面过一个打一个才对，讨论很热烈。机炮连在18日上午打垮敌人一个营，团首长写给炮兵连一封奖励信，他们正在念，起劲得很……总之你到阵地上巡视一周，你便会感到连队中充满了一种不可战胜的勇气和自信。

6月24日　于宫家堡　晴

去年西府战役（4月20日），从铁佛寺（乾县）出发，有150余人奉上级命令，插到敌后，破坏敌人交通，搜索情报。他们19日夜出发，走了一夜到乾县西五里一条沟里，喂牲口休息两小时。原拟拂晓出发，结果睡到天亮。敌三十八军驻乾县，正在沟边构筑工事，约一营人带重机枪。打了一起，一看敌人众多，部队立即集结到村子中，上了马，一个冲锋冲出火力圈。冲了几里，向西南走，向武功前进（离武功七八十里）。走到郜北村（村后30多里）离郭村5里，有20多个保丁被我追散了。继续前进，走时前面一个排是化装的。走了几里快到郭村（乾县营），从老乡那里，知道这县有保警队30余人在这个堡子里。想捉俘虏了解情况，侦察科化装前去叫门："国军来了！"他们伪装成敌搜索队，打算一叫开门马上进去，先上城墙占四角，如叫不开就炸。一个人前面拉着牲口上去喊："国军来了瞎了眼啦！下来集合！"保警队长集合队伍，站了队，开门让他进去，他讲话："你们的任务是干什么？"答："防共。""看你们熊样子，国军来了也认不得。"正在讲话，保警队长警卫员摸枪，他立即喊："干什么，下了他的枪！"队长立正报告："新兵不懂得规矩。"他们很机智地缴了敌人的枪，完成了任务。

6月27日　赵家堡

这两天党委会汇报英雄事迹，我拟一二日详记之。

陕西这块地方，走在哪里都有很多民间传说，而且有很多共同点。华县有"500万"的传说，"天倒黄河干、穷不了500万"。这里同样有这么一个故事，户县西南10余里，有一宽10里，长40余里之乱石荒芜的河滩。老百姓称之为"雒子滩"。据传明朝时，在这河滩上有一股水流出来，该山口叫涝峪口。这座山的半山腰，住一家姓雒的人家，非常富有。

有多么富呢？老乡说治涝河九倾十万湾，其富饶田园无法计算，言其之多，治河湾有"八百盘水磨九百盘水碾"（所谓八百白虎九百青龙——水碾碾敬神香用的原料）。老百姓口头传说："要叫雒家完，天塌涝河干。"他家有金斗银簸箕，其斗往出量每斗2升，往进量每斗8升。有一杆金秤，往出称每斤14两，往进称每斤18两。他发家的经过，传说该家有一老头会看病，到南山给一个猴子看病，临走时小猴子送他一个捣蒜小罐子。他背了一阵太重就丢了，小猴又给他装到褡裢中。背回家一捣辣子越捣越多，他始知为聚宝盆，从此聚钱财用之不竭，大发其财。

后来因他欺人太甚，有一年发大水，把他全家冲跑了。在未发大水前，有一道士到该家化缘，该家非常吝啬。一侍女偷偷给了道士一块馍。道士说："你什么时候看到你家门前狮子眼红了你就骑上。"这个侍女每天看，有一天这一家小孩从学校回来，用红纸贴上狮子眼，侍女一看大惊遂骑上狮子。这时突然发大水，本来冲不到他家（他在半山住），但有一条龙堵住涝峪口，水越涌越高，把他全家财产和田地水磨全部冲跑了。这个侍女骑上狮子从水面上平安地飘然而去。这家有一个孩子还没淹死，可是他家的金秤漂在水面上，他伸手去拿，也被冲走，从此这家人便绝了户。老乡指着一片荒芜的雒子滩告诉我，民国十四五年以前，我们沿河百姓，还分担这些滩地的粮，以后取消了。这个聚宝盆还在这荒滩，将来不知归哪一个有福之人。据说曾有一个人，赶着毛驴中午到雒子滩，把料放到一个石窝窝里，牲口就是吃不完，他走一段路觉得奇怪，又返回来，但是已不见了。由此证明聚宝盆确实在这个荒滩上。

民间传说总是充溢着自然和朴素的美。虽然里面掺杂迷信的成分，但从中美的和丑的，善或恶，总是泾渭分明，让人一目了然。同时它总给人以美的希望和幻想。虽然这种希望与幻想有它的局限，像这聚宝盆，不是纯粹的农民的幻想吗，这也是农民想摆脱贫困的方式。这里贯穿着农民的阶级观点和人生看法。这些民间的口头文学，也反映了他的智慧和创造啊。我应该很好地收集。

陕西本身也是个民间传说的宝库。

7月1日　宫家堡　大雨

今天是党的28周年纪念日。形势发展多快！胡宗南进攻延安后，我们第一次"七一"

是在三边度过，第二次是在韩城，这是第三次过党的生日，西安已解放，我们已在宝鸡之大门口了。

7月7日　宫家堡　初晴

举行"七七"抗战 12 周年纪念，群众讲话甚为热烈。一老汉讲："在我们附近有一位 80 岁老婆，在 6 月下半月被敌三十八军的 4 个伙夫轮奸……"群众听了莫不切齿痛恨，战士齐声高呼："为群众报仇，赶快出动！"直至黄昏始散。

7月8日　宫家堡

在陕甘宁战役中部队中流行的歌（歌词大都是战士们作的）。

有一首唱道：

三月里桃杏花儿红，

人民解放军到处得了胜，

吹起胜利号，打起胜利鼓，

人民解放军一点一步红。

青化砭羊马河两仗打得好，

把敌人两个旅完全消灭掉，

喜鹊喳喳叫，红旗呼啦啦飘，

胜利消息人人都欢笑。

胜利胜利再胜利，

胜利烈火到处燃烧起，

和平民主花儿开满地，

蒋介石胡宗南到处倒了霉。

另外一首唱道：

换枪换枪再换枪，

快把老枪换新枪。

蒋介石运输大队长，

派人送来大批美国枪。

美国枪，轻又亮，

助民贼害忠良。

人民力量坚又强，

独裁卖国是梦想。

牙还牙掌还掌，

夺来美枪保家乡。

同志们快上快上快快上，

上去缴枪，上去收枪，上去换枪，

个个换上美国枪，

哈哈谢谢蒋队长。

还有一首唱道：

胡宗南好大胆，竟敢来进攻咱延安，

朱总司令下命令，各路英雄齐向前。

吕梁英雄要争先，打他几个漂亮的大胜仗，

消灭胡宗南，保卫党中央。

7月10日　宫家堡

通知下午4时出发，新的战役从今天正式开始。4时出发向西行，经南集贤，到焦家镇，行40里已近黄昏。休息后向西行20里，月光如昼，在稻田小路上急行，颇有风趣。最讨厌的是一夜过12道河，至夜3时宿周至北15里之郭家寨。

沿途群众纷纷牵衣顿足控诉敌人。周至南5里马朝镇中心小学校长刘在古及10余名群众，于5月25日夜被胡匪活埋，先用刺刀捅，然后推下去活埋。是夜风雨声中，传来呼叫声，惨不忍闻。另外在城内杀死商人范增祥等2人。城南15里之孟家村，有一老姐在上次过军队时，老婆和其儿子给我们烧开水，我们看老乡可怜给了2斗麦子，结果胡匪何文鼎来杀其子，老婆悲恸欲绝。

沿途群众提起何文鼎莫不咬牙切齿。何家住周至南小木屯村，家中洋房耸立，有20多顷地，骡马成群。放高利贷放1斗要2斗，家养数十名雇工，晚上公开抢人。每亩地每年打粮食8斗到2石，但须出租1石2斗，家中丫鬟侍女成群，横行乡里。民国十四五年黑水河发水，群众多将土地、房屋抵押给他家，他们霸占河沿，不准群众捞被水冲走的东西……这真是中国罪恶社会的缩影。

7月12日　于金渠镇西20里之小村

部队拂晓发动攻击，一阵猛烈炮火，部队即下了绝壁跨过深沟，突上去敌人即全线溃退。我十团十二团抓了八九百俘虏，捉住敌人一八三团团长张涛及很多战利品。

在烈日下，我军向横曲镇青花镇猛追，这是大决战的第一仗。中午把追敌人的部队集合起来，连换一口气的工夫也没有，马上冒着烈日奉命出发，向金渠镇以西地区前进。一口气行程 60 里，啊呀，多么紧张，翻沟过河，及至过了槐芽镇时，已月亮高挂。继续越过我们战斗过的金渠镇，向西行 20 里，宿一小村中，其时已是夜 3 时。到达目的地后，命令就地露营，我们分在一个麦场里，大家铺了一点麦草，就睡下来。宣传科的油印员点一支洋蜡在一间破房工作、刻写，其他人在月光下写文章、写指示、写动员令。我感到大家一颗颗激动的心在跳动，尚未合眼，已是拂晓时分，集合号响，立刻开饭，30 分钟后，天亮出发。

这些日子连日行军打仗，这么紧迫，可是我心中的爱情也像潮水在与日俱增。虽然我们难得在一起，即便在夜行军中握一握手，或坐在马头下说上几句话，都感到无限的快慰。我们已经无法分开，我内心在等待她的决定。

这么紧张的行军生活，她很适应。我让我的马兵小郝暗中帮助她，谁知这个农民的子弟，笨嘴拙舌，总说些牛头不对马嘴的话，逗得她直发笑。

7 月 17 日　于宝鸡山中董家村

中午我和文彬去河边漫步，她正式表示了爱我，自 7 月初我表示了爱她迄今半月余，今天是个可纪念的日子。对于恋爱，我是有过一点经历。如意的能深切了解你的才能的人并不多；女人多从表面看问题，唯她眼光尚远，单纯可爱。当然她是初中学生，文化程度不高，政治上尚需锻炼，但她纯洁聪慧，出身贫寒，很懂事，是个有志气、有头脑、有个性的女子；同时我们共同爱好文学，我想或许在文学事业上我们将有发展前途。我爱她，我深深地爱她，至于漂亮与否，我倒不在乎，没有灵魂的人再漂亮我也不要。我多么幸福，我的私生活新的一页开始了。回想起来，我有说不出的痛苦。有一个女人，她热烈地爱我，但为了某种理由，我痛苦地拒绝了她。有一个女人，我恋爱 3 年之久，因为我到部队上，她爱上了别人。还有一个女人她很爱我，但她不喜欢文学，我也离开了她。现在和岳镇谈起来还不断叹息。人生遇见一个理解你，又使你感到如意的人多么不容易，现在让我们并肩为写作事业努力一生吧！在过去我叹息"知我爱我者远在天一方"，如今我无憾矣！愿母亲为我微笑，愿朋友能为我庆贺。

7 月 20 日　于陇县之高家湾

部队行军中有数十人在暴烈的太阳下连续昏倒了，有三四人中暑而死，但这个浩大的铁流，始终向前奔腾着，有个别新来的同志说他很难过，说"这太不人道"。小资产阶级总是这么脆弱，经受不起这种严酷的考验。战争如果不死人、不流血，还算什么战争呢。

13 号强行军 130 里那一天，十团三连一个战士坐在树下用手榴弹自杀而死。最近三五天有 5 个人自伤，这是在残酷考验中的必然现象。战争环境，犹如大浪淘沙，据说热死和自杀者近 20 人。

7 月 22 日　于高家湾

听说明天出发，我亦奉命调兵团，故和文彬商量，她同意订婚。于是立刻打报告请求组织批准，写后我们共同签字，党委会马上批准了。李悍和主任给我们讲了话，甚为感激。也许文彬还年轻，但我已是经历痛苦的人，我是极慎重的。

7 月 23 日　于高家湾

今日送文彬到宝鸡。总分社命我任第一兵团主编，组织上对我很器重，但我坚决不想干，我愿意单纯写作。从昨日便发烧头痛。晨送文彬，本想在宝鸡玩一天，头昏脑涨，难以支持。城市又脏又嘈杂，闲散游民很多，我喜欢乡村。

文彬到了后方，我晚上做梦也梦见她。当我夜深醒来时，我独自望着昏暗的夜空想，她这么些年是如何度过的呢，她此时此刻心情如何不得而知。

7 月 29 日　于陕甘交界关山山脉中之小村（寺湾）

昨夜 2 时半开饭，3 时出发，向大底村前进，行 20 里天明到大底村。这是一条通往兰州、清水、天水之大道。这里层山连绵，耸峭的石壁直插天空，仰首望天，天成了一条带子。大底村据说是一个镇子，但是天知道残垣断壁，宛如多年不住人的破落村庄。在这群山夹缝中有这么个小村，说起来也是幸运。这儿不见青年，只见几个穿着破烂不堪的老人，其状甚为悲凉。四面都是石山，不能种田，我问老人何以为生，他们含泪告诉我全凭打柴烧炭为生。但是国民党的魔爪也伸到这里，此处属陇县管。征兵、征粮草，急如星火。此处原有六七十户人家，现只有 20 多户，其他逃外乡谋生。前去（西）20 里即"关山"山脉，山顶有一小庙，名曰"老爷庙"。老百姓说甚为灵验，有一个老者悄悄告我：山顶小庙原是潘仁美庙，但此处任何人均不敢说是潘仁美庙，一说就会大祸临头。迷信到见此泥人也畏惧万分，中国文化之落后怎不令人疾首。现在虽是 6 月末，在宝鸡热不可当，可是此处则俨若冬初。征衣不耐寒风吹，到大底村，太阳出来，渐渐暖和。顺着层层叠叠的黑压压的山望去，简直没有去路，只好顺小山沟转，人在灌木林中钻，想不到陕甘交界之处有如此荒凉的地方，似乎返回太古荒蛮时代去了。在梢林中行 20 里，上不见天日，比起往日行军，今日倒也清爽。直至关山之巅，果然见一小庙，据传潘仁美是天水人，从西安逃至此地，被杨家杀死在关山之巅。我小时候读王勃的《滕王阁序》一文中有"关山难越，谁悲失路之人，萍水相逢，尽是他乡之客"。谁想今日身临此摩天岭似的关山，站关山之上，却有"俯视万山低"之感。据乡人告诉我，司令员从中原突围时曾过此处。波浪起伏、望不见头的大黑山，令人一望心寒，在山巅石头上有前进部队贴的漫画，鼓动口号等。从昨夜出发至 12 时，行 65 里，沿途连绵不断的黑压压大山、梢林外，什么也看不见，偶见一两家人，也是两间破茅草屋，多么荒凉的地方呀！过了石庄子（这是方圆有名的庄子，有三四间茅草屋），在山沟水旁做饭大休息，幸好在此荒山柴水不缺。伙夫们斩平荒草煮饭，我躺在山坡的灌木林下，虽然地下水淋淋的，但一躺下便熟睡了。醒来刚吃了一口饭，前进号响了，有些战士们还未来得及吃饭，据说马鹿镇驻青马骑八师，今日敌一百师等 3 个师，来接骑八师，我们要赶去。

部队火速前进，翻了六七座山，都是羊肠小道，难走极啦。一直到夜半我随十团一营摸到一个小村叫寺湾，共 8 户人家。冻得要死，两面是山沟，中间河水号叫，寒风刺骨难耐。直到宿营地，大家马上烧火取暖。今晚宿营，将是如何不可知，战士们抱住头围住火等待天明，我恨不能一下飞出这黑山。今日从半夜 3 时到现在 17 小时，行程 120 里，"神行太保"大概也走不了这么快。非人民军队此种艰苦真不堪设想。幸好文彬没来，否则她一定会累病，连我也累得要死。在这悬崖陡壁间不能骑牲口，因为昨晚连马兵一块摔到沟里，幸好马兵和马都没摔死。

东北新战士走不动，指导员推上他走，他说："指导员我没锻炼过，我一定跟上。"指导员骂了几句，回来自杀，被救。营部有人反映说这个战士是学生，地主成分，反革命分子。政教去调查，完全相反，出身贫家，念过几天书，情况完全不同，这是领导方法上的毛病。我们好多新的年轻指导员，工作积极，但对本连情况"心中无数"，因此成天忙乱，效果不大。培养一个有经验的干部，实属不易。

七连汉中战士赵常金，永丰解放，金渠镇立功，昨晚开小差被捉回，捆起来一问，泣不成声。问为什么跑，他说到宝鸡思想起变化因之开小差，连里并没有开斗争会，营里让连长等反省，高振山等想不通，排长也不服气，最后领导上坚持要干部反省。高反省说："我对你教育不够，我们是阶级兄弟，我要对你负责。"排长、班长也都检讨反省，战士们纷纷发表意见分析赵的思想。有的分析一个人光想保命，反而命保不住，有的说：你想给人家做长工，等革命胜利，这是奴隶思想。由这件事触发，有很多人说了老实话，有的还说明自己想逃亡、怕苦等思想。这种方法比那硬性的斗争好得多。

7月30日 于固关镇以南30里之白羊镇

今晨从丛林茂密的黑山中钻出来，行30里到了百镇，固守马鹿镇之骑八师已逃跑，我拟向清水、天水进军。在山沟中我们还休息了一阵，部队全是在森林中水淋淋的草地上抱住头睡了半夜，有些人冻醒来，烧起火取暖。在此深山密林中气候寒若初冬，这里麦子初黄还未收割（现在已是农历七月）。晨继续出发，沿途有些人掉在沟中跌死了，有的牲口驮子跌在沟中，看起来使人难过。好容易才熬到天明，饭没吃，马上又出发，牺牲的同志就埋在山沟中。继续出行30里就出了大黑山，但是站在山巅望去，还是层山连绵。到了一个小村子，老乡告诉我，此处是甘肃清水县白洋镇管辖之小村。因多日没睡好觉又没吃好饭，所以，今天翻山越岭，太阳又罩在头上，如火烧，两腿无力头晕目眩。马兵有病，把牲口骑走了，我掉在部队后边。这里常有特务出没，持枪伤人，我心里焦急万状，但腿似乎不是我的，挣扎赶到刚吃了饭，我即躺在地上。原以为可以休息一阵，可还没有睡到五分钟，又奉命出发。据说固关镇骑八师闻风而逃，我向清水前进，于是拖着疲倦的身体跟上部队走。我这几天在一营住，给战士们讲话号召大家不要掉队，当然我自己再累也不能落后，言行一致对人是很重要的。

行30里经过清水县百家镇，翻过山到了清水县的大川。老乡说再有30里就到清水县。这时一营前卫部队和青马50余骑兵遭遇，天已黑，打了几梭子机枪，捉到了4个敌人，其他敌人一枪未打逃跑了，据说，清水已无敌人。此时突然乌云密布雷声大作，大风怒号，冷气袭人，天黑不见掌。当电光闪烁时，马都惊得跳起来，借着电光可以看见部队在大风中摇晃着前进。霎时，大雨倾盆，河水奔腾叫嚣，电光频频闪烁，雷声在头顶上爆炸，天地间成了可怕而恐怖的世界！我与马兵失了联络，队伍在大雨中一个拉着一个前进。牲口跌倒了，在泥潭水泽中挣扎，人被水推走了，不时可以听到人跌倒的叫声，雨水从脖子里下来顺裤腰往下流。部队又跑步，前边有枪声。既冷且冻，浑身透湿，雷声、雨声、水声在这茫茫的大川里什么也看不见、也听不见。我又焦急又气愤，这个鬼马兵不知道到哪里去了。我用手巾和草帽盖住日记本，低着头让雨水灌吧。我想马兵失去联络，我的那些材料，肯定丢失了，一切希望均破灭了，说不定大水下来会把我们卷走，我独自说：文彬啊，也许我看不见你了！但是我又想庆幸文彬没有来，要不，在这恐怖的夜里，她该是怎么度过呢！8里路整走了两小时，是多么艰苦的行军。走了20里后找不到村庄，我们站在雨地淋了两小时。说也奇怪很多战士坐在泥泞大雨中睡得呼呼的，疲劳到什么程度，由此可知。然后摸了半天找到一个小村子。后来知道是二十里铺,一个连挤在一个小房里,烧火烤衣服。我穿着湿透的衣服靠在墙上便睡着了,醒来已到天明,帽子上的水还往下流,此时才感到冷不可耐,浑身到处都像针刺般的疼痛。

8月4日　于天水　大雨

来天水收集到一些材料,找了一些书,但关于此地人文地理、历史遗迹知道甚少,深感学识之不足。一个称职的记者,应具备各方面丰富的知识。天水这个地方是历史上兵家相争之地,也是个战略要地,历来都有重兵把守。这儿山川秀丽、民间传说丰富,唐代诗人杜甫也曾到过这里。不过,几年战争生活,对城市生活不习惯,我不知道人们都忙碌些什么。城市是文明的产物,也是罪恶的集中地。将来的城市会是什么样子?我漫步在街上思索着。

猛然想起,文彬似乎是此地出生。她祖籍山东,祖父时做官到甘肃。想到此不仅对此地也有了一些感情。

8月6日　于天水

今日奉命回兵团任主编,当然这个分社是全国解放军第一个分社,上级任命是对我很大的信任,但我不想干,我希望能终身写作,我内心斗争得很厉害。唉!去吧,为了劳动人民,我应该什么也乐于干,我要更好地自我克制。我是来了,可是文彬什么时候来呢?似乎她,远在天一方。

8月11日　甘谷县之关子镇(离天水80里)

晨5时从天水出发向甘谷(古之伏羌)前进,此乃为西进甘青战役之开始。第二、第十九兵团指向兰州,一兵团附六十二军直赴西宁,此去千余里,这个伟大战役今日正式开始。据说国民党在广州开军事会议,决定在兰州决战,要坚守兰州。这次投入的敌军有青马骑兵,还有九十一军、一二〇军和八十一军等,将有一场恶战。

出天水西门,顺大川西行,河流纵横、土地肥沃,高粱苞谷已成为青纱帐,颇为富庶,此称为天水之米粮川。行50里到达五十里铺休息2小时,折向西北行,行80里宿关子镇。进至关子镇,遍街贴满欢迎解放军的标语,署名有"农会""妇女会""少先队""儿童团"等,地下党基础在此地当是很强的,(余凯告诉我陇南11县有党员3000余人,为数可观)。先头部队在此受到热烈欢迎。国民党一二〇军及王治岐等在此的统治,使老百姓苦不堪言。我们的房东甄老太太,全家6口,现在近乎家破人亡,大儿子3

年前被拉兵，二儿子18岁，前10多天被溃兵拉走，老汉被拉去背行李至今未归，儿媳逃奔出门，全家只余一风烛残年的老妪。家中衣物被抢一空，伙食用具被敌军用后全数砸毁。这一群匪徒似乎要使世界和他们一同毁灭，观之令人发指。

宝鸡给文彬留两信，让她坐汽车赶队，但不知此信她可能收到吗？人事常是难以预料，宝鸡分手，谁想到相隔千余里，山河遥遥，令人无限惆怅，相会之日难以想及，也许在黄昏时她也正在望西方苦思？

8月12日　于甘谷县西15里梁家庄

晨从关子镇上一条梁向甘谷前进，天兰公路即从此梁盘旋回绕。梁上有一碑上书"天水甘谷分界处"，显然我们已踏进甘谷县界。据说，甘谷离关镇40里，但很快就到了。此处天气已像初秋，早晨颇有凉意，夜晚则冷气袭人。一条梁下去，将下坡时，站在山巅可俯视甘谷全景。

这是多么好的地方，简直像一个大公园。从表面看可以说是世外桃源，水渠纵横，绿树掩映。在涓涓的流水声中，一片望不见头的菜地瓜田。美哉！这块地方北依渭水，川不算宽，有5里的样子，但是富庶美丽，绿绿油油，所有的村庄都隐藏在绿色稠密的树木林中，真想不到在此山沟有如此美妙的天地。城西有碑上书"伏羲故里"，相传画八卦之伏羲圣哲即出生在此地。南山有大佛寺，远远尚可望见数丈高的大佛本身像。我拟去城中一玩，但猛雨突来，队伍又要继续前进，只好冒雨前行，淋得透湿。其实这也没有什么，饥饿、寒冷、淋雨、露营，已成为生活的一部分。

中午在梁家庄吃饭，避雨、大休息。甘谷给我的好印象尚盘旋在脑际，可是我们住的这家老乡家，我简单地问了一下方知，这块小小的天地中，依然有眼泪和悲惨，有痛苦和压榨。这位老乡叫梁昭如，近50岁，家中一贫如洗，8口人，全家人在一块破席上滚，一床破烂不堪的被子，日常生活靠高粱维持。孩子们都头大腿细，因营养不良发育畸形。他告诉我自己只有1亩地，另外租人家5亩，每亩可打高粱2斗（每斗150斤），百分之五十交租。梁还得给人家打短工才能生活，还得缴国民党捐税征兵粮款。这些穷百姓被压得欲死不能欲活不得。这里虽有美好的田园，但所有权却不属于种田人。这个村有梁姓地主，有地150亩，天下农民其悲惨是一样了，而甘、青、蒙省尤甚。

雨依然下着，军队依然前进，沿途可见"打到兰州去"的大标语。下午大雨如注不能前行，即宿营于梁家庄。今日行程60里。

自宝鸡出发时发高烧，连日劳累，浑身无力，不时昏晕，但我要继续努力工作。还是在6号，我来兵团，司令员找我去谈话，他说，要你来中国人民解放军第一个野战分社担任主编，这是党对你的提拔，同时还让你继续在写作上发展。最后他关切地说你最近瘦多了，说着立刻亲笔写一封信，要我去住医院。王部长检查，说我肺和身体都还健康，就是极度贫血和用脑过度了，及后一位德国医生检查，认为我心脏衰弱。医生要我这个战役完了，作一短期休养。司令员前天看见我说：你要爱护自己，近两三年你在写作上颇有成绩，要更进一步努力。我甚感激，亦甚惭愧。党和劳动人民培养我已整 11 年，而我只不过写了数百篇文章而已，谈起来做的事太少，每想及此，确有愧无容身之地的感慨矣！

8 月 16 日　陇西城

在此休息一天。

早晨开党员大会，司令员讲话，他说在 1932 年，他当师政治委员，领导 5 个连，实际上还不如现在一个团人多。那时全师只有一挺重机枪，还到处夸耀，"老乡们看！这是红军的水机关"！抚今思昔当多么遥远哪！

司令员讲，这次战役二兵团、十九兵团攻兰州，十九兵团派一个军附坦克营抗击宁马，我一兵团渡洮河绕到西宁以西来个大迁回。这个计划很好，就是左兵团（一兵团）艰苦一些，由此可见我们之任务艰巨了。首长说，从 8 月为止，全国任务差不多完成了，现在已执行明年的任务。敌人内部很慌乱，马继援小子不知高低地把军队拖到咸阳又拖回来，疲惫不堪。马继援跑到马步芳面前哭"部队不能打了"。而马步芳则已飞台湾。首长说："蒋介石进攻时总想多占地方，防御时也总老多守一点，最后还要抱残守缺。"

我军沿途受到群众热烈拥护，在甘谷群众成群结队地欢迎，陇西近 2 万群众听说解放军要来，到十里铺二十里铺冒雨迎接，标语满路满街皆是。这里穷苦，敌人撤退时每个团拖得只有三五百人，每个连只有二三十人或最多五六十人。有一个连没一支步枪，只扛 7 挺轻机枪，敌人土崩瓦解。武山群众在党领导下和敌人战斗，收敌 1 个团的枪。出了甘谷到武山一带，敌人撤退拉了四五百民夫，打着叫走，群众上山用石头和敌人打，一直追敌人到武山。沿途敌人三五成群被群众解除武装。现在二军解决和收敌投降者近 3000 人，形势非常好。

8 月 18 日　于临洮城

此城为历史上之古城，为古代番汉必经之地。我地方党非常活跃，16 日夜我军进城时，家家张灯结彩，群众迎出城门争相欢迎，老百姓担了几百担饭要我们吃，各家都在自动烧水做饭，热情万分。自我们从天水出发，到处受到群众热烈欢迎，沿途数百里，每棵树上都贴满了标语，各乡镇城市群众争相欢迎。走在队列中的人，无不为之感动。人民的深情和他们寄托的期望，我们是要永远铭记在心的。

8月20日 于临洮

司令员今天讲话：部队从宝鸡 7 月 24 日出发，向甘肃进军，在 25 日中歼骑十四旅。冒炎炎烈暑，露营淋雨，总计俘敌 3488 人，毙敌 1400 人，敌起义投降 4660 人，总计歼敌 9048 人，解放 13 座城市，沿途群众热烈欢迎。他说，有些人是庸俗的事务主义者，没有政治远见，有几个开小差的，就大惊小怪。要用部队中革命的英雄主义，群众的积极性和创造性，以及对胜利坚毅的信心去教育群众。有些干部不从发展上看问题，开几个小差这有什么奇怪，不要因这一点就反映出消极情绪，只有政治上的庸人才这样看问题。革命军人就应无所畏惧，就应充满革命英雄主义的气概。蒋介石要打内战，蒋家王朝就灭亡得快。我们要使战士们懂得我们是为什么作战，这样他便能忍受人所不能忍受的痛苦。要消灭敌人，要打到天涯海角，谁给我反映情况我不怕，但反映消极的多了我就不耐烦。对那些缺乏胆识的人要用革命的英雄主义去鼓舞他。革命要胜利跑几个人怕什么，革命不顺利时张国焘跑了也不怕。苏沃洛夫常说：你是老虎敌人便是绵羊，你是绵羊敌人便是老虎。同志们要懂得，战争开始打一个城要死好几百人，现在一枪不放解放十几座县城。一军战士说"宁愿多走 10 里路，不愿少走 1 里路"。有些首长比士兵落后。我们南下时，中央领导同志说："任务明确，旗帜鲜明，指出光明，提出困难。"我们是能克服困难的，只有机会主义者才怕困难。至夜始散会。

8月23日 于临夏（古河州）

早晨出发，司令员要我坐汽车和他一块走。小吉普车速度很快，从康乐 140 里下午即到，我军进入临夏。我们经过和政县城，回、汉人民成群结队拥挤在汽车旁，司令员要我给他们讲话，群众有的失声痛哭，此场面令人不禁心酸。这里每个壮丁 700 白洋，拉得路断人稀。沿途群众纷纷诉苦，称誉我军军纪严明。下午越过临夏城郊之大夏河即到临夏城。二军同志告诉我，群众之热烈为前所未见，到军部顿军长以激动兴奋的心情告我，我军到达此地时，回民群众热烈欢迎，万余群众排队五十里铺以外，满贴标语，鞭炮声不绝于耳，欢呼声直达云霄。男女老少回、汉人民欢喜若狂，部队战士干部深受感动。这种深切地盼望我军到来，一方面是我军的威望和影响；另一方面是马步芳直属骑兵韩起功极端压榨的结果。群众说，他们从来没见过这么好的队伍，简直是神兵下凡，人人喜出望外。

　　下午到马步青公馆,看见杨秀山师长,他一见面就兴奋地把我拥抱起来,在战争两三年中,我始终和他在一块。我们中间建立了深厚的情谊。对这位身经百战的将军,我有无限的尊敬。

　　晚住马步芳公馆,军宣传部一同志神秘地告诉我,他们偷看一位女同志的日记,上面说她很喜欢我。这倒是新闻。他说,我们连个老婆也找不下,你总是有那么多女孩子喜欢你。我说我已经跟文彬订了婚,他高兴极了。总之自我调兵团分社,离开几日,同志们相见,是那么亲热,我也觉得像回到了家。文彬也不知什么时候能赶上大部队。

8月25日　于临夏马步芳公馆　初晴

　　我们一来即住马步青公馆——这土皇帝宫殿。司令员一进去即气得发抖,他说:"我一路看见农民那么可怜,十三四岁的女孩子穿不起裤子,而这些土军阀像皇帝一样享受。我的农民意识真的又来了,我真想放火烧了这罪恶的地方。"很多同志说皇帝之宫廷华丽不过如此,像司令员说的一样,把土皇帝的生活和农民比一下,那真是不革命不行。各部队都派代表来参观,这是最好的阶级教育。他的公馆分上下两个部分,上公馆叫蝴蝶楼,形如蝴蝶。此房从1936年修起修了4年,修时老百姓每天400人,自带干粮,给马做工役,另外,马调来一个团参加修建。上公馆占地200余亩。原来此地是一个300余户人家的小村庄,叫白家庄,马修公馆时,老百姓被赶走,房子拔了。现在很多失去家园的人,仍流浪在临夏街头。这两天仔细参观了这土皇帝的住宅,进了大门是一片果园,果树有100多个品种。顺马路进去,走廊、亭子环绕,再向前走有两条大小水渠横贯而过。再进去有宽约50米、长100米的四方的环绕走廊,通向一座大楼,名曰蝴蝶楼。此为马二太太和四太太住所,楼均为红漆涂过,玻璃窗、地毯,住室内绫罗绸缎,十分华丽。下公馆更为讲究,一进去四五所大院子,像庙堂似的宫殿,绿瓦金砖,红漆彩绘,室内走道统统铺上地毯。左院面临花园,其后为三层楼,要形容其装饰完全和戏剧舞台摆设一样。到处是红绸缎,坐的凳椅嵌着花钿石、大理石,其上置绣花垫子。这些不去详述,家中这些老爷、太太抽的烟数不清,完全是抗战前小香烟,吃的东西中外无奇不有,用的化妆品纯系法国产品,食品用具均为象牙、金银器皿。每个太太8个丫鬟伺候,平时全家多达2000人,最少时亦千把人。每逢马步青高兴时,带上100余人卫队,每人挂一支枪、抱一只鹰出外打猎,到什么地方天晚即住其村,老百姓立刻送羊迎接,视若皇帝。因为这儿到处都是他的佃农,谁都不敢不恭维他。上公馆中豢养100余条狗,均吃的白馍大肉。数百只鸽子,有一对红鸽子购价100大洋。每天喂鸽子需140多斤粮食,仅喂鸽子占四十几间房子,其奢侈可想而知。老百姓说在马家门外有300盘水磨,我沿途数了100盘,冬夏常转的有 43 盘，每盘每月 100 余斤面租金。马步青有多少土地很难算清。今年农历八月交租，他各处有四五处大仓库，光上公馆收租 150 石。一垧地（2 亩半）交租三四斗，一亩地最好时收 8 斗，坏时收三四斗，但他不管。西川走 40 里到辛农集，东去 10 里，南到南川宽 15 里，西川宽 30 里，东川宽 10 里，均为水田，是临夏最富庶的地方。其中土地十分之七是马步青家的。马步青原来 5 个太太（非正式不算），死去 1 个，其三太太是凉州一妓女。四太太天水人，叫张孝英，在兰州唱戏，被看中娶为小妾。其卫队是最厉害的爪牙，为虎作伥，每年 8 月去乡下催粮，任意勒索，要不下账，卫队上去吊起来便打。台下看戏看中哪个女的，强拉去强奸，此为临夏人人皆知之事。1941 年在大公馆有个旦角常戴莲，唱完戏即被卫队拉去，这些罪恶是记不完说不完的。这只是马步青一家公馆，在临夏这是马家老巢，据说，马步青的公馆还不算好，马步芳在青海有比这更豪华的住宅。以这里而言，在韩家集、华寺街、杨窿山（城西 50 里）有马鸿奎公馆，别宗沟（西北 60 里）有马步芳公馆，此外还有大小官员公馆。这是一个标准的"富者田连千亩，穷者身无立锥之地"的十足的封建的奴役社会的缩影。马家的官是世袭的。我们去后老百姓告诉我，过去从不敢到这里来，家中有老者我们一问话，即马上跪倒在地，可想平日是什么样子。一老者到公馆来参观，郭鹏军长给他一支烟，他一听说是军长，马上跪下，老泪纵横，泣不成声，感动异常。老百姓现状令人揪心，我庆幸这种罪恶腐朽制度的结束，新的生活将要开始，老百姓从此要站起来生活。但我永远要记住这跪在地下的老人。

8 月 30 日　于多哇茅家

今日从循化和司令员又返回了临夏，仍宿茅家。这一带撒拉族和藏族同胞因受马家压迫，非常欢迎我军。马家当政时撒拉要征兵，藏族同胞两匹三匹马顶一个人，有的藏族同胞也被拉了兵。我军到后，藏族同胞拉羊拉牛送我们，并拿一条纱布双手送上名曰"哈达"，据说，这是最高贵的礼物。有时双方言语不通，只是痛哭控诉马家，令人格外同情与痛心，他们用手比拟儿子被拉兵，马牛羊被抢去。

我们坐汽车返回途中，汽车坏了，3 人无聊坐在路旁学了几句藏语。坐下叫"逗逗逗"，好叫"得昌"，喊叫称"阿鲁"，几里路叫"沙了得里？"一路上我们半通不通地和藏族同胞说话，他们都围起来叫我们"解放军"。汽车坏了只好步行 20 里，汽车又来接我们。

今夜在这里补记两三日日记，一直到夜半 3 时。反正晚上没被子，就这样消磨时间。我独对孤灯，心想文彬可知道我在想念着她。身在异乡想念着亲人这该含有多少寂寞的味道，再写下去真有点心乱如麻。人事真难预料，谁料宝鸡一别竟这么难再见，我在祈祷万不敢使这次暂时的分离成为永别，否则对我将是多么大的打击，唉，坐待天明吧！

9月1日　于临夏

今日兵团党委决定要我去藏区宣传党的政策，做藏区工作，并用两个月时间了解那儿的生活，写成一本书。我听了非常高兴，给文彬留了一封信，但愿此信能转到她手。明日即启程。

一行三人：我的助手陇东新参军的小李，通信员郝兆龙。

9月2日　于临夏

今日准备去藏族地区工作。整日十分忙碌，参加藏族同胞会议，说话完全是翻译，语言不通实在是个大问题。

这个地区还没有解放，又是藏族地区，还没见过解放军，我就算是去那里的第一个代表。

9月4日　于夏河县西60里之拉哥敦

今日从土门关出发行70里宿拉哥敦，自进关门以后，即进入几乎是藏区，沿途所见将分别记述。

我不时地想到司令员昨天的一席话，心里感到异常温暖。我向他谈了自己穷苦的出身，并说，我看到战士干部的英勇行动，有时非常惭愧，甚至于痛苦，觉得做的事情太少。他说："这是一种不健康的情感，我从来不惭愧，而是吸收那些积极的东西更鼓舞我前进。"我说："我不能和你比，你总是奋不顾身地工作，而我则思想不健康，内心常有负疚的感觉。"司令员是一位钢铁铸成的军人，为事业他赴汤蹈火，内心火一样热烈。他一点不注意自己，总关心别人。在天水，他惊讶地对我说："你瘦成这样了！我马上写信要医生对你做有效治疗！"可是他日夜不息工作，真是达到忘我的境界。他喜欢读书，毛泽东、马恩列斯的著作，他带在身边，常阅读，并联系当前的具体问题。过临洮他因进入回族区，在百忙中读马恩列斯关于民族及宗教问题的著作，学得那么认真。至于他在行军中读书的故事很多。他对事业的忠诚和坚定，达到了纯真的地步。在进军河州途中，他告诉我："我在家里时，跑50里路去看骆驼，你说好笑不好笑？急死了家中人！"说得大家都笑了。在去循化县的征途中，他唱着红军时代古老简单的歌，他唱得可起劲了，反复唱了一个小时。他又问我读过古文没有，说着就背起了《吊古战场文》《出师表》等文章。他常常是通夜不睡，一骑到马上或坐在汽车上就睡起来。有一次他骑在马上看书，飞机一来马惊了，把他摔在地上，但他坐地上，手里还拿着书看，似乎什么事也没发生。

藏族代表8月29日在临夏开会，司令员说完话，一位老人泪眼盈盈地说："司令员，你记住我们藏族的痛苦，深深地记在心中！"说罢流着泪，紧握司令员的手，全场不少人流了泪。

这里每个村子都有一个高木杆子，上边挂很多布条，布条上印着佛经，据说这和汉人挂符避凶就吉是一样用意。他们大多数人吸鼻烟。用牛角装鼻烟，吸时倒在手上一点，用指甲送鼻孔边，一吸打几喷嚏就算过了瘾。

我们相随的六七位藏族同胞，一路上，我们吃面条，他们不吃，他们用碗倒一些炒面，加上酥油用手搓，然后送入口中，再喝茶。

我沿途所见藏民所住房屋，均系平顶小房，逐水草而居。

这几位藏族同胞和我们一道骑马行走，有的还唱着山歌，有的在马上不住地独自念经。

早上，我们从关门村出发，抬头一看却是一险要关口，两壁陡峭的山峡之间，横着一道城墙，设有城门，据说为唐时所建，大概后来还加修一城池，为历代驻兵要地，旧时风貌，隐约可见。一进这土门关，就进入藏区。沿途藏族妇女背东西赶着牦牛，都以惊奇的眼光看我们。荒凉的草原，第一次出现人民解放军，我们算是开路先锋了。我们自河州出发向西行，即逆大夏河直上，进了土门关，在山峡中行走，两旁的高山陡直如削。这时虽是深秋，但是寒冷若冬。山上长满灌木林，大夏河奔腾直下，我们在石碛上之灌木林中沿河而上。此处汽车路沿河边修建，路面还算好，唯有山石挡道，只要进行清理，方可通车。沿途看见古代不少遗址，什么土城要塞，都是古来征战之地。从土门关行五六里又有一道城墙曰："石头关"，行15里即"晒经滩"，有"经塔"寺院多处。中途一个三岔路，大夏河从中穿过，据说唐僧当年去西域取经，到此处路过独木桥时，把经翻倒水中，在此晒经，故该村叫"晒经滩"，该寺叫"晒经寺"，寺后有晒经石。过清水乡，有一小市镇，沿途小市镇经商开店者，均系汉人。这里的回、汉人民代表7人，拿着8个鸡蛋，两盒纸烟，慰劳我们。我召集村民讲话，谢绝了礼物。再行20里到了桥沟镇，有二三十户人家。

我刚到镇上，有一个9岁小孩穿着破烂的袈裟，是一小和尚，抱住李洞波的腿大哭，另一小和尚硬将他往回拉。那小和尚打着滚喃喃而语，吴振纲翻译告诉我说：小和尚苦喊："我不愿意当和尚，我要当红军。"还死拖住小李的腿不放，甚为可怜。

询问之后始知，这里在清朝时和民国初便有些规定：家有两人，必须有一人当和尚。有几种情况：（1）家中无法生活，把儿子送去的；（2）因"政教合一"，有些人送儿子去想找个地位；（3）强迫征集的。这孩子属第一类。他家有祖父87岁，父亲去世，母亲常年卧病，有一哥靠打柴度日，家中异常穷，只好把儿子送去当和尚，在那里念经吃不饱还要挨打，这孩子就逃出寺院。小孩子是那样可怜，他的祖母来一边把孩子往回拉，一面挥泪呼喊："回家，咱们一块饿死！"望着清澈奔腾的大夏河，我想，这些河水是藏族同胞眼泪汇成的。这河水汇入江河奔流到大海把藏族同胞的痛苦传播到全世界。

到了清水乡，一老乡马言海告状说，2日有4个穿便衣的人说："我是解放军！"拷打他们，要了10元白洋……敌人被打倒了，但他用各种卑劣手段破坏我军名誉，令人愤慨。沿途群众以好奇的眼光看我们，有许多人这是第一次见解放军。解放军已插翅飞到这里，人人传颂着我军的英勇和神奇。我穿着这解放军衣服，戴着军帽，尤其是佩着胸前的徽章，感到无上荣光。将来写一《臂章和胸章》之文章。（1948年11月部队整编："西野"改"一野"，辖兵团、军、师，原有蓝色"解放"2字的"臂章"，换成"中国人民解放军"5个红字的"胸章"。）到桥沟有一藏民红教代表欧巴代表千余藏民欢迎我们。他头上的头发盘起来足七八斤重。红教徒可以结婚。下午3时到。我取出参考材料研究佛教问题。此地名为拉哥敦，往西离拉卜楞60里，南去陌务70里，明日启程即可到陌务镇——目的地。我提笔写日记，此时已夜12时，行军一天还要记这些材料，写作之苦非身临其境者不能深知。在这边城的深山中写完日记，听着河水的吼声和同志们的鼾声，我想起了文彬，此时她在何方，是否知晓我来此异城呢？遥隔千里，怀念之情非言语可表达！

9月7日　于卡加

今日杨世杰去河州一兵团政治部，我拟去夏河县城。上午准备启程，可是四处的和尚、老百姓都想让我讲话，于是在数藏民护送下到黑寺，数十骑欢迎，到寺院中。吃过饭给群众讲话，反应热烈。然后又向北行到卡加，寺院和尚来看我们，送来一大堆羊肉。太紧张，晚上不能成眠。

9月11日　于夏河县

该材料已整理出5万余字，甚为忙碌，要接见客人要办事情，实在够呛。安多藏区的保安司令黄正清，他的兵力号称数万，实际不足一个团。现在关键是要做此部队起义工作，但兰州未打下，人们还在观望……

9月15日　于夏河县

前天和黄议长参观拉卜楞寺，这是全国六大佛教圣地之一，周围5里多，确是富丽堂皇。有喇嘛数百人。东三四里为商业区，汉、回经济中心。喇嘛请我们到议会，上宾招待，我给他们讲话，讲宗教政策。这些和尚个个都肥胖健壮，满脸黝黑，像是挺凶的人，但是见了解放军却十分小心恭敬。然后我到四处参观。首先是有名的5口大锅；4口烧茶，1口做饭。最大1口有4尺深，直径近丈。

参观大经座，此处可容三四千人，头顶全是用缎子绷起，光线阴暗；这里供有很多大佛，点着长明灯；后边有"五世佛爷"骨灰，宝塔都是金银珠宝镶成，只五世的金银宝塔，光银子用了1.2万两，塔面前有直径尺余两盏长明灯，纯系金质，这都是藏族人民的血汗。参观时我心情极不平静。

今日参观王府。王府系此处的衙门，是黄正清住宅。今日黄请我们吃饭，上午12时赴约。官衙大门很气派，却是标准的封建混合物：最上边是青天白日旗，下边是两条金龙，再下边是马步芳题的"亲王府"3个大字。进了门是半圆形的厢房，进过庭是一院四边环绕的3层楼房，东西每排12间，南北每排10间。上边3层呈半圆形，左右各5间，正中10间。据说，为供佛爷，其旁有六七十家"拉德"，专门伺候佛爷。我去看，每个院子挤十多家人，满院子是屎尿，牲口和人挤在一起……老百姓的悲惨和痛苦，由此可知。把王府建筑和这老百姓房子比较真是天壤之别。

这两三天整日整夜雷雨不止，尤其夜里，倾盆大雨整夜不停。据说，往年此时，已下大雨，现在高山已积雪，川道里边挺冷。

今日几位同行者返夏河，我去看望。

9月17日　于夏河县政府

此地群众及国民党大小官员，每天都来会见我这解放军代表，其中有些人毕恭毕敬的样子，让人很不舒服。保安司令黄正清来访，我重申了我军的政策，希望夏河县和拉卜楞能和平解放。回忆前天王府的建筑和宴席，有很多见闻，值得记录和思考。唯心神不安，深切想念文彬。

9月18日　于夏河　天晴

今日和黄正清一起吃饭，略谈后，即返回县政府书写万余字，甚为疲乏。在这边塞地方也倍感寂寞。

我在此找了好多书看，但是介绍边疆的书大都是歌功颂德，没有人提到边疆人民的生活和苦楚。在边疆工作的一些普通职员或知识分子，谈起这里的社会状况和人民生活来，往往叹息不已。

翻夏河县志，有所谓"人景"，我亲自去查看，大都是说，活佛如何神奇，几乎没有一个例外。关于反映社会状况的东西，几乎是空白。

9 月 23 日　于拉卜楞

今日天晴，整日各方人士拜访。有藏民代表数百人相继来访，我给他们讲话。老百姓实在可怜。看着他们，我心里无限地同情。

9 月 26 日　于夏河

今日逮捕殷县长、刘先强，大快人心。大户征粮名单不足百人，贴出后，人人拥挤观看，认为此系藏族历史上的第一次。正谈我拟去草地一行，忽然接到电报："司令员来电，要你立刻去兰州。"如同晴天霹雳，悲喜交集。悲的是此地的调查计划未能完全实现，喜的是到兰州能见到我的文彬。悲也好喜也好，只有奉命返兰，拟后天启程。

9 月 27 日　于拉卜楞

今天交代手续。我现在既是此处藏区的党代表，又担任东藏各部落代表会议筹备会的秘书长，既然明天要走，自然今天应交接手续，此处各级职员都对我恋恋不舍。人是有感情的，短短几天便有了感情，甚至连此处仅有的两名汉族女学生都因为我们走而很难过。我的助手小李，对一位女学生表示爱慕。

我从清晨忙到午夜，又从午夜忙到清晨，完全沉醉在工作中，一切个人念头均消失无遗。但是一躺床上则万念齐涌，恨不能一下飞到兰州。不知道为什么，我总想文彬在兰州。此处的黄正清司令要请我吃饭，一些头人、亲王及各机关的人均拥拥不退，这是大家的意思，我却受不了！

9 月 28 日　于夏河境（拉卜楞）70 里处之万朵滩

今日从夏河出发，行 70 里宿营万朵滩。

早晨起来我忙着收拾行李，黄正清司令请我6时赴宴。黄司令、张副司令、牙含章代表及黄、张县长等20余人陪同。大家给我饯行，你一杯我一杯，我不会饮酒，差点醉了。席间很多人送东西，均被我谢绝。我们5人离开县城，成千群众和县政府百余职员，挤在大街上送行，我内心甚觉不安，送行者大都出于对我军的敬仰，有些人则是虚伪地恭维，我心中充满着复杂的感情……我们即将取得全国的胜利，即将取得政权，旧的社会生活中拍马、吹牛、奉承、送礼……一切将会从四面八方袭击你，使你冲昏头脑，使你失去纯洁的品质，使你失去人的光彩。我极力自觉地在内心保持清醒。何况，我是一个普通的人，实在不该这样兴师动众。我躲开了夏河成千百人的热烈送行，从夏河的小巷中策马飞驰而去，但是黄正清司令、张副司令、黄祥议长，阿南亲王等人已在5里之外大道上等了两小时。他们知道我不喜欢人们送行，我下马一一握手致谢意之后，即翻身上马。行10余里，后边数骑急驰而至，杨司令世杰又来送行，还带来3张狐皮，他情感真诚，几乎流下了眼泪，我希望他努力上进，并批评用狐皮送礼的事……我想，人们为什么这样看待我？并不是我有超人的本领，而是我们党力量大，我们军队力量大。截至目前，西北已大部分解放，一切光荣归于党，一切功劳归于人民军队，而我自己则勉作一名勤务员，更好地为千百万痛苦煎熬中的中国老百姓，献出自己的一切。

晚宿万朵滩，我召集农民30余人，给他们讲了一小时话，大家很高兴。随时随地宣传是共产党员的职责，我已养成一种习惯。此店主人名马朴良，50多岁，他以自己亲身经历向人们介绍：解放军如何买卖公平，如何懂礼貌，如何爱护人民一针一线。老百姓讲话，全是朴素的事实，没有那些空洞的废话，这是一种思想方法……他说，最初他听信头人胡说解放军过了洮河，杀得寸草不留，心里惶恐，可是当他们看到解放军之后，才知道是仁义之师……

此地21日有我军队伍经过，做饭没柴烧，但到寺院见柴也不拿。见此情形，一藏民背上柴找到一营长，他不会说汉话，但伸出大拇指，并磕头流泪说："活佛，救命，救命，活佛……"凡此种种，让人深受感动。

今晚，听说此处有土匪，我让大家睡下，自己在灯下写日记、放哨。此时已深夜12时，更夜深人静，在这边塞地域，回味近日经历，的确别是一番情怀……

我放哨不能安眠，此店主人硬叫我睡，他放哨。我哪里能入睡，但他好意难却，我抱枪假睡，他走来走去把大家被子理好，一直守到天明。人民对我们这样厚爱，有什么可以表达可以形容？

此时我听着远处犬吠声，河水声和同志们的酣睡的呼吸声，我独自想，草地之行结束了，几天之后我也许在兰州度日，但是文彬现在何处，到兰州我能见到她吗？

唉，"知我爱我者远在天一方"。

10 月 5 日　于兰州

昨日行 100 里，到达七道岭。通信员郝兆龙拉着乘马，没有粮草，无法喂牲口，只好步行继续赶往兰州。趁着月光前进，到兰州时天还未亮，偌大的城市还在睡梦中。今日行程 150 里，再加上连续 24 小时未睡觉，实在疲倦到极点。天刚明摸到新华社野战总分社，我立刻乘车出去找一兵团留守处，探询文彬下落。遇见杨秀才师长及曾光明主任，详告诉我文彬已随四师进至张掖城，这才放心。回来已是下午，36 小时未休息，躺下就沉睡到黑夜来临。

10 月 7 日　于河西走廊永登县　小雨

昨夜中秋节，过得颇寂寞。"每逢佳节倍思亲"，心头涌上很多事情。母亲也许非常悲伤。人生实在变化太快，今年的中秋节没想到是在兰州度过。整夜看书，直至天明始沉沉入睡。

晨从兰州乘汽车动身，行 400 余里，宿于永登县。出了兰州，过了铁桥顺黄河边行驶。我们一行 10 余部汽车，装满了兵，在公路上飞驰，尘土遮天，群众争相观看，小孩子拍手跳跃；路两旁骑兵、步兵浩浩荡荡，当汽车飞驰而过时引起一片欢呼声，"把红旗插到边疆去""打到祖国的边疆去"的歌声四起。汽车上和路上走的人，以及两旁的群众，也都放声高唱，歌声随着汽车飞驰到远方，响彻云霄。这是从兰州出发行军第一天的情况，很像《铁流》一书中的某些场面。

永登是出兰州后第一座城，离此 5 里之远有一石砌方城，据说系清朝时期屯兵的地方，现在该城纯系满人，俗名"平番城"。

10 月 9 日　于张掖（古之肃州）

今日晨从武威出发，晨风凛冽，冷不可支。行数十里即沿长城行进。进入 300 余里之草原，荒无人烟。今天行 500 余里落日时始抵张掖。二军宣传部的同志告诉我：文彬在此地。使我喜出望外，惊喜之情，难以描述。我急急去找她，要不是人多我会紧紧抱起她来。别离是人生最大的痛苦，重逢何尝不是人生最大的幸福！控制不住涌动的激情，以至满眶热泪。

从武威出发行数十公里进入的大草原，两旁是高山，我们沿长城飞驰。现在已是深秋，草衰叶落，千里荒无人烟。但是在此我没有丝毫悲凉的感觉，这里天地无限的广阔，千军万马在这里行进；军车几十辆并行，车上红旗猎猎，歌声高扬，好壮阔的场面！一种雄壮豪迈之情涌上心头。也许大伙和我的心情感受同一，你听那歌声多么有力，多么动人，一时间这偏僻的地方也充满生命，充满活力。也许是今天我爱的人和我同行，同时感受这大时代的气氛，心里充满着快乐和对未来生活的信心。

草原是这样广阔，成群的牛羊、骆驼在安详地吃草，你可以想见春天牧人们在草青花红的时日放牧于这一望无涯的草地上，该是多么富有诗意。

沿途是陕北、延安等地的担架队，打着奖励的光荣旗，走在回家的路：每人一匹牲口，驮着被服、粮食和枪支，有的胸前挂红奖章，这是有功的人。我久久地看着一群一群回家的担架队，心里说不出的依恋。这就是人民，他们为战争付出那么多，他们什么也没要求，高高兴兴地回家去。噢！别了我们的亲人。

我同车者多是从兰州聘请的工人，都在热烈地谈论建设事业。我仿佛看见这些草原上的明天——到处都是工厂，都是劳动的人群。这使我想起，我们的祖先曾经挥枪跃马奔驰在这草原上，我们的祖先为了祖国强盛，曾经一代又一代在这茫茫的草原上苦苦征战。今日我们以胜利的姿态，在这里奔驰，这该使人产生多少思考和回忆啊！

今天我们行程 500 余里。回想起来，昨天我们还步行，艰苦地一步一步地跋涉。今天以车代步，昨日今日宛若两个时代。我们曾经把多少岁月与青春用到脚上去了。我们是劳动者的队伍，什么也得用血汗去换得。

沿途中许许多多人踏上回家的路。其中有解放了的老百姓，新中国成立了，他们忙着赶回家园；有的是发了钱遣返回家的旧军人士兵，也都高高兴兴地赶路。时代的变迁，在这行人匆匆的路上也体现出来了。

当我们的大卡车路过乡村城镇时，孩子们呼喊欢笑，大人们挥手致敬。到处都是这样的标语："把红旗插到祖国的边疆去！""把敌人追到天涯海角去！"大卡车上也在欢呼："红旗插遍全中国。"沿途的标语和欢呼声，使人心潮起伏。即便在数百里荒无人烟的草地上，沿途也写着行军鼓动标语，可见这些地方已被一些先锋战士用脚踏开了。思古抚今，我的热血沸腾起来了，我为英雄的人民战士而骄傲。为新生的祖国欢呼。

10 月 10 日　于酒泉

今日从张掖城动身，乘大卡车在遮天的尘土中急驰 200 余公里抵酒泉。传说酒泉东门外有一水泉，相传当年班超出使西域把一罐酒倒在泉中，大家舀水痛饮，以此得名。

今日到一兵团政治部，虽然离别部队一月有余，但宛若几年光景似的。离开部队这段时间，部队攻打了兰州以后并未遇更大的战役。但是在追歼马家军残部，赶在敌人前边堵截其后路，也十分艰苦。我一野翻冰雪大板山，过草地翻雪山，经祁连山。这祁连山在历史上就和我军结下不解之缘，这里记载着长征时红四方面军悲壮的历史，如今我军浩浩荡荡的队伍，又经过冰雪覆盖的祁连山，听说牺牲了不少人，白雪皑皑的祁连山上，埋下了多少英雄的忠骨啊！

过祁连山时，五师冻死 160 余人，战士们光着脚，还穿着破烂的单衣。山上瘴气弥漫，大雪不止，冰雹如鸡蛋。我们先头部队五师通过这数百里荒无人烟的地区时死伤 160 余人：有的小卫生员口里吃个小枣刚咬了一半就倒下而死；有的全班全排一块冻死，有的马兵把马缰绳挽在胳膊上躺下死了，有的人把自己衣服脱下给将要死的人穿上，自己冻死；有的把将要死的战友抱在自己胸口，用自己的体温暖活了他，而自个儿牺牲了……人世间还有比这更伟大的爱吗？后边部队过来时，都背着柴火、牛肉所以比较好。先头部队那样艰苦，他们最后一天赶了 160 里，在民乐县消灭敌人一个旅。听到这些情形，我的心在颤抖，用什么来说明这一切呢？语言笔墨在这里显得多么苍白无力！胜利近在咫尺，但胜利却每一分钟都需要生命的付出啊！后辈们有谁知道胜利是怎么来的，怎样才能让后代永远记住这一切，记住人民和人民战士的伟绩。我多么想把这些事情写成一部小说，要不我的心将无宁日。

司令员在张掖总结中曾说："我们应该永远记住胜利是怎么来的，我们应该永远记取人民战士的英勇功绩。这次过雪山中，有很多战士当他迈出左脚时，他脑中还想着毛主席，奋勇前进，追击敌人，消灭敌人。当他迈出右脚时，他就英雄式地倒下了！"他并感慨地写了一首诗曰：

> 白雪照祁连，
> 乌云盖山巅。
> 草原秋风狂，
> 凯歌进新疆。

10 月 13 日　于酒泉

二军今日出发，沿途 500 辆汽车，开向千年的荒原戈壁，该是多么伟大与壮阔。

10 月 18 日　于酒泉

据说一二日即可飞走。在此处真是住得不耐烦。和文彬去酒泉城外走走，我们海阔天空谈得非常愉快。自订婚到如今，难得有这样的时间在一起，我们手拉手在田间小路上漫步。心情的关系，觉得这天阳光、田野也格外的美好。

10月28日　于酒泉

司令员给骑兵团做报告，要我和他一道去。这些部队是到南疆去的，他对六师副师长等说，你们先去南疆，我明年春来看你们。副师长说："你明年秋天来，那时我们日子就好过了。"司令员说："不行，我要在你们艰苦的时候去看你们。"他很激动回头对我说："我明春去，人经常看一看艰难与困苦，否则他思想就会腐化的。"

10月29日　于酒泉

今日去和司令员谈进军祁连山情况。当时我军来不及准备，越过祁连山时，冻死不少人。司令员当时给部队去了电报："不顾一切牺牲，继续前进！"很多人对首长这种坚毅精神异常钦佩，这的确表现了一个指挥员的钢铁般意志。

11月1日　于迪化

昨晚3时马部长通知3时出发，8时起飞。8时在机场过了磅，我是61.5公斤，起飞前给文彬写了个小条。11时起飞，从飞机上俯视地下，一目了然。驾驶员极为负责和热情。2时25分到哈密，4时50分到迪化，飞行4小时45分。今日气候很好，平均高度7200米，一路都很平稳，就是到星星峡上空，飞机有些震动，但很微弱。我身体尚好，没有呕吐，只是飞机降落时头有些痛。下机后坐汽车行20公里，到迪化市宿和平广场。在警备部吃过饭，我即准备睡觉。但陶峙岳总司令派人来接我到陶公馆，设宴洗尘，自然很丰盛。陶亲自奉陪，至10时始归。

11月2日　迪化市

迪化因地理、民族、历史及国际关系，颇为复杂，政治情况亦颇难辨别，冒牌者甚多，须小心谨慎。上午汇报，下午我到新疆日报社，入晚战车团请看电影。傍晚时和马寒冰部长同去苏联总领事馆。苏总领事馆为此处最富丽的地方，我们去后以非常丰盛的水果招待，极为热情。社会主义苏联的国际主义精神，令人无限感动。8时20分赶到电影院观看"百万雄师下江南"的纪录片，极为动人，雄壮，10时始归。

灯下写日记，我看文彬照片，高科学也看他爱人的照片，爱情是很微妙的，它会使你陶醉，会促进你的事业长进，也会使你沉沦，问题只是看你对它的态度。一离开，连她生气时的模样也感到天真可爱。

11 月 8 日　于迪化　大雪

知识分子里有些人总是那么矛盾。他们不满旧社会，因为那个社会太腐化太坏了，大多数希望看到一个新的社会。但有的人说起革命来，就想一夜之间什么都翻个过儿，什么杀一统抓一统，认为这才叫革命。实际上共产党哪能这么蛮干，一些人不懂中国社会的复杂性，像土改那么大社会变动中有的人有时又无原则地同情，喊对地主不人道，不合情理。他们希望过激又经受不起过激，就这样一些矛盾的人。他们容易满足，又容易失望；又想清廉又不安于贫穷；反对恶势力又羡慕金钱；又恨贪官污吏，又想荣耀而当官。就是凭自己想法过日子，不去了解实际又不分析实际。我们现在刚刚取得了政权，我想许多新问题随着生活的发展会越来越多，许多事物，包括人都需要重新去学习去认识。

11 月 13 日　于迪化　新疆日报社

今日新疆分区派我为《新疆日报》的军事代表。早晨即到此地。

11 月 21 日　于新疆日报社

报社真是一个小社会。

报社有工人 60 多人，对我们异常热情。有一个工人叫刘玉瑞，7 年前盛世才统治时期，他把毛主席等领袖的相片珍藏起来，直到迪化解放。刚解放这里连一张毛主席的相片都找不见，他把藏的相片拿出来，迪化人民才第一次见到毛主席的像。

社长谈维煦，39 岁，江苏人，张治中的支柱，不爱出头露面，沉着老练，各方面经验颇丰富。

副社长程某，1936 年入党后在北平做学生工作，到重庆做学联工作，历任要职。后来脱离组织，跑到湖南家乡，被他父亲介绍到一个老友报馆中工作，恰好这老友是特务，要他自首。他出卖了同志，在特务机关工作 2 年余。后来在特务中失宠被送出来，于是失意街头，失去信心，又干起文字工作。

总经理朱某，自小贫苦，现在学了一套旧习气，其实他年轻时并不是这样的。他是个水电工人，在上海一人养家，供弟妹读到大学毕业。为了混生活学得一套处世方法。这个人倒也可怜，我很同情他。旧社会这个大染缸，将原本纯洁的青年，塑造成各色人等，这一点也不奇怪。

报社有各种人物，说这是小社会，那是毫不夸大的。

11 月 22 日　于新疆日报社

今日奉命，让我去南疆喀什，它距此地4000多里，离西安万余里。在大革命潮流中，个人实在太渺小。

11 月 24 日　于新疆日报社

一兵团党委会今日批准我和文彬结婚。今日在报社还为我们举行了一个祝贺会议。当晚我们搬在了一起住，这便是我们的新婚佳期。虽然我们双手空空，只有一条军被，我们却淹没在幸福的激情中。感谢上苍，使我们相识、相爱，最终结成终身的伴侣。在我个人生活中，这是人生的大事，它对我今后生活会有巨大影响。明天是我们新婚的第一天，却踏上新的征途，也许它预示了我俩人生的新的开端。

11 月 25 日　于托克逊

今天动身去南疆，兵团政治部曾涤主任指示我担任新华社野战分社二支社社长。临行前司令员很关切地谈了很多，他说你应该写那种英明的领导思想，尤其是群众的新英雄主义。他告诉我了很多事情，他要我们为维吾尔族人民忠心地终身服务。他还给兵团王副政委一封信。他说不要空洞地拥护什么人，而要写七届二中全会决议的革命到底的精神；要肯定毛主席领导得正确，要肯定部队中优秀的先进分子，他说要写如何渡过洮河、渡过黄河、通过祁连山。在民族地区工作，一定得彻底克服大汉族主义，他说小资产阶级受国民党教育看不起少数民族，各个民族都有他优秀的传统，要艰苦地做群众工作，为维吾尔等少数民族服务。谈了一小时后才告别。在数年的战争中，他不光是我的领导、老师，也是真挚的朋友。

昨晚新婚，今晨便上路。晨7时出发，行94公里到达大坂城，沿天山脚下荒无人烟的戈壁行走近200里，在大坂城稍事休息，启程后汽车进入山峡穿过天山。天山由远处看异常险峻，实际上到山巅后，看起来很像丘陵地带。我相信新疆在远古时代一定是大湖或大海。行190公里，天晚宿托克逊。

11 月 28 日　宿于轮台

从焉耆出发过铁门关，此处确实是非常险要的地方，2000 年来的"丝绸之路"，从这里沿孔雀河，进入一条 30 里之峡谷。这条峡谷，曲折幽深，岸壁如削。这峡谷叫铁关谷，也称遮留谷。在险要处有道关口，即铁门关。据说最远从晋代就在这里设关。我记得唐代诗人岑参留过一首诗，名曰《题铁门关楼》。出峡谷过去 10 多公里即是非常美丽的绿洲库尔勒。汽车急速飞驰，夜宿轮台。

12 月 1 日　于喀什

晨从阿克苏出发，据说到喀什要走十八马站。晨出发行 100 余里。在荒凉的戈壁上，有巴楚县政府，县政府设简陋的招待站，稍事休息即于黄昏继续赶路。车子于夜晚在大戈壁上奔驰。天将明走了 400 余公里，于是又接着走。虽然现在比步行不知好到哪里去了，但连日在汽车上颠簸，浑身疼痛。我和妻就是如此度过了我们的蜜月。

11 月 3 日　于喀什大营盘

刚来一切都是茫无头绪。

这遥远的边城，二支社的新闻干部——二军四师的王安、五师的汪波清、六师的安俊川等都回到这里总结工作。这几位经过战争锻炼的新闻干部，就是我手中的宝贝。

12 月 4 日　于喀什

按照二军政治部指示，开始筹备办报纸，并为南疆举办新闻训练班，培养一批新闻干部。

我们现在身处"世界屋脊"帕米尔高原脚下的喀什，虽然这座城市十分简陋，但却是世界有名的古城。班超曾来到这里，汉明帝任命他为行军司马。

12 月 5 日

"新闻训练班"正式开课，共收学员 50 人。学员大都是近年进军途中参军的学生。教员是我和几位记者，文彬也上了这个班学习。

连上街的时间也没有。

12 月 6 日

上午给学员讲新闻的基本课程。下午到司令部翻阅战斗总结。

12 月 10 日

战争中我一直在四师，可是今年 10 月新中国成立之后，有两个月没去四师了，心里有说不出的思念。今天我到师部一问，发现许多熟悉的战友都调走了。二军大部分指战员战士，准备转为生产兵团，大伙将很少的津贴都拿出来，开始搞建设，建立农场。我所熟悉的连队和战士们，都将作为农垦战士，将永远扎根边疆，为开拓边疆而献出自己的一生。我心情很不平静，现在那些曾经在战场流血流汗的英雄，连征衣也没有换，又投入到另一个艰苦的与大自然作战的斗争中去了。我将用什么面对他们，我得不断督促自己，加紧工作。

12 月 12 日

开始草拟长篇报告文学的提纲。

唉，有什么办法，什么书也找不到，想看点参考材料也很少，连纸张也难以找到。今天在一个旧机关里，找来一堆用过的废纸，不管怎么，这已够好了，翻过来可以用啊。麻纸也可以用，只是容易勾住笔尖，只好用毛笔。

12 月 15 日

今日郭鹏军长来看我们，这位老首长，你一见他，心里便感到无上的温暖。我们这些记者，包括他的警卫员，一点也不怕他，像我吧，没有烟抽时，有时便跑到郭军长那里去转悠，他便说："要抽烟吧，你自个儿去拿。"他不光是军首长，大伙觉得更像我们的长辈，因为从他那里可以得到父辈或兄长似的关怀。

今天他一进门，便东看看西看看，突然发现我们床上的军被，他说："你们在迪化结婚，为什么不告诉我。你们还是新婚，怎么连条新被也没有。我打个条子，你们去领点钱，做两床新被子吧。"

于是我们就在新年之前，买了布做了新被子。新闻训练班这伙人知道了，叫喊说这算是重新结婚，要吃糖。我们算什么新婚蜜月呢，忙得连出去散步的空也没有。好在我妻总是安安静静，什么过高的要求也没有。

12 月 16 日　于维吾尔文报社

从二军军部搬出来，筹办地方维吾尔文报纸。白天忙一天，只有夜晚方有点时间，赶写文章。我计划这长篇报告文学，拟从保卫延安开始，一直写到进军帕米尔高原。

12 月 17 日　于报社

此地言语不通，工作起来深感困难。看起来在这里工作，还必须学会一门少数民族语言。

12 月 26 日　于喀什

筹办维文报真不容易，在少数民族中，找能编报者很困难。我们又不懂维语。

听说进疆前，还购买和动员几百匹马，其中还有部队的战马，组成了骡马大队，大概他们几十天才能到这里。老英雄范绍通也是管理骡马大队的。这些战马在生产上将为人民再次立功。想起那些战马、骡子还真有感情。

12 月 28 日

工作之余将战争所记材料日记翻出来，准备整理，能将它背到边塞古城，想起来真不容易。也许它对将要写的作品无多大的作用，可是我把有些生活记下来，把有些人的名字记下来，我要永远记住他们。每个民族总有那么些先行者，他们为之奋斗，为之牺牲的事业，也许他们看不着成功的那一天，他们却为后辈人造福。一个民族如果没有这些优秀的人称什么民族呢?

12 月 29 日　于喀什

一年将尽，翻天覆地的一年结束了，1950 年全国即将转入建设，新的生活要开始了。我的稿子已写出一部分，一切还在摸索。有人说写作需要环境条件，可是我面对的只有战争时所记日记，材料，实在有限。我需要在艺术上提高，在我周围，甚至找不到一个可以探讨的人。自己常处在矛盾的心情之中，深感苦恼。

12 月 30 日　于喀什

新闻训练班现在很有个样子了，有些学员水平较高，令人高兴。

我喜欢上了喀什，等过了这一段时间，等工作有了头绪，我要到南疆各处走走。少数民族生活实在贫困，但又充满了浪漫的风情，他们高兴起来，总是用音乐和舞蹈表现出一种狂放的热情。而汉族人比较深沉，就连内心的震动和欢乐，表现方式也是躲躲闪闪，我总觉得有一种压抑的东西，这也许是千年的封建文化造成的一种心理状态。

12 月 31 日　于喀什

年末岁尾之夜，思绪万千，一切像新的一样，得从头开始。忙着打仗工作，遥念母亲，当人们匆匆赶回家时，她将怎样地盼望儿子归去，此时，我仿佛看到她孤独的身影，不由悲从中来。大家都忙得要命，不知什么时候才会有时间回家去看望老母亲，请母亲原谅我这个不孝的儿子。

于 1949 年终于喀什

四、《战争日记》评论

别样的教科书

——读杜鹏程《战争日记》

晓雷

有一本书，我早就应该读的，但不知平日忙些什么，直拖到这个秋天才去读它，它就是杜鹏程的《战争日记》。这部距今几近半个世纪的纯私人的笔迹墨痕，于今读时让我深深地为之震撼。吸引我的，既有他笼括全篇的坦诚，比如他记叙读屠格涅夫传记，知道这位俄罗斯大作家的十年间始终不渝地热恋着一个女人，勾起自己失恋的痛苦，即使行军途中看到一个美丽的农村少女就会想起她的那一种灼疼也有他的贯串在字里行间的真情，比如他多次记叙了由于行军打仗，无法去看随着干部家属疏散转移的寡母在心中涌动着"慈母手中线，游子身上衣"的缕缕感伤，但更为重要的是，一位 26 岁的革命青年，通过私人日记所作的内心独白与倾诉，竟然成为全面而真实的有关三年解放战争的一部波澜壮阔的史书，而且是那么绘形绘神、有声有色的一部史书。

日记是从党中央撤离延安前夕的坚壁清野写起，到内线防御的三战三捷，到内线反攻的沙家店战役，到外线反攻的宜川战役，到挺进西安、挺进关中、挺进大西北，一直到野战大军的红旗飘过天山，插上新疆南部重镇喀什城头。而且，日记不但记录了西北野战军横扫西北战场的辉煌历程，而且在日记中辐射出全国各个战场的军事进展，历时三度寒暑，纵横九州大地。更让人震惊的是，《战争日记》不纯然是军事记录，战争时期的各个方面，军事的、政治的、经济的、文化的，群众的支前活动，部队的思想工作，前方的流血牺牲，后方的土地改革，几乎当时生活领域中的各个层面，都在这部战火纷飞中写成的日记中得到真实而真切的展示。时下评价作品，多角度、多层面、全方位、全景式、史诗性，这些词语几乎被我们用滥，然而，评价老杜的《战争日记》不用这些词汇，似乎就不足以概括出它的整体面貌和真实价值。正是因为这是关于人民革命事业一段全景式的忠实摹写才使它具有一部革命史书斗争史书的品格，对我们缅怀过去和对待今天，就成了一部难得的生活教科书。对于在游戏机、巧克力、摇滚乐和流行歌曲中成长着的青少年朋友，就格外值得一读了。读一读那些关于死、关于伤、关于累、关于苦、关于难、关于奋力拼搏的血淋淋活生生的记载，咀嚼它、吸纳它，就会获得健力宝、施尔康这些营养品所不可代替的滋育作用，它是另一种促人健康、促人清醒、促人生机蓬勃、青春常在的一种特殊的营养品和强化剂。

说《战争日记》是教科书，绝不是说它就是抽象和概括出的干巴巴的那种课本。不，这是活生生的有血有肉的教科书，记录着活生生的人、活生生的事，还有作者活生生的感情和活生生的思索。你在这里能看到一个穿着土布衣服、土布鞋袜的活生生的军事统帅彭德怀，朴素和超人智慧和军事天才那么和谐地统一在一个人物身上。你也会看到一个活生生的王震将军，弹雨横飞的指挥前沿，他会吼喊"完不成任务，我就砍了你的头"，战斗一结束，他见了你，会问你多大年纪，娶媳妇了没有，要娶媳妇就要娶他们湖南女人，他说你根本不知道他们湖南女人有多么勤劳多么贤惠多么值得爱。日记中记叙的许多普通士兵，他们都是穷苦农民出身，贫穷和困苦养成了他们珍惜一针一线的习惯，看见破棉絮烂绳头也捡起来缠在腰里揣在怀里挂在枪杆上舍不得丢掉，让作者感到又可笑又可怜，但作者同样记叙了他们在一个战役之前会用咬破的指头写下遗书，把身上仅有的积蓄留下来交给组织，冲锋号一响，就抛却一切，挺身而上，勇往直前，为胜利献上他们的热血和头颅。什么是英雄主义？什么是牺牲精神？什么是崇高目标？答案就在这平平常常的人物身上，就在这些平平常常的琐事之中。平常之中有着金子般的品格，太阳般的精神。读这样的日记，你不能不被感动不被感染。日记还记载着某些不尽如人意的事情，字里行间会透露出他的感慨困惑，或者他的判断见解。在部队中对于同志的无端怀疑或过激处理，他会表达不同的意见；土改中对地主的过分照顾和一律扫地出门，他会认为是违背人民利益；有许多事情，他记叙时含而不露，但细细思索，分明能感到他的微言大义。打运城，他记叙了敌人的殊死抵抗和敌我双方都付出的惨重死伤，自然让人想起晋西北土改时的过火行为，驱赶的逃亡地主的拼死抵抗。日记中透露出对我们革命举措中的某些得失的这些思考，使我对他过早的成熟深表敬佩。

写《战争日记》时的杜鹏程，不是作家，尽管他那时就有着浓浓的作家情结，时不时地把这样的心迹诉诸日记。看了《西行漫记》，他下决心写一部《被剥夺了灵魂者》；听了王若飞的事迹，他要写一本《领导之艺术》；读了西蒙诺夫的《日日夜夜》，他就自责为什么人家能把战争写成那样的好书而自己却不能……但他把这样的梦埋藏在心底，首先承担着现实使命，时刻记着自己是一位记者，更是一位战士，他深入到乡村最偏僻的角落和战斗的最前沿，眼看着流血和牺牲采访，哪怕被敌人追得一天步行130里，疲劳得眼皮抬不起来，但一停下脚步就趴在老乡的磨盘上或灶台上就去写鼓舞士气的通讯报道。在前沿指挥所里，他眼瞅着他熟悉的战士扑到敌人火力口跟前，甩出炸弹，与敌人同归于尽，而他怀里则装着战斗前这位战友送给他的毛巾和纪念品。他写到你要见过同志的尸体和鲜血，你要体验过炮弹撕心裂肺的爆炸，你便会觉得那种时时想个人的心情是多么卑微。怀着这样的心情，他做着战争中的各种具体工作审查俘虏，组织担架，编写剧本，写大事记，要他当组长他就为一组负责，要他当队长他就负起一队的责任。今日订婚，需要未婚妻留在后方就留在后方；昨晚结婚，今早需要他去前方，就去了前方。他在一本粗糙低质的日记本封面上记了车尔尼雪夫斯基的一句话：在人们所宝贵的东西中，最宝贵的是生活。他的日记真实地反映了他是生活的实践者。这日记的魅力之一，也就在于记录全民族命运大变革的同时，他记录下个人的心路历程，痛苦、欢乐、恐惧、焦灼，一个普通的人所可能有的喜怒哀乐和酸甜苦辣的思绪情片，他都一一如实地做了记载。腥风血雨之中，他在日记中时时剖析自己，制订完善自己的计划，并在战火纷飞中去实践。谈战争日记，谈到的是一位年轻的革命知识分子在自觉地进行血与火的洗礼，在革命的熔炉中冶炼和锻造自己的那份执着和自觉。

《战争日记》还是毅力与意志的产物。战争中繁重的工作负荷与瞬息万变的动态时局几乎消耗了人的体力和精力，哪里还会有适合于记日记的时间和空间？但奇迹就恰恰在不可能中产生。敌人在后边追、在前边攻，天上飞机炸，地上大炮轰，就是在这种持续恐怖与紧张中，他或挂着枪杆记，或戴着草帽记，或坐在坑道里记，或趴炕沿上记。没有墨水，随身带一些颜料片，用时倒水化开；没有笔，用一根柴棍绑个酸笔头。他的这件新式武器让独四旅的政委杨秀山十分感动，就命令后勤部特批他一支钢笔。十三团的政委、《保卫延安》中李诚的原型李悝和看见他的日记，禁不住给上边题写了一句话：一支锋利的笔，相当于一个精锐之师。老杜就是带着这样的感情去记《战争日记》的。此后就带着这部日记写成了最初百万字的大型报告《保卫延安》，文稿中的人物全是日记所记载的真名实姓。后来，几度增删，几度易稿，最终变成了震惊文坛的小说《保卫延安》。而对小说，老杜自己说，虽然不是"满纸荒唐言"，却是"十年辛酸泪"。我在访问台北期间，台湾有位作家对我说，他知道了《保卫延安》小说初稿用麻袋装，在老杜勤奋严谨的精神面前，自己感到惭愧耻辱。如果他知道了小说之前的《战争日记》的诞生过程，不知又将发出何等感慨！

长久以来，我只比较清晰《保卫延安》之后的老杜，却朦胧着此前的杜鹏程；只迷恋着《保卫延安》的艺术魅力，却不甚了了何以有《保卫延安》的诞生。读过他的《战争日记》，这一切才豁然于心。老杜绝不是文人意义上的作家，他是战士意义上的作家，是革命家，他留下的出土文物一样的《战争日记》，是与小说《保卫延安》具有同样意义的精神财富，是无价之宝。

老杜三周年忌日时，他的骨灰在韩城的象山上安放，那日金色的秋阳下开放着满坡满岭的野花。送灵的人每人采着一捧，把他的新坟装扮得灿烂辉煌。我曾有感而想写一篇《野花祭》，但未及成文，现在老杜离去五周年了，读《战争日记》的感想就是我采摘的一枝野花，捧出以作心祭。

1996 年 10 月 10 日于西安

（晓雷曾任陕西省作协副主席，本文原载《本质上的诗人——回忆杜鹏程》第 648 页，张文彬编，陕西人民出版社 2001 年 6 月出版）

历史与人生的交响
——杜鹏程《战争日记》简评
郭楚伟

摘要： 杜鹏程的《战争日记》是解放战争期间西北战场的全景式展映，内容涉及当时社会政治、军事、经济和文化各个层面，是军史、党史、群众革命史的重要见证；他个人由随军记者逐渐成长为一名革命作家的历程也详尽地体现在日记中。日记里的生活使杜鹏程最早萌发了创作《保卫延安》的念头，并为《保卫延安》的创作提供了素材支持。

杜鹏程的《战争日记》收在其文集的第四卷，由陕西人民出版社于1993年6月出版。该日记仅是他近200万字战争日记的节选，约40万字，始于1947年3月的延安保卫战撤离前夜，终于1949年12月解放军进驻新疆重镇喀什，时间跨度近三年。按年份可分为三个部分即1947年3月至1947年12月；1948年1月至1948年12月；1949年1月至1949年12月。

杜鹏程在革命战争年代里，无论环境多么艰难，战斗多么激烈，工作多么繁忙，始终保持着写日记的良好习惯。《战争日记》所记叙的1947年3月至1949年12月那段历史，是中国共产党领导中国人民争取民主和解放最严酷、最激烈，也是最令人欢欣的岁月，其中关于延安保卫战、关于解放关中、关于挺进大西北的英勇卓绝的斗争史，日记都披露了大量鲜为人知的事实，记叙之详，评述之细，在关于这段历史的作品中是少有的；里面也展示了他自己从农村到工厂、从工厂到部队的生活经历，以及由一名随军记者逐渐成长为革命作家的过程，是一部历史与人生的交响曲。

（一）

杜鹏程《战争日记》中写得最多的是人民解放战争波澜壮阔的历史，尤其是保卫延安、鏖战八百里秦川、攻兰州、下西宁、出酒泉、解放大西北的宏伟场面并且涉及了当时的社会政治、经济、文化状况，牵扯到士兵、敌我双方将领以及百姓、学生、商人、工人、市民等各色人等，是一部难能可贵的史著。一部关于革命、关于共产党的教科书，具有重要的史料价值，是军史、党史、群众革命史的重要见证。

1. 从保卫延安到解放大西北

1947年3月，国民党政府悍然发动了对解放区特别是对我党中央机关所在地延安的进攻，党中央、毛主席审时度势，作出了暂时撤离延安的决策。日记即从这里写起。

3月1日"敌人首次轰炸，投弹八枚""延安疏散光了一切就绪，只等待战神来临，决一死斗。"3月19日"延安失守"。当时的杜鹏程刚到边区群众报社工作，随报社撤离。3个月后，即6月11日，他被派到解放军二纵作随军记者。"我想尽力把战争中出现过的人和事，内部的也好，敌人的也好，记录下来，不能放过生活所施予我的。"在以后的日子里，杜鹏程用笔详尽地记录了我军撤离延安后到挺进大西北所历经的大小战斗延安"三战三捷"，转战陇东、三边、长城线，战榆林、九里山、沙家店，打宜川、壶梯山、永丰镇，出击西府，解放关中，下兰州、攻西宁，一直到进驻乌鲁木齐和喀什，可以说就是一部西北野战军的辉煌战斗史。

2. 战火中的军人

随军期间，杜鹏程的主要任务是进行新闻采访，除写通讯报道外，还兼搞业余创作。而事实上，他什么工作都干，打扫战场、押送俘虏、登记伤员等，还常常参加营、团、旅的各级党的会议。下连队期间，"我把这个连队的历史、现状，这个连队的干部、战士、炊事员、通讯员，也就是说，把每一个人，都作了仔细的调查和了解。"这样他就比较全面地了解了战士和部队的情况，并与我军将领和普通士兵成为知心朋友。"我能讲出许多干部、战士的出身、经历、性格特点、生活习惯，特别是他们的战斗经历等。"日记里，有我军高级将领，还有基层干部盖培枢、温广生等和战斗英雄王老虎、刘四虎、杜立海等；敌方将领有胡宗南、刘勘、董钊等以及许多普通士兵。在他笔下，我军的英雄们"都有一个共同的特点，均出身贫苦，平时少言语，看着忠厚老实，有的似乎有些笨手笨脚，但惊天动地的事都是他们干出来的啊！他们很多人均一无所有，无家可归，部队就是他的家"。尤其是他大量记叙了我军战士忘我牺牲、英勇战斗的行为，经常辟专章去写，或一个、数个人，或一个连队、一个集体。这些事迹，有亲见，有耳闻，有通过战场报道知晓的，读之令人慨叹，令人感动。阅读有关我军高级指挥员的文字，更使人深切感受到他们在日常生活中言谈举止平易近人的一面。

3. 农村与农民

战争中还有一类庞大的人群值得关注，就是普通百姓。杜鹏程在日记中写到了广大农村在反动统治下的凋敝和贫穷，更多的则是农民流离失所，被鱼肉宰割、肆意残害的悲惨命运，并对他们给予很大的同情。"他们那样安分守己，诚朴，在贫瘠的土地上过着艰苦的日子。而在旧社会就在这样辛酸的生活中，还受着军阀、土豪种种压制、盘剥。中国老百姓是多么可怜！"同时，作者也指出了农民身上存在的种种弱点："数千年的压迫奴役，农民在精神上翻身多么不易"，他们"缺乏公共观念，养成自私"等毛病。但是，经过教育和锻炼，他们最终积极投身到争取翻身解放的战斗中去，并成为中国革命的主力军。对此，日记也有生动的叙述，如由农民组成的担架队，冒着炮火，不惜牺牲救护伤员的壮举就令杜鹏程刮目相看，也使他意识到"以后写作必须注意，农民不是可怜的乞求者"。更别说我军基本上是一支"农民军"的事实了。

4. 对我军思想政治工作、战斗经验教训的总结

我军取胜于战场的原因除有党中央英明正确的决策外，就是在部队里建立了完善的思想政治工作体系，并且能够及时对战争中暴露出来的问题进行研究纠正，对好的传统和经验进行总结推广。日记中大量引用了我军的各类战斗总结报告，以及高级将

领对战斗情况的分析讲话，保留了丰富的有关思想政治工作和战斗总结的史料，对读者全面认识人民军队有很好的引导作用。

5. 其他解放区战场

在《战争日记》中，杜鹏程并没有将目光只放在西北战场上，而是放眼全国，通过转述战地报道、报纸消息等方式穿插了如东北战场、华北战场、山东战场的情况，涉及三大战役、济南战役、解放北平、百万雄师过大江等重大事件，使西北战场与其他解放区战场交相辉映，点面结合，全面展示了整个解放战争的风貌。

另外，在日记里，杜鹏程也毫不避讳地揭示了我军中存在的诸多问题，如个别部队中存在骄傲轻敌、组织工作疲软、单纯依靠政治觉悟打仗的错误，少数基层干部有忘本、厌战、腐化甚至投敌的思想行为。日记指出，这些都是历史的教训，必须提出，进行教育整改，否则将影响到整个革命事业的稳定与发展。

从《战争日记》中，我们可以清楚地看到人民军队由弱到强，不断发展壮大的历史以及普通群众的生活与精神变迁过程，可以说是一定范围内的全景式的人民解放战争的展映。

（二）

于滚滚的革命大潮中，我们也眼见了一位优秀的青年作家逐渐成长起来的过程，他由年轻到成熟，由独身到成家，由怯懦到坚强，成为历史的见证者与创造者。

1. 记者生涯

1947年3月11日，杜鹏程受命从边区被服厂调到边区群众报社工作。青化砭、羊马河、蟠龙"三战三捷"后，敌我形势发生了明显的变化，为了扩大西北野战军的新闻力量，上级决定抽调一些同志上前线做随军记者，杜鹏程即是其中一员。6月11日，他被派到了王震将军指挥的西北野战军第二纵队。在二纵，杜鹏程先后深入到独四旅、十三团及二营六连，"跟随部队参加了许多次战斗，走遍了西北大部分地方，穿过沙漠、草原、戈壁，越过数不清的高山峻岭和大小河川，直到1949年末进军到帕米尔高原"。1949年8月，又被任命为西北野战军第一兵团新华社野战分社主编。在此过程中，他用笔从宏观到微观记录了二纵的战斗历程，除了写新闻报道，"举凡人物、生活印象、心得体会、生活感受、观察所得，以及各地的历史特点、地形外貌、人情民俗，甚至动人的语言，等等，通通认真地记录下来"。读之如置身于历史的现场。1948年壶梯山战役结束后，杜鹏程写下了战地通讯《壶梯山我军英勇杀敌》，被彭德怀司令员批示在广播和报纸播出刊发，在部队引起了强烈反响，他的名字也一下子蜚声西北战场，成为著名的随军记者。据同事回忆，杜鹏程"写的新闻，内容实在，资料齐备，事态过程、人物心态等情节，有理有据"，并且，他"没有把自己只当记者，做旁观人，而是解放军的一员，为战斗胜利服务，为打击敌人而报道"。他自己也说："我做记者和别人不大一样，那就是有这样一个抱负：要把战斗生活真实而完整地记录下来，能给人以鼓舞力量！"几年间，杜鹏程整理汇集战士的先进事迹材料仅日记就有一二百万字。

2. 婚恋生活

在战争岁月里，杜鹏程也有对爱情的憧憬与冲动。日记中展示了他的恋爱经历，以及对爱情婚姻的认识与追求，最终与心上人从相识到相知到相恋，共同步入幸福的家庭生活的过程。此间，受战争影响，两人既有颠沛流离的分离之痛，也有甜蜜的相思之苦，更有激动温情的重聚之欢。

1949 年 6 月 29 日，杜鹏程在日记里写道："我在恋爱了。"这一天，他与张文彬在一个偶然的机会里，初次相识，"虽然我俩年龄相差几岁，但在气质上似乎很有相近之处"。不同的人生经历，相同的理想爱好，将两人的心连在了一起。从日记中为数不多的叙述中，我们能真切地感受到杜鹏程内心情感的丰富细腻与起伏变化，这是人之常情，读来倍觉亲切。

3. 自我剖析

人的成长过程就是一个自我改造的过程。杜鹏程是一个非常重视自我剖析、自我更新、力求不落后于时代的人。在生活中，他常常沉思自己的缺点，不断反省，高标准严格要求自己。在日记里，我们常能看到诸如此类的句子："我的毛病：1. 不严肃，急躁，不切实际；2. 生活散漫；3. 粗枝大叶，言过其实。从明天起应做到：1. 严肃可亲；2. 慎重练达；3. 仔细沉着；4. 谦虚待人；5. 少说多做。"在深入部队、群众生活后，他蓦然发现生活中有许多事需要做深入的了解，而不能只满足于浮光掠影地看表面现象。他经常感到自己在虚度光阴，一事无成，"整天什么也没干，惭愧得很"。"当我把马蹄表放在头边时，我感到时间多么紧张地在向前走，它会抛弃我于长距离的人生征途上，我不禁感叹……"此类语句在日记中时常出现，反映出杜鹏程严于律己的自省、自警意识。又如，他初上战场时，也曾感到恐慌，想找个保险的地方隐蔽起来，但当他躲到后边去的时候，看到战士们在炮火连天里冲锋，一下子觉得自己是那么渺小、胆怯和可耻。"我常想，……中国人民有这么大的天下，那是烈士的鲜血凝成的血的结晶。每一个同志每一个中国人都应牢牢记住。我们活着的人，还有什么苛求的？应该努力工作，以他们这种伟大的精神激励自己。"正是战士们英雄气概的鼓舞，加上自身的反省，杜鹏程逐渐战胜了内心的恐慌，变得坚强无畏。

4. 文学创作

作为个人生涯的重要组成部分，杜鹏程的创作意识也是在随军期间逐步确立并明晰化的。走进军队前，他在农村、在工厂，有过生活体验，也有过创作，写了许多小通讯、人物素描、宣传文章等，但真正将其作为终生奋斗目标是在经历了战火，与战士们一起摸爬滚打，目睹了牺牲、面临了生死考验之后。"我很向往写作，但如今我真正开始了以文为生的时候，心里又很不安。"这是他1947年3月2日日记中的话，道出了自己专司创作初期的惶惑。行军过程中，他每天只背粮袋、干粮袋、一个手榴弹和装满笔记本、墨水瓶的布背包，共十几斤，并且坚持看书，收集各种材料。部队每打下一座城，他见到书，总是尽最大可能，背一些就走。战斗间隙，就蹲在战壕里，伏在膝盖上，趴在枪杆上，老乡的锅台、碾盘上写呀写，除日记外，还写过几十万字的以军事生活为题材的消息、通讯、散文、报告和剧本。如1948年秋写的歌剧《宿营》，在西北战场许多文工团都上演过（该剧本于1950年由西北新华书店出版，成为杜鹏程正式出版的第一个作品）；1949年5月，又与人合作写下了五幕大型话剧《劳动人民的子弟》，随进疆部队演了一路。杨秀山将军看到杜鹏程竟无一支像样的笔，特令供应部给他配发了一支"金星"牌钢笔，十团政委李恽和专门在杜鹏程的笔记本上写下这样的话："一支笔，抵得上一支劲旅"，既是对他的勉励，又是对他工作成绩的肯定。

随着生活阅历的加深，杜鹏程对文学创作的思考也由浅入深，从宽泛到集中，日记中就留下了许多富有启示性的语言。如"写通讯或写别的文章中最主要的是'有特点'，这是很主要的经验。""我敢说，文章不多次进行修改，很难成为艺术品。""我想一个现实主义的作家，他必须是一个出生入死的战斗者，也必须是个很好的实际工作者，否则住在房子里再富于幻想也写不出这些时代的奇迹和生活。""能写出点儿东西是多么不容易，把艺术看作轻飘飘的事那只是可耻的求名投机者。我想只有切实地工作和群众在一起，才可能写出一点人民需要的东西。"他是这样想的，也是这样做的。面对那个伟大的时代，他常自觉能力有限，"不能把战争各个侧面记下来，否则我可以把战争以来的全貌告诉人们，我想尽可能地记载所不知道的，其他的难免要靠报纸去了解和补充。总之，我要尽最大努力去工作"。确实，《战争日记》中所记录的大量史实，也非杜鹏程个人所能全都经历，为此，阅读战地通讯、报纸，听报告，听别人讲述等都成了他掌握了解各方面情况的主要方式，借此，他较为全面地掌握并反映了当时社会的各个层面，尤其是军事领域的情况。战争锻炼了他，为他提供了丰富的创作素材，他描写了战争，让其正义、悲壮、宏阔的一面展示在世人面前。

可以看出，和人民军队一样，杜鹏程也是在硝烟中百炼成钢的。战斗中，他有过慌乱，也有过自己感到不齿的想法和行为，但最终，他克服了弱点，成长为一名坚强的战士和作家。

（三）

"对作家来说，日记远不是仅用来记录生活中的事件的方式，它是能产生更深刻的思想的主要工具。"杜鹏程也曾说过："我做新闻工作，养成了一种随时记录所见所闻的习惯。要是想搞创作而不写日记或笔记，是很难想象的事情。"他强调，写日记对有经验或初学写作的人都是必不可少的。这里，他道出了写日记与创作之间的关系。作为杜鹏程的代表作，也是中国当代文学史上军事文学创作里程碑式的巨著《保卫延安》，它的创作就与其《战争日记》中的这段生活经历密切相关。可以说，没有这段经历，就没有《保卫延安》，从这个意义上讲，《战争日记》是《保卫延安》创作的前奏与准备。

《战争日记》中常有这样的句子："我想写一个《第六连》，从各方面去写，从一个连队看全部战争。""我想从陕甘宁到如今，经过了边区、蒋管区、晋南解放区到部队，如战争、土地革命，这是一个历史的变化。在这大的时代的变化中多少同志倒下了，可歌可泣的事情很多，一定要写，否则死不瞑目。"可以看出，创作一部讴歌人民军队战斗精神和光辉业绩的作品的想法，最早即产生于其随军生活。在漫长的战争岁月里，杜鹏程和战士们一起翻山越岭，顶风冒雨，同悲同欢，曾无数次看见不少英雄的战士在眼前倒下，那些血与火的场面无时不冲击着他的心灵，感化着他的头脑。这种强烈的情感迅速地转化为一种迫切的愿望："这是英雄们用他们的行为和血汗书写的时代伟大的史诗。我恨不得以东海之波涛，尽书这时代的全貌！"为那些可爱的战士，为那个时代立传便成为一个必然。也正是在这种愿望的推动下，杜鹏程在履行记者职责之余，把主要精力用于了解战士们的个性和命运，喜怒和哀乐，从多方面去探求他们的内心世界。因为文学所反映的并非普通的实际生活，而是被体验过的社会生活。所谓体验，就是包括情感、理解、理想、想象等在内的对实际生活的复杂、强烈或深深的感受，"……是身体力行、带有心理的和生理的实践的意义。对生活的体验，就是对生活的感受"。文学创作的一般过程是"感而后思，思而后积，积而后满，满而后作"，经历过战争的艰辛旅程，亲身感受过战争的炮火硝烟，强烈的创作冲动是自然而然产生的，而那些枪林弹雨中的"兵"的形象，往往是他切身感受或体验的一种概括提炼，甚至是一种"如实写来"。这便是杜鹏程写作《保卫延安》的缘起。

同时，《战争日记》中记录的大量英雄事迹、战斗通讯、报告、故事等，为《保卫延安》提供了丰富翔实的素材，作品中的许多情节与日记中的内容极其相似，甚或相同，个别人物更是原封不动地搬了进去，如王老虎等。《保卫延安》里的许多人物在日记中都可找到对应的生活原型：如李诚——李恽和；卫毅——李侃；张培——盖培枢；陈兴允——顿星云；王老虎——王老虎；孙全厚——范绍通等。这些作品中的人物都是杜鹏程把连、营、团级的指挥员、政治工作者和普通战士在战斗中发扬的精神在他们身上加以集中描写的人物。周大勇，受尽地主压迫，然后参加革命队伍，他的身份，决定了他是千千万万普通战士的化身及象征，在他的性格内涵中，便"富有代表性"地凝聚着千千万万普通战士的革命精神及顽强朴实的品格，而他的成长过程——从普通战士到战斗英雄到出色的基层指挥员，同样是千千万万普通战士成长的缩影。李诚，他是基层政治工作干部，故而他的"代表性"便在于党的政治工作的传统，在于以个人的性格魅力传达党的精神力量的伟大与正确：他是有崇高的共产主义觉悟，克己奉公，无私无畏，情操高尚，灵魂纯洁……在他的精神境界中，融党的化身与个人品格于一体。当然，这种对应是机械的，毕竟，小说中的人物是经过了加工与虚构，是"杂取种种人，合成一个"的，但绝不能否认，正是杜鹏程把战斗生活中亲身经历过的难忘事件深情地倾注在创作中，才使得小说中的人物栩栩如生地站了起来，连同真实的战争气息，赢得了读者的广泛呼应。

第一野战军挺进西北期间，曾为拦截溃逃之敌，我先头部队飞越祁连山，战士们爬冰川、过荒山、顶风冒雪，成班成排地被冻死在冰雪之中……这些在《战争日记》里都有详细的描述。每每想起这悲壮英武的场景，杜鹏程就热血沸腾，夜不能寐，写下了另一篇名作《历史的脚步声》。该小说的许多内容即取材于《战争日记》，甚或直接照搬。

法捷耶夫曾经说过："我觉得，任何艺术创作的过程都可以假想地分为三个时期：（1）积聚素材时期；（2）构思或酝酿作品时期；（3）写作时期。"可以说，《战争日记》就是《保卫延安》和《历史的脚步声》创作的第一个时期。"我的命运与时代紧紧相连。"确实，在杜鹏程的《战争日记》里，历史与人生你中有我，我中有你，历史中有个人的印迹，个人是历史的见证参与者，读者从中既可对历史大剧的台前幕后有细致了解，又可对作者的思想生活有真切认识，二者相融，共同奏响了一部历史与人生的交响曲。

（作者郭楚伟工作单位：渭南职业技术学院。本文原载《伊犁教育学院学报》2006年12月第19卷第4期）

第五篇
杜鹏程家人亲情思念

　　杜鹏程自幼生活贫困，青年时代又经革命生涯的磨炼，使他具备坚忍的毅力和意志，奔放热烈却是他的天性。这天性使他生命常常出现一种爆发力，一种天赋，一种优势。可以说这是一位艺术家难得的素质，也是造就一代天才的可贵条件。可是杜鹏程自幼生活的环境和所处的时代，首先要求他的，不是天才、作家、诗人，而是独立谋生的劳动者，一个全心全意献出自己的忠诚的战士。杜鹏程一生有着一种艰苦的努力，就是把自己像奔马似的情感纳入伟大崇高的解放人类的事业中。他怀着对民族、对人民、对党的强烈的感情，自觉自愿，满怀虔诚，做着刻苦的努力……（张文彬语）

　　本篇选录杜鹏程先生家人的几篇文章，共一万多字，分为两节：杜夫人张文彬的文章《杜鹏程的生活与创作》，女儿的回忆文章。杜鹏程与张文彬的姻缘，是解放战争中发生的一段富有传奇色彩的佳话：解放西府战役间隙，部队文工团在杨凌演出杜鹏程编写的节目时，女学生张文彬受到感染参了军，两人继而相识、相知、相爱，一起随军进疆，又一起回到陕西，相濡以沫。张文彬深情讲述了杜鹏程的生活与创作经历，其女儿的文章泣血回忆父亲，读来感人至深。

杜鹏程稿件《群众大会上苏云海等受奖 安塞模范担架队胜利归来》，载《边区群众报》1947 年 5 月 5 日一版头条

一、夫人谈杜鹏程

杜鹏程的生活与创作

张文彬

1951年，杜鹏程夫妇在新华社新疆分社。

　　这部文集，包括了杜鹏程一生创作的绝大部分作品，读者可以从中看到他创作的全貌，以及创作道路的发展情况；也可以从中了解作家本人的向往、气质、做人的态度；看到一个作家奋斗的历史。这部历史对我来说是有声有色、有血有肉的。我想读者不会是想从我这篇文章里听到对他作品的具体评说，因为对作品的研究、理解、评估，这是理论界的事，也是广大读者的、更是历史本身的事情。而我从我俩的生活出发，写点生活和创作实况，供读者参考。

初　识

　　说来很巧，我第一次看解放区的戏，便是杜鹏程1949年初为部队演出所写的五幕大型歌剧《劳动人民的子弟》。这戏在当时很有些与众不同，剧中的主人公，不是顶天立地的英雄，而是一个农家子弟出身的战士，因为想家和其他原因，开小差做了逃兵；经过种种曲折，最终由于母亲的教育，自愿地回到了部队。剧情生动感人，很有教育意义，演完后就有不少同学报名参加了解放军，我也是当时报名参军者之一。不久，部队在渭河畔的宫家堡作短暂休整。一天下午，我和同伴小马正坐在老乡的炕上，她在缝衣服，我在读书。突然一位年轻的军人喊着小马的名字进了房门。小马马上从炕上蹦起来叫道："杜记者，这些日子到哪儿去啦，大伙好想你哟！"我很好奇，这就是大名鼎鼎的记者杜鹏程啊！杜鹏程请小马帮他钉掉了的衣服纽扣，他说着话，似乎发现我放在窗台上的书，顺手拿起来翻阅。这时，我的视线落在他的脚上，女孩子对生活细节很敏感，我立即注意到他赤着脚，穿着一双厚底旧布鞋，鞋面上沾着星星点点的干泥，腿上的军裤，一条裤筒卷得老高，一条却拖在脚面上。噢，多么邋遢而随便的人，我不由暗自发笑，顿时少了许多拘束。

我慢慢地抬起头，不想正碰着一双锐敏而灼人的目光。那目光告诉我，他似乎有了什么意外发现，带着疑问的神态正专注地看着我。没来得及看清他的面容，一种窘迫感紧紧地抓住了我，不由得又低下头来。只听他亲切地问："这是你写的吗？"这时我才注意到他手里拿着我的一本作文。我想我那幼稚的字迹、潦草的作文，落在一位名记者的手中，他会不会像大人拿着一件小孩做的蹩脚玩具，觉得十分可笑呢？我更加羞涩难当，满面绯红。我点了点头。

没想到，他却大为激动，他说这虽然是本中学生的作文，但他从中看到了一种苗头，一点才气。这个发现，使得他兴奋得像个大孩子，激动得像失去感情控制的诗人。他把戴在脑后的军帽甩在桌子上，脱了鞋子，也上了土炕，坐在我和同伴的对面，于是给我谈起了写作。他对我这懵懂的少女，全然不以老师自持，而像对挚友一般，谈起他最初学写作时幼稚的经历来。似乎全心全意在证明，我比他当初强多了，这分明是一种诚挚的引导。他目光闪闪，热情喷涌，我和小马也被他的热情所感染，大概也谈了许多幼稚的见解，常常引出他朗朗的笑声。这笑声很有感染力，那是发自内心的坦荡、畅怀的笑声，顿时使得周围的空气也活跃和热烈起来。

对于杜鹏程讲的话，我还没来得及去想，去回味。可是我已经被他的闪电般的热情的激流所包围。我惊异地想，一个多么热烈的人！似乎他躯体中蕴蓄着一种能量，随时随刻，一点火星儿，便熊熊地燃烧起来。这个让我震惊的人，身材适中，动作敏捷，十分干练。他的头发黑而浓密，有些粗硬；面容清瘦，带着睡眠不足的疲累痕迹。当他紧闭着嘴唇的时候，显示出军人的严峻。他的眼睛很有魅力，你可以从他的眼神里看到那闪电的激流，看到睿智和犀利。实在说他的外形长相平常，如果他站在军人的行列，你看不出他有什么特别。可是动了感情的他，给人印象就大不相同了。已经快到开饭时间了，他谈兴正浓。跳下炕，点燃烟卷，懒淡地吸了一口。然后背靠门框，开始为我今后的学习和练笔出主意。他说他很羡慕我的年龄，如果他现在像我这样年轻，新中国成立，他就去学"自然科学"。说到这儿他像是被自己的幻想和憧憬打动了，激动起来，喷涌的热情，像打开闸门的江水，一浪高过一浪；顿时他显得异常光彩，说出的话，也带着热量和浓重的诗情，甚至连他那不修边幅的衣着，也流露出一种与众不同的风致。噢，这一切给人印象有多么强烈！这时窗外有人喊"杜记者"！不一会儿炊事员老李头跨进门来，拉着他就走。杜鹏程忙回头向我们打招呼，并向小马说他一定记着卫生纸的事，还答应给我找书。"走吧！你啊，总不按时吃饭，别人都吃完了。前几天给你留了点东西，都快坏了，找不见你的影子。"老李头拉着他像述说一个不听话的孩子，脸上显出疼爱的神色。我一听杜鹏程要在师部吃饭，大概晚上也会在这里住宿，心里不由得怦怦直跳，说不出的快活。

那天，我吃饭很少，心里总像惦着什么，很想知道他的行踪。我随意在周围溜达，想着再次能碰见他。可是怎么也碰不着，我想也许他已经走了。不知为什么这种"走了"的想法，顿时使我感到心里空荡荡的，似乎我将失去什么，而且永远再不能获得，猛然眼里流下了泪水。

"哟！干吗在这哭鼻子？"司号员小鬼不知从哪里蹦出来。我一面抹眼睛，一面辩解："谁说的，虫子钻眼睛啦。"过一会儿我问他："杜记者是不是走啦？"司号员说："没，他在村口和老乡拉话啦。"我一听还在师部，眼泪又淌下来了。司号员跳过来说："快让我给你吹吹吧。"我说："不用。"但眼泪还在直流。这是快乐的泪水，甚至这快乐里还混合着一种感激。我不明白为什么，我一天之中，为一个刚见过一面的人流了两次眼泪。

我跑到村口，果然看见在一棵大树下，围着一圈男女老少，杜鹏程就地坐在中间。他手里拿着笔，并着的膝盖上放着小本，一面和老乡谈笑，一面记录。老农抽着旱烟，老太太抱着孙子，妇女在纳着鞋底，青年后生嘻嘻哈哈，有的还蹲在他的周围，不时把他的军帽戴在自己的头上。那个热闹劲儿，顶得上一台戏了。以后我才知道，他只要到新的地方，就要做这种社会调查。而且他管的事也真多，他本子上常记着许多中医偏方，一路上给老乡看病，有的人还以为他是医生。

当天夜里，他果然是在师部，在我们宣传部住宿。这是所两居室的大房，我和小马占一边，另一边住几位男干事，杜鹏程平时就和他们住在一起。

已经是夜晚十点了，院子里除了有人在油印小报，其余的人都睡熟了。天闷热，蚊子成团在耳边鸣叫。连日行军打仗，浑身疼痛，疲惫不堪，人一睡下便像死过去一般。可是今夜我怎么也睡不着，我发现杜鹏程还没有回来，我注意着门口的动静，过了一会儿，我便听到有力的脚步声，是他回来了。我趴在枕头上，偷偷向外张望。只见他摸着点了油灯，又把刚拿回来的老乡用来熏蚊子的草绳点燃，将一张小桌用一个破木箱支高，然后从小布包里取出本子、纸张和笔，开始写起东西来。大热的天，连日行军打仗，有人甚至在暴日下中暑死亡。可是这个人难道是铁骨金身吗？难道就不感到疲累吗？这样情形不要说写作品，就是坚持坐一两个小时，那也要怎样的精力和心劲。我心里不由得又被一种严肃的感情所占据。夜里三时许，师部指挥员要去巡查阵地，为明天攻击做准备，杜鹏程也随他们去了前沿阵地。他大概不会察觉，也没有时间注意，这天夜里，有一个女孩也整夜未合眼，以致第二天行军，慌乱中将背包掉进了河里。而就在我见到杜鹏程的第一天，开始了我的初恋。

后来我常想，到底是什么吸引了我，使我陷入了深深的情网呢？是什么给人以强烈的印象？我想那是他耀眼的性格和气质，坚韧不拔的性格和奔放热烈的气质，形成了他身上别具一格的魅力。

杜鹏程自幼生活贫困，青年时代又经革命生涯的磨炼，使他具备坚忍的毅力和意志，奔放热烈却是他的天性。这天性使他生命常常出现一种爆发力，一种天赋，一种优势。可以说这是一位艺术家难得的素质，也是造就一代天才的可贵条件。可是杜鹏程自幼生活的环境和所处的时代，首先要求他的，不是天才、作家、诗人，而是独立谋生的劳动者，一个全心全意献出自己的忠诚的战士。

杜鹏程一生有着一种艰苦的努力，就是把自己像奔马似的情感纳入伟大崇高的解放人类的事业中。他怀着对民族、对人民、对党的强烈的感情，自觉自愿，满怀虔诚，做着刻苦的努力，他几乎每天都要为此审视自我、锻造心智，而且到了严酷的地步。

创作《保卫延安》

杜鹏程写《保卫延安》是我们结婚后不久的事。我俩是部队到达新疆迪化即乌鲁木齐市，于1949年11月24日在新疆日报社结婚。当时他是接收原《新疆日报》的第一任代表。婚后第二天，便随部队进军南疆，直到边陲城市喀什。

到喀什后，他担任新华社野战二支社社长兼记者。二支社驻在刚刚接收的旧军营里，那时住房也就是办公室。我俩住在十几平方米的一间平房，真可以说八面透风。屋内一张床，一个摇摇晃晃的三屉桌，两床军被和他那宝贵的马褡子，这便是全部家当。条件虽然简陋，但我们感到十分快活，我们有了自己的家。

边疆初解放，百废待兴。部分部队还在追歼残敌和土匪，大部分人员都转入地方政权的建设和民族工作。二支社全体人员也不例外，新闻工作范围也从部队扩大到地方。采访报道，筹办维文报纸，又为边疆培养新闻工作者办了新闻训练班。杜鹏程别提有多忙了。这时他又提出做社会调查。他认为新的政权建设和民族工作以及新华社今后的报道，都少不了它。他抽时间领着支社全体记者，深入到少数民族地区。他的调查十分细致，包括历史的、当今的政治经济、民情风俗以及自然地理状况。这些可贵的调查资料，果然对开展的工作和新华社民族地区的报道作出了贡献。

杜鹏程在百忙中有一桩很重的心事，常使他坐立不宁。从战争中带来的马褡子里，装有不少的烈士遗物和信件。他曾经给我一件件地介绍：一条被子弹打穿烧了一片的毛巾，那是一位营长盖培枢送给他的礼物，后来盖营长在战场上壮烈牺牲，而他家里还有老母和未婚妻，杜鹏程因为没能分身去寻找烈士的遗属而心里愧疚；两封纸已发黄的信件，那是一位叫许柏龄的烈士写给党支部和他的孤寡母亲的信，临上战场时留给杜鹏程的……杜鹏程说在战场上，在牺牲的战友面前，他多次在心里默默下定决心，要把这一切写成书告诉后人，多少人为民族独立自由，为洗刷民族的耻辱，争取民族的尊严而浴血奋斗，甚至献出宝贵的生命。他是这历史的参加者，又是以笔为生的人，不写出这段惊天动地的历史，简直是罪过。说到这一切，他的心情沉重，感情激昂。

一天，他和"少校马兵"小郝，每人肩上扛着一捆花花绿绿的纸，眉开眼笑地走进屋里。我很奇怪，忙上前去翻看，原来是一些用过的废纸，还有些老百姓用来糊窗户的麻纸。我说："哪儿捡来的破烂？"杜鹏程忙用手护着纸，说："手轻点，好不容易在维文报社和街上搜集这点宝贝，写东西离不开它。"这便是《保卫延安》最初的写作用纸。可惜纸张大小不一，又都破破烂烂，稿子重新写过后，这最初一稿便作为废纸扔掉了。

废纸翻过可以写作，但找一点参考资料，哪怕是一本普通小说，在民族地区也很困难。刚刚结束战争，部队还没有军史，全国关于解放战争资料和史实的研究和整理，那也是好些年以后的事了。他手边除了战时记的近百万字的日记，还有部分部队总结、油印小报；延安时的用马兰纸印刷的《整风文件》，毛泽东著《论持久战》和两三本文艺作品，这便是他的全部写作资料了。杜鹏程一面翻阅日记，一面思考，决定写一部长篇报告文学。

杜鹏程的生性特点决定了他无论干什么都带着一种强烈的色彩，他从来不考虑一件事能不能办成，做起决定历来果断，从不犹豫。这大概也是战争中形成的果敢、自信的作风，他常说如果前面是一座敌人的碉堡，那就是死人也得攻上去。

对于他工作起来不要命的劲头，我在战争中已有所领略，如今，进入他这旋风般的生活中心，才体味到他所说过的话"你要跟上我吃苦的"真正的含义。这句话是他在我们订婚时说的。那是火热的 7 月，我们的订婚报告被批准了。黄昏，晚霞在天边燃烧，我俩拉着手在田间小道上漫步。过分的激动使人少了言语，我们不时停下来，相互对视；似乎每一分钟我们都在各自身上有着新的发现，新的震惊。燃烧着激情的他，看来很英武，也很潇洒，他拉着我的手说："你光彩照人，可是你这么年轻。你知道吗？你跟我是要吃苦的……"我们走了几步，他指着脚下的土地说："你知道吧，我们站的这块地方叫周原，在这里订婚多么有意思，你听过这里的许多传说吗？在我的家乡韩城，美丽的传说很多，其中夏禹开龙门的传说，我还在母亲的怀抱里就听说了。老人们还说，在黄河边常能看到巨人留下的脚印。我五六岁时，和村里的伙伴去黄河滩割豆子，那时我常幻想，世上要是有一位巨人，他说不定能使母亲和我的生活变个样子。我怀着一个孩子的全部热情和希望，赤着脚在黄河滩上找那巨人的脚印，找啊找啊……好！如今新生活要开始了，我们将以怎样的热情去拥抱它？……"他像在读一首抒情诗，也像述说他对未来生活热切的愿望和誓言。

写《保卫延安》正是我俩新婚岁月，回想这几年的日子，我只能用"昏天暗地"这四个字来概括。这一方面是说我们炽热的爱情，但更多的是说他的工作和写作生活。

我们到喀什是1949年12月上旬，而12月下旬，他便开始构思和列出作品提纲。1950年初开始动笔，当年5月，一本数十万字长篇报告初稿便完成了。我无法说清这近半年的生活状态，他怎样挤时间写稿，怎样吃饭睡觉，到现在我都理不出头绪来。我记得长篇报告完稿的那天，还没有画上最后的句号，他已仰卧在床上睡着了，像死过去那样，不吃不喝整整睡了两天两夜。大家看他面色焦黄，以为他生了大病，谁也不忍心叫醒他。

第三天一早，他突然从睡梦中惊醒，叫嚷："我饿死了。"于是邀了几个记者和他一起去街上吃羊油包子。过后有记者告诉我："你这老杜可了不得，一下子吃了那么多包子，这哪儿叫吃，简直是在喝油。"他不知道，杜鹏程工作起来，好似把自己的生命集中使用一样，吃东西也是如此，一会儿忘了吃喝，不思饮食。而想起来时，他的饭量大得惊人。他生就了一副铁胃，吃什么都能消化，他旺盛的精神和体力，全得益于这副好胃口。如今杜鹏程吃饱了肚子，乐乐呵呵地从街上回来，双手插在裤兜，一副心满意足的样子，好比机器加足油，劳动强度随之升级。

杜鹏程怎样由一名记者，在短短两三年时间跨入了作家行列，他怎样在艺术上摸索奋斗，走出自己的路子，在他的日记中也有些记载。

1950年4月21日

我有生以来，没有像现在这样感到生命的意义，每天除工作之外，写作近十个小时；有时一夜写八九千字，有时写四五千字，平均每天写三千五百字。

1950年10月13日

迪化的冬天真够受的，现在已下了五次雪，室外积雪三尺余，冷且寂寞。午夜写作，听见远处的驼铃声，心里别有一番滋味。

1950 年 12 月 14 日

写作进展甚微，三天才写两章，心里总惶惶不安。

1951 年 1 月 1 日

回味一下，这一年是有生以来最紧张、有意识、有深度地工作的一年。

1951 年 4 月 18 日

安葬过母亲，趁假期之便，修改作品，母亲的面容时时出现在眼前。母亲临终的最后一句话："我见不到我儿了！"每想及此，稿纸常被泪水打湿。

1952 年 2 月 23 日

看来我不得不在工作之余附带写作，苦不堪言。

到北京新华总社来学习一两个月，每天利用所有时间；夜里、中午休息，下午休息时间均用来修改作品。写作这门学问，越深入越觉得深不可测、让人胆寒。我敢说当初写作，真是一种冒险。如今就是刀山也得走完它。

1952 年 5 月 31 日

这部书写到现在真是一段曲折、痛苦而冒险的经历。粗粗记录：

1949 年 12 月在南疆喀什写好提纲。

1950 年 5 月完成百万余字的长篇报告文学。

1950 年 5 月开始第一次改稿。

1951 年 2 月开始第二次改写和修改。

1951 年 4 月在韩城安葬母亲期间，第三次修改。

1951 年 8 月于新华社新疆分社作第四次修改。

1951 年 9 月于迪化作第五次修改。

1951 年 10 月于迪化第六次修改。

1952 年作第七次修改。

1952 年 3 月至 5 月于北京新华总社作第八次与第九次修改。

两年来，日日夜夜，废寝忘食，现在想起来，不能说是"满纸荒唐言"，但终究是"一把辛酸泪"。生命、心血不能数计。事业之路可谓难矣！

以上虽是些点滴摘录，也可看出一点儿轨迹。在那风雪弥漫的北国寒夜中，在狂风卷着黄沙的日子，在那夜半阵阵驼铃声中，一个人从晚饭后写到子夜一时，又从凌晨四时起床，写到东方日出。他的妻子虽然看着丈夫近在咫尺，却好像又在天涯，夜夜做着苦苦的期待。她看到丈夫哪里是在写作，分明是一头狮子，紧紧地抓住他的猎获物，不把它撕碎、咬烂，决不肯罢休。

20 世纪 50 年代，一对青年夫妇。他们看来是经过长途跋涉，他们身上土里土气的服装，还留着一路的风尘。那位男子带着严重的夜盲症和病容，但眼神却富有自信和快乐；站在他身边的妻子，却像个未婚的瘦弱的姑娘。他们各自抱着一个大布包，那是他们为新生的共和国准备的一份礼物——即将出版的《保卫延安》。这何止是一份礼物，它是这对年轻夫妇，对刚刚站起来的东方巨人的一腔虔诚、一腔热血、一腔期望，也是他们新婚的炽热的爱情。

抱着这份礼物，使我想起另外一件礼物来，那是鹏程送给我的。

正当杜鹏程昏天黑地写小说时，我却怀了孕，妊娠反应严重。不得已，我俩都想还年轻，可以推迟生孩子，于是做了人工流产。边疆医院条件差，又没有这种设备，完全靠人工，造成了大出血，差点丢了性命。

大病初愈，鹏程愧疚不安的心才放下来。一天发了津贴，他决定休息一天，陪我一起去维吾尔族的集市——巴扎去玩玩。这还是我们到边疆后第一次去逛巴扎。我走起路来腿还软软的，他挽着我的臂膀，我一走一蹦，嘴里还哼着歌儿，十分欢快。

那时的喀什，几乎没有一栋现代建筑，也没有大的商店。街道上只是些能活动的小木屋，木屋中货架环绕，商贩坐在铺有地毯或毛毡的地板上售货。集市上拉着毛驴的维吾尔族老乡和戴着面纱的维吾尔族妇女，来来往往，真像到西亚的城镇一般。

部队实行供给制，一月的津贴大概也只能买点日用的小东西。鹏程想为我买一块花布做内衣，可我在一个货摊上却看中了一样东西——花皮球。也许童心尚存，我很喜欢儿童玩具，自己也常做点小手工。现在这花皮球却深深地吸引了我，它使我想起了童年，想起那些自己用废线缠的线球和它带给我的快乐来。可是现在我已成婚，差点儿做了母亲，怎么向丈夫开口哩？我羞于开口，眼睛却直直盯住皮球不放。鹏程大概看出了点意思，于是买下了花皮球，他说："这就算我送给你的礼物吧。"

我多么高兴，简直可以说是心花怒放。我怕那些记者取笑，把它藏在衣服里。可脚一踏进住屋，我便不要命地玩起来，拿出我童年时练就的功夫，又跳又蹦，拍出种种花样。我忘了自己大病初愈，忘了昏天黑地的生活，只觉得积压在心头的快乐、幸福、对生活的渴望全都迸发出来。

杜鹏程腰靠着桌子，双手抱在胸前，最初他畅怀大笑，但笑着笑着眼里却涌满了泪水。

《在和平的日子里》的构思与创作

20 世纪 50 年代的杜鹏程像天空飞翔的雄鹰，他年轻、乐观、自信并雄心勃勃。他的自信与雄心，不是出于盲目，而是来自他的使命感，他顽强的奋斗，来自他自身的力量。

那时他无意于升迁，无意于名利，一门心思扑在文学创作上，到了痴迷忘我的地步。《保卫延安》1954年7月出版，当年9月30日，他在日记中写道："现在仿佛《保卫延安》对我已经成了遥远的过去。我应该有计划地、系统地读书，应该扩大视野，应该深入到新的领域去。现在把创作分成工业小说、农业小说，很不科学，使创作的路子更为狭窄……"

还是在1953年修改《保卫延安》的时候，他对以后的创作已经有了许多设想，其中有一部规模宏大的长篇小说，是他长远的创作计划。这是以他母亲的经历为主线的自传体小说，从母亲出世开始，跨越数十年的生活。这个设想，在20世纪60年代初便拟就人名和大的框架。他读历史和翻阅资料，做着长期的积累和准备。在他历年的日记中，都记载了有关的素材和断想。同时还有许多计划中要写的中短篇小说。这时的杜鹏程才思敏捷，诗情汹涌，每天都处在创作的冲动和新的构想的激情中。

为了实现创作的抱负，他心急如火。可是长篇刚结束，部队总政便调他和几位同志一起写《保卫延安》的电影剧本。此剧本不是改编，而是另起炉灶的新创作。同时，《保卫延安》的发表，使他成了名，也给他带来了许多意想不到的干扰和麻烦，使他心情浮躁，惶惶不安。

我在他的支持下于1953年考取了人民大学附设工农速成中学，他异常激动，亲自为我买文具、整行装。临入学前夕，他给我谈起他如何读私塾，进教会孤儿院，在教会学校读书，后来当校工半工半读。他们这群农民子弟视邻县的大荔师范为墙高学府。十四五岁的时候，他去投考大荔师范，母亲为他借的两元钱，他不舍得用，饥肠辘辘地赶到学校，终因饥饿和过度的疲劳，临终一堂考试，他昏睡了过去，失去了这可贵的机会。后来他到边区，上鲁迅师范、上延安大学，他拼命读书，在当时的条件下，世界语、英语均达到了阅读水平。随后他严肃地说："说真的，我们这些人，毕竟少了严格的科学训练，这大概是我们这一辈人的缺憾。有这样的好的机会，你一定要坚持啊！我要投入新的生活，也得从头学起。"

从此，我搬进了学校，一读书就是8年，而他就在全国各地建设基地生活。在和平的环境中，开始我们不安定的日子。长期的分离、相思的凄苦，使我数度想中断学业，可是杜鹏程坚决不肯。任何时候，如果说对事业、对同志、对亲人，如果需要什么牺牲的话，他总是自己去分担、去承受，而从不在别人面前，甚至妻子面前表露什么。

杜鹏程从1955年3月开始，先后在广西黎湛路，湛江港，三门峡，鹰厦路，武汉长江大桥，石油、钢铁基地去参观学习。最终他选择铁路建设为他的基地。他觉得铁路交通像人体的血脉，如果保持通畅，人体就出现生机。而且铁路建设每天都可以看见它的新进展，这很符合他急切的心情。

他到宝成铁路已经是 1955 年晚秋季节了，宝成路建设已全面展开。杜鹏程有关铁路建设方面的知识，是从 1955 年在广西黎湛路开始积累的。他一方面广泛收集有关中国铁路建设的历史、资料；一方面了解工程建设知识。大到工程计划，小到每个工序以及施工中的种种问题，他都要了解并详细记录。至于对人的了解，从总指挥到普通工人，都有详尽的了解和记载。那数十本浸透着汗水的记录，足以看出一个人是怎样慷慨地付出心血和生命的。他以一颗挚爱的心，以他卓绝的劳动，赢得了铁路职工的友谊和尊重。一位作家告诉我，他父亲是位铁路老工人，他最初写作时，由于多年文人不幸命运的影响，他的父亲执意不肯让他以文为生。后来杜鹏程在一次会上，赞扬他的一篇作品，他回去告诉了父亲。这位老工人说："既然杜鹏程说你能写，那你就写吧！"一位工程师告诉我，因为他自己境遇不好，多年与杜鹏程未见面；可是这么多年，他将《在和平的日子里》恭恭敬敬地放置在客厅最显眼的地方，每天都要站在那里看它几眼，好似看到杜鹏程一样。铁路上朋友们的这种信任、这种情谊那是说也说不完，写也写不尽的。

杜鹏程在创作上正处于高峰期，他思绪如云，作品像涌流的泉水，《年轻的朋友》《工地深夜》《夜走灵官峡》《一个平常女人》《延安人》等优秀作品以惊人的速度连连发表。他在长篇创作中的磨炼和刻苦的努力，足以证明他已经是位成熟的作家。杜鹏程有一个准则：在他没认准一种事物时，他是不会轻易动笔的。当我整理他的文集时，竟吃惊地发现，1957 年他除了发表了一篇《大学门前的风波》的通讯外，再也找不出一篇文章来了。

他以建设生活为背景的长篇小说设想，是他到了宝成铁路开始的。《在和平的日子里》原是长篇设想中的一章，最初题名"洪水之中"或"难忘的经历"。后来因为编辑部催稿甚急，决定抽出来独立成章，改名为"工地纪实"。1956 年 12 月动笔，开始为两万多字，到 1957 年 8 月发表在《延河》杂志时为 47000 字，易名《在和平的日子里》。1958 年由东风文艺出版社出单行本时，已经是 9 万余字。1959 年人民文学出版社和东风文艺出版社同时出版另一个版本的单行本时，改为 13 万多字了。1957 年 6 月 30 日，他在日记中写道："今天我把有关《在和平的日子里》的底稿找出来看了看，好大一堆，这篇稿子发表在《延河》八月号，只有 5 万字，可是底稿却 11 份，这就是说重写了 11 次，修改不计其数，看那毛笔、钢笔、红笔勾的画的、添的删的，不禁有辛酸之感。在迷茫中，走出一条路，怎样的不易……"

《在和平的日子里》对生活大胆尖锐地揭示，在当时来说，可以说是一种壮烈的行动，他终于在随时可能掉进泥沼式陷阱的困难条件下，闯出一条路。评论界对杜鹏程在《在和平的日子里》等作品中塑造的知识分子形象，也给予了很高的评价，认为他避开极"左"思潮的支配和干扰，大胆塑造老知识分子张如松、新的知识分子韦珍等形象，是新中国成立后塑造优秀知识分子形象的先河……

鹰的悲哀

　　杜鹏程从1960年开始，投入了长篇小说《太平年月》的创作。1963年，这部作品60余万字的初稿便完成了。1964年，经过修改整理誊清，准备进一步修改。可是，这部作品未来得及进一步修改出版，就被迫中断并被收走了原稿。直到1978年底才被退回，一捆捆稿子摆在书架上，杜鹏程好几年没有动它，似乎动一下就像烫手似的。他的愤慨，他刻骨铭心的悲痛，常常使他血压失控而病倒。

　　一天，我从外边回来，发现家里静悄悄的，杜鹏程不声不响地坐在破旧的竹沙发上。我一面忙着放东西，一面向他打招呼，他也不应声。我想是不是心脏病发作了，连忙过去看他，只见他泪流满面，胸前的衣衫也湿了一片，可是眼里的泪水还止不住地涌流。这非同寻常的哀伤，吓得我差点发晕。过多的不幸，使人精神紧张，我想难道又有什么祸事临头吗，我几乎没有勇气发问。我压住心里的不安，寻找原因。这时我发现在他的床边，放着一封打开的信。我急忙拿过信来，看了看信封，那是从东北某个工厂寄来的，写信者是该工厂一名普通干部。信上说道，这位干部有一个哥哥叫马长胜，在解放战争中牺牲，他母亲和他不知道其兄葬身在何方，何时牺牲。守寡的母亲，想儿心切，在苦苦的思念和无望的等待中精神失常。多少年疯疯癫癫什么事也不记得，但却记得失去的儿子的名字。近日，因为《保卫延安》平反，中央人民广播电台播出了《保卫延安》，他全家每天都收听。不知怎么回事，他精神失常的母亲，突然从广播听到她的儿子的名字马长胜。她说她儿子活着，每天哭死哭活地叫着儿子的名字，非要他找回哥哥不可。他也知道小说里的人物是虚构的，但无法安慰母亲，于是答应母亲写信来问问。希望作家回封信，好断了母亲的念头。我本来想安慰丈夫的，可是我读着此信也泣不成声。杜鹏程陷入沉思和哀伤中，许多日子，他不说话，在重病中构思和写下了《历史的脚步声》这部中篇小说，那位母亲便是他写这篇作品的起因。这个中篇小说只有3万多字的篇幅，写了解放军一支部队，在全国胜利的前夜，他们为了明天，在白雪皑皑的祁连山，整班整排地牺牲了，有的人用自己的遗体，为后来者做路标。作品气势磅礴，昂扬悲壮。可以看出杜鹏程历经多年的坎坷后，对文学艺术的新的思索和创作上新的进展。这是为千千万万为民族大业献出生命的人们的悲壮的颂歌，我想它也是杜鹏程英雄生命的交响乐。

1978 年，杜鹏程重新拿起笔，写了《〈保卫延安〉再版后记与其他》。杜鹏程由于他的气质和多年的创作养成的习惯，他写作品不管是长篇还是中短篇都得一气呵成。近来有人说到他的作品时，说他的创作是一字一字挖掘出来的，1991 年 5 月，陕西人民广播电台又重新播放了一次《保卫延安》，播放的时间是每天中午 12 点到 12 点半。这半个小时，正好是人们午餐的时间。杜鹏程每天准时收听，他听着听着常常放下碗筷。他本来饭量尚好，可是这些日子，他每天吃不下几口饭便离了饭桌。听完广播后，也要默默地弓着背坐在书房许久。他不出声，可是我从他紧促的呼吸声中感到了他强压着的感情，那是一种深重的疼痛，是失去翅膀的鹰的悲哀。

1961 年春，杜鹏程（第二排右 4）在西北大学与师生座谈

杜鹏程在病榻前口授的杜鹏程创作研讨会上的发言中说："让人感到安慰的是，自己多年来热爱和钟情于一种事业——文学，并为之付出了毕生的心血；而遗憾和痛心的是，未能给后世留下更多更好的作品。这可以说是个人的悲剧，也是一辈人的悲剧。"最后他说："希望我们民族能涌现出更多的天才的艺术巨人。"我想他同样在心里也呼唤着造就天才的艺术巨人的时代。

鹏程逝世已经一年有余，我曾数次提笔想写一篇祭文。我知道他生前不喜欢人流眼泪，所以把想要写的文章起名《祭歌》，但终因心头哽咽，形不成文字。于是一年来埋头整理他的文集，天天咀嚼以往的生活，体味走过的人生；欢乐也好，悲哀也好，对我都是绞心的疼痛。这篇文章，写作时间较紧，思绪万千，我只想谈点他的生活和创作的一些情况，想给现在和以后的读者提供一点史实，也许，对了解他所处的时代环境和理解他的作品有一点帮助。但愿如此，这就是我最大的安慰。

1992 年 12 月 15 日于西安

（本文原载于《本质上的诗人——回忆杜鹏程》第 469 页至 501 页，有删节，张文彬编，陕西人民出版社 2001 年 6 月出版）

二、亲人的思念

怀念与哀思
——在杜鹏程逝世一周年纪念会上的发言
张文彬

今天是杜鹏程逝世一周年纪念日。我和我的孩子能来到丈夫的故乡，参加韩城市委、市政府举行的杜鹏程逝世一周年纪念活动，心情很不平静。

在韩城这块不平凡的土地上，留下了先祖大禹治水的足迹；诞生了伟大的史学家、文学家、思想家司马迁；这里有座苏山，因韩塬子孙为纪念汉朝使节苏武而得名的。在这块土地上每走一步，都会引起人们深深的思考。这块土地历史悠久、文化源流很长，而且有着她自己的个性和风骨——这一切，都使我想起丈夫的人格、作品和他的一生。

杜鹏程出生在韩城市夏阳乡苏村。当他一落地，等待着他的就是饥饿和贫穷。他读过私塾，进过教会孤儿院、教会学校，还当过学徒、校工，13 岁就挑起了生活重担，生活贫困而艰困。幸运的是自幼吸吮着大地母亲的乳汁，感受韩塬的文化氛围，形成了自己的个性气质。我们读到他的作品时，就会感到一种风骨。他的作品就像雄壮的交响乐，带着他强烈的激情和热血，宣扬我们民族的愿望、民族的正气以及站起来的民族的自强、自尊。他的作品也是热烈而深沉的抒情曲，他满腔热情地书写着人民的命运、人民的苦乐与悲喜。人们可以看出他的作品的风骨和韩塬文化潜在的关系，正是这块不平常的土地，给他最大的恩赐。

1949 年，我们在进军途中订婚的当日，部队驻扎在宝鸡塬上一个村庄。我俩在田

-441-

野上散步。他走着、走着，指着脚下的土地对我说："这块土地就是周原，我们在这里订婚很有意义。"他告诉我：在童年时，他在母亲的怀抱中就听了很多韩城的传说、神话，其中印象最深的就是大禹治水的故事。从此，他心中就有了一位巨人的形象。他常常幻想有一天面前会出现一位巨人，所以他赤着脚跑啊、找啊。跑到黄河滩去寻找巨人的脚印。他想有了这样一个巨人，母亲和乡亲们的生活就会彻底变个样。于是，黄河滩留下了他小小的脚印……他一生是如此痴迷，如此热情，为着民族巨人的诞生，为着巨人屹立在世界之林，献出了他毕生的心血和生命。

杜鹏程赤手来到这个世界上，而今又两袖清风、空手而去。唯有对这块土地情深义重、难以忘怀。现在我们用故乡的黄土掩埋他的骨灰，有着很深的意义，也是他的心愿，了却了他生前的遗愿。他从故乡起步，如今又回到故乡——我想他的在天之灵一定会得到莫大的欣慰。

韩塬这块不平常的土地，应该出更多的人才。杜鹏程生前说过：后辈人应比前人更好、更杰出。因为他们是站在前人的肩膀上起步的。

愿韩城这块沃土，涌现出更多的杰出人物。

1992 年 10 月 27 日

在父亲百年诞辰纪念会上的发言

杜稚

尊敬的各位领导，尊敬的各位来宾：

感谢大家百忙中抽出时间出席今天的活动。感谢远道而来的著名的作家、学者以及各界朋友们，能够如期光临西安参加著名作家杜鹏程、王汶石、魏钢焰先生的百年诞辰纪念活动，谢谢大家！

1921—2021 年，一百年穿梭而过。今天，我们来到三位作家长期生活、工作的故土和朋友们一起来缅怀纪念他们，这对我们远去天国的父亲该是何等的温馨，又是何等有意义的时刻。

说起我们的父亲，我认为他们的生命历程，可以看作同时代中国知识分子的缩影。这是从两千年封建帝制崩溃向现代社会过渡的最初年代出生的一个群体，他们持守传统却向往革新，对新知识充满热忱。他们经历或目睹了饥饿、贫苦、欺压、战乱、颠沛流离以及乡村的凋敝，渴望平等、正义和公平，向往变革和革命。在民族危亡之际，他们毅然放下书卷纸笔，撂下生计，走出校门，走出家乡，奔向抗战烽火，去成就爱国救亡之民族大义。他们几乎经历了 20 世纪所有翻天覆地的社会变革和历史事件，他们的作品和个人命运激荡在历史洪流中，共同构成了 20 世纪中国社会巨大而丰富的内容。所以，我认为，无论是今天还是未来，对他们这一代文学家、艺术家的研究是极具认识价值和历史价值的。

1921 年农历三月二十八日，我的父亲杜鹏程先生诞生在陕西韩城一个贫苦农家，他自幼失去父亲，与母亲相依为命，很小就承担起养家的重任。半工半读，在极其艰苦的条件下一直坚持不懈地求学求知。

1937 年，不满 17 岁的父亲像千千万万同时代的有志青年一样，为了抗日救亡而奔赴延安。在延安，父亲相继在八路军随营学校、鲁迅师范学院、延安大学一边如饥似渴地学习，一边积极参加抗日救亡的宣传工作，和同学们一起走乡串户，向老百姓宣传抗日救国的思想。从 18 岁起，他先后创作了很多剧本，诸如《反击》《抗战》《打击敌人》《上前线》等舞台剧和秧歌剧来声援和支持抗战，并以此开启了他为正义战争、为社会进步而创作的文学生涯。

解放战争爆发后，从踏入战争的那一刻起，父亲就作为新华社的特派记者，深入到前线野战连队，与指战员一起出生入死。在解放家乡韩城那场异常惨烈的战役中，父亲更是置生死于不顾，和战士们一道冲锋陷阵，指战员时而在冲锋时而在高呼："同志们冲啊！杜记者和我们在一起！"他既是记者也是铮铮铁骨的斗士，与战士们血肉相连，心神相通，以他的真诚和无畏赢得了战友们的尊重和信任。

战火纷飞的岁月中，在战壕里、锅灶边、炕沿上，他奋笔记录战士们的所思所想，记录广大指战员的英勇无畏，记录波澜壮阔的战争场面。像雪片一样，他不断地发出高质量的通讯稿件，及时报道战事战况，极大地鼓舞了部队的士气，被誉为"一支笔，犹如一支劲旅"。与此同时，他还写出大量的日记、笔记和剧本。《壶梯山战役》的报道受到彭总的表扬，通令全解放区电台播报。也正因为这些连续不断、鼓舞士气的战地报道，父亲以其突出表现成为蜚声西北战场的著名战地记者。

在漫长的征战中，日行数十里甚至上百里极端疲惫的行军司空见惯，战士们常常一边走一边做梦，休息号一响，无论是泥水沟，还是石头滩，战士们倒头便睡，而我父亲的工作却才刚刚开始。他每到一处都要召集老乡了解当地的民情、风俗、方言，要采访战士，要了解战况，要写采访笔记，写日记……解放战争期间数年的日记几乎没有落下一天。他创作的剧作不断在行军沿途中上演，深受战士喜爱。所在部队的战友都目睹过他那包着书籍、资料、笔记、日记的视若宝贝的包袱和马褡子，更忘不了杜记者那彻夜不眠的一窗灯火。

之后，解放战争进入全面反攻阶段，我父亲跟随王震部队，转战晋西南，解放西安，解放兰州，一路打到帕米尔高原，最后光复新疆。

解放后的新疆百废待兴，我父亲谢绝了部队的一再挽留，义无反顾地加入了新组建的新华社新疆分社，他要为部队进疆做大型的社会调查，写出全面、详尽的社会调查报告以供决策参考。组建创办维吾尔文报纸，培养少数民族的新闻工作者，还有烦琐的日常行政工作。还要完成作为记者的主业，就是撰写稿件。他写出了大量的、高质量的新闻报道、调查报告。在此期间，还写了很多散文、速写、报告文学，屡次得到新华社总社的通报表扬。

在这样近乎疯狂的工作节奏中，他还要挤出十分有限的休息时间，在没有任何参考资料，异常艰难的条件下，呕心沥血，几易其稿，凭借在战争中所写的近 200 万字的笔记日记、凭借对战士的热爱、凭借满腔的激情来创作和修改《保卫延安》。1954年《保卫延安》正式出版，引起了巨大的轰动。《保卫延安》是一部气势恢宏的以现代白话文创作的战争题材长篇小说，也因此奠定了这部作品在中国文学史中的重要地位。

我父亲没有因此停下脚步，而是马不停蹄地跟随王震领导的铁道兵加入了铁路建设的大军。鹰厦铁路、黎湛铁路、湛江港建设，特别是宝成铁路，到处都留下了他的足迹。

他下现场、住工棚，在人迹罕至的深山老林中与铁路工人、干部、技术人员开山、辟路一起奋战，参与解决现场各种施工问题，攻克各种技术难关，参加各种的工程会战、险情排除、纠纷处理，大西北、大西南铁路建设中几乎所有的活动（包括各种各样的会议和讨论）他都参与其中。我最近在整理他的笔记，有关铁路的笔记就有数十万字，真是令人惊叹不已。这些笔记里面有对铁路各种知识点的学习掌握，包括诸如土方量的计算、人工成本的计算、伤亡事故的处理、各种技术数据等，加之大量的人物描摹，真可谓事无巨细、林林总总。那是一个国家刚刚从战争走向和平，从一个农业社会进入工业社会的历史时期，人员方面，从士兵转成产业工人，农民转成铁路建设者，军事化管理转入分工协作的专业化管理，其间发生的矛盾冲突，出现的新问题，强烈地冲击着他，引发着他的深思，他把这些思考的结果也写进了日后的作品之中。我父亲也从一个有着农村和军旅生活经验的作家，成功地进入了一个全新的现代工业社会领域，这在当时的作家中是不多见的。

在此期间，他写了大量的散文、特写、小说，最具代表性的是《在和平的日子里》。获得了读者和评论界的广泛好评。

就在杜鹏程和铁路建设大军在层峦叠嶂、人迹罕至的荒山野岭开山辟路，进行着一场又一场艰苦卓绝的奋战时，时光飞逝，转眼就是数年。1958 年，时任《人民日报》社长和总编辑的邓拓，去宝成铁路视察时遇见面容清瘦、疲惫不堪、一身尘土，但目光炯炯的杜鹏程，听他热情地介绍情况，眼见他那对工程现场的一切了然于心、如数家珍，俨然是半个铁路技术专家样子，邓拓深受感动，当即挥毫为杜鹏程赋诗一首：

　　草帐深宵奋笔锋，

　　宝成铁路四秋冬。

　　坚持一念为工农，

　　字字珠玑凝血汗。

我的父亲就是这样，一边工作、一边学习、一边创作，这就是他的生活写作方式。他不需要刻意"深入生活"，因为他始终就植根于火热的生活之中。长期艰苦的生活不断影响着他的健康，使他的身体越来越不好，但他却不停地一直在严重地消耗自己，燃烧自己。

多年来，我常常想父亲此生用他的作品鼓励、感染、影响过多少人？以他高尚的品格，满腔的热情，悲天悯人的善良，给予了多少人关爱和帮助，数也数不清。与此相对，一代又一代支持追随他的可敬的读者，视他为挚友和兄弟的广大部队官兵战友，始终视他为铁路人、自己人的铁路建设者，对他亲如家人的父老乡亲又馈赠给他了更多的爱，这些爱多到无法度量，无以回报。

我母亲就是1949年在陕西杨陵的西北农学院看了我父亲创作的话剧《劳动人民的子弟》，听到他激情的演讲，成为当即决定参军西进的众多学生之一。

多年前，听一位奔忙在宝成线上的火车司机说：每次经过灵官峡隧道时他都要鸣笛，站在他的位置看灵官峡这几个字最清晰，他想，如果有机会能让"老杜"（铁路人对他的爱称）在他的位置上看看这几个字那该多好。

前年，一位中国铁建分公司的负责人，现在在孟加拉国援建铁路，他郑重地告诉我："我是看了你父亲的书才爱上铁路的，才决定把铁路建设作为终身职业的。"

这样的例子不胜枚举。

我想如果父亲天堂有知，应该了无遗憾了。

今天我想说，父亲杜鹏程和王汶石伯伯及魏钢焰叔叔，他们是曾经的战友、挚友和文友，他们曾经到这个世界上来过，认真努力勇敢地活过，并且留下了一串串清晰坚实的脚印，留下了一曲曲以文字为音符经久流传的时代旋律。我为他们而感到骄傲。

作为他们的后代，曾受到父亲无尽的关爱，目睹过他们生活中最生动的一面，要以研究他们的作品和人生、传承和弘扬他们的精神为己任，像他们一样深爱这个民族和国家，承担起应有的责任，努力地生活和工作，以告慰他们的英灵。

最后我谨代表我的母亲张文彬，也代表杜鹏程先生的所有家人，代表王汶石及魏钢焰先生所有的家人，真诚地感谢这次活动的主办者中国作家协会、中共陕西省委宣传部、陕西作家协会给予我们这个难得而珍贵的机会。

谢谢你们，谢谢大家！

杜鹏程的女儿　杜稚

2021 年 9 月 28 日

（本文系杜稚在中国作家协会、中共陕西省委宣传部、陕西省作家协会共同主办的纪念杜鹏程、王汶石、魏钢焰先生百年诞辰座谈会上的发言）

2023 年 4 月，杜鹏程的女儿杜稚（中）与本书编著者边江（右）、序作者申尊敬（左）在西安新华苑合影（范德元摄）

附　录

杜鹏程是著名作家，也是著名记者。回顾杜鹏程的"高光时刻"，不论是他的战地报道、战争日记还是《保卫延安》，都贯穿了一条红线，就是热情讴歌革命英雄主义精神。战火中成立的新华社西北总分社，是新闻战线上的一个英雄团队，为报道人民解放战争立下了丰功伟绩。从这个英雄团队走出了 16 位《中国名记者》丛书的入选者，占到全国 100 年间入选该丛书总人数 400 人的 1/25，这是一个了不起的数字和比例。新华社西北总分社是新华社陕西分社的创建者和前身。杜鹏程是从这个英雄团队涌现出来的英雄记者代表。

本附录共两节，第一节是杜鹏程生前撰文《我的小传》，简要讲述了自己的家庭背景、参加革命前后的学习生活经历，特别是怎样走上新闻岗位、当好战地记者，怎样开始进行文学创作及主要创作经历。第二节《致敬英雄记者和英雄的新闻团队——记战火中的新华社西北总分社及编撰本书的初衷》，介绍了新华社西北总分社的一些基本情况，杜鹏程等《中国名记者》丛书入选者的新闻简历，以及编撰本书的初衷：讴歌英雄记者，向英雄新闻团队致敬。

杜鹏程：《为战士歌唱 为英雄树碑》，原载《陕西日报》

杜鹏程：《鲜红的代表证》，原载《陕西日报》

杜鹏程：《我期望着》，原载《陕西日报》

一、杜鹏程小传

我的小传

杜鹏程

杜鹏程，笔名朴诚、杜普诚、司马君。陕西省韩城县夏阳乡苏村人。生于辛酉年阴历三月二十八日，即 1921 年 5 月 5 日。

原名杜红喜，出生在贫农家庭，成长于农村。祖父和父辈，都以务农为主。父亲杜宝成，生于 1887 年，1923 年 36 岁时因患肺气肿而逝世。他去世时我仅两岁半。据母亲说，我父亲中等个头，鹰鼻梁，动作敏捷，行路犹如"飞毛腿"。他先是务农，后当石油工人、邮政工人，还在地方民团当过兵。母亲杜赵氏，生于 1902 年，逝于 1951 年。她是家庭妇女，一生含辛茹苦，但精明强干，求生能力很强，对我影响甚为巨大。1941 年底她到延安找我。当时是抗日战争最艰苦的年代，我在延安大学学习，无力奉养母亲，她就自己劳动，维持生活。1947 年 3 月，西北解放战争爆发，她跟上机关和工厂的家属队撤退，历尽艰险。后又随家属队撤到晋西北，在部队后勤工厂生产劳动。1949 年春，她才离开后勤工厂回到家乡韩城。

我于 1949 年 11 月初，在进军途中的新疆迪化市结婚。妻子张文彬，笔名问彬，1933 年 8 月生，祖籍山东济阳，西北大学中文系毕业，任文学编辑多年，也写小说、散文和儿童文学作品，是中国作家协会会员。家庭成员：侄儿杜天海，生于 1946 年 2 月，中学程度，在家乡务农。女儿杜稚生于 1958 年 5 月，1984 年西安医科大学毕业。儿子杜微，生于 1964 年 1 月，1986 年西北大学毕业。

我幼年丧父，生活十分贫苦，跟随母亲过着饥寒交迫的日子。6 岁以前就开始认字。母亲不认字，但她将我认过的每个字片，都珍藏在她亲手做好的一个木盒里。这木盒也装进了母亲对儿子的心愿和期望。1927 年，我在乡村上过一年私塾。1928 年至 1929 年上半年，在县城东寺设立的私塾上学，读了《论语》《孟子》等书。1929 年，即陕西大旱的民国十八年，赤地千里，饿殍载道。我于 1930 年 9 岁时，被送到县城收留穷人孩子的基督教所办孤儿院。早晚和吃饭时，都得祈祷；念的书是讲教义四言一句的《真道小引》等。1931 年又上基督教学校，这里设有文化课，但主要是读《圣经》和背诵《赞美诗》。学校充满宗教气氛，对一个年仅 10 岁、生活无出路的孩子，有一定的影响，但这影响不久便被冷酷的现实生活所粉碎。1932年至1933年，在县城明伦堂小学上学。1934年因生活穷困而辍学，在县城里一个商店当学徒。做工之余便埋头读书，读历史、通俗小说、新文学作品以及《三国演义》《水浒传》等古典名著。这时如饥似渴地读书，也开始思考生活的意义。1935年至1937年有3年时间，在韩城西庄镇学校半工半读。这里学习环境较好，又有一些进步教师任教。在他们的影响下，阅读了许多书，接触更多的新文学作品，像巴金的《家》、蒋光慈的《少年漂泊者》及高尔基的著作等，开阔了视野，增长了知识。我16岁，1937年春天参加"中华民族解放先锋队"，开始抗日救亡活动，跟上老师和学生，到农村讲演、演剧、写标语、作宣传。

我的故乡在黄河身旁，山川秀丽、景色优美和富于神话色彩。这里有"禹凿龙门"的传说，有司马迁的诞生地方，也有古香古色富于文化价值的建筑物……这里的人民也富于反抗精神，远在大革命时期，奋起抗争的人就不少；第二次国内战争和抗日战争时期，投身变革现实的人就更多了。距我们村庄15里，便是史学家和文学家司马迁的庙宇和坟墓。虽然有司马迁这伟大的同乡，但我家往上数三代，只有我一人因偶然机会而读书。这不是我一家的不幸，而是所有贫苦农民的共同"命运"。后来读了司马迁的著作，才懂得这位少时呼吸过穷苦老百姓空气的乡党，虽然名垂千古、誉贯中外，可他也是不幸的，甚至是悲惨的。

抗日战争开始，全中国都沸腾起来，成千上万的青年到延安去，咸阳古道和大大小小通往陕北延安的路上，穿长袍、穿西装、穿工农服装的形形色色的人流，向祖国的北方涌去。我也是这千千万万青年中的一个。当时，中国共产党中央委员会在延安办起了很多学校，从全国各地以及海外归来的人，在这里学政治、学哲学、学军事、学中国历史等，用以武装自己。我17岁——1938年6月开始，先后在八路军随营学校（抗大分校）和鲁迅师范学校学习。毕业后，同辈青年中的大多数人，都穿着灰色军装到华北、山东和江南前线打仗去了，却把我留下来，派到延安以东百余公里的乡村工作，教老乡和他们的娃娃们识字，教唱抗战歌曲，还要帮助乡政府工作。陕北山川土地很美，既有反抗传统，也有丰富的民间艺术。农民勤劳、忠诚、厚道，对中国革命贡献很大。我虽然年轻幼稚，但是和他们朝夕相处之中，学到了很多东西。我爱这山，我爱这人，我爱这信天游小调以及红色的剪纸窗花……没有1939年、1940年到1941年上半年这几年农村工作的经历，《保卫延安》一书中关于陕甘宁边区人民群众生活篇章，就写不出来。后来离开农村，1941年9月至1944年底，在延安大学学习近4年。上延大这几年，正是抗日战争最困难、最艰苦的年代，也是全世界反法西斯战争英勇而又困苦的岁月。敌人封锁、经济困难、衣服破烂、经常挨饿，同学之中害伤寒病的人不少。我经常深夜饿着肚子抬担架，往延安中央医院送病号，乐呵呵的也没得上传染病。经过整风运动和大生产运动，自己动手、丰衣足食，大家同心协力终于战胜了种种困难。

在这艰难岁月，奋发进取的热情很高，顽强而热烈地大量阅读历史、文学、哲学、政治经济学等书籍，拼命地学习世界语和英语，为以后的工作及创作，打下了较好的知识基础。1945 年至 1937 年初，我被派到延安附近的战时工厂作基层工作。这时我 24岁，但已经是有了一些阅历，读过一些书，又比较善于思考、善于钻研的有志于文学的青年。在这里，有机会了解工厂，也有机会接近工人群众，熟悉他们的工作和生活，理解他们的思想感情。这不仅开拓了生活面，也丰富了生活知识。它对我以后在部队工作，以及全国解放后深入建设工地、塑造建设者的形象，影响都至关重要。也正是这时期——1945 年 4 月我加入中国共产党，1946 年转正。

人民解放战争，当时称作自卫战争。从 1946 年 6 月，以国民党军大举进攻中原解放军为起点，发动了对解放区全面进攻。1946 年冬季延安也在紧张地备战，《解放日报》等中央报刊，也准备往华北撤退。根据新形势，延安要成立西北新闻社。1946年年底，我被调到刚成立的附设在延安边区群众报社的西北新闻社，从事新闻工作。可是因为备战形势紧张，我忙于为工厂往延安以北瓦窑堡一带疏散物资，因而实际上是 1947 年 3 月 5 日才报到。我到西北新闻社数日后，西北的战争就全面爆发了。1947 年 3 月 19 日，敌人占领延安，我是 1947 年 3 月 12 日夜从延安撤退，一行 6 人。诗人闻捷是我们的领队。蒋介石胡宗南的军队，向延安大举进攻，我于 1947 年 6 月中旬，以新华社野战分社记者身份，被派到西北野战军的部队上去做随军记者，随西北野战军第二纵队，即后来的人民解放军第二军转战数年，直到解放了全西北，进军至帕米尔高原。解放战争期间，曾任随军记者、西北野战军第一兵团新华社野战分社主编。我喜欢战士们，喜欢战斗生活。从 1947 年到 1951 年，追随英雄们学习打仗好几年，这使我对生活的认识和对文学的理解，都大大地加深了。它是我生命史上最难忘却的一页。

1951 年，离开部队以后，曾任新华社记者、新华社新疆分社社长。在边疆工作 5年，我国少数民族丰富多彩的生活和边疆奇伟的自然面貌，给我留下了美好而深切的记忆。我 1954 年加入中国作家协会，接着离开了新华社，到中国作家协会西安分会（后改名为陕西省作家协会），从事专业创作。从全国解放初期到 1966 年，有十几年工夫在建设工地生活。像战争年代和战士们一道生活一样，成天和工人们在一起，了解他们在新的历史条件下所进行的艰巨事业。这期间，曾兼任铁路局宣传部副部长等职；曾任全国政协委员、陕西省人大常务委员现为全国文联委员、中国作家协会理事、中国作家协会陕西分会副主席、陕西省文联副主席、陕西省对外友协副主任、中国国际文化交流中心陕西分会理事、西北大学中文系兼任教授、西北工业大学顾问教授、国际笔会会员。1958 年，在东欧一些国家访问数月。1980 年，随巴金、冰心等前辈访问日本。两次出访，都增长了见识，开阔了眼界，结交了许多文学界的朋友并写了一些游记文章。

　　我的故乡韩城，自古至今文化比较发达，历史上出现过不少文人学士。这种弥漫在乡土上的文化气氛，不仅对我有影响，就是普通老百姓，也是崇尚教育、尊重知识。但是，真正促使我走上文学道路的还是伟大的时代。我在20世纪50年代开始大量发表作品，走上文学道路。以前，只是爱好文学，工作之余读书、练笔、钻研学习。1939年开始，为抗日救国作宣传，写剧本、歌词以及新民歌等，这算是初试锋芒。1940年写的大型剧本《抗敌》和1941年所写《抗敌》的姊妹篇《打击敌人》，可算作创作生活的摸索阶段。后来，1943年到1946年，读了大量的哲学、历史、文学书籍，对社会生活和文学的研究及实践，达到一个新的水平。这期间，以极大的热情写了不少秧歌剧本和报告文学等作品。1947年到1951年的西北解放战争中，任随军记者，我从自己认定的角度，去研究和理解战争生活。这时，以写作为职业，也开始了以后几十年的写作生涯。这一时期创作精力旺盛，进行多种形式的创作，发表了大量通讯、散文、报告文学和剧本等，是活跃的战地生活的反映者，像《壶梯山我军英勇杀敌——前线记者杜鹏程同志向彭副司令反映前线见闻》（1948年秋）、《平凡的故事》《巡行在阵地上》以及英雄《王老虎》等通讯、散文和报告，在当时给读者留下较深印象。这些作品，登在当时在延安出版的《解放日报》《边区群众报》《群众日报》及《晋绥日报》《人民军队》《群众文艺》等报刊。这一时期，还为部队写了许多歌词和剧本，但大部分已丢失，保留下来的只有歌剧《宿营》和大型歌剧《劳动人民子弟》（该剧只有油印本，后来找不到了。它是五幕歌剧，在当时的观众中产生过强烈影响）。《宿营》写于1948年初，发表于1948年7月延安出版的《群众文艺》上，1950年由西北人民出版社出单行本。它深刻动人，诙谐有趣，是西北战场广为演出的剧作。我少年时，很喜欢看戏，演戏秦腔、眉户调、关中道情、家乡的秧歌，都使我沉醉，很可能走上戏剧创作的路。可是我没走这条路，而在散文世界驰骋，爱上了小说……进军新疆后，又写了许多反映边疆生活的通讯、报告与散文，像《一个故事》《哈萨克族的猎手》《边疆古城》等，都传达了边疆独有的色彩与风情。特别是通过《维吾尔族音乐家》一文，使人对能歌善舞的维吾尔族人民的热情、真挚和富有艺术才能，深深地崇敬和热爱。

　　1949年底，战争的枪声还没有停止，我便在新疆喀什的简陋营房里疾书反映解放战争的长篇小说《保卫延安》，1953年底完成，1954年初作为"解放军文艺丛书"之一，由人民文学出版社出版。这部长篇小说曾轰动一时，不到一年印数上百万册，截至目前已印行200多万册。在"左"的错误时期，它和它所描写的将领的命运一样可悲，被明令销毁20年之久。在历史新时期，《保卫延安》重见天日，又重新发行，并接连印了数次。1958年，由东风文艺出版社出版了中篇小说《在和平的日子里》，引起了文艺界和读者的普遍关注，后经多次修改，多次重印，有3个版本。《保卫延安》和《在和平的日子里》被翻译成英文、俄文等文字，在国外流传。1960年，由作家出版社出版了散文集《速写集》。1962年，由中国青年出版社出版了短篇小说集《年轻的朋友》，其中绝大多数短篇，被选入各种小说集子中，像《夜走灵官峡》等还选入中学课本。该短篇集 1963 年再版，换了新的封面短篇小说，有英、俄、法等外文译本。

在特殊年代里，我有 10 年之久被剥夺了创作权利。后来才重新拿起笔，1977 年在《延河》上发表《漫谈深入群众》。1977 年 9 月号《人民文学》发表《难忘的关怀》。1978 年 5 月《辽宁文艺》发表《从作品的诗意谈起》等。1977 年 11 月《延河》文学月刊发表了中篇小说《历史的脚步声》，这是一个中篇小说，近 3 万字，回忆一段惊心动魄的战争生活。它是充满激情，使人动情和深思的作品。可是在文学的喧闹声中，它变得无声无息。1977 年底，人民文学出版社把中、短篇合起来经我校订后以《光辉的里程》为名出版。除此之外，还写了散文、随笔、回忆录、序跋以及创作谈等大量文章。1984 年 3 月由陕西人民出版社出版了《杜鹏程散文特写选》，1984 年 4 月又出版了散文集《我与文学》。1984 年 5 月，为庆祝中华人民共和国成立 35 周年，《保卫延安》又印了纪念本和精装本。1984 年 9 月，四川人民出版社出版了《杜鹏程小说选》。1985 年，四川少年儿童出版社出版了《保卫延安》（少年版），1987 年"少年版"又重印。

1960 年初出版的散文集《速写集》，到目前出版的《杜鹏程散文特写选》以及《我与文学》，我发表的散文作品约百万字，这三个集子收录了近百篇文章。1989 年付印的有两个散文集《杜鹏程散文选》《杜鹏程散文、随笔》。这些年，我把自己的主要精力放在散文写作上，是想从不同角度表达我的生活、我的感情、我的思索。也可以说，这些散文是我近十来年的生活踪迹和某种程度的概括。

回想已逝的岁月，路途有时是平坦的，有时却荆棘丛生，行进在人生路途的作家，任何时候，他都不是历史的匆匆过客，而是生活的热爱者、研究者和剖析者；即使身处困境，在那"写作有罪"、是非颠倒的年代，也应从痛苦的思索中理解人生和思索自己，从而获得新的意境、新的激情和新的创作动力。

知识是作家的财富。长期地刻苦攻读，大量吸收各种知识，以丰富自己随着人类文化的发展，与时俱进、更新自身文化知识结构，时时用新的知识武装自己，是必不可少的。我的文学知识是自修的，学历很长，有半个世纪。可是在新科学知识和人类文化大发展的今天，深感知识贫乏，力量不足，只好奋起直追了。

"行万里路，读万卷书。"青年时代我喜欢这话，到现在我依然十分欣赏它。对一个从事文学创作的人来说，"行路"和"读书"，这二者的统一，正是力量的源泉，创造的源泉……只是这"行路"——时代风云，必须变成自己的激情"读"的"书"，能化为个人的血肉，这二者结合，方能产生好的艺术作品。

1989 年 5 月 28 日再次修订于西安

（转自《本质上的诗人——回忆杜鹏程》第 687—695 页，张文彬编，陕西人民出版社2001 年 6 月出版）

二、致敬英雄新闻团队

致敬英雄记者和英雄的新闻团队
——记战火中的新华社西北总分社及编撰本书的初衷
边江

《英雄记者杜鹏程》即将付梓，我觉得很有必要介绍一下他在解放战争中所在的英雄团队——新华社西北总分社。

战火中成立的新华社西北总分社，是新闻战线上的一个英雄团队，为报道人民解放战争立下了丰功伟绩。从这个英雄团队走出了 16 位《中国名记者》丛书的入选者，占到全国 100 多年间入选该丛书总人数 400 人的 1/25，这是一个了不起的数字和比例。

新华社西北总分社是新华社陕西分社的创建者和前身。杜鹏程是从这个英雄团队涌现出来的英雄记者代表。编撰本书的初衷，是讴歌英雄记者杜鹏程，以示对英雄新闻团队新华社西北总分社及英雄记者杜鹏程的深切怀念和崇高敬意。

（一）战火中成立的新华社西北总分社，在报道人民解放战争中发挥了重要作用

新华社西北总分社（陕西分社的创建者和前身）、《边区群众报》（后改名《群众日报》《陕西日报》的前身）、西北新华广播电台（陕西人民广播电台的前身），在陕北时期是"三位一体"（一套人马，三块牌子），为中华人民共和国的成立作出了重要贡献。

1947 年 2 月 19 日，西北新闻社成立，李卓然任社长，胡绩伟任总编辑。同年 3 月 12 日，成立于 1940 年 3 月的《边区群众报》因战事紧张被迫停刊，报社人员编入西北新闻社。1947 年 5 月 27 日，西北新闻社改组为新华社西北总分社。1947 年 3 月成立的新华社西北前线分社随之也归新华社西北总分社领导。

西北新闻社在筹建新华社西北总分社的同时，就积极筹划《边区群众报》的复刊，在出了 6 期试刊后，4 月 21 日正式复刊，并由过去的 3 日刊改为日报，在艰难困苦的情况下，采取油印、石印、铅印等多种方式坚持出版，成为我军转战陕北期间，陕甘宁边区党委（后改名中共中央西北局）坚持出版的机关报。1948 年 1 月 10 日，《边区群众报》在绥德县霍家坪更名为《群众日报》，报头仍由毛泽东同志书写。4 月 22 日

延安光复,《群众日报》回到革命圣地延安清凉山继续出版。

1949 年 1 月 1 日, 西北新华广播电台（简称西北台）在清凉山上试播, 1 月 5 日正式开播。此时, 新华社西北总分社、群众日报社、西北新华广播电台为"三合一"体制。总分社社长为林朗, 报社总编辑总分社总编辑由胡绩伟兼任, 电台负责人由总分社副总编辑金照兼任。

1948 年 5 月至年底, 新华社西北总分社先后成立了绥德支社（杜鲁公负责）、三边支社（冯森龄负责）、黄龙支社（午人、袁良负责）、陇东支社（叶滨负责）、陕东支社（后改称大荔支社, 李言年、张光负责）及榆横支社（次年更名为榆林支社）; 1949 年春, 新华社三原支社（雷阳负责）、渭南支社（李言年负责）、彬县支社（刘甲负责）、宝鸡支社（兰钰、乔迁负责）相继成立。（据《陕西省志》第七十卷《报刊志》, 陕西人民出版社 2000 年 8 月出版）。后期大部分支社兼有负责创办地方党委机关报的任务。

西北总分社的同志们经受住了严酷的战火考验。他们和边区军民一起, 誓死保卫延安, 保卫党中央。他们文武双全, "有仗打仗, 打完仗写稿", 在中国新闻史上留下了光辉灿烂的一页。据杜鹏程的《战争日记》记载, 九死一生的事例不止一次。另据午人的《战地纪行》记载, 在敌机轰炸中, 一位年轻战士在离他二尺远的地方眼睁睁地中弹牺牲。当时总分社最年轻的记者张光, 在 18 岁那年, 一次带着两枚手雷去采访, 四五个国民党散兵迎面走来, 他举起手雷高喊: "站住! 干什么的? 举起手来!" 没想到那几个人一齐跪下求饶: "长官行行好, 我们家穷, 被抓壮丁当了兵。家里有老母亲哩, 把我们放了吧!" 张光说: "你们随我到俘虏营去, 那里有饭吃, 有衣穿, 愿意回家开路条、发给路费, 愿意留下来也可以。" 过了一个多月, 张光从一支正在歇息的部队旁边经过, 突然有一个解放军战士站起来打招呼: "张记者, 我就是你上次送到战俘营的兵, 谢谢你了!" 又一次, 张光再次与国民党散兵游勇遭遇, 他如法炮制, 谁知他刚举起手雷, 那几个人突然四散逃跑了。张光到韩城找到一野供给部长方仲如同志, 报经批准领了一支德国造手枪, 并到地委办理了枪支登记证。张光在延安时期的记者证和这个持枪证, 如今都作为革命文物, 收藏在延安新闻纪念馆。

西北总分社（《群众日报》、广播电台）及其前线分社、各个支社的同志们, 在我军转战陕北和解放大西北期间, 采写了不少有影响的战地报道。例如, 新华社于 1947 年 5 月 13 日, 播发了特派记者林朗采写的通讯《记蟠龙大捷》; 1948 年 4 月 22 日, 播发了《西北野战军今日收复延安》的消息; 4 月 23 日, 播发记者汤洛采写的通讯《毛主席万岁》; 1948 年 9 月 9 日, 播发了前线记者杜鹏程报道壶梯山火线见闻的长篇通讯。1948 年 4 月, 新华社西北总分社成立了收复延安报道组, 乔迁任组长, 成员有汤洛、张光、范永新等，采写了诸如《好！延安回来了！》《延安在狂欢》《延安人民的爱和憎》《胜利的花朵——光复延安庆祝大会零记》等大量生动鲜活的新闻，以激情洋溢的笔触，表达了延安军民庆祝胜利的喜悦心情和欢快场景，如实报道了延安人民恢复生产、工作、社会秩序等方面的情况，深受广大读者欢迎。

《边区群众报》创刊之初工作人员不到 10 人，进城时总分社（报社、电台）已发展到近 300 人。1949 年 4 月解放军逼近西安时，总分社即抽出 120 多人组成西安报业接管组，进行学习培训，做好进城的准备工作。5 月 20 日西安解放，接管组也跟着进城，新华社西北总分社即开始在西安发稿办公，出版《新闻简报》，大部分同志随之分两批从延安到达西安。5 月 27 日在西安开始出版对开两版的《群众日报》，6 月 1 日开始出版对开四版的《群众日报》；西北新华广播电台也于 6 月 1 日开始在西安播音（一周后更名为西安新华广播电台，不久又更名为西安人民广播电台，仍为西北区台）。胡绩伟后来在回忆录中写道，总分社（报社、电台）进城后，连同接管的原西安各新闻单位 200 多人，"一个 500 多人的大机关住进原来国民党省党部的旧址，真够气派"！

新华社西北总分社及前线分社，是西北各省区新华分社的创建者和领导者，也是西北各省区党报的创建者。当时各新华分社、省级党报主要负责人均由同一人担任。1949 年 8 月 26 日兰州解放，甘肃日报社和新华社甘肃分社随之成立，阮迪民任社长。1949 年 9 月 2 日西宁解放，青海日报社和新华社西宁分社成立，午人任分社社长兼报社社长、总编辑。1949 年 9 月 23 日银川解放，先是由前线分社承担宁夏的报道任务，接着总分社派人组建了宁夏分社，冯森龄任社长。新疆和平解放后，《新疆日报》（汉文版）和新华社新疆分社相继成立，蓝钰任社长。胡绩伟在回忆录中说，1949 年，新华社西北总分社、群众日报社、西北新华广播电台这个"三位一体"的机构进入西安后，调配干部"成了问题"。仅八九月份就向甘肃、青海、宁夏派出了 120 多位新闻干部。紧接又派记者进疆，充实加强新疆的报道力量。陕西的报道由总分社和各支社负责。

1950 年 5 月，新华社西北总分社、群众日报社、西北新华广播电台在西安分别设立独立机构办公。5 月 31 日，西北军政委员会新闻局根据中央新闻总署的决定，确定了新华社西北总分社和一野总分社统一整编及建立陕西分社的方案。6 月 1 日，新华社陕西分社正式成立，张帆任分社社长，分社业务归属西北总分社领导。1954 年 10 月，随着西北局的撤销，新华社西北总分社随之撤销，总分社人员部分调往北京，部分调往其他分社或单位，大部分留在陕西分社工作。

（二）新华社西北总分社走出了 16 位"中国名记者"，占到《中国名记者》丛书 100 余年间入选者总数的 1/25

从 2013 年 11 月到 2019 年 12 月，由原新闻出版总署组织编写的《中国名记者》丛书（"国家出版基金项目"），由人民出版社陆续出版。新华社 2013 年 11 月 20 日播发通稿《〈中国名记者〉丛书面世　展现百余年中国名记风采》称，《中国名记者》丛书"将展现从 19 世纪 70 年代至新时期改革开放期间共 400 名中国优秀新闻记者的成就、影响、风采和魅力"。中国新闻文化促进会会长、原新闻出版总署副署长、《中国名记者》丛书副主编李东东介绍，这套丛书的出版工作于 2012 年 6 月正式启动，计划用 5 年左右时间，分 20 卷介绍从 19 世纪 70 年代我国新闻事业初期至新时期改革开放期间共 400 名杰出记者，内容包括他们的新闻成就、生平事迹、优秀作品和重要贡献，力求全面准确、生动鲜明地展现中国优秀新闻记者的成就、影响、风采和魅力。《中国名记者》丛书主编，全国人大教科文卫委员会主任委员、原新闻出版总署署长柳斌杰表示，这套丛书的正式出版，对于新闻战线来说是一件大事。"出版这套丛书的重要目的是推动建立一支人民信赖的新闻队伍，为新闻工作者把握大势、服务大局、开拓大业提供重要的启示。"

新华社陕西分社（含前身）历史上共走出入选《中国名记者》丛书者 20 人，占到全国入选者总数 400 人的 1/12，其中：红中社西安分社 1 人，新华社西北总分社 16 人（占到全国入选者总数的 1/25），新华社陕西分社 3 人。他们是：

1. 红中社西安分社：1 人

陈克寒（1917—1980），新华社历史上一位颇有建树的社长。浙江慈溪人。1934 年加入中国共产党。1936 年 12 月进入红中社西安分社工作，次年到延安新华通讯社工作。1945 年后任新华社第一副社长兼副总编辑，1948 年冬到西柏坡任新华社社长兼副总编辑。新中国成立后，历任新华社社长兼总编辑，新闻出版总署副署长、署长、党组书记等。1980 年 7 月 10 日在北京病逝。

2. 新华社西北总分社：16 人

（1）林朗（1913—1960），本名姜国忠，江苏滨海人。1937 年在上海大夏大学读书时投笔从戎，到山西参加了八路军。1938 年上半年在延安抗大加入中国共产党，同年冬参加了八路军总政治部前线记者团，开始了新闻生涯。1941 年调任延安《解放日报》记者，后负责筹建新华社西北总分社，先后任副社长、社长。1952 年后，历任新华社副总编辑兼国内部主任，中苏友好协会党组书记等。

　　（2）金照（1915—2005），生于上海南汇。1937年创办《后方民众》。1938年3月，参加牺盟会。1940年3月后历任《边区群众报》编辑、副主编、新华社西北总分社副总编辑。1941年11月加入中国共产党。新中国成立后，历任西北人民广播电台台长、西北行政委员会新闻出版局局长，中央广播事业局副局长、党组副书记兼中国国际广播电台台长，广播电视部顾问，中国电视艺术家协会主席等。

　　（3）胡绩伟（1916—2012），四川威远人，1937年加入中国共产党，抗日战争前夕投身于创办抗日进步刊物，1940年起在延安先后担任《解放日报》采访通讯部主任、边区群众报（群众日报）总编辑，并任新华社西北前线分社社长、新华社西北总分社总编辑。新中国成立后，任《陕西日报》总编辑。1952年后，历任《人民日报》副总编辑、总编辑、社长等。2012年9月16日逝世，享年96岁。

　　（4）张源（1917—1993），河南孟州人。1938年赴延安参加革命。先后在晋察冀边区、陕甘宁边区学校任教。1945年加入中国共产党。1947年5月调新华社西北总分社，任《三边报》副社长兼总编辑。1949年9月银川解放，张源参加创办《宁夏日报》并为首任副社长兼总编辑，一生大部分时间在报社工作，1979年起先后任宁夏回族自治区党委宣传部部长、政协副主席。

　　（5）莫艾（1917—2003），江苏泰兴人。上海政法学院肄业。曾任延安《解放日报》记者。新华社西北总分社特派记者、副社长、社长。1955年后，历任新华社天津、北京、云南分社社长。新华社国内部第一副主任，《光明日报》负责人。莫艾是20世纪40年代的中国典型人物报道的开创者，其中关于劳动英雄吴满有的报道推动了解放区大生产运动，莫艾受到毛泽东的三次接见。

　　（6）丁济沧（1918—2007），上海市人，1937年10月参加革命，1938年2月在延安抗大加入中国共产党，曾在中央党报委员会、延安解放日报社工作。1947年7月调新华社西北总分社（群众日报社），任编辑主任、总编室主任。新中国成立后，历任《群众日报》副总编辑，《陕西日报》总编辑，1977年调人民日报社工作，历任总编室主任、副总编辑等。

（7）叶滨（1920—1979），原名折步洲，甘肃成县人。1940年赴延安参加革命，从事宣传教育工作。1944年4月调《米脂报》任编辑，1945年加入中国共产党。1946年起先后在延安《解放日报》、新华社西北总分社工作，1947年冬任新华社陇东支社社长兼《陇东报》负责人。新中国成立后，历任《甘肃日报》编报室主任、副总编辑、副社长兼总编辑，甘肃人民广播电台台长、省广电局局长等。

（8）冯森龄（1920—1992），陕西渭南人。1938年春参加革命，1940年6月加入中国共产党。在学校和延安县委宣传部工作期间开始给党报写稿，1945年起，先后在《边区群众报》、延安《解放日报》、新华社西北总分社（《群众日报》）工作。新中国成立后，先后任新华社甘肃、宁夏、西藏、广西、陕西等分社社长。采写有《延安调查》《陕北有煤海》等新闻名篇。

（9）杜鹏程（1921—1991），原名杜红喜，陕西韩城人。1938年奔赴延安，在抗大分校和鲁迅师范学校学习后到延川县工作。1941年9月至1944年底在延安大学学习，毕业后到工厂工作。1945年加入中国共产党。1947年3月调入新闻单位，任新华社前线分社记者，报道了人民解放战争。1950年底从部队转业到新华社新疆分社，曾任分社社长。1954年6月起成为专业作家。

（10）马沛文（1921—2014），陕西米脂人。16岁开始创办进步报刊，宣传抗日救亡。1939年6月加入中国共产党。1941年底考入延安鲁艺，1944年毕业后分配到延安《解放日报》工作，后任新华社西北总分社（《边区群众报》）编辑室主编。新中国成立后调入人民日报社工作，曾任国内政治部、理论部副主任等。1974年调入光明日报社，先后任理论部负责人、副总编等。

（11）乔迁（1921—2001），原名刘自俭，陕西户县人。1937年6月在陕西华县上初中时加入中国共产党。1942年进入边区，先后在延川县和延属地委宣传部工作。1946年5月调入《解放日报》工作。解放战争中任新华社西北总分社延属记者组组长，并是收复延安报道组组长，采写了大量稿件。1949年10月率《新宝鸡报》全体员工赴西宁创办《青海日报》，后长期在青海新闻领导岗位工作。

　　（12）普金（1921—2007），江苏武进人。著名军事记者。1938年在延安抗大加入中国共产党。1939年在八路军总政治部前线记者团开始从事军事报道。1941年调任延安《解放日报》记者。1947年6月起，先后任新华社西北野战分社副社长、新华社第一野战军总分社总编辑、新华社国内部军事组组长、新华社志愿军总分社副社长、开城谈判中国记者团团长、新华社机关党委书记等。

　　（13）闻捷（1923—1971），原名赵文节。江苏丹徒人，著名诗人。1938年加入中国共产党。1940年到延安，先后在陕北文工团、陕北公学工作、学习，曾任《边区群众报》编辑、记者组组长，新华社西北总分社采访部主任等。新中国成立后，任新华社新疆分社社长。1957年调中国作协工作，历任第二届理事、作协兰州分会副主席、上海作协副主席等。著有诗集《天山牧歌》等。

　　（14）李言年（1924—2018）陕西榆林人。1937年秋参加革命，1940年加入中国共产党，1947年调入新华社西北总分社。新中国成立后，曾任《陕西日报》副总编辑。1959年调回新华社，曾率中国记者组访问拉美11国，是首位常驻南美的新华社记者，曾任新华社外事局局长、办事组组长。1980年任中共广东省委副秘书长。1984年任人民日报社秘书长。2018年4月在北京病逝。

　　（15）汤洛（1925—2006），原名田树基，陕西延安人。1940年8月参加革命，1942年6月加入中国共产党，1946年3月调入新华社西北总分社（《边区群众报》），先后为记者、特派记者，政法文教采访组组长。采写了《毛主席万岁》《鸡毛信》等新闻名篇。1953年3月任新华社志愿军总分社记者，参加了抗美援朝战争的报道。中国作家协会会员，曾任《延河》杂志副主编等。

　　（16）张光（1929—2019），陕西临潼人。13岁参加革命。延安大学新闻班首批学员，1947年进入新华社走上新闻记者岗位，先后在新华社西北总分社（《边区群众报》《群众日报》）、西北广播电台、新华社东北总分社、辽宁分社、《陕西日报》等单位从事新闻工作长达半个多世纪，曾任《陕西日报》总编辑、陕西省新闻工作者协会主席等。2019年9月去世前仍为省记协名誉主席。

　　新华社西北总分社为我们党培养了一批优秀的新闻干部。从这里走出的冯森龄、午人、张光、兰钰、乔迁、关君放、霍一禾、韩文辉等多位同志，后来分别担任了新华社各省区分社的正副社长或省级党报总编辑，张潮、莫艾、李言年、刘甲等同志还被调到《人民日报》《光明日报》等中央党报担任报社领导或部门负责人。从新华社西北总分社，还走出了一批在中外文化界驰骋疆场的著名人物。其中有著名作家柯蓝，著名文学评论家胡采，著名诗人李季、戈壁舟，著名画家石鲁等。

　　新华社西北总分社，不愧为一个英雄新闻团队，是中国新闻史上的一个"现象级"存在。

3. 新华社陕西分社入选《中国名记者》丛书3人

　　（1）张帆（1919—2002），河北保定人。1938年进入延安抗大，1939年4月加入中国共产党。同年底到《晋察冀日报》，先后任记者、编辑组组长、编委。战争年代，他以笔当枪抗击敌寇。随野战军从山海关打到甘肃，记载了解放大西北的全过程。1950年6月任新华社陕西分社首任社长。后任中国新闻社副社长、党组书记、总编辑，主持中国新闻社工作长达20年。

　　（2）黄昌禄（1930—2014），四川内江人。以民族报道闻名于中国新闻界。1948年在四川大学学习，1951年开始从事新闻工作。在40年的新闻生涯中，有近30年在西南和西北的少数民族地区采访，写了上千篇反映少数民族社会变革和精神风貌的新闻稿件。1986年至1988年任新华社陕西分社社长。著有《苦聪人有了太阳》《黄昌禄民族报道选》等。

　　（3）郭超人（1934—2000），湖北武穴人。1956年从北京大学毕业后进入新华社，先在西藏分社工作14年，采写了《红旗插上珠穆朗玛峰》等新闻名篇。1970年春到陕西分社工作8年，采写了《安康调查》《驯水记》等新闻名作。1978年调四川分社，任分社副社长。1983年起任新华社秘书长、副社长等，1992年11月任新华社社长、党组书记，2000年6月15日病逝在工作岗位上。

　　我这辈子与新闻写作有缘，更是与新华社有缘。1974年6月，在农村下乡的我被所在公社选送参加了县广播站通讯员培训班，由此开始学写新闻稿，当业余通讯员10年；1983年7月从县政府办公室调入县委宣传部（1987年调入宝鸡市委宣传部），担任专职新闻干部10年（其中1985年成为领到聘书的新华社特约通讯员，1992年成为领到聘书的新华社专职通讯员）；1994年初调入新华社陕西分社，成为一名新华社记者。我非常庆幸自己能够进入新华社及其陕西分社这个拥有红色传承和光荣传统的新闻大家庭，成为新华社的一员。

（三）杜鹏程是著名作家也是英雄记者，编撰本书是从新闻史的角度为他立传

2016年春我退休后，承担了撰写新华社陕西分社社史的任务。新华社西北总分社是新华社陕西分社的创建者、领导者及前身，于是我逐步了解到西北总分社当年的一些情况，了解到前线分社是西北总分社的一部分，而杜鹏程作为前线分社的记者，是我们新华社陕西分社的一位新闻老前辈，自然也就成为我所了解的重点对象之一。

在编写新华社陕西分社社史的过程中，我迷上了新闻史研究，撰写的《乔迁：从延安走向青海的"老新闻"》《李言年：首位常驻南美的新华社记者》《汤洛："战士记者"》，入选《中国名记者》丛书，由人民出版社出版；撰写的《中国名记者》丛书入选者的人物通讯《他为扶贫脱困和能源开发做出历史贡献——记从基层通讯员成长为中国名记者的冯森龄》《永远难忘清凉山——穆青同志回陕记》《战火中锻出的记者风骨——听张光先生回忆在新华社工作的岁月》《走遍三秦著华章 书写神州新水经——记郭超人在陕西工作时的四组重磅调研》等，先后被一些报刊采用并选入书中出版。

2017年，我被接收成为中国新闻史学会会员。我撰写的《万众瞩目清凉山——新华社在陕北的红色记忆》《中国共产党创办的第一个大学新闻专业——延安大学新闻班创建始末》《红中社西安分社：新华社历史上第一个分社》《解放战争中新华社在陕支社》《徐彬如与西安事变、安吴青训班和〈西北〉周刊——兼考其革命旧址西安市莲湖区许士庙街15号》《"西安事变"发生后中共在西安的新闻舆论工作实践及其意义》《〈解放日报〉高度重视通讯员培养工作——以冯森龄、午人为例》《高度重视通讯员工作是党报的优良传统——以〈红色中华〉〈解放日报〉〈边区群众报〉为例》等新闻史研究论文，先后在中国新闻史学会年会上和一些高校召开的新闻史研讨会上交流发表。其中，《中国共产党创办的第一个大学新闻专业——延安大学新闻班创建始末》一稿，在中国新闻史学会2019年学术年会上交流后，被《中国新闻传播教育年鉴》（2021）选编发表；《"西安事变"发生后中共在西安的新闻舆论工作实践及其意义》一稿，在中国新闻史学会2021年学术年会上交流后，被中国新闻史学会学报《新闻春秋》杂志2022年第四期选编发表；其他论文在中国新闻史学会学术年会及相关研讨会上交流后，也分别被《陕西日报》《新闻业务》《陕西党史研究》《陕西地方志》《秦风》等报纸杂志上编发刊登。

1952年，杜鹏程（中）与同事沈石（左）、延晓（右）于新华社新疆分社合影

几年来，我还编著了8本新闻史研究方面的书籍（含合著）：《从红中社西安分社到新华社陕西分社》（上下册，新华出版社2017年出版，2018年再版）、《延安大学新闻班——中国共产党创办的第一个大学新闻专业》（新华出版社2020年出版）、《多彩年华——边江退休文存》（其中有《中国名记者》《新华人风采》《新闻史研究》《新闻业务谈》等章节，新华出版社2021年出版）、《午人新闻文存》（新华出版社2022年出版）、《张光新闻生涯》（陕西人民出版社，待出版）、《中国共产党早期新闻教育简史》（中国国际广播出版社，待出版）。其中《延安大学新闻班——中国共产党创办的第一个大学新闻专业》一书，被中国新闻教育史专家李建新教授给予高度评价，称其"是研究中国共产党延安时期新闻教育的一部代表性作品，其创新性、创造性的学术贡献是确立了中国共产党大学新闻教育的源头。聚焦相关内容很到位，补缺、补全了许多内容，有较高的史料、史学和新闻教育学研究价值。作者通过大量深入细致的调查研究，使该著作具有一定的权威性、独家性、学术性、理论性"。北京百道世纪网络信息技术有限公司（百道网 www.bookdao.com）打造的"百道好书榜"，通过百道图书影响力数据平台和图书影响力指数，从全国一年出版的20多万种新书中，筛选出九大类（主题出版、文学、艺术、人文、社科、财经、新知、生活、少儿）TOP100影响力原创好书，成为图书馆、书店采购、选书和陈列的参考。《延安大学新闻班——中国共产党创办的第一个大学新闻专业》在2020年百道原创好书榜年榜（社科类）评选中，在全国当年入选的前100

位图书中排名第 60 位；在百道好书榜 2020 年 11 月主题出版类图书评选中，在全国当月入选的 20 本图书中排名第 7 位。

《英雄记者杜鹏程》，是 2023 年年初完成的一部新作品。这本书的缘起是，2022 年 11 月 17 日，中国新闻史学会公众号上，发表了《2022 年当代中国新闻史研究论坛征稿函》："中国新闻史学会和中国人民大学新闻学院发起的'当代中国新闻史研究论坛'，旨在为新闻传播史研究者提供平台，各抒己见、交流思想，共同推动中华人民共和国新闻史研究迈上新台阶。本次论坛拟定于 2022 年 12 月下旬在中国人民大学举办，现面向全国学界公开征文，欢迎广大研究者踊跃投稿。"

征文选题（包括但不限于）：1. 当代中国报刊史；2. 当代中国广播电视史；3. 当代中国通讯社史；4. 当代中国网络与新媒体史；5. 当代中国国际传播史；6. 当代中国新闻传播教育史；7. 当代中国新闻传播学术史；8. 当代中国新闻传播思想史。征文要求"论文篇幅请控制在 2 万字以内"，截稿日期为 2022 年 12 月 15 日。

看到这个征稿函后，我经过认真思考、广泛搜集资料、抓紧时间撰写，于 11 月底拿出近 2 万字的《英雄记者——杜鹏程新闻实践与新闻认知及其启示》论文初稿，通过微信发给杜鹏程先生的女儿杜稚（住在上海），请她读给她的母亲张文彬老师（杜鹏程先生的夫人，已 90 周岁高龄）审听，在征得张文彬、杜稚母女同意后，又征求了一些专家同志的意见进行了修改，12 月 1 日论文定稿 19000 余字，通过邮箱发给组委会。12 月 20 日，我收到 2022 年当代中国新闻史研究论坛组委会发来的邀请函："我们荣幸地通知您，您的论文已顺利通过专家匿名评审。您将作为正式代表线上参加 2022 年 12 月 25 日在中国人民大学举行的'2022 年当代中国新闻史研究论坛'。"接着我按照论坛研讨会要求，将论文压缩成为 3000 多字的简版，12 月 25 日下午，我在线上参加了由中国新闻史学会、中国人民大学新闻学院主办，中国人民大学马克思主义新闻观研究中心承办的"2022 年当代中国新闻史研究论坛"，论文进行了宣读交流。四川大学新闻学院教授、博士生导师朱至刚先生在点评时说，边江同志的"英雄记者"这篇论文，给我们介绍了著名的新闻记者和著名作家杜鹏程的新闻业绩，以及他对新闻工作的思考，让我们有机会去认识英雄记者杜鹏程。现在有很多人对杜鹏程不那么熟悉，尤其是我们的年轻人，可以好好地去了解一下。因为杜鹏程的《保卫延安》，入选到新中国 70 年 70 部长篇小说典藏中，是非常有影响力的，被誉为"英雄史诗"，轰动了当时的中国文坛，杜鹏程后来也受到了毛主席的接见。但是以往人们对杜鹏程从名作家的角度谈论得多，而从名记者的角度研究得少。这篇论文让我们从英雄记者的角度认识杜鹏程，我觉得很有意义。

在完成这篇论文的过程中，我与杜稚女士商议，决定编撰《英雄记者杜鹏程》这本书。我们认为，杜鹏程是一个著名作家，但他同时也是一位著名记者。他在解放战争中，模范地履行了新华社记者的职责，圆满完成了报道任务，成为一个优秀的战地记者。同时，他写下了 200 多万字的日记，他在这些珍贵资料的基础上，创作出了1954年由人民文学出版社出版的长篇小说《保卫延安》，引起轰动，被誉为"英雄史诗"。1998 年 1 月，解放军文艺出版社选编出版了 42 万多字的杜鹏程《战争日记》一书。有评论认为，《战争日记》是"解放战争期间西北战场的全景式展映，内容涉及当时社会政治、军事、经济和文化各个层面，是军史、党史、群众革命史的重要见证"。

　　我认为，从中国新闻史的角度，不能忽视对英雄记者杜鹏程的研究；而研究杜鹏程的战争报道，不能忽略他数倍于公开发表的战地报道之外的《战争日记》，不能割裂他的《保卫延安》对于他的战争报道的完善和升华。他的《保卫延安》，是在他的战地报道和 200 多万字战争日记的基础上进行总结和提炼，采用文学手法对当年战地报道的补充和完善、充实和升华。不论是他的战地报道、《战争日记》还是《保卫延安》，他为之讴歌的，都是革命英雄主义精神。他是英雄作家，更是英雄记者。这本《英雄记者杜鹏程》，就是从新闻史研究的角度，还原杜鹏程英雄记者的本色，为英雄记者杜鹏程立传。

　　《英雄记者杜鹏程》一书分为六大部分，共 60 余万字，其中刊登杜鹏程先生的新闻作品 80 篇，选登杜鹏程的《战争日记》362 篇，收录研究、回忆杜鹏程的文章30 余篇，另有珍贵图片 40 多幅。

　　在这本书的编撰过程中，得到杜鹏程先生的夫人张文彬、女儿杜稚的全力支持并提供了许多珍贵历史资料。新华社图书馆刘涛同志提供了杜鹏程在延安《解放日报》发表的部分稿件。陕西日报社刘义同志和报社新媒体中心的刘芳、沈正江等同志，提供了杜鹏程当年在《边区群众报》《群众日报》等发表的许多稿件。新华社山西分社社长赵东辉、副社长汪振望及分社同事刘超，从山西日报社资料室联系查找到杜鹏程当年在《晋绥日报》刊登的部分稿件。新华社新疆分社副社长亚力坤、新华社吉林分社挂职《新疆日报》副总编辑金风、《新疆日报》资料中心黄鹂、新华社总经理室张轩瑞等同志，热心帮助查找了杜鹏程早年在《新疆日报》刊登的有关稿件。新华社新闻信息中心有关同志，帮助提供了杜鹏程在新华社播发的稿件信息。年逾九旬的解放军少将袁国祥、当年参加过杜鹏程举办的南疆新闻培训班学员金凤翁老人，热心提供了宝贵的第一手资料。新华社宁夏分社、吉林分社原社长、高级记者申尊敬先生，为本书悉心撰写了激情洋溢的长篇序言《激情这样为宏大事业燃烧》；著名中国新闻史专家、上海大学教授、博士生导师李建新先生，拨冗撰写了题为《为历史加注英雄色彩》的跋。陕西省新闻工作者协会主席薛保勤，《陕西日报》原总编辑杜耀峰，原陕西人民广播电台台长纪时，《宝鸡日报》原总编辑卢愚，原《三原报》总编辑吴树民，新华社山西分社原总编室主任、高级记者惠金义，陕西省作家协会原副主席王蓬，新华社陕西分社社长孙波和储国强、陈钢、王谦等分社领导和杨竹慧、薛巧琴等同志，以及中国新闻史学会、中国人民大学、陕西师范大学、西北大学、西安交通大学、西北政法大学、西安外国语大学、延安大学等高校的新闻学院院长和有关专家教授等诸多友人，都对本书编著出版给予了热情鼓励和大力支持。新华出版社社长匡乐成、总编辑许新、责任编辑丁勇，西安新华印务公司马培红、马汉宇、岳娅、闫梅等同志，都对本书出版付出了辛勤努力。我由衷地深深地感谢他们。

2023 年 6 月 1 日于长安

1955 年，杜鹏程（前右一）在广东湛江铁路建设工地上，与铁道兵指战员合影

跋

为历史加注英雄色彩

李建新

英雄入史，天经地义。

任何一个国家或者民族的历史，如果能够以"英雄"为底色、素材和主要的支撑来书写，那么这样的历史一定是绚丽、壮美和充满豪气的历史，是给人以"冲锋"动力的历史，是有改变历史发展进程，促进人类社会更加向善向好发展的历史。

每个人都在用生命的进程书写自己的历史！

如果一个人的历史能够用"英雄"为题来书写，那么这样的人不仅生命辉煌，其精神和事迹英雄般感人，而且这样的人可以为后人提供"英雄"的示范、"英雄"的榜样和"英雄"的力量。这是一个国家和民族要发展、要前进，一个行业一个职业要在历史的基础上再上一层楼，在无愧祖先、无愧历史的发展中作出"历史"的贡献所必不可少的一种精神元素和精神原动力！

近读《英雄记者杜鹏程》，发现这是一本具有以上特质、可以为中国新闻史提供"英雄记者"的读本，是为我们的民族和社会的发展加注"英雄"色彩的、充满了英雄豪气的、以英雄的事迹和行为鼓舞新闻人承前启后、接力前行的读本！

英雄团队淬炼出英雄的记者

杜鹏程为人所熟知，源于他享誉世界的名篇《保卫延安》。想不到他还是一位能够忠实地记录时代历史，写了许多战争题材的新闻作品的记者。

战火中成立的新华社西北总分社，是新闻战线上的一个英雄团队，为报道人民解放战争立下了丰功伟绩。从这个英雄团队走出了16位《中国名记者》丛书的入选者，占到全国100多年间入选该丛书总人数400人的1/25，这是一个了不起的数字和比例，杜鹏程是这个英雄团队中的一员。

据《英雄记者杜鹏程》的作者边江同志介绍：杜鹏程在解放战争中，模范地履行了新华社记者的职责，圆满完成了报道任务，成为一个优秀的战地记者。同时，他写下了200多万字的日记，他在这些珍贵资料的基础上，创作出了1954年由人民文学出版社出版的长篇小说《保卫延安》，引起轰动，被誉为"英雄史诗"。1998年1月，解放军文艺出版社选编出版了42万多字的杜鹏程《战争日记》，有评论认为是"解放战争期间西北战场的全景式展映，内容涉及当时社会政治、军事、经济和文化各个层面，是军史、党史、群众革命史的重要见证"。

杜鹏程，原名杜红喜，陕西韩城人，是史圣司马迁的同乡。地缘的因素和成长环境的教化，使他比较早地开始动笔，也能够比较独立地效仿司马迁等优秀的同乡写一些以史正世的文章，有正义、有胆识、有行动。

1938年，杜鹏程奔赴延安，在抗大分校和鲁迅师范学校学习，在中国革命队伍和中国共产党创办的先进的学校等环境中迅速成长，在培养造就英雄和英才的革命队伍之中历练，后到延川县工作。1941年9月至1944年底在延安大学学习，毕业后到工厂工作。1945年加入中国共产党。1947年3月调入新闻单位，任新华社前线分社记者，报道了人民解放战争。1950年底从部队转业到新华社新疆分社，曾任分社社长。1954年6月起成为专业作家。

以一个一线记者的身份报道人民解放战争、不仅在他的笔下"鲜活"了许多英雄人物，英雄的思想、英雄的精神、英雄的行动等似乎也开始在他身上有所体现，革命的、英雄的队伍，培养造就了一位英雄的记者。

用英雄情怀"报道"英雄记者

《英雄记者杜鹏程》是一本专著，但其内容的呈现和人物的描写等是以"报道"的方式进行的，既然是"报道"，就要遵守、遵循新闻报道的规则，就要真实、准确、客观地呈现与报道人物相关的时间、地点、人物、原因、结果等新闻报道的要素。

《英雄记者杜鹏程》由新华社陕西分社原副社长、高级记者边江编著，杜鹏程同志的女儿杜稚在本书编撰中做了大量工作。女儿对父亲的英雄崇拜完全可以理解甚至可以想象这种英雄的情怀是有遗传和延续的。边江同志作为中国新闻大军中的一员，主要的工作经历和工作时间是在新华社陕西分社，这个红色基因强大、英雄情怀浓厚的新闻团体，与英雄的关联度非常之高。因为它的前身是新华社西北总分社，是撰写、报道了许多革命英雄的英雄团队，是一支能够用笔杆子打仗的团队。

杜鹏程早年入职的前线分社是新华社西北总分社的一部分，从记者的身份看，杜鹏程是边江的"老前辈"，"自然也就成为我所了解的重点对象之一"（边江同志语）。

对新华社西北总分社社史的了解、对前辈记者的了解、对新闻队伍中诸多优秀记者包括像杜鹏程那样的英雄记者的了解，激发和厚植了边江同志的"英雄"情怀，关注"英雄"记者、书写"英雄"历史、传播"英雄"业绩，在书写整理"英雄"人物的事迹中寻找特殊的新闻力量，为新时代发展赋能就成为边江同志从新闻业务转向新闻史研究的一个动因。

近年来，边江同志在新闻史研究方面着力颇多、成果丰硕，用新闻史研究的笔法和视角，在历史事件、历史人物、历史题材等方面取得了研究成果，撰写了《乔迁：从延安走向青海的"老新闻"》《李言年：首位常驻南美的新华社记者》《汤洛："战士记者"》《他为扶贫脱困和能源开发做出历史贡献——记从基层通讯员成长为中国名记者的冯森龄》《永远难忘清凉山——穆青同志回陕记》《战火中锻出的记者风骨——听张光先生回忆在新华社工作的岁月》《走遍三秦著华章　书写神州新水经——记郭超人在陕西工作时的四组重磅调研》《"万众瞩目清凉山"——新华社在陕北的红色记忆》《红中社西安分社：新华社历史上第一个分社》《解放战争中新华社在陕支社》《徐彬如与西安事变、安吴青训班和〈西北〉周刊——兼考其革命旧址西安市莲湖区许士庙街 15 号》《"西安事变"发生后中共在西安的新闻舆论工作实践及其意义》《〈解放日报〉高度重视通讯员培养工作——以冯森龄、午人为例》《高度重视通讯员工作是党报的优良传统——以〈红色中华〉〈解放日报〉〈边区群众报〉为例》《范长江对延安时期中国共产党新闻教育事业的历史贡献》等新闻史研究的论文，引起学界关注，受到了同行的赞誉，大大地丰富了中国新闻史研究的史料，为新闻传播教育提供了鲜活的素材，功在当代，利在千秋。

除了论文及以新闻为题材的文章之外，边江同志近年来编著出版了 8 本新闻史研究方面的书籍（含合作），其中大多数与中国新闻史，新闻教育、中国共产党领导下的新闻传播事业等有关，英雄豪气融注其中。尤为值得肯定的是边江同志撰写的《延安大学新闻班——中国共产党创办的第一个大学新闻专业》（合作，新华出版社 2020 年出版）翔实论述了中国共产党创办新闻教育的情况，拓展了中国新闻传播教育史研究的疆域，完善了中国新闻传播教育的史料。

在新闻史研究的过程中，边江同志积累了大量的"英雄记者杜鹏程"的有关材料，通过与杜鹏程夫人及女儿的联系从另外一个角度获得了独家资料，通过对新华社西北总分社社史的研究，近水楼台取得了相关的文献史料，为他完成《英雄记者杜鹏程》的创作提供了强大的支撑和保证。

精致成文召唤英雄的力量

文章合为时而著。

任何时候和任何背景下，对英雄的礼赞和呼唤英雄的出现都是社会的主旋律和新闻报道的主旋律。

进入新时代中国特色社会主义现代化建设和中华民族伟大复兴的新的历史时期，英雄精神的传承和英雄人物的出现以及在此基础上创造属于我们这个时代的英雄业绩，依然需要借助英雄的力量。

《英雄记者杜鹏程》由"杜鹏程新闻生涯研究""杜鹏程新闻作品选粹""杜鹏程新闻认知论说""杜鹏程战争日记选编""杜鹏程家人亲情思念"等5篇和一个附录组成。

整部书稿视角独特，根据实际情况构思章节和展开内容，系统性、条理清晰，有着非常好的阅读美感。

之所以有"精致成文"的认识，是因为作品中的一些文章除了作者和杜鹏程的家人之外，还多有名家操笔，收录研究、回忆杜鹏程的文章30余篇，其中大多数作者是对杜鹏程和那一个时期、那一段历史比较了解的，有的还是亲历者或者见证者。这就增加了文章的可信性。不少文字出自记者、作家和新闻部门的领导之笔，内容对接受众的阅读需求，站位体现党和人民的立场，表达选择通俗易懂的语言，使整部作品的质量得以充分保证。

《英雄记者杜鹏程》一书中精选杜鹏程先生的新闻作品80篇、《战争日记》362篇，这些文字佐证了杜鹏程先生"英雄记者"之名实。

边江先生的开卷文章《英雄记者杜鹏程的新闻实践与新闻认知及其启示》是一篇概括性强，取精用宏，以史论实的文章，从新闻业务和学理探讨两个方面求证"英雄记者"，是一篇规范性、学术性很强的新闻史研究的文章。

第一篇的第二、三、四节，通过不同作者的文字，给出了杜鹏程先生何以为"中国名记者""英雄记者"的答案，在"饱蘸心血书写战争史诗"中记录和创作新闻作品本身就是一种英雄行为;"一支笔,一支劲旅"让人感知到了"笔杆子"如同"枪杆子"的力量,托出了一位笔杆子英雄,再次印证了"将军决战岂止在战场"的战争名言。

披览书稿发现,杜鹏程先生曾经在《解放日报》《边区群众报》《群众日报》《晋绥日报》《新疆日报》《陕西日报》《人民日报》等报刊发表了诸多新闻作品,给军队报纸撰稿,写了《警戒线上》《战斗生活检验我的心灵》《为战士歌唱、为英雄树碑》等"副刊"稿件,用一笔一画记录了历史,表达了情感,从新闻学和新闻业务的角度看,许多内容可以是新闻理论、新闻史、新闻业务学习和教学的好教材。

"杜鹏程新闻认知论说"篇中有"论说写新闻""从采访到写作""把笔伸向生活的深处"等杜鹏程先生关于新闻、关于记者的论述,高度聚焦了杜鹏程对记者的认识,是一个记者"本色"思考的呈现。时过境迁仍然给人的启示和启发良多。

这是一个记者的笔杆子发出来的力量,是一个记者被喻之为"英雄"的道理之所在。

我很赞同也很欣赏《英雄记者杜鹏程》一书,这是一部历史的厚重、社会的服务、学术的探求、现实的观照等都有的、正能量满满的出版物,我希望本书能够"为历史加注英雄色彩",并为我们这个时代续写英雄的传奇!

2023 年 5 月 25 日于上海

(作者李建新系上海大学新闻传播学教授、博士生导师,中国新闻史学会常务理事,中国新闻史学会新闻传播教育史研究委员会副会长,《中国新闻教育史论》专著作者)

后　记

　　2022 年 11 月下旬，通过朋友引荐，我有幸与边江同志建立了联系。边江是新华社陕西分社原副社长、高级记者。因他退休后受命撰写新华社陕西分社社史，由此对新华社陕西分社及其前身——"西安事变"中设立的红中社西安分社、解放战争中成立的新华社西北总分社的来龙去脉，有了较多的了解。经他介绍我才知道，我父亲杜鹏程在解放战争中做随军记者时所在的新华社西北前线分社，就是新华社西北总分社的一部分；同时我也从他口中得知，我的父亲杜鹏程，入选了由原新闻出版署组织编写的《中国名记者》丛书，作为中国 1870 年至改革开放时期 100 多年间，经过组委会严格审定最终入选该丛书的 400 位"中国名记者"之一，被客观记载和高度评价。边江同志认为，作为曾创作出长篇小说《保卫延安》的杜鹏程，以往人们从著名作家的角度研究得比较多；而作为曾为我国新闻事业作出过杰出贡献的"中国名记者"杜鹏程，其记者生涯没有得到应有的充分关注和研究。这不能不说是一个遗憾。对此他想着手做点什么，随着翻看更多的历史资料，深入探究，他每每被前辈新闻人的事迹所感动、所震撼，在激情和责任的双重推动下，经过不懈努力，他编著的《英雄记者杜鹏程》一书付梓了。在这本书中，去世已 30 多年的我的父亲杜鹏程，从中国新闻史研究的角度，再次走入了人们的视野。对此，我和母亲张文彬表示衷心的感谢。

关于我的父亲杜鹏程，在他的记者生涯中是如何的勇敢无畏、殚精竭虑、不辱使命，在本书中，各位领导、战友、同行、学者已有详尽的回忆、描述和评价，我不再赘述。我仅以杜鹏程女儿的身份，谈谈对我父亲的几点认识。

少年立志、不改初心

我亲爱的父亲杜鹏程，1921年出生于陕西韩城一个贫困家庭，自幼丧父，与母亲相依为命，生活窘迫困苦。当时的中国，乡村凋敝贫瘠，社会混乱动荡。为生活所迫，作为独子的他，为求养活母亲，不得不辍学，12岁便到县城店铺做学徒，后到学校做杂役。日子的艰辛，小城的闭塞，并没有磨灭他求知求学的强烈欲望，在学徒繁杂的劳累之后，熬油点灯，他几乎读完了店铺对面小书店的所有书籍，以古典文学作品为主。在学校做杂工的间隙，他总是找机会偷听讲课。即便如此，他告诉我，在店铺当学徒，干得好过几年可以当店员，一个月就有好几块大洋可赚，足够过相对宽裕平稳的日子，但是他从没有一天想过要在这里干一辈子，他有着更自己朦胧的向往。

当时的社会，正处在新旧时代交替之际，对这个敏感、渴求知识的少年，新思想的风潮，他怎么可能错过。当时，在他就读的学校里有不少思想进步的老师，他们为杜鹏程和其他同学打开了认识世界，关注国运的眼界。老师给学生们讲述国家命运前途，介绍新文学，传播新思想。在这种氛围下，杜鹏程开始阅读左联和其他进步作家如鲁迅、巴金、蒋光慈、邹韬奋等人的作品。

1937年，爆发了震惊中外的"七七"事变，受全民抗日风潮的影响，我的父亲参加了党的外围组织，与先进教师和同学走乡串户，积极宣传抗日救亡。当他看到延安"抗日军政大学"的招生广告启事，便决心奔赴延安，当年，他便踏上了去延安的路程。奔赴延安一为抗日救亡，二为能够继续求学。

当时的延安抗战气氛浓厚，我父亲很快也融入这种群情激昂的氛围中。18岁的他在昏黄的煤油灯下完成他的第一部作品剧本《反击》，随后完成《抗战》《打击敌人》等抗战内容的剧本，并获得演出的机会，在一定范围产生了影响。剧本的成功让他意识到文字的力量，艺术作品的力量，这种力量可以唤醒民众的觉悟，凝聚民族的情感。由此，他从小就萌生了志向，以文为生，就确立下来了。生活对他这个穷孩子来说几乎没有选择的余地，但他的一生还是坚定地选择再艰苦也要求知求学，再艰难也要用文字、要用笔，为民族反抗外敌呐喊，为像他母亲那样被社会压榨蹂躏的人们发声，要记述老百姓的困苦，要歌颂为人类解放事业奋战的英勇的将士们和千千万万普通劳动者，并要让他们大放异彩，让他们惊天动地的事迹为后人所知晓所铭记。至此，他将个人理想和人类社会的理想前景结合起来。将个人命运和国家民族命运联系起来的想法逐渐在他的思想生下了根。即便日后的生活给了他更优的选择，他每次都坚定地选择握紧笔杆，用文字来抒发对生活的所思所想，用文字服务贡献于正义的事业，这是他的初衷也是他的坚持。

掌握珍贵的第一手资料

我父亲杜鹏程始终认为，无论是写新闻报道还是艺术创作，深入第一线，掌握第一手资料，都是至关重要的，这也许是他记者生涯养成的习惯。一支笔，一个小本本，就是他全部的行装，他走到哪采访到哪，他敏锐地捕捉并记录着每个有意义的生动细节。

他认为，只有深入基层，深入到第一线，才能够抓到好的新闻题材和素材。认为新闻报道，不同于文学创作，必须建立在事实的基础之上；写不出来好的新闻稿件，往往是因为记者没有深入采访和细致观察。战士们为了正义的战争英勇奋战，为了迎接新时代新生活所表现出的勇敢无畏的事迹值得大书特书。但更为有意义的是新的征程，新的环境是如何潜移默化，改变战士们的行为、观念、思维、精神面貌。有一次杜鹏程去采访解放兵，即从国民党军队俘虏过来收编成解放军的兵，了解到有一名叫姚天海的解放兵被国民党部队反复拉壮丁，放了又被抓，反反复复，始终回不了家，被共产党俘虏后，却真正得以与家人团圆的离奇又感人的故事，杜鹏程在调查中，问了又问、不厌其烦，把姚天海的身世、遭遇、心理活动详细地记录下来，随后写成了《姚天海回家》的新闻报道，一个抓一个放，生动地彰显出新旧军队的本质区别，相比之下也改变着解放兵的思想，很有教育和启迪意义。由于调查充分细致，父亲写出来的东西鲜活耐读，反响很好。新疆刚解放，我父亲不畏艰苦深入到少数民族地区采访时，发现维吾尔族传统古典乐曲《十二木卡姆》的演奏者，在与其攀谈中，没有多少音乐知识的父亲，抱着向老艺人学习的心态，透彻地了解了民族音乐的知识和现状，敏锐地发现《十二木卡姆》这个珍贵历史宝藏面临着缺少传人，乐曲零星散布在民间，或将失传的局面。为此他及时发表了《维吾尔族音乐家》新闻报道，引起了各方关注，有效保护了这个文化瑰宝。由于能抓住关键，抓住细节，抓住新颖的题材，他写出的新闻报道，生动有趣，具有很强的说服力和感召性。

他认为深入实际，并不意味着眼睛只盯在当下，完全纠缠于琐碎，收集第一手资料，还包括想方设法掌握更大范围更全面的信息，形成整体观、大局观。即把现在发生的局部事件和人的行为，放到一个大背景中去思考。由于记者的工作性质给记者创造了一个得天独厚的条件，就是有机会去了解普通士兵了解不到的全面信息，所以记者更容易，也应该形成大局观。我父亲每逢所在部队发动进攻或大行动的前夜，不管多晚，都要和所在部队首长一起去前线视察。他每天都要了解所在部队、了解西北乃至全国的战事和战况，部队的作战布防意图，关心全国局势，甚至世界局势。为此他会参加各种军事、政治会议，和各级指挥员，包括部队的高级将领都保持着很好的互动关系，从他们那里可以得到更多的重要信息和见解。身边有很多战友终日劳顿，来不及思考、稀里糊涂，对每次战役或进军的战略意图不甚了了。但我父亲明白作为一个记者这是绝对不可以的，必须搞得清清楚楚。他坚持每天写日记，几年下来共写了200多万字。他的笔记上随处可见他画的地图、战况分析、局势分析，这为他的新闻工作和日后的艺术创作积累了第一手资料。

最后，我父亲认为深入实际，掌握第一手资料，不是走马观花，要抱着长期观察、学习、参与的态度潜心深入基层，才能真正有所收获。在这方面我父亲的表现可谓非常突出。整个解放战争时期，他与广大指战员同吃同住同战斗，始终奋战在第一线。新中国成立后，他跟随老首长新任铁道兵司令员王震马不停蹄地跨界进入了当时最先进、发展最快的工业领域——铁路建设。他的足迹遍布祖国各地的铁路工地，宝成铁路几乎所有的工点他都去过，一去就是长达数年。前西安铁路局局长胡忠斯一段话最能说明他的状态。他说："杜鹏程同志在我们局不是一般的挂职体验生活，而是我们铁路建设者的一员，他深入到工地和工人群众生活在一起，局里的重要会议他都参加，总是积极参与讨论，有时甚至争得面红耳赤。在起草重要文件和报告时他还要帮助推敲修改，比修改自己的作品还认真，大家都说他成了我们局的秘书长了。"在铁路上，他成功地完成了跨领域的转型，他以铁路生活为基础，又写出了大量以铁路建设生活为基础的小说、散文和报告文学，得到读者和评论界的高度评价。他取得的这些成绩，不能不说某种程度上得益于他的记者生涯养成的工作习惯和作风。

杜鹏程身后留下了在战争时期及和平时期大量的采访记录，堆起来大大一堆颜色各异、质量参差的笔记本，就是他多年心血和实践经验的见证。

沟通和共情

我认为，我的父亲杜鹏程能成为优秀记者的原因之一，得益于他所具备的一个性格和能力优势，就是具有极强的沟通能力。他待人热情，长于交往，他能够很快建立起人和人的一种信任关系。据老记者杨克现先生回忆，解放初的新疆，我父亲一手培养的少数民族青年记者艾海提曾提起，有一次我父亲去看望艾海提的母亲，这个母亲是一位典型的维吾尔族妇女，善良、任劳任怨、却不善言辞，不承想，一向沉默寡言的母亲与老杜攀谈起来，她竟如见到了亲人一样，将家里全部的情况，自己坎坷的经历，甚至儿女夭折的伤心事，全倒给他听，这件事情，对于坐在一旁的艾海提印象极深。艾海提曾感慨地说，母亲生养了我 20 年，可是如果不是老杜去看望母亲，我恐怕至今都无法知道我的家世，以及母亲所经历的那么多的磨难。在我看来这样的例子不胜枚举，作为新闻记者的父亲认为写作很重要，而采访更重要，是采访决定写作，而采访不在于记者有口若悬河的本领，全在于能够打开被采访者的心扉，被采访者将肺腑之言倾诉给你。即使平时的待人接物，也是如此。我就经常见到这种场面。20 世纪 80 年代，我父亲去陕西大荔县雷北村深入生活，进村没有几天，他所借住的小院，就成了村里的中心，每到吃饭时，村里的姑娘小伙，婆姨老汉，村队干部就端着碗，串门来了，你一言我一语热闹极了，都说喜欢听我父亲说话，就是不善言辞的庄稼把式，也默默地蹲在墙根听他聊天。没有几天的工夫，村里各家的家事，甚至几代人的情况都摸了个清楚。村里的年景、收成、困难、矛盾等更是了如指掌，入夜他都会把白天了解的情况记录下来。

我父亲长于交往，善于沟通的优势是非常突出的，但他又不是刻意的，他与人的交流靠的不是技巧和心机。他纯朴和蔼、诚恳厚道、健谈风趣、不拘小节的天性具有天然的亲和力，什么时候都有和群众打成一片的愿望和热情，他到哪里就把欢快乐观带到哪里，他几天不在战士们就想他；他出身贫苦，较早成熟，最能体谅底层群众的窘困，善于换位思考，移情体验，知他们所知，想他们所想；他没有架子，真诚平等地对待被采访的对象，对待与他一起工作和生活的人，愿意为了解他们下功夫。刚解放的新疆，少数民族群众不了解新政权，有些隔阂，我父亲他们召开一个和当地民众的座谈会，想了解少数民族群众对新生活的看法，大家沉默不语，我父亲买来馕和西瓜切成小块，分发给大家，这是当地人招待尊贵客人的习俗，距离瞬间拉近，气氛一下子就活跃起来了，座谈会取得了很好的效果；真心诚意地帮助他人，甚至具有牺牲精神，他帮助战士解决困难、书写家信、保管遗物、提高文化，帮助年轻记者和宣传干事改稿写稿，倾囊相授，他这一生不知为多少人改过稿子，出过创作点子，不知耗费了多少心力；他谦虚好学、知识渊博，他能从不同阶层、不同专业人员、不同生活经验的人身上学习到各种知识，包括学习不同地域的文化，迅速地成为内行和专家，所以针对不同采访对象、工作对象，能够应对自如，更易得到他们的认可和心悦诚服的配合。多年铁路工地的磨砺，使他成为半个技术专家，就是一个很好的例证；最重要的是我父亲工作起来精力充沛、全情投入，写起稿子，不知天黑天明、不知日出日落，采访起来，不畏路途遥远、不畏艰难困苦，就像一团燃烧的火焰，深深地感染着周围的人，包括采访对象，给所有接触过他的人都留下了深刻印象。他一路走来留下了一个个坚实的脚印，他所在部队从首长到各级指挥员到普通士兵，铁路战线从宝成铁路总指挥，到铁路局处各级领导到普通的铁路员工，还有新华社的领导和记者战友们，都视他为自己人，对他的人品、才华、工作能力报以高度认同和赞赏，给予他最大的信任、包容和爱护。这是他工作的动力，也是他工作沟通顺利的保障。

感谢诸位，告慰英灵

《英雄记者杜鹏程》整个编著过程既高效又严谨。这本书中涉及的内容时间跨度八九十年，收集的资料时间跨度之长，范围之广，难度之大，工作量之多，很难想象备受眼疾困扰的主编边江同志是如何完成的。当我告诉边江同志，新疆军区袁国祥将军 20 世纪 50 年代初，在帕米尔高原拍摄了一组边防战士和塔吉克人民的照片，刊登在当时的《解放军画报》上，照片配文可能由我父亲杜鹏程撰写较长的文字说明，边江听闻后，冒着寒风当天就去陕西省图书馆把当年的画报翻了个遍，他雷厉风行的作风令人钦佩。今年春节前夕，边江老师给我打电话，问我能不能找一找新疆部队的关系，据悉我父亲可能在解放初新疆部队办的报纸上发表过文章，他不知道报纸的准确名称，更难找到在其上发表的文章。我又想起了曾写过军史的袁国祥将军，将军告诉我，我的父亲杜鹏程曾是新华社驻二军四师的记者，为报道解放战争立下功勋。进军新疆后部队首长命他先接管了约 10 天《新疆日报》，然后他与刚结婚的妻子，在汽车上走了 7 天到达喀什。他受命担任了新华社二军支社社长，和驻五师的记者汪波清、六师记者王安等开办了两期新闻培训班，培养了一批新闻人才，为创办二军政治部的《人民军》报和南疆区党委的《天南日报》（后改名《喀什日报》）奠定了基础。原来要找的报纸就是《人民军》报，后通过相关同志的帮助找到了想找的文章。竟然还有幸找到了当年参加过我父亲所办新闻培训班的学员金凤翁同志，年逾九旬的金阿姨提供了当年宝贵的第一手资料。当我要求和袁将军视频时，我发现年逾九旬的老将军正躺在医院吸氧，我哽咽着无言以对。我只参与过这一次收集资料，就深切体会到其间的曲折和不易。《英雄记者杜鹏程》一书中收集到了战争年代和解放初期我父亲曾经在《解放日报》《边区群众报》《群众日报》《晋绥日报》《新疆日报》《人民军队》等报刊刊登过的大部分新闻稿件80余篇。为了收集这些早期的作品，动用了新华社系统和兄弟新闻单位、高校新闻学院等数十家单位的有关领导、专家、学者和工作人员50余位，他们都给予了大力的支持、提供了很多方便和参与了具体资料收集。对大家表现出的极大热忱和鼎力支持，我深为感动，并代表我92岁高龄的母亲表示深深的感谢。新华社宁夏分社、吉林分社原社长、高级记者申尊敬先生，倾心为本书撰写了热情洋溢的序言《激情为宏大事业澎湃》；新华社研究院新闻史研究室副主任王会撰写了激昂之作《抒写"英雄史诗"——记"中国名记者"杜鹏程》；中国新闻史专家、上海大学教授、博士生导师李建新先生为本书撰写了精彩跋文《为历史加注英雄色彩》；边江先生为本书撰写了《英雄记者杜鹏程的新闻实践与新闻认知及其启示》和《致敬英雄记者和英雄的新闻团队——记战火中的新华社西北总分社及编撰本书的初衷》……这些文章，对了解杜鹏程的生平及其新闻生涯，起到了提纲挈领的作用，有很高的学术研究价值，在此一并表示深深的感谢。

在筹备和出版《英雄记者杜鹏程》的过程中，我觉得无论是作为编著者的边江同志，还是我父亲曾经战斗生活过的新华社大家庭，都给予了全力的支持和帮助，除了肩负着记录历史的责任，他们更怀有一份对曾经的同行和战友深厚的情感和偏爱，还有一种对前辈的相惜、肯定和推崇的情愫，这一点我能深切地感受到。我想，父亲的荣光难道不属于一代又一代前赴后继的新华社人吗，从边江同志处我获知，包括我父亲在内"中国名记者"仅在新华社西北总分社就涌现了 16 位，占丛书入选所有"中国名记者"的 1/25，这是一个怎样的奇迹呀，光荣属于这个英雄的集体。现在我们呼唤英雄，难道不是因为我们人人心目中都藏着一个英雄情结吗，不怕牺牲、竭尽所能、不辱使命的优良传统一定会传承下去的。阅读《英雄记者杜鹏程》的最后一稿，我好像透过历史的迷雾依稀看到了 80 余年前在战争风雨中行色匆匆、身形消瘦、面容疲惫却目光如炬的父亲，看到了那些与他并肩齐行的闻捷、午人、王安、汪波清、韩文辉等等许许多多的记者勇士们。他们要是知道当年为这个民族和国家所做的点滴工作，仍然被后来者缅怀和铭记，该感到何等的欣慰。

延安大学是中国共产党创办的第一所综合性大学。根据中央决定，1941 年 9 月，陕北公学 (1937 年 9 月成立)、中国女子大学 (1939 年 7 月成立)、泽东青年干部学校 (1940 年 5 月成立) 三校合并，命名为延安大学。1943 年 3 月，鲁迅艺术学院（1938 年 4 月成立)、自然科学院 (1940 年 9 月成立)、民族学院 (1941 年 10 月成立)、新文字干部学校 (1941 年 5 月成立) 四所院校并入延大；1944 年 4 月，行政学院 (1940 年 7 月成立) 与延大合并。所以说，延安大学是八所院校合而为一的。杜鹏程 1941 年 9 月至 1944 年底在延安大学学习，是延安大学建校后的首批学员。在战火中成立的延安大学新闻班，"是中国共产党创办的第一个大学新闻系"（时任新华社副总编辑、延安大学新闻班首任班主任范长江语。当时延安大学所有院系统称为班）。1949年5月，中共中央西北局决定，将延安大学更名为西北人民革命大学迁入西安，后几经更名成为如今的西北政法大学。现在的延安大学是1958年7月经陕西省人民委员会批准恢复重建的。这两所大学与"老延大"都有着深刻的历史渊源和红色传承。西北政法大学新闻传播学院先后被确定为国家级新闻学专业综合改革试点单位、国家级一流新闻专业试点单位；延安大学新闻系也被确定为国家级一流新闻专业建设点。《英雄记者杜鹏程》一书，被这两所高校新闻院系确定为国家级新闻学专业综合改革试点项目成果、国家级一流新闻专业红色教育辅助读物，以志对前辈校友的深切怀念，进行延安精神和革命传统教育，不忘初心、牢记使命。

　　我的母亲和我们全家，都非常关注和期待这本书的出版，特别是这本书已把父亲战争中散落的大部分文章都集齐了，这是母亲最大的愿望，也是父亲想做没有做到的，再次深深感谢。

　　《英雄记者杜鹏程》是从新闻史研究的角度，还原杜鹏程英雄记者的本色和本来身份。我的父亲杜鹏程以其坚韧不拔、蓬勃旺盛的生命力，汇入时代的洪流，奏响了宏大的生命乐章。但愿本书能够对后辈新闻人和年轻人有所鼓励、启迪和借鉴。作为杜鹏程的亲人和后代，我们衷心祝愿祖国的新闻事业如江河之水滔滔不绝，奔腾向前。

杜鹏程的女儿　杜稚

2023年6月1日于上海

关于本书编撰的有关说明

1. 由于本书中收录的一些内容，系战争年代的《解放日报》《边区群众报》《群众日报》等刊登的新闻稿件、中华人民共和国成立初期新华社播发的通稿和作者撰写的一部分稿件。在本书中对一些计量单位如"亩、里、公尺、斤、石"等仍用旧制，未作修改。

2. 对个别方言未作修改，仍然保留。

3. 对当时的地名称谓"新疆省"未作修改，加注"新疆原为省，1955年10月1日正式成立新疆维吾尔自治区"。另对一些当时的地名称谓（如宝鸡县、安塞县等）未作修改。

4. 书中对原稿影印本的漫漶字迹或无法识别的字样，均以"□"标示。

5. 对日记中遇到与今天不同的词语运用时，以遵照原日记表述为原则。

如有不当之处，祈请读者谅解为盼。

编 者

2023 年 6 月 1 日